Vom gleichen Autor erschienen außerdem
als Heyne-Taschenbücher

Schlachtschiff ›Tirpitz‹ · Band 01/25
Eismeer, Atlantik, Ostsee · Band 01/627
Haie im Paradies · Band 01/664
Gespensterkreuzer HK 33 · Band 01/5130
Jäger — Gejagte · Band 01/6753

JOCHEN BRENNECKE

DIE WENDE IM U-BOOT-KRIEG

*Ursachen und Folgen
1939—1943*

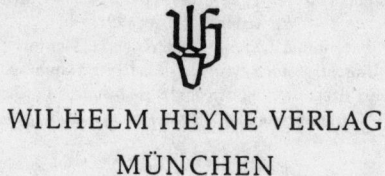

WILHELM HEYNE VERLAG
MÜNCHEN

HEYNE ALLGEMEINE REIHE
Nr. 01/7966

Vom Autor ergänzte und überarbeitete Ausgabe

Copyright © 1984
by Koehlers Verlagsgesellschaft mbH, Herford
Wilhelm Heyne Verlag GmbH & Co. KG, München
Printed in Germany 1991
Bildteil-Layout und Texte: Jochen Brennecke, Harmsdorf/OH
Umschlagfoto: Keystone Pressedienst, Hamburg
Umschlaggestaltung: Atelier Ingrid Schütz, München
Gesamtherstellung: Presse-Druck, Augsburg

ISBN 3-453-03667-0

Inhalt

Ein Wort vorab zum Thema 19

1. Kapitel
   Erste Zweifel, erste Kriterien 25

1.0 Die U-Boot-Lage 1939 bis 1941 als Basisinformation 25

1.1 Der Fall Kapitän zur See Bernhard Rogge 55
   Waren die Versenkungen des Hilfskreuzers *Atlantis* und des Versorgungsschiffes *Python* bei der Versorgung von U-Booten in Wahrheit primär das Ergebnis der britischen Funkentschlüsselung? · Oder war Verrat im Spiel? · Rogges Alptraum während der HSK-Unternehmung · Spezialisten zum Kriegsmarineschlüssel »M« · Die Schlüsselkapazität des Schlüssels »M« · Die geheimen Schlüsselkreise der deutschen Kriegsmarine · Die »innere« und »äußere« Einstellung · Wasserlösliches Papier — ein weiterer Sicherheitsfaktor · Brite anerkennt technische Vollkommenheit des deutschen Schlüsselsystems · Rogge verlegte von sich aus den von Berlin gefunkten ersten Treffpunkt im Mittelatlantik · Auf dem funkbefohlenen zweiten Treffpunkt wird der Hilfskreuzer gestellt · Und auf dem von Berlin gefunkten dritten Treffpunkt geht die *Python* verloren · Rogge glaubt fest an gegnerischen Schlüsseleinbruch · Kriegsgerichtsandrohung für Rogge

1.2 Die Anstrengungen der Briten, in das System des deutschen Schlüssels »M« einzubrechen 72
   Flottilleadmiral Otto Kretschmer, damals Kommandant von *U 99*, heute · Das »Nebenprodukt« des Unternehmens CLAYMORE gegen die Fischverarbeitungsfabriken am Vestfjord: eine Code-Walze · »Nicht mit Gold aufzuwiegen« · Gezielte britische Operationen gegen deutsche Wetterbeobachtungsschiffe

1.3 Die ersten Flugzeug-Radarortungen in
der Nacht 79

Sunderland Flugboot ortet im November 1940 *U 47* und
U 99 · *U 100*, das Opfer einer Ortung mit dem Gerät vom
Typ 286 · Rogges Kontroverse mit Hitler · Admiral von
Puttkamer: »Sie haben Schwein gehabt, Rogge« · Nachts
Bomben auf *U 96* und *U 558* in der Straße von Gibraltar ·
Die deutsche Funkmeßortung und die des britischen Radar
(siehe Anlage 1) · Die deutsche Funkhorchstelle in Boulogne — und ihre nicht erkannte Leistung · Dönitz erfuhr
nichts über FuMOs in britischen Flugzeugen

1.4 Das Finden der Konvois — nicht der Kampf mit
den Eskortern ist das Problem Nummer Eins .. 88

Das Fehlen einer marineeigenen Luftwaffe erschwert den
U-Boot-Krieg · Das Protokoll vom 27. Januar 1939 · Der
Fliegerführer Atlantik, eine unzulängliche Lösung · Gemeldete Positionen stimmen oft nicht · Bordflugzeuge für
U-Boote — erstmals ab 1915 geplant · Fortschrittliche
fremde Marinen mit U-Boot-Flugzeugen · Der Typ XI für
das ARADO-Kleinflugzeug — ein durchkonstruierter Plan
· Der Ausweg des BdU: Verzicht auf Luftaufklärung, breite Vorpostenstreifen durch U-Boote · SEHEN wichtiger
als LESEN

1.5 Die britische (Behelfs-)Antwort gegen die mit den
U-Booten zusammenarbeitenden FW 200 95

Katapultschiff im Gibraltar-Konvoi · Katapultflieger, eine
Art britischer Kamikaze · Die *Audacity* — der erste Escort
Aircraft-Carrier[72a], eine ehemals deutsche Prise — der
NDL-Motorfrachter *Hannover* · Der für die deutschen
U-Boote verhängnisvolle Einfluß des EAC Audacity auf den
Geleitzug H. G. 76-Kampf und auf die künftige planmäßige
Entwicklung solcher Geleit-Träger

1.6 Auch die Briten haben Such- und
Findeprobleme 105

Das ASDIC hält nicht, was es verspricht — und der Briten
irrige Toleranz beim deutsch-britischen Flottenvertrag ·
Kurzwellenpeiler auch an Bord — die neue alliierte Hochfrequenzwaffe · ALBERICH: die deutsche ASDIC-Abwehr, ein vorzeitig abgebrochener Versuch · Hat der Gegner KW-Peiler an Bord — oder hat er nicht · Die Adcock-Antenne überzeugt den BdU als Hindernis, einen KW-Peiler

an Bord nicht einbauen zu können · Noch 1941 war die deutsche Funkindustrie international überlegen · Der xB-Dienst wies den Briten bereits im Jahre 1940 Bordfunkpeiler nach — und wurde bagatellisiert · Bereits 1940/41 forderte Dönitz eine neben- und nicht übergeordnete wissenschaftliche Beratung auch auf dem Funk- und damit ebenso auf dem Hochfrequenzsektor

1.7 Das Kriterium der alliierten Ersatztonnage. Einfache Schiffe, aber schnell gebaute Schiffe .. 118

Henry Kaiser und Präsident Roosevelt · Schiffe vom Fließband · Vierzehn Tage von der Kiellegung bis zum Stapellauf · Die größeren Personal- und Rohstoffreserven der USA und die praktische Wertanalyse als modernstes System · Neubauten mit dem verpflichtenden Namen LIBERTY · Der erste Kontrakt über (zunächst) 60 »emergency-ships« mit Dampfmaschinen · 5847 Handelsschiffe mit 57 205 407 tdw in den USA bis Kriegsende produziert

1.8 Der Fall *U 110* 123

Die Kaperung des deutschen U-Bootes *U 110* bei Operationen gegen den Konvoi O.B. 318 · *U 110* durch Wasserbomben zum Auftauchen gezwungen · Nach Selbstversenkungsmaßnahmen und Aussteigen der Besatzung unter Feindbeschuß durch das Prisenkommando des Zerstörers *Bulldog* geentert · Das nach wie vor mysteriöse Schicksal des *U 110*-Kommandanten Kapitänleutnant Fritz-Julius Lemp · Getötet oder ertrunken beim Zurückschwimmen zum nichtsinkenden *U 110*? · Addy Schnee dazu · Heutige Erkenntnisse: Fritz-Julius Lemp wurde, im Wasser schwimmend, wehrlos erschossen · Kapitän z.S. K.-F. Merten: »Das war Mord«

1.9 Die Gegnerseite und *U 110* 158

Die »U-Boot-Fleet in being« und ihre Folgen · Der Marsch des O.B. 318 · Nahtlos verschweißtes System · Die Konvoi-Sicherungen · Erstmals neue Funkpeiler — aber aus Zeitnot nicht justiert · Ein Admiral unterrichtet die Handelsschiffkapitäne · Die Konvoiverschlüsselung · Fehlinterpretation einer U-Boot-Peilung hat verhängnisvolle Kursänderung zur Folge · Der 7. Mai, als *U 94* angreift · Der 8. Mai, als *U 110* den O.B. 318 beschattet · Der 9. Mai mittags: zwei Schiffe werden torpediert · Die Wasserbomben der *Aubrietia,* deren Kommandant an einen Erfolg nicht glaubt *(U 110)* · Zerstörer *Bulldog* und *U 110* · Britisches Prisenkommando auf *U 110* · Britischer Funker entdeckt in deutschen Seekarten die minenfreien Ein- und Auslaufwege · Während der Ausbeutung von *U 110* greift *U 201* an, zwei Frachter sinken

1.10 Der mißglückte Abschleppversuch von *U 110* und der Fall *U 559* 180

Britischer LI kennt sich in der U-Boot-Technik nicht aus · U-Boot-Prise wichtiger als Sicherheit des Konvois · Am Rande eines Kriegsgerichtverfahrens · U-Boot-Spezialisten kommen nicht und *U 110* versinkt · IWO Loewe verteidigt seine Heimat · Beförderungs- und Medaillenregen für das Prisenkommando · Der Fall *U 559* · Die Aufbringung weiterer deutscher U-Boote

1.11 Die Folgen der Erbeutung des Schlüssels »M« .. 183

Fast die ganze RHEINÜBUNGS-Versorgungsflotte wird im Atlantik aufgrund der Schlüsselkenntnis erbeutet · Der Fall *Gedania* · Die Geheimsachen der *Gedania*, eine Aufstellung · Die *Gedania*-Besatzung stieg ohne Aufforderung aus · Keine Sprengladungen vorbereitet · Der wahre Nutzen der Beuteakten · Auch das Troßschiff *Lothringen* unbehindert von Briten besetzt · Auch auf der *Lothringen* Geheimpapiere erbeutet · Ein hintergründiges Spiel der britischen Intelligence-Kräfte? · Desinformationen nach Beesly · U-Boot-Verluste im Nordatlantik als Folge? · Die sekundären Folgen des Einblicks in den deutschen Marineschlüssel »M« sind ein Vielfaches größer, hier einige Beispiele · Die Bewertung der nicht erfaßten Konvois · Eigenverrat durch »zuvieles Funken«? · Noch einmal das Thema »Zersplitterung« — belegt am Beispiel der für die neufundländischen Ankerplätze vorgesehenen Boote der Gruppe STEUBEN · Heydemann grollt per FT an Dönitz · Die Amerikaner pfeifen auf die Neutralitätsgebote · Umlenkungen von Konvois bei drohenden U-Boot-Aufstellungen

1.12 Erste deutsche Besatzungskrisen, aber auch englische 206

Mehr U-Boote heißt nicht nur mehr Besatzungen · Der Background der Erfolgsquoten · Erste Verluste an U-Boot-Assen · Kein 100%iges Rezept gegen neuartige Gefahrenlagen · Das Phänomen Korpsgeist · Die dynamische Bedeutung der Tradition · Gefühl der Spezialeinheiten: besser als die anderen (die Paras: »Nous, les autres«) · Politische Bindung aus »soldatischem« Dank · Bemannungskrisen bei den Alliierten, ein Wunsch des OKM · 30% Personalverluste je verlorenes Handelsschiff

1.13 Der U-Bootkrieg und der Kampf
der Wissenschaftler 215

Dönitz überrascht mit einem neuen Marineschlüssel, mit dem Schlüssel »M-4« · Die deutschen Quadratkarten, ein anderes Sicherheitssystem, das britische Wissenschaftler angehen · Die Operations Research als militärischer Brain Trust — der geheime Schlüssel zu den künftigen alliierten Erfolgen · OR — die wissenschaftliche Feuerwehr · Auch der BdU wollte einen wissenschaftlichen Beraterstab

2. Kapitel

1942: Große Erfolge im Schatten massierter gegnerischer U-Boot-Abwehr 225

2.0 Zur Lage 225

2.1 METOX der rettende Engel und sein nur
anfänglicher Nutzen 245

Das Flugzeug, das in der Mondnacht kam · Radargelenkter Nachtangriff auf U 453. Bomben auf das U-Boot · Deutsche Entwicklung von Funkmeßabwehrgeräten gestoppt · Die Behelfslösung aus der Produktion der französischen Radioindustrie · Horchstelle Boulogne weiß mehr als die oberste Marineführung nur ahnt · Das unhandliche, in rechten Händen aber nützliche BISCAYA-KREUZ · U 453 ein Beweis guter Zusammenarbeit zwischen Kommandant und seinem Funkpersonal · Das Beispiel U 575 unter Kapitänleutnant Heydemann

2.2 Neue Überraschung: Das Leigh Light —
und das neue ASV Mark III 255

Es gibt auch britische Bürokraten — sie behindern das Leigh Light · Das neue britische Waffensystem RADAR — SCHEINWERFER — BOMBE verlangt (zu) hohen Ausbildungsstand · U-Boot-Bombe vorher nie erprobt · Die Zentimeterwelle (CMW) im Gespräch · Die ersten CMW-Sets für die Flugzeuge im Biscaya-Raid · U 333 wird zum CMW-Mißerfolg · U 519 erster Verlust durch ein amerikanisches CMW-Radar · Admiral Karl Dönitz befiehlt eine neue Taktik

2.3 Die CMW der Briten und der verhängnisvolle
Irrtum des Staatsrats Plendl 260
CMW-Geräte für Deutschland »absolut unnötig« · Briten
erbeuten ein WÜRZBURG-Gerät · General Martinis Warnung in den Wind geschrieben · Das beim CMW-FuMO
»weggespiegelte« Ziel

2.4 Die unheimlichen, unerklärlichen Zielangriffe
aus der Luft 261
Versagen die METOX-Bedienungen? · Zielflüge auf Oszillatorstrahlungen? · Wenn SADIR strahlt — warum nicht
auch der METOX? · Dieselabgase infrarot geortet? Ein
britischer Bluff · Die (falsche) deutsche Antwort auf der
DMW · Neue DMW-Geräte unter Hochdruck im Bau ·
Wissenschaftler von der Front geholt · 38 FuMBs allein für
die KM bis Kriegsende entwickelt

2.5 Die neue Waffe der Alliierten:
Das Huff/Duff und die neuen Probleme
des BdU 265
Zerstörer laufen U-Boote millimetergenau an · Zufall oder
Peilung oder Funkentschlüsselung? · Der Agent von Algeciras · Das Foto vom Eskorter mit dem verdächtigen keulenähnlichen Gebilde im Gefechtsmast · Zensuroffiziere
beseitigen mit dem Hintergrund auch die »Keule« im Bild:
die HF/DF-Adcock Peilantenne · Watson-Watts Lorbeeren um den Panorama-Sichtfunkpeiler an Bord der Eskorter
· Jedes U-Boot-Signal wird im 25 sm Umkreis erfaßt · Der
deutsche xB-Dienst erkannte britische KW-Peiler an Bord
der Eskorter schon früher · Ein KW-Peiler kommt bei den
U-Boot-Lagebesprechungen nicht auf den Tisch · Bonatz:
Jedes U-Boot geriet in ihren Todeskreis

2.6 Trotz Blackout finden die Briten die deutschen
U-Boote 273
Das neue Schlüsselsystem TRITON tritt in Kraft · Die
Schlüsselmaschine »M-4« — und die erste Griechenwalze
ALPHA · Blackout für die Briten, aber Beesly kontert:
»... doch fast nicht ganz« · BP antwortet mit den
»bombs«, edv-ähnliche Entschlüsselungsmaschinen ·
Neue landgestützte Großpeilstellen bei den Alliierten ·
Auch THETIS und HYDRA-Dekodierungen sind eine wertvolle Hilfe für die U-Boot-Lage · Im Dezember wieder Einbruch in den U-Boot-Schlüssel TRITON

2.7 Dönitz: Die U-Boote müssen unter Wasser 276

Unterseeboot nicht gleich Unterseeschiff · E-Batterienaufladen und Auftauchenmüssen sind das Kriterium · Bomben auf U-Boote bereits im Ersten Weltkrieg · Als die Krise 1943 hereinbricht — ist es zu spät · Das Walter-U-Boot eine Lösung, wenn auch nur eine Behelfslösung · Raeders 1942 befohlener Bau von gleich 24 Walter-U-Booten, die nicht einmal erprobt sind · Was fehlt, ist das echte Unterseeschiff · Der »Schnorchel« — ein Drama für die deutsche U-Boot-Waffe · Schnorchel — kein Geheimnis: nur nachzulesen in der Unterseebootgeschichte; Anregungen genug · Auch für den U-Boot-Bau fehlte eine OR-Gruppe

2.8 Im Hintergrund der großen Erfolge eine neue Torpedokrise 283

U 575 schießt 4 Torpedos als Fächer auf einen Dampfer »fehl« · Bei nächtlichem Doppelschuß wieder ein Versager dabei · Tags drauf zwei Angriffe auf einen Frachter: alle 5 Torpedos »fehl« · Heydemanns typische WIR-Form im KTB · 10 Fehlschüsse das Ergebnis einer Unternehmung · Von 8 Booten melden 5 Torpedoversager · Der Tankerkonvoi T.M.1 = 31 Torpedoversager bei 24 genauen Torpedoschußunterlagen · Das nur scheinbar engmaschige Netz der britischen Funkaufklärung · *U 575:* Der Mehrfacherfolg am Tankerkonvoi, der gar keiner war · Die Tankerschlacht um die Schiffe des T.M.1-Konvois in der »Chronik des Seekrieges« [5] und (als Beispiel) · Vergleiche zum KTB *U 575*

2.9 In aller Stille holt der Gegner zum großen Gegenschlag aus 295

2.9.1 Die Escort Aircraft Carrier der Briten und die CVEs der Amerikaner 295

Escort Aircraft Carrier, erst in Verbindung mit der Operation TORCH in größerer Anzahl — Gute Gesamterfolge überschatten die Bewertung der EACs · EACs haben bei den Alliierten nach der *Audacity* hohen Stellenwert: sie richten sich gegen die Achillesferse der U-Boote · Die Auflistung aller »aus dem Boden gestampfen« EACs und CVEs · Entscheidungskomponente EAC (und ihre Zahl) auch heute noch unterschätzt · Ohne ASV III keine Erfolge denkbar · Kaum ein atlantisches Seerevier ist ohne Kontrolle · Der Einsatz des FIDO verstärkt die alliierte Schlagkraft

2.9.2 Verbesserte, immer modernere Waffen zielen
auf eine Krise der U-Boote ab 308

2.9.2.1 Der Hedgehog-Werfer 308

Erste Versuche mit dem »Igel« (= Hedgehog) auf dem britischen Zerstörer *Westcott* · Beim Vorauswurf bleibt die Asdic-Ortung ungestört: das ist das Neue, das Wesentliche · Eigengefährdung durch den Hedgehog · Der Unterschied zwischen Wurfgranaten und Wasserbomben · Sinkkörper mit Kontaktzündung · elliptisches oder/und quadratisches Ziel- und Trefferfeld · Hedgehog-Salven bei maximal 15 kn · Die Maxime des britischen Admirals über das »unsichere Gerät« · Der us-amerikanische »mousetrap«

2.9.2.2 Wasserbomben, leichte, schwere und die
»Torpex«, der Squid und der Amouk 314

2.10 1942 ein relativ erfolgreiches Jahr für die
U-Boot-Waffe 322

Churchills Sorgen: the close struggle for bare survival · Sich ständig vergrößernde U-Boot-Zahlen · Aber: Der Verlustdurchschnitt beginnt anzusteigen · Raeders Problem: Krise durch die Verluste an eingefahrenem Personal · Alliierte Neubauten multiplizieren sich zu Ungunsten der Deutschen · Casablanca: »Der Sieg über die U-Boote steht an der Spitze«

3. Kapitel
**1943: Der Höhepunkt im März,
das Kriterium im Mai und der Entschluß
des BdU** 325

3.0 Zur Lage 325

3.1 Großadmiral Karl Dönitz wird Oberbefehlshaber
der Kriegsmarine 337

Auch wenn Raeder schwieg, war er für Hitler ein stiller Vorwurf · Raeder mit Hitler selten allein · Unter Dönitz wird vieles anders, vieles ist neu · Dönitz sucht den Kontakt · Der Robbenschlag unter bisherigen Flaggoffizieren · Stalingrad nicht nur das einzige düstere Zeichen · Auf H_2S

gestützter Angriff auf Hamburg · Die Casablanca-Konferenz und ihre Folgen für die U-Boote · Hitler glaubt noch immer an ein Zusammengehen mit den Briten gegen den Osten · Dönitz als ObdM und BdU an seine U-Boot-Männer

3.2 Mit der Zusatzwalze BETA in den März 341

Wieder günstige Lage im Nordatlantik für die Grauen Wölfe · Dönitz findet seinen Funkführungsstil vollauf bestätigt · Der Kampf der Gruppe NEULAND · Erstmals ein CVE beim Konvoi · Vom xB-Dienst gemeldet — aber von den Booten nicht erfaßt · Die Rechnung der Operations Research Group geht auf: Großer Geleitzug macht stärkere Sicherung möglich

3.3 Kurz vor der tödlichen Wende:
Der U-Boote größte Geleitzugschlacht 347

Winterlicher Nordatlantik: Kurze Tage — quälend lange Nächte · Feindfahrt in Schnee- und Hagelböen und wilde, hochlaufende See · 43 Boote in drei Rudeln · Klassischer U-Boot-Aufmarsch — wie 1939 konzipiert und erhofft · Die 500 U-Boote des Vizeadmirals Hellmuth Heye — ein Wunschtraum · Zehn Konvois im Nordatlantik mit über 500 Frachtschiffen · Der Trick der Korvette *Heather* · BdU bricht die Operationen gegen den O.N. 170 ab · Ansatz auf die Südrouten-Konvois · Erste Erfolge mit dem FAT · Die britische Aktion RASPBERRY am S.C. 122 · Zu spät merkt der BdU, daß es sich um zwei Geleitzüge handelt · Das Huff/Duff in der Praxis · Erste HF/DF-Geräte im Einsatz · 21 Schiffe mit 140 842 BRT versenkt — bei nur einem Eigenverlust · Dönitz ist sehr zuversichtlich, auch hinsichtlich der neuen Torpedos

3.4 400 U-Boote ab 1. März in Dienst 365

Ein Roskill-Zitat zur U-Boot-Lage · Britische Stimmen mehren sich: »Konvoischutzschild ist wirkungslos geworden« · Der »Kleine Kreis« kennt bereits den Termin zur Wende · Die Washington-Konferenz und ihre Ziele · Die Invasionsbasis bedroht · Wachsende U-Boot-Zahlen

3.5 Das Rotterdamgerät H_2S — ein Schock 369

Das H_2S-Gerät — ein Zufallsfund · Die Arbeitsgemeinschaft Rotterdamgerät (AGR) · General Martini fordert Nachbau des Geräts, um seine wahre Wirkung zu erforschen · Nachbaudringlichkeitsstufe braucht drei Wochen

· Die Marine kontert: Rotterdamgerät ist eine Navigationshilfe (aber kein Radar) · Marine: Die ortungslosen Luftangriffe auf U-Boote haben andere Gründe · Ein Jahr vergeht, bis man die Wahrheit weiß — bis dahin sterben warnungslos aus der Luft angegriffene U-Boote · In der Funkmeßbeobachtung fährt man auf falschen Gleisen

3.6 Die alliierten Gegenmaßnahmen beginnen sich auszuwirken 374

Viele Faktoren bestimmen Erfolgs- und Verlustquoten im Nordatlantik · Erstmals Support-Group mit Escort Aircraft Carrier am Konvoi · 14 Eskorter an einem einzigen Konvoi · 1 Frachter aus 2 Konvois versenkt — dagegen 2 U-Boote verloren · Im unberechenbaren Wechselspiel am Konvoi S.L. 126 wieder Erfolge bei keinem Eigenverlust · Am H.X. 231 6 Frachter versenkt — aber 2 Eigenverluste · 12 Eskorter sichern 35 Frachter · U-Boote werden abgedrängt, viele werden dabei beschädigt · Wieder ein Escort Aircraft Carrier am Konvoi · von Bülows gefeierter Irrtum um einen »versenkten« Hilfsflugzeugträger · 6 Frachter versenkt — 3 Boote geopfert · Gegner wollen auch die Kampfmoral der U-Boot-Männer schwächen · Bittere Kommandantenzitate über die Präsenz der permanenten »feindlichen Luft« · Noch immer unzulängliche U-Boot-Flak · Am H.X. 232 : 1 Frachter versenkt und 1 U-Boot verloren · Der Gruppe FINK läuft der O.N.S. 5 direkt in den Vorpostenstreifen ein · Die Nebelkatastrophe am O.N.S. 5: die alliierten Eskorter »sehen« mit dem neuen 10 cm-Radar — und das deutsche FuMB versagt · Größter Erfolg der Radartype 271 M · Die O.N.S. 5 — Operation aus der Sicht des BdU-KTBs · Gesamterfolg: 16 Schiffe mit 90 500 BRT · Dönitz: Die Boote hatten ein schweres Kämpfen · 15 Boote erhielten Wasserbomben · 6 Boote melden nicht mehr — 6 sind beschädigt und fallen aus · Dönitz: Die Verluste sind sehr hoch · Der G.L. 36 und das Funkmeß · Der BdU und die Luftortung

3.7 Die neuen Torpedos — neue Hoffnungen 389

Der Schleifentorpedo FAT · Der Horchtorpedo, auch FALKE genannt · Zur Geschichte des akustischen Torpedos · Das Prinzip des T 4 ist so kompliziert nicht · Dönitz ist mit dem T 4 FALKE nicht zufrieden · Der T 4-Einsatz wird aufgegeben · Dönitz fordert den »Zerstörerknacker«, den ZAUNKÖNIG genannten T 5 · Amerikas FIDO, den sie auch WANDERING ANNE nennen

3.8   Der Katastrophe entgegen 395

Hier drei U-Boote — dort nur ein Frachtschiff versenkt · Der BdU Dönitz über die »Versager« bei den Umgehungen der U-Boot-Gruppen · War »die hier sehr starke Funkerei« die Ursache? · Oder sind die Umgehungen auf Ortungen aus der Luft zurückzuführen? · Ein Einbruch in den Schlüssel ›M‹ ist absolut ausgeschlossen · Auch Dönitz kannte das Buch von Hector Bywater nicht, ein lehrreiches, ein wichtiges Buch über die Folgen zu häufiger Funksprüche in See

3.9   Zu hohe Verluste — Dönitz bricht die Nordatlantikschlacht am 24. Mai 1943 ab 399

H.X. 237 und S.C. 121 — Stoff für einen Dokumentarbericht · Peter Dingeman: Gehorsam im Interesse des Schiffes · Opfer für etwas, das größer ist als man selbst · Geisteshaltung gewordene Disziplin · 35 U-Boote im Ansatz: 5 Frachter versenkt, aber auch 5 U-Boote verloren · U-Booten kaum noch möglich, an Konvois heranzukommen · Trägerflugzeuge und Escorter zwingen die U-Boote zum Tauchen · Zusätzliche Flugboote übernehmen zusätzliche Luftsicherung · BdU bricht die H.X. 237-Operation wegen »Dauerluft« ab · Escort Aircraft Carrier *Biter* am S.C. 129 aktiv · Auch hier zusätzliche Liberator · 40 Boote in hartem Einsatz gegen eingespielte Zusammenarbeit von See und Luft · Zweizentimeter Vierlinge allein genügen nicht · Die Vorlaufphase zum Stalingrad im Nordatlantik · Dauerluft gegen U-Boote · Auch der H.X. 130 zusätzlich durch Escort Aircraft Carrier gesichert · Vierlingsflak gegen 3 Swordfish erfolgreich · 5 Geleitzüge von 40 U-Booten bekämpft — nur 1 Frachter versenkt, aber 10 Eigenverluste und 4 Schadensabgänge · Dönitz bricht die Gruppenoperationen im Nordatlantik am 24. Mai »vorübergehend« ab

3.10   Dönitz berichtet Hitler 410

Der Lagevortrag vor Hitler am 31. Mai 1943 · Zunahme an Gegnerflugzeugen für Dönitz die Ursache der Krise · Dönitz: Der Gegner hat ein neues Ortungsgerät an Bord auf See und in der Luft · Verluste von 13% auf 30% gestiegen · Dönitz über des Gegners Funkmeßortung: Wir besitzen nichts auf diesem Gebiet · Zersplittern oder/und Stören der gegnerischen Ortung, ein Weg? · Das FuMG THETIS · Der BdU: der eigene FuMG-Strahl ist zu schmal · Probleme der U-Boot-Tarnung · Die Deckbezeichnung

SCHORNSTEINFEGER · »Schwarzfärbung« durch Dipolgitter · Sümpfe genannte Absorptionsschichten · Dem Stoff für 100%ige Absorption der Radarstrahlen auf der Spur · Strahlendurchlässige U-Boot-Türme · Mehr Vierlinge nutzen ohne »Zerstörerknacker« auch nichts · Dönitz: Man darf nicht mit »Zuckerbäckern« über See fliegen · Die U-Boote sind an einer technischen Waffenfrage gescheitert — aber, so Dönitz, es wird ein Gegenmittel geben · Hitler: Der Nordatlantik ist mein westliches Vorfeld · Hitler und das neue Ortungsgerät, seherische Zweifel · Entscheidungsprobleme · Teilrückzug aus dem Nordatlantik oder — totaler Abbruch des U-Boot-Krieges bis alle Gegenwaffen einsatzbereit, auch die neuen Boote

3.11 Großadmiral Dönitz
begründet den »Opfergang« der U-Boot-Waffe . 422

War der Einsatz der konventionellen U-Boote überhaupt noch vertretbar · Boote sind zu ersetzen — erfahrene Besatzungen kaum · Des Großadmirals Erklärungen gegenüber dem Verfasser · Dönitz' Antwort an Kapitän zur See Güth · Clausewitz und die Ökonomie der Kräfte · Konteradmiral Rösing heute: »... weil es doch keine andere Alternative gab« · Die Zustimmung der Flottillenchefs · »... den geistigen Gesetzen seiner Zeit unterworfen...« · Die schweren Folgen bei einer Einstellung des U-Boot-Krieges · U-Boote zwingen die Alliierten u. a. auch weiterhin zum Konvoisystem

4. Kapitel
Schlußbetrachtung 433

Einprägsame Statistiken · Otto Kretschmer zur Schlüssel »M«-Kompromittierung · Die Front glaubte teilweise schon im Frieden nicht an die absolute Sicherheit des Schlüssels »M« · Ungenutzte Möglichkeiten zur zusätzlichen Schlüsselsicherung · Das Prinzip »need to know« beim U-Boot-Funk · Der primäre und der sekundäre Stellenwert der Feindmaßnahmen · Schnellere britische Fregatten — aber noch immer gleichschnelle (= gleichlangsame) neue U-Boote der verbesserten Typen · Personalprobleme auf den Eskortern im Vergleich zu den U-Booten · U-Bootfahrernachwuchs mit zum Teil fehlenden (Hochsee-)Erfahrungen — aber hoher Kampfmoral · »Deutscherseits keine Vorstellung von der Wirksamkeit der alliierten Gegenmaßnahmen« · Dönitz: »Das U-Boot muß unter Wasser!« · Pro und Kontra um das Walter-U-Boot · Verlorene, vertane und nicht mehr aufzuholende Zeit · Fehlende Zusammenarbeit — Kardinalfehler Nummer Eins · Schnorchel gegen Luftbedrohung der U-Boote · Dönitz entwickelt völlig neue Seekriegskonzeption · Berechtigte Hoffnung auf eine Wende nach der Wende · Der U-Boote Opfergang

Schlußwort 449

Anlage 1: 450
Die Entwicklung der deutschen Funkmeßgeräte und die des britischen Radars

Anlage 2: 463
Das deutsche Marinenachrichtenwesen
   2.1 KM-Dienststellen für das Funk- und Nachrichtenwesen 463
   2.2 Schema Nachrichtenführung und Nachrichtenmittel der U-Bootwaffe 465

Anlage 3: 466
Weitere aufgebrachte U-Boote

Anlage 4: 471
Annahme der Abteilung »F.H.« der 3. Skl in der jeweiligen Kriegszeit

Anlage 5: 472
Ergebnisse des Konvoi-Systems 1939—1945 aus britischer Sicht

Anlage 6: 473
Otto Kretschmer: Über den taktischen Unsinn überflüssiger Funkerei

Anlage 7: 477
Der Schiffbau in USA im Maritime Commission Programme

Anmerkungen 478

Literatur, Quellen und Informationen 563

Die geheimen Quadratkarten der deutschen Kriegsmarine

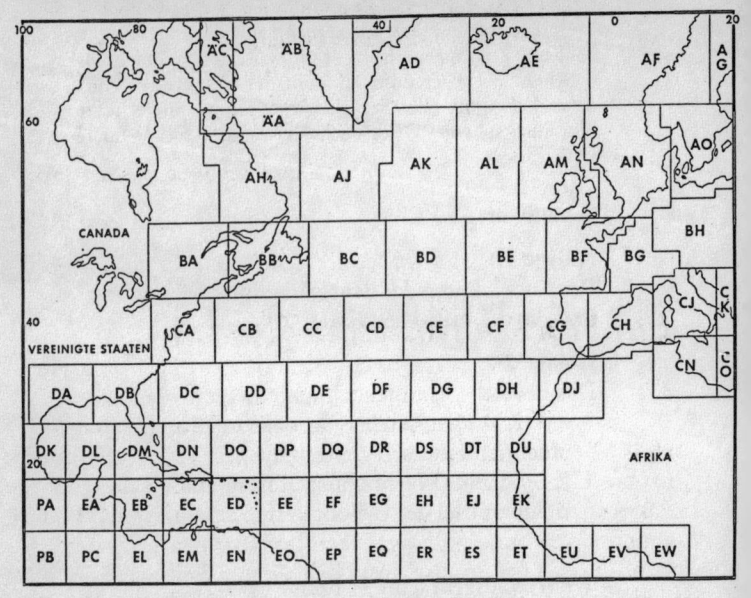

Die Marinequadratkarte des Nord-Atlantischen Ozeans

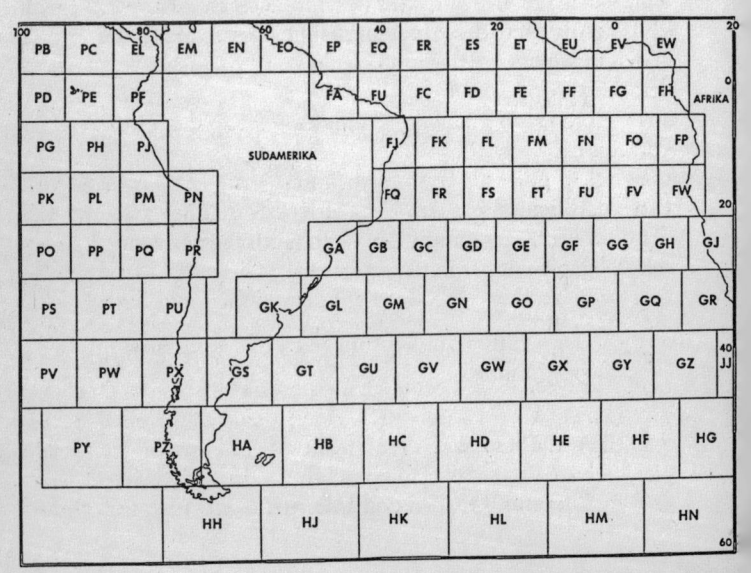

Die Marinequadratkarte des Süd-Atlantischen Ozeans mit Südostteil des Pazifiks

> »Nehmen Sie diesen Krieg sehr ernst!
> Seien Sie sich darüber klar,
> er wird sehr lange, vielleicht sieben Jahre, dauern,
> und wir werden froh sein,
> wenn er dann mit einem Vergleich endet.«
>
> Dönitz am 4. September 1939

Ein Wort vorab zum Thema

63 Prozent von den im Zweiten Weltkrieg verlorengegangenen 603 U-Booten sind aus der Luft versenkt worden. So gewertet, hat das Flugzeug das U-Boot besiegt. Zweifelsohne auch durch das bessere Funkmeßgerät, das die Briten schon damals Radar nannten. Die hintergründige, aber primäre Ursache für die ersten alliierten Erfolge war aber doch wohl der Einbruch der britischen Dekodierungsspezialisten in den deutschen Marineschlüssel »M« (einer Abart des maschinellen Kryptographen ENIGMA), hier zuerst in den Sonderschlüssel HYDRA, später in den mit den sogenannten Griechenwalzen ausgerüsteten Sonderschlüssel TRITON.
Soviel vorab zum Thema und zum letzten Stand der historischen Forschung.
Inzwischen gibt es ja nun im In- und Ausland mehr als einige Dutzend Bücher über den U-Boot-Krieg. Alle befassen sich mit dem beispiellosen Kampf der U-Boot-Männer in der mit Technik vollgepfropften Röhre. Erst waren sie die erfolgreichen Jäger, dann wurden sie — dazu auf dem Höhepunkt ihrer Erfolge — praktisch von einem Monat zum anderen zu gnadenlos Gejagten. Aufrechtgehalten nur noch durch die Hoffnung auf die neuen Bootstypen als echte Unterwasserschiffe, die versprochenen neuen Waffen und durch einen dennoch ungebrochenen Kampfgeist. Dieser Durchhaltewille trotz schwerer, ja schwerster Verluste wäre an sich ein Buchthema für sich allein, Beispiele dazu gibt es genug. Auch dafür, wie hoch auch faire Briten

diese deutsche soldatische und technische Leistung bewerten, so, als Beispiel, Vizeadmiral Sir Peter Gretton in seinem Buch ATLANTIK 1943, das 1975 erschien und — leider — kaum bekannt ist. Gretton sagt in seinem Schlußkapitel: »Die Männer der U-Boot-Waffe waren tapfer und zäh, meist Freiwillige. Alle waren entschlossen, ihrem Vaterlande mit hohem Pflichtgefühl zu dienen.«
Was jedoch im Schrifttum über die deutschen U-Boote im Zweiten Weltkrieg fehlt, ist eine breitgefächerte Analyse der Ursachen für eine überzeugende Antwort auf die Frage: Warum mußte es nach den großen Erfolgen der ersten Jahre, ab Mai 1943, zu einer derart plötzlichen, zu dieser nachgerade abrupten Wende im U-Boot-Krieg kommen? Die einen meinen, das Radar sei der wesentliche Grund, andere sehen es im gegnerischen Huff Duff und in den neuartigen Waffen, vor allem aber in der alliierten Luftüberlegenheit über See. Nun, mir scheint, daß der Hauptschlüssel zu diesem Fragenkomplex der bereits oben genannte Einbruch in den Marineschlüssel »M« war. Er ist der Kristallisationspunkt, auf den die anderen Faktoren als Koordinaten zulaufen. Eine der Koordinaten ist in der Vorentwicklung zu suchen, die ja auch ein Politikum gewesen ist.

*

Schließlich und vor allem drängt es den Verfasser, allen Mitarbeitern und Informanten in ihrer Eigenschaft als maritime Wissensträger oder als technisch-wissenschaftliche Experten sowie allen zum Thema angesprochenen amtlichen und halbamtlichen Dienststellen in der Bundesrepublik wie auch im Ausland, insbesondere in Großbritannien und den USA, allen Instituten, Archiven und Bibliotheken aufrichtigen Dank zu sagen. Sie alle im einzelnen aufzuführen, würde den Rahmen des Vorwortes sprengen, allein schon die Zahl der vielen Angehörigen der ehemaligen Kriegsmarine, hier insbesondere der U-Boot-Waffe. Diese Wissensträger haben dem Verfasser schon vor Jahrzehnten bereits unmittelbar nach dem Kriege für seine vielschichtigen Arbeiten und Untersuchungen über die U-Boot-Waffe mit Informationen und Erfahrungsberichten geholfen. Dabei sei die Feststellung nicht ohne Interesse, daß diese Aussagen sich fast

minutiös mit den Fakten in den erst Jahre später von Großbritannien an die Bundesrepublik zurückgegebenen Kriegstagebüchern (KTBs) decken.
Dennoch sind einige Ausnahmen bei diesem aus Platzgründen nur pauschalen Dank geboten: So. z. B. der Bibliothek für Zeitgeschichte mit Professor Dr. Jürgen Rohwer als Leiter, diesem aber auch als Autor des hervorragenden Nachschlagewerkes J. Rohwer/G. Hümmelchen: Chronik des Seekrieges 1939, das dem Verfasser bei der Aufschlüsselung des U-Boot-Krieges und seiner einzelnen Phasen wie auch für die verschiedenen U-Boot-Operationen von großem Nutzen war. Jürgen Rohwers Bibliothek half auch mit dem mehr oder weniger unbekannten Werk von Captain S. W. Roskill über die Aufbringung von *U 110*, das als Grundlage für die diesbezüglichen Ereignisse aus britischer Sicht diente und als Schlüsselereignis im Buch »DIE WENDE« ein- und zugeordnet wurde. Zu den gesondert hervorzuhebenden Ausnahmen sind auch die von Dipl.-Ing. F. Trenkle erarbeiteten, erst 1984 von der AEG-Telefunken-Aktiengesellschaft als firmeninterne Schriften herausgegebenen Editionen zu zählen, in denen erstmals in fachwissenschaftlicher Konzeption und Diktion die deutschen Funkpeil- und Horchverfahren bis 1945 wie auch die deutschen Funkstörverfahren bis 1945 behandelt werden. Auch hier wurden die neuesten Erkenntnisse in Verbindung mit Aussagen fachwissenschaftlicher Wissensträger für DIE WENDE IM U-BOOT-KRIEG genutzt. Von besonderem Wert war auch das unveröffentlichte Manuskript »U *Lilliput* — Geschichte unseres Bootes« von Günter Heydemann, Kommandant *U 575*.
Im Zusammenhang mit diesen Quellen sei insbesondere der Schriftwechsel mit Vizeadmiral a. D. B. Rogge (†), Konteradmiral a. D. J. von Puttkamer (†) und vor allem Flottillenadmiral a. D. Otto Kretschmer hervorgehoben. Auch die Unterlagen von Kapitän z. S. a. D. R. Güth, vormals Dozent für Militärgeschichte (Marine) an der Führungsakademie der Bundeswehr, Hamburg, und später Abteilungsleiter Marine im Militärgeschichtlichen Forschungsamt (MGFA), Freiburg (bei der Kriegsmarine u. a. Lehrstabsoffizier an der Marineschule Mürwik), verdienen besondere Erwähnung. Zu diesem Informantenkreis sind auch die VdU-Präsidenten Korvettenkapitän a. D. Addi Schnee (†)

und Kapitän z. S. a. D. Kurt Diggins zu zählen. Bei der Behandlung der britisch-amerikanischen U-Boot-Bekämpfungswaffen schulde ich Werner F. G. Stehr kollegialen Dank.
Nicht zu vergessen sei das Bundesarchiv/Militärarchiv in Freiburg, hier der stets hilfsbereite, sachkundige Archivdirektor Dr. Hansjoseph Maierhöfer und Frau Eleonore Müller im Benutzersaal.
An der internen Manuskriptgestaltung wie auch mit Informationen haben kameradschaftlich geholfen mein Freund und Kamerad Hermann Rautzenberg, Ex-Oberfähnrich (NT) der U-Boot-Waffe, und mein SCHIFF UND ZEIT-Mitarbeiter Fachschuldirektor G. Loeck, Fregattenkapitän d. R.. Auch W. F. G. Stehr und Fregattenkapitän a. D. Wolfgang Brinkmann halfen hier mit.

*

Die inzwischen von den ehemaligen Alliierten freigegebenen Geheimunterlagen über die wahren Verluste durch den U-Bootkrieg der Deutschen, der Italiener und der Japaner haben es notwendig gemacht, die bisher als verbindlich und zuverlässig geltenden Editionen zum U-Bootkrieg renommierter Historiker (deren Forschungsergebnisse auch für DIE WENDE IM U-BOOTKRIEG als Quellen genutzt worden sind) zu überprüfen.
Fehler, Irrtümer der Autoren wie auch bei den BRT-Größen heute nachweisbare, aber entschuldbare Fehleinschätzungen der Kommandanten und/oder der deutschen U-Bootbefehlsstellen konnten anhand der freigegebenen Unterlagen für diese Taschenbuchausgabe berichtigt werden (so als versenkt gemeldete Frachter oder Tanker, die in Wahrheit nur beschädigt waren und nicht selten sogar noch einen Hafen erreichten ... Konvois, die der deutschen U-Bootwaffe und damit den die KTBs auswertenden deutschen Wissenschaftlern nicht bekannt waren, in Wahrheit aber von U-Booten angegriffen wurden und Verluste hatten, usw., usw.).
Bemerkenswert sind auch sachdienliche Ergänzungen zum Thema. Hier seien hervorgehoben die Erfahrungsanalysen und geschliffen-scharf kritischen Überlegungen durch Flottillenadmi-

ral Otto Kretschmer, ehemals Kommandant von U 99, und mit höchster Versenkungsziffer als »Tonnagekönig« apostrophiert.
Kretschmer geriet zwar relativ früh in Gefangenschaft, wertete aber hier die Aussagen überlebender U-Bootfahrer aus und erfuhr mehr an Fakten über Feindfahrtkriterien, als jene Kommandanten berichten konnten, die glücklich heimkehrten. Er hat dafür gesorgt, daß diese Erfahrungen auf Umwegen auf den Schreibtisch des BdU gelangten.
Otto Kretschmer befaßt sich in diesem Buch in einer ausführlichen Ergänzung kritisch mit dem heißen Eisen der Funkführung der U-Boote durch die U-Bootführung und deren oft tödlichen Schwächen.
Dank gebührt allen Lesern, die sich zur Originalausgabe geäußert haben, sowie dem früher in Leipzig tätigen Buchspezialisten Erwin-Friedrich Erbisdorff (†), Bonn, für seine redaktionelle Mitarbeit.
Ganz besonders möchte ich Horst Bredow, dem Leiter des U-Bootarchivs in Cuxhaven, und seinen sachkundigen wissenschaftlichen Mitarbeitern danken.

1. Kapitel
Erste Zweifel, erste Kriterien

1.0 Die U-Boot-Lage 1939 bis 1941 als Basisinformation

Noch wenige Monate vor Kriegsbeginn wird der mögliche militärische Wert der U-Boote für den Fall eines Krieges extrem unterschiedlich beurteilt. In seinem Streben nach einer ausgewogenen Flotte sieht der Oberbefehlshaber der Kriegsmarine, Großadmiral Dr. h. c. Erich Raeder, in der U-Bootwaffe lediglich eine Teilstreitkraft der Flotte, nicht aber das einzig erfolgversprechende Kampfinstrument im Falle eines Krieges mit Frankreich und dem von überseeischen Zufuhren abhängigen Großbritannien. Auch dann, als der FdU, der Führer der U-Boote, Kapitän z. S. Karl Dönitz, Raeder im frühen Sommer 1939 von der Bedeutung der von ihm weiterentwickelten und im Winter 1938/1939 mit dem erhofften Erfolg im Atlantik erstmals praktisch versuchten Rudeltaktik[1] überzeugt und zudem die Gefahr eines Krieges auch mit England und Frankreich im Fall einer bewaffneten Lösung der »Polenkrise«[2] zumindest für die Führungskräfte der Marine trotz Hitlers gegenteiliger Versicherungen akut erscheint, wirft Raeder das Ruder nicht um 360° zugunsten der »Waffe der Kapitänleutnante« herum. Zwar wird ab nun der U-Boot-Bau forciert, aber ein Schwerpunktprogramm wird er nicht.[3]

Als es am 3. September — wie von Raeder befürchtet und von Dönitz vorausgesagt — nach dem »Einmarsch in Polen« zur Kriegserklärung durch Großbritannien und Frankreich kommt, zählt die U-Bootwaffe nur 57 Boote. Davon sind 46 einsatzbereit, von diesen jedoch nur 22 für eine ozeanische Verwendung geeignet.[4]
Auf Raeders Weisung erfolgt daher eine Umstellung des Bau-

programms: von den großen Schiffen sollen nur diejenigen Einheiten fertig gebaut werden, die kurz vor der Vollendung stehen, nämlich die Schlachtschiffe *Bismarck* und *Tirpitz,* die Schweren Kreuzer *Blücher* und *Prinz Eugen, Lützow*[5] und *Seydlitz*[6] sowie der Flugzeugträger *Graf Zeppelin.*[7a] Einheiten, von denen am Ende ein Teil gar nicht weiter und nicht fertig gebaut wurde. Verlorene Zeit, verlorene Kapazität zu Ungunsten der, wie sich aber erst später erweisen wird, effizientesten Waffe im Kampf gegen Großbritannien: der U-Boote.

Bei den U-Booten, von denen zur Zeit zwei bis vier je Monat vollendet werden, soll das Bauprogramm auf 20 bis 25 je Monat hochgezogen werden. Dönitz [29]: »... hauptsächlich VII C — 517 t,[7b] wendig, vergleichsweise guter Aktionsradius (AR), 12—14 Torpedos; ferner Typ IX C — 740 t, größerer AR, höhere Torpedozahl, weniger wendig; Bauzeit der Boote 21 Monate, kommen also sehr spät.«
Dönitz später nach dem Kriege an Kapitän z. S. Güth, Lehrbeauftragter Marinegeschichte an der Führungsakademie der Bundeswehr [102]: »Daß der deutsche U-Boot-Bau 1939 bis 1943 nicht den gesamt-strategisch notwendigen Rüstungsvorrang erhielt, ist ein wesentlicher Grund für den Verlust der Atlantikschlacht. Sie wäre anders verlaufen, wenn die deutsche U-Bootwaffe mit mehr Booten hätte kämpfen können ...«

Und vielleicht auch mit »Walter U-Booten«. Doch das von Gerüchten umwobene U-Boot des Germania-Werft-Ingenieurs Hellmuth[7c] Walter kommt nicht, ein erwiesenermaßen ebenso problematisches wie noch immer riskantes Vorhaben wegen der Anwendung von hochkonzentriertem Wasserstoffsuperoxid (H_2O_2), dessen unbedenkliche Beherrschung Walter bereits seit Jahren[8] verspricht, aber wegen Fehlens der notwendigen Etatmittel für Personal, Material und Raum nicht anhand von Versuchen und Prototypen beweisen kann. Auch nicht die über 20 kn schnelle Fahrt unter Wasser, die selbst Fachleute als »vermessen«, »versponnen« und »utopisch« abwerten.
Zusammen mit den bereits am 19. August in den Atlantik prophylaktisch entsandten 18 Booten[9] beginnen diese mit weiter hinzutretenden Booten ihre Operationen in verschiedenen Re-

vieren, auch als Minenlegerboote.[10] Außerdem führen einige Boote Handelskrieg vor der norwegischen Südküste: *U 3*, *U 4*, *U 7*, *U 16*, und *U 36*.

Das erste britische Schiff, das verloren geht, ist das Opfer einer Konsequenz: Kapitänleutnant J. F. Lemp, Kommandant von U 30, spricht einen nach der Abenddämmerung in die Nacht abseits der normalen Routen auf Westkurs laufenden Passagierdampfer als einen der zahlreichen britischen Hilfskreuzer an, nämlich den am Freitag, dem 1. September, aus Belfast in See gegangenen und für Montreal bestimmten Passagierliner *Athenia*, der, 13 465 BRT [23] groß, unter der Flagge der Donaldson Atlantic Line fährt. Das unter dem Kommando von Captain James Cook stehende, turbinenbetriebene 15.5 kn-Schiff wird 250 sm westlich von Inishtrahull, Donegal, am 3. September abends um 19.45 Uhr an Backbordseite in Höhe des Maschinenraums torpediert[11], also nach Sonnenuntergang, wo normalerweise im Frieden (und im Kriege) auf neutralen Schiffen und international besetzten Passagierdampfern wie auch auf Schiffen unter der Flagge des Roten Kreuzes die international vorgeschriebenen »Lichter geführt werden müssen«. Die *Athenia* dagegen setzte die Lichter nicht, sie fuhr total abgeblendet in die Nacht.

Als Folge der warnungslosen *Athenia*-Versenkung — für die Briten Anlaß zur Annahme, die Deutschen hätten einen uneingeschränkten U-Boot-Krieg eröffnet — gebietet ein neuer Befehl der Seekriegsleitung (Skl), daß gegnerische Passagierschiffe in Zukunft auch dann nicht angegriffen werden dürfen, wenn sie im militärischen Geleit fahren, also mit Sicherheit als Truppentransporter anzusprechen sind. Dieser Befehl übertreibt nun nach der anderen Seite hin. Er geht weit über die übliche Prisenordnung hinaus und erschwert den Kommandanten, vornehmlich den U-Boot-Kommandanten, die Seekriegführung, zumal die R.N. (Royal Navy) einschließlich der R.A.N.[12a], der R.N.Z.N.[12b] und der R.C.N.[12c] insgesamt 52 Passagierschiffe [9] als Armed Merchant Cruiser's[12d] umgebaut und in Dienst hat. Der oben genannte Befehl wird erst im Sommer 1940 durch die Skl annulliert.

Ansonsten wird der U-Boot-Krieg streng nach der Prisenordnung geführt und dadurch der Kriegsmarine erheblich erschwert, was ja auch, von der britischen Seite her betrachtet, der wirkliche Sinn dieses Abkommens ist. Alle U-Boot-Kommandanten beachten die entsprechenden Weisungen mit der der deutschen Marine eigenen Gewissenhaftigkeit.[13] Mehr noch, sie helfen auch gegnerischen (britischen und französischen) Schiffsbesatzungen oder solchen, denen Konterbande nachgewiesen worden ist, wenn deren Schiff nach Vorwarnung versenkt werden muß, wenn notwendig, mit Lebensmitteln, Kleidungsstücken, Medikamenten und mit Segelanweisungen. Sie versorgen Verwundete oder rufen per Funk sogar Hilfe herbei, notfalls auch britische Schiffe.

Bis zum 3. Oktober 1939, also vier Wochen nach Beginn des Zweiten Weltkrieges, hat der Gegner, ausschließlich der 13 465 BRT großen *Athenia*, 46 Handelsschiffe mit 167 533 BRT durch Versenkungen, 5 mit 19 925 BRT durch U-Bootminen und 3 Schiffe mit 4706 BRT als Prisen verloren. Schwer beschädigt wurden 2 Handelsschiffe mit 16 916 BRT (darunter der Passagierliner *City of Paris* mit 10 902 BRT). An Kriegsschiffen ging am 17. September der 22 500 ts große Flugzeugträger *Courageous* durch *U 29* (Kapitänleutnant Otto Schuhart) und eine Korvette, die 530 ts große *Kittiwake,* wurde durch eine U-Bootmine (U 26, Ewerth) schwer beschädigt. Zusammen ergibt das einen Verlust an feindlicher Handelsschifftonnage von 191 764 BRT, mit der *Athenia* sogar von 205 345 BRT. Die beiden beschädigten Frachter sind nicht mitgerechnet worden. Trotz der Erschwernisse durch die Prisenordnung ist das Ergebnis so mager nicht. Vorerst noch, denn noch sind auch Einzelfahrer unterwegs.

Die deutsche Kriegsmarine hat während der oben genannten Zeitphase die ersten beiden U-Boote verloren, nämlich:

- am 14. September *U 39* vom großen Typ IX, das unter Kapitänleutnant Gerhard Glattes nordwestlich von Irland nach einer allerdings nicht genauen Meldung der deutschen Funkaufklärung gestellt wurde. Die Ursache für den Verlust ist im Versagen der auf den Flugzeugträger *Ark Royal* geschossenen

Torpedos zu sehen,[14] so daß die Sicherungszerstörer *Faulknor*, *Foxhound* und *Firedrake* den Angreifer lokalisieren und durch Wasserbomben vernichten konnten

und

- am 20. September *U 27* vom Typ VII unter dem Kommando von Kapitänleutnant Johannes Franz westlich von Nordschottland durch Wasserbomben der britischen Zerstörer *Fortune* und *Forester*.

Was die Abwehrmaßnahmen gegen die »German U-Boats«[15] beim Gegner betrifft, so gehen bereits am 7. September, also nur vier Tage nach der Kriegserklärung, die ersten Atlantik-Konvois in See, ein O.A. als »ocean convoy Thames outward by English channel«, ein O.B. als »ocean convoy Liverpool outward« und ein O.G.C. als ein »ocean convoy outward U.K.-Gibraltar«.[15a] Die ersten transatlantischen, heimgehenden Konvois nehmen am 15. und 16. September Kurs auf einen Hafen im United Kingdom (U.K.): der K.J.F.1 aus Kingston (Jamaika) und der H.X.1 aus Halifax, Neufundland.
Von nun an nimmt die Zahl der Geleitzugarten wie auch die Zahl der Geleitzüge laufend zu. Einzelfahrer werden immer seltener.
Es ist erstaunlich, wie schnell die Briten (wie von Dönitz in seiner Denkschrift 1935 erwartet und gewarnt) mit dem bereits im Ersten Weltkrieg erprobten Konvoi-System auf die Bedrohung ihrer lebens- und kriegswichtigen atlantischen Versorgungswege reagierten. Schließlich sind damit ganze Bündel komplizierter logistischer Probleme und Maßnahmen verbunden, von der Gestellung von Sicherungsstreitkräften vor allem in Form von Zerstörern, Korvetten, Sloops, Trawlern usw. ganz zu schweigen. Bei diesen Eskortern herrscht jedoch von Anbeginn ein fühlbarer Mangel — und Eskorteinheiten, welche etwa die ganze Strecke von Großbritannien bis etwa Halifax als der Hauptschlagader des Versorgungssystems ohne eine Beölung auf See durchstehen können, — gibt es sonderbarerweise (noch) nicht.[16a]
Jedenfalls sind und bleiben die verschiedenen Konvois für die deutsche Seekriegsleitung das Ziel mit dem höchsten Stellen-

wert, anfangs für U-Boote wie aber auch für die Überwasserseestreitkräfte.[16b]

Der Einsatz der Überwassereinheiten ist bei der geringen Zahl der U-Boote bei Kriegsbeginn nachgerade geboten, um im Zufuhrkrieg außer den nur an Einzelfahrern interessierten Hilfskreuzern dem Gegner nicht nur primär durch Tonnageverluste, sondern insbesondere sekundär zu schaden: durch deren Geleitzugstopps bei Gefahrenlagen, durch Beanspruchung auch der großen Kriegsschiffeinheiten zur Sicherung, durch Diversionswirkungen auf das ganze gegnerische Potential der einsatzfähigen Seestreitkräfte. Der Zufuhrkrieg mit Überwasserstreitkräften ist ein bewußt in Kauf genommenes Risiko, das der ObdM, Großadmiral Raeder, konsequent verantwortet; es steht dem Mut und dem Einsatzwillen der U-Boot-Waffe nicht nach.

Am 16. September wird der erste U-Boot-Angriff gegen einen Konvoi vermerkt. *U 31* versenkt aus dem O.B.-Konvoi den 4060 BRT Dampfer *Aviemore*. Diese Versenkung ist die erste der vielen Stufen zum Kampf ohne Erbarmen und ohne Gnade: zur Schlacht im und um den Atlantik.[17a] Ohne die von den Alliierten erzwungene Wende ab Mai 1943 wird es einmal dank der aus den USA über See transportierten Waffen und der vielen anderen kriegswichtigen Güter keine russische Erholung von den Niederlagen, keine Atempause und keinen russischen Vormarsch in Richtung Westen geben, ohne sie werden auch die Landungen der Alliierten in Afrika, in Sizilien oder in Südfrankreich nicht möglich sein, von der großen alliierten Invasion in der Normandie ganz zu schweigen.

Überdies ist die Torpedierung der *Aviemore* der Einzelerfolg eines noch einzeln operierenden U-Bootes an einem Konvoi, nicht einmal das Ergebnis einer gelenkt angesetzten kleinen Gruppe von U-Booten. Und an den Einsatz von ganzen Rudeln gegen einen Konvoi ist bei dem konventionellen Bautempo für neue U-Boote und wegen Raeders bis dahin traditionellen Vorstellungen von einer homogenen Flotte (wie sie ja der Zeit und der Perspektive der Flotten der anderen Seemächte entsprach) zunächst nicht zu denken. Die friedensmäßig geübten Angriffstaktiken sind noch keineswegs optimal, so daß sie größere Erfolge gar nicht erwarten lassen: hier weist der Kommandant von *U 23* (und danach von *U 99*) und der spätere »Tonnagekönig« Otto

Kretschmer den Weg — und zwar eigenwillig und im Widerspruch zur Marine-Dienstvorschrift (MDV) Nr. 906 und damit auch zu Admiral Dönitz.[17b]

Einem Katalysator für spezielle künftige Entscheidungen in der Royal Navy kommt die Versenkung des britischen 22 500 ts großen Flottenflugzeugträgers *Courageous* durch *U 29* vom Typ VII A unter Kapitänleutnant Schuhart gleich. Die Katastrophe, die von den 1216 Mann Besatzung 514 einschließlich des Kommandanten Captain Makeig-Jones das Leben kostet, führt in Verbindung mit der Beinahe-Torpedierung der *Ark Royal* am 14. September zu dem Beschluß des Kabinetts, die wenigen, so kostenintensiven Flotten-Flugzeugträger aus der Aufgabe, U-Boote zu suchen und zu jagen, zu entlassen und zurückzuziehen. Dieses Vakuum führt zwangsläufig zu anderen Überlegungen, um U-Boote (wie auch die deutschen Flugzeuge) auch aus (und in der Luft) zu bekämpfen. Außer dem Auf- und Ausbau von Staffeln landgestützter Flugzeuge verschiedener Typen und Aufgaben wendet sich eines Tages der nächste Schritt über die catapult armed ships (C.A.M. ships), dann die merchant aircraft carrier chips (M.A.C. ships) den escort aircraft carriers, den E.A.C.s, zu, die noch gesondert behandelt werden und deren Existenz einen ganz entscheidenden Anteil an der Wende der Schlacht im Atlantik haben wird.[18a]

Hier ist, was die U-Boot-Bekämpfung aus der Luft angeht, ein Einschub aus der späteren Denkschrift Dönitz/Wagner [98] geboten, wo es heißt: »Die Gedanken der U-Boot-Führung vor dem Kriege mußten sich darauf konzentrieren, durch welche Mittel der Feind die Bewegung der U-Boote über Wasser verhindern, oder was man selbst dagegen tun konnte. Die größte Sorge hatte damals die deutsche U-Boot-Waffe um die gegnerische Luftwaffe und was man selbst dagegen tun könnte. Sie (das heißt die U-Boot-Waffe) war daher überrascht, daß der Gegner die Luftwaffe als das wirkungsvollste Mittel gegen das U-Boot verhältnismäßig spät erkannt und eingesetzt hat.[18b]

Die 2. Sorge war aber damals (das heißt noch vor dem Kriege) die Möglichkeit der (eigenen offensiven) Überwasserortung ... Von dieser Technik, das heißt, der Entwicklung eigener aktiver Ortungsgeräte,[18c] versprach sich die U-Boot-Führung allerdings nur unwesentliche Vorteile,[18d] da die geringe Aufstel-

lungshöhe des Gerätes auf dem (niedrigen) U-Boot-Turm auch nur geringe Reichweiten erwarten ließ ...«[18f]
Wenige Wochen nach Kriegsausbruch hat der dynamische Gegner die U-Bootabwehr-Taktiken bereits verschärft:

- durch die Bewaffnung britischer Handelsschiffe (denn trotz des Konvoi-Systems sind noch immer viele Einzelfahrer [insbesondere innerhalb des Hafensystems der Küsten der britischen Inseln] unterwegs), nämlich besonders große und schnelle Schiffe, insbesondere Kühlschiffe zum Transport von Fleisch und Früchten;
- durch die Benutzung der Funkanlage, wenn Frachter von U-Booten laut Prisenordnung gestoppt werden;
- durch Rammversuche beim Stoppbefehl an Frachtschiffe oder bei deren Untersuchung nach Konterbande usw.

Am 30. September 1939 werden nach der Weisung Nr. 5 des Oberbefehlshabers der Wehrmacht[19] von der Skl nur die einschränkenden Befehle für den Handelskrieg gegen Frankreich aufgehoben. Generell wird der Waffengebrauch gegen Handelsschiffe bei FT-Verwendung freigegeben.
Vom 2. bis 4. Oktober erfolgt seitens der Skl die Freigabe des Waffeneinsatzes deutscher Kampfmittel gegen abgeblendete Schiffe in begrenzten Gebieten um England und in der Biscaya.
Am 17. Oktober, drei Tage nach der in der ganzen Welt auf den Titelseiten der Weltpresse behandelten nautischen Glanzleistung des Kapitänleutnants Günther Prien, der mit *U 47* in Scapa Flow, dem Tresor der britischen Homefleet, einbrach[20], gibt die Skl den vollen Waffeneinsatz gegen alle feindlichen Handelsschiffe frei, Passagierdampfer nach wie vor ausgenommen.
Am 29. Oktober wird deutschen Kriegsschiffen und U-Booten auch der sofortige Angriff auf im Konvoi fahrende oder abgeblendete Passagierschiffe freigegeben.[21a]
Während dieser Anfangsphase der ersten Kriegsmonate geben die von U-Booten Ende Oktober/Anfang November und danach aus der Luft gelegten[21b] Magnetminensperren den deutschen Stellen Anlaß, mit dieser so hochwirksamen Waffe[22] den Seekrieg — den Zufuhrkrieg wie auch den primären und sekundären Kampf gegen britische Kampfschiffe — entscheidend zu

beeinflussen. Die Briten dagegen riegeln in einer seemännischen Blitzaktion die Doverstraße zwischen Folkestone und Cap Gris Nez mit Tausenden von normalen Minen ab. Hier gehen *U 12* (Kapitänleutnant von der Ropp) am 8. Oktober (Totalverlust), *U 40* (Kapitänleutnant W. Barten) am 13. Oktober (Totalverlust) und *U 16* (Kapitänleutnant Wellner) am 24. Oktober 1939 (Totalverlust) verloren. Der BdU reagiert schnell auf diese Verluste: Operationen durch und im Ärmelkanal werden U-Booten verboten.[22a]

Der Erfolg der neuartigen deutschen Sperren mit Grundminen mit Magnetzündung, von den U-Booten unter größten Risiken und mit meisterhaften navigatorischen Leistungen gelegt, trifft Handelsschiffe wie Kriegsschiffe gleichermaßen; unter den Kriegsschiffen, die durch Minenexplosionen schwer beschädigt werden, sind es u. a. der neue Leichte Kreuzer *Belfast* und, vor allem, das alte, aber noch sehr rüstige Schlachtschiff *Nelson*, das übrigens kurz vorher, am 30. Oktober 1939, mit Winston Churchill an Bord, bei einem Angriff von *U 56* unter Kapitänleutnant Zahn das Glück hatte, vor schweren Schäden oder gar einem Verlust nach Versagen der *U 56*-Torpedos bewahrt zu bleiben. Wegen der anderen, im Kanal noch ausliegenden Magnetminen kann das Schlachtschiff erst einen Monat später zur Reparatur nach Portsmouth entsandt werden, eine Maßnahme, welche die Briten streng geheim halten, genauso wie die Tatsache — und das ist der sekundäre Erfolg der Magnetminenaktion —, daß einige ihrer Haupthäfen und Stützpunkte für Wochen geschlossen bleiben müssen — »... until the magnetic mine had been mastered ...« [2]. Daß das deutsche Geheimnis von der magnetic mine so erstaunlich schnell gelüftet werden kann, dafür sorgt die Seeluftwaffe des zuständigen Fliegerführers.[23a]

Zusammenfassend sei zum Minenkrieg auch durch U-Boote vermerkt, daß der Einsatz der Magnetminen und der Ausfall der *Nelson* durch eine von *U 31* gelegte Mine — und das im Zusammenhang mit zur Reparatur anstehenden Defekten an der *Rodney* — die Home Fleet der R. N. in allergrößte — wenn auch nur vorübergehende — Schwierigkeiten brachte. Kurzfristig stand dem britischen Flottenchef Admiral Forbes, der ja auch noch Einheiten gegen die »raiding pocket-battleships« detachieren muß, nach Ausfall der *Nelson* nämlich nur noch die z. Zt. etwa

25 kn schnelle (langsame) *Hood* zur Verfügung, die »in urgent need of refitting« war, ehe die *Warspite* aus dem Mittelmeer heraufdampft und gegen Jahresende auch wieder die *Rodney, Repulse* und *Furious* zur Verfügung stehen. Roskill [2] zu dieser Lage: »But although the enemy's intelligence had been good it had not been good enough to enable him to take any advantage of an opportunity which occured at this time to use his battle cruisers *(Gneisenau* und *Scharnhorst)* really effectively.«

Die von Dönitz 1935 bis 1939 entwickelte Rudeltaktik (siehe auch Anmerkung 1) kommt, um der erwarteten Konzentration der Schiffe und der Abwehr im Konvoi durch straff geführte U-Boot-Angriffe entgegenzutreten (Dönitz: »Konzentration gegen Konzentration!«), in der ersten Phase des U-Boot-Krieges wegen Mangels an einer größeren Zahl geeigneter Boote (und auch wegen der noch nicht überall an Bord installierten entsprechenden Funkanlagen für eine Fernführung) nicht zum Tragen. Man versucht sich mit kleineren Gruppen mittlerer und großer Boote.

Der erste Einsatz unter Führung eines eingeschifften Flottillenchefs (Versuchsfall a), hier des Korvettenkapitäns W. Hartmann[23b], wird für die Zeit vom 10. bis 19. Oktober 1939 mit sechs statt der ursprünglich vorgesehenen neun Boote gefahren. Gleich zu Beginn der Operation gehen drei Boote durch Feindeinwirkung verloren, so daß am 17. Oktober nur noch drei Boote im allerdings erfolgreichen Einsatz sind. Die drei Boote operieren gegen den noch ungesicherten Konvoi H.G.3. Der Beweis wird erbracht: Es ist technisch möglich, über Funk über längere Entfernungen Fühlung zu halten und andere Boote von See aus an einen Konvoi heranzuführen.

Kein Gruppeneinsatz dagegen ist der von gleich vier Booten gegen britische Flottenteile westlich der Orkneys, bei der *U 56* die bereits genannten Torpedoversager beim Angriff gegen das Schlachtschiff *Nelson* hat.

Ein zweiter Gruppeneinsatz-Versuch nach dem Modell a) richtet sich vom 15. bis 20. November erstmals gegen den von *U 53* westlich von Gibraltar gesichteten französischen Konvoi K.S.27 durch das fühlunghaltende *U 53* zusammen mit den (durch Funk herbeigerufenen) Booten *U 41, U 43* und *U 49,* die aber durch Einzelfahrer und den entgegenkommenden Konvoi

O.G.7 aufgehalten werden. Auch hier gibt es bei Angriffen auf Einzelfahrer und Nachzügler laufend Torpedoversager.

Das Jahr 1939 endet laut nachstehender Tabelle mit der Vernichtung von britischem, alliiertem und neutralem Schiffsraum durch U-Boote (in Klammern die Gesamttonnage einschließlich der Versenkungen durch Flugzeuge, Minen, Kriegsschiff-Raider, alle Angaben nach deutschen Quellen in BRT):

- September   41 : 153 879 (53 : 194 845),
- Oktober   27 : 134 807 (46 : 196 355),
- November   21 :   51 589 (50 : 172 269) und
- Dezember   25 :   80 881 (73 : 189 923).

Das sind total 114 (222) Schiffe mit 421 156 BRT (753 392).

An Kriegsschifftonnage verlor der Feind, im Detail zusammengefaßt, durch U-Boote vom September bis Dezember 1939:

- 1. Am 17. September 1939 (wie schon eingangs erwähnt) durch *U 29* (Schuhart) den Flugzeugträger *Courageous* (22 500 ts)
- 2. Am 14. Oktober das Schlachtschiff *Royal Oak* (31 250 ts deep load) Scapa Flow durch *U 47* (Prien)
- 3. Strittig in [260] ist der 1544 ts große, britische Zerstörer *Inglefield*, den *U 18* (Mengersen) am 20. November versenkt haben soll, in Wahrheit aber erst am 25. Februar 1942 durch Gleitbomben versenkt worden ist
- 4. Am 21. Dezember versenkte *U 21* (Frauenheim) den 605 ts großen PN (= Netzleger) *Bayonet*.

Beschädigt wurden in der genannten Zeitphase:

- 1. Am 20. September das Patrol Vessel (PE) *Kittiwake* (550 t) durch *U 28* (Ewerth)
- 2. Am 21. November der Leichte Kreuzer *Belfast* (13 175 ts) durch *U 21* (Frauenheim)
- 3. Am 22. November der 9925 ts große Schwere Kreuzer *Norfolk* durch *U 47* (Prien)
- 4. Am 4. Dezember das 33 313 ts große Schlachtschiff (BB) *Nelson* durch *U 31* (Habekost)
- 5. Am 28. Dezember das BB *Barham* (33 590 ts) durch *U 30* (Lemp).

Alle »nur« beschädigten Schiffe fielen eine mehr oder weniger lange Zeit durch Werftliegezeiten aus.
Diesen Erfolgen stehen neun verlorene U-Boote gegenüber, bei bisher nur sieben Neubauzugängen. Das ist eine wenig befriedigende Ausgangslage.

Das Jahr 1940 zeichnet sich durch ein weiteres Absinken der Zahl der operativen U-Boote aus, deren Anzahl mit 27 im Oktober sogar weit unter der Anfangsziffer bei Kriegsbeginn liegt. Immerhin werden nunmehr, im Jahr 1940, die Verluste von 23 Booten mit 50 Neubauzugängen um mehr als das Doppelte aufgewogen.[23c]
Von besonderem Interesse ist für 1940 noch der dritte Versuch einer Gruppenoperation nach dem Modell a) am 17./18. Februar mit fünf Booten gegen die französischen Konvois 10 R.S. und 65 K.S. Sie beweist zwar erneut die Möglichkeit des Fühlunghaltens über einen eingeschifften Gruppen-Flottillenchef, aber auch die Erkenntnis, daß es nicht besonders sinnvoll ist, eine U-Boot-Gruppe am Konvoi von Bord eines Führerbootes heranführen zu lassen. Und wieder beeinflußten Torpedoversager die Operationen, die auch wegen der geringen Zahl an Kampfbooten als schlagkräftige Gruppenoperation inopportun schienen.
Das Unternehmen WESERÜBUNG, die schlagartige Besetzung von Norwegen und Dänemark mit Hilfe der kleinen deutschen Kriegsmarine gegen das Gros der aufmarschierenden britischen Flotte, beansprucht auch die U-Boot-Waffe stark. Von den (bei 48 vorhandenen Einheiten)[24a] bereitgestellten 41 U-Booten stehen am 10. April 32 in See. Wegen der 100 %igen Versager der neuartigen Magnetpistolen der verwandten Torpedos — und auch wegen der noch immer nicht zur Zufriedenheit beseitigten Mängel an der Tiefensteuerung — wird das an sich sensationell geglückte Unternehmen WESERÜBUNG für die U-Boote jedoch ein absoluter totaler Mißerfolg.
Dieses Ergebnis ist für die U-Boot-Waffe um so deprimierender, da sich den Kommandanten unter oft schwierigsten navigatorischen Verhältnissen in den engen Fjorden und Lofoten »traumhafte« Gelegenheiten boten, Transporter und auch Kriegsschiffe der Briten und Franzosen zu torpedieren und zu versenken, von denen ein Teil sogar vor Anker lag. Die Torpedoversager halten

auch nach der Norwegenaktion und der Besetzung Frankreichs, Hollands und Belgiens an.

Wenn diese Magnet-Torpedoversager in verschiedenen Publikationen herausgestellt und den für die Torpedoentwicklung verantwortlichen Persönlichkeiten ausschließlich angelastet werden[24b], dann sollte man nicht übersehen, oder wenigstens erwähnen, daß auch die britische Marine mit ihren neuartigen Magnettorpedos viel Kummer und viele Versager hatte. Schwierigkeiten gab es hier zum Beispiel am 26. Mai 1941 beim Angriff der *Ark Royal*-Swordfish-Flugzeuge auf das Schlachtschiff *Bismarck,* wo die Magnettorpedos der ersten Welle bereits beim Aufprall auf die See detonierten.[24c]

Was die Magnettorpedos angeht: Hier scheint die wahre Ursache deutscherseits in Etatschwächen gelegen zu haben, um großzügig zu experimentieren und um die Torpedos analog zur Entwicklung immer wieder an zur Verfügung gestellten Schiffszielen praktisch ausprobieren zu können: in heimatlichen wie auch in nordischen Gewässern, weil ja schließlich die magnetische Beeinflussung gerade einem solchen Kreis kein Geheimnis ist. Man hätte diese Versuche eben ohne Rücksicht auf einen dafür notwendigen Schiffsraum einplanen müssen, von Frachtraum, der allerdings im Hinblick auf die im Kriege zu erwartenden Verluste bereits als zu knapp angesetzt war.

Fast ebenso schlimm wie die Torpedoversager ist die Besetzung der Insel Island durch britische Streitkräfte am 10. Mai 1940. Diese Operation geht zwar im Trubel der vielen Ereignisse quasi am Rande unter, ist aber für die Briten im Hinblick auf die Schlacht im Atlantik von entscheidender strategischer und taktischer Bedeutung, auch für die späteren Murmansk-Konvois zur Versorgung der UdSSR mit kriegswichtigen Gütern. Laut Roskill [2] ist des »Gegners Vorteil, den er durch die Eroberung Norwegens errungen hat, wieder einigermaßen ausgeglichen ... Der Besitz von Island mit seinen Stützpunkten versetzt unsere Geleitschutzkräfte im Atlantik in die Lage, ihren Schutz viel weiter auf die hohe See hinaus auszudehnen. Statt die Geleitzüge allein lassen zu müssen, sobald sie nur noch genügend Brennstoff zur Rückkehr zu den Stützpunkten in Nordirland haben, können sie jetzt mit ihnen bis zu einem Punkt südlich von Island weiterfahren und dann den wesentlich kürzeren Weg bis zu einem der is-

ländischen Häfen einschlagen, um dann dort ihre Bunker wieder aufzufüllen. Gleichzeitig können andere auf Island stationierte Geleitfahrzeuge den Geleitzügen nach Süden entgegenkommen und die schon aus England kommenden Fahrzeuge als Geleitschutz ablösen. Durch diese Maßnahmen wird es möglich, den Schutz durch Geleitfahrzeuge von 19° West — als dem weitesten Punkt, den sie bis Ende 1940 erreichten — bis etwa 35° West, also bis in die Mitte des Atlantiks vorzuschieben. Die R.A.F. kann Stützpunkte auf Island einrichten und auf diese Weise die Reichweite der an Land stationierten Flugzeuge des Coastal Command viel weiter auf See hinaus ausdehnen.
1941 haben wir die wichtige Rolle klar erkannt, die Geleitflugzeuge bei der Bekämpfung von U-Booten spielen, und sind daher bemüht, die für den Nordatlantik verantwortliche 15th Group des Coastal Command möglichst zu verstärken. Im April dieses Jahres verlegt das Luftministerium eine detachierte Abteilung — die 30. — unter dem Befehl der 15th Group nach Island und im selben Monat werden
alle Flugzeuge
operativ der Admiralität unterstellt.
Diese Maßnahmen fördern die Zusammenarbeit unserer See- und Luftstreitkräfte, und unsere Geleitzüge, die von jetzt an fast nur noch nördliche Wege über den Atlantik zugewiesen bekommen, können soweit irgend möglich, von den Flugzeugen auf Island gesichert werden.«
Dort, wo Konvois nicht mehr weder durch Eskorter noch durch Flugzeuge gesichert werden können, also im Bereich der BLACK GAPs im mittleren Atlantik, übernehmen entweder »freie Schlachtschiffe« oder Armed Merchant Cruisers (AMCs = Armed Merchant Cruisers) die Sicherung. Diese AMCs sind, wie schon gesagt, umgebaute, an sich von der Zahl der Kanonen, wenn auch nicht vom Kaliber her recht stark bestückte schnelle Ex-Passagierdampfer. Diese können sich zwar deutschen Hilfskreuzern gegenüber behaupten, nicht aber gegen die regulären deutschen Handelsstörkreuzern von der Klasse der »pocket battle ships« oder gegenüber den Schlachtkreuzern *Scharnhorst* und *Gneisenau* oder den Schweren Kreuzern wie *Admiral Hipper* oder *Prinz Eugen,* Schiffe, welche die deutsche Marine mit unerhörtem Schneid, mit einem Höchstmaß an Ri-

sikobereitschaft und auch mit seemännischem Gespür und Glück permanent im Zufuhrkrieg einsetzte. Gegenüber einem deutschen Schiff nahmen sich die AMCs als das aus, was sie waren: als Hilfs-Kreuzer. Diese amtliche Bezeichnung wandelte sich im Sprachgebrauch in der britischen Navy inoffiziell und sarkastisch in »Selbstmörder-Riege« um.

Während Norwegen vom BdU sofort als Basis für U-Boote genutzt wird, die westlich der Orkneys und dem Nordkanal operieren, werden nach längerer Pause erstmals wieder Boote in den Atlantik und hier in den Raum von Kap Finisterre und der Biscaya befohlen. Das erste Boot, *U 37* (Kapitänleutnant Oehrn), erzielt während der Zeitphase vom 19. Mai bis zum 2. Juni 1940 als Einzelfahrer mit neun Schiffen 41 207 BRT einen ausgesucht guten Erfolg. Diesem Einsatz folgen nacheinander drei Wellen, davon die erste Gruppe mit *U 48* als Gruppenführungsboot, das Rösing von dem erfahrenen Praktiker »Vati« Schultze als Kommandant übernommen hatte, zusammen mit einer hervorragend eingefahrenen Besatzung und die zweite als Gruppe »Prien«, deren Gruppenansätze (ohne sich dabei einer »lenkenden Hand« zu bedienen) jedoch erfolglos bleiben, während die Einzeloperationen bemerkenswert gute Ergebnisse erzielen.

Hier die Erfolge: die erste Welle fünf Boote: 27 Schiffe mit 164 996 BRT und keinem Eigenverlust; die zweite Welle sieben Boote: 32 Schiffe mit 173 416 BRT, keine Eigenverluste; die dritte Welle acht Boote: mit 24 Schiffen mit 74 666 BRT, aber drei Eigenverlusten, nämlich • *U 122* unter Korvettenkapitän H. G. Looff, Totalverlust (verschollen) • *U 102* unter Kapitänleutnant Harro von Klot-Heydenfeldt, Totalverlust (in der Nordsee vermißt), • *U 26* unter Korvettenkapitän Scheringer am 1. Juli vor der Biscaya durch Wabos der Korvette *Gladiolus* und durch Flugzeugbomben vernichtet, Kommandant und ein Teil der Besatzung gerettet.

Erstmals hat ein Eskorter (hier eine Korvette der ab 1940 serienmäßig in großer Stückzahl gebauten britischen *Flower*-Klasse, 900 bis 1100 ts standard; aber nur 16.5 kn[24d]) in Zusammenarbeit mit einem Flugzeug, hier einer Sunderland, ein U-Boot versenkt, nämlich ein Boot von dem seltenen Typ I A (862/1200 t). Zweifelsohne ist jeder der vorhandenen Zerstörer der *Hunt*-Klasse schneller als die neuen Korvetten der *Flower*-Klasse.[25]

Nachdem am 22. Juni 1940 der Waffenstillstand mit Frankreich unterzeichnet worden ist, läuft *U 30* (Kapitänleutnant Lemp) am 7. Juli als erstes Boot Lorient als neuem U-Bootstützpunkt an der französischen Westküste zur Versorgung an. In diese Zeit fällt auch die erste große Südunternehmung eines deutschen U-Bootes: *U A* unter Kapitänleutnant Cohausz operiert nach der Northern Patrol im Raum der Kanaren und der Kap Verden. Das Boot wird dabei aus dem Hilfskreuzer *Pinguin* (Kapitän zur See E. F. Krüder), dem *HSK 33*, versorgt. Der Erfolg ist in dem für die U-Boote noch jungfräulichen Gebiet mit sieben Schiffen mit 40 706 BRT gut, wenn man die Schwierigkeiten berücksichtigt, die der Kommandant hatte, um in diesem Revier Feindschiffe überhaupt zu sichten.

Otto Kretschmer über diese Phase: »Die Leistung der Führung bei diesen Gruppeneinsätzen war minimal! Sie betraf nur die Aufstellung eines (eigentlich auch unnötigen) Vorpostenstreifens vor dem Nordkanal, da Prien *U 47* auf seiner Wetterstation einmal einen Ost-Geleitzug gemeldet hatte, der nun in unseren Streifen hineinlaufen sollte. Als Prien als Fühlunghalter wieder Standort, Kurs und Fahrt des Konvois meldete, war nach den ›Ständigen Taktischen Befehlen‹ der Vp-Streifen automatisch aufgelöst und damit jedes Boot frei und verpflichtet, selbständig auf das gemeldete Ziel zu operieren und nach Kontakt anzugreifen. Ich brauste sofort mit *U 99* mit hoher Fahrt ab, um noch bei Nacht heranzukommen. Nicht jedoch der neue Bleichrodt auf *U 48* (Kommandant seit 7.40). Er fragte erst durch Funk beim BdU an, ob er den Vp-Streifen verlassen dürfte. Ergebnis: Er wurde eingepeilt, und der Geleitzug wurde zu den »Umlenkmanövern und Ausweichversuchen« veranlaßt, die Prien als Fühlunghalter immer treu und brav meldete. Ich höre mich heute noch fluchen über B.'s Bruch der Funkstille. Dadurch mußte ich noch höhere Fahrt laufen, kam als erstes Boot an und noch in derselben Nacht mehrfach zum Schuß, während B. natürlich erst eine Nacht später herankam. Kernevel (also der hier residierende U-Boot-Führungsstab) hat dabei überhaupt keine Lorbeeren geerntet. Im Gegenteil: der BdU publizierte Schepke als Versenker der von mir versenkten Schiffe, die ihre Namen gefunkt hatten nach den Treffern. Schepke hatte nämlich auch einmal auf die Taste gehauen, als er Kontakt bekam — unnötigerweise,

während ich (selbstverständlich für mich) Funkstille gewahrt hatte. (Die fällige Berichtigung — nicht durch mich — war nicht zu vermeiden.)«
Inzwischen ist Italien in den Krieg eingetreten (16. Juni 1940), und im Mittelmeer aktiv geworden. Frankreich ist besetzt, außer Lorient werden weitere Häfen als U-Stützpunkte ausgebaut. Großbritannien hat inzwischen die Blockade Europas vom Nordkap bis Spanien erklärt, während Hitler, im Hinblick auf die geplante Invasion der britischen Insel, die Operation »Seelöwe«, in der »Weisung Nr. 17« den verschärften See- und Luftkrieg gegen England befiehlt. Dieser Weisung schließt sich das OKW am 17. August 1940 an, das für die »Operationsgebiete um die britischen Inseln die totale Blockade Englands« vorsieht. In diesem Gebiet können alle Schiffe ohne Warnung versenkt werden.[26] Noch immer ist die Zahl der U-Boote zu klein, um die von Dönitz vorgesehene Rudeltaktik[27] anzuwenden. So operieren die Ende Juli 1940 vom Stützpunkt Lorient auslaufenden U-Boote einzeln gegen ein- und auslaufende Konvois, die im immer tiefer werdenden Vorfeld vom Gegner von Woche zu Woche immer stärker gesichert werden. Großbritannien handelt am 2. September 1940 in Sorge vor weiteren und größeren Tonnageverlusten und um eine ausreichende Konvoisicherung mit den USA ein Destroyer-Naval-Base-Deal aus: Die USA stellen 50 zwar alte, aber 30/35 kn schnelle Zerstörer gegen Überlassung von Stützpunkten auf den Bahamas, auf Jamaica, Santa Lucia, Trinidad, den Bermudas, in British Guayana und in Argentia auf Neufundland, Plätze, die jetzt schon die Pläne der USA für den einkalkulierten »Fall der Fälle« abzeichnen. Vermöge ihrer hohen Geschwindigkeit sind sie — im Vergleich zu der Vielzahl an langsamen Eskortern wie Korvetten, Sloops und Trawlern (langsamer als die 17 kn schnellen deutschen U-Boote bei Überwasserfahrt) — für ihre Aufgabe als Geleitzerstörer und U-Boot-Jäger von eminenter Bedeutung in der Schlacht um den Atlantik.
Erstmals hat vom 30. August bis zum 9. September 1940 eine jetzt vom U-Boot-Befehlshaber von Land aus gelenkte Gruppenoperation $3+1+1 = 5$ U-Booten[28] gegen den mit sieben Eskortern und auch Flugzeugen relativ stark gesicherten Konvoi S.C.2 (53 Schiffe) einen Erfolg: fünf Schiffe mit 20 943 BRT sinken; es gibt keine Eigenverluste. Danach operieren die Boote

wieder einzeln. Ein weiterer (zweiter) von Land geführter Gruppeneinsatz wird am 20. und 21. September nach vorangegangenen Einzelaktionen am H.X.72 mit seinen 41 Schiffen möglich: *U 47* unter Kapitänleutnant Günther Prien versucht als Wetterboot mit nur noch einem Torpedo an Bord Fühlung an dem von ihm gesichteten Halifax-Konvoi zu halten, und kann trotz des Umlenkmanövers und Ausweichversuchs des britischen Geleitzugkommodore sechs U-Boote heranführen. Die spinnennetzähnliche Funklenkung der Befehlsstelle in Frankreich der heranzuführenden Boote funktioniert ausgezeichnet. Das Ergebnis dieses gelenkten »girlandenähnlichen«[29] Gruppenangriffs auf den H.X.72 sind 12 versenkte Frachter mit 77 863 BRT. Zwölf von 41 sind fast ein Drittel! Zwei Schiffe wurden beschädigt. Eigenverluste: keine.

Insgesamt entreißt eine vergleichsweise zur Vielzahl der Bomber und Jäger der Luftwaffe[30a] nur eine Handvoll zu nennende Zahl von sieben U-Booten in der Zeit vom 9. bis zum 22. September 1940 dem Gegner an Tonnage mit lebens- und kriegswichtiger Fracht (darunter auch Heizöl- und Benzintanker, zum Teil aus den auch von anderen Booten angegriffenen Konvois O.A.210, S.C.3 und O.B.212):

- *U 47* (Günther Prien): 5 Schiffe mit 27 544 BRT,
- *U 47* und U 99 (Otto Kretschmer) zusammen: 1 mit 5156 BRT,
- *U 99* (Otto Kretschmer): 6 Schiffe mit 20 063 BRT,
- *U 48* (Heinrich Bleichrodt): 7 Schiffe mit 35 138 BRT, dazu eine Sloop *(Dundee)*,
- *U 65* (Hans Gerrit von Stockhausen): 2 Schiffe mit 10 192 BRT,
- *U 138* (Wolfgang Lüth): 4 Schiffe mit 34 644 BRT und
- *U 100* (Joachim Schepke): 7 Schiffe mit 50 340 BRT.

Summa summarum sind das: 32 Schiffe mit 183 077 BRT, die der Gegner im Nordatlantik in 13 Tagen abschreiben muß, ganz abgesehen von den beschädigten (torpedierten, aber nicht gesunkenen) Frachtern und dem noch schwerwiegenderen Ausfall an Nautikern, Chiefs[30b] und anderem Spezialpersonal.

Und das wieder ohne einen einzigen Eigenverlust, allerdings gegen Konvois, die anfangs nur von Sloops und Korvetten gesichert waren, erst später (zu spät) schickte man schnelle Zerstörer zu Hilfe.

Die Überlegung wird akut: Was wäre im Nordatlantik geschehen, wenn Dönitz mit der von ihm geforderten Zahl an U-Booten hätte antreten können (die außerdem über Wasser schneller waren als die Masse der im Augenblick verfügbaren Eskorter)? Zumindest mit der laut Flottenvertrag zwischen Deutschland und Großbritannien vereinbarten Zahl bei rechtzeitiger Planung. Die Erfüllung der im genannten Flottenvertrag zugestandenen Quote hätte zweifelsohne bei den Briten (noch) keinen Gegendruck ausgelöst und zusätzliche Schnellbauten, etwa nach dem späteren „Speer"-System[30c], nach der Aufkündigung des Vertrages auch nicht sofort. U-Boote in der von Dönitz verlangten Zahl oder zumindest im Rahmen der Vereinbarungen zwischen Deutschland und Großbritannien hätten jedweden Geleitzugverkehr erschwert und zerschlagen — und die Briten nicht durch permanente überseeische Zulieferungen in die Lage versetzt, den Angriffen der deutschen Luftwaffe in dieser verbissenen und für die deutschen Luftwaffenkapazitäten vernichtenden Kraft in der »Schlacht über England« zu begegnen.[30d]

Die Geleitzugstraßen waren ja die pulsierenden Schlagadern auch im Kampf der Briten gegen die Operation SEELÖWE. Über sie floß der Strom an Material, an Kraft und Zuversicht. Und — an britischer Zähigkeit. Wenigstens die deutsche Marine weiß, wen sie in den Briten in Wahrheit vor sich hat.

Dagegen war die verschworene Schar der Grauen Wölfe a priori benachteiligt. Und bei dem vorgeplanten Endkampf um England, sprich »Operation SEELÖWE«, wollte die verantwortliche oberste Führung den zweiten Schritt vor dem ersten tun. Bei aller Tapferkeit der Flugzeugbesatzungen der deutschen Luftwaffe war das Ergebnis damit schon vorprogrammiert: Am 17. September — noch vor der H.X.72-Operation verschiebt Hitler das »Unternehmen SEELÖWE« auf »unbestimmte Zeit«.

In der Zeitphase vom 22. September bis zum 16. Oktober wird bei nunmehr zehn angesetzten Booten versucht, über einen Aufklärungsstreifen aus fünf Booten westlich von Rockall einen Konvoi zu erfassen.[31] Dieser dritte Versuch einer landgestützten Gruppenoperation mißlingt, wohl aber bieten sich den beteiligten Booten sehr gute Erfolge gegen Einzelfahrer und andere Konvois: Versenkt werden während dieser Phase 38 Schiffe mit 178 630 BRT, andere werden beschädigt. Das alles wieder ohne einen einzigen Eigenverlust. Das Ergebnis bestätigt das ausgereifte taktische Können der deutschen U-Boot-Kommandanten, aber auch die noch immer anhaltenden Schwächen der britischen Abwehr. In [31] ist nachzulesen: »Während des Monats September zeigten die (deutschen) U-Boote eine große Kühnheit mit Angriffen auf ungeschützte Schiffe auch durch Artilleriefeuer. Immerhin fuhren von den insgesamt durch U-Boote versenkten 59 Schiffen mit 295 335 BRT etwa 40 im Konvoi.« In diesem Monat, genau am 17. September 1940, wird auch der nach Kriegsausbruch als Truppentransporter abgeblendet fahrende ex-Passagierdampfer *City of Benares* von *U 48* (Kapitänleutnant Heinrich Bleichrodt) in der Nacht versenkt. Der 11 085 BRT große Zweischornsteiner der Ellerman's Line (übrigens der einzige Zweischornsteiner der Reederei), der im Frieden in der Fahrt Großbritannien — via Suez — Indien stand, hatte nach Kanada zu evakuierende Kinder an Bord. Eine Sunderland sichtet am nächsten Morgen ein Rettungsboot mit einigen jungen Überlebenden, gibt eine Meldung ab und dirigiert einen Zerstörer herbei.[32]

Inzwischen hat übrigens die dritte Welle italienischer U-Boote auf dem Schlachtfeld Nordatlantik eingegriffen. Daß die italienischen Erfolge — auf das einzelne Boot berechnet — sehr viel geringer sind, hat nichts mit der Einsatzbereitschaft zu tun. Diese ist unbestritten und für die italienischen U-Boote auch belegt. Aber: abgesehen davon, daß es an Erfahrungen fehlt, sind die großen italienischen Boote weniger »handlich.«

Zum Thema italienische U-Boote und Besatzungen hier Überlegungen von Otto Kretschmer: »... Die Italiener haben schnell dazugelernt. Mein Konfirmand auf *U 99,* Kapitän Longobardo, erhielt später m. W. das EK I. Jürgen Rohwer, der sich besonders intensiv mit den Leistungen der U-Boote im II. Weltkrieg befaßt hat, soll ausgesprochen überrascht gewesen sein, die durchschnittlich guten italienischen Erfolge zu sehen, zumal es bei den deutschen U-Booten erklärlicherweise, ohne Nieten ja auch nicht abging.«

Bei einer auf Rudeltaktik aufgebauten vierten Gruppenoperation im direkten Funkführungsverfahren des BdU von einer Landstelle aus durch neun Boote gegen die Konvois S.C.7 und

H.X.79 mit zusammen 79 Frachtern werden in der Zeit vom 17. bis zum 20. Oktober während einer Vollmondperiode je 21 und je 12 Schiffe und ein Tanker — also 34 insgesamt[33] — mit total 154 661 BRT versenkt. Und wieder gab es trotz Escorter, trotz des Einsatzes britischer Flugboote keine Eigenverluste. Bei dem 30 und vier Nachzügler starken Konvoi S.C.7, den *U 48* am 17. Oktober 1940 sichtete[34], hatte der BdU mit *U 101, U 46, U 123, U 99* und *U 100* einen Vorpostenstreifen bilden lassen, in den der Konvoi vierkant hineinlief. Rohwer/Hümmelchen [5]:
»... Die beim Konvoi befindlichen Escorter *Leith, Fowey* und *Bluebell* sind mit ihren Asdics gegen die in der Nacht in schneller Folge teils mehrfach angreifenden *U 101, U 46, U 99* (das im Konvoi mitfahrend schießt), *U 123* und *U 100* machtlos ...«[35a]
Einige Boote hatten sich verschossen, die anderen liefen mit dem Rest der Gruppe dann dem inzwischen von *U 47* erfaßten und laufend gemeldeten Konvoi H.X.79 entgegen ...

Aus den ersten der vier Gruppenoperationen der zweiten Generation hat die deutsche Marineführung (nach [111]) die Erkenntnis gewonnen, daß das direkte Funkführungsverfahren des BdU von Land aus — wie erhofft — ausgezeichnet funktioniert, und daß die Gefahren, die sich aus der Einpeilung des U-Boot-Funkverkehrs durch die gegnerischen Landfunkpeilstellen ergaben (oder ergeben könnten), offenbar überschätzt worden sind. Ein verhängnisvoller, leider nicht korrigierter Irrtum, wie wir heute wissen, besonders in Verbindung mit der ab Mai 1941 nunmehr akuten, das heißt zeitgleichen gegnerischen Funkaufklärung, den vielen z. T. neuen Funkpeilstationen des Gegners und, last not least, den ersten HF/DF-Geräten[35b] an Bord der Eskorter. Doch darüber später.

Andererseits ist die neue deutsche Rudeltaktik, die bereits vor dem Kriege im Nordatlantik und in der Ostsee mittels Kurzsignalen erprobt wurde (vergleiche auch Otto Kretschmer zum Thema), für den Gegner, der die ersten Ansätze von U-Boot-Gruppen bereits seit einiger Zeit beobachtet, ein Schock, genau wie das Herausrücken der U-Boote in den Atlantik. Jedoch kann von einer »konsequenten Erprobung der Rudeltaktik vor dem Kriege« nicht die Rede sein, höchstens von Versuchen, die, wie bereits behandelt, mit mehr oder weniger unzulänglichen Mitteln durchgeführt wurden und vom hohen Stand der Rudeltaktiken, wie Otto Kretschmer sie dann mit *U 99* bis zur höchsten Vollendung entwickelte, noch weit entfernt gewesen sind. Allein die Führungsfrage und die der Führungsmittel für eine Gruppenoperation durch U-Boote waren, wie oben durch die beiden beispielhaft belegten Versuchsgruppen a) und b) bewiesen, bei Kriegsbeginn noch lange nicht ausgereift. Außerdem standen dem BdU, wie ebenfalls bereits erwähnt, noch gar nicht genügend atlantikgängige (zudem mit Funkanlagen ausgestattete) Boote zur Verfügung, um funkgeführte U-Boote in Gruppen, das heißt in Rudeln, anzusetzen.

Die Würfel sind, was die Versuchsreihen a) und b) betrifft, nunmehr gefallen: Die U-Boote werden in Zukunft aus der Befehlsstelle des BdU — also von Land aus — durch Funk ferngeführt. Dem BdU und damit der Seekriegsleitung gibt diese Art der taktischen Führung der U-Boote die bessere Übersicht über die Großlage wie auch über Situationen im Detail. Außerdem gewährleistet eine zentrale Führung an Land auch schnellere Reaktionen auf die oft rasch wechselnden Lagen an den verschiedenen Konvoirouten des Gegners oder auf Meldungen der »xB-Dienst« genannten deutschen Funkaufklärung hin, die das Auslaufen von Konvois oder deren Standorte oder deren Kursänderungen usw. oft in erstaunlicher Genauigkeit ermittelt (siehe Bonatz [49]). Von Nachteil ist indessen die mit dieser Art Fernführung verbundene zwangsläufig relativ häufige Funkspruchtätigkeit, wie laufende Standortmeldungen an den BdU (eben, um von dort führen zu können), Fühlunghaltermeldungen, Erfolgsmeldungen, Schadensmeldungen (etwa nach Wasserbombenverfolgungen), Bestandsmeldungen vor allem an Treibstoff, Torpedos usw.

Es gibt natürlich auch Kommandanten, die im befehlsgemäß häufigen Funken eine ernste Gefahr sehen, ihren Standort — oder wenigstens ihre Anwesenheit in einem begrenzten Seegebiet zu kompromittieren.[36] Sie verhehlen ihre Bedenken auch nicht Dönitz gegenüber.

Die Befürworter des Falles b) aber überwiegen: Wie anders kann eine in breiter Front operierende U-Boot-Gruppe an einen Konvoi angesetzt werden als eben nur durch Funk. Nur so: Dasjenige Boot, das als Aufklärungsboot einen oder den vom xB-Dienst gemeldeten Konvoi in Sicht bekommt, meldet die Sichtung mit

genauer Position an die U-Boot-Befehlsstelle an Land, die ihrerseits alle nach ihrer Großlagekarte in der Nähe stehenden Boote — oder die anderen Boote des Vorpostenstreifens — informiert und ansetzt.
Zu diesem Thema Funkführung noch eine Ergänzung durch den späteren Flottillenadmiral Otto Kretschmer, einem hervorragender Analytiker und Logistiker, von dem auch die geniale Taktik stammt, sich bei Geleitzügen während der Nachtstunden mit vorgeflutetem Boot zwischen die Kolonnen eines Geleitzuges sacken zu lassen und aus dieser vor Eskortern sicheren Position die Konvoischiffe anzugreifen: »Die Aufstellung im Operationsgebiet muß nur dann durch Funk erfolgen, wenn sie dem Kommandanten nicht schriftlich zum Auslaufen an die Hand gegeben worden ist. Änderungen dazu, auch die Bildung von Aufklärungs- und Vorpostenstreifen, müssen natürlich durch Funk befohlen werden. Alle erforderlichen Informationen der Front-Boote über den Feind gehen auch über Funk ... Aber sonst geht ab Aufklärungsmeldung alles automatisch.
Kein Funkansatz,
denn alle Boote hören ja die Feindsichtmeldung und die folgenden Fühlunghaltermeldungen sofort oder, wenn sie gerade getaucht waren, bei der Wiederholung durch die Funkleitstelle mit. Sie operieren sofort auf das gemeldete Ziel — eine Kreuzeraufgabe, die man als Fähnrich auf der Marineschule Mürwik lernte. So war das zu meiner Zeit. Später entsprechend dem geringeren Ausbildungsniveau, mag es anders geworden sein; aber das hätte sich ja nachholen lassen.
Ich wende mich hier vor allem gegen das Erfordernis des funkgeführten taktischen Ansatzes.«
Übrigens: In der Nacht der *Laurentic/Patroclus* wurden die Rettungsboote der von *U 99* vorher versenkten *Casanare* wie auch *U 99* mehrfach von einer Sunderland umkreist. Kretschmer notierte in seinen Ereigniskatalog, daß diese Maschine vermutlich mit DeTe (= Funkmeß = britisch Radar) ausgerüstet sein könnte, das zu einer Zeit, da das OKM noch immer überzeugt war, der Gegner könne noch gar kein Funkmeß haben, in Flugzeugen schon gar nicht.
Noch ein besonderes Ereignis zeichnet das Jahr 1940 aus: Am 28. Oktober versenkt *U 32* unter Oberleutnant z. S. Hans Je-

nisch den von *FW 200*-Flugzeugen Tage zuvor in Brand geworfenen, 42 348 BRT großen Liner *Empress of Britannia*, der bei seiner Rettungsschleppfahrt trotz Zerstörersicherung torpediert werden konnte. Die *Empress of Britannia* ist das größte Handelsschiff, das durch einen U-Boot-Angriff verloren geht, in diesem Falle nach zwei Torpedotreffern in nur vier Minuten, in einer Katastrophenzeit. Mit ihm sinken an anderer Stelle, aber fast zur gleichen Zeit die Hilfskreuzer *Laurentic* (18 274 BRT) und *Patroclus* (11 314 BRT) durch Otto Kretschmer auf *U 99*.[37]
Zurück zu den Operationen auf feindliche Geleitzüge. Der Gegner ist inzwischen durch die deutschen Taktiken überrascht, schockiert und alarmiert. So gehen denn vom 20. Oktober 1941 bis zum 5. November die Konvoioperationen nicht so glücklich wie jene zuvor aus: *U 32* (Hans Jenisch) wird beim Angriff auf SS *Balzac* durch zwei Zerstörer am 30. Oktober versenkt. *U 31*, das nach seiner Versenkung im Jadebusen wieder gehoben und unter Kapitänleutnant Prellberg wieder in Dienst gestellt worden war, wird das Opfer von Wasserbomben des Zerstörers *Antelope* und Flugzeugbomben. Auch am Konvoi. Bis auf zwei Mann (darunter der Kommandant) überlebt die Besatzung. Bei den nächsten Konvoiangriffen zum Teil mit italienischen U-Booten gibt es erneut einen »Primärfall«: Als *U 100* und *U 47* in der Nacht vom 18./19. November 1940 ebenfalls einen auslaufenden Konvoi angreifen, wird nach Rohwer/Hümmelchen [5] »... Eines der beiden Boote von einem Sunderland-Flugboot mit einem ASV-I-Radargerät geortet:«[38]
Das ist die erste Ortung
mit einem Radar genannten FuMO
aus einem Flugzeug heraus.
Für die Phase vom 9. bis 30. November im Nordatlantik werden zwar bei den Angriffen, die den Gegner 27 Schiffe mit 120 142 BRT kosten und die deutsche U-Boot-Waffe das große XI-B-Boot *U 104* (Kapitänleutnant H. Jürst), von dem niemand überlebt, im Schrifttum nur die Konvois H.X. 84, O.B. 244, S.C. 11 genannt, andere nur als angegriffen — jene Konvois jedoch, die von U-Booten nicht angegriffen oder vom B-Dienst nicht erfaßt werden, weil sie ja, da keine Verluste, auch nicht funken, werden nicht aufgeführt. Das jedoch erst gibt, in ein Diagramm übertragen, eine beeindruckende optische Übersicht

über die wahre Stärke der britischen Konvoikapazität mitsamt den Schiffen der mit Großbritannien sympathisierenden Schiffahrtsländer,
zu denen noch die vielen »freien« Frachter der von Deutschland besetzten Staaten hinzuzuzählen sind.
Für das Jahr 1940 und zugleich 1941 machen die nachstehenden Tabellen nicht nur die Erfolge (in BRT), das Auf und Ab der U-Boot-Operation (einschließlich U-Boot-Minen), sondern hier auch die Torpedokrise und vor allem die Aktivitäten der britischen Entschlüsselung und der Erbeutung von *U 110* und die (in Verbindung mit dem Jahr 1941 noch im Detail zu behandelnden) dadurch nunmehr möglichen Umleitungen und gezielten Abwehrmaßnahmen gegen die U-Boote deutlich (in Klammern die Verluste an Gesamttonnage durch Flugzeuge, Minen aller Art [auch U-Boot-Minen], Überwasserkriegsschiffe im Zufuhrkrieg, Hilfskreuzer, Schnellboote usw. und unbekannter Ursache, letzte Spalte die deutschen U-Boot-Verluste, in Klammern dahinter davon durch Flugzeuge bzw. kombiniert Flugzeug/Eskorter).

Eines weisen die Tabellen jedoch nicht aus: welchen Umfang der Konvoiverkehr hatte, den allein das Western Approaches Command sichern mußte. Erst diese Ziffern würden transparent machen, gegen welche zahlenmäßige Überzahl an Konvoi-Handelsschiffen die U-Boote zu kämpfen hatten. Allein in den ersten drei Monaten des Jahres 1941 fuhren, wie wir heute wissen, 687 Schiffe in H.X. Konvois, 306 in S.C. Konvois und 1282 in ausgehenden O.B.-Konvois. Außerdem hatte das Western Approaches Command (W.A.C.) auch noch die Geleitzüge zu betreuen, welche durch die Straße von Gibraltar oder nach Sierra Leone marschierten bzw. von dort kamen.
Im Frühling 1941 schlüsselte sich der heimwärts gehende Verkehr im Nordatlantik auf in

- schnelle 9 kn-Konvois aus Halifax (H.X. Konvois);
- in 7 kn langsame Konvois von Sydney (S.C. Konvois).

Normalerweise kamen im Monat vier schnelle und zwei langsamere Konvois nach englischen Häfen, vier ausgehende Konvois liefen als O.B.'s in Richtung Nordamerika und lösten sich (um diese Zeit noch) in 35° W auf.

Die britischen Tonnageverluste aus deutscher und britischer Sicht für die Jahre 1940 und 1941

Die hier veröffentlichten Zahlen entstammen den bis 1982 verfügbaren, vor allem deutschen Quellen

1940 Monat	Nordatlantik	andere Reviere*	U-Boot-Minen	Gesamtverluste durch U-Boote [5], außer beschädigten Schiffen	Gesamtverluste nach Roskill [2] nicht nur durch U-Boote**	Verluste an U-Booten, (in Klammern dahinter durch Flugzeuge, bzw. Flugzeug / kombiniert mit Eskorter)
Januar	18 : 67162	31 : 59975	9 : 51747	58 : 178884	(73 : 214506)	2 (1)
Februar	25 : 116350	20 : 56202	4 : 13398	49 : 185950	(63 : 226920)	4 (0)
März	11 : 39277	10 : 21191	2 : 5778	23 : 66246	(45 : 107009)	3 (1)
April	4 : 23874	2 : 7053	—	6 : 30927	(58 : 158218)	5 (1)
Mai	10 : 48546	4 : 8866	1 : 5995	15 : 63407	(101 : 288461)	1 (1)
Juni	62 : 347030	1 : 8401		63 : 355431	(140 : 585496)	0 (0)
Juli	37 : 189098	1 : 5824		38 : 194922	(105 : 386913)	2 (1 komb.)
August	53 : 279183	1 : 4201		54 : 283386	(92 : 397229)	3 (0)
September	52 : 265737	—		52 : 265737	(100 : 448625)	0 (0)
Oktober	61 : 344684	—		61 : 344684	(103 : 442985)	1 (0)
November	30 : 153098	4 : 20897		34 : 173995	(97 : 385715)	2 (0)
Dezember	33 : 201898	6 : 27603		39 : 229501	(82 : 349568)	0 (0)

Σ 396 : 2075937 Σ 80 : 220213 Σ 16 : 76918 Σ 492 : 2373070 Σ (1059 : 3991645) Σ 23 (4+1 komb.)

* bis Juni 1940 Nordsee und Nordmeer, ab Juli 1940 Mittel- und Südatlantik (keine Nordsee, kein Nordmeer).

** d.h. durch Überwasserkräfte (Kriegsschiffe wie Hilfskreuzer).

Durch deutsche U-Boote versenkte Schiffe aus britischer Sicht

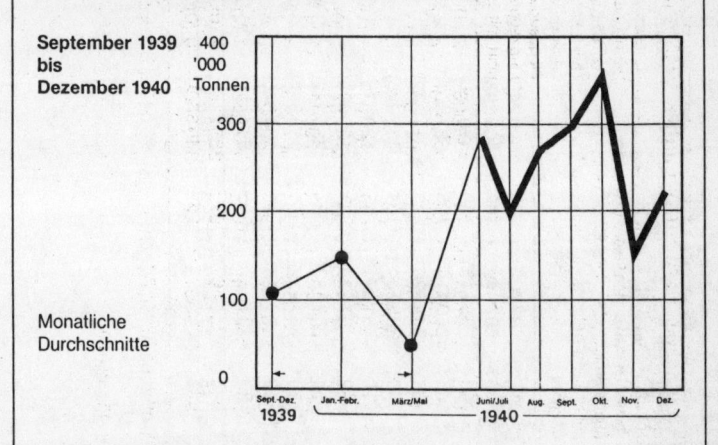

September 1939
bis
Dezember 1940

400 '000 Tonnen

Monatliche Durchschnitte

Sept.-Dez. 1939 | Jan.-Febr. | März/Mai | Juni/Juli | Aug. | Sept. | Okt. | Nov. | Dez.
1940

Britische Schiffsverluste bis Dezember 1940

Schiffe versenkt durch: (■ = 50 000 ts)

U-Boote 2 606 000 ts

Minen 772 000 ts

Bomber 583 000 ts

»Raider« 544 000 ts

Schnellboote 48 000 ts

Die deutschen Versenkungserfolge 1939/40 aus britischer Sicht und nach britischen Quellen. Da deutscherseits die versenkten Schiffsgrößen oft nur geschätzt werden konnten (oft erstaunlich genau, aber auch nicht immer) ergeben sich gegenüber den deutschen Auflistungen auf den Seiten 50 bis 52 Unterschiede bei den Endsummen. Was hier vor allem interessiert, ist das Auf und Ab der Diagrammkurve.

1941 Monat	Nordatlantik	andere Reviere*	U-Boot-Minen	Gesamtverluste durch U-Boote [5], außer beschädigten Schiffen	Gesamtverluste nach Roskill[2] nicht nur durch U-Boote	Verluste an U-Booten (in Klammern dahinter durch Flugzeuge, bzw. Flugzeug / Eskorter kombiniert)
Januar	16 : 92123	1 : 6579		17 : 98702	(76 : 320240)	0 (0)
Februar	42 : 207649	–		42 : 207649	(102 : 403393)	0 (0)
März	29 : 154127	14 : 81986		43 : 236113	(139 : 529706)	5 (0)
April	32 : 189522	14 : 70892		46 : 260414	(195 : 687901)	2 (0)
Mai	31 : 166289	32 : 183331		63 : 349620	(139 : 511042)	1 (0)
Juni	43 : 218538	16 : 84317	1 : 2879	60 : 305734	(104 : 432025)	4 (0)
Juli	14 : 49676	3 : 11795		17 : 61471	(43 : 120975)	1 (0)
August	22 : 67638	–		22 : 67638	(41 : 130699)	3 (2!)
September	44 : 154287	10 : 54535		54 : 208822	(84 : 285942)	2 (0)
Oktober	29 : 150638	10 : 31779		39 : 182412	(51 : 218289)	2 (0)
November	16 : 73114	3 : 18514		19 : 91628	(35 : 104640)	5 (1)
Dezember	11 : 61328	12 : 359		23 : 101687	(285 : 583706)	10 (2)
	Σ 329 : 1584929	Σ 115 : 544087	Σ 1 : 2879	Σ 445 : 2171890	Σ (1294 : 4328558)	Σ 35 (5)

* Mittel- und Südatlantik, Nordmeer und ab September 1941 Mittelmeer.

Um die Aktivitäten der U-Boote im Nordatlantik und in fernere Seegebiete zu verlängern, werden 1941 nach den guten Erfahrungen des Vorjahres (sprich keine Verluste) Überwasser-Versorger, also Troßschiffe und Tanker, zur In-See-Versorgung eingesetzt. Hier kommt es nach der Operation »Rheinübung« (Schlachtschiff *Bismarck* und Schwerer Kreuzer *Prinz Eugen*) zu einer Katastrophe für die Begleitschiffe. Verrat? Die wahre Ursache wird erst 14 Jahre nach dem Kriege bekannt:

- die Erbeutung von *U 110* mit allen Schlüsselmitteln.

Nicht minder schwerwiegend sind 1941 aber auch die Verluste an bewährten kampferprobten U-Boot-Assen:

- Günter Prien *(U 47)* bleibt mit seiner ganzen Besatzung;
- *U 99*, Otto Kretschmer, wird versenkt,
- ebenso *U 100* mit dem Erfolgskommandanten Joachim Schepke.
- Auch Lemp von *U 110* gehört dazu.

Mehr darüber und die daraus resultierenden Folgen im Text.
Es ist für 1941 noch zu vermerken, daß die U-Boot-Erfolge trotz der feindbedingten Verluste von 32 Booten[39] insgesamt gesehen wegen der Streuungen im freien Seeraum geringer als im Jahr 1940 sind. Daran ändert auch die Tatsache nichts, daß die Operationsgebiete inzwischen erweitert worden sind, zunächst mit Hilfe der großen Boote bis in den Mittelatlantik, wo es im noch jungfräulichen und daher von Eskortern nicht gesicherten Revier vor Freetown zu einem ungewöhnlichen Erfolgshöhepunkt kommt.[40]
Mit dem Ausbruch des Krieges gegen die UdSSR (22. Juni 1941) richtet sich als neuer Schwerpunkt der Kampf gegen die nach Murmansk und Archangelsk geleiteten Arktis-Konvois, der nicht nur mit U-Booten und Langstreckenbombern, sondern auch mit Überwasserseestreitkräften geführt wird. Ein neues Revier auch für die deutschen U-Boote eröffnet sich mit dem Mittelmeer, in das die ersten U-Boote als Gruppe GOEBEN vom 24. September ab durch die von den Briten streng bewachte Straße von Gibraltar einbrechen. In der östlichen Ostsee werden nach wie vor die Einbäume, die kleinen 250 t-Boote vom Typ II, eingesetzt.
Noch immer operierten die U-Boote (das heißt bis Anfang

1941) mit Schwerpunkt nur bis 30° West, so daß es den Briten genügte, ihre Konvois bis etwa 35° West zu sichern. Doch das änderte sich schnell. Die Boote stoßen immer weiter nach Westen vor. Parallel dazu nehmen die Briten ab April 1941 ihre Treibstoffversorgungsbasis auf Island in Betrieb. Erstmals im Juni bereits stellen sie ein »durchgehendes Geleit« für alle ausgehenden und einkommenden Konvois. Laut [120]: »First allied convoy with end-to-end surface escort crosses the Atlantic.«
Noch ein weiteres ist bei den Briten zu vermerken: Admiral Sir Percy Noble ist im Februar zum Commander in Chief Western Approaches bestellt worden. Laut Lt. Commander Kemp [120]: »He was perhaps the first to appreciate that the key to victory in this campaign lay just in the training officers and men in the number of available escorts« (siehe auch Kapitel 1.5).
Vom Mittelatlantik weitet sich der U-Boot-Krieg mit dem Herbst nach und nach über das Gebiet von Ascension und St. Helena hinaus bis in das Gebiet der Walfisch-Bucht aus, während im Norden nach der Kriegserklärung der USA am 11. Dezember 1941 mit großen Booten die Operation »Paukenschlag« im Westatlantik unter den Ostküsten der USA als Großoffensive gegen die US-Handelsschiffahrt vorbereitet wird.
In den Kommandantenberichten vor Dönitz wird um 1941 hier und dort in Verbindung mit Geleitzügen auch »von dem Verdacht einer Umgehung« der U-Boot-Aufstellungen durch die Konvois gesprochen.
Welche Handhabe hat der Gegner dafür …?
Peilungen der Fühlunghaltersignale …?
Luftaufklärung auf Distanz …?
Was tut sich da an den Konvoirouten im Atlantik? Beim BdU wird sogar Verrat nicht ausgeschlossen …
Nachstehend, was sich beim BdU und beim OKM
1941 zutrug und gravierende Entwicklungen und Maßnahmen der Gegenseite, die den deutschen Stellen verborgen blieben.

1.1 Der Fall Kapitän zur See Bernhard Rogge

> Waren die Versenkungen des Hilfskreuzers *Atlantis* und des Versorgungsschiffes *Python* bei der Versorgung von U-Booten in Wahrheit primär das Ergebnis der britischen Funkentschlüsselung? · Oder war Verrat im Spiel? · Rogges Alptraum während der HSK-Unternehmung · Spezialisten zum Kriegsmarineschlüssel »M« · Die Schlüsselkapazität des Schlüssels »M« · Die geheimen Schlüsselkreise der deutschen Kriegsmarine · Schlüsselkreis *Hydra* gilt ja auch für U-Boote · Der Schlüsselkreis *Thetis* und die AGRU-Front · Die »innere« und »äußere« Einstellung · Wasserlöslicher Druck — ein weiterer Sicherheitsfaktor · Brite anerkennt technische Vollkommenheit des deutschen Schlüsselsystems · Rogge verlegte von sich aus den von Berlin gefunkten ersten Treffpunkt im Mittelatlantik · Auf dem funkbefohlenen zweiten Treffpunkt wird der Hilfskreuzer gestellt · Und auf dem von Berlin gefunkten dritten Treffpunkt geht die *Python* verloren · Rogge glaubt fest an gegnerischen Schlüsseleinbruch · Kriegsgerichtsandrohung für Rogge

Dezember 1941, Berlin, Tirpitzufer:
Im Oberkommando der Kriegsmarine beendet Kapitän zur See Bernhard Rogge vor einem ausgesuchten Kreis hoher Seeoffiziere seinen Bericht über

- die Versenkung seines Hilfskreuzers *Atlantis* am 22. November 1941 durch den britischen Schweren Kreuzer *Devonshire* sowie über
- das Ende des deutschen Versorgungsschiffes *Python*, das die Überlebenden der *Atlantis* von *U 126* (Kapitänleutnant Ernst Bauer) übernahm und das ebenfalls durch einen Schweren Kreuzer, die *Dorsetshire*, gestellt wurde.

Ohne Emotionen, aber mit ruhiger, starker Stimme fügt Rogge abschließend hinzu:
»Ich bin fest davon überzeugt, daß in beiden Fällen entweder Verrat oder eine Entschlüsselung der Funksprüche der die Versorgung durch die *Atlantis* und die *Python* angehenden U-Boote

im Spiel gewesen ist [38]. Verrat möchte ich an sich ausschalten, eine Dekodierung der Funksprüche durch den Gegner liegt im Bereich des Möglichen. Es gibt für diese beiden situationsgleichen Fälle gar keine andere Erklärung.«
Betroffenes Schweigen zunächst ist die Antwort. Einige der Anwesenden verbergen ihr Erschrecken nicht, andere kaum ihren Ärger über eine solche ungeheuerliche Behauptung. Sie kommt nachgerade einer Unterstellung der Nachlässigkeit in der Beobachtung und Beachtung der gegnerischen Abwehrmaßnahmen hinsichtlich der Geheimhaltung der Funksprüche gleich oder, wie man will, einem unausgesprochenen Vorwurf des Unvermögens, einen Einbruch in den deutschen Marineschlüssel »M« nicht erkannt und nicht abgewehrt zu haben.
Und hier von Verrat zu sprechen, das ist fast schon ein Affront. Endlich äußert sich der Verantwortliche für dieses Kolloquium: »Weder Verrat noch eine Entschlüsselung unseres Geheimkodes sind die Ursache. Die vom Gegner erzwungenen Versenkungen der *Atlantis* und der *Python* sind tragisch — aber sie sind, seestrategisch und seetaktisch gesehen, ein nun einmal einzukalkulierendes Schicksal.«
Rogge gibt sich nicht zufrieden. Er besteht auf seiner Deutung: »Erlauben Sie mir den Hinweis auf unseren eigenen Funkbeobachtungsdienst. Wenn es uns, das heißt dem B-Dienst[41] als Funkbeobachtungsdienst, möglich ist, den britischen Kode zu entziffern, warum kann der Gegner nicht Gleiches vollbringen? Jeder Funkspruch, den ich von der *Atlantis* auf See absetzen mußte, war ein Alptraum für mich. Nicht nur aus der Sorge einer für mich keineswegs indiskutablen Entzifferung, sondern auch aus dem Argwohn heraus, im Operationsgebiet eingepeilt zu werden.«
Die Antwort kommt schnell, von einer Kapazität der Nachrichtentechnik: »Ihre Bedenken hinsichtlich des deutschen Kodes waren und sind absolut irrelevant. Und was Ihren naheliegenden Hinweis auf die Entschlüsselungsleistungen des deutschen B-Dienstes angeht, so wissen Sie doch selbst, daß der britische Schlüssel wesentlich unkomplizierter ist. Der ist — sozusagen — selbstgestrickt.[42] Unser Marineschlüssel ›M‹ ist, wie Sie wissen, ein maschinell betriebenes, kompliziertes Gerät ...
Sie werden sich erinnern, daß die Kriegsmarine am 1. Oktober

1934 die in den drei Wehrmachtteilen bislang benutzte Enigma-Schlüsselmaschine ›C‹ durch den marineeigenen Funkschlüssel ›M‹ ersetzte. Über ein zusätzliches Steckerbrett mit 26 Doppelsteckerkontakten konnten nunmehr maximal dreizehn Verbindungen hergestellt werden. Außerdem wurden die verwirrenden Umlaute auf dem Tastenbrett und den Schlüsselwalzen entfernt. Hier wäre noch zu erklären —, nämlich, daß die Schlüsselmaschinen von Heer und Luftwaffe sowie der Funkschlüssel ›M‹ der Kriegsmarine anfangs nur fünf austauschbare Schlüsselwalzen zur Verfügung hatten. Jedoch konnten die Maschinen selbst jeweils nur mit drei Walzen bestückt werden. Diese drei Walzen erlaubten anfangs eine Schlüsselperiode von $26^3 - 26^2$, das heißt von 16 900 Buchstaben. Eine Wiederholung des verschlüsselten Alphabets war also erst nach einem Durchgang dieser 16 900 Buchstaben möglich, das aber auch nur bei gleicher Schlüsselstellung. Das heißt, es wurde einem gegnerischen Entzifferungsdienst nur dann die Chance des Herausfindens von sogenannten Parallelstellen angeboten, wenn mehr als 16 900 Buchstaben mit der gleichen Schlüsselstellung verschlüsselt wurden. Das heißt im Klartext: wenn man mit gleicher Schlüsselstellung mit dem gleichen Alphabet von vorn begann. Bitte, prüfen Sie, lieber Rogge, alle mit dem für Hilfskreuzer und V-Schiffe gültigen SONDERSCHLÜSSEL herausgegangenen Funksprüche auf Ihrer Unternehmung auf die Zahl der Buchstaben hin, Sie werden mir ad hoc zugestehen müssen, daß Sie diese Zahl wahrscheinlich gar nicht einmal erreicht haben.

Und wenn, dann bot ein mehrfacher Wechsel der bislang benutzten Schlüsseleinstellung eine Schlüsselperiode von mehreren Milliarden an.

Dazu kommt, daß wir, also die Kriegsmarine, den Funkschlüssel ›M‹ 1938/39 unermüdlich und konsequent weiterentwickelt haben. Statt wie bisher fünf, stehen ab nunmehr sieben austauschbare Schlüsselwalzen zur Verfügung. Nach wie vor blieb es allerdings bei nur drei Walzen für den eigentlichen Betrieb der Maschine. Hier, das darf ich andeuten, ist — wieder im Hinblick auf absolute Schlüsselsicherheit — in absehbarer Zeit erneut eine Änderung zu erwarten. Doch zurück zu den sieben Walzen. Hier haben die beiden neuen Schlüsselwalzen VI und VII als nunmehr ›reine Marinewalzen‹ zur Folge, daß der Mari-

nefunkverkehr mit der ›Enigma I‹ nicht mehr mitgelesen werden kann.
Die Zahl der möglichen Walzenlagen beim Marineschlüssel ›M‹ hat sich gegenüber den 120 der ›Enigma I‹ erst auf 210 und dann, mit der Walze VII, auf 336 vervielfacht.
Darüber hinaus treten all die weiteren technisch komplizierten Erschwernisse hinzu, die im Detail viel zu weit führen würden, abgesehen davon, daß sie Ihnen vielleicht auch bekannt sind.«[43]

Was übrigens die Peilsicherheit angeht, so sei hier noch auf ein interessantes BdU-FT vom 18. Januar 1942 verwiesen, das auf *U 99* (Kretschmer) kurz nach der Abgabe aufgenommen wurde: »0022/k8/118/255. Eingang (*U 99*) 0055: Bei Kurzsignal — oder Funkspruchabgabe durch Boote wird häufig Senderabstimmung mit Strahlung beobachtet, wodurch Boote oft schon eine Minute vor der Nachrichtenabgabe gehört werden. Maßnahmen zur Einschränkung der Peilgefahr werden dadurch wertlos.«
Und inwieweit sich Kapitän zur See Rogge mit solchen detaillierten Funkkenntnissen vertraut gemacht hatte, soll hier nicht untersucht werden. Wichtig erscheint jedoch auch der Hinweis, daß die Marine den gegnerischen Kryptologen einige weitere Barrikaden auf den Weg ihrer mühevollen, aber immens fleißigen und nicht minder technisch-wissenschaftlichen Anstrengungen aufgebaut hatte. Außer einigen älteren Handverfahren kamen bei der deutschen Marine anfangs gleich zwei Schlüsselbereiche zum Einsatz, jeder Bereich von sich getrennt. Es gab den Schlüsselbereich

- »Heimische Gewässer«
  und den Bereich
- »Außerheimische Gewässer«.

Als sich nach Kriegsbeginn der Nachrichtenverkehr mit in See stehenden Einheiten und mit besonders abgelegenen Dienststellen und Stützpunkten ohne Fernsprech- und Fernschreibverbindungen in den besetzten Ländern multiplizierte, machte dieser zunehmende Funkverkehr im Interesse der Schlüsselsicherheit weitere Schlüsselkreise notwendig. Schließlich leuchtet es auch einem funktechnischen Laien ein, daß sich die Gefahren einer Entschlüsselung vervielfältigen, wenn nicht nur die Zahl der

Funksprüche und damit auch die der Parallelfälle anwächst, sondern wenn obendrein auch noch nur dasselbe Schlüsselsystem benutzt wird. Bald schon nach Kriegsausbruch wurden daher die unterschiedlichsten Schlüsselkreise angewandt. Hier ist vielleicht eine Übersicht über alle Schlüsselkreise der Kriegsmarine sinnvoll, wie sie zur Stunde des Kolloquiums mit Rogge Gültigkeit haben und welche Änderungen sie später erfahren werden.

Da ist zunächst zu nennen:

- das HYDRA genannte Schlüsselsystem, das für alle Einheiten in der Nordsee und Ostsee bestimmt war und bald auf alle Schiffe erweitert wurde, die aus den Häfen der besetzten Gebiete und in deren Küstenvorfeld operierten; das betraf vor allem die Vorpostenboote, die U-Jäger, die Minensuch- und Minenräumboote in Norwegen, Dänemark und Frankreich. Außerdem wird der Schlüsselkreis bis 1942 auch von allen U-Booten im Einsatz benutzt.
- Der Mittelmeerbereich hat für alle hier operierenden deutschen Einheiten seinen eigenen Schlüsseldienst, der bald (also nach Beginn des »Rußlandfeldzuges«) auch das Schwarze Meer einbezog. Ab August 1942 SÜD genannt, wird dieser Schlüsselkreis ab Oktober 1943 unterteilt in HERMES für das Mittelmeer und POSEIDON für das Schwarze Meer, für die U-Boote gilt ab Februar die Sonderregelung MEDUSA und ab Oktober 1942 URANUS für den U-Boot-Führungsfunkverkehr im Mittelmeer und der Schwarzen See.
- Einem besonderen Schlüsselsystem, ab 1942 als THETIS bekannt, unterliegen die U-Boote der AGRU-Front, also die von Gotenhafen, Pillau und Memel aus eingesetzten U-Boot-Neubauten der »Ausbildungsgruppe-Front«, das heißt der für den Fronteinsatz vorgesehenen U-Boote, die in den der ostpreußischen Küste vorgelagerten Seegebieten ihren taktischen und technischen letzten Schliff erhalten.
- Für U-Boote, die im Atlantik eingesetzt und vom BdU über Funk ferngeführt werden, wird ab Februar 1942 der neue Schlüsselkode TRITON gelten, während alle im Nordmeer aktiven U-Boote dem Marinegruppenkommando Nord bzw. dem Seebefehlshaber Norwegen unterstehen.

- Alle Überwasserkriegsschiffe, die außerhalb der Nordsee und Ostsee operieren — so die schon unmittelbar vor dem Kriege in den Atlantik entlassenen und als Handelsstörer vorgesehenen Panzerschiffe *Admiral Graf Spee* und *Deutschland* usw. richten sich nach dem später AEGIR genannten Kode, während für
- die schweren Einheiten der *Bismarck*- und der *Scharnhorst*-Klasse der Schlüsselkreis NEPTUN gültig ist.
- Bereits vor dem Kriege für überseeische Versorgungen vorgesehene Handelsschiffe, Tanker vor allem, die aus überseeischen Zuflucht-Häfen zu Versorgungsaufgaben für Handelsstörer, Prisen und Fern-U-Boote auslaufen oder ausbrechen, haben relativ einfache Schlüsselmaschinen der ersten Generation an Bord. Als die Schlüsselkreise mit Namen belegt werden, ist für diesen Kreis der Name TIBET vorgesehen.
- Des SONDERSCHLÜSSELS 100 bedienen sich in überseeischen Gewässern die zu Hilfskreuzern (HSKs) umgebauten Handelsschiffe und die diesen Einheiten zugewiesenen Versorgungsschiffe (V-Schiffe).
- Der Erwähnung verdienen noch der POTSDAM genannte Schlüsselkreis, der bei Operationen gegen die Sowjets in der Ostsee Gültigkeit hat, ferner der Kode FREYA für Funkaufklärungsmeldungen (B-Dienst) und die Verbindung zwischen dem Oberkommando der Kriegsmarine (OKM) und Küstenbefehlshabern, und zwar dann, wenn die Benutzung von Fernschreibern technisch nicht realisierbar oder nicht erwünscht ist (hierzu wäre noch zu ergänzen, daß Fernschreiben nach einem besonderen Verfahren verschlüsselt werden).
- Daß das Torpedoversuchskommando beim Übungsschießen einen eigenen Schlüsselkreis zugewiesen erhielt, beweist die Bedeutung, die seitens der Marineführung dieser Waffenentwicklung beigemessen wird, bei dem Ergebnisse ja nicht auf Rufweite anfallen, aber eine sofortige Auswertung vor Ort verlangen. Hier findet sich später der Kodename SLEIPNER.[44]
- Schließlich und endlich sei hier noch die BERTOK genannte Längstwellenverbindung zwischen dem OKM in Berlin und dem deutschen Marineattaché in Tokio vermerkt.

Von den als Beispiele genannten verschiedenen Schlüsselkreisen unterliegen AEGIR und der SONDERSCHLÜSSEL 100 ein ganzes Jahr keiner Änderung. Anderen dagegen sind als »innere« Schlüsseländerungen einmal im Monat und später halbmonatlich vorgeschrieben. Solche Monatsschlüsseltafeln erhalten die Schiffsführungen im voraus, und zwar auf ihre maximal zu erwartende Einsatzdauer in See abgestellt. Bei den U-Booten im atlantischen Einsatz haben diese Schlüsselmittel meist drei Monate Gültigkeit.

Für die jeweils vorgeschriebene Schlüsseleinstellung ist für die »inneren Einstellungen« zunächst die Reihenfolge der einzusetzenden Walzen von Bedeutung, konsequenterweise kurz »Walzenlage« genannt. Darüber hinaus kann der Buchstaben- oder der Zahlenring auf jeder Schlüsselwalze in sich verstellt werden. Möglich sind bei dieser Ring-(ein)stellung 26 verschiedene Variationen. Unter den »äußeren Einstellungen« sind die Steckverbindungen und die Grundstellung der Walzenlage der drei aus fünf ausgewählten bzw. befohlenen Schlüsselwalzen zu verstehen. Die beiden oben genannten »inneren Einstellungen« werden anfangs monatlich vorgenommen. Dürfen die Walzenlage und die Ringstellung (und zwar monatlich, dann alle zehn Tage und später alle zwei Tage) nur durch einen Offizier ausgeführt werden, so obliegt der tägliche Wechsel der Steckverbindung und der Grundstellung dem Funkpersonal. An Bord Tagesschlüssel genannt, wird dieser tägliche Wechsel zuerst um Mitternacht, später um zwölf Uhr mittags befohlen.

Zu unterschiedlich sind hier noch die noch einmal zwei- oder dreifach verschlüsselten FTs. Sie sind entweder »Nur für Offiziere« oder »Nur für (einen) Stabsoffizier« bestimmt.

Eine wesentliche Rolle spielen die sogenannten Kurzsignale. Hier handelt es sich um ebenfalls nach dem Kodesystem verschlüsselte Nachrichten, deren Inhalt bzw. Aussage, auf der Langwelle geführt, raffiniert kurz gehalten wird. Diesen Kurzsignalen, deren Sinn und Zweck es ist, dem Gegner ein Einpeilen des betreffenden Funkspruchs zu erschweren, wird als Kennzeichen ein griechischer Buchstabe vorangesetzt.

Überwasserkriegsschiffe verwenden hierbei die griechischen Buchstaben $\alpha\alpha$ = alpha alpha, die U-Boote beginnen ein Fühlunghaltersignal mit $\beta\beta$ = beta beta. Daß übrigens alle Schlüsseltexte und Schlüsselbücher von der schreibmaschinenähnlichen Schlüssel-»M«-Maschine mit wasserlöslicher Druckfarbe geschrieben bzw. gesetzt werden, ist ein weiterer Sicherheitsfaktor, etwa für den Fall, daß ein Schiff plötzlich gestellt und gekapert wird.

Doch zurück ins OKM, wo der Sachverständige auch die oben angeführten Fakten behandelt und erklärt hat, nicht nur, um den Kapitän zur See Rogge, sondern auch, um die anderen Offiziere zu überzeugen, daß die Erschwernisse beim Marineschlüssel-»M«-System derart raffiniert kompliziert sind, daß allenfalls einmal ein Zufall den gegnerischen Entzifferungsspezialisten ein auch nur vorübergehender Einbruch in den jeweiligen Schlüsselkreis möglich macht. »Die bekannten Methoden der mathematischen Analysen und der handschriftlichen Berechnungen verlangen einen sich auf Monate, ja auf Jahre erstreckenden Aufwand, um nur eine der vielen möglichen Schlüsseleinstellungen des Marineschlüssels ›M‹ aufzubrechen.«

Dazu wird einmal Patrick Beesly [3] nach dem Kriege mit britischer Fairneß vermerken: »Man muß gerechterweise anerkennen, daß die deutsche Marine durchaus Ursache hatte, an die technische Vollkommenheit ihres Schlüsselsystems zu glauben.«

Der Hilfskreuzerkommandant Bernhard Rogge, der sich auf der längsten ununterbrochenen Seereise eines Schiffes in der Geschichte der Seefahrt 622 Tage mit der Sorge, ja mit der Angst konfrontiert sah, der Gegner könnte in den Kode der *Atlantis* eingebrochen sein, um dem HSK mit einem schwerbewaffneten regulären Kriegsschiff gezielt aufzulauern, zeigt sich keineswegs bereit, unmöglich Scheinendes auch als unmöglich zu respektieren. Er wendet ein: »Nach den Gesetzen der Wahrscheinlichkeitsrechnung ist eigentlich überhaupt kein Schlüsselsystem absolut sicher. Hier scheint mir — und ich denke dabei an den von dem Herrn Referenten soeben genannten jahrelangen Aufwand — nur die Zeitdauer ein Kriterium zu sein. Sichtmeldungen, Ortungsergebnisse, Funkpeilergebnisse, Gefechtsberichte, Agentennachrichten, Funkbilder und vieles andere sind doch die Bausteine für ein Mosaik der gegnerischen Funkentzifferung, die sich, wie wir wissen, beim Gegner Special Intelligence nennt und die doch ebenfalls die keineswegs geheimen mathematischen Analysen beherrscht.«

»Eben weil wir solchen Erkenntnissen Rechnung tragen, haben wir doch die immer wieder wechselnden und neu entwickelten Erschwernisse eingebaut.«
»Natürlich, das anerkenne ich ja auch. Aber übersehen wir doch nicht, daß das, was maschinell verschlüsselt werden kann, eines Tages auch maschinell und nicht mehr mühselig und zeitraubend im Handverfahren entschlüsselt werden könnte. Ich fürchte, daß hier die vom Krieg personell noch nicht belasteten Amerikaner den Briten helfen ...
Jeder Entschlüsselungsversuch kostet Zeit — und, um auch maschinell zu entschlüsseln, braucht der Gegner doch nur in den Besitz unserer Schlüsselmaschine ›M‹ zu kommen. Die einfache Enigma war doch schon vor dem Kriege kein Tabu ...«[45]
»Zugegeben, es gelingt dem Gegner wirklich — was in praxi mit 100prozentiger Sicherheit doch wahrscheinlich nicht auszuschließen ist —, eine Schlüsselmaschine ›M‹ zu erbeuten, so wird er, wenn er dabei auch alle sonstigen Schlüsselunterlagen und Instruktionen in die Hände bekommt, selbstverständlich unsere kodierten Funksprüche entziffern können. Das glückt ihm natürlich nur auf eine begrenzte Zeit, das heißt nur solange, solange die jeweilige Einstellung gültig ist.«
»Richtig, dann aber kennt er unser System«, kontert Rogge und bleibt ohne Antwort, als er noch hinzufügt »Das wäre dann der Schlüssel zum Schlüssel ›M‹«.
Statt dessen wird ihm die Gegenfrage gestellt, ob er denn objektive Gründe für seine Besorgnisse hinsichtlich der Schlüsselsicherheit hätte.
»Jawohl, die habe ich«, sagt er ohne Betonung. »Sehen Sie, als ich im Oktober 1941 aus der Operationsabteilung der Skl, Ressort Hilfskreuzer, den verschlüsselten Befehl bekam, zwischen dem 12. und 15. November das zur Kapstadt-Gruppe gehörende *U 68* mit Brennstoff zu versorgen, hatte ich das ja, noch im Pazifik stehend, auch schon vorher von mir aus angeboten. Schließlich hatte ich dem Funkverkehr entnommen, daß das U-Boote-Versorgungsschiff in Verlust geraten war und die Boote der im Südatlantik operierenden Gruppe — also auch *U 68* — größte Brennstoffsorgen hätten. Lassen Sie mich bitte weiter ausholen, um den Komplex insgesamt zu sehen und zu werten: Am 27. Oktober befahl mir dann die Skl durch FT, die Versor-

gung zum genannten Zeitpunkt westlich einer auf Grad und Minute genannten Position vor St. Helena durchzuführen. Daß mir dieser Treffpunkt unsympathisch war,[46] habe ich bereits gesagt, auch daß ich die Aversion lediglich von der Lage her begründete und nicht aus einer Besorgnis über einen etwaigen Einbruch des Gegners in den stark frequentierten deutschen U-Bootschlüssel. Die Skl hatte allerdings meine Bedenken sofort mit dem Hinweis korrigiert, das Boot könne eben wegen des akuten Brennstoffmangels einen anderen Treffpunkt als westlich von St. Helena gar nicht mehr ansteuern. Außerdem wiesen die Herren in Berlin darauf hin, man wisse sehr wohl, wie und wo die (Feind-)Schiffe führen. Ich habe dann *U 68* auf dem befohlenen Treffpunkt erwartet, am 13. November getroffen und bin sofort mit verständnisvoller Zustimmung von Merten, dem Kommandanten von *U 68*, mit dem U-Boot gemeinsam nach Südwesten abgelaufen. Erstaunlicherweise hatte Merten sogar noch genug Brennstoff an Bord, um den Versorgungsplatz noch um 80 Seemeilen zu verlegen. Die Versorgung, die sich zwei Tage hinzog, vollzog sich ohne Probleme.[47] Sie war noch nicht beendet, als die Skl wegen einer weiteren Versorgung, nämlich von Bauer's *U 126*[48], anfragte. Ich sprach mit dem Kommandanten von *U 68* über den wieder von der Skl vorgeschriebenen Treffpunkt ausgerechnet in der atlantischen Enge zwischen dem afrikanischen Freetown und dem brasilianischen Bahia. Auch Merten teilte wegen der leicht kontrollierbaren Engstelle meine Bedenken. Da aber die Ölversorgung wie bei *U 68* für *U 126* im Hinblick auf die vorgesehenen Operationen im Seeraum um Kapstadt als äußerst prekär geschildert worden war, habe ich in Anbetracht der vorausgegangenen Erklärung Berlins im Fall der befohlenen *U 68*-Versorgungsposition ein neues FT mit der Bitte um eine andere Position unterlassen.

U-Bauer, mit dem ich dann am 22. November zusammentraf und dessen Kommandanten ich sofort an Bord der *Atlantis* sprechen konnte, hatte allerdings die Einschränkung zugewiesen erhalten, beim Anmarsch zu dem Treffpunkt vier Tage nicht zu funken, um die Versorgungsposition im nördlichen Südatlantik nicht durch eine Einpeilung zu verraten. Das Zusammentreffen fand dann auch so prompt wie auf einem Rangierbahnhof statt. *U 126* wartete bereits. Ich hatte keine Bedenken, Mitglieder der

Großadmiral Karl Dönitz (* 16. IX. 1891 in Berlin, † 24. XII. 1980 in Aumühle), von 1936—1939 FdU, von X. 1939—I. 1943 BdU, vom I. 1943—IV. 1945 ObdM (Oberbefehlshaber der Kriegsmarine) und zugleich BdU, ab Mai 1945 bis Ende Staatsoberhaupt. — Ritterkreuz: 21. IV. 1940, Eichenlaub 6. IV. 1943. — Foto: Privatbesitz: Hubertus Purkhold: Kdt *U 260*.

Links: *U 1*, das erste der ~ 250 ts-Küstentauchboote (Einbäume genannt). — Foto: Hoffmann • Rechts: Der Tiefensteurer in einem Küsten-U-Boot vom Typ II C beim Tauchmanöver. Im Bild wurden Zahlenwerte an den Manometern für Publikationszwecke aus Geheimhaltungsgründen wegretuschiert. — Foto: aus [155] • Unteres Bild: Die »Baubelehrung« war für jede neue Besatzung eine der wichtigsten Ausbildungsphasen, hier am Neubau *U 990* vor Ort bei B & V, Hamburg. — Foto: E. Andres, Hamburg.

Die Kriegsmarine

Deutsche Marine-Zeit

Herausgegeben mit Unterstützung des Oberkommandos der Kriegsmarine

Großadmiral Dr. h. c. Erich Raeder, der Verfechter einer homogenen Flotte mit Großkampfschiffen (*24. IV. 1876 in Wandsbek, † 2. VIII. 1959 in Kiel), von X. 1928–I. 1943 Chef der Marineleitung bzw. ObdM, bis IV. 1945 Admiralinspekteur der KM. — Ritterkreuz 30. IX. 1939 — Foto: aus [155].

Admiral Sir Max Kennedy Horton (* 1882, † 1951) ab XI. 1942 — in der für die Briten kritischen Phase ihrer Konvoi-Schiffahrt-Commander in Chief Western Approaches. Horton wurde bald Dönitz' härtester Gegner in der Nordatlantikschlacht. — Foto: aus [163].

Besatzung von *U 126* bei mir an Bord als Gäste zu empfangen, nämlich den Kommandanten vor allem, den Arzt, den Obermaschinisten Schlumberger und noch einige Mann. Eine Stunde später, 08.15 Uhr, sah ich dann, wie sich die vom Ausguck soeben gemeldeten zwei Masten und wenig später drei Schornsteine über die Kimm schoben. Ich gab Alarm, das U-Boot tauchte. Plötzlich war ein Bordflugzeug da und forderte nach zwei Bomben vor den Bug zum sofortigen Stoppen auf. Die neue Tarnung als holländischer Frachter *Polyphemus* nutzte uns also nicht. Der Kreuzer — eine Einheit der *Country*-Klasse[49] — eröffnete 08.30 Uhr aus 18 000 m Distanz sofort gezieltes Feuer, stellte es aber ein, als mein Funker »RRRRRR de *Polyphemus*« plus Position funkte.[50] Es kam zu einem sich hinauszögernden Frage- und Antwortspiel, an dessen Ende der Kreuzer erneut das Wirkungsschießen auf große Distanz fortsetzte. Nach schweren Treffern habe ich in dieser aussichtslosen Lage um 09.45 Uhr den Befehl gegeben, das bereits heftig brennende Schiff zu verlassen und selbstzuversenken.

Das geschah am 22. November 1941 auf 04° Süd und 35° West gegen 10.00 Uhr morgens. Um 10.15 Uhr sank die *Atlantis*. Von den ins Wasser gekommenen 312 Überlebenden rettete sich der größte Teil — nämlich 235 Mann — in die noch schwimmfähigen Rettungsboote der Steuerbordseite, die anderen Überlebenden wurden von *U 126* übernommen. 55 Spezialisten kamen ins Boot, 52 Mann mußten sich mit einem Platz an Oberdeck des U-Bootes begnügen.[51] Fünf Tage später erreichte unser Schleppzug nach einer Schleppreise von 1700 sm die von der Skl an *U 126* gefunkte Position des Versorgungsschiffes *Python,* das von Berlin zur Hilfeleistung befohlen worden war. Das Treffen mit der *Python* klappte vorzüglich, ebenso die Übernahme der *Atlantis*-Überlebenden, während das versorgte *U 126* zu neuen selbständigen Operationen entlassen werden konnte.

Ein neues Skl-FT nach dem U-Bootschlüssel wies dann den *Python*-Kapitän an, am 30. November auf 27°53' Süd und 3°5' West zunächst erneut *U 68* und ferner *U A* zu versorgen, dann, am 1. Dezember auch noch *U 124* (Kapitänleutnant Jochen Mohr [261]) (lt. [262] Johann Mohr) und *U 129* (Kapitänleutnant Nicolai Clausen). *U 68* war pünktlich. Am nächsten Tag erst traf *U A* (Korvettenkapitän Eckermann) ein. 15.30 Uhr

Alarm. Wieder schoben sich wie beim Treffen mit U-Bauer *(U 126)* genau auf Grad und Minute, auf dem 700 Seemeilen von St. Helena gelegenen Treffpunkt zwei Masten und drei Schornsteine über die Kimm. Wieder eine Einheit der *Country*-Klasse. Womöglich das gleiche Schiff?[52] Und das soll wieder ein Zufall sein? Das sieht verdammt nach einer Dekodierung der Skl-FTs aus ...

Der *Python*-Kapitän versuchte noch, ohne Kontrolle nach Nordosten abzulaufen, dabei ging er mit dreimal AK auf volle Fahrt. Das schnelle Hochfahren der Motoren löste eine Qualmwolke aus. Die U-Boote hatten inzwischen noch rechtzeitig genug losgeworfen. *U 68*, das, da noch nicht ausgetrimmt, völlig unstabil in der See lag, versuchte erst einen Unterwasserangriff, kommt aber überhaupt nicht mehr zum Schuß, während *U A* noch einen Dreierfächer auf den Kreuzer (es handelte sich um den Schweren Kreuzer *Dorsetshire*) mit ›Gegnerfahrt 12 kn‹ losmachen konnte, als der Brite in Wahrheit mit 27 kn vorbeidampfte. Merten tauchte nun, auch für uns überraschend, mit *U 68* mitten zwischen vollgepfropften Rettungsbooten und dem Kreuzer stehend, auf und nahm direkten Kurs auf den Gegner. Dieses offensive U-Bootmanöver muß wohl den britischen Kommandanten so schockiert haben, daß er abdrehen ließ, mit hoher Fahrt ablief und hinter der Kimm verschwand. Die beiden U-Boote übernahmen die 100 Mann der Überlebenden der *Atlantis* und auch der *Python*, die anderen wurden in elf Rettungsbooten verteilt. Am 1. Dezember setzte sich um 22.15 Uhr der Schleppzug in Bewegung. Später kamen, wie Sie wissen, weitere U-Boote hinzu, erst *U 124* und *U 129*, danach vier der viel größeren und geräumigeren Italiener *U-Luigi Torelli, U-Enrico Tazzoli, U-Pietro Calvi* und *U-Guiseppe Finzi*. Die Heimfahrt glückte.«[53]

Weder die *Atlantis* noch die *Python* haben auch nur einen einzigen Mann verloren.[54]

»Und woraus nun leiten Sie Ihre Überlegung ab, die man schon eine solide Behauptung nennen könnte, daß der Gegner den Inhalt der die Versorgungen betreffenden Funksprüche und damit auch die Versorgungspositionen kannte? Haben Sie da einen konkreten Anhaltspunkt?«

»Genügt das nicht, daß im Fall der ersten Versorgung von *U 68* nichts passierte. Daß kein Feind in Sicht kam, nachdem ich von mir aus den Versorgungsplatz um 80 Seemeilen verlegt hatte und nicht auf der befohlenen Position beölte? Dagegen stehen die beiden anderen Treffen, bei denen erst die *Atlantis* und dann die *Python* von dem gleichen Kreuzer gestellt wurden.«

»Daß Sie auf der von Ihnen verlegten Position der ersten Versorgung nicht angegriffen wurden, ist doch kein Beweis dafür, daß Sie in diesem Falle auf der von der Skl vorgesehenen Position nicht auch unbehelligt geblieben wären.«

Rogge in dem ihm eigenen sachlichen, fast unpersönlichen Tenor: »Natürlich ist das für Sie kein objektiver Beweis, für mich ein subjektiver schon. Was aber die anderen beiden Positionen angeht, so weisen sie verdächtige Gemeinsamkeiten aus: In beiden Fällen hielt sich der angreifende Kreuzer — augenscheinlich wegen der ihm bekannten Anwesenheit deutscher U-Boote — auf größtmöglicher Distanz, aber eben noch im Wirkungsbereich seiner schweren Artillerie. In beiden Fällen kam der Gegner kurz nach Tagesanbruch, fast zur minutengleichen Uhrzeit. In beiden Fällen erledigte er seinen Kampfauftrag schnell, und in beiden Fällen lief er mit hoher Fahrt ab, das heißt aus dem Angriffsbereich der U-Boote heraus, ohne sich um die Überlebenden zu kümmern.«

»Zugegeben, es muß nachdenklich stimmen. Aber im Fall *Atlantis* unterbrach er doch das Wirkungsschießen nach Ihrem Raider-FT ›RRR‹ fast eine volle Stunde.«

»Mag sein, daß er nach Nennung des Namens *Polyphemus* seiner Sache nicht mehr so sicher war. Mag sein, daß er erst beim zuständigen C-in-C rückgefragt hat, mag sein, bitte lächeln Sie nicht, daß die Verzögerung zum Spielmaterial der britischen Abwehr zählt, um einerseits somit eine echte seemännisch-taktische Begegnung vorzutäuschen, und andererseits bei den Deutschen nicht den Verdacht einer Entschlüsselung der die Versorgung betreffenden FTs aufkommen zu lassen. Details darüber werden wir vielleicht nach dem Kriege erfahren, aber auch nur vielleicht. Eines steht fest, die Verzögerung dauerte nicht länger, als ein Unterwasserangriff durch ein bei der *Atlantis* stehendes U-Boot noch keine akute Gefahr war. Wesentlich sind die vorher vorgetragenen Fakten.«

»Und Sie sind trotz der detaillierten Aufklärung über die absolu-

te Schlüsselsicherheit des Schlüssels ›M‹ der Auffassung, der Gegner hätte die Versorgerposition durch Entschlüsselung der Funksprüche gewußt.«
»Jawohl, dieser Auffassung bin ich nach wie vor.«
Hier nun schaltet sich Admiral Dönitz ein: »Ich muß Sie auffordern, eine Eintragung Ihrer Vermutungen in das KTB nicht vorzunehmen. Verbieten kann ich Ihnen das natürlich nicht, wenn aber, wird das für Sie nicht ohne kriegsgerichtliche Konsequenzen bleiben.«[55]
»Ihr Wunsch ist ein Befehl«, kommt Rogge dem B.d.U. entgegen. Er hat eingesehen, daß vor diesem Kreis hinsichtlich der Schlüssel ›M‹-Sicherheit
nicht sein kann,
was nicht sein darf.
Dennoch verschweigt er seinen Widerspruch nicht: »Bitte, prüfen Sie Ihren Wunsch-Befehl noch einmal mit Abstand und in Ruhe, denn es könnte ja immerhin sein, daß einer der vielen Fach- und Sachkenner, welche die HSK-KTBs zu lesen und gegenzuzeichnen haben, meinen kritischen Überlegungen nachgeht und das Notwendige veranlaßt.«
»Welches Notwendige?«
»Die Überprüfung des technisch-wissenschaftlichen Potentials im Bereich der Wahrscheinlichkeitsrechnung für einen maschinellen Einbruch in den Schlüssel ›M‹. Oder waren es ein taktischer Zufall und maritime Leistung und Anstrengungen — auch von der Zahl der Einheiten her —, daß fast alle im Mai dieses Jahres bei der *Bismarck*-Aktion angesetzten Versorgungsschiffe gestellt wurden, sich selbst versenken mußten oder geentert worden sind?«
Ein Ausnahmefall: »Hier ist der Verrat der Positionen durch den Kapitän der *Gedania,* Kapitän Paradeis, praktisch erwiesen.«
Kapitän zur See Rogge bewegt seine breiten Seemannsschultern ruckartig etwas nach oben, so wie einer das tut, der sich mit Unabänderlichem abgefunden hat, denn an Verrat — oder nur an einen Verrat durch Kapitän Paradeis[56] glaubt er nicht. Unausgesprochen bleibt, was ihn sonst noch beim Schicksal der zahlreichen Versorgungsschiffe, die Ende Mai 1941 im Nordatlantik für die Insee-Versorgung der Einheiten des Unternehmens »Rheinübung«, des Schlachtschiffes *Bismarck* und des Schweren

Kreuzers *Prinz Eugen* im Zufuhrkrieg bereitgestellt waren, bewegt. Diese Spezialschiffe sollten ja nicht nur die beiden Überwassereinheiten, sondern auch U-Boote versorgen und mit den U-Booten jene Kriegsschiffe mit dem mit Abstand größten Funkverkehr ... und damit der größten Gefährdung durch Parallelstellen im Kode. Oder? Verfügte der Gegner etwa über eine deutsche Schlüsselmaschine »M«? Und wenn, dann womöglich über den derzeit gültigen Tagesschlüssel des Schlüsselkreises HYDRA.

Die U-Boot-Versorgungen durch den HSK *Atlantis* und das Versorgungsschiff *Python* hatten schon vorher auch im Oberkommando der Kriegsmarine Berlin die Gemüter erhitzt. Hier hatten sich der Kommandant des am 23. August 1941 in Royan wieder heimgekehrten *HSK 1*, des Hilfskreuzers *Orion*, Kapitän zur See Kurt Weyher und Fregattenkapitän Heinz Assmann, Referent in der Operationsabteilung Skl Ia, bei dem für die Hilfskreuzer zuständigen Skl-Referenten eingeschaltet, als sie von den geplanten Versorgungen von U-Booten durch den Hilfskreuzer *Atlantis* erfuhren. Sie rieten von einer Versorgung aus dem aus dem Pazifik um Kap Hoorn auf Heimatkurs befindlichen Hilfskreuzer *Atlantis* im Südatlantik dringend ab. Vor allem der Praktiker Weyher vertrat die Auffassung, daß Kapitän zur See Rogge nach seiner fast zwei Jahre andauernden ununterbrochenen Feindfahrt psychisch viel zu stark strapaziert und belastet sei, um notfalls nein zu sagen, wenn die Lage es erfordere, den Kameraden von der U-Bootwaffe zu helfen: »Der Rogge tut das. Wenn Sie seine Mentalität bewerten, wird er nach so vielen, am Ende immer wieder glückhaften Krisensituationen auch eine kritische Lage vor oder bei diesen vorgesehenen Versorgungen als weniger ernst ansprechen, als sie in Wahrheit ist. Er wird auf seinen guten Stern vertrauen und seine Heimkehr gefährden ...«

Der zuständige Skl-Referent ist anderer Auffassung. Nach seinen Kenntnissen — auch aus dem xB-Dienst — sind die vorgesehenen neuen Versorgungspositionen von U-Booten durch Überwasserschiffe zur Zeit praktisch gar nicht oder kaum gefährdet.

»Natürlich, ganz ohne Risiko ist keine der Versorgungen«, schränkt er zustimmend ein. Dessen ungeachtet geht der Funkspruch mit befohlenem Treffpunkt und Tag heraus.

Drei Tage nach dem gefunkten Versorgungstermin für *U 126* trifft Weyher im Gang der Skl im OKM seinen Gesprächspartner in Sachen *Atlantis,* Fregattenkapitän Assmann. Dieser kommt ihm mit schnellen Schritten entgegen: »Es ist schon passiert. *Atlantis* wurde auf der durch FT übermittelten Versorgungsposition auf den Tag genau vom Gegner gestellt und mußte sich nach schwerem Gefecht selbstversenken.«
Daß der Gegner in den Schlüssel der U-Boote eingebrochen sein könnte, daran denken auch diese beiden Offiziere nicht. Sie sehen im Gegensatz zu Rogge den Grund für die Begegnung des HSK *Atlantis* mit einem britischen Kriegsschiff einfach in der zunehmend stärkeren Bewachung auch in diesem Revier.
Aber daß Rogge nach der endlos langen Seefahrt psychisch erschöpft gewesen sei, scheint ein wohlwollender Irrtum gewesen zu sein. Wie sonst hätte er von sich aus die befohlene Versorgungsposition von *U 68* sofort um 80 Seemeilen verlegt?!
Oder hatte Weyher doch das rechte Gespür, denn Rogge hätte ja die Versorgungsposition von *U 126* ablehnen können, nein müssen, wie es ihm auch sein seemännischer Instinkt empfahl.
Ein Psychogramm in Rogges Personalakte hätte die Sorge von Kurt Weyher nur noch untermauert. In dieser Arbeit über die U-Boot-Krieg-Krise(n) wird noch zu lesen sein, welch einen Stellenwert solche Psychogramme bei den Führungsstellen der Royal Navy hatten.

Heute, über 40 Jahre nach Ausbruch des Zweiten Weltkrieges, ist Rogges Behauptung keine Hypothese mehr. Heute ist uns bekannt, daß es den gegnerischen Dechiffrier-Spezialisten in Verbund des erst 1937 gegründeten Operational Intelligence Centre (OIC) der Britischen Admiralität im Jahr 1941 endgültig gelang, in den Kode des Marineschlüssels »M« einzubrechen und zeitweilig sogar direkt mitzulesen.[57] Also auch die an *U 126* zur Versorgung aus der *Atlantis* und dann an *U 68, U A, U 124* und *U 129* zur Versorgung aus der *Phyton* gefunkten Skl-FTs.
Dazu kommt noch die an anderer Stelle ausführlich behandelte Erbeutung von *U 110* und den noch an Bord befindlichen Schlüsselunterlagen mitsamt dem anderen Geheimmaterial.
Wenn man nun deutscherseits (trotz der Einwände von Rogge und anderen kritischen Marineoffizieren mit gesunder, aber

scharfanalytischer Skepsis) dessen hundertprozentig sicher ist, daß eine Dechiffrierung der maschinell verschlüsselten Funksprüche der deutschen Kriegsmarine — die ja, wie dargestellt, mit dem Marineschlüssel »M« ein gegenüber der normalerweise etwa beim Heer usw. gebräuchlichen ENIGMA-Schlüsselmaschine wesentlich komplizierteres Verfahren benutzt — praktisch unmöglich ist, wie kann man dann aber so selbstsicher sein, daß der Feind eine solche Schlüssel-»M«-Maschine unter gar keinen Umständen erbeuten könnte (auch, weil ja allerstrengste Anweisung besteht, alle Geheimsachen, also auch im Gefahrenfall, zu vernichten oder zu versenken?)? Nun, wenn nicht durch eine militärische Aktion, so aber doch vielleicht aus einem direkt unter der Feindküste (beim Minenlegen etwa) im flachen Wasser verloren gegangenen U-Boot, dessen Besatzung dabei umgekommen war?

Kapitän zur See a. D. Hans Meckel, 4. Asto im Stab des BdU, an den Autor für die Neuauflage: »Mit der Erbeutung einer Schlüsselmaschine wurde und mußte im Krieg gerechnet werden. Für den Fall, daß ein Hinweis auf ein derartiges Vorkommnis auftrat, gab es besondere, durch ein Stichwort auszulösende Sicherheitsmaßnahmen.«

Daß man angesichts solcher durchaus realistisch zu wertenden Gefahren die Verschlüsselung der Funksprüche noch mehr erschweren konnte und mußte, total fast für eine wahrlich absolute Sicherheit, auch durch einen ständigen, arhythmischen Wechsel, darüber später die Überlegungen eines kritisch-konstruktiven Praktikers unter den U-Boot-Assen.

1.2 Die Anstrengungen der Briten, in das System des deutschen Schlüssels »M« einzubrechen

Flottillenadmiral Otto Kretschmer, damals Kommandant von *U 99*, heute · Das »Nebenprodukt« des Unternehmens CLAYMORE gegen die Fischverarbeitungsfabriken am Vestfjord: eine Walze · »Nicht mit Gold aufzuwiegen« · Gezielte britische Operationen gegen deutsche Wetterbeobachtungsschiffe (W.B.S.) · W.B.S. *München* wird gestellt · W.B.S. *Lauenburg* wird geentert · Kaschierte Enttäuschungen

Wann, wo und wie hatten das britische O.I.C. und B.P. ihre ersten Erfolge auf dem wegen des komplizierten Marineschlüssels »M« sehr viel schwierigeren maritimen Sektor?
Wann haben sie erstmals ein maschinell kodiertes FT der deutschen Kriegsmarine entschlüsselt?
Auf den Tag genau liegt das noch immer nicht offen, aber:
Flottillenadmiral a.D. Otto Kretschmer, damals Kommandant von *U 99*,[58] kann dazu heute sagen: »Der erste von den Engländern entschlüsselte deutsche Marinefunkspruch ist nach Rohwer[59] einer von mir, also von *U 99*, gewesen.«
Nach britischen Unterlagen trägt diese deutscherseits bislang nicht belegbare Dekodierung (siehe auch unten und die 1. Auflage dieses Buches im Koehler Verlag, Seite 41). Sie ist also als die erste »ULTRA-Entschlüsselung« zu werten. Damit erübrigen sich die oben gestellten Fragen bzw. sie beantworten sich von selbst. Die Entschlüsselung glückte den Briten noch vor dem 17. März 1941, dem Versenkungstag von Kretschmers *U 99*. Und vor dem »Fall *U 110*«.

Den Briten war jedenfalls klar, daß die Arbeiten von B.P. ohne genaue Kenntnis des deutschen Marineschlüssels »M« zeitraubend, unsagbar mühsam und oft vergeblich sein würden. Also setzten sie alle nur möglichen und denkbaren Anstrengungen und Kräfte an, um in den Besitz einer solchen Maschine vom

Typ Marineschlüssel »M« zu kommen. Und damit selbstverständlich auch der dazugehörigen Unterlagen. Einige der Geheimunterlagen konnten bereits am 14. April 1940 aus dem von den Zerstörern *Fearless* und *Brazen* vor dem Vaagsfjord mit Wasserbomben versenkten *U 49* (Kapitänleutnant von Gossler) aufgefischt werden, darunter eine Karte mit deutschen U-Boot-Positionen. Welcher Art die anderen Geheimunterlagen sind, ist nirgendwo vermerkt. Sie sind, auf alle Fälle, Bausteine in dem Mosaik des O.I.C.

Ein Zufall kommt, wie so oft in ausweglos scheinenden Situationen, den Briten zu Hilfe, eine Art Nebenprodukt beim Raid Claymore:

Von Terence Robertson erfuhr Kretschmer später: Vor dem Sinken von *U 49* sahen die Briten, wie vom Turm aus Papierteile in das Wasser geworfen wurden. Neugierig geworden, konnten sie (fast) alles auffischen. Es handelte sich um eine taktische Karte mit u. a. den oben genannten U-Bootaufstellungen.

Der 4. März 1941,[60] frühmorgens in den norwegischen Lofoten am Vestfjord: MacNeil, ein able seaman des Enter- und Prisenkommandos dringt durch die verbogenen und verzerrten Trümmer der zerschossenen Brücke des von seiner Besatzung verlassenen, auf Reede liegenden deutschen Vorpostenbootes in einen kleinen handtuchschmalen Raum ein. Hier lebt keine Ratte mehr, denkt er bei sich und gibt die Suche nach Überlebenden auf. Eine Tür, schwach erkennbar in dem Brandrauch, weist in einen Nebenraum. MacNeil schiebt sich, vorsichtig tastend, an dem zersplitterten Türrahmen vorbei. Was er dahinter vorfindet, ist offenbar das von Granatsplittern durchsiebte Funkschapp. Verstreute Bücher, herausgerissene Leitungen, Glas auf dem Boden, auf dem er im Halbdunkel eine Person erkennt. Zusammengekrümmte, verkrampfte Hände. »Dem kann auch unser Arzt nicht mehr helfen«, knurrt er, betroffen zugleich, vor sich hin. Der Tote kann nur, nach den Ärmelstreifen zu urteilen, der Kommandant dieses zum Hilfskriegsschiff umgebauten Fischdampfers sein. »Kein junger Mann mehr, Reservist wie bei uns, wie mein Zahnarzt, dem die Navy auch solch einen Hilfsuntersatz in die Hand gedrück hat.« Das alles geht ihm durch den Kopf, in dem die überfallartige Schießerei beim Raid noch immer untergründig lärmt und dröhnt. Und die Luft wird knapp

in diesem Qualm. Raus, am besten raus. MacNeil stochert aber dennoch in den Büchern und Papieren herum. Alles Handbücher, wie man sie auch kaufen kann. Keine Kladde, kein Marinesonderdruck. Auf dem kleinen Wandtisch ein leerer Platz. Auf der Filzunterlage könnte eine Maschine gestanden haben. Ein stahlblechgepanzerter Schrank steht offen. Er ist leer. Doch was ist das da am Schrank, an der Scheuerleiste, vor den verkrallten Fingern der Hände des Toten? McNeil hebt das walzenartige Gebilde auf, ein Pendant findet er unter den Papieren. Die beiden Walzen scheinen ihm wichtig, vielleicht sind sie nur Teile der Funkgeräte, aber vielleicht auch nicht. Vielleicht auch mehr.
Soviel hat das Prisenkommando inzwischen festgestellt: bei dem Fischdampfer handelt es sich um ein Vorpostenboot mit der taktischen Nummer *V 6301* und dem für den Bordgebrauch üblichen Namen *Krebs*. Auch fand man heraus, daß die *Krebs* der ehemalige, von der deutschen Kriegsmarine beschlagnahmte norwegische Fischdampfer *Kelt* ist.
Stunden später liegen diese walzenähnlichen Gebilde auf dem schmalen Schreibtisch des Chefs der das Unternehmen begleitenden und sichernden Naval Force, des Captains C. Caslon, der sich an Bord des Zerstörers *Somali* eingeschifft hat. Er rollt sie in der linken hohlen Hand nacheinander behutsam hin und her, untersucht die erhaben gearbeiteten Buchstaben an der Oberfläche. Endlich sagt Captain Caslon, was ihn bewegt: »Schlüsselwalzen, das können nur Walzen aus einer Chiffriermaschine sein ... Diese sind nicht mit Gold aufzuwiegen ...«
Der IWO kommentiert: »Mir scheint auch, daß diese Dinger mehr wert sind als der ganze Erfolg des perfekt geglückten Raids Claymore.«
Claymore war der Deckname für diese britische Kommandounternehmung, deren Aufgabe es war, die lebens- und damit kriegswichtigen deutschbetriebenen Fischölverwertungsanlagen im Bereich der Lofoten vom Vestfjord zu zerstören, ein Raid, der dank der vollendeten Überraschung und auch der Mithilfe norwegischer Widerstandskämpfer die befohlene Aufgabe ohne große Eigenverluste löste und den Deutschen nicht nur die Fischverwertungsbetriebe, sondern auch eine ganze Anzahl Schiffe kostete, darunter auch das Fischereifabrikschiff *Hamburg* und eben auch das Vorpostenboot *Krebs*.[61]

Wenn auch die 1977 ins Londoner Public Record Office übergeführten und damit freigegebenen Akten entzifferter Originalfunksprüche nur ausweisen, daß erstmals eine Dekodierung des Schlüsselkreises HYDRA gelang, so darf angenommen werden, daß dieser Erfolg (es handelt sich wahrscheinlich um die erwähnten, *U 99* betreffenden Funksprüche) nur auf das Ergebnis der Auswertung der auf der *Krebs* erbeuteten Ersatzschlüsselwalzen zurückzuführen ist. Nach [3] waren diese ersten Entschlüsselungen, als sie endlich vorlagen, allerdings zeitlich überholt. Sie deckten nur ein paar Tage im Februar 1941 ab und hatten weder taktischen noch strategischen Wert.
Im April 1941 gelang ein erneuter Einbruch, jedoch waren auch hier die einige Tage im März betreffenden Funksprüche zeitlich überholt.
Aber der Anfang ist gemacht.
Der erste Schritt mit Hilfe der Beute von der *Krebs* ist getan.
Der deutsche Kommandant bezahlte seinen Versuch, das zu verhindern, mit dem Leben. Ein tapferer, am späteren Ergebnis unschuldiger Offizier.
Typisch für die strenge Geheimhaltung ist, daß im halbamtlichen britischen Seekriegswerk kein Wort über das Vorpostenboot *Krebs* und schon gar nichts über die hier an Bord gefundenen Walzen vermerkt worden ist. Es findet sich aber auch kein Wort über die am 7. Mai 1941 und am 28. Juni 1941 erbeuteten Wetterbeobachtungsschiffe (W.B.S.) *München* (306 BRT ex Fischdampfer als *W.B.S. 6* seit 1940 im Dienst) und *Lauenburg* (344 BRT ex Motorfischereischiff und als *W.B.S. 2* seit dem Unternehmen »Seelöwe« im Dienst). Kein Wunder, denn das britische O.I.C. ließ alle mit diesen oder ähnlichen Operationen durchgeführten Aktionen und Ergebnisse hermetisch abriegeln und nur einem kleinsten, unmittelbar für das O.I.C. engagierten Kreis bekannt werden. Und wenn es Zufallsergebnisse wie bei der *Krebs* waren, übersah man sie weisungsgemäß im offiziellen Bericht, etwa mit dem Hinweis: »Das bedarf noch der Klärung ...« So kommt es, daß auch Captain Roskill, der renommierte britische Seekriegshistoriker, nicht über derartige Aktionen und deren Ergebnisse informiert wurde und auch keinerlei Hinweise in den einschlägigen Akten fand. Etwas gereizt vermerkt er in [16] »Es gehört nun einmal zum Berufsrisiko eines

Historikers, der über Zeitgeschichte schreibt, daß er den einen oder anderen Vorfall aus Unkenntnis ausläßt. In den letzten Jahren sind mir eine Menge Briefe aus der ganzen Welt zugegangen, in denen ich auf Punkte aufmerksam gemacht wurde, die ich nicht erwähnt habe, deren Einzelheiten aber den Briefschreibern gut bekannt waren. In manchen Fällen waren die Punkte nur von geringer Bedeutung, in anderen habe ich bald Ergänzungen für eine Neuausgabe niedergeschrieben — zu diesen gehört selbstverständlich auch der Fall *U 110*«. Er wird hier noch als eines der Zentralthemen dieses Buches gesondert behandelt werden.

Daß es solche oben genannten W.B.S. bei den Deutschen notwendigerweise gab, wußten die seeerfahrenen Briten nur zu gut. Somit war es auch kein großes Geheimnis, daß diese Schiffe bei ihrer Aufgabe, »Wetter für die Kriegsmarine zu machen«, häufiger als normale Einheiten zu Funksprüchen gezwungen waren. Mehr noch, Wetterbeobachtungs-Funksprüche machten Wiederholungen von bestimmten meteorologischen Angaben notwendig. Sie schlossen damit bei entsprechender Vielzahl an FTs Parallelstellen nicht aus. Man wußte auch, daß solche Wetterbeobachtungsschiffe vornehmlich im Raum zwischen Island und Jan Mayen, also in der für Nordeuropa zuständigen »Wetterküche«, arbeiteten. So gesehen, war es kein allzugroßes Problem, diese Schiffe über Funkpeiler zu orten, um ihre Positionen festzustellen.

Die Royal Navy setzte daher im direkten Auftrag vom O.I.C. drei Kreuzer zur Suche nach solchen W.B.S. ein, an Bord des einen Schiffes eine O.I.C./B.P.-Kapazität, Captain Jaspar Haines. Am 7. Mai 1941 wird das W.B.S. 6, *München*, gestellt und »lautlos« aufgebracht. Zwar hat der *München*-Kommandant sein Schiff trotz Befehl nicht selbst versenkt, aber er hatte noch vorher, so der englische Bericht, die Schlüsselmaschine »M« über Bord geworfen.

Und gefunden hätten sie an Geheimunterlagen wahrscheinlich nichts, partout nichts, vorausgesetzt, die *München* wäre genau so raffiniert ausgerüstet worden wie etwa das W.B.S. *Sachsenwald*, das der Verfasser 1940 in Tromsø besuchte:

Als Fischdampfer *Roter Sand* war dieses Schiff kurz nach Kriegsbeginn von der KM beschlagnahmt worden. Es wurde un-

ter dem Namen *Sachsenwald* als Wetterbeobachtungsschiff W.B.S. 7 ausgerüstet und in Dienst gestellt. In dieser Eigenschaft hatte es unter dem Kommando von Kapitän Wilhelm Schütte in dessen »dienstlicher« Eigenschaft als Sonderführer Oberleutnant zur See bis vor kurzem, vor allem vor und während der Norwegenaktion, wertvolle Dienste im Eismeer bis nach Archangelsk und Murmansk geleistet.
»Als harmloser Fischdampfer auch im Hafen von Murmansk?«
»Klar, so überzeugend harmlos wie hier in Tromsø.«
»Und die auf Mißtrauen getrimmten Russen haben nichts, gar nichts gemerkt?« Statt einer Antwort stemmt sich Wilhelm Schütte aus seinem Sessel und nimmt das in der Wandmitte auf der Täfelung mit einem kleinen Haken angebrachte glasgerahmte große Bild von Bremerhaven ab. Irgendwie praktiziert er einen Schlüssel in eine dunkle Maserung der Täfelung hinein, eine Tür öffnet sich und sichtbar wird ein großer Schrank. In dem einen Regal ruht eine Art Schreibmaschine, in dem anderen liegen Kästchen und aktenähnliche Papiere:
Unten die Schlüsselmaschine »M«,
oben Reservewalzen
und die Schlüsselmittel »Nur für Offizier«.
»Dort, wo Sie jetzt sitzen, saß kürzlich noch der ahnungslose Boß vom sowjetischen Geheimdienst für Murmansk. Und auch andere Russen. Alle neugierig. Alle mit Mißtrauen aufgeladen. Alles Fachleute für Schiffe und Schiffahrt.«[62a]
Soviel über die Sorgfalt, die bei der Tarnung der insgesamt zwölf eingesetzten »Wetterschiffe« beachtet wurde.
Soviel aber auch über die Sicherungsmaßnahmen. Apropos: Draußen auf See nutzte das Schlüssel-»M«-Versteck bei einer Aufbringung oder Selbstversenkung natürlich nichts, wohl aber in neutralen oder in von Deutschen besetzten Häfen, wo die W.B.S. ihre Rolle als echte »in Dienst befindliche Fischereifahrzeuge« spielten. Zwar gelang es den Briten, wie oben angedeutet, noch ein zweites W.B.S. zu stellen: Am 27. Juni 1941. An diesem Tage zwangen britische schnelle Leichte Kreuzer in Zusammenarbeit mit einigen Zerstörern das W.B.S. 2, *Lauenburg,* zur Aufgabe, wie bei der *München* ebenfalls unter der massiven Drohung, man werde auch nicht einen einzigen Mann der Besatzung retten, wenn das Schiff selbstversenkt und die Besat-

zung bei oder nach dem Beschuß aussteigen würde. Und: Nichts an Bord dürfe vor Eintreffen der Prisen- und Untersuchungskommandos vernichtet oder über Bord geworfen werden. Das zu überprüfen, sorgten die die *Lauenburg* umkreisenden Zerstörer.
Der Zweck, so oder so eine deutsche Schlüsselmaschine und deren Beiwerk zu erbeuten, heiligte auch hier die Mittel. Die *Lauenburg* wurde geentert, die Besatzung gefangengenommen. Was erbeutet wurde, ist bisher nirgendwo publiziert worden, aber auch in keiner verfügbaren Akte nachzulesen. Bei Beesly [3] heißt es lakonisch in Allgemeinplätzen, daß diesbezügliches Geheimmaterial »von unschätzbarem Wert« erbeutet wurde. Das ist alles, was aus dem Bericht der auf dem Verband eigens für den Zweck eingeschifften O.I.C./B.P.-Gruppe unter der Führung von Lieutenant Allan Bacan bekannt geworden ist.
So kann man auch eine Enttäuschung kaschieren, wenn wieder einmal wesentliche Geheimunterlagen nicht gefunden worden sind. Das indessen war kein Beinbruch mehr, denn:
Inzwischen hatte man erbeutet, was seit Kriegsbeginn für das O.I.C. und für B.P. und damit für die Britische Admiralität den höchsten Stellenwert auszeichnete:
Eben die Schlüsselmaschine »M«.
Mehr noch:
Das Glück hatte sich den Briten inzwischen von seiner wohlwollendsten Sonnenseite gezeigt:
Erbeutet wurden außer der Schlüsselmaschine »M« und anderen Geheimunterlagen auch der »nur durch Offizier« zu bedienende Tagesschlüssel für die U-Boote. So geschehen am 8. Mai 1941 bei der mißglückten Selbstversenkung des nach schweren Schäden durch Nahtreffer von Wasserbomben zum Auftauchen gezwungenen *U 110,*
dessen Kommandant in Erkenntnis des Versagens der Selbstversenkung auf tragische Weise ums Leben kam.
Darüber Einzelheiten im Kapitel 1.7.[62b]
Zunächst — früher noch — stand ein anderes Kriterium an: Die deutscherseits von Hochfrequenzexperten bestrittene Funkmeßortung auch aus Flugzeugen.

1.3 Die ersten Flugzeug-Radarortungen in der Nacht

Sunderland-Flugboot ortet im November 1940 *U 47* und *U 99* · *U 100,* das Opfer einer Ortung mit dem Gerät vom Typ 286 · Rogges Kontroverse mit Hitler · Admiral von Puttkamer: »Sie haben Schwein gehabt, Rogge« · Nachts Bomben auf *U 96* und *U 558* in der Straße von Gibraltar · Die deutsche Funkmeßortung und die des britischen Radar (siehe Anlage 1) · Die deutsche Funkhorchstelle in Boulogne — und ihre nicht erkannte Leistung · Dönitz erfuhr nichts über FuMOs in britischen Flugzeugen

Mit Kapitän zur See Bernhard Rogge verbindet sich für die gleiche Zeitphase noch eine zweite spektakuläre Begegnung, bei der er wie bei dem vermuteten, ja behaupteten Einbruch des Gegners in den deutschen Marinekode, das heißt in den Marineschlüssel »M«, eine weitere Feststellung ausspricht, die er auch Hitler gegenüber vertritt. Es handelt sich um die Frage: »Hat der Gegner ein Funkmeß-Ortungsgerät (Radar) in seinen Flugzeugen oder hat er nicht.«

Um dieser Frage auf die Spur zu kommen, ist zunächst eine Rückblende in den November des Jahres 1940 notwendig, also in eine Zeit, als die Gruppeneinsätze von U-Booten, das heißt die Rudeltaktik, ihre ersten erfolgversprechenden Ansätze zeigten: Vom 8. bis 30. November 1940 operierten neun U-Boote westlich des Nordkanals im Nordatlantik, zu denen noch drei der großen italienischen Boote zu zählen sind. Es handelt sich um die Boote *U 93, U 100, U 103, U 104, U 123, U 137* und *U 138,* ferner um *U 29* und *U 47* als Wetterboote. Von den Italienern, die in drei Wellen aus dem Mittelmeer in Stützpunkte an der besetzten französischen Biscayaküste eingeschwommen waren, sind die Boote *U-Baracca, U-Finzi* und *U-Marconi* im Nordatlantik aktiv (während das vierte Boot, *U-Faà di Bruno* gleich nach dem Auslaufen aus nie erkannten Gründen verschollen bleibt). Auch die Operationen in diesem Monat bringen je Boot

gute Einzelerfolge, die den Gegner in einen Ozean düsterer Prognosen über den Fortgang der Schlacht im Atlantik stürzen.
Die Deutschen andererseits haben keinen Grund zu Besorgnissen, noch weniger, da die Zahlen der U-Boote gegenüber den in einem Kriege unvermeidbaren Verlusten unaufhörlich steigen. Zu langsam, viel zu langsam und zu unrationell, wie wir heute wissen: Behindert durch das bürokratische Karussell, durch netzplanwidrige Zustände, wie sie Dönitz später, 1943, sofort nach seiner Amtsübernahme als ObdM abstellen läßt, zu spät für einen effektiven Nutzen.
Kurzum: Aus den Konvois auf dem n 55. Breitengrad: den H.X. 82 s (s = Nachzügler), H.X. 83, H.X. 84, O.B. 244, H.X. 87, H.G. (in [260] ohne Nummer), S.L.S. 53 d, S.C. 11[63] und H.X. 87 versenken die U-Boote im November 1940 (Lit. [260]):
U 124 (Kapitänleutnant Wilhelm Schulz) ein Schiff mit 5612 BRT,
U 99 (Korvettenkapitän Otto Kretschmer) vier Schiffe mit 42 407 BRT,
U 137 (Oberleutnant z. S. Wohlfahrt) vier Schiffe mit 13 441 BRT,
U 100 (Kapitänleutnant Joachim Schepke) sieben (!) mit 24 601,
U 103 (Korvettenkapitän Victor Schütze) sieben (!) mit 38 465,
U 123 (Kapitänleutnant Karl-Heinz Moehle) sechs mit 27 895 BRT,
U 104 (Kapitänleutnant Harald Jürst) ein Schiff mit 8240 BRT, er torpediert noch den 10 516 BRT großen Motortanker *Charles F. Meyer*, der aber nur beschädigt wird (wahrscheinlich, da *U 104* danach vermißt wird und da danach keine weiteren Meldungen von *U 104* eingehen),
U 95 (Gerd Schreiber) ein Schiff mit 1860 BRT, ein 1298 BRT-Frachter beschädigt,
U 101 (Ernst Mengersen) ein Schiff mit 5378 BRT,
U-Baracca (Korvettenkapitän Bertarelli) ein Schiff mit 4866 BRT,
U-Marconi (Kommandant Chialamberto) ein Schiff, nämlich den durch eine FW 200 des I./K.G. 40 gebombten schwedischen Havaristen *Vingaland* mit 2734 BRT,
U-Barbarigo (Korvettenkapitän Ghiglieri), Fehlschüsse auf einen Eskort-Zerstörer.
Außerdem gehen dem Gegner im Mittelatlantik zwischen dem 04. und 07. Breitengrad verloren durch

U 65 (Korvettenkapitän Hans-Gerrit von Stockhausen) vier Schiffe mit 20 897 BRT; diese Unternehmung bis vor den Äquatorbereich war nur möglich, weil *U 65* durch den hier (und später im Südatlantik und im Indik operierenden Schweren Kreuzer *Admiral Scheer* (Kapitän zur See Theodor Krancke) versorgt wurde.

Versenkt worden sind also bei beispiellosen Einzelerfolgen je Boot allein bei diesen Aktionen im Nordatlantik 27 Schiffe mit 120 142 BRT. Insgesamt verlor der Gegner in diesem Monat November 1940 durch U-Boote 32 Frachter mit 146 613 BRT bei einer Gesamterfolgsziffer von 97 Schiffen mit 386 715 BRT.[64]

Der Erfolg der Grauen Wölfe wiegt noch schwerer, wenn man weiß, daß während der Atlantikoperation (wenn man von dem Auslaufverlust des italienischen Kameraden-U-Bootes *U-Faà di Bruno* absieht) nur ein einziges U-Boot als Totalverlust verloren ging: *U 104* (Kapitänleutnant H. Jürst).

Das ist bislang ein sozusagen normaler, oder besser, gewohnter, bei einigen Booten sogar von ungewöhnlichen Erfolgen[65a] getragener Bericht über Nordatlantikaktivitäten im November 1940, in dem eine böse Schlechtwetterfront nach der anderen die Seefahrt auf beiden Seiten erschwerte. Was hier besonders interessiert, ist, daß eines der beiden U-Boote, die an einen von *U 103* in der Nacht vom 16./17. gemeldeten auslaufenden Konvoi heranstaffeln, am 18. und 19. den Konvoi vergeblich anzugreifen versuchen — es handelt sich um *U 47* (Prien) und um *U 99* (Kretschmer) — und dabei, ohne es zu wissen oder zu merken, von einem Sunderland-Flugboot mit einem der neuen ASV-I-Radargeräte geortet werden. Das geht aus den Unterlagen der Royal Navy und des Coastal Command hervor. Rohwer und Hümmelchen dazu in [5]: »Das ist die erste Radarortung aus einem Flugzeug.«

Bomben warf die Sunderland nicht. Noch nicht. Vorerst scheinen die Briten Flugzeug-Radargeräte erst auszuprobieren, ehe diese in Serie gehen. Auch auf den Überwassereinheiten läuft die Entwicklung erst an.[65b] Die ersten (Versuchs-)Geräte erhielten Zerstörertypen und Eskorter im Spätsommer 1940. Die erste Ausführung war starr, so daß auch das Fahrzeug zur Rundumsicht einen Vollkreis von 360° vollziehen mußte. Dieses auf der 1,5 m-Welle arbeitende Radar vom Typ 286, von dem es verschiedene Ausführungen gab, wurde in großem Umfang Ende 1941 durch das um 360° drehbare Gerät 290 ersetzt, das ebenfalls auf der 1,50 m Welle arbeitet, aber infolge stärkerer Leistung weiter reicht. Es hat zudem eine geringere Abweichung und eine leichtere Antenne. Fast zur gleichen Zeit (besser etwas früher) wird das Artillerieradar 285 eingeführt. Es arbeitet auf der 50 cm-Welle. Denn wir wissen heute, daß die erste erfolgreiche Ortung mit einem Radar-Gerät vom Typ 286 im März 1941 von Bord des Zerstörers *Vanoc* erfolgte, der *U 100* ortete und rammte. Anfangs standen Radargeräte für Eskortschiffe ausschließlich nur für Zerstörer zur Verfügung. Lt. Roskill [32]: »Doch für ihre Besatzungen grenzten diese Geräte schon fast an Zauberei, und sie waren sich klar darüber, daß dadurch ihre Lage gegenüber bei Nacht angreifenden, aufgetauchten U-Booten unendlich viel günstiger würde als bisher, wo sie allein auf die guten Augen ihrer Ausguckposten angewiesen waren.« Wie bei den deutschen DT-Geräten[66] sah die Radarantenne wie eine große Matratze aus. Sie mußte zwangsläufig ganz oben am Mast angebracht werden. Dadurch verminderte sich die Stabilität der Fahrzeuge. Diese schlingerten noch mehr als zuvor. In einigen Fällen kam es bei besonders schwerem Wetter sogar zu Mastbrüchen. Aber man nahm diese Ärgernisse hin, denn »trotzdem waren sich alle darüber klar, daß Wissenschaft und Technik ihnen damit vielleicht das wichtigste Mittel zur U-Bootbekämpfung in die Hand gegeben hatten...« Wozu noch hinzuzufügen wäre, daß dieses nach Roskill wichtigste Mittel eine urdeutsche Erfindung war, auch wenn Sir Robert Alexander Watson-Watt (* 1892, † 1973) als der »Vater des Radar« bezeichnet wurde.

Erst sehr viel später berichten U-Bootkommandanten von Fall zu Fall, in dunkler Nacht gezielt gebombt worden zu sein. In JÄGER-GEJAGTE [18] heißt es auf Seite 154: »Im Dezember 1941 meldet ein durch die Enge von Gibraltar nachts in das Mittelmeer einbrechendes U-Boot, in völlig dunkler Nacht von einem Flugzeug mit Bomben beworfen worden zu sein.«

»Zufall«, winken die Experten mit mildem Lächeln ab, ohne nach dieser klaren Meldung die hier notwendigen Konsequenzen einzuleiten.

Kompetente Stellen glauben einfach nicht daran, daß es dem

Gegner inzwischen gelungen sein könnte, im Flugzeug Funkmeßgeräte von der Art der DT-Geräte einzubauen: Solche Anlagen seien viel zu groß und viel zu schwer.
»Unmöglich«, beschwören die Hochfrequenzfachleute. Andere blättern in den astronomischen Tafeln dieses Monats und folgern erleichtert: »Na bitte, hier haben wir die Erklärung. Es war Vollmond ...«
Und wieder andere sehen den Grund für die Entdeckung der U-Boote aus der Luft in besonders starkem Meeresleuchten, das dem Boot zum Verräter wurde ...
Atlantis-Kommandant B. Rogge später, Ende 1941 nach seiner Heimkehr von der Hilfskreuzer *Atlantis*-Unternehmung, dazu:
»Zu dem Flugzeugangriff in dunkler Nacht auf das Boot von Lehmann-Willenbrock, *U 96*, bei dem Versuch, die Gibraltarenge zu passieren — haben wir — Lehmann-Willenbrock und ich — eine ernste Kontroverse mit Adolf Hitler gehabt. Nachdem Hitler der Auffassung war, daß es doch eigentlich unmöglich sein muß, in dunkler Nacht anzugreifen, habe ich geantwortet: ›Mein Führer, es gibt Funkmeß nicht nur an Land und auf Schiffen, sondern auch in Flugzeugen‹, worauf der Führer mit einem energischen ›Nein‹ antwortete. Ich konterte zweimal und sagte, daß es beim Gegner doch Funkmeßgeräte gäbe. Hitler war ganz ungehalten und wies seinen Adjutanten von Puttkamer an, eine Überprüfung zu übernehmen.
Als ich am nächsten Morgen ins Hauptquartier kam, sagte mir Hitlers Marineadjutant: ›Sie haben Schwein gehabt, das stimmt tatsächlich, was Sie dem Führer gestern gesagt haben. Die Nachfrage bei der Luftwaffe hat ergeben, daß es Funkmeß in Flugzeugen gibt, nur hat die Luftwaffe verabsäumt, uns diese überraschende Kenntnis ins Hauptquartier bekanntzugeben.‹
Ich war meiner Sache deshalb so sicher, weil wir während unseres Aufenthalts im Südatlantik in den Tagen der Jagd der Briten auf die *Bismarck* und deren Untergang am 27. Mai 1941 einen Funkspruch von der Skl erhalten hatten, in dem mitgeteilt wurde, daß man in Holland in einem notgelandeten Feindflugzeug eine Funkmeßanlage entdeckt und ausgebaut habe.
Dieser Fall des bisherigen Nichtwissens um eine Spezialanlage der Gegner geht in die gleiche Richtung wie das hartnäckige Abstreiten der deutschen Nachrichtenspezialisten — der militäri-

schen wie jener Kapazitäten aus der Spezialindustrie — von Fakten, Erkenntnissen und Beobachtungsergebnissen. Ich erinnere an einen Fall, der mich bzw. meinen Hilfskreuzer *Atlantis* betraf. Hier nämlich hielt im Indischen Ozean ein als Aufklärer, sozusagen als verlängertes zweites Auge, uns folgendes Prisenschiff immer auf der gleichen Position Fühlung mit uns, und zwar, ohne uns zu sehen. Möglich war das, weil der Prisenoffizier ein alter Funkspezialist der Handelsmarine war, der die Ausstrahlung unserer eingeschalteten Funkanlage peilte. Auch das wollte 1941 niemand wahrhaben, später, ab 1944, wurde dann das dauernde Einschalten von Großfunkanlagen ebenso wie das aller kleinen Funkempfänger verboten. Ich persönlich führe die späteren starken deutschen U-Boot-Verluste mit darauf zurück, daß der Gegner die angeschalteten U-Boot-Funkstellen auch dann eingepeilt hat, wenn diese nicht funkten.«
Inwieweit Rogge hier recht hatte, soll hier nicht untersucht werden, viel gravierender ist das persönliche Engagement des späteren Admirals, das eine Lawine hätte auslösen müssen, um über alle verfügbaren Kompetenzen im zivilen wie im militärischen Bereich alle Möglichkeiten durchzuspielen.
Auch die bereits erwähnte »unerwünschte« KTB-Eintragung von Rogge wäre ein solcher Anlaß gewesen.
Heute ist erwiesen, daß am 1. Dezember 1941 erst das mit stiller Genehmigung Spaniens aus einem in Cadiz deponierten Tanker versorgte *U 96* bei der Verlegung ins Mittelmeer von Swordfish-Flugzeugen der vom Flugplatz Gibraltar operierenden Squadron 812 des Flugzeugträgers *Ark Royal* mit ASV-Radar[67] geortet und dann bombt und beschädigt wurde und daß am 3. Dezember *U 558* dieselben bösen, weil unerklärlichen Beobachtungen machte. In beiden Fällen ereigneten sich die Angriffe bei nächtlicher Überwasser-Durchbruchfahrt durch die Straße von Gibraltar. In beiden Fällen waren die durch die Bombendetonationen ausgelösten Schäden so schwerwiegend, daß die Boote umkehren mußten.
Nach den Ausführungen über die ersten britischen Radarortungen aus Flugzeugen, werden die Gedanken von selbst auf die Aufklärung aus der Luft gelenkt, bei Tage bei jedem Wetter, also auch bei dichter Wolkendecke, bei Dunst oder Nebel — und bald auch in der Nacht.

Es ist daher vielleicht ganz gut und wohl auch dem Verständnis der Sache dienlich, in der Anlage kurz auf die Geschichte der Funkmeßortung einzugehen, da manche deutschen Darstellungen zu einseitig sind (siehe Anlage 1).
Nicht müßig ist inzwischen die Kriegsmarine gewesen. Unmittelbar nach der Besetzung von Frankreich hatte man in Boulogne an der Kanalküste eine große, feste Horchstelle installiert, die (übrigens bis zum Rückzug aus Frankreich) wertvollste Informationen lieferte, nämlich bei der Feststellung von

- Sendefrequenzen gegnerischer Radargeräte,
- Impulsfrequenzen,
- Betriebsarten etwa von Maximumpeilungen, Flimmerpeilungen, Rundsuchbetrieb usw.,
- Art der Verwendung von Radargeräten: ob an Land, an Bord von Schiffen oder in Flugzeugen,
- Lokalisierung bei Landgeräten oder Kursverfolgung bei Bordgeräten.

Auch hier hemmt die Personalnot zügiges Arbeiten auf breitester Basis, so muß die unter Leitung von Baurat Dr. Bode stehende Stelle die Beobachtungen im Kanal zeitweilig unterbrechen, da sich am Mittelmeer günstigere Beobachtungsmöglichkeiten anbieten.
Diese rührige, wenn auch personell behinderte Marine-FuMH-Stelle in Boulogne stellt neben Nachtjägergeräten um 1,55 m, Landgeräten um 1,50 m, Flakmeßgeräten um 1,45 m, Rammschutzgeräten (Monika) um 1,30 m und Fernführungsgeräten (Bumerang) um 1,30 m vor allem, sozusagen in eigener Sache, Schiffsgeräte um 1,40 m im Herbst 1941 und — ebenfalls im Herbst — vor allem Seeaufklärergeräte in Flugzeugen um 1,70 m fest. Das ist eine unerwartet große Leistung. Die von der mit stationären großen Anlagen ausgestatteten Horchstelle entdeckten britischen Radargeräte an Bord von Schiffen und Flugzeugen liegen im Bereich von 180 bis 210 MHz, sind aber nach [40] bereits ab Frühjahr 1941 gegen deutsche U-Boote im Einsatz (siehe *Vanoc* und *U 100*) — sie haben dann auch aus Flugzeugen zu einigen erfolgreichen Bombenangriffen geführt.
Unbegreiflich bleibt, wieso und weshalb die U-Bootwaffe, das heißt der BdU, Admiral Dönitz oder sein Stab über diese Ent-

deckung nicht sofort benachrichtigt worden sind. Wieso erfuhr auch die »Spitze der Wehrmacht«, das heißt Hitler und mit diesem sein für die Marine zuständiger Kapitän zur See Karl-Jesko von Puttkamer, nichts von Radar genannten »Funkmeßgeräten« in britischen Seeaufklärern und in britischen Kampfflugzeugen gegen die deutschen U-Boote? Ist es vermessen, wenn man die Nichtbeachtung (oder verbürokratisierte Behandlung) dieser Ergebnisse mit dem bereits eingangs geschilderten Mangel an Verständnis für den wahren Wert der Funkbeobachtung sehen darf? Erst nach Rogges Heimkehr nach der *Atlantis*-Unternehmung im Dezember 1941 kam es, in Verbindung mit eingeladenen U-Bootkommandanten, zu der vorab geschilderten Kontroverse mit Hitler auf dem Obersalzberg. Erst über die offenbar von der Kriegsmarine FuMH-Stelle Boulogne informierte Luftwaffe erfährt von Puttkamer auf Anfrage die Wahrheit, die Hitler aber offenbar nur zur Kenntnis nimmt, weil auch ihm diese Techniken zu fremd sind und in ihrer Tragweite (noch) gar nicht begriffen werden. Dennoch erfährt die Marine endlich die Beobachtungsergebnisse der marineeigenen Dienststelle in Boulogne und kann nun handeln.

Es werden noch Monate vergehen, und es wird noch viele Opfer an U-Booten durch die ASV-Ortungen kosten, ehe sich die U-Boote, die bisher im Schutze der Nacht ihre Batterien in dieselmotorbetriebener Überwasserfahrt mehr oder weniger sorglos und ungefährdet aufladen konnten (und oft auch mußten), durch ein für Bordzwecke konstruiertes entsprechendes kleines Vorwarnungsgerät (FuMB = Funkmeßbeobachtungsgerät) bei einem Radaranflug mit drohendem Bombenangriff hinreichend schützen können ...

Die Anzeichen mehren sich, daß sich die Prophezeiung eines leider vom späteren Marinebaudirektor Dr.-Ing. R. Kühnhold nicht genannten Flaggoffiziers erfüllen wird. Am 20. März 1934, als in Kiel vom Balkon des Gebäudes, in dem heute (1990) die Wasserschutzpolizei untergebracht ist, die Entfernung zum Zielschiff *Zähringen* über eine 48-cm-Röhre per »Funkmeß« gemessen worden war (ein in Richtung *Zähringen* ausgesandter Funkstrahl kehrte als Echo zurück. Die Zeit wurde gemessen — das Ergebnis bestätigte die bekannte Distanz), sagte der Admiral zu Dr. Kühnhold: »Der nächste Krieg wird ein Ortungskrieg!« [253]

Apropos Ortungskrieg,
in dem die Briten und mit diesen die US-Amerikaner schließlich ab 1942 einen Vorsprung erzwingen werden, der, wie noch bewiesen werden wird, von der deutschen Industrie nicht mehr eingeholt werden kann. (Die ganze FuMO- und FuMB-Entwicklung wäre in Deutschland erfolgreicher und steiler verlaufen, hätte man im Dritten Reich nicht die Amateur-Funker* derart rigoros ausgeschaltet und lahmgelegt. Während man in England die Amateur-Funker zur aktiven Mitarbeit heranzog [Zehntausend wurden erfaßt und gewonnen], glaubte man im Dritten Reich, auf diesen im Funkwesen und auch in der Hochfrequenztechnik durchaus erfahrenen Kreis verzichten zu können — und damit auf ausgesprochen dynamische, forschungsfreudige Kräfte, die, Fanatiker ihres Hobbies, keine Bürostunden kannten. Sinnvoll angesetzt, wäre es mit diesen zusätzlichen Arbeitsenergien und echten funktechnischen Begabungen gar nicht erst zu einem Vorsprung der gegnerischen Entwicklung gekommen, vorausgesetzt, daß man die Amateur-Funker nicht geringschätzig als »kleine Leute« ohne Titel und Dienstgrad abtat, sondern deren Können und Betätigungsdrang gebührendes Gewicht und genügend Spielraum einräumte. So wie in England, wo man, wie an anderer Stelle gesagt, z.B. den Chefredakteur der »Times« ohne militärische Grundausbildung in eine verantwortungsvolle Stelle in der britischen Entschlüsselung im BP einwies, einfach so, um seinen analytischen Verstand in der Notzeit des Krieges zu nutzen.)

---

* Heute gibt es in der Bundesrepublik z.B. die MF-Runde im Deutschen Marinebund (DMB), die sehr rührige »Vereinigung noch funkender ehemaliger Marinefunker«

1.4 Das Finden der Konvois — nicht der Kampf mit den Eskortern ist das Problem Nummer Eins

Das Fehlen einer marineeigenen Luftwaffe erschwert den U-Boot-Krieg · Das Protokoll vom 27. Januar 1939 · Der Fliegerführer Atlantik, eine unzulängliche Lösung für die U-Boot-Waffe · Gemeldete Positionen stimmen oft nicht · Bordflugzeuge für U-Boote — erstmals ab 1915 geplant · Fortschrittliche fremde Marinen mit U-Boot-Flugzeugen · Der Typ XI für das ARADO-Kleinflugzeug — ein durchkonstruierter Plan · In der hohen See sind die Kleinflugzeuge unbrauchbar, eine späte Erkenntnis · Der Ausweg des BdU: Verzicht auf Luftaufklärung, breite Vorpostenstreifen durch U-Boote · SEHEN wichtiger als LESEN

Dönitz von Anbeginn und immer wieder: »Das Problem Nummer Eins ist nicht der Kampf mit den Eskortern der Geleitzüge, das Finden der Konvois ist ungleich schwieriger.«
Ein Kriterium ist daher für die Marine und insbesondere für die U-Boot-Waffe von Anbeginn das Fehlen einer ausreichend bestückten marineeigenen Luftwaffe. Obwohl sich die Marine nach dem Ersten Weltkrieg der Bedeutung von voll integrierten Luftstreitkräften bewußt war und eine Entwicklung trotz Verbot durch den Vertrag von Versailles bereits unter ziviler Tarnung ab 1922 betrieb, gelang es dem Ob.d.M., Raeder, im Dritten Reich nicht, sich gegen den Oberbefehlshaber der neugeschaffenen Luftwaffe, Hermann Göring, durchzusetzen. Die hier nicht näher zu analysierenden Befehlsverhältnisse regelte endlich ein Protokoll vom 27. Januar 1939. In diesem wurde der Luftwaffe Hermann Görings die Seekriegführung aus der Luft übertragen. Lediglich die Seeaufklärung und der Bordfliegereinsatz blieben noch bei der Kriegsmarine, ebenso die taktische Leitung von unmittelbar in Flottenkämpfe eingreifenden Fliegerverbänden.[68]
Taktisch unterstanden die genannten Staffeln den Marine-Gruppenkommandos, truppendienstlich (widersinnigerweise)

dem ObdL. Außerdem gab es bei Kriegsbeginn die Dienststelle des »Generals der Luftwaffe beim ObdM«, der diesen zu beraten hatte, und zwar in allen Fragen der Luftkriegführung wie auch in personellen Angelegenheiten sowie solchen des materiellen Nachschubs, in Fragen der Ausbildung, der Schiffe und Boote der Luftwaffe und im Seenotdienst.

Während des Krieges änderte sich die ungenügende Ausstattung der Marine mit Fliegerverbänden nicht. Während die anderen (fremden) Marinen über eine Flottenluftwaffe verfügten, über deren Erfolge sich zahllose Beispiele aufführen ließen, gab es bei der Kriegsmarine nicht einmal den Ansatz dazu.

Das Ergebnis der unterschiedlichen Auffassungen waren Mißerfolge und Fehlentscheidungen, insbesondere beim unsachgemäßen Minenkrieg oder beim Ausbau und Einsatz von Lufttorpedos, wo alles noch in den Anfängen steckte, denn hier gab es nur wenige Staffeln für Torpedoangriffe. Der Vorrat an Lufttorpedos war nur klein [19]. Darüber hinaus mußte die Marine sehr häufig Staffeln und Personal an die Luftwaffe abgeben. Hinzu kam, daß die vorhandenen Flugzeugtypen rasch veralteten, während die Entwicklung neuer Typen für Marinezwecke vom Generalstab der Luftwaffe nicht genehmigt wurde.

Da der Marine auch nach dem Frankreichfeldzug und den nunmehr für die »Schlacht im Atlantik«[69] so überaus günstig gelegenen Biscayahäfen keine eigene Flottenluftwaffe gestattet wird, findet sich nach harten, kontroversen Gesprächen eine Art Zwischenlösung. In Lorient wird am 15. März 1941 das Kommando »Fliegerführer Atlantik« eingerichtet.[70] Dieser wird der Luftwaffe unterstellt und muß, so lautet die Weisung, »von einem mit Fragen der Seekriegführung erfahrenen Luftwaffenoffizier als Kommandeur geführt werden«. Zur fachlichen Unterstützung werden in seinen Stab Seeoffiziere kommandiert. Zum Aufgabenbereich des Kommandos »Fliegerführer Atlantik« zählen insbesondere:

- Aufklären für die U-Boot-Kriegführung,
- Sicherung und Aufklärung bei Operationen von Überwasserseestreitkräften im Nordatlantik und
- Geleitschutz im Küstenvorfeld,
- Wetteraufklärung,

- Kampfaufgaben gegen Seeziele nach Absprachen zwischen Marine und Luftwaffe,
- U-Boot-Jagd und
- U-Boot-Sicherung in der Biscaya.

Kampfaufgaben haben gegenüber der Aufklärung und Schiffssicherung zurückzustehen. Zunächst verfügt der »Fliegerführer Atlantik« über 70 Ju 88-Bomber, 10 Aufklärer vom Typ FW 200 und 50 Seeflugzeuge der Typen He 115 und Ar 196.[71a] Der BdU ist einmal über den zahlenmäßig unzulänglichen Einsatz der dem »Fliegerführer Atlantik« an die Hand gegebenen Fernaufklärer wenig glücklich, noch weniger über die Ergebnisse, wenn schon Einsätze geflogen werden, da diese »dünne Luftaufklärung« oft überhaupt keine Sichtungen bringt (das trotz der relativ hohen Anzahl der Konvois) oder die angegebenen Positionen nicht zu stimmen scheinen, da der Gegner bei bzw. nach Insichtkommen solcher Fernaufklärer den oder die in Frage kommenden Konvois umgelenkt hat.
Ein Beispiel wäre dafür die Operation vom I./K.G. 40 gegen einen am 16. April 1941 südwestlich von den Färöern gesichteten Konvoi, der die deutschen U-Boot-Aufstellungen umgeht. Andererseits gibt es einige Beispiele, wo *FW 200* nicht nur aufklärten, sondern auch angriffen, so am 26. Oktober 1940 nordwestlich von Irland die 42 343 BRT große *Empress of Britain*, die in Brand gerät, aber noch, wie schon gesagt, abgeschleppt werden kann, dabei aber zwei Tage später, wie ebenfalls bereits vermerkt, von *U 32* (Oberleutnant Jenisch) versenkt und als der größte Schiffsverlust im Zweiten Weltkrieg notiert wird. Oder die von *U 46* im März 1941 herbeigerufenen *FW 200*, die zwar nicht den *U 46*-Konvoi finden, dafür aber einen anderen Geleitzug entdecken, in dem sie einen 5193 BRT-Frachter und einen 8245 BRT-Tanker beschädigen.

Die Frage stellt sich, ob man den U-Boot-Gruppen nicht wenigstens ein U-Boot mit einem Flugzeug an Bord hätte beigeben können ...[71b]
In der deutschen Kriegsmarine wurden diesbezügliche Überlegungen erst akut, als Deutschland wieder U-Boote und hier vor allem auch große Typen für weitreichende ozeanische Verwen-

dung bauen durfte. Eine Luftaufklärung konnte daher, das ist einleuchtend, in solchen weiten Seeräumen nur geboten sein.
1933 bereits stellte das OKM an den Generalstab der Luftwaffe im Schreiben OKM AIL B. Nr. 278/38 g. Kdos vom 25. Februar die Forderung nach einem U-Boot-Bordflugzeug. Man dachte an ein zerlegbares Ganzmetallflugzeug mit zwei Schwimmern und beiklappbaren Tragflächen, das in zwei druckfesten Behältern von etwa 1200 mm ⌀ und 6 m Länge (für die Flächen und Propeller), zwei Behältern von 700 mm ⌀ und 5 m Länge (für die Schwimmer und die Schwimmerstreben) sowie einem weiteren Behälter von 1000 mm ⌀ und 5 m Länge (für den Rumpf und die Steuerflächen) untergebracht werden soll. Dabei sollen die vorstehenden Maße nur einen Anhalt für die Unterbringung eines solchen Flugzeuges in einem U-Boot geben. Die taktischen Forderungen wurden zwischen OKM und Luftwaffe abgestimmt und dabei zum Teil geändert, so auch die Unterbringung in einer max. 7,5 m langen und 2,25 m weiten vertikalen Röhre und statt zwei Mann nur noch einem Mann Besatzung. Betraut wurde die Firma ARADO, die bereits Mitte 1938 vom RLM den Auftrag für die Vorarbeiten an einem U-Boot-Flugzeug unter der Projektnummer E 300 erhielt. Später wurde aus dieser Projektnummer die Typbezeichnung *Arado Ar 231*. Noch im Februar 1939 bekamen die Flugzeugwerke ARADO den Bauauftrag für die Vorentwicklung eines »Kleinflugzeuges See«. Von dem Begriff U-Boot-Bordflugzeug rückte man aus Tarnungsgründen ab. Im internen Schriftverkehr wird die *Ar 231* als Spezialbeobachtungsflugzeug für den um diese Zeit akut gewordenen Walfang in der Antarktis prognostiziert. Schließlich werden über den Attrappenbau (V0) des Jahres 1940 vier Versuchsflugzeuge fertig, die Kleinflugzeuge *V1, V2, V3* und *V4*, die in Travemünde über und auf See mit gutem Erfolg erprobt werden. Nach diversen Korrekturen können sie im Juli 1941 erstmals zur Frontbewährung eingewiesen werden.
Inzwischen ist jedoch — ein Musterbeispiel versagender und mangelnder Kooperation — kein U-Boot als Träger-Boot für eine *Ar 231* umgebaut oder gar neu gebaut worden.[72] Nicht einmal ein Bauauftrag liegt vor.
Praktischen Einsatz fanden nur die *Ar 3* und *Ar 4* auf dem Hilfskreuzer *Stier (Schiff 23,* bzw. *HSK 6)*, wo sie beim ersten Einsatz

schon die in sie gesetzten Hoffnungen nicht erfüllten, denn mit voller Treibstoffladung war ein Start auch bei ruhiger See und mäßiger Dünung nicht möglich; auf 3/4 Treibstoff geleichtert, klappte zwar nun der Start vom Wasser aus, endete aber mit Schäden bei den Landungen. So gesehen, hätten sich diese Kleinseeflugzeuge auch bei den U-Booten in atlantischen Revieren ebenfalls nicht oder noch weniger bewährt. Ohne vorherige atlantische Erprobung ging es eben nicht. Natürlich hätte man diese Entwicklung auch forcieren können und die Unzulänglichkeiten dann wohl auch früher erkannt. Ob solche U-Boot-Flugzeuge der von Dönitz geforderten weiträumigen Aufklärung über See genutzt hätten, bleibt hypothetisch.

Die unbefriedigenden Ergebnisse der Luftaufklärung durch den »Fliegerführer Atlantik« zwingen den BdU, einen anderen Weg konsequent auszubauen, den des Vorpostenstreifens mit U-Booten (Vp.-Streifen).[72a] Hier »harken« parallel zueinander aufgestellte U-Boote — je nach der Bootszahl — entsprechend große Seegebiete systematisch ab. Wer einen Konvoi sichtet, gibt per Kurzsignal Zeichen, bleibt als Fühlungshalter am Feind und führt durch Funk die anderen Boote heran. Erstmals wird ein Vp.-Streifen im Schrifttum bei Rohwer/Hümmelchen [5] für die Nordatlantik-Operationsphase vom 25. März bis zum 5. April 1941 erwähnt.

Versagt hat die deutsche Luftwaffe nicht. Mit einer solchen massiven Abwertung kann man die in verschiedenem Schrifttum Mißerfolge geheißene atlantische Aufklärung nicht abtun. Wie die Marine, so war auch die Luftwaffe personell überfordert. Personell und materiell überfordert war auch die Luftwaffen-, das heißt die Flugzeugbauindustrie. Relativ, wenn man den Maßstab an die nahezu unerschöpflichen Kapazitäten der Alliierten anlegt. Diese ökonomische Realität hätte, immer wieder mit Nachdruck vorgetragen, den Krieg vielleicht sogar verhindern können. Das aber nicht ohne interozeanisches maritimes Denken, nicht ohne präzise Kenntnisse der Geschichte Großbritanniens und seiner Seemacht. Und seiner Mentalität.

Es war die Marine, die warnte. Weder Hitler noch von Brauchitsch, noch Göring oder die vielen anderen Topmanager waren jemals im britischen »Ruhrgebiet«, oder, einprägsamer, in

den USA »vor Ort« der industriellen Fertigung. Darüber zu lesen allein genügte nicht. Das SEHEN war entscheidend. SEHEN wirkt wie ein Prägestempel und das Studium sachbezogener deutscher oder gar ausländischer Literatur war ohnehin kein Anliegen bei den (meisten) Militärs, obschon man Hitler nicht nachsagen kann, unbelesen gewesen zu sein. Wie der Autor von Hitlers Marineadjutanten, dem späteren Konteradmiral von Puttkamer, nach dem Kriege erfuhr, interessierte er sich sehr für militärische Fachzeitschriften, auch des Auslands.
»Eines Tages werden die Amerikaner mit solchen viermotorigen Bombern über den Atlantik fliegen. Im Nonstopflug und mit voller Bombenlast.« So Hitler an von Puttkamer 1939, als er in einer us-amerikanischen Luftfahrtzeitschrift eine werbeträchtige Zukunftvision künftiger Langstreckenbomber im Anzeigenteil sah. Andererseits hatte sich die deutsche Luftfahrtindustrie ohnehin bereits vor dem Kriege im Ausland, insbesondere in Großbritannien wie auch in den USA respektables Ansehen erworben. Als in der Schlacht um den Atlantik in Verbindung mit den »Grauen Wölfen« die weitreichenden Fernaufklärer vom Typ *FW 200* über der blauen See erscheinen, rechnete man im Westen mit einer Multiplikation auch dieser Waffe — als Aufklärer, um die Konvois zu suchen und zu melden und als Angreifer mit immer wirkungsvolleren Bomben. Und Torpedos. Solchen ganz eigener Art ... Die Briten (und mit ihnen die auf den Krieg gegen Großdeutschland hinsteuernden USA) wehren sich gegen diese Bedrohung aus der Luft über See mit Jägern und gegen die sich mehrende Zahl an U-Booten mit Bombern und Torpedoflugzeugen. Ganz besonders ist das GAP auf der Gibraltarroute durch die Focke-Wulf-Angriffe gefährdet. Aus den aus dem Süden in den Nordatlantik heraufdampfenden C.F.-, S.L.-, O.G.- oder H.G.-Konvois versenkten *FWs 200* in den Monaten Juni, Juli und August 1941 44 Schiffe mit 94 551 BRT. Ein gut Teil mehr wird dabei beschädigt ([2] Vol. I). Und was die Zusammenarbeit Luftwaffe/U-Boote angeht, sagt Roskill [2]: »Furthermore, the cooperation between the long-range bombers and the U-boats was so good that the convoy escorts came to know only too well that the presence of one of the former, hovering out of gun range on the horizon, was the almost certain prelude to attack by the latter ...« Das Problem, das damit die Britische

Admiralität und das Britische Luftfahrtministerium beschäftigte, war, den Konvois, denen aus Mangel an Einheiten keine Flotten-Flugzeugträger beigegeben werden können, entweder die Möglichkeiten zu geben, abzudrehen, oder, besser noch, die »shadower« in der Luft zu zerstören und den Konvoi-Schiffen die Mittel zu geben, sich selbst gegen die niedrig nivellierten Bombenangriffe wehren zu können.

Diese Überlegungen kosteten den britischen Gegner den serienmäßigen Bau automatischer Flugabwehrkanonen auch für die Frachter und große Anstrengungen weiterer Produktion auch solcher für Raketenwerfer. Das allein, darüber war man sich in der Royal Navy klar, genügte nicht. Was dringend benötigt wurde, das waren fighter aircrafts, Jagdflugzeuge. So wurden denn die Coastal Command in Nordirland durch weitere Jäger verstärkt und auch durch die neuen »long range Beaufighters«. Aber: einmal waren nicht genügend Jäger verfügbar, zum anderen konnten sie nur im Küstenvorfeld operieren, und ferner waren sie nicht schnell genug, um bei einem drohenden Angriff rechtzeitig zur Stelle zu sein. »There could only be one solution —
the ships must carry their fighter aircraft with them ...«
Ein Verzweiflungskommando,
diese fighter catapult ships.

1.5 Die britische (Behelfs-)Antwort gegen die mit den U-Booten zusammenarbeitenden FW 200

> Katapultschiff im Gibraltar-Konvoi · Katapultflieger, eine Art britischer Kamikaze · Die *Audacity* — der erste Escort Aircraft-Carrier[72b], eine ehemals deutsche Prise — der NDL-Motorfrachter *Hannover* · Der für die deutschen U-Boote verhängnisvolle Einfluß des EAC Audacity auf den Geleitzug H.G. 76-Kampf und auf die künftige planmäßige Entwicklung solcher Geleit-Träger

Am 26. Oktober 1941 operiert auch Oberleutnant z. S. Werner Kraus mit seinem bei den Lübecker Flenderwerken erbauten VII C-Boot *U 88* gegen den vom xB-Dienst erfaßten Geleitzug HG 75, einem aus Gibraltar zum U.K.[73] am 22. Oktober ausgelaufenen »Ocean Homeward«-Konvoi. *U 83* ist eines der sechs deutschen Boote der Gruppe BRESLAU, die Dönitz bereits ab 17. Oktober bei Kap Trafalgar (hier *U 206* [Kapitänleutnant H. Opitz], *U 563* [Klaus Bargsten] und *U 564* [Reinhard Suhren]) und bei Kap Spartel *(U 204* [Kapitänleutnant Kell], *U 71* [Kapitänleutnant W. Flachsenberg] und *U 83)* vor den zu erwartenden Kurs dieses Konvois dirigiert hat, unterstützt von den drei großen Italienern *Archimede, Ferraris* und *Guglielmo Marconi.*
Allerdings ging der Konvoi nicht am 17., sondern erst am 22. Oktober aus Gibraltar in See. Trotz stärkster Sicherung durch 13 Sloops, Korvetten und Zerstörer hielten drei der sechs U-Boote Fühlung. Sie ging indessen infolge der massiven Sicherung verloren. Wurde aber wieder hergestellt, nicht ohne größtes, eben noch vertretbares Risiko für die Besatzungen. Erste Erfolge ... Außer einigen Frachtern wird kurz nach Mitternacht des 24. Oktober, genau 00.38 Uhr, auf 35.56 N/10.04 W durch *U 563* (Bargsten) der durch seinen brutalen Raid auf das deutsche V-Schiff[74] *Altmark* in neutralen norwegischen Gewässern suspekt gewordene britische Zerstörer *Cossack* torpediert.
Als nun in der Nacht zum 26. Oktober *U 83* und *U 563* erneut an den Konvoi herankommen, richtet Werner Kraus die Bugroh-

re seines aufgetaucht operierenden Bootes auf einen klar umrissenen Schatten: Typischer Frachter. Der Torpedo trifft auf 37.50 N/16.10 W ein auf 8000 BRT geschätztes Schiff. Es ist ein besonderes Schiff, das nach der Meldung an den BdU irrtümlich als »versenkt« angesprochen wird: Es ist die 6746 BRT große *Ariguani*[75] ...

Offiziell wird die 1926 erbaute *Ariguani* als »Ocean Bording Vessel« geführt, seit 1941 jedoch ist sie zu einem jener gegen die deutschen Focke-Wulf Condor-Flugzeuge eingerichteten Katapult-Schiffe mit naval fighter aircraft an Bord umgebaut worden. Als solches ging sie auch verloren.

Zur *Ariguani* war um diese Zeitphase, im Juni 1941, auch die *Audacity* in den Dienst der RN gekommen. Sie ist der erste, aus einem Handelsschiff umgebaute, nachstehend noch gesondert zu behandelnde M.A.C. (= Merchantship Aircraft Carrier), zu dem auch der nunmehr mit Katapulten ausgestattete I.-Weltkriegsveteran, der Ex-Seeflugzeugträger *Pegasus*, zu zählen ist, der ja überhaupt erst den Anstoß zum Typ der »fighter catapult ships« aus Handelsschiffen gab.[76] (Die *Pegasus*, die unter dem Red Ensign blieb, hat mit Konvois nichts zu tun. Sie untersteht nach dem 1940er Umbau dem Rear Admiral Destroyers Home Fleet.)

Die ersten reinen »fighter catapult ships« waren bereits im April 1941 in Dienst gekommen: die oben genannte (und von *U 83* am 26. Oktober torpedierte [aber nicht versenkte, wie der Kommandant meldete]) *Ariguani* (6746 BRT), die *Maplin* (5824 BRT), die *Patia* (5886 BRT) und die *Springbank* (5155 BRT). Ihre Aufgabe ist es ausschließlich, die deutschen Fernkampfbomber über dem Atlantik zu bekämpfen, die, bei einer Reichweite von 800 sm, einen zweifachen Auftrag haben:

1. Sie sollen primär für die U-Boote britische Konvois lokalisieren,
2. sollen sie aber auch selbst Feindschiffe versenken.[77]

Jedoch will und kann man sich bei den Briten in Erwartung der vermehrten Anstrengungen der Deutschen nunmehr auch in der Luftabwehr nicht mit diesen wenigen (fünf) Schiffen allein begnügen. Das »Battle of Atlantic Commitee« ordert daher prophylaktisch gleich weitere 50 Handelsschiffe zum Umbau als C.A.M.'s (catapult armed merchantmen), die aber im Gegensatz zu den reinen »fighter catapult ships« unter dem militärischen Ensign ihre Transportaufgabe als Handelsschiff auch weiterhin erfüllen sollen und daher unter dem kommerziellen Red Ensign »segeln«. Der erste der C.A.M., die *Empire Rainbow*, kommt schnell in Dienst, nämlich bereits in den letzten Tagen des Mai 1941.

Der erste catapult ship-Jäger-Erfolg ist im August 1941 zu verzeichnen, als ein Hurricane-Jäger der *Maplin* 400 sm in See eine *FW 200* abschießt. Der erste Verlust eines derart motivierten Hilfsschiffes dagegen tritt gelegentlich eines schweren U-Boot-Angriffs auf den Konvoi H.G. 73 im September 1941 ein, als in der Nacht vom 26. zum 27. September die *Springbank* versenkt wird, nachdem es ihrem katapultierten *Fulmar*-Jäger am 24. September noch gelungen war, eine der Fühlung haltenden *FW 200* abzudrängen. Die erste Aktion zwischen *FW 200*-Bombern und C.A.M.-Jägern wird dagegen bei Roskill [2] für den 1. November 1941 gemeldet. Besondere Erwähnung verdienen dabei die Piloten der »R.A.F. merchant ship fighter«. Sie haben, wenn gestartet, keine Möglichkeit, wieder auf ihr Schiff zurückzukehren, da dieses über kein Landedeck verfügt — und so sind sie, wenn sie kein Land erreichen, oft genug gezwungen, unter Totalverlust ihres Geräts möglichst in der Nähe eines befreundeten Schiffes auszusteigen und an Fallschirmen auf See niederzuschweben »... hoping to be picked up by a surface escort vessel. Their sorties«, so beendet Captain Roskill die Passage über jenen Kamikaze-Flieger-ähnlichen Einsatz in britischem understatement: »demanded a cold-blooded gallantery [2].«

Apropos die *Audacity:*

Heute, nach dem Kriege, wissen wir mehr über dieses Schiff mit dem treffenden Namen, der sich ins Deutsche mit *Verwegenheit* oder *Draufgängertum* übersetzen läßt. Es war, wie gesagt, kein regulärer Träger. Es war aber auch kein normaler Hilfsflugzeugträger. Es war der erste EAC, der erste escort-aircraft-carrier, ausschließlich für den Kampf gegen die deutschen Langstreckenbomber im Verbund mit den gefürchteten Grauen Wölfen bestimmt. Nun, über die *Audacity* ist Ungewöhnliches sogar noch mehr zu sagen. Sie war ein als Prise aufgebrachtes deutsches Schiff, nämlich der 5725 BRT große NDL-Motorfrachter *Hannover*, der am 8. März 1940 in der Mona-Passage von dem kanadischen Zerstörer *Assiniboine* gestellt werden konnte, da eine Selbstversenkung innerhalb der dominikanischen Hoheitsgewässer durch ein Enterkommando des britischen Leichten Kreuzers *Dunedin* verhindert worden war. Das 15 kn-Motorschiff wurde sofort zur Werft geschafft und hier nach den Vorstellungen der britischen Admiralität zum ersten britischen Escort Aircraft Carrier umgebaut:

Die ex *Hannover* erhält ein 140 m langes und 18,20 m breites Deck als Flugdeck für sechs Flugzeuge vom Typ Martlet und Swordfish. Sie wird mit ausreichender Flak ausgerüstet (mit 1:4.4 cm-, 1:6pfünder, 4:2pfünder Pompoms und 4:2 cm-Kanonen). Es gibt jedoch keinen Hangar und keinen Lift für die Flugzeuge, die Maschinen müssen improvisatorisch auf dem Flugdeck plaziert werden. Bereits im Juni 1941 ist der Escort Carrier nach einem erstaunlich schnellen Umbau im Dienst. Schon im September/Oktober 1941 bestätigt er die in White Hall auf diesen Typ gesetzten großen Hoffnungen, als es am 20. September an dem durch *U 124* gemeldeten Gibraltar Konvoi O.G. 74 mit seinen 27 Schiffen, dem Ocean Boarding Vessel *Corinthian* und einer Escort Group aus 1 Sloop und 5 Korvetten südwestlich von Irland zu Operationen gegen den Konvoi kommt. O.G. 74 wird durch *U 201* (A. Schnee) angegriffen, nachdem es durch *U 124* als das einzige in der Nähe stehende deutsche U-Boot durch Funk gemeldet worden war. *U 201* wird jedoch durch ein Martlet-Flugzeug der *Audacity* und die Sloop *Deptford* in Zusammenarbeit mit der Korvette *Arbutus* unter Wasser gedrückt. *U 124* kann jedoch die Fühlung weiterhalten und in der Nacht zum 21. September zwei Frachter mit 4225 BRT versenken. Als am 21. tagsüber eine *FW 200* der I/K.G. 40 ein nur 906 BRT großes, zurückgebliebenes Schiff versenkt, greifen die *Audacity*-Jäger ein und an. Eine der *FW 200* wird durch eine Martlet abgeschossen. Später operieren *U 124* und *U 201* noch auf eine vom Konvoi abgesprengte Gruppe von vier Frachtern, aus denen *U 201* trotz der Sicherung durch zwei der zu der Vierergruppe abkommandierten Eskortern, der Sloop *Deptford* und der Korvette *Marigold,* in der Nacht zum 22. September drei Schiffe mit 4467 BRT versenkt. Die beiden U-Boote der letzten Angriffsphase werden übrigens nach Abreißen der Fühlung auf den entgegenkommenden H.G. 73 angesetzt. Immerhin hat der

Konvoi O.G. 74 sechs Frachter, wenn auch nur mit 9598 BRT verloren, die Deutschen dagegen eine *FW 200* durch einen Jäger des 1. escort aircraft carrier dieser Art. Unter den britischen Verlusten ist auch der 900-Tonnen-Dampfer, der die Aufgabe hatte, Überlebende aufzufischen. Das ist die tragische Seite der härter, der unbarmherziger werdenden Schlacht im Nordatlantik.
Den zweiten Beweis für Wert und Bedeutung der aus der Bedrängnis durch die »wolf packs« geborenen EAC-Improvisationen bringt die *Audacity* im Dezember 1941, wo sie als zusätzliche Sicherung dem Konvoi H.G. 76 zuteilt wird. Daß dieser wie die anderen Gibraltar-Konvois neuerdings so stark gesichert werden können, ist den Amerikanern zu danken, die jetzt — ohne offiziell in den Krieg eingetreten zu sein — die Sicherung der von Amerika nach Osten marschierenden Konvois bis 400 sm westlich von Irland übernommen haben. Dadurch ist der Commander in Chief Western Approaches in der Lage, (zunächst) drei Escort Groups von den Western Approaches abzuziehen und auf die stark bedrohte Route England — Gibraltar — Westafrika zu verlegen. Daß man dem 1. EAC ausgerechnet Konvois der Gibraltar-Route zuteilt und nicht in das BLACK GAP, in das »Luftloch« südlich und südöstlich von Grönland schickt (es ist der U-Boote »fetteste Weide«), erklärt sich daraus, daß die Gibraltar-Geleitzüge nicht nur von U-Booten, sondern auch von den Fernkampfflugzeugen von Westfrankreich aus angegriffen werden, ganz abgesehen von den Sekundärerfolgen dieser Fernkampfflugzeuge im Dienste der Aufklärung, denn das Finden gegnerischer Geleitzüge ist nach wie vor das größere Problem.

Wie sich der in diesem Buch geschilderte Angriff auf den Gibraltar-Konvoi H.G. 76 und dessen erstaunlich starke Sicherung in der nüchternen Sprache des chronologischen Ablaufs der fachlichen Dokumentation ausnimmt, belegt ein Auszug aus Rohwer/Hümmelchen [5], Seiten 201 und 202:
14.—23. 12. 1941 Operationsbereich Nordatlantik: Operation der Gruppe SEERÄUBER gegen den Konvoi H.G. 76.
Am 14. 12. läuft der H.G. 76 mit 32 Schiffen (Commodore Fitzmaurice) (nach [26] mit einmonatiger Verspätung) aus. Er wird gesichert von der 36th Escort Group (Commander Walker) mit den Sloops *Stork, Deptford* und den Korvetten *Rhododendron,*

Marigold, Convolvulus, Pentstemon, Gardenia, Samphire und *Vetch,* ferner von der Support Group mit den Geleitzerstörern *Blankney, Exmoor* und *Stanley,* die wiederum den Geleitträger *Audacity* (Commander MacKendrick) sichern. Gleichzeitig wird eine U-Jagdgruppe der »Force H« mit Zerstörern angesetzt, von denen am 15. 12. der australische Zerstörer *Nestor* U 127 (Kapitänleutnant Hansmann) versenkt. Außerdem geht der Nahost-Konvoi mit 4 Schiffen, gesichert von 1 Zerstörer und 3 Korvetten in See.

Diese Konvoisicherungen scheinen reguläre Selbstverständlichkeit zu sein. So problemlos ist ihr Dienst nun auch wieder nicht. Es kann den harten, schweren Kampf der U-Boote nur noch transparenter machen, wenn man weiß, wie diese Eskortsysteme funktionieren: Solche Eskort-Gruppen sind verschieden zusammengesetzt, so aus zwei oder drei Zerstörern als schlagkräftiger Kern, dann aus erst im Kriege gebauten Korvetten und/ oder Sloops oder aber auch aus umgebauten Fischdampfern. Anfang 1941 hatte eine E.G. etwa 15 Eskorter — aber nur auf dem Papier, ein Teil war immer in der Werft, um die Schäden durch atlantische Stürme usw. auszubessern. Kaum die Hälfte davon war einsatzfähig. Als man nach Kriegsausbruch begann, ständige Geleitgruppen einzurichten, fand sich noch kein Fahrzeug, das ad hoc für diesen Zweck voll geeignet war.

Sorgen bereitete in der ersten Phase auch die Personallage. Da alle Flottenübungen in Zusammenhang mit Großkampfschiffen angelegt waren, hatte man den Geleitschutz im Falle eines Krieges völlig vernachlässigt. Es mangelte daher an Geleitzugerfahrungen wie auch — noch schlimmer — an im Geleitdienst und in der U-Boot-Bekämpfung durch Eskorter erfahrenem Personal.

Führer der Geleitgruppen wurden meist Korvettenkapitäne mit Erfahrungen auf kleinen Schiffen, die Kommandanten der Eskorter, der Korvetten und Fischdampfer stellten ausnahmslos Reserveoffiziere.

Und dann der anfangs permanente Mangel an Eskortern, der es überhaupt nicht erlaubte, eine Ausbildung einzuplanen. Hatten die Eskorter einen Konvoi in den Hafen geleitet, hatten sie gerade noch Zeit, sich auf das Herausbringen und Geleiten eines anderen Konvois vorzubereiten und einzurichten.

Es fehlte auch an verbindlichen Vorschriften, so daß einzelne Eskortgruppenführer ihr eigenes taktisches Schema entwickelten. Schlimm wurde es, wenn an einem Konvoi zwei Eskortgruppen mit verschiedenen Systemen beordert wurden. Da gab es schreckliche Mißverständnisse, etwa, wenn die U-Boote nachts angriffen. Erst viel später, nach dem Ausfall von Frankreich, entwirft Admiral Sir Percy Noble, C. in C. Western Approaches, die Western Approaches Convoy Instruction als einheitliche taktische Anordnungen [2, 32, 120]. Erst ab jetzt wird eine einheitliche und intensive Ausbildung der Eskorter in »anti-submarine-warfare« eingerichtet. Im Anschluß daran üben die so trainierten Eskorter unter Leitung eines Kapitäns in Gruppen auf dem Clyde, dem Mersey oder bei Londonderry. Eine weitere Vertiefung der Ausbildung im Kampf gegen die german »U-Boats« versucht — und garantiert — die neue »tactical school at Liverpool«, wo die Kommandanten und Offiziere der Eskorter mit den deutschen U-Boot-Taktiken und -Methoden und den Gegenmaßnahmen, den »counter attacks«, vertraut gemacht werden.

Zurück zum Konvoi H.G. 76: Auf eine Agentenmeldung hin wird die Gruppe SEERÄUBER mit *U 434* (Kapitänleutnant Heyda), *U 131* (Korvettenkapitän A. Baumann), *U 67* (Kapitänleutnant Müller-Stöckheim), *U 108* (Kapitänleutnant Scholtz) und *U 107* (Kapitänleutnant Gelhaus) angesetzt, von denen *U 108* einen nicht zum H.G. 76 gehörigen portugiesischen Einzelfahrer (nach xB-Dienst-Bonatz [26] die *Cassequel*) mit 4751 BRT versenkt. Kurz vor Mitternacht am 14./15. 12. sichtet das auf dem Marsch ins Mittelmeer befindliche *U 74* (Kapitänleutnant Kentrat) den Nahost-Konvoi, aus dem *U 77* (Kapitänleutnant Hein Schonder) in der Nacht ein Schiff, den 4972 BRT großen, britischen Dampfer *Empire Barracuda* auf 35.08 N/ 11.14 W versenkt und einen auf 9000 BRT geschätzten großen Tanker torpediert. Dieses Schiff erhält zwei deutlich beobachtete Treffer, stoppt die Fahrt, aber sinkt nicht. Wie wir heute wissen, überlebte dieses von Schonder korrekt nur als beschädigt gemeldete Ziel. Am 15. 12. bleibt die Luftaufklärung erfolglos, da der Konvoi an der marokkanischen Küste nach Süden ausholt.

Am 16. 12. sichtet mittags eine *FW 200* der I./K.G. 40 den

H.G. 76, doch werden die in die Nähe kommenden *U 108* und *U 67* abgedrängt, ebenso in der Nacht *U 131*. *U 574* (Oberleutnant z.S. Gengelbach) wird angesetzt. Am 17. Dezember wird der Konvoi von *U 108*, *U 107* (Kapitänleutnant Gelhaus) und *U 131* gesichtet. Letzteres wird nach mehreren Angriffen und dem Abschuß einer Martlet der (lt. [26] zunächst als *Unicorn* angesprochenen) *Audacity* nach Waboschäden tauchunklar und muß sich bei Annäherung der von der *Audacity* herangerufenen Eskorter *Stork, Blankney, Exmoor, Pentstemon* und *Stanley* nach Artillerietreffern selbstversenken. *U 434* (Kapitänleutnant Heyda), das seit dem 17. abends Fühlung hält, wird am 18. vormittags entdeckt und durch die Zerstörer *Blankney* und *Stanley* mit Wasserbomben zum Auftauchen und Verlassen des Bootes gezwungen. Von den fühlunghaltenden *FW 200* werden zwei durch Martlet-Jäger der *Audacity* abgeschossen. Am Abend drückt die *Pentstemon U 107* unter Wasser. *U 67* wird nach einem Fehlschuß von der *Convolvulus* abgedrängt. Gegen Morgen am 19. 12. gewinnt *U 574* Fühlung und versenkt den das Boot verfolgenden Zerstörer *Stanley*, wird jedoch von Commander Walker mit der *Stork* im Gegenangriff gerammt und versenkt. *U 108* schießt währenddessen nach Fehlschüssen auf zwei Ziele auf 38.20 N/17.15 W ein drittes Schiff, den 2829 BRT großen Britendampfer *Ruckinge*, aus dem Konvoi heraus. Martlets der *Audacity* schießen am Nachmittag des 19. 12. zwei *FW 200* Fühlunghalter ab, doch gelingt es *U 107*, weiter Fühlung zu halten und im Laufe des 20. und 21. Dezember *U 108*, *U 67* und die seit dem 20. 12. neu angesetzten Boote *U 567* (Kapitänleutnant Endraß), *U 751* (Kapitänleutnant Bigalk) und *U 71* (Flachsenberg) heranzuführen. *U 67* wird durch ein Flugzeug der *Audacity*, andere U-Boote werden durch Wasserbombenangriffe der *Marigold* und der *Samphire* abgedrängt.

In der Nacht zum 22. 12. greifen kurz nacheinander *U 567* (Kapitänleutnant Endraß) und *U 751* an. *U 567* versenkt auf 43.55 N/ 19.50 W einen Frachter mit 3324 BRT, den Norweger *Annavore*, *U 751* (Kapitänleutnant Gerhard Bigalk) torpediert um 21.37 Uhr den Träger *Audacity*.[78] *U 567* fällt anschließend einem Waserbombenangriff der Sloop *Deptford* und der Korvette *Samphire* zum Opfer. 47 Tote, niemand überlebte. *U 67* verfehlt ein Katapultschiff (?) im Konvoi knapp. Am 22. Dezember hal-

102

ten *U 71*, das auf dem Marsch nach Amerika befindliche *U 125* (Kapitänleutnant Ulrich Folkers) und am 23. Dezember früh noch *U 751* Fühlung, doch werden sie von der Korvette *Vetch* und den als Verstärkung hinzukommenden Zerstörern *Vanquisher* und *Witch* abgedrängt.

In dem Bericht der Amerikaner H. H. Adams und Ph. K. Lundenberg in der Edition Potter/Nimitz/Rohwer: »Seemacht. Von der Antike bis zur Gegenwart« [27] heißt es zu diesem Angriff auf den Konvoi H.G. 76 weiter: »... Da der Konvoi am nächsten Tage in den Bereich der Luftsicherung von Südengland kam, brach der BdU diese verlustreiche Operation ab, die ernstliche Zweifel an der weiteren Durchführbarkeit von Konvoioperationen im östlichen Atlantik bei starker Luft- und Seesicherung aufkommen ließ. Neue Aussichten auf günstige Möglichkeiten für eine Weiterführung des erfolgreichen Tonnagekrieges im westlichen Atlantik vor der us-amerikanischen Küste (nachdem der Krieg zwischen Japan und den USA ausgebrochen war [7. 12. Pearl Harbor], beginnt die deutsche U-Boot-Waffe mit der Operation PAUKENSCHLAG die U-Boot-Offensive gegen die US-Handelsschiffahrt) machen weitere sorgenvolle Überlegungen zunächst überflüssig.

Summa summarum:

Das Ergebnis der Gruppe SEERÄUBER ist für die Deutschen bitter genug. Es verloren aus dem Konvoi H.G. 76

a) die Engländer

- drei Frachter mit zusammen 9165 BRT[79] und
- einen Träger, den EAC *Audacity* (11000 ts deep load [5537 BRT vor dem Umbau]) mit einer hier nicht bekannten Zahl an Flugzeugen an Bord aber mit einer Vollbelegung mit sechs Maschinen sowie
- (nach [26]) den Zerstörer *Stanley;*

b) die Deutschen:

- vier Fernkampfaufklärer vom Typ Focke Wulff FW 200,
- vier U-Boote, und zwar
- *U 131* (Typ IX C) unter Korvettenkapitän A. Baumann, keine Verluste (hierzu noch das U-Boot-Archiv Cuxhaven: *U 131* nach Wabo beschädigt und aufgetaucht, beim Überwasser-

absetzen vom Flugzeug der *Audacity* bemerkt, das Kriegsschiffe heranruft. Boot nach Artillerietreffern selbstversenkt.)
- *U 434* (Typ VII C) unter Kapitänleutnant Heyda, zwei Tote;
- *U 574* (Typ VII C) unter Oberleutnant z. S. Gengelbach, 28 Tote;
- *U 567* (Typ VII C) unter Kapitänleutnant B. Endraß, 47 Tote, Totalverlust.

Davon kommen auf das Erfolgskonto des neuen Escort-Aircraft-Carriers in direkter Operation

- ein U-Boot *(U 131)* durch Selbstversenkung;

während die Anwesenheit des EAC die gesamte Abwehraktion der deutschen U-Boot-Angriffe entscheidend mitbeeinflußt hat; auch das Abdrängen der Fühlunghalter.

Die Erfolge der *Audacity* machen den Briten Mut, trotz des Verlustes des Befehlsträgers. Von nun an vollzieht sich in aller Stille eine für die deutschen U-Boote verhängnisvolle Entwicklung, am Ende in steil ansteigender Kurve des technisch und ökonomisch perfekten EAC (escort aircraft carrier) — Produktionsdiagramms. Diese Geleitflugzeugträger werden einmal die BLACK GAPs, insbesondere das MID-ATLANTIC-GAP, sichern helfen.

1.6 Auch die Briten haben Such- und Findeprobleme

Das ASDIC hält nicht, was es verspricht — und der Briten irrige Toleranz beim deutsch-britischen Flottenvertrag · Kurzwellenpeiler auch an Bord — die neue alliierte Hochfrequenzwaffe · ALBERICH: die deutsche ASDIC-Abwehr, ein vorzeitig abgebrochener Versuch · Hat der Gegner KW-Peiler an Bord — oder hat er nicht · Die Adcock-Antenne überzeugt den BdU als Hindernis, einen KW-Peiler an Bord nicht einbauen zu können · Noch 1941 war die deutsche Funkindustrie international überlegen, also auch dem Gegner · Der xB-Dienst wies den Briten bereits im Jahre 1940 Bordfunkpeiler nach — und wurde bagatellisiert · Kapitän Bonatz warnte mehrfach — und vergeblich · Britische Versuchs-Bordpeiler erstmals bei der Jagd auf die *Bismarck* · Bereits 1940/41 forderte Dönitz eine neben- und nicht übergeordnete wissenschaftliche Beratung auch auf dem Funk- und damit ebenso auf dem Hochfrequenzsektor

Wie bereits betont, ist bei den Deutschen, was den Einsatz der U-Boote angeht, das Kardinalproblem in den unendlichen Weiten des Atlantiks, das Finden der feindlichen oder im Dienst der Feinde fahrenden Schiffe, vor allem der kurz nach Kriegsbeginn befehlsmäßig initiierten Konvois. Beim Gegner, vornehmlich den Briten und später auch den US-Amerikanern, hat das Finden und das Orten der U-Boote höchste Priorität.
Für den absoluten Unterwassernahbereich hatte der Gegner lange vor dem Krieg das ASDIC entwickelt, das Allied Submarine Detection and Investigation Commitee-Gerät.[80]
Im Vertrauen auf das streng geheimgehaltene, aber nicht geheim gebliebene ASDIC glaubte die britische Marine in U-Booten keine unüberwindliche Gefahr mehr zu sehen. Übrigens ist diese Überzeugung wahrscheinlich mit ein Grund für die hinsichtlich der Zahl deutscher U-Boote auffallend toleranten Zugeständnisse beim deutsch-englischen Flottenabkommen des Jahres 1935 gewesen.[81a]

Bereits unmittelbar nach Kriegsausbruch zeigte das ASDIC in der Praxis jedoch unerwartete Schwächen.
Seine Leistung befriedigt nicht.[81b]
Erst im Verlaufe des Krieges wurden diese ASDIC bzw. SONAR verbessert und schließlich zu hochwirksamen Ortungsgeräten entwickelt. Dann aber wird es zu einer bei der Lokalisierung getauchter U-Boote gefürchteten Waffe. Deutscherseits versucht man, sich z. B. mit der »Alberich-Haut«[82] zu wehren, die, wie man glaubt, nach Experimenten hoffen zu dürfen, Strahlen von Ortungsgeräten absorbieren könnte.
Für eine Ortung im größeren Nahbereich kommen neben der optischen Sichtung und Beobachtung bei den deutschen Gegnern das RADAR (Radio Detecting and Ranging) als Parallelentwicklung des deutschen DT-Gerätes zum Einsatz. Gefährlich speziell für die U-Boote wird das bei den deutschen Stellen anfangs heftig um- und bestrittene RADAR aber erst, als es den Briten Ende 1942 gelingt, Funkmeßortungsgeräte auch für Zentimeterwellen für den Einbau in Flugzeugen zu konstruieren. Doch damit setzt sich der Verfasser noch an anderer Stelle auseinander, auch mit dem hier verhängnisvollen Irrtum der deutschen »uniformierten« Wehrtechnik.
Der Gegner setzte später übrigens auch noch ein magnetisches Ortungsgerät ein, den sogenannten MAD (magnetic anomaly detector).
Bei der ausgesprochenen Fernortung (hier besser Fernpeilung) spielen beim Gegner bald im verstärkten Maße die Funkpeilungen eine Rolle. Als sich jedoch zeigt, daß die landgestützten Funkpeiler, die vor Ausbruch des Krieges noch vermehrt aufgestellt worden waren, wegen spitzer Schnittwinkel Ungenauigkeiten und Fehler bei der Ortsbestimmung (bis über 50 sm) aufwiesen, hier also funkender deutscher U-Boote, versuchte man einerseits eine Verbesserung durch das Aufstellen weiterer Peiler, andererseits lag der Gedanke nahe, beim Kampf gegen die deutschen U-Boote Funkpeiler auch zum Einbau an Bord der Eskorter auch für den Nahbereich KW-Nahfeldpeiler zu konstruieren.
Die Funkspezialisten der deutschen Marine glaubten die diesbezüglichen Sorgen des BdU und seiner operativen Mitarbeiter wie auch der Männer an der Front zerstreuen zu können, der

Gegner könnte nicht nur die U-Boot-Funksprüche, sondern auch die Kurzsignale, vor allem die Fühlunghaltersignale, von Bord seiner Konvoischutzsicherungsschiffe peilen. Von Zerstörern, Korvetten, Sloops oder Fregatten. Beruhigend scheint es in diesem Zusammenhang wohl auch zu sein, daß sich in der Marine, wie man wenigstens dem Namen nach weiß, gleich eine ganze Kette von Dienststellen mit dem Funk- und Nachrichtenwesen befaßt. Und zwar operativ wie technisch und auch auf den Gebieten der wissenschaftlichen Forschung. Einzelheiten siehe auch Anlage 2.

Immer, wenn Funkspezialisten, insbesondere solche von der die Marine beliefernden und Funkgeräte wartenden Industrie in die Befehlsstelle des BdU nach Kernevel bei Lorient kommen, entwickeln sich, mehr oder weniger inoffiziell, Diskussionen über den »Krieg im Äther«, ein Begriff, der bei den deutschen Führungsstellen erst langsam in seiner gesamten Tragweite und Breite zur Kenntnis genommen und verstanden wird. Dieser »Krieg im Äther« bezieht sich im passiven Bereich unter dem Sammelbegriff FUNKAUFKLÄRUNG auf alle Arten von Funksignalen, deren Nutzung, deren Störung und deren Abwehr. Diese Funkaufklärung ist in drei Kategorien zu unterteilen, nämlich in

1. **Die Funknachrichten-Beobachtung,** zu der zu zählen sind
1.1 der Nachrichten-Verkehr,
1.2 die Rundfunksendungen,
1.3 der Agentenverkehr und
1.4 usw.

2. **Die Funkmeßbeobachtung,** hier
2.1 die zur Zeit erst in Deutschland in der Entwicklung befindliche Ortung feindlicher Funkmeß- (das heißt Radar-) Strahlen.[83]
2.2 die Funknavigation,
2.3 die Funklenkung, die heute bei den Flugkörpergeschossen eine so eminente Bedeutung hat und die bis in die Zeit vor dem Ersten Weltkrieg hineinreicht.[84]
2.4 usf.

3. **Die Funkspruchbeobachtung** mit
3.1 dem Erfassen feindlicher oder anderer fremder FTs, also das Suchen, Horchen und Peilen,
3.2 die Funkspruch-Dekodierung,
3.3 die Auswertung, so der fremden Verkehrszeiten, der fremden Betriebszeiten, der Peilergebnisse wie vor allem die Auswertung des Inhalts offener oder dechiffrierter Funksprüche,
3.4 die taktische Deutung entschlüsselter Funksprüche,
3.5 die Zusammenarbeit mit den Feindlagen-Sachbearbeitern, das heißt die schnellstmögliche Meldung oben genannter Ergebnisse an diese.

Alle für die Funkaufklärung eingesetzten Anlagen sind im Gegensatz zum Funkmeß (= Radar) oder zur Funkmeßbeobachtung, wie bereits oben gesagt, passive Geräte, die über keine eigenen Sender verfügen. Indessen gibt es aber auch innerhalb der einzelnen Gruppen Kombinationen, so zum Beispiel läßt sich eine Peilung mit einer Entfernungsmessung auch in einem Arbeitsgang darstellen.
Was hier bei den U-Booten eben als eine der vordringlichsten Sorgen ansteht, ist die Frage nach einer Lokalisierung der U-Boote bei Abgabe von ihren für die BdU-Führung taktisch so gravierenden Fühlunghalter-(Kurz-)Signalen durch feindliche Peilsysteme.[85]
Wer auch immer an Hochfrequenzkapazitäten und anderen Funkspezialisten im BdU-Hauptquartier zu dieser Sorge ob einer Einpeilung der Kurzsignale um eine Stellungnahme gebeten wird, weist jeden Verdacht auf eine Möglichkeit weit von sich. Die meisten Herren bringen die ungeheure Bandbreite der deutschen Entwicklungen und Konstruktionen zur Sprache, die wirklich erstaunt und die auch — obschon oft des Guten zuviel getan wird — belegt, daß die deutsche Funkindustrie im Bereich der passiven wie auch der aktiven Geräte eine führende Rolle spielt, auf dem Gebiet der Funkpeilung mindestens seit dem Jahre 1925.
»Daran hat sich bis heute nichts geändert«, so wird 1941 mit der Geste durchaus berechtigten Selbstbewußtseins der eigenen Leistung noch versichert.
Noch, wie angedeutet, denn auch nach [47] kann die deutsche

Industrie nach wie vor Funkgeräte aller Art liefern, die besonders im Hinblick auf die erzielten Daten, auf die Betriebssicherheit, auf die mechanische Konstruktion und die leichte Wartbarkeit, ausländischen Fabrikaten weit überlegen sind.
»Wir haben auch«, so die Experten einmütig, »das von dem Briten Watson-Watt[86] in den Jahren 1925 und 1926 erstmalig versuchte Peilprinzip mit Peilanzeigen auf einer Kathodenröhre mit elektrischer Ablenkung keineswegs übersehen und unsererseits Konstruktionen eingeleitet, deren Serienreife aber noch aussteht. Es ist auch hier wie bei einem Apfel am Baum, der erst als gereift bezeichnet werden kann, wenn die Kerne braun gefärbt und erhärtet sind.
Wir haben ebenfalls sofort reagiert, als der Engländer Adcock Ende des Ersten Weltkrieges seine ›Adcock‹-Antennen vorstellte, die dann zu einem ganzen Komplex von ›Adcock‹-Peilanlagen führten ...«
Der Industriewissenschaftler spricht nach Hinweisen auf die deutsche NVA-Entwicklung von »nachteffektfreien Peilungen, da dieses ›Adcock‹-Peilsystem auf die horizontal polarisierte Feldkomponente nicht anspricht«. Er erklärt auch die für funktechnische Laien fachchinesischen Begriffe, das heißt, er versucht es zumindest: »Unter solchen nachteffektfreien Peilungen ist die Bestimmung der Einfallsrichtung einer elektromagnetischen Welle an einem Peilort unter Ausschaltung von durch den Dämmerungseffekt verursachten Fehlern beim Peilen zu verstehen. Beim drahtlosen Peilen treten nämlich in der Nacht oder in der Dämmerung Peilfehler dadurch auf, daß die Raumwelle eines Mittel- oder Langwellensenders am Empfangsort besonders stark auftritt. Bei der Reflektion der Raumwelle an der Ionosphäre kommen Polarisationsänderungen der Welle zustande, die beim Verwenden einer einfachen Rahmenantenne Peilfehler hervorrufen. ›Adcock‹-Antennen (oder Doppelrahmen) sprechen auf die falsch polarisierte Komponente nicht an oder kompensieren sie ...«
Meist ist die Antwort auf solcherart verwobene Wissenschaften, oft nur in Akronymen ausgedrückt, kapitulierendes Schweigen bei den funktechnischen Laien, gleichbedeutend mit stummer Zustimmung. Klarer wird die Aussage erst wieder, wenn dargestellt wird, was die U-Boot-Männer direkt angeht: »Dieses ›Ad-

cock‹-Antennensystem, mit dem wir auch, wenn wir erst die vorgesehenen Sichtpeiler entwickelt haben, Kurzsignale einpeilen werden, kann wegen seines Umfangs auf Schiffen überhaupt nicht installiert werden. Auf einem Schlachtschiff vielleicht, aber auch nur theoretisch. Auf keinen Fall auf einem der die U-Boote bedrohenden Eskorter in Gestalt der Zerstörer, Fregatten, Korvetten oder Sloops.«[87]

Kurzum und summa summarum: Was — einige Ausnahmen ausgenommen — die Fachkräfte bei der Kriegsmarine und der Fachindustrie im Hinblick auf ein auf die KW-Frequenzen der deutschen U-Boote einzustellendes Peilgerät bestreiten, wird der Gegner schon in Kürze dennoch möglich machen. Darüber später mehr. Soviel nur in diesem Zusammenhang der oben zitierten (vom Schwierigkeitsgrad her noch harmlosen) Fachaussagen: In einer angesehenen maritimen Fachzeitschrift war im Zusammenhang mit den verschiedenen technischen Krisen der U-Boote von einem namhaften U-Boot-Kommandanten die Rede davon: Es habe eben bei der verblichenen deutschen Kriegsmarine an einer wissenschaftlichen Ausbildung der U-Boot-Offiziere, also der Marineoffiziere schlechthin, gemangelt. Dieser retrospektiven Anregung kann der Autor nicht folgen, schließlich hatten die truppendienstlichen Führungskräfte der Marine auf dem nautischen Sektor neben ihren navigatorischen und artilleristischen wissenschaftlichen Fundamenten und ihren Führungsqualifikationen ein so komplexes Aufgabengebiet zu bestreiten (von der hohen Verantwortung für die ihnen anvertrauten Soldaten ganz abgesehen), daß sie unmöglich noch mit zusätzlichen wissenschaftlichen Problemen und Funktionen, etwa der verschiedenen Schiffsbetriebstechniken oder (auch nur als Beispiel) gar der Hochfrequenztechnik »vollgepumpt« werden konnten, ohne das eine oder andere nur noch halb oder halbherzig zu tun bzw. zu beherrschen, womöglich alles insgesamt.[88]

Wohl aber läßt sich ein erschreckender Mangel — und das sei der weiteren Untersuchung und einem Abschlußresümee über die Krisen der U-Boote vorweggenommen — der Koordination wenigstens der Basiswerte nachweisen, unzulängliches, das heißt nicht genügend vertieftes Verständnis der einen gegenüber der anderen Gruppe, der reinen Seeoffiziere gegenüber den Technikern, auch wenn sich hier im Laufe der letzten Jahrzehnte wenigstens im Hinblick auf die gesellschaftliche Einordnung und Zuordnung vieles zum Guten, zum Besseren gewandelt hatte. Was fehlte, war eine Dienstvorschrift zur Belehrung über die Funktionen solcher Geräte, auch und insbesondere seitens der Industrie. Hätte es eine solche Weisung gegeben, hätte Generaladmiral Schniewind[89] dem Autor nicht eingestehen müssen, was er diesem gegenüber bei einem Gespräch über die Unternehmung Schlachtschiff *Bismarck/Prinz Eugen* so freimütig souverän hinsichtlich des Dopplereffektes des FuMO bekannte: »Ich und die anderen Seeoffiziere haben von solchen Funktionen nichts gewußt, diese Wissenschaft ist uns nicht unter die Haut gekommen.«[90/90a]

Doch zurück zu den Peilgeräten, insbesondere auf die Frage, ob der Gegner (bereits) zu dieser Zeit, nämlich 1940/41, ein Peilgerät für Kurzsignale an Bord seiner Eskorter hat oder nicht, eine Frage, die, wie bereits gesagt, von den deutschen Experten kategorisch verneint oder als noch verfrüht bezeichnet wird, Ausnahmen ausgenommen.

Einige dieser kritisch analysierenden Ausnahmen war auch der Chef der Abteilung Funkaufklärung im OKM (Skl Chef MND III), Kapitän zur See Heinz Bonatz (Crew IV/15)[91], eine andere Ausnahme bereits auch sein Vorgänger. Laut KTB hatte Bonatz bereits am 7. Januar 1941 in einem gKdos-[92]Fernschreiben einem Asto[93] den Hinweis gegeben, »daß die Engländer dem deutschen Entwicklungsstand im Peilwesen gegenüber wahrscheinlich **sehr** überlegen sind, da sich KW-Peilgeräte bereits an Bord britischer Kriegsschiffe befinden«. Das wies auch eine deutsche Funkaufklärung des xB-Dienstes vom September 1940 aus, nach der laut Funkspruchtext ein Kurzsignal von *U 60* genau eingepeilt worden sein mußte. Das war immerhin eine revolutionäre Erkenntnis. Ergo entweder Kurzsignal = FT oder Peilzeichen, siehe auch Anmerkung.[72a] Grundsätzlich möglich war es natürlich, nach dem Signal auch Peilzeichen zu geben, doch dann hatte der Feind das Einpeilen noch leichter. »Auch sonst«, so Bonatz in [26], »wurde in den xB-Meldungen der deutschen Funkaufklärung das Vorhandensein von KW-Peilern gemeldet — und offenkundig von den maßgeblichen Stellen, der BdU ausgenommen, nicht ernst oder nicht ernst genug genommen. Manchen erschien die Funkaufklärung ohnehin ein etwas dubiöses Geschäft, anderen als eine Quelle nicht beweisbarer und in vielem nicht objektiv fehlerfreier Ergebnisse ...«

Fest steht, daß der Chef der britischen Home Fleet im Jahre 1941, Admiral Sir John Tovey, anläßlich der Jagd auf das Schlachtschiff *Bismarck*, die im großen Stil nach der Vernichtung des britischen Schlachtkreuzers *Hood* am 24. Mai 1941 eingeleitet wurde, zwei Zerstörer einsetzte, die (versuchsweise?) kurz vorher mit »neuartigen« Bord-Funkpeilern ausgerüstet worden waren. Allerdings konnten diese Anlagen nicht wirksam genutzt werden, da die beiden Zerstörer vom akuten Jagdgebiet nach der nach Brest ablaufenden und auf diesem Wege am 26. Mai in Höhe der Ruderanlage torpedierten und daher ab nun manövrierbehinderten *Bismarck* zu weit abstanden [3].

Der Autor weiß von einigen Sachkennern, so von Kapitän zur See a. D. Hans Meckel, damals 4. Asto im BdU-Stab, daß sich der BdU, Admiral Karl Dönitz, mit den simplifizierten Auskünften der berufsmäßig befaßten Funkexperten nicht zufriedengab und daß er immer wieder im engeren Kreise und auch vor der Führungsspitze der Kriegsmarine eine nebengeordnete Beratung und Überwachung durch hochqualifizierte Wissenschaftler auf den Gebieten der Funk- und damit auch der Hochfrequenztechnik forderte. Auch ein scharfbegründeter schriftlicher Antrag, den er diesen mündlich vorgetragenen Forderungen im Jahre 1942 folgen ließ, führte beim OKM zu keiner Einsicht und damit zu keinem Ergebnis.

Die Tatsache, daß um diese Zeit alle Forschungsvorhaben, die nicht binnen eines Jahres zum Erfolg führen könnten, auf Befehl der obersten Führung gestrichen werden mußten, ist keine Erklärung, denn schließlich setzte sich die Luftwaffe über solche Einschränkungen hinweg, was dieser mit Göring[94a] in seiner gleichzeitigen Eigenschaft als Vorsitzender des Reichsverteidigungsrates nicht schwer fiel. Mehr noch: in der Luftwaffe wurden die auch von Dönitz geforderten Verfahren und Institutionen zum Beispiel amtlich im FTU realisiert, einer Art Brain-Trust System, oder besser, Ähnlichem, was die Briten später, 1942, mit eiserner Konsequenz auf breitester Ebene realisierten: mit der

Operations Research
(über die noch Details zu sagen sind).

General Martini, dessen 1939er Frühversuche, die Radarkette an den Küsten der britischen Insel gelegentlich der Zeppelinfahrten zu orten, wie berichtet, keinen befriedigenden Erfolg hatten, erweiterte nach [51] den Funkaufklärungsdienst durch einen eigenen Funkmeßbeobachtungsdienst (FuMB-Dienst), um über alle neuen gegnerischen Aktivitäten auf dem Funksektor unterrichtet zu sein und um notfalls sofort Gegenmaßnahmen einleiten zu können. Sollten, das ist die unzweideutige Regieanweisung, die Ergebnisse des FuMB-Dienstes keine Erklärung über den Verwendungszweck neu erfaßter Signale erlauben, »werden sie einer speziell eingerichteten wissenschaftlichen Kommission vorgelegt«. Diese Kommission setzt sich zusammen aus:

FuMB-Dienst-Experten,
Wissenschaftlern der Abteilungen Entwicklung und Formung im Reichsluftfahrtministerium und
entsprechend ausgewählten Entwicklungschefs der Funkindustrie.

Fritz Trenkle: »Zusammen mit Gefangenenaussagen und der Auswertung erbeuteter Geräte gelang es so meist, in relativ kurzer Zeit ein richtiges Bild des neuen gegnerischen Verfahrens zu gewinnen ...«
Als dann im April 1940 britische Kenngeräte vom Typ »R 3000« erbeutet, rekonstruiert und in Betrieb genommen werden können, entsteht in Deutschland zunächst das »Untersuchungskommando R 3000«. Dieses wird dann später umbenannt in das »Funktechnische Untersuchungskommando = FTU/LC 4«. Dieser Neugründung gehören an Experten aus

dem RLM,
der DLV und
dem Heereswaffenamt, später auch aus
dem Flugforschungsamt in Oberpfaffenhofen und aus
der sachbezogenen Industrie.

Auch das Reichspost-Zentralamt (RPZ) schaltet sich im Wege der Amtshilfe ein. Nicht engagiert scheint, ist oder wird nach [51] die deutsche Kriegsmarine mit ihren Erfahrungen, ihren »eingefahrenen Institutionen« und ihrem Fachpersonal.
Warum das nicht geschah, ist eine Untersuchung wert.

Aufgabe des FTU ist es, die Radar- und Kenntechnik der britischen Jägerführung (insbesondere auch das britische Funksprech-Führungssystem »pip squeak«) zu erforschen, wobei zunächst nur behelfsmäßige Peilgeräte Verwendung finden können. Eine Jägerführung nach britischem Muster wird von der deutschen Luftwaffe als »unzumutbar« bezeichnet, Einzelheiten dazu, siehe Trenkle [51]. Zum anderen wird die britische Küstenradarkette CH (= Chaine Home) durch an die besetzte Kanalküste entsandte und aufgebaute Impulsmeßtrupps des RPZ bald erfaßt »... und in einem umfassenden Bericht dem Oberbefehlshaber der Luftwaffe gemeldet und dargestellt«. Die Folgen sind: Die deutschen Flugzeuge erhalten Befehl, diese Radarkeulen im Tiefflug direkt über dem Wasser zu unterfliegen, Störsender werden entwickelt und die Zerstörung der Küstenradarstationen durch Bombenangriffe und Schiffsartilleriebeschuß wird vorgesehen.

Was nun hinsichtlich des Engagements der Kriegsmarine geschah, ist zumindest bei Trenkle nicht nachzulesen. Und nachdenklich stimmt doch auch, daß offenkundig nur der Oberbefehlshaber der Luftwaffe Details über die entschleierte Chaine Home erhalten hat, obwohl dieses System doch auch die Kriegsmarine anging, sehr sogar ... die minenlegenden Zerstörer wie auch die unter den britischen Küsten nachts aufgetaucht operierenden U-Boote. Und jene Kräfte, die nach Görings Vorstellungen[94a] die britischen Küstenradarstationen beschießen sollen.

Zur gleichen Zeit, als die Kriegsmarine ihre FuMB-Station[94b] bei Boulogne aufbaut, richtet das RPZ im Juli und August 1940 zwischen Den Helder und Cap de la Hague eine Anzahl ortsfester FuMB-Peilstationen bis zu 300 MHz ein. Dabei werden neben sogenannten »Turmanlagen« des Gegners und mobilen Landstationen erstmalig Versuchssendungen für das indessen erst 1942 wirksame Hyperbelnavigationsverfahren GEE entdeckt (dem 1941 das in den USA entwickelte Impulsverfahren LORAN [Long-Range-Navigation] für die Verwendung auf Schiffen und in Flugzeugen über See nebenzuordnen ist und dessen Genauigkeit bei Entfernungen bis max. 1600 km zwischen ±0,4 und ±4 km liegt, dem deutschen INGOLSTADT-Verfahren vergleichbar).

Während das FTU, dank der weitreichenden Vollmachten Görings, 1942 sogar noch ausgebaut und verstärkt und auch zur Verbindungsaufnahme zu allen Nachrichteneinheiten der Luftwaffe weiter aufgebaut werden wird, wird das Sonderkommando des RPZ zunächst der Luftflotte 2 unterstellt und danach dem Luftwaffenregiment 3 zugeordnet bzw. eingegliedert. In Paris wird, ebenfalls erst 1942, eine Auswertezentrale eingerichtet, in der alle sachbezogenen Forschungs- und Beobachtungsergebnisse gesammelt, ausgewertet und weitergeleitet werden. Von hier werden auch die Verbindungen zu den Fachdienststellen und Befehlsstellen der anderen Wehrmachtteile, also auch der Marine gehalten. Diese ziemlich späte Zusammenarbeit (spät vor allem nach den bisherigen bemerkenswerten egozentrischen Aktivitäten der Luftwaffe und den vom Aufwand her bescheiden zu nennenden Meß- und Beobachtungsstellen der Kriegsmarine in dem vorgegebenen Raum) mag vielleicht als eine Lehre aus dem »Versagen der Horchstelle Boulogne« anzusprechen sein, die wahrscheinlich hinsichtlich des damaligen Schwerpunkts Luftwaffe gegen England eine Weitermeldung an diese Stelle als ausreichend betrachtete, selbstverständlich in der festen Überzeugung der weiteren Kontaktnahme auch mit den höheren Dienststellen der Marine durch eben die Luftwaffe.

Es ist nach so vielen Jahren und beim Fehlen so vieler deutscher Dokumente nur schwer eine definitive Klärung möglich, weshalb den zuständigen Dienststellen der Kriegsmarine die damaligen Ergebnisse einer zudem eigenen Funkmeßbeobachtungsstelle, also jener in Boulogne, nicht bekannt gemacht worden sind. Daß sie es nicht sein können, beweist das kontroverse Gespräch zwischen Hitler und dem Ende Dezember 1941 heimgekehrten Hilfskreuzerkommandanten Bernhard Rogge, dessen schriftlicher Bericht in dieser Sache dem Autor vorliegt (vgl. Kapitel 1.3). Das beweisen aber auch die genannten Recherchen, die Hitlers Marineadjutant Kapitän zur See von Puttkamer auf Hitlers Befehl nach dem Hitler-Rogge-Gespräch angestellt hat und bei denen er bei unmittelbarem Zugang zu allen Wehrmachtdienststellen eine verbindliche Auskunft eben nicht bei der Kriegsmarine, sondern von der Luftwaffe bekam, nämlich, wie schon gesagt, die Antwort: »Daß es Funkmeßgeräte auch in britischen Flugzeugen gibt, das wissen wir schon lange ...«
Den Briten ist schon lange klar, was Lt. Commander P. Kemp in

[120] sagt: »It had already become apparent that the convoi which had both air and surface escort to protect it was virtually immune from attack. The problem was to devise a method whereby aircraft could always be on hand throughout the whole of a convois Atlantic passage.« Und diese Lösung werden, wie schon gesagt, die Escort Aircraft Carriers sein.

Vom August bis Dezember 1941 sind durch britische Flugzeuge unmittelbar (bzw. in Verbindung mit Eskortern) verloren gegangen:

- *U 570* (Kapitänleutnant Hans-Joachim Rahmlow) am 27. August 1941 südlich von Island durch die Aircraft of No. 269 Squadron-Air Support optisch entdeckt, nach Fliboschäden zur Aufgabe gezwungen, aufgebracht und von dem herbeigerufenen britischen Trawler *Northern Chief* nach Thorlakshafen eingeschleppt; ab 29. September 1941 als britisches U-Boot *Graph* in Dienst.
- *U 206* (Oberleutnant z.S. Herbert Opitz) am 30. November 1941 in der Biscaya Bucht: Aircraft of No. 502 Squadron-Air Patrol; Totalverlust;
- *U 451* (Korvettenkapitän Günther Hoffman) am 21. Dezember 1941 in der Straße von Gibraltar: Aircraft of No. 812 Squadron-Air Patrol, nur 1 Mann gerettet.

In Zusammenarbeit Eskorter/Flugzeug(e) gingen verloren:

- *U 452* (Kapitänleutnant J. March) am 25. August 1941 südlich von Island durch den Trawler H.M.S. *Vascama* und eine Catalina der Squadron No. 209; Totalverlust;
- *U 131* (Fregattenkapitän Arend Baumann) am 17. Dezember im Nordatlantik durch fünf Eskorter und ein Flugzeug des Hilfsträgerschiffes H.M.S. *Audacity*, Überlebende einschließlich Kommandant, (vgl. auch Kapitel 1.5).

Dazuzurechnen ist noch das italienische U-Boot:

- *U Galileo Ferraris* am 25. Oktober 1941 im Nordatlantik durch H.M.S. *Lamerton* und Flugzeuge der Squadron No. 202.

Betrachtet man die Gesamtverlustzahl der durch britische Flugzeuge 1939 bis 1941 direkt verlorengegangenen deutschen und italienischen U-Boote, so ergeben sich diese Zahlen:

1939: deutsche: Null,
       italienische: Null
1940: deutsche: zwei *(U 31* im Jadebusen, 10. März 1940 durch britische Flibos; *U 68* am 13. April 1940 im Herjango-Fjord im Raum Narvik durch Flibos der Bordflugzeuge des britischen Schlachtschiffes *Warspite),*
       italienische: 2
1941: deutsche: 3 (+1),
       italienische: 2

Dabei wird deutlich, daß die 1941er Verluste erst ab August 1941 eintraten, die deutschen wie die italienischen, das heißt seit der Zeit, da der Gegner auch in Flugzeugen Radargeräte eingesetzt hatte. Inwieweit das britische ASV bei diesen Verlusten eine Rolle gespielt hat, ist ohne die Akten der RAF nicht zu klären, jedoch mit ziemlicher Sicherheit anzunehmen, zumindest, was die Verluste von *U 206* und *U 451* angeht.

Das aber ist erst ein Anfang. 1942 wird sich die Zahl der durch ASV bedingten Verluste durch Flugzeuge steigern, obwohl deutscherseits mit den FuMBs »Radarabwehrgeräte« entwickelt wurden, der Gegner dagegen mit immer neuen Tricks und immer neuen Techniken überrascht.

1.7 Das Kriterium der alliierten Ersatztonnage. Einfache Schiffe, aber schnell gebaute Schiffe

> Henry Kaiser und Präsident Roosevelt · Schiffe vom Fließband · Vierzehn Tage von der Kiellegung bis zum Stapellauf · Die größeren Personal- und Rohstoffreserven der USA und die praktische Wertanalyse als modernstes System · Neubauten mit dem verpflichtenden Namer LIBERTY · Der erste Kontrakt über (zunächst) 60 »emergency-ships« mit Dampfmaschinen · 5847 Handelsschiffe mit 57 205 407 tdw in den USA bis Kriegsende produziert, ein Drittel der Welttonnage des Jahres 1939

Auch die nachstehend behandelte Evolution fällt in die stille, mehr oder weniger unbemerkte Vorkrise für die deutschen U-Boote.
1882, genau am 9. Mai, war es, daß im amerikanischen Sprout Brool im Staate New York Henry John Kaiser geboren wurde. Dieser, ein technisch und organisatorisch begabter Mann, sah in den USA anfangs seine große Chance im Straßenbau, den die anlaufende Motorisierung begünstigte. Überleben konnte im harten Konkurrenzkampf nur, wer die Straßen schnell baute, schnell konnte nur sein, wer rationell plante und rationell arbeitete. Kaiser machte sich übrigens auch im Tiefbau nützlich...
Als im Zweiten Weltkrieg die »wolf packs« von Monat zu Monat mehr Schiffsraum »rissen« und die Gesamtzahl an abzuschreibender Tonnage in Verbindung mit Minenopfern und solchen durch Überwasserkriegsschiffe der für alle Welt aktiven und erfolgreichen kleinen (sagen wir relativ kleinen) deutschen Kriegsmarine bei strategisch und taktisch ausgewogenen wenigen Eigenverlusten über den Nachbaukapazitäten lag, gab USA-Präsident Roosevelt den Auftrag, dem Problem der Ersatzgestellung und seiner Lösung nachzugehen. Der zuständige Senator rief einen Kreis von Fachleuten zusammen, kompetente Persönlichkeiten: Admirale, Schiffbauer, Stahlproduzenten, Maschinenbauer — und Henry Kaiser. Zu Kaiser gewandt, eröffnete er

ohne lange Vorrede: »Die uns nahestehenden Briten brauchen Neubautonnage. Sie brauchen diese schnell und viel davon.«
Kaiser, über den Sinn und Zweck dieser Besprechung vorher informiert, überlegte nicht lange und sagte mit Überzeugung, aber ohne Betonung: »Ja, das läßt sich arrangieren, von der Menge her und auch, was eine so kurze wie nur irgend mögliche Bauzeit angeht. Ich kann mir unter Anwendung und Nutzung unserer im harten Konkurrenzkampf gewonnenen Fertigungsmethoden vorstellen, daß man für solche Schiffe, nennen wir sie einmal ganz unprosaisch schwimmende Transportbehälter, keine sechs, sieben und mehr Monate braucht. Es müßte am Fließband zu schaffen sein, daß ein möglichst unkompliziertes Schiff nach einem genormten System von der Kiellegung in vierzehn Tagen aufschwimmen kann. In vier Tagen — oder fünf — könnten dann die Restarbeiten an und im Schiff und die Ausrüstung zu vollenden sein. Wichtig ist nicht minder eine vereinfachte Schiffsbetriebstechnik, was wiederum eine Verminderung des technischen Schiffspersonals erlaubt.
Wenn wir den Maßstab modernster Wertanalyse anlegen, scheint mir das kein Problem.«
Der Senator zeigt auf seine Maling von einem Einschornsteinschiff. »Wo wollen Sie die vielen Leute am und im Schiff gleichzeitig arbeiten lassen? Das ist doch ein unrealisierbares Rechenexempel.«
»No, nicht so, wie Sie das meinen, aber nach einer systematischen Funktionsanalyse von Sachgütern und Diensten, um festzustellen, wie Materialeinsatz, Produkteigenschaften und Verfahren zu gestalten sind, wird man nicht nur Zeit, sondern bei ausgesucht einfachen Schiffen auch Kosten und wohl auch Material sparen. Wir nennen das System praktische Wertanalyse, das sich nicht mehr und nicht weniger als eine Art Betriebswirtschaftslehre vorstellt. Vieles am Schiff läßt sich an Land vor Ort oder auch anderswo vorfabrizieren, so daß man es auf der Helling nur anzusetzen und zu verschweißen braucht.
Alles kein Problem.«
Der Senator und sein Kreis glaubten Henry Kaiser, so überzeugend gab er sich ... Auch über den Typnamen ist man sich schnell einig. Die Neubauten sollen »Liberty«-Schiffe oder Emergency Ships (EC-ships) heißen.

Eine britische Kommission hatte nach Kriegsausbruch in den USA einen Kontrakt für (zunächst) sechzig 134,00 m lange, 7176 BRT/10 490 tdw große *Oceans* genannte Schiffe mit konservativen Kolbendampfmaschinen und konventioneller Kohlenfeuerung für die Dampferzeugung ausgehandelt und dabei betont, es sollten Schiffe ohne jeden Komfort sein, so einfach, so primitiv, wie es nur zu verantworten ist.
Kurze Zeit später haben dann amerikanische Schiffbauer unter Henry Kaisers Regie diesen Grundtyp nach den amerikanischen Vorstellungen für ein »Kriegs-Handels-Schiff« umkonstruiert. Vor allem werden diese Schiffe auf ölbeheizte Kessel umgestellt. Das Programm für die »emergency-ships« wird im April 1941 vom Leiter der US-Schiffahrtsbehörde Admiral Land im Einverständnis mit dem Vorsitzenden des Generalausschusses der britischen Schiffahrt, J.R. Hobhouse, verabschiedet, gleichzeitig wird der Kiel für den ersten EC-2 Frachter, für die *Patrick Henry* gelegt.
Ende 1942 bewegen sich die Neubauablieferungen in den USA laut Admiral Land bei vier Schiffen täglich, was Land mit der Prognose kommentiert: »Ich hoffe, daß sich die augenblicklichen Ablieferungen ab Mai 1943 auf fünf täglich erhöhen lassen. Vorbedingung ist zur Erfüllung des Schiffbauprogramms von 18 bis 19 Millionen tdw gleich 13 Millionen BRT für das Jahr 1943 die genügende Stahllieferung ...«
Die deutsche Nachrichtenauswertung beim OKM, die 3. Skl, die auch für das Generalreferat »Fremde Marinen« verantwortlich zeichnet, begegnet diesen Bauprogrammangaben, die auch Churchill in seiner Unterhausrede vom 11. Februar 1943 übernahm, mit einem hier ungesunden Mißtrauen [52]: »Dies ist das bereits bekannte Programm. Nach dem heutigen Werftbestand können nach diesseitiger Ansicht nur etwa 8 bis 9 Millionen BRT gebaut werden; dazu Großbritannien etwa 1,5 Mio BRT und Kanada etwa 0,7 Mio BRT.«
Auch der von Admiral Land genannten täglichen Neubauzahl von vier Schiffen widerspricht die 3. Skl distanziert sachlich und nüchtern [52, S. 3]: »Zur Zeit werden in den USA täglich etwa 3 Überseeschiffe fertiggestellt. Die angekündigte Erhöhung auf 4 im Januar hat sich nicht nachweisen lassen. Eine Erhöhung auf 5 ab Mai 1943 ist zunächst ein Wunschziel, das eine erhebli-

che Vermehrung der Hellinge, Verbesserung der Werften und der Materiallieferungen sowie des Bautempos voraussetzt.« Es fragt sich eben, was hier unter »Bautempo« verstanden wird, eine manuelle Aktivierung der Werftarbeiter etwa im Akkordlohntempo oder aber eine Vereinfachung der Baumethoden durch Vorfabrikationen und Sektionsbau, wie bereits dargestellt. Das jedenfalls geht aus der »Skl-Voraussetzung« nicht hervor. Auch, daß die Werftarbeiter 48 Stunden in der Woche arbeiten (womöglich rund um die Uhr), statt, wie in den USA üblich, nur 44.
Jedenfalls ist Ende 1942[94c] das an sich bereits ab 1939 laufende USA-Schiffbauprogramm laut Gesetz auf etwa das Doppelte erhöht worden und soll 1943 nach Admiral Land [52] jährlich auf 1600 bis 1800 Schiffe mit über 19 Mio tdw gebracht werden. Dem Ablauf dieser Untersuchung sei hier vorausgeschickt: Bis zum Kriegsende bauen die USA insgesamt 5847 Handelsschiffe mit 57 205 407 tdw. Diese Zahl entspricht mehr als einem Drittel der Welttonnage bei Beginn des Zweiten Weltkrieges. »Mass production of ships, the coming of age of welded steel as a hull material, standardization of maschinery components and plants, and the many special-purpose ships and craft were developed during the war left an important heritage in design and construction.« [22]
Inwieweit die britisch-amerikanischen Neubaupläne in Deutschland bei den zuständigen Stellen bekannt geworden und beobachtet worden sind, soll hier nicht untersucht werden. Wohl aber ist in den Führerkonferenzen für den 13. Februar 1942 nachzulesen: »Der U-Bootkrieg zeitigt gute Erfolge. Churchills größte Sorge ist die Handelsschifftonnage. England und die USA bauen im Jahre 1942 7 000 000 BRT Handelsschiffsraum[95], was bedeutet, daß Deutschland und Japan (inzwischen ist ja Krieg zwischen Japan und den USA und damit auch zwischen den USA und Deutschland ausgebrochen) monatlich 600 000 BRT versenken müßten, um diese Zunahme auszugleichen. Dies dürfte möglich sein, da der japanische Seekrieg im Indischen Ozean angelaufen ist.«[95a]
Dagegen steht der Zugang an neuen U-Booten, um dem Zugang an neuer Handelsschifftonnage beim Gegner zu begegnen und ihn zu schwächen. Hier heißt es in derselben Führerkonfe-

renz: »Der monatliche Zugang von 19 bis 20 U-Boot-Neubauten ist nicht erreicht worden, da viele Arbeiter Waffendienste leisten. So sind nur 16 bis 17 Boote erreicht worden ...«
Der Gegner, mit dem sich die tapferen Besatzungen der deutschen U-Boote herumzuschlagen haben, ist britisch erzogen, britisch geschult, er ist das Produkt jahrhundertelanger Seefahrttradition, tausendfach erprobt im Kampf mit dem Meer und hier auch erfahren in der überseeischen Versorgung der an Rohstoffen armen heimatlichen Insel, aber auch mit der Heimat Feinde auf den Meeren der Welt. Dieser Gegner ist nicht nur ein see-erfahrener Kontrahent, dieser Gegner — und darüber sind sich Raeder und Dönitz von Anbeginn einig — ist ein großer und harter und zäher Gegner, der nicht einfach in Zahlen der bei Kriegseintritt vorhandenen Handelsschiffe und Kriegsschiffe sowie deren Panzerungen und Kanonen und der durch zahllose Stützpunkte auf allen Meeren taktischen günstigsten Beweglichkeiten zu bewerten ist. Dieser Gegner ist und bleibt britisch, auch in aussichtslos scheinenden Situationen, ab 1940/1941 vor allem, als die Verluste an Tonnage und Eskortern den Kulminationspunkt der absoluten Belastungsgrenze überschreiten. Churchill macht keinen Hehl aus der Bedrohung, aber er weckt fanatischen Widerstand und mobilisiert notgesteuerte Kräfte und Reserven und alle britischen Freunde in der Welt. Die in den USA vor allem.
Die TIMES formuliert die Sorge als Antwort auf u-bootbezogene Ausführungen so: »Jedes Versagen im Kampf gegen die U-Boote oder jedes Nachlassen in seiner Wirksamkeit könnte (und wird) das gesamte Gebäude alliierter Kriegsanstrengungen zum Einsturz bringen. Der U-Boot-Krieg ist der Versuch, England einer Blockade auszusetzen, die zermalmende Folgen der gesamten alliierten Kriegsanstrengungen haben wird.« [53]
1942 werden die alliierten Anstrengungen von Erfolg gekrönt: ab Juli überschreitet die Anzahl der Frachtschiffneubauten die der Verluste.

1.8 Der Fall *U 110*

> Die Kaperung des deutschen U-Bootes *U 110* bei Operationen gegen den Konvoi O.B. 318 · *U 110* durch Wasserbomben zum Auftauchen gezwungen · Nach Selbstversenkungsmaßnahmen und Aussteigen der Besatzung unter Feindbeschuß durch das Prisenkommando des Zerstörers *Bulldog* geentert · Das nach wie vor mysteriöse Schicksal des *U 110*-Kommandanten Kapitänleutnant Fritz-Julius Lemp · Getötet oder ertrunken beim Zurückschwimmen zum nichtsinkenden *U 110*? · Addy Schnee dazu · Heutige Erkenntnisse: Fritz-Julius Lemp wurde, im Wasser schwimmend, wehrlos erschossen · Kapitän z.S. K.-F. Merten: »Das war Mord«

Blenden wir zurück auf den britischen Kräfteansatz, um in den Besitz der deutschen Schlüsselmaschine »M« zu kommen, möglichst auch in den Besitz dazugehöriger Schlüsselmittel und auf den im Zusammenhang mit diesen Schlüsselmitteln stehenden Tagesschlüssel. Nicht minder wichtig war für die Briten auch die deutsche Quadratkarte, das um so mehr, als die Quadratangaben auf Skl-Befehl sicherheitshalber in bestimmten Abständen verschoben wurden.

Das alles hier im Zusammenhang mit *U 110*, das am 15. April 1941, 19.30 Uhr, aus Lorient zur Feindfahrt ausgelaufen und zunächst zusammen mit *U 75* in 100 sm breiten Angriffsräumen der Quadrate von AL 52 nach AM 71 angesetzt worden war. Als am 24. April eine Rauchfahne gesichtet wird, ist die sich über die Kimm heraufschiebende Sichtung der französische Erzdampfer *André Moyrand*. Er wird, da nach England bestimmt, in der Nacht versenkt (2471 BRT).[95b]

Am 28. April verspricht eine neue Rauchfahne wieder einen Erfolg. Laut (rekonstruiertem) KTB: Bei Nacht schiebt sich das Ziel als hellerleuchteter Fischdampfer im Blockadegebiet aus der Kimm heraus. Einzelschuß (Fehlschuß). Abgelaufen.

Der 2. Mai 1941:

Kapitänleutnant Fritz-Julius Lemp, Kommandant vom Typ IX B-Boot *U 110* — seit dem 14. August 1940 für seine außergewöhnlichen Leistungen Träger des Ritterkreuzes des Eisernen Kreuzes — reicht die Funkkladde seinem Oberfunkmaaten zurück, die dieser ihm an die Koje in seinem spartanisch eingerichteten »Kommandantenraum« zugereicht hatte. Zwar war sich der »Funkenpuster« von vornherein darüber klar, daß es Unsinn sei, den Alten in seiner wahrlich wohlverdienten und auch im Interesse aller notwendigen Ruhe mit diesen letzten FTs zu »bejemmen«, FTs über einen von einer *FW 200* südwestlich der Faröer entdeckten Konvoi, den weder die vom BdU sofort angesetzten U-Boote *U 123, U 95* und *U 96* noch die zusätzlich auf die gemeldete Position entsandten drei *FWs 200* fanden. Das jedenfalls sagten die Funksprüche aus.

Aber es ist Lemps Maxime:

»Gerade solche Sprüche, die unwichtig scheinen, können Alarmlagen auslösen.« Diese hier sind allenfalls ein Ärgernis, was Lemp veranlaßt, mehr zu sich als zu dem Obermaaten gewandt zu knurren: »Da haben die Kavaliere von der fliegenden Elite nun mal das berühmte blinde Huhn in ihren Reihen, das gleich eine ganze Handvoll Saatkörner gefunden hat, und nun ist die hinausposaunte Sichtung weggewischt wie Kuchenkrümel durch den Messesteward von der Back. Von einem Lloydsteward der First Class, so gründlich.«

Und nach einer Atempause fügt er mit verhaltenem Zorn in der Stimme hinzu: »Auf den Mond schießen sollte man den Dikken.«[96a]

Der Oberfunkmaat zögert, ehe er sich durch den Faltenwurf des schweren grünen Vorhangs zurückwindet, der den Kommandantenraum vom Mittelgang trennt. Und da Funker von jeher eine tabuisierte Vertrauensstellung zum Kommandanten haben, sagt er, was ihn zu dieser erneuten Fehlleistung der ozeanischen Luftwaffe als Aufklärer für die U-Boote bewegt: »Hatte Hitler nicht gesagt, ein europäischer Krieg wird verheerend, zumal wegen der Luftwaffe?«

»Woher haben Sie denn diese fliegerblaue Weisheit?«

»Aus dem VauBe, aus dem Völkischen Beobachter, damals, 1935, als der britische Außenminister mit Hitler sprach.«

»Mann, Sie haben ja nen Kopp wie'n Poller an der Bremerhavner Columbuskaje. Sie meinen John A. Simon. Richtig, der ist ja auch in unserer Ka Em[96b] so unbekannt nicht.[97] Aber das ist

Hitlers Vision von der Luftwaffe, die sich am Ende verheerend auswirken wird ... Für uns nämlich, ja für uns, vor allem und gerade für die U-Bootwaffe.«
»Aber, Herr Kaleunt, umgekehrt. Wir sind führend in der Luft ... im Flugzeugbau ...«
»Seien Sie so liebenswürdig und sagen Sie das hier an Bord nicht noch mal, schon gar nicht nach solchen Fehlleistungen der *FW 200*. Gute Nacht, im doppelten Sinne.« Hinter dem Obermaat fällt der Faltenvorhang sanft zusammen. »Im doppelten Sinne?« grübelt der Funker und klemmt sich wieder in sein handtuchgroßes Funkschapp.
Lemp dagegen, der vor dem Kriege viel Schriftwechsel mit amerikanischen Freunden hatte, liegt noch lange wach auf seiner schmalen Koje. Er hat viel zu viel über die unkonventionellen, unbürokratischen Fertigungspraktiken der Amis gelesen. Wenn diese Amerikaner erst einmal ernsthaft eingreifen, wenn die auf den Knopf ihrer Fließbandindustrie drücken, dann werden sie Flugzeuge in Serien bauen, genau dem vorbestimmten Zweck angepaßt, von den Konstrukteuren maßgeschneidert, mit ausgewanderten und emigrierten deutschen Ingenieuren und Wissenschaftlern darunter. Und ungestört. Ohne Luftwarnung, ohne Bombendrohungen aus fliegenden Verbänden, ohne Rohstoffsorgen und ohne personelle Probleme ... Eine schreckliche Vision tut sich vor dem geistigen Auge Lemps auf: Kein U-Boot wird mehr auftauchen können, ohne von diesen Bienen gesichtet worden zu sein, von neuen Flugzeugen mit großer Reichweite oder flächendeckend über andere Methoden, etwa mit Hilfe von Hilfsflugzeugträgern, am Fließband zusammengeschustert, weil sie nur den Krieg zu überstehen brauchen. Irgendwo müßte man solche ahnungsschweren Drohungen niederschreiben und
warnen,
warnen,
warnen.
Doch die Gedanken schlagen dieses Blatt um. Nun warnen sie Lemp: »Wer Wahrheiten verkündet, ehe sie mindestens von einigen Verantwortlichen empfunden werden, macht sich schuldig.«
Zumindest unbeliebt.
Das ist es.

Was Wahrheiten angeht, so hat der am 9. Dezember 1913 im damals kolonialdeutschen Tsingtau geborene Fritz-Julius Lemp seine eigenen Erfahrungen. Die *Athenia* war kein Irrtum, für ihn war sie das erste im Kriege torpedierte Schiff, ein außerhalb der normalen Routen stehendes, kriegsmäßig abgedunkeltes Passagierschiff und damit für ihn ein britischer Hilfskreuzer (oder Truppentransporter). Unstrittig, auch vor dem Internationalen Recht.

Und dennoch entfernte Berlin unverständlicherweise die diesen Passagierliner angehende Seite aus dem *U 30*-KTB.[98]

Auf allerhöchsten Befehl.

Kurzum, der südlich der Färöer gesichtete auslaufende Konvoi bleibt wie von Geisterhand weggewischt. Leere, langdünende See, wo die Schiffe des Konvois laut Positionsmeldung schwimmen müßten.

Der BdU fragt am 3. Mai *U 110:* »Melden durch Kurzsignal ja oder nein, ob Angriffsraum für günstig gehalten wird oder nicht.«

U 110 an BdU: Kurzsignal: »Nein.«

FT an *U 110* vom BdU: »Als Angriffsraum Nord-Südstreifen in Höhe Quadrat AL 26 nördlich 56 Grad besetzen.«

An diesem 3. Mai bekommt *U 143* die Mastspitzen eines südlich der Färöer südgehenden Konvois in Sicht. Der Kommandant meldet, und mit *U 143* versucht nun auch *U 141* an den Geleitzug heranzukommen. Den gleichfalls alarmierten *FWs 200* glückt es nicht, den Konvoi wiederzufinden.

Welch eine Betriebsamkeit die Briten entwickeln (müssen), um die militärische und zivile Versorgung des Inselreichs sicherzustellen, beweist, daß *U 96* am 4. und 5. Mai an einem einlaufenden Konvoi Fühlung hält und diesen laufend meldet. Doch kommen weder weitere Boote, noch die wieder alarmierten Fernbomber heran. Die *FWs 200* finden auch diesen Geleitzug nicht, trotz der genauen Positionsangaben durch *U 96*, trotz des großen Aktionsradius und der großen Sichtweiten aus den Flugzeugen. Höchstens eines bleibt noch zu vermerken: Der Gegner leitet jetzt, in den immer kürzer werdenden Nächten, die Geleitzüge so nahe wie nur möglich, am »Flugzeugträger Island« vorbei, um hier »... to gain the full possible air and surface protection« [2]. Diese Maßnahmen haben aus britischer Sicht den

Vorteil, daß den U-Booten für ihre so gefährlichen Nachtangriffe relativ wenig Zeit verbleibt. »These measures put a temporary stop to night attacks by U-boats, since our patrolling aircraft prevented them chasing and shadowing the convoys on the surface by day in order to close in and attack after dark ...«[99]

Am 6. Mai entschließt sich der BdU, auf eine direkte Zusammenarbeit mit der luftwaffeneigenen Seeaufklärung zu verzichten und eigene Wege zu gehen. Er detachiert die im nördlichen Nordatlantik im südlich von Island gelegenen Raum zwischen Nordschottland und Cape Farewell[100] operierenden U-Boote in weiter westlich, also im mittleren Atlantik gelegene Reviere — das heißt näher an den von den deutschen Führungsstellen auf 25° Westlänge fixierten Auflösungspunkt für die auf der Nordroute marschierenden Westkonvois heran.[101]

Das betrifft vor allem von den nördlich des 55° Nordbreite operierenden zehn Booten *U 93*, *U 94*, *U 97*, *U 98*, *U 201* und *U 556*. Zu diesen ist auch das aus Frankreich ausgelaufene *U 110* gestoßen, das am 3. Mai vom BdU das FT erhielt »Angriffsraum Nord-Südstreifen in Höhe Qu. AL 26 nördlich 56 Grad besetzen« und nunmehr, am 6. Mai, vom BdU das ergänzende FT bekam: »Angriffsstreifen nach Süden bis 51 Grad Nord(-breite) erweitert.«

Am gleichen 6. Mai, an dem der BdU alle im nördlichen Nordatlantik verfügbaren Boote weit nach Westen dirigiert, sichten nach Roskill [32] zwei deutsche Aufklärungsflugzeuge (je) einen nach England marschierenden Konvoi in etwa 60° Nord und 13° West. Doch ihre Ortsangaben liegen 100 sm weit auseinander, so daß, so Roskill, der Stab des BdU nicht viel damit anfangen kann. Tatsächlich müssen sie entweder den schnellen Konvoi H.X. 122 oder den langsamen Konvoi S.C. 29 oder beide irrtümlich als ein und denselben Geleitzug gesichtet haben,[102] die sich beide der schottischen Westküste näherten.

Am 7. Mai, nachmittags um 01.57, meldet *U 95* (das am 5. Mai bereits westlich der Hebriden stand [32]) einen morgens um 08.40 Uhr vor dem Nordkanal gesichteten Geleitzug. Roskill [32]: »Es war so gut wie sicher der S.C. 29«, der auch mit Rohwer/Hümmelchens Angaben zu *U 95* in [5], nicht aber mit der *FW 200*-Meldung vom 7. identisch ist (es sei, Captain Roskill irrte hier im Datum).[103] Die Fühlunghaltermeldung von

U 95 wird jedenfalls von britischen Landpeilstationen eingepeilt, und da die Peilung vierkant genau in die gleiche Richtung weist, in der zur Stunde der hier zum Thema anstehende Konvoi O.B. 318 schwimmt, kommt es seitens der Britischen Admiralität, Admiral Noble, zu einem Eingriff in den vorprogrammierten Geleitzugmarschweg des O.B. 318. Die Admiralität macht aus Sorge vor einem unmittelbar bevorstehenden U-Boot-Angriff Gebrauch von ihrer Befugnis zu unmittelbaren Anweisungen. Sie befiehlt dem Konvoikommodore und dem Chef der Escort Group eine Ausweichwendung vom Westnordwestkurs nach Steuerbord auf rechtweisenden NW-Kurs, und zwar so lange, bis die Schiffe die Position der 62° Nordbreite erreicht haben, um danach wieder mit Westkurs weiterzumarschieren. Vorerst. In Wirklichkeit stand der Konvoi O.B. 318 aber mit 325 sm viel zu weit von *U 95* ab, um von diesem Boot akut bedroht zu sein. Und der von den Briten eingepeilte Fühlunghalterfunkspruch betraf, wie schon gesagt, einen der beiden heimkehrenden Konvois, die auf Südostkurs in Richtung Nordkanal lagen. Roskill in [32]: »Hätte die Admiralität das Fühlunghalter-FT entziffern können, hätte sich der Irrtum aufgeklärt, da der Kommandant von *U 95* (Kapitänleutnant Schreiber) einen Konvoi mit Südostkurs gemeldet hatte.« Die schnelle (falsche) Reaktion der Britischen Admiralität beweist, daß die Entschlüsselungsexperten in B.P. quasi noch im Trüben oder mit erheblichen Verzögerungen fischten, denn sonst hätte die Admiralität nicht in das vorprogrammierte Marschwegsystem des O.B. 318-Kommodore eingegriffen. Um wieviel schwerer wiegt daher, was die Dekodierung deutscher U-Boot-Funksprüche angeht, das folgenschwere Pech, das *U 110* zwei Tage später unter seinem so erfahrenen und frontbewährten Kommandanten Fritz-Julius Lemp widerfahren wird.

Doch auch den Briten ist Fortuna nicht gesonnen. Die Mißdeutung — oder deutlicher, der Irrtum der Peilstellen in Verbindung mit *U 95* — hat zur Folge, daß der Konvoi nunmehr auf seinem späteren Nordwestkurs direkt in die Lauerstellung von *U 94* hineinsteuert. Roskill: In die offenen Arme von Kapitänleutnant Herbert Kuppisch, Kommandant von *U 94*.

Am Abend dieses 7. Mai legt der Oberfunkmaat von *U 110* den Streifen eines vom IWO, Oberleutnant z.S. Loewe, entschlüssel-

ten Funkspruchs auf den Kartentisch, auf dem Kapitänleutnant Lemp gerade die Quadratkarte ausgebreitet hat, um sich eine größere Übersicht zu verschaffen. Er liest den entschlüsselten Klartext: *U 94* meldet um 21.06 Uhr an den BdU: »Feindlicher Geleitzug in Sicht. Quadrat 7772.[104] Steuert westlichen Kurs, läuft geringe Fahrt.«
Lemp reagiert sofort und ohne Befehl. Er tauscht die Karten aus und greift mit dem Stechzirkel die Distanz zu der von *U 94* gefunkten Position ab.
In Verbindung mit der geschätzten, aber üblichen Konvoi-Marschgeschwindigkeit solcher Geleitzüge könnte *U 110* am nächsten Abend vor dem Konvoi stehen, bei dem es sich im Gegensatz zu den H.X.-, S.C.- und H.G.-Konvois mit ihrem weiten Spielraum auf dem Marsch zum Aufnahmegebiet wahrscheinlich um einen O.B.-Konvoi handeln könnte [26]. Diese pflegen, wie dem deutschen B.-Dienst bekannt ist, von Liverpool ausgehend, den Weg durch den Nordkanal zu nehmen und kommen danach sofort in das Gebiet permanenter U-Bootaufstellungen.
U 110 nimmt sofort Vorsetzkurs auf den *U 94*-Konvoi, während sich *U 94* selbst noch in den späten Abendstunden des 7. Mai für einen Angriff auf den Konvoi entscheidet, der nach der (heute noch strittigen) Versenkung[104a] von vier Schiffen aus dem Konvoi O.B. 318 mit einer erbarmungslosen Wasserbombenverfolgung in der Nacht vom 7. zum 8. Mai endet. *U 94* entgeht dem ihm zugedachten Schicksal mit Mühe und Not, das aber auch nur dank des Könnens und der raffiniert geschickten Manöver von Herbert Kuppisch. Was ihm später (posthum) Captain Roskill, bei aller offensichtlichen (sogar fast verzeihlichen) Aversion gegenüber gerade diesem U-Boot-Kommandanten, durchaus attestiert.
An diesem kritischen 7. Mai[105] waren übrigens nach Roskill [32] — eine Stunde nach dem Angriff von *U 94* —, die aus Reykjavik/Island kommenden Sicherungsverstärkungen zusammen mit vier von Island nach dem Westen bestimmten Handelsschiffen beim O.B. 318 eingetroffen, wo sich diese Frachter in die freien Positionen in dem wieder auf Westkurs gegangenen Konvoi einschleusten. Mit den Korvetten *Aubrietia, Nigella, Hollyhock* und dem Fischdampfer *St. Apollo* waren die neun Fahrzeuge der 3. E.Gr.[106] wieder alle beieinander. Außerdem befanden

sich von den bisher fünf noch vier Korvetten der 7. E.Gr. beim Konvoi[107], während die drei Zerstörer der 7. E.Gr.[108] wegen der Brennstofflage bereits den Rückzug angetreten hatten.

Die Sicherung war wieder ungewöhnlich stark, wenn auch die 3. E.Gr.-Zerstörer *Bulldog, Amazon* und *Rochester,* die Stunden hinter dem Geleitzug auf das U-Boot *(U 94)* operiert hatten, erst wieder auflaufen und den Anschluß finden und sich wieder vorsetzen mußten. An eben diesem 7. Mai schwenkte der Konvoi mittags 11.30 Uhr vom Nordwestkurs auf rw. Westkurs ab, das (was selten vorkam) auf den vorausgegangenen ausdrücklichen Befehl der Britischen Admiralität hin (und aufgrund einer Peilungs-Fehleinschätzung in Verbindung mit *U 95*).

Den ganzen Tag über blieb es nach der *U 94*-Affäre am O.B. 318 beängstigend ruhig. Die das Gebiet südwestlich von Island aufklärenden Sunderlandflugboote sichteten keinen Feind. Auch am 8. Mai nicht, an dem die Korvetten der 7. E.Gr. in den frühen Nachmittagsstunden endlich entlassen und zu dem ostwärts steuernden Konvoi H.X. 123 detachiert wurden, wobei sie auf ausdrücklichen Befehl des Commanders der 3. E.Gr., die Gewässer hinter dem Konvoi gründlich nach U-Booten absuchen sollten. Grund genug für soviel Vorsicht und Beunruhigung bestand zu Recht, hatte doch Dönitz inzwischen entsprechend der am 6. Mai gefaßten Überlegungen gehandelt, um alle verfügbaren Boote noch weiter nach Westen vorzuschieben, um so zwischen 25° und 30° West die hier günstigeren Erfolgschancen auszunutzen. Der Konvoi O.B. 318 wird, ab 15.00 Uhr des 8. Mai, nur noch von den Eskortern der 3. E.Gr. beschattet:

von drei inzwischen zum Konvoi zurückgekehrten Zerstörern, den drei Korvetten und drei Fischdampfern. Vor dem Konvoi marschieren nun die Zerstörer *Amazon, Bulldog* und *Broadway,* ferner die Korvetten *Hollyhock* und *Nigella*. Die *Angle,* der Fischdampfer, wird in die Backbord-Flügelkolonne und die Korvette *Aubrietia* in die Steuerbord-Flügelkolonne eingewiesen. Achteraus vom Konvoi marschieren die Fischdampfer *Daneman* und *St. Apollo*. Sie sollen sich um Nachzügler kümmern und auch als Rettungsschiffe, so oder so, dienen.

Inzwischen bahnt sich aufgrund der ersten Fühlunghaltermeldung von *U 94* am 7. Mai von 20.00 Uhr, außer, wie bereits berichtet, durch *U 110,* das sofort Kurs auf die von H. Kuppisch gemeldete Konvoiposition genommen hat, weiteres Unheil für den O.B. 318 an.

Am gleichen Tage, also am 7. Mai, hat auch das unter dem Kommando von Oberleutnant zur See A. Schnee im Quadrat AL stehende Germania Werft VII C-Boot *U 201* Kurs auf den von Kuppisch gemeldeten Konvoi: G gelb AE 7772 nw-lichen Kurs. Geringe Fahrt. Laut KTB *U 201:* »21.16 auf 335° gegangen, mit 13 sm Fahrt auf Konvoi operiert. Da angenommen wird, daß der Geleitzug derselbe ist, der am 6. Mai von Luft gemeldet wurde, Vormarschrichtung 285° und 7 sm Fahrt zugrunde gelegt.«

Am 8. Mai vermerkt A. Schnee (bis zu seinem Ableben im November 1982 Präsident des Verbandes Deutscher U-Boot-Fahrer [VDU]) mit der 12.00 Uhrzeit im KTB: »Da bisher keine weitere Meldung über den Generalkurs des Geleitzuges, vor dem Generalkurs liegengeblieben und langsam nach Osten entgegengelaufen.

13.30 Uhr: Geleitzug in Sicht in rw. 90° auf westlichem Kurs ...«

Laut KTB *U 201* spielt sich hier am 8. Mai 13.58 Uhr folgendes ab, wobei ein anderes Kriterium deutlich wird: Die nach wie vor häufigen Versager der Torpedos. Im KTB *U 201* wird vermerkt: »Wind WSW, Seegang 1, c 2, 1034 mb, wegen Sonnenschein sehr klares, helles Wasser. Sicht 8 bis 10 Seemeilen.

Getaucht und angelaufen zum Unterwasserangriff.

Im Sehrohr bietet sich folgendes Bild: Geleitzug vier Kolonnen mit ca. 25 bis 30 Dampfern, als Fernsicherung fünf bis sechs Zerstörer und mehrere Hilfsfahrzeuge als Nahsicherung, eine Sunderland kreuzt vor dem Konvoi. Die beiden Steuerbordreihen sind besonders gesichert, da dort mehrere größere Schiffe von 10 000 ts bis 16 000 ts fahren.

Die auf den nächsten Seiten folgenden beiden Reproduktionen aus dem KTB von *U 201* zeigen die Vordrucke für die üblichen Schußmeldungen, die hier vom Kommandanten von *U 201,* Oberleutnant z.S. A. Schnee, ausgefüllt wurden und — wie so oft — gleichzeitig auch einen Fehlschuß belegen. Der Angriff auf *U 201* erfolgte am 8. Mai, während *U 110* erst einen Tag später, am 9. Mai, verloren gegangen ist.

Block-Nr. **1182** Schußmeldung 3. Ltn.s Seite: **20**
für Überwasserstreitkräfte und U-Boote

...U.201... **Geheim!** ...Oblt.z.S.ehne...Kmdt..
(Schießendes Fahrzeug) (Dienstgrad, Name und Dienststellung des Schützen)

Datum: ...8. Mai... Ort: □ AN 6043.1. Uhrzeit des Schusses: 1547 Uhr
Wassertiefe: 2500 Wetter: b2 Sicht: gut Wind: ASW 2;
Seegang: 1 Dünung: 1
Ziel: ...frz. Passagiera u. Frachtdampfer 6-8000 t, ca. 140 m, ca. 6 m...
(Name) (Größe) (Länge) (Tiefgang)

Beladezustand u. Ladung ...halb beladen...

Erfolg: ...1 Treffer / ... ~~Schießung~~ Angriffschuß 2 ...~~Fangschuß/Versenkungsschuß~~...

Lfd. Nr.	Einzelschuß, ~~Mehrfach- oder Fächerschuß~~	1	2	3	4
1	Zeittakt in sec und Streuwinkel in Graden	-			
2	Torpedo – Art, Nummer	G 7e 8262			
3	V_t und eingestellte Laufstrecke	3 am			
4	Eingestellte Tiefe	3 m			
5	Pi – Nummer, Art der Aptierung	4382			
6	Z-Einstellring	-			
7	S-Einstellring	-			
8	Rohr – Bezeichnung	II			
9	Ausstoßart	Luft mit Kolben 17			
10	Beim Schuß – Eigene Fahrt	2 am			
11	Eigener Kurs	77°			
12	Schiffspeilung	352°			
13	Schußwinkel	315°			
14	Zielstelle, Ziel- und Rechengerät	Turm, Standsehrohr, T.V.-Re.			
15	Abkommpunkt	Mitte			
16	Torpedokurs	30°			
17	Eingestellte Schußunterlagen v_g= 8 am	γ=1. 80° β= 15°, r3			
18	Tauchtiefe beim Schuß (nur bei U-Booten)	12 m			
19	Lastigkeit beim Schuß (bei Schiffen usw. Krängung beim Schuß)	0°			
20	Entfernung beim Schuß u. beob. Laufzeit	1200m 80 Sek.			
21	Torpedoniedergang und Lauf	normal			
22	Schuß im Abdrehen oder auf geraden Kurs	ger. Kurs			
23	Eingestellter Winkel nach Farbe und Graden	315°			

Anlaufskizze mit Schußbild. Wie sind Schußunterlagen erworben? Besondere Beobachtungen, Abwehr, Erklärung für Fehlschuß:

Schussunterlagen durch Kopplung.
Nach 80 Sek. Laufzeit ist deutlich mit
blossem Ohr und in Horchgerät ein
dumpfer Aufschlag zu hören, dem aber
keine Detonation folgt. Es kann nur ein
Pi-Versager vorliegen, da Schussunterlagen sowie Abkommen einwandfrei
waren.

Wirkung am Ziel, Höhe und Aussehen der Sprengsäule, Zeit bis zum vollkommenen Untergang. Wahrnehmungen im eigenen Boot:

Unterschrift des Schützen - Unterschrift des Kmdten. - gegebf. beglaubigt.

Stellungnahme, Gutachten und Entscheidung:

(Unterschrift - Datum)

Das Torpedoschießverfahren der deutschen U-Boote 1939

Die vorstehenden Schußunterlagen von *U 201* beigefügte Zeichnung ist sicherlich von so grundsätzlichem Interesse, daß sie einer Erklärung bedarf, die der neuen, ausgezeichneten Edition von Eberhard Rössler »Die Torpedos der deutschen U-Boote«, Koehler Verlag 1984 [249] entnommen ist. Darin heißt es:

Dem Torpedoschießverfahren lag das sogenannte Schußdreieck zu Grunde:

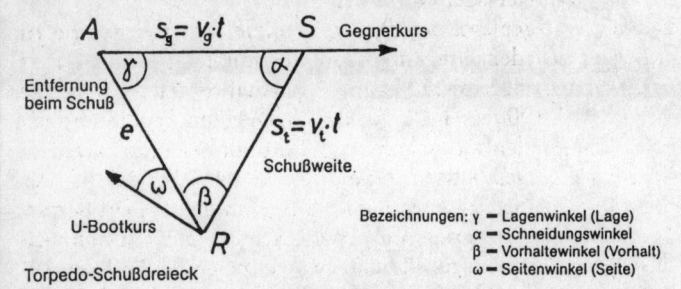

[Diagramm: Torpedo-Schußdreieck mit Eckpunkten A, S, R; Seite AS = $s_g = v_g \cdot t$ (Gegnerkurs); Seite AR = e (Entfernung beim Schuß); Seite SR = $s_t = v_t \cdot t$ (Schußweite); U-Bootkurs; Winkel γ bei A, α bei S, β und ω bei R]

Bezeichnungen: γ — Lagenwinkel (Lage)
α — Schneidungswinkel
β — Vorhaltewinkel (Vorhalt)
ω — Seitenwinkel (Seite)

Der Vorhalt β kann mit Hilfe des Sinussatzes (Vorhaltformel) aus v_g, V_t und γ ermittelt werden:

$$\sin \beta = \frac{v_g}{v_t} \sin \gamma$$

Dabei ist v_t bekannt, v_g und γ müssen geschätzt oder gemessen (Koppelverfahren) werden. Mit zunehmender Schußweite wirken sich Schätzfehler natürlich stärker aus.

Die Vorhaltberechnung wird erschwert, wenn die Parallaxe zwischen dem Peilgerät in der Bootsmitte und den Torpedoausstoßrohren an den Bootsenden, die Drehgeschwindigkeit und die Krängungen des Bootes sowie die Winkelschußparallaxe (nach ca. 9,5 m Vorlauf dreht der Torpedo auf einem Kreisbogen mit ca. 95 m Radius auf die vorher eingestellte Richtung ein) auch noch berücksichtigt werden müssen. Bei einem Torpedofächer muß zusätzlich der Streuwinkel berechnet werden. Z. B. soll bei einem Dreierfächer der Wirkungsbereich der drei Torpedos, die mit 2,3 Sekunden Abstand die Rohre verlassen, vier Zielschifflängen betragen. Schließlich muß bei einer Änderung der Schußposition (Ausweichmanöver des Gegners und des eigenen U-Bootes) auch jeweils eine schnelle Vorhaltberechnung ausgeführt werden können.

Dies alles war mit Hilfe der bisher üblichen Torpedoschußtafeln nur sehr unvollkommen zu erreichen und bedeutete eine starke Belastung von Kommandant und Torpedooffizier mit formalen Rechen- und Übertragungsaufgaben in der Gefechtssituation. Deshalb war von der Firma Siemens Apparate und Maschinen GmbH (SAM) im Auftrage der Marineleitung ein Torpedovorhaltrechner entwickelt worden, der diese Aufgabe erledigen konnte. Es handelte sich bei ihm um ein mechanisches Rechenwerk, das mit dem Kreiselkompaß und den Zielgeräten (Sehrohre und Überwasser-Torpedozielapparat UZO) verbunden war und zu den eingegebenen Werten den Torpedolaufwinkel ϱ_t berechnen und sofort über die Torpedo-Schußempfänger an die Torpedos in den Rohren weitergeben konnte. Über das Stellzeug wurden vor dem Schuß nur die befohlene Torpedolauftiefe und beim G 7a die Torpedogeschwindigkeit direkt in den Torpedos eingestellt.

Sicherung untertaucht, wegen Sichtungsgefahr auf Sehrohrtiefe. Zwischen die beiden Reihen gegangen und
15.47 als ersten Einzelschuß in Stb.-Außenreihe auf 6 bis 8000 ts-Schiff. Nach 80 s (E = 1200 m)
Aufstoßen der Pistole mit laut hörbarem Klang.
Keine Detonation.
Ein G 7 e[109], T = 3 m, E = 1200 m, γ 80, Vg = 8 sm, Fehlschuß, Pi-Versager Nr. 4382.
Danach war geplant, auf drei in Kiellinie fahrende Schiffe zu schießen, auf den hintersten Dampfer mit Lage 30 und E = 1200 m, den mittleren mit Lage 60 und den vordersten mit Lage 95 und E = 300 m. Als die Einstellungen gemacht sind und der erste Schuß fallen soll, scheint mir das Boot bei ausgefahrenem Sehrohr untergeschnitten. Jedoch merke ich kurz darauf: das Sehrohr war überhaupt nicht ganz ausgefahren, da der Öldruck zum Ausfahren zu gering war. Als das Sehrohr nach Aufpumpen des Öldrucks wieder rauskommt, waren die ganze Kiellinie vorbeigewandert und keine Schußmöglichkeit mehr. Durch Versager des Zentralemaaten im entscheidenden Moment war der gesamte Anlauf ausgefallen. Wegen der zwei Zerstörer, die 20 bis 30 sm hinter dem Konvoi nach N. und S. sicherten, war (ein) Auftauchen erst ca. 50 sm hinter dem Konvoi möglich.
20.00: Aufgetaucht, (um) Geleitzug im Norden zu umlaufen, um sobald wie möglich erneut anzugreifen. Dabei auf Fühlunghaltermeldungen von *U 110* operiert.
23.07: FT (vom BdU) für neue Angriffsräume für »Westboote«. *U 201* Quadrat AK 1955[110], Tiefe 200 sm. 12.5. morgens! 1556/8/134. Einnahme der neuen Position ist trotz der Verfolgung des Geleitzuges gesichert.
9. Mai 00.00 Uhr, Quadrat AD 8761, l.u.E.[111]
04.00 Uhr: Quadrat AD 7963, u.M.[112]
10.00 Uhr: Geleitzug in Sicht an Bb. in rw 130°. Vorgesetzt vor seinen Generalkurs von 225.°[113]
Etmal ↑ 173,6 sm,
Etmal ↓ 12,6 sm ...«
Als sei es die selbstverständlichste Sache der Welt, ist nunmehr im KTB von *U 201* zu lesen:
»9. Mai: 12.15—12.30 (Uhr): Winkspruchverkehr mit *U 110*, der als Fühlungshalter vor dem Geleitzug herfuhr ...«

Blenden wir hier auf *U 110* zurück; Lemp hatte sich bekanntlich sofort nach Eingang des Fühlunghaltersignals von *U 94* dem Konvoi vorgesetzt. Auf dem weiteren Marsch auf die erkoppelte Konvoiposition hin sichtet der achterliche Ausguck in den Morgenstunden an Backbord ein Flugzeug. Durch das Glas spricht der WO die Sichtung als Sunderland-Flugboot an.[114] Das Alarmtauchen vollzieht sich routinemäßig. Die Brückenbesatzung verschwindet wieselgleich durchs Turmluk im Boot, das der LI, Oberleutnant (Ing.) Hans Joachim Eichelborn, bereits zum Tauchen zwingt. Mit Tiefenruderhartlage schneidet *U 110* unter, just in dem Augenblick, als der Alte das Turmluk zuschlägt, das metallisch knackend einrastet und mit der Spindel dicht gedreht wird. Das Manöver spult sich in atemberaubender Geschwindigkeit ab. Es gibt keine Probleme bei dieser Besatzung. Sicherheitshalber bleibt *U 110* bis in die frühen Nachmittagsstunden unter Wasser.

Im KTB-Bericht des später ausgetauschten *U 110* IWO Loewe[115] heißt es für den 8. Mai: »Im neuen Operationsgebiet auf Geleitzugweg Island-Grönland außer Flugzeugen nichts gesichtet.«

Gegen 16.00 Uhr des 8. Mai läßt Lemp anblasen und auftauchen. Rundblick: Nichts, auch keine »Bienen« in der Luft, die, von einzelnen Wolken abgesehen, eine gute Sicht gestattet. Überhaupt: Das Wetter ist bestens. Bei kargem Wind in Stärke 1 bis 2, herrscht kaum Seegang. Ins KTB wird er mit »0 bis 1« eingetragen.

Doch kurze Zeit später:

Genau um 17.00 Uhr kommt der im Operationsgebiet gemeldete, gesuchte feindliche Geleitzug in Sicht. Zunächst als ein lang über den Horizont dahingestreckter Rauchschleier. Nur ein geübtes Auge kann den dürren Qualm aus dem flimmernden Ferndunst über der Kimm herauslesen.

»Maschine halbe!«, der Kommandant an den LI.

Der Dieselraum quittiert. Das Hämmern der Motoren wird langsamer und etwas leiser. Lemp will sich behutsam herantasten. Jetzt sind durchs Glas Mastspitzen zu sehen, dann Schornsteine und Brückenaufbauten. Darunter ist auch der starke Gefechtsmast eines Kriegsschiffes auszumachen.

Der Steuerbordausguck, der den Konvoi zuerst entdeckte, kommentiert: »Fünf bis sechs Kolonnen zu je acht Schiffen, Herr Ka-

leu, Zerstörer vorn und achtern. Mehr ist nicht zu sehen, denn sie haben den Geleitzug genau querab.« Lemp vermerkt für das KTB[116]: »Geleitzug! Generalkurs West. Fahrt 7 bis 8 sm.«
U 110 hält an der Steuerbordseite des Konvois Fühlung. Der Kommandant läßt sofort eine Fühlunghaltermeldung funken, die, wie wir heute wissen, die englischen Funkpeilstationen prompt einpeilen, so daß (nach [32]) die Britische Admiralität bereits um 19.17 Uhr den O.B. 318 warnen kann, daß der Feind noch immer am Konvoi Fühlung halte und auch, daß sie weiß, daß die Kursänderung nach Westen praktisch erfolglos war.
Bei dem Geleitzug, der[117] an Steuerbord achtern und an der Steuerbordseite von je einem Zerstörer gesichert wird, handelt es sich, wie der xB-Dienst nunmehr ermittelt hat, um den gesuchten O.B. 318, der inzwischen, was Lemp aber nicht bekannt ist, *U 94* am 8. Mai zur schweren Prüfung geworden war.
Quälend langsam wird es dunkel.
Daß der Konvoi nach Eintritt in die 20.00-Uhr-Wache aufgrund der *U 110* natürlich nicht bekannten letzten Alarmmeldung der Britischen Admiralität von sich aus eine Ausweichbewegung um 30° nach Backbord vollzieht, bleibt Lemp in dieser ausgesucht transparenten Nacht nicht verborgen. *U 110* folgt indessen prompt, automatisch fast dreht es mit.
Laut Loewe [44] heißt es im Bericht im Wortlaut weiter: »Helle Nacht. Kein Überwasserangriff möglich.«
Die Absicht des Kommandanten, dem diese klarsichtige mondscheinhelle Nacht gar nicht ins Konzept paßt, ist es, den Konvoi am nächsten Tage mittags unter Wasser anzugreifen.
Grund: Bis zu diesem Zeitpunkt müssen dann Schnee *(U 201)* und Wohlfahrt *(U 556)* ran sein.
Abends, als *U 110* sein Fühlunghalterkurzsignal funkte: »Standort Qu. 8761 West« ging übrigens noch ein BdU-FT an *U 110* ein: »Zum Funksignal 20.00 Uhr von *U 110*: BdU annimmt folgende Bedeutung: Geleitzug Qu. 8761 Anton Lucie Kurs West. Durch weitere Fühlunghaltermeldung oder durch Kurzsignal bestätigen.«
03.30 Uhr, am nunmehr 9. Mai, ein neues FT des BdU an *U 110*: »Vor allem angreifen. Funksignal: Qu. 8778. Feind steuert 220 Grad.«
In den frühen Vormittagsstunden setzt *U 110* langsam weiter vor

und hält Fühlung mit dem vorderen Zerstörer an Steuerbord. Der Wind, der in Stärken 4 bis 5 bläst, kann nur günstig sein, auch der nun mit 3 belegte stärkere Seegang. Weniger willkommen sind die dichten, niedrigen kriegsschiffgrauen Wolken, aus denen jeden Augenblick ein Flugzeug herausstoßen kann.
»Könnte«, verbesserte Oberleutnant Wehrhöfer, »weiß doch keiner genau, ob sie dieses abseitige Gebiet nicht bereits aus der Luft kontrollieren«.[118]
»Mit Trägermaschinen ist es auf alle Fälle kein Problem«, bekräftigt Lemp seine Sorgen. »Sie haben zwar nicht genug Flugzeugträger, die der Brite ohnehin für militärische Aktionen schonen muß, aber sie könnten mit Hilfsflugzeugträgern kommen. Denken Sie nur an die deutsche *Schwabenland*. Das geht, wenn die wollen. Wir haben's denen vorexerziert.«
Hier mischt sich auch der mit des Kommandanten Genehmigung zu einer Smoketime auf die Brücke heraufgekommene LI, Oberleutnant (Ing.) Hans-Joachim Eichelborn, ein: »Ganz meine Meinung, nur nicht den Gegner unterschätzen. Und die mit den Amerikanern eng liierten Briten schon gar nicht. Aber das ist nicht mein Anliegen, Herr Kaleu. Will nur noch mal persönlich mitteilen: Habe das Boot von mir aus noch einmal auf seine technische Einsatzbereitschaft geprüft.«
»Also alles klar?«
»Das Boot ist voll gefechtsklar. Die Batterie ist aufgeladen. Alle Flaschengruppen sind voll.«
Später wird einmal auch Roskill [32] bekräftigen, daß der LI nicht nur ein angenehmer Vorgesetzter war, sondern auch beruflich als sehr tüchtig und vorbeugend umsichtig galt.
Morgens, kurz nach Wachwechsel:
»Jetzt könnte eigentlich langsam Addi Schnee in Sicht kommen«, orakelt der WO nach dem ersten prüfenden Rundblick.
Punkt 08.30 Uhr Bordzeit ist es soweit. *U 201* wird Steuerbord achteraus entdeckt und hält auf *U 110* zu. Doch es dauert, ehe sich beide Boote bis auf Rufweite genähert haben. Das Treffen südöstlich von Grönland ist offenbar für beide Kommandanten eine solche navigatorische Selbstverständlichkeit, daß sie es in ihren KTBs weder besonders hervorheben noch verbal feiern.[119]
Eine mündliche Unterhaltung ist bei den Wind- und Fahrgeräuschen jedoch erschwert. Die Verständigung erfolgt über den

schon im *U 201*-KTB von 12.15 bis 12.30 Uhr erwähnten Winkspruchverkehr. Diese Art der »Besprechung« schließt zudem auch Mißverständnisse aus. Und auch die Gefahr, bei einem FT eingepeilt oder bei einem Morselampenverkehr vorzeitig entdeckt zu werden. Jeder Spruch der »Signäler« — die Jungs dieser Laufbahn sind glücklich, endlich einmal eine Gelegenheit zu dieser rasanten Wedelkunst mit den Winkflaggen zu haben — wird notiert. Nach kurzem Lagebericht, in dem von Lemp wie auch von Schnee *U 556* unter Kapitänleutnant Wohlfahrt wie auch *U 96* unter Kapitänleutnant Lehmann-Willenbrock und *U 553* unter Kapitänleutnant Thurmann noch »vor Ort« vermißt, aber in unmittelbarer Nähe vermutet werden[120], kommen die beiden Kommandanten schnell und ohne Umschweife zur Sache. Und sie werden sich — angesichts der drohenden Sichtverschlechterung — schnell einig. Es herrscht Übereinstimmung für einen sofortigen Tagesangriff. *U 110* soll zuerst angreifen. Es will sich getaucht an den auf Südsüdwestkurs (225°) liegenden Geleitzug vorlich seitlich heranmanövrieren, während *U 201* während des Angriffs dessen bisherige Fühlunghalterposition übernehmen wird, um dann, eine halbe Stunde später, zu folgen.[121]

Um 12.29 Uhr Bordzeit endet die »nordatlantische Zweierkonferenz« südöstlich vor Cape Farewell.

Im KTB des *U 201* heißt es
»12.30 Uhr taucht er.«[122]

ER, das ist Fritz-Julius Lemp mit seinem am 21. November 1940 bei der Deschimag in Bremen in Dienst gestellten Boot vom Typ IX B, mit dem er dessen zweite Unternehmung fährt.

Lemp führte vorher das ebenfalls bei der Deschimag erbaute und am 8. Oktober 1936 in Dienst gestellte *U 30*, ein 626/745 t großes Boot vom Typ VII. Mit *U 30* absolvierte Lemp während des Krieges acht Feindfahrten. Auf der 7./8. Unternehmung meldete er neun Handelsschiffe mit 46 500 BRT versenkt, eine Summe, die von Roskill [32] bestritten und auf nur sechs Schiffe reduziert wurde. Außerdem traf er am 28. Dezember 1939 das Schlachtschiff *Barham* mit einem Torpedo und beschädigte es derart schwer, daß dieses für volle drei Monate Werftzeit ausfiel [2], zwei Frachter mit 11 669 BRT wurden torpediert, aber nicht versenkt.

Mit *U 110* stellte Lemp dann das bei der Deschimag erbaute IX B-Boot, ein 1051/1178/1430 t großes U-Schiff in Dienst, dessen weitere technische Daten im Gröner [6] nachzulesen sind.
F.-J. Lemp ließ übrigens — bis auf den letzten II. W.O., Friedrich Bothe — alle Offiziere, mit denen er auf *U 30* fuhr, auf *U 110* kommandieren, nämlich die Oberleutnante zur See Greger und Loewe und den Leutnant zur See Wehrhöfer. LI wurde der Oberleutnant (Ing.) Hans-Joachim Eichelborn. Auch die Unteroffiziere leisten schon lange Dienst unter Lemps Kommando. Sie sind durchweg routinierte U-Boot-Fahrer, bis auf eine Ausnahme, einen umgeschulten HSO (Handelsschiffoffizier), der nach Roskill [32] »in einem Konzentrationslager schrecklich mißhandelt worden war, vermutlich wegen seiner politischen Ansichten ...« Zweifelsohne, es spricht für Lemp, daß bei ihm ein ehemaliger KZ-Häftling als Unteroffizier kommandiert werden konnte, jedoch finden sich diese personellen Angaben nirgendwo in den Akten bestätigt, was aber keineswegs bedeutet, daß sie nicht stimmen.
Roskill vertritt übrigens noch andere suspekte Thesen: Nach [32] seien die jüngeren Besatzungsmitglieder auf *U 110* im Gegensatz zu den älteren Unteroffizieren »... noch sehr ungeübt und unerfahren, und trotz der optimistischen Meinung des Kommandanten hegten einige unter den Älteren, die ihr Verhalten auf der ersten Unternehmung beobachtet hatten, ernste Befürchtungen, daß sie im Augenblick der Gefahr den Kopf verlieren könnten ...« Das scheint dem Verfasser recht und schlecht übertrieben und besser dem Küstenklatsch zuzuordnen. Wenn sich Lemp als Kommandant optimistisch zeigt (und dazu besteht nach der vom BdU bis zum Ende des Krieges mit nachhaltiger Gründlichkeit und entsprechendem Zeitaufwand betriebenen U-Boot-Ausbildung [einschließlich der AGRU-Front] kein Anlaß zu Zweifeln), dann ist das eine durchaus wohlbegründete Laudatio auf seine Männer. Lemp hätte, das wird bestätigen, wer ihn näher kannte, jeden personellen Unsicherheitsfaktor sofort nach der ersten Reise mit *U 110* ausgeschaltet.
So betrachtet, sind die Überlegungen von Roskill mehr oder weniger nur Füllstoff in [32] über *U 110*. Und was soll das auch: Natürlich haben die jüngeren Besatzungsmitglieder immer weniger Erfahrungen als jene, die schon länger an Bord oder länger

dabei sind. Insbesondere jene, die bereits in Friedenszeiten ausgebildet worden sind.[122a] Das ist bei der Navy nicht viel anders und durchaus natürlich. Daraus für den späteren Fall der Erbeutung von *U 110* ein quasi vorprogrammiertes Versagen ableiten zu wollen, ist indiskutabel. Vielleicht ist es von Roskill aber auch entschuldigend gemeint.

Was *U 110* angeht, so absolvierte es nach der Indienststellung die genannten, obligatorischen Erprobungen in der Ostsee, denen sich die AGRU-Front anschloß. Allerdings verzögerten Unklarheiten an den Diesel- und Elektromotoren die erste Feindfahrt, die Lemp daher erst am 9. März antrat. Während der Atlantikschlachtphase vom 10. bis 17. März 1941 operierte *U 110* zusammen mit vier deutschen und sechs italienischen Booten nordwestlich des Nordkanals, wo Lemp am 15. den Konvoi H.X. 112 sichtet und Fühlung hält, jenen Konvoi, den Commander Macintyre mit der 5. E.Gr. sichert und an den die Boote *U 99*, *U 37*, *U 100* und *U 74* angesetzt werden. Während *U 110* aus dem 41 Schiffe starken Konvoi den 6207 BRT großen Tanker *Erodona* herausschießen und schwer beschädigen kann, werden *U 100* unter Kapitänleutnant Joachim Schepke und *U 99* unter Korvettenkapitän Otto Kretschmer das Opfer der U-Boot-Killertaktik Macintyres. Auch *U 110* wurde vorher von Macintyres Eskortern, hier den Zerstörern *Volunteer* und *Vanoc*, mit Asdic erfaßt und gejagt, entkam den Angriffen aber.

Ein besonderes Ereignis gab es für *U 110* am 23. März, als Lemp ein kleineres norwegisches Schiff verfolgte und mit der 10.5 cm-Kanone versenken wollte. Die Geschützbedienung vergaß, vor der Feuereröffnung den Mündungsschoner zu entfernen, und bei »Feuer frei« explodierte die Granate im Rohr. Sie hatten Glück im Unglück. Niemand wurde verletzt, wenn auch das noch ausgefahrene Seezielsehrohr derart von Sprengsplittern beschädigt worden war, daß Lemp die Unternehmung abbrechen und nach Lorient einlaufen mußte. Als *U 110* dann am 15. April 1941 zur zweiten Feindfahrt auslief, waren 46 Mann an Bord: Vier Offiziere einschließlich Kommandant, 15 Unteroffiziere und 27 Mannschaften der seemännischen und technischen Laufbahnen. Kurz vor dem Auslaufen wurde noch der PK-Bildberichter Helmuth Ecke an Bord kommandiert.

Als Lemp am 9. Mai 1941 um 12.30 Uhr zum Angriff auf den

O.B. 318 taucht, ahnen weder er noch sein Kamerad Schnee die unmittelbar bevorstehende Auflösung des Konvois und damit den gleichfalls unmittelbar bevorstehenden Abzug der Sicherungsschiffe.

Hier lassen sich die Ereignisse nach den Ergänzungen zu dem von der BdU-Op.-Abteilung rekonstruierten KTB [44] und den Angaben (insbesondere, was den zeitlichen Ablauf angeht) fast minutiös nachvollziehen ...

Kurz bevor *U 110* etwa um 12.37 Uhr tauchte, hat Kapitänleutnant Lemp ein FT an den BdU abgehen lassen:

»Greife an!«

Das Boot geht auf Gegenkurs, pendelt sich auf des Kommandanten Befehl auf Sehrohrtiefe ein und läuft in 800 m Querabstand ab.

Inzwischen hat der LI alle Mündungsklappen geöffnet und »Die notwendige Menge geflutet«.

Etwas mehr als zwei Stunden später[123], genau 14.58 Uhr, verlassen in 30 s Abstand drei Torpedos als Einzelschüsse auf drei Dampfer der 2. Kolonne die Rohre.

Das ist der Augenblick, da dem Kommandanten, dem Lieutenant Commander Smith, der an der Steuerbordseite sichernden 16,5 kn schnellen, 925 ts standard großen Korvette *Aubrietia*[124] Torpedos im Asdic gemeldet werden. Die *Aubrietia* dreht sofort auf die Peilung zu, wohl just in dem Moment, als nach britischen Angaben [32] zwei Torpedo-Explosionen zu hören sind und auf *U 110* beim Abdrehen das Heckrohr zum Schuß klargemacht wird.[125]

Dietrich Loewe: »Bei(m) Abdrehen zum Heckschuß (der Kommandant): ›Zerstörer Lage Null, hohe Fahrt.‹

Befehl (des) K.(ommandanten): ›Schnell auf große Tiefe gehen.‹«

Im gleichen Augenblick — es ist 15.06 Uhr Bordzeit — fährt Lemp das Sehrohr ein, dem Seemann am Seitenruder ruft er ohne Hast in der Stimme zu, das Ruder »hart Steuerbord« zu legen.

Hans-Joachim Eichelborn der LI: »Auf das Kommando ›Schnell auf große Tiefe gehen‹ wird das Boot angekippt mit vorn 15 unten, hinten oben und sofort Mitte. Das Manöver wird durch ›Alle Mann voraus‹ beschleunigt. Boot geht mit 7—8° vorlastig auf

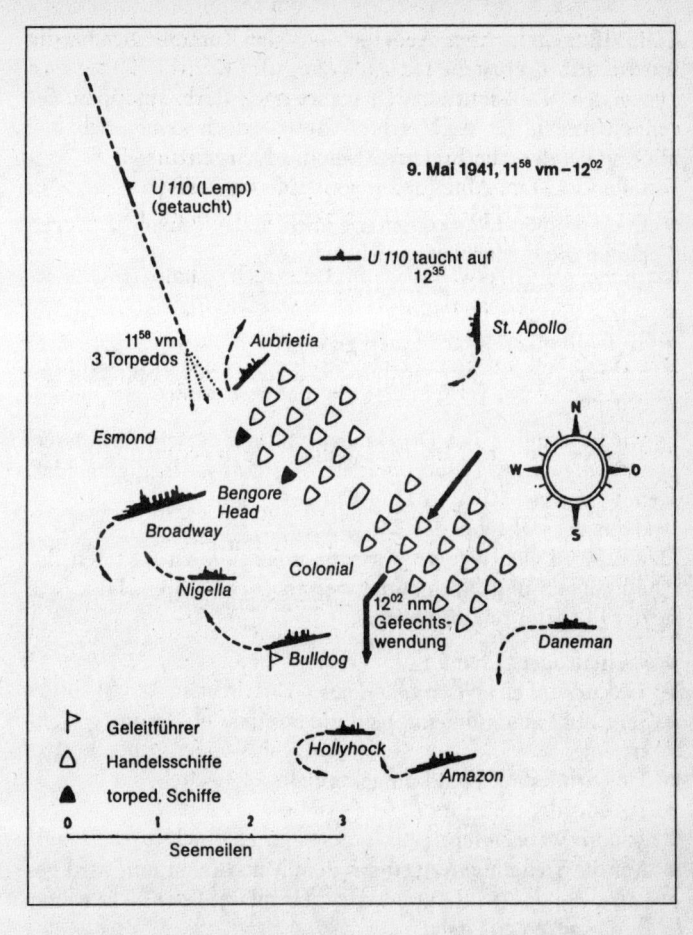

U 110 greift den Konvoi O.B. 318 an. Der Kommandant Kapitänleutnant F.-Julius Lemp tauchte nach Roskill [32] 10.37 Uhr (12.30 laut KTB *U 110* [44]) und ging von Steuerbord querab an den Geleitzug heran. Er wurde an der Steuerbordseite von der hochmodernen, 16.5 kn schnellen Fregatte *Aubrietia* gesichtet, als Lemp um 11.58 Uhr drei Torpedos löste, die noch vor der Explosion auf dem 5039 BRT großen britischen Frachter *Esmond* auf der *Aubrietia* im ASDIC-Gerät gehört wurden und auf den britischen Sicherungsstreitkräften zum U-Boot-Alarm führten. Die Zeichnung wurde mit freundlicher Genehmigung des Verlages Bernard & Graefe, Frankfurt, der Edition von S. W. Roskill über *U 110* entnommen [32].

Tiefe (und dreht nach Aussagen aus der Zentrale gleichzeitig um 90° ab).[126]
Die ersten Waboserien fallen sofort nach dem Ankippen. Sie richten wegen des Ausweichmanövers jedoch keinen Schaden an. Erst bei der nächsten Serie fällt das Licht aus.
Es fallen sonst noch aus, oder es werden beschädigt:

- E-Maschinen-Hauptschalter; auch nach seinem Einlegen laufen die E-Maschinen nicht wieder;
- alle Tiefenanzeiger in Zentrale und Bugraum;
- starke Gasentwicklung;
- Treibölbunker 4 nach innen gerissen;
- mehrere Ventile am Hochdruckstutzen in den Spindeln gebrochen.

Es wird daraufhin der Druckmesser an der Hauptkühlwasserpumpe angestellt, Tiefen (werden) von dort laufend gemeldet, Tiefen zwischen 105 und 115 (m) ...«
Und das bei stillstehenden Maschinen.
Inzwischen fallen weitere Wasserbomben, die zu weiteren Beschädigungen und Notmaßnahmen in *U 110* führen. Hier, wie sie der LI später rekonstruiert:

- »Seitenruder fallen aus,
- Tiefenruder elektrisch fallen aus,
- Seite auf Hand umgekuppelt und aus dem Heckraum gesteuert,
- Tiefenruder auf Hand umgekuppelt,
- Tiefenruder beide auf 0° festgestellt,
- weitere Waboserien.
- Auf die Tiefenmeldungen aus dem Maschinenraum wird gelenzt, um das (noch immer nicht fahrklare) Boot nicht weiter durchsacken zu lassen.
- Auch das Manometer an der Kühlwasserpumpe muß ausgefallen gewesen sein.
- Vermutung des LI: Boot ist nie tiefer als 40 m gewesen.
- K.(ommandant) gibt Befehl ›Anblasen‹.
- Ventil ist gebrochen[127]
- Befehl des K.(ommandanten) ›Notanblasen klarmachen‹.
- Kurz darauf schlingert das Boot. Es befindet sich also ohne Anblasen durch die Bedienung an der Oberfläche.[128]

- K.(ommandant) gibt den Befehl: ›Alle Mann aus dem Boot‹.
- Ventil Zuluftschacht wird zum Druckausgleich geöffnet.
- K.(ommandant) öffnet (das) Turmluk.
- Besatzung steigt aus. Der LI, IWO und der 2. Zentralemaat bleiben in der Zentrale.
- K.(ommandant) gibt Befehl zum Öffnen der Entlüftungen zum Versenken.[128a]
- LI entläßt Zentralemaaten und öffnet die Entlüftungen und die Untertriebszelle Back-Bord.
- Darauf steigen der IWO und der LI auf den Turm.
- Drei Zerstörer, eine Korvette, ein Trawler liegen im Kreis um das Boot, Abstand 800 bis 1000 m.
- Boot sinkt 10° achterlastig.
- Als Wasser am Turm 1 m hoch, verlassen
- K.(ommandant),
- IWO,
- LI und
- Obermaschinist das Boot ...«

Nach einer Meldung des Maschinengefreiten Focke bei seinem Zusammentreffen mit Offizieren des Bootes im Februar 1944 im Kriegsgefangenenlager in Kanada ist der Bericht des IWO mit den Ergänzungen des LI in folgenden Punkten zu vervollständigen:

- »Beim Verlassen des Bootes stand im Dieselraum das Wasser bis über die Wellen.
- Die Wellen waren verbogen.
- Sieb aus der Hauptflutleitung herausgenommen ...«

Zurück zu *U 110* nach dem Verlassen des Bootes. Hier heißt es in der nachvollzogenen Ergänzung des KTB durch den IWO Loewe:
»Als wir im Wasser schwimmen, wird das Boot plötzlich wieder stark aus dem Wasser gehoben und sinkt dann nur sehr langsam. K.(ommandant) ruft mir zur: ›Wir schwimmen zurück an Bord‹.
Man sieht Bug und Turm aus dem Wasser ragen. Das Boot treibt schnell aus unserer Reichweite. Wir schwimmen daher wieder in Richtung einer Korvette. Ich sehe einen Zerstörer Kurs auf das

Boot nehmen und dann einen Kutter aussetzen. Das Boot kommt wegen Seegang außer Sicht.
Habe sinkendes Boot nicht beobachtet ...«
Ist *U 110* gesunken oder nicht, das heißt, wurde es womöglich gar geentert? Das sind — außer dem mysteriösen Verbleib des Kommandanten — die Fragen, welche die Überlebenden in der Gefangenschaft hin- und herwälzen. So auch der IWO, der seinem Bericht für das KTB hinzufügt:
»... Habe bis zum Eintreffen im Lager I in England nur noch sechs Mann der Besatzung gesprochen. Keiner von diesen hatte das Sinken des Bootes beobachtet. Nach einigen Tagen wurde dem LI von einer englischen Stelle seine E.K. II-Urkunde ins Lager zugeschickt. Er aber wußte nicht, ob er sie bei sich gehabt oder in der Zentrale in der Mappe hatte.
Ich meldete im Lager I Korvettenkapitän Kretschmer die gesamte Situation und meinen Entschluß, den möglichen Verdacht ›Boot in Feindeshand geraten‹ an den BdU zu melden. Die Meldung lautete: ›Verdacht UEO‹ in Feindeshand.
Auf der Überfahrt nach Kanada im April 1942 traf ich mit dem Maschinen-Gefreiten Nürnberg zusammen, der mir meldete: ›Ich weiß, daß zwei Mann haben das Boot sinken sehen.‹
Ich meldete daraufhin von Kanada aus: ›UEO gesunken, möglich (wahrscheinlich) (?) Feind an Bord.‹
Die gleiche Meldung gab ich dem Oberleutnant z. S. Ratsch zum Austausch im Herbst 1943 mit.
Im Februar 1944 kam der Zentralegast Maschinen-Gefreiter Focke in mein Lager. Dieser hatte von der Korvette aus beobachtet: ›Die Kutterbesatzung war zum Teil an Deck des Bootes gewesen und hatte eine vom Zerstörer hinübergeworfene Trosse belegt. Kurz darauf stellt sich das Boot aufs Heck. Es waren nur noch 1 bis 2 m Bug in Sicht, und sank dann senkrecht über den Achtersteven.‹
Von dieser Beobachtung gab ich dem Hauptmann Schülle am 27. April 1944 die Meldung an den BdU mit: ›Boot ist gesunken. Feind nicht im Boot gewesen.‹
Ich habe, nachdem ich von Korvettenkapitän Kretschmer getrennt worden war, alle Fragen des Bootes mit Kapitänleutnant Jenisch, dem Freund meines gefallenen Kommandanten, besprochen.

Das Boot haben vor dem Sinken alle Offiziere und Mannschaften lebend verlassen. Der Maschinen-Gefreite Hörler war schwer, der Bootsmaat Brohm leicht verwundet.
Der Kommandant und 14 Männer der Besatzung wurden nicht gerettet.«
Soweit der nachträglich im KTB angehängte Bericht über die letzte Stunde an Bord von *U 110*.
Zugegeben, daß Polemiken und Hypothesen nicht in eine Sachdokumentation, wie es ein KTB ist und sein soll, gehören. Von den Fakten her ist der Satz von Dietrich Loewe absolut korrekt. Nur stellen sich für den Fall »Feind nicht an Bord« zunächst zwei unausweichliche Fragen:

- Was aber wurde aus Kapitänleutnant Lemp?
- Warum überlebten weitere 14 Mann der Besatzung das Ende von *U 110* nicht?

Auf die zweite Frage gibt es eine sogar authentisch zu nennende Erklärung bei Roskill [32]: »Als er (Commander Baker-Cresswell) auf dem Zerstörer *Bulldog* Menschen aus dem U-Boot-Turm klettern sah, drehte er von seinem (ursprünglichen) Rammkurs ab. Doch als er die Deutschen sich um ihr 10,5 cm-Geschütz scharen sah, glaubte er, sie wollten bis zum letzten Mann kämpfen und gab Befehl, das Feuer zu eröffnen. Das 7,6 cm-Fla-Geschütz gab den ersten Feuerstoß ab, der den U-Boot-Turm traf, und dann setzten auch alle anderen Waffen ein ... Dann sah er, daß die Deutschen ihr Fahrzeug verließen. Da verschwand die ›letzte Röte‹ vor seinen Augen, und er wurde sich klar, daß sich ihm hier die seltene Gelegenheit bot, ein feindliches U-Boot zu erbeuten. Mit dem Kommando ›Beide Maschinen äußerste Kraft zurück‹, brachte er die *Bulldog* knapp 100 m von dem U-Boot entfernt zum Stehen ...«
Und im gleichen Kapitel heißt es: »... Kapitän McCafferty (von der von *U 110* versenkten *Esmond*), der soeben erst den Verlust seines Schiffes hatte beklagen müssen, sah von der Brücke der *Aubrietia* aus mit lebhaftem Interesse der Beschießung des U-Bootes zu. ›Mein Gott‹, meinte er nach einer gut liegenden Salve, ›die Schlacht bei Trafalgar muß ja hierzu eine richtige Schneeballschlacht gewesen sein ...‹«

Und in Verbindung mit dem vorausgegangenen Auftauchen von *U 110* schreibt Roskill [32], offenbar in Zusammenhang mit Gefangenenaussagen:

».. . Da machte jemand das Turmluk auf, und Lemp gab Befehl, das Boot zu verlassen. Er selbst drängte seine Leute zur Eile. Doch einige wurden durch unser Feuer getötet ...«

Da wir wissen, daß der Kommandant ins Wasser gekommen und vom Boot weggeschwommen war, sind es wohl alle 13 Mann, die bei diesem Beschuß direkt oder als Verwundete im Wasser umkamen oder vielleicht auch noch in Bootsnähe im Wasser tödlich getroffen wurden.

Die Frage nach dem Schicksal des *U 110*-Kommandanten ist schwieriger zu beantworten. Die einen sind sich einig, daß Kapitänleutnant Lemp, der, wie bewiesen, zum Boot zurückschwamm, als er sah, daß *U 110* mit all den Geheimsachen an Bord trotz der sachkundig eingeleiteten Selbstversenkungsmaßnahmen nicht sinken wollte, von Bord der hinzugestoßenen *Bulldog* im Wasser erschossen wurde, als der Zerstörer F.-J. Lemp und *U 110* vom Pulk der anderen Überlebenden und der rettenden *Aubrietia* trennte. Jene Gruppe argumentiert, der Gegner wollte ein Wiederanbordgehen verhindern, um eine endgültige Versenkung oder zumindest eine Vernichtung der Schlüsselmaschine »M« und anderer Geheimunterlagen zu vereiteln, denn einen anderen Grund konnte ein Zurückschwimmen von Lemp nach dem allgemeinen, das heißt befohlenen Vonbordgehen der Besatzung nicht zum Ziel haben.

Die andere Gruppe ist der Auffassung, Lemp sei bei diesem Vorhaben ertrunken, während ein dritter Kreis zu überhaupt keiner Aussage zu bewegen ist. Man sei — und das entspricht den Tatsachen — an Bord einer Korvette (der *Aubrietia* also) sofort unter Deck geführt worden, und zwar in einen fensterlosen Raum, wo man nicht beobachten konnte, was auf See vorging.

Nach Aussage des britischen Leutnants z. S. P. D. Newman von der freiwilligen Marinereserve, der die Bergung der Deutschen auf Befehl vom *Aubrietia*-Kommandanten Smith leitete, habe dieser noch einmal feststellen lassen, daß die wenigen ausgestiegenen U-Boot-Seeleute, die leblos noch im Wasser schwammen, auch wirklich tot waren.

Vom Kommandanten des U-Bootes, Kapitänleutnant F.-J. Lemp, ist auch in diesem Zusammenhang nicht die Rede. Lediglich Roskill befaßt sich noch einmal mit ihm [32]: »Es ist schwierig, aus den bruchstückähnlichen Erinnerungen der Überlebenden ein zusammenhängendes Bild zusammenzusetzen — zumal weder Lemp noch (der Leutnant z. S.) Wehrhöfer* gerettet wurden. Der Kommandant wurde von Loewe und Eichelborn im Wasser schwimmend gesehen, und anscheinend hat er sie nach dem Schicksal des zweiten Wachoffiziers (also Wehrhöfers) befragt. Er dachte wohl daran, daß sich dieser erst vor kurzem nach schwerer Krankheit wieder zum Dienst gemeldet hatte — bis zum letzten Atemzug hörte er nicht auf, für seine Besatzung zu sorgen ...«

Das Schicksal von Lemp findet — sonderbar genug — bei Roskill in seiner Edition »The secret Capture« keinerlei Erwähnung oder Erklärung.
Das ist nicht gut.
Schweigen sät Mißtrauen.
A. Schnee, Ex-Kommandant von *U 201*, das ja am Angriff gegen den O.B. 318 beteiligt war, hat sich naheliegenderweise besonders intensiv, auch als Präsident des (Nachkriegs-)Verbandes Deutscher U-Boot-Fahrer, um das Schicksal von F.-J. Lemp gekümmert. Vom Verfasser befragt, sagt er: »Ich habe alle erreichbaren Überlebenden befragt und auch sonst gründliche Recherchen angestellt: Es gibt keine Anzeichen und keinen Beweis dafür, daß der Kommandant von *U 110*, wie von einigen Kriegsmarine-Angehörigen behauptet, im Wasser erschossen worden ist.«
Auf die Gegenfrage, was sonst hätte mit ihm geschehen sein können, verwies A. Schnee auf die einzige bleibende Erklärung, daß er beim Zurückschwimmen ertrunken sei.
Und außerdem: Wäre Lemp von Bord eines der britischen Eskorter in See sichtbar erschossen worden, so hätten die Geretteten von *U 110* auf der *Aubrietia* auf ein solches unseemännisches Geschehen nicht widerspruchslos reagiert. Man darf nicht ver-

---
* Otto Kretschmer: M. Wissens hat Wehrhöfer überlebt

gessen, man (das heißt die kleine deutsche Kriegsmarine) schwamm damals noch auf der Erfolgswelle gegenüber den Briten[129] und brauchte sich nicht zurückzuhalten, wenn Unrecht oder gar ein Verbrechen geschah. A. Schnee hatte übrigens nicht nur als VDU-Präsident ein besonderes Interesse an einer Klärung des gesamten Vorfalles, er war ja auch als Kommandant von *U 201* von *U 110* an den Konvoi O.B. 318 herangeführt worden und hatte nach [5] während der Enteraktion von *U 110* durch das *Bulldog*-Kommando den noch von dem 1352 ts-Zerstörer *Amazon,* den 1170 ts standard großen Korvetten *Nigella* und *Hollyhock* sowie dem Trawler *Daneman* gesicherten Konvoi angegriffen und dabei einen 5802 BRT großen Frachter versenkt und ein 5969 BRT-Schiff torpediert.
Völlig anders lautet, was Lemps Schicksal betrifft, die Aussage des deutschen Lagersprechers im Gefangenenlager I, Korvettenkapitän Kretschmer.
Kommentar:
»Lemp wurde beim Zurückschwimmen im Wasser erschossen.«
Zweifelsohne hat Otto Kretschmer keine persönlichen Beweise, er war ja nicht »vor Ort«, wohl aber hat er als Lagersprecher Überlebende von *U 110* in Sachen Julius Lemp vernommen. Und das sofort nach deren Einlieferung, zu einer Zeit also, als die Eindrücke von dem Geschehen um *U 110* noch in frischer Erinnerung waren, unbeeinflußt noch von jenen, die später so oder so keinen Ärger mit den Briten haben wollten.[130]
Unbestritten und von den Fakten her ist und bleibt, daß Kapitänleutnant Lemp das Opfer seiner soldatischen Pflichterfüllung geworden ist, als er zurückschwimmen wollte, um die offenbar technisch behinderte Versenkung von *U 110* doch noch zu vollenden oder um wenigstens die Schlüsselmaschine »M«, den Tagesschlüssel und anderes Geheimmaterial zu vernichten, ehe der Feind *U 110* enterte.
Unklar ist und wird es wohl immer bleiben, warum *U 110* nach den von fachkundiger Hand sachkundig eingeleiteten Selbstversenkungsmaßnahmen nicht gesunken ist.
Dabei kann es Schwierigkeiten gegeben haben. Diese konnten darin bestehen, daß sich der eine oder andere der Entlüfterhebel nicht voll oder nur wenig oder nur halb bewegen ließ, weil durch Wasserbombeneinwirkungen das (oder die) betreffende(n) Ge-

stänge nicht mehr (oder nicht mehr voll) funktionsfähig waren. Daß es solche technischen Probleme gab, berichtete der ehemalige Oberfähnrich NT Hermann Rautzenberg dem Verfasser. Er hat auf *U 453* ähnliche Komplikationen nach Fliegerbombendetonationen im Nahbereich erlebt.
Fregattenkapitän a.D. Reinhard (Teddy) Suhren, Träger des Eichenlaubs mit Schwertern zum Ritterkreuz und einer der erfahrensten und erfolgreichsten U-Boot-Kommandanten des Zweiten Weltkrieges, erklärte dem Verfasser über den »Fall *U 110*«, daß nach seinen Kenntnissen das befehlsgemäße Öffnen der Entlüfter und der Flutventile allein nicht genügte, um bei einer, im Hinblick auf die Entergefahr notwendigerweise schnellen Selbstversenkung auch ein schnelles Absaufen des Bootes hundertprozentig zu garantieren.
Eichenlaubträger mit Schwertern und Tonnagekönig und damit erfolgreichster U-Boot-Kommandant des Zweiten Weltkrieges, Flottillenadmiral a.D. Otto Kretschmer: »Wir wußten doch alle, wie schwer es war, das Boot beim normalen Alarmfall trotz Schnellflutens unter Wasser zu kriegen. Wenn irgend möglich, habe ich daher mein Boot[131] beim Alarmtauchen immer schräg zur See gelegt.«
Interessant ist, was in diesem Zusammenhang mit *U 110* einige U-Boot-Kommandanten, darunter R. Suhren, argumentierten und, nach Suhren, auch Dönitz gegenüber vertreten hätten: Das übungsmäßige Selbstversenken eines U-Bootes bei der AGRU-Front in der Ostsee. Die Besatzungen konnten somit konsequent und schonungslos auf eine etwa notwendige Selbstversenkung vorbereitet werden. Prophylaktisch hätte man, so einige Verantwortliche, auch noch Sprengladungen im Boot anbringen können oder müssen. Andererseits sprechen psychologische Einwände gegen das Üben einer solchen Selbstversenkung. Sie wäre wohl eine zusätzliche Belastung für die U-Boot-Fahrer gewesen, eine ausgesucht schwere Belastung sogar. Das aber könnte man bei Soldaten auch als Rührseligkeit am falschen Platz ansprechen. Vielleicht war man einfach davon felsenfest überzeugt, daß eine Selbstversenkung im Ernstfalle auch funktionieren würde, das dank der so vorzüglich ausgebildeten LIs. Man war wohl auch sicher, daß der Gegner nie ein bereits sinkendes U-Boot nach dem Aussteigen seiner Besatzung noch be-

treten würde. Aber ... auch ein noch so gut ausgebildeter, ein noch so einsatzwilliger und einsatzfreudiger Soldat (ob Offizier, Unteroffizier oder Mann, je höher der Dienstgrad, um so größer die von ihm erwartete Pflichterfüllung) kann einmal versagen. Auf einem U-Boot trifft das Schicksal dann nicht nur ihn allein, im extremen Fall sogar die ganze Besatzung. Diese Ausführlichkeit scheint geboten, um das ungewöhnlich hohe Maß der Verantwortung und Pflichterfüllung gerade bei U-Boot-Fahrern zu werten. Und außerdem: Auch die Technik kann gegen jede Regel versagen, so wie auf *U 110*.
Stellen wir abschließend zunächst lapidar fest, daß das fahr- und tauchuntüchtige *U 110* von einem von dem Zerstörer *Bulldog* entsandten Prisenkommando der Royal Navy geentert worden ist. Dabei wurden auf dem von der Besatzung der als gesichert angesprochenen Selbstversenkung preisgegebenen U-Boot, in dem der dennoch eingedrungene Feind nach einem (erhofften) Abstoppen der Versenkungsmaßnahmen mit sehr wohl respektiertem Mut alle Räume durchsuchte, »sämtliche geheimen Unterlagen« erbeutet und auf die *Bulldog* geschafft.
Zu den Geheimunterlagen zählen nicht nur der gesuchte Marineschlüssel »M«, sondern auch der für die nächsten Wochen gültige Tagesschlüssel, der bei sachkundiger Bedienung der Schlüsselmaschine »M« für die nächste Zeitspanne ein direktes »Mitlesen« der deutschen U-Boot-Funksprüche erlaubt. Auch die Erbeutung der den Briten nicht bekannten deutschen Quadratkarte ist von eminenter Bedeutung.
Ein Phänomen ist und bleibt die Tatsache, daß es den Briten gelungen ist, die Kaperung von *U 110*
18 Jahre
geheimhalten zu lassen.
Bis zu diesem Tag war auch dem ehemaligen deutschen Befehlshaber der U-Boote (BdU), dem späteren Großadmiral Dönitz, ebensowenig der Einbruch in den Schlüssel »M« wie die Kaperung von *U 110* mit allen Schlüsselmitteln bekannt, ebensowenig wie hohen britischen und amerikanischen Seeoffizieren. Auch Captain Roskill, der prominente und in der Royal Navy allseits respektierte britische Marine-Tophistoriker, wußte und ahnte nichts davon.
Im halbamtlichen britischen Seekriegswerk des Captain S. W.

Roskill, D.S.C., R.N. Vol. I., heißt es im Band 1 der ab 1954 publizierten vierbändigen Ausgabe in ernüchternder Kürze auf Seite 463: »In the North Atlantic convoy O.B. 318 was intercepted early in May and lost five ships, but its escort retaliated by sinking U 110.«
Mehr nicht.
Im KTB des BdU-Op. ist für den 10. Mai 1941, *U 110* betreffend, vermerkt:
»20.18 h: Auf Frage nach Standort erfolgt keine Antwort.«
Die Frage wurde gestellt, weil *U 110* offenbar an den an diesem Tage durch den B-Dienst gemeldeten Versenkungen beteiligt war und nichts hatte von sich hören lassen.
Laut Bericht Oberleutnant z. S. Schnee, Kommandant von *U 201*, hat *U 110* am 9. Mai mittags den Geleitzug angegriffen. Nach 3 Torpedodetonationen, die nur von *U 110* sein konnten, erfolgte unmittelbar danach ein Waboangriff mit zehn Wabos. Oberleutnant Schnee nimmt an, daß *U 110* schon beim Angriff auf Sehrohrtiefe von einem Zerstörer gesehen worden ist, der ihn sofort nach dem Angriff mit Wabos belegt hat. »Da seither von *U 110* nichts mehr gehört wurde, ist mit seinem völligen Verlust zu rechnen.«
Am 28. Mai 1941 wurde *U 110* mit Wirkung vom 9. Mai als »vermißt ein Stern« erklärt.
Aufgrund der von *U 201* beobachteten Detonationen und weiterhin aufgrund von B-Meldungen ist anzunehmen, daß die Dampfer *Empire Cloud* (5969 BRT, beschädigt nach [260])[130a], *Gregalia* (5802 BRT), *Esmond* (4976 BRT) und *Bengore Head* (2609 BRT) von *U 110* versenkt wurden. Die 4 Schiffe werden *U 110* zugerechnet. Später [260] werden die *Gregalia* und die *Empire Cloud U 201* (Schnee) zugeschrieben.
Durch das Internationale Rote Kreuz (= IRK) wurde bekannt, daß am 9. Mai 32 Mann von *U 110* gefangengenommen wurden. 15 Soldaten, darunter der Kommandant, sind auf See geblieben.
U 110 wurde am 2. Juli 1941 vom Chef der Operationsabteilung des BdU, Kapitän zur See Godt, mit Wirkung vom 9. Mai als »vermißt zwei Sterne« erklärt.[132]
Erst 1963 wird das im britischen Verwahr in Großbritannien befindliche KTB von *U 110* auf den »letzten Stand« gebracht. Der

zur Sichtung der Beuteakten mit herangezogene deutsche Registrator Amtsrat Pfeiffer ergänzt die Akte:

> Vermerk:
> »U 110« wurde am 9. Mai 1941 im Nordatlantik östlich Cape Farewell 60°31′ Nord 33°10′ West
> durch die britische Korvette »Aubrietia« und die britischen Zerstörer »Bulldog« und »Broadway« gekapert und in einen britischen Hafen eingebracht.
> 4 Offiziere und 28 Mann gerieten in Gefangenschaft.
> Pfeiffer 28. 3. 1963[133]

Zum Komplex von *U 110* gehört in jedem Fall *U 201*, über das es bei Rohwer/Hümmelchen heißt [5]: »Während der Besetzung von *U 110* greift *U 201* den noch von der *Amazon, Nigella, Hollyhock* und *Daneman* gesicherten Konvoi an und versenkt bzw. torpediert je ein Schiff mit 5802 bzw. 5969 BRT. Durch Wasserbombenangriffe treten Schäden auf ...«[134a]
Laut KTB *U 201* heißt es dann für den 10. Mai u. a.: »Es folgen alle vier Stunden bis 16.00 neue Quadratangaben und das Tagesetmal über Wasser mit 85.3 sm und unter Wasser mit 28.2 sm = 113,5 sm.
19.11 Uhr: Abgabe FT an BdU: ›Tauchbunker II gerissen. Ölspur. Frage südlichere Position für Nachtangriffe. Noch 7 Torpedos unter Deck. (1842/10/103).‹
20.00: Qu. AK. 2699 o. r. E., W 3, S 2, C 3, 1035 mb.
20.41: Eingang FT an *U 201:* ›Befohlenen Angriffsraum besetzen, falls Ölspur beseitigt. Falls nicht beseitigt, Rückmarsch Lorient.‹ (2018/10/105 ...).«

A. Schnee tritt nicht den Rückmarsch an, sondern glaubt (nach FT an BdU am 11. Mai 17.27 Uhr), die Ölspur nach Leerfahren des beschädigten Tauchbunkers beseitigt zu haben: »*U 201* durch Mitkoppeln weiter auf den Konvoi O.B. 318.« Am 11. Mai, nach 18.00 Uhr, geht *U 201* zwischen einen allein zum Konvoi mitlaufenden Dampfer und den Geleitzug. »Ein Ausweichen kommt nicht in Frage, da *U 201* zwischen zwei Feuern fährt und das Fühlunghalten am Geleitzug wegen der wechselnden Sicht bis zu 1000 m sehr schwierig ist ... (Von Frachter an

Backbord gesehen).« FT vom BdU: »Norwegischer Dampfer *Hoyanger* gibt in etwa AK 18 um 17.23 Uhr:
Werde von U-Boot an der Oberfläche verfolgt« (2011/11/138).
Um 18.38 Uhr fordert der BdU: »Dranbleiben, Fühlunghaltermeldungen geben. Übrige Boote angreifen (18.25/11/134).«*
19.28 Uhr: Eingang FT von BdU: »Angriff frei, sobald andere Boote heran sind oder bei Dunkelwerden (19.14/11/136).«
Schließlich taucht *U 201* um 20.03 Uhr, verliert (bei noch immer unklarem Horchgerät) im aufkommenden Nebel die Fühlung, versucht vergeblich, den Geleitzug wiederzufinden und tritt am 12. den Marsch in den neuen Angriffsraum an, in dem es am 13. Mai, morgens 05.00 Uhr, steht, nämlich im Quadrat AK 1935, einem südwestlich von Grönlands Cape Farewell gelegenen Raum.
Schnee ins KTB: »Nach zwölf Stunden Fahrt und Lenzen von 10.7 cbm Brennstoff aus verdächtigem Tauchbunker ist auch jetzt die Ölspur noch nicht beseitigt, trotz leerer Tauchbunker. Die Annahme, daß die Ölspur aus den Tauchbunkern stammt, bestätigt sich nicht. Kühlwasser und Druckwasserhochbehälter sind ölfrei, daher muß das Öl aus den Innenbunkern stammen ...«
Bei allem Optimismus, den Schnee in seine U-Boot-Techniker gesetzt hatte, die Ölspur ist — das wird ihm und seinen Leuten klar — unter diesen Umständen nicht mehr zu beseitigen.
U 201 tritt an diesen Vormittagsstunden des 13. Mai den Rückmarsch an. Alle Mühen, das Boot wieder voll einsatzklar hinzutrimmen, waren umsonst. Doch verdient der Wille aller an Bord, auch diesen besonders gefährlichen Schaden zu beheben, um weiter am Feind bleiben zu können, der ausdrücklichen Beachtung.

---

* Otto Kretschmers offene Worte: »Die BdU-Funkbefehle sind zum Teil völlig überflüssig und wären zu meiner Zeit nur mit Kopfschütteln zur Kenntnis genommen worden. Der erste Spruch über die norwegische *Hoyanger* ist eine notwendige Information. Die beiden anderen FT's (18.25 und 19.14) sind völlig überflüssig. Grüner Tisch greift in taktisches Geschehen ein. Das ist keine deutsche Auftragstaktik, sondern törichte Befehlstaktik.«
19.14: »Angriff frei, sobald andere Boote heran sind!« ??? »Sollen die anderen Boote denn etwa auch noch ihre Ankunft durch Funk aller Welt preisgeben, oder sind die Kommandanten Hellseher?«

Das ist nach den schweren Wasserbombenangriffen (und bei dem auch für *U 201* fast sicheren Verlust von *U 110*) ein nüchternes Beispiel für die totale Einsatzbereitschaft der Männer im Grauen Lederpäckchen, das läßt sich weder durch Begriffe wie Fanatismus oder Fatalismus umschreiben, das ist eher gläubige Hingabe zu nennen, wenn schon Vaterlandsliebe und/oder das Bekenntnis »getreu bis in den Tod« nicht mehr in die heutige Begriffswelt passen.

Noch einmal zurück zu *U 110*.
Das Prisenkommando des Zerstörers *Bulldog*, das *U 110* enterte, glaubt, ein Versinken des U-Bootes gestoppt zu haben. Der Gedanke, die Beute einzuschleppen, ist aus britischer Sicht faszinierend, so wie fast genau ein Jahr vorher, am 5. Mai 1940, die deutsche Marine die Kaperung und Einbringung des durch eine Mine beschädigten britischen Groß-U-Bootes *Seal* (1520 ts standard; 1810 ts/2157 ts normal) als außergewöhnlichen Erfolg gefeiert hatte.

Um das Bild über die mißlungene Selbstversenkung von *U 110* abzuschließen, nachstehend noch eine sich auf praktische Erfahrungen aufbauende Stellungnahme vom Kommandanten von *U 99*[131], Otto Kretschmer:
»Grund allen vorzeitigen Verlassens der U-Boote ist doch das Märchen vom Sog/Strudel, der die Menschen, so die feste Überzeugung, rettungslos in die Tiefe zieht. Außerdem halte ich meine Ansicht, daß der Kommandant sein sinkendes Schiff nicht verlassen darf, für ungeheuer wichtig:

Er darf es auf keinen Fall!!!
Diese ethische Frage ist

- vor dem Kriege
- und erst recht im Kriege
- viel diskutiert worden.

Er, der Kommandant, braucht nicht unbedingt mit seinem sinkenden Schiff unterzugehen, aber er soll sich dann erst als letzter Mann seiner Besatzung retten lassen. Seine Fürsorgepflicht für seine Männer schließt die Pflicht ein, an sich selbst erst zuletzt

zu denken. Gegenüber dem Grundsatz, daß das Kriegsschiff nicht in Feindes Hand fallen darf, muß die humane Fürsorgepflicht natürlich zurücktreten. Als bei mir die Hälfte der Besatzung über Bord gespült worden war, habe ich den gegnerischen Kommandanten anmorsen lassen, und ihn gebeten, diese Leute zu retten. Ich war ja noch auf meinem sinkenden Boot und somit Herr der Lage.«
Diese berufsethische Betrachtung durch Flottillenadmiral Otto Kretschmer ist auch für die jetzige aktive Generation sicherlich von Nutzen. Sie gehört zudem einfach zum Problem *U 110*.

1.9 Die Gegnerseite und *U 110*

Die »U-Boot-Fleet in being« und ihre Folgen · Der Marsch des O.B. 318 · Nahtlos verschweißtes System · Die Konvoi-Sicherungen · Erstmals neue Funkpeiler — aber aus Zeitnot nicht justiert · Die Bewaffnung der Frachtschiffe im Konvoi · Flak im Austauschverfahren · Ein Admiral unterrichtet die Handelsschiffkapitäne · Am 2. Mai beginnt die Reise · Die Konvoiverschlüsselung · Fehlinterpretation einer U-Boot-Peilung hat verhängnisvolle Kursänderung zur Folge · Der 7. Mai, als *U 94* angreift · Der 8. Mai, als *U 110* den O.B. 318 beschattet · Der 9. Mai mittags: zwei Schiffe werden torpediert · Die Wasserbomben der *Aubrietia*, deren Kommandant an einen Erfolg nicht glaubt *(U 110)* · Zerstörer *Bulldog* und *U 110* · Britisches Prisenkommando auf *U 110* · Britischer Funker entdeckt in deutschen Seekarten die minenfreien Ein- und Auslaufwege · Während der Ausbeutung von *U 110* greift *U 201* an, zwei Frachter sinken

Wie sah die Royal Navy die Aufbringung von *U 110* mit ihren für die deutsche U-Boot-Kriegführung so katastrophalen Folgen? Eine solche Frage ist — vom seebefahrenen Verfasser aus gesehen — für dieses Buch nicht überflüssig. Diese Dokumentation zeigt die ungeheuren Anstrengungen, die beim Gegner wegen der deutschen U-Boote (und 1941 bis Mai auch noch wegen der Überwasser-Handelsstörer) relevant werden. Sie läßt aber auch die ungeheuren Zeitverluste erkennen, welche die britische Versorgung durch das umständliche Konvoisystem in Kauf nehmen mußte. Hier sind die sekundären Transport-(Zeit-)verluste allein schon durch die »U-boat-fleet in being« eine nachhaltige, schwer zu kalkulierende Belastung für die Briten und für die Deutschen ein stiller, aber echter Teilerfolg. Summa summarum wertet sich erst aus dieser Sicht die große Leistung der relativ kleinen deutschen Flotte auf.

Der Marsch des Konvois O.B. 318 begann am 2. Mai nachmittags ab Liverpool. Als Kommodore ist Konteradmiral W. B. Mackenzie[134b] mit einigen Mann Signalpersonal befohlen. Sein

Flaggschiff ist der 5108 BRT große britische Frachter *Colonial*, der bei der Charente Steamship Company bereedert ist. Er hat Stückgut geladen, dessen Bestimmungsziele Sierra Leone und Kapstadt lauten. In der Konvoiformation nimmt die *Colonial* mit der taktischen Nummer 41 die vorderste Position der Kolonne 4 ein, bei neun Kolonnen zu insgesamt fünf Reihen. Der Vizekommodore, Kapitän E. Rees, ein nach Roskill [32] besonders einsatzfreudiger, bereits verabschiedet gewesener Navyoffizier, hat sich auf der nach Halifax bestimmten *British Prince* eingeschifft. Dieses 4979 BRT große Schiff rangiert als taktische Nummer 21 an der Spitze der 2. Kolonne. Der Vertreter von Kapitän Rees wiederum ist der Kapitän des nach Kapstadt bestimmten britischen Frachters *Burma* mit der taktischen Nummer 61. Er schwimmt ebenfalls in vorderster Linie, und zwar in der 6. Kolonne der 1. Reihe. Gleich drei Ausfälle von Führungskräften in der Frontlinie scheinen[135] selbst Pessimisten eine imaginäre Vision.

Der Konvoi ist beim Auslaufen aus Liverpool mit 17 Schiffen noch keineswegs komplett. Doch finden sich alle Untergruppen pünktlich nach Uhrzeit ein, nämlich zwölf Schiffe aus Loch Ewe im nordwestlichen Schottland, fünf aus Firth of Clyde und vier, die vor Milford Haven auf den Marschbefehl zum O.B. 318 warteten. Das fast minutiöse Einfädeln der Untergruppen ist nur möglich, weil das Auslaufen der Schiffe und deren Fahrt so genau vorausberechnet worden sind, daß sie auch zur festgesetzten Stunde an den Hauptkonvoi heranschließen, wo sie sich auf ihren Platz manövrieren. Außerdem sollen während der Konvoifahrt drei Schiffe nach Island entlassen und andererseits vier von Island kommende Frachter vom Konvoi auf Tag und Stunde genau aufgenommen werden.

Vorher schon hatte das Verkehrsministerium die Admiralität informiert, wann sämtliche Schiffe auslaufbereit sind, was sie für Ladung an Bord, welche Endbestimmungshäfen sie haben und mit welcher Durchschnittsgeschwindigkeit zu rechnen ist.[136]

Bereits am 25. April sind (in diesem Fall betrifft es den O.B. 318 als einen unter vielen) die Marinedienststellen über alle den Konvoi angehenden Schiffe informiert. Nunmehr bestimmt die Admiralität den Weg des Konvois (in dieser Zeitphase bis zur Südspitze von Grönland auf 60°50′ Nord und 35° West, wo sich der Konvoi mit freiem Manöver für jedes Schiff auflösen soll).

Alles ein nahtlos verschweißtes System, das sich in der Kommandozentrale der Admiralität wie auch beim Stabe des Admirals Noble in Liverpool auf den großen Planquadraten widerspiegelt. Hier ist der vorgesehene Kurs abgesteckt. Hier wird der Konvoi unablässig kontrolliert werden. Fähnchen werden seinen von U-Booten bedrohten Weg markieren.

Liegt der Konvoiweg fest[137], sind die Decknamen einer Reihe von Positionen im Atlantik festgelegt, setzt sich das vielfach verzahnte Vorbereitungssystem der Admiralität für das Auslaufen des Konvois in Gang. Die Admiralität bestimmt den 2. Mai, 15.00, als Auslauftermin für den Hauptkonvoi. Dieser Meldung folgen rasch die Dispositionen der Untergruppen für das Auslaufen ihrer Schiffe. Gleichzeitig werden von den operativen Stellen der Marinestützpunkte die Eskorter für den Hauptkonvoi und seine Untergruppen beordert:

- Für Milford Haven der Zerstörer *Vanity* zusammen mit zwei A/S-[138] Fischdampfern und einer zur U-Boot-Bekämpfung notdürftig hergerichteten Yacht;
- für die Clyde-Gruppe der Zerstörer *Campbeltown*[139]; der A/S-Fischdampfer *Angle,* der an sich zur 3. E. Gr. zählt;
- für die Loch Ewe-Gruppe der Zerstörer *Newmarket* ex US-*Robinson*.

Die Admiralität hat inzwischen Einheiten der 7. Escort Group zur Sicherung der ersten Strecke im Atlantik bestimmt; die Sloop *Rochester* und die Korvetten *Primose, Marigold* und *Nasturtium,* die in Liverpool bereit liegen, ferner die schnelleren Eskorter *Westcott,* ein Zerstörer aus dem Ersten Weltkrieg, mit dem Führer der Eskort-Gruppe an Bord (Korvettenkapitän I. H. Pocket, ein Kleinbootfahrer mit großer Erfahrung) und die Korvetten *Dianthus* und *Auricula,* die alle drei 24 Stunden später folgen und auf der Höhe von Kap Wrath aufholen sollen.

Die Planung sieht vor: Wenn der Konvoi in den offenen Atlantik eintritt, soll und muß die 7. E. Gr. mit ihren drei Zerstörern, einer Sloop, fünf Korvetten und einem A/S-Fischdampfer komplett sein. So gesehen, ist die vorgesehene Sicherung relativ stark, indessen gibt es technische Mängel: nur die *Westcott* hat

Links oben: Kapitänleutnant Fritz-Julius Lemp (*9. XII. 1913, † 9. V. 1941 in See), vom 1. X. 1939—IX. 1940 Kommandant *U 30*, von X. 1940—9. V. 1941 Kommandant *U 110*; Ritterkreuz 14. VIII. 1940. — Foto: aus [256] • Rechts oben: Leutnant (Ing.) Heinz Krey (*31. XII. 1921, † [gefallen] 23. V. 1943), nach der Ausbildung auf *U 567* und *U 703* vom I. 1943—23. V. 1943 LI auf *U 752*; dort selbstgeopfert; Ritterkreuz posthum am 4. IX. 1943. — Foto: aus [155] • Bild unten: Der britische, 13 465 BRT große Passagierliner *Athenia*, das erste, dazu noch irrtümliche Opfer der Grauen Wölfe nach der Torpedierung am 3. XI. 1939 auf 56°44 Nord, 14°05 West; 112 Passagiere und Besatzungsmitglieder kamen dabei um; ein Gemälde von der Rettung der Überlebenden vom sinkenden Schiff. — Bild aus der Zeitschrift: »The Illustrated London News«.

Frachtschiffe in durch Eskorter gesicherten Konvois zusammenzufassen, hatte sich gegen die deutschen U-Boote bereits im I. Weltkrieg bewährt, kein Wunder, daß die Royal Navy kurz nach Ausbruch des 2. Weltkrieges auf dieses System zurückgriff, nach und nach konsequenter denn je. Als die deutschen U-Boote mit ihrer Rudeltaktik immer neue Geleitzüge dezimierten, mehrten sich in Großbritannien die Stimmen, die »geballten Ziele«, die Konvois also, aufzugeben, das kurz vor der sich in aller Stille vollziehenden Wende durch neue Waffen und Taktiken. Bild oben: Ein zusätzlich von Langstreckenflugzeugen gesicherter Konvoi. — Foto: US Naval Photographic Center, Washington • Unten: Ein »emergency turn«, eine Not-Kursänderung, bei einem U-Bootalarm, ein militärisch minutiöses Manöver von Frachtschiffen. — Foto: US Naval Photographic Center.

Ein britischer Konvoi im Atlantik. Im Vordergrund eine der neuen Korvetten mit abrollbaren Wasserbomben auf dem Heck. — Zeichnung in: »The Illustrated London News« [155] vom September 1941.

Oben: Der letzte Gruß für ein zur Unternehmung auslaufendes U-Boot, für manche, später für viele, wird sie eine Reise ohne Wiederkehr. Statistiker haben ab Mai 1943 die Überlebenschance eines auf Feindfahrt eingesetzten U-Bootes auf 90 Tage berechnet (KzS. a. D. Meckel im Fernsehen). — Foto: PK-Bonnemann, Atl. • Bild unten: Heimgekehrt, glücklich wieder heimgekehrt. Und nun an Land, im Laufschritt. — Foto: PK-Dietrich

ein noch aus den Serien der ersten Stufe stammendes (fast veraltetes) Radar an Bord; daß die beiden ex-amerikanischen Zerstörer mit einem neuen Funkpeiler ausgestattet sind, ist indessen im Hinblick auf das noch später zu behandelnde »Huff/Duff« bemerkenswert. Nur hatte man keine Zeit, diese Geräte zu justieren. Nach [32]: »Der Gruppe fehlte also eines der wichtigsten Hilfsmittel, um funkende feindliche U-Boote sofort durch Einpeilen zu erfassen.«

Zu den Vorbereitungen zählen auch die Bereitstellung der 15. Gruppe des Coastal Commands innerhalb der Reichweite der Flugzeuge[140] von den Stützpunkten der britischen Inseln wie auch (als Untergruppe) von Island.

Schließlich ist auch die 3. E. Gr. auf Island zu alarmieren, soll sie doch am 7. Mai die 7. E. Gr. rund 150 sm südlich von Reykjavik ablösen.

Vor dem Auslaufen finden sich jeweils mit dem Kommodore des Konvois gruppenweise zusammen: die bereits mit den schriftlichen Befehlen und notwendigen Signalanweisungen versorgten Kapitäne des Konvois, der Leiter der jeweils zuständigen Marinedienststelle des betreffenden Hafens, Vertreter des 15. Coastal Commands. Der jeweilige Sprecher erklärt, was er im Falle eines U-Boot-Angriffes oder eines anderen kritischen Zustandes in See veranlassen würde. Es folgen Besprechungen über das Fahren im Konvoi und die möglichen Verteidigungsmaßnahmen. Roskill im Wortlaut [32]: Bis auf die schwedischen Frachter sind alle Schiffe bewaffnet. Beim O.B. 318, der beim Eintritt in den offenen Atlantik nicht, wie vorgesehen, über 42, sondern nur 38 Schiffe verfügt, haben 28 eine alte 10.2

Die umseitige doppelseitige Zeichnung zeigt die schematische Darstellung des Konvois O.B. 318. Sie ist vom Schema her, also von der Aufstellung der Schiffe in den jeweiligen Kolonnen, prinzipiell praktisch für alle Konvois verbindlich. Einzelheiten dazu werden im Text dieses Kapitels behandelt. Die Schemazeichnung stammt aus dem Buch von Roskill: »The Secret Capture«, deutsch: Das Geheimnis um *U 110,* und wurde mit freundlicher Genehmigung des Verlages Bernard & Graefe, Frankfurt, im Original übernommen [32].

Schematische Darstellung der Formation des Konvois O.B. 318
2. Mai 1941

Kol. 1	Kol. 2	Kol. 3	Kol. 4	Kol. 5
11. *Tureby* (Brit. 4372)	21. *British Prince* (Brit. 4979) (Vize Kommodore)	31. (frei)	41. *Colonial* (Brit. 5108) (Kommodore) (Vers. 26. Mai nach Auflösung	51. *City of Kimberley* (Brit. 6169)
12. *Gand* (Belg. 5186) (Vers. 10. Mai nach Auflösung)	22. *Edam* (Holl. 8871)	32. *Sommerstad* (Norw. Tanker 5923)	42. *City of Cairo* (Brit. 8034)	52 *Lucerna* (Brit. Tanker 6556)
13. *Hoyanger* (Norw. 4624)	23. *Agioi Victores* (Griech. 4344)	33. *Baron Cawdor* (Brit. 3638)	43. *Eastern Star* (Norw. 5638) (Vers. 7. Mai)	53. *El Mirlo* (Brit. Tanker 8092)
14. *New York City* (Brit. 2710)	24. *Lima* (Schwed. 5244)	34. *King Edwin* (Brit. 4536)	44. *Atlantik Coast* (Brit. 890)	54. *Ixion* (Brit. 10263) (Vers. 7. Mai)
15. (frei)	25. *Orminster* (Brit. 5712)	35. *Athel Sultan* (Brit. Tanker 8882)	45. (frei)	55. *Ben Lomond* (Brit. 6630)

▲ Versenkt   ◪ Beschädigt

Kol. 6

61. Burma (Brit. 7821) (Stellv. Vize Kommodore)

62. Gyda (Brit. 1695)

63. (frei)

64. Berhala (Holl. 6622) (Vers. 24. Mai nach Auflösung)

65. Iron Baron (Brit. 4584)

Kol. 7

71. Bengore Head (Brit. 2609) (Vers. 9. Mai)

72. Gregalia (Brit. 5802) (Vers. 9. Mai)

73. (frei)

74. Nagina (Brit. 6551)

75. Zwarte Zee (Holl. Schlepper 793)

Kol. 8

81. Empire Caribou (Brit. 4861) (Vers. 10. Mai nach Auflösung

82. Chaucer (Brit. 5792)

83. Hercules (Holl. 2317)

84. Tornus (Brit. Tanker 8054)

85. (frei)

Kol. 9

91. Esmond (Brit. 5029) (Vers. 9. Mai)

92. Empire Cloud (Brit. 5868) (torpediert 9. Mai eingeschleppt)

93. Aelybryn (Brit. 4986) (torpediert 10. Mai eingeschleppt)

94. Nailsea Manor (Brit. 4926)

95. (frei)

Ranpura (von Island)

163

cm-Kanone zur U-Boot-Abwehr auf dem Heck, neun haben gegen See- und Luftziele 7.6 cm-Kanonen (= Zwölfpfündergeschütze), bereits zehn haben im Zuge der Anstrengungen, die Abwehrbereitschaft gegenüber den zunehmenden Luftangriffen (besonders im küstennahen Raum) zu stärken, 4-cm-Bofors Flak erhalten, Waffen, die eigentlich der Armee gehören und dann an ein neu aufgestelltes Marine-Flak-Regiment abgetreten worden waren. Interessant ist, daß diese Kanonen im nächsten in Frage kommenden Hafen wieder von Bord genommen und auf nach England marschierende Schiffe montiert werden, so knapp ist die Flak um diese Zeit, aber man weiß sich zu helfen und scheut keine Mühen und Arbeit. Alle Schiffe haben zusätzlich noch zwei bis sechs Leichte MG's. 18 Schiffe haben Drachen an Bord, die man — der Drähte wegen — als Hindernisse gegen Tiefflieger in die Luft steigen läßt. Die Bedienungsmannschaften stellt der D.E.M.S.-Verband (= Defensively Equipped Merchant Ship = zum eigenen Schutz ausgerüstetes Handelsschiff), der Pensionäre und Reservisten der Marine und der Marineinfanterie (besser Royal Marines) heranzieht. Nach und nach werden auch immer mehr Handelsschiffoffiziere und die Besatzungen an den Kanonen ausgebildet.

Die Reise des Konvois O.B. 318 beginnt am 2. Mai, 15.00. Alles verläuft nach Plan. Der Konvoi steht am 4. Mai, 22.15 Uhr, am Nordausgang des Minch Kanals, wo sich die 7. E. Gr. anschließt und die Führung übernimmt. Die Schiffe nehmen — es sind 38 mit einer Gesamttonnage von 204 811 BRT — die ihnen vom Kommodore zugewiesenen Plätze ein. Ihre früheren reedereieigenen Unterscheidungsmerkmale an den Schornsteinen wie auch den unterschiedlichen Außenbordfarben sind einem stumpfen, stupiden Grau gewichen. Auch die Namen sind überpöhnt worden, ausgenommen ein neutraler Schwede in diesem Konvoi.

Der Konvoi O.B. 318 gliedert sich, wie gesagt, in neun Kolonnen, wobei das einzelne Schiff in der Kolonne einen Abstand von zwei Kabellängen = 400 m halten muß. Der Abstand zwischen den Kolonnen beträgt bei U-Boot-Gefahr gewöhnlich fünf Kabellängen (= 1000 m). Sind Bombenangriffe zu befürchten, können diese Abstände auf drei Kabellängen (= 600 m) reduziert werden. Dieses Zusammenschließen hat seinen guten

Grund: Im engeren Pulk ist die Abwehr durch die Flak massierter und (erfahrungsgemäß) erfolgreicher.
Jedes Schiff der neun Kolonnen erhielt eine zweistellige Nummer. Von links nach rechts bedeutet die erste Ziffer die Kolonne, die zweite die Position innerhalb der Kolonne. Die Nummer 74 ist also das 4. Schiff in der 7. Kolonne, in diesem Fall der 6551 BRT große britische Frachter *Nagina*. Diese Aufschlüsselung ist bei allen Geleitzügen gleich. Das erleichtert das Finden und Anrufen der einzelnen Schiffe, die in der Konvoiliste geführt werden, außerordentlich. Hier sind ja auch die Friedensnamen der Schiffe verzeichnet.
Noch ein Wort zur normalen Marschgeschwindigkeit, die beim Konvoi O.B. 318 bei den verschiedenen Geschwindigkeiten der einzelnen Schiffe zwischen 9 und 12.5 kn auf 8 kn festgelegt worden ist.
Das aus dem Ersten Weltkrieg übernommene Formations-Zick-Zack-Fahren der Schiffe der Konvois nach vorher festgelegtem Schema ist für langsame Geleitzüge seit April 1941 aufgehoben worden. Neuerdings ist es Sache der Konvoi-Kommodore, »Ausweichkurse« zu befehlen, zum Beispiel, wenn akute U-Boot-Gefahr droht, etwa bei von der britischen Funkentschlüsselung erfaßten Vorpostenstreifen, oder wenn Andeutungen einer sich um den Konvoi an der Peripherie der Fernsicherung aufbauenden Ansammlung für ein U-Boot-Rudel bekannt werden, was später auch durch Peilungen mit den bereits oben genannten HUFF/DUFF-Sichtfunkpeilern im Nahbereich ohne Eigengefährdung problemlos möglich sein wird. Dazu kämen noch die Luftsichtungen durch landgestützte Flugzeuge oder Maschinen der Escort-Carrier-Groups, die später auch die bisher nicht überwachten nordatlantischen Gebiete, die BLACK GAPs, kontrollieren. Natürlich sind auch bei plötzlichen Notsituationen — etwa der Torpedierung eines Schiffes durch ein vorher nicht erfaßtes U-Boot — Kursschwenkungen des Konvois geboten. Sie werden vom Kommodore durch Flaggen- oder Lichtsignale oder bei Nebel durch Sirenentöne angeordnet.
Unter Notsituationen sind aber auch Kollisionen innerhalb des Konvois zu verstehen, denn das genaue Kurshalten ist innerhalb der engmaschigen Kolonnen ein seemännisches-technisches Problem. Es verlangt äußerste Konzentration des Brückenper-

sonals — vom Wachhabenden bis zum verantwortlichen Rudergänger. Daß dieses Positionshalten bei unhandigem Wetter in hoher, schwerer See und bei versetzenden Sturmwinden und auf das Schiff einwirkenden Orkanböen ungleich schwieriger ist, bedarf keiner Betonung. Auch bestimmen Schiffsgröße und Schiffstypen und deren unterschiedliche Manövrierfähigkeit das Kurshalten im Konvoi. Roskill [32] im Wortlaut: »... und es ist nicht verwunderlich, daß ziemlich häufig Kollisionen nur mit so knapper Not vermieden werden konnten, daß den Beteiligten die Haare zu Berge standen und daß schwere Havarien nichts Ungewöhnliches waren ...«
Typisch für die ersten Kriegsjahre sind fast bei jedem Konvoi jene Schiffe, deren Kapitäne von der Konvoifahrerei ganz und gar nichts halten und keinen Spaß an der permanenten Anspannung auf der Brücke haben. Sie lassen ihr Schiff langsam achteraus sacken, trotz der Warnungen durch den Kommodore. Als Nachzügler werden sie häufig das Opfer heranschließender U-Boote, so lange, bis es sich dann doch herumspricht, daß das Fahren im von den Eskorten gesicherten Konvoi größeren Schutz vor U-Boot- wie auch Fliegerangriffen bietet.
Da das Konvoifahren aus Zeitgründen nicht exerziermäßig geübt und wieder geübt werden konnte, gab es Probleme. So, z.B., lesen wir im KTB von *U 94* [42] unter dem 7. Mai 1941, 21.59 Uhr: FT vom BdU: »*U 94* angreifen ... Der Geleitzug (es handelt sich um den O.B. 318) besteht aus 36 Dampfern, 1 Kanonenboot und einem Bewacher. Die Formation der Dampfer ist ein ziemlicher Sauhaufen ...« gez. Herbert Kuppisch, Kapitänleutnant.[141]
Am 5. Mai, als der Konvoi O.B. 318 aus dem Minch-Kanal in den offenen Atlantik hinausmarschiert, stehen neun deutsche U-Boote nördlich des 55. Breitengrades, nämlich westlich der Hebriden *U 141, U 143, U 147* und zwischen Irland und Island *U 94, U 95, U 97, U 98, U 110* und *U 201*. Davon wird an diesem 5. Mai von einem der in Horizontweite des Konvois sichernden Flugzeuge des Coastal Commands, von einer der fünf Hudsons genau um 14.35 Uhr etwa 50 Seemeilen hinter dem Konvoi ein aufgetauchtes U-Boot gesichtet. Der Feldwebel Eatley wirft drei Wasserbomben auf das Ziel. Zwei der Wabos detonieren nach dem KTB von *U 147* in nur 20 m Entfernung vom

Boot, das offenkundig auf dem Wege um Schottland herum nach Operationen im Atlantik auf dem Heimmarsch steht. Die Hudson gibt eine Sichtmeldung ab, worauf der Chef der britischen Home Fleet die Zerstörer *Electra* und *Escapade* in das fragliche Seegebiet schickt, allerdings ohne einen Erfolg zu verbuchen.[142]

Der 6. Mai verläuft ohne Besonderheiten. Die Luftsicherung ist wegen zwei einkommender Konvois diversioniert und damit schwächer geworden. Vom Morgen des 7. Mai ab, an dem drei der Frachter[143] mit Kurs Island aus dem Konvoi entlassen werden, muß der O.B. 318 auf eine Luftaufklärung sogar völlig verzichten, da die Hudson-Flugzeuge der 15. Gr. keine größere Reichweite haben. Bereits in den Nachmittagsstunden begleiten von Island gestartete Sunderlands den Konvoi. Nebel zwingt die Flugboote zur Rückkehr. Hätte er nicht seinen grauweißen Mantel derart großflächig ausgebreitet, hätte eine der Sunderlands wahrscheinlich die schmale dunkle Unterbrechung in der See und die keilförmig von hier auslaufenden weißen Linien erkannt, ein U-Boot als Fühlunghalter, *U 94* unter Kapitänleutnant Herbert Kuppisch, wie bereits beschrieben.

Ein unbemanntes Rettungsboot gibt auf den Konvoischiffen nachmittags Anlaß zu düsteren, sorgenschweren Gesprächen. Es wird als ein Rettungskutter der *Terje Viken* identifiziert und diese wiederum als die 20 638 BRT große Walkocherei der United Whalers' Company. Wir wissen heute, daß es *U 99* unter Kapitänleutnant Otto Kretschmer war, der sie 400 sm weiter östlich versenkte, derselbe Otto Kretschmer, der sich später noch intensiv mit *U 110* befassen muß, das wiederum mit dem O.B. 318 schicksalhaft verzahnt sein wird.

An diesem 7. Mai greift auch, wie bereits dargestellt, von der britischen Insel aus Admiral Noble ein und befiehlt um 15.51 Uhr Aufnahmezeit der *Bulldog* die Kursänderung nach Steuerbord. Eben wegen des in O.B. 318-Nähe operierenden eingepeilten U-Bootes, nämlich *U 95*, das in Wahrheit vor dem Nordkanal operiert. Inzwischen ist, von Island ausgehend, die 3. E. Gr. mit Kurs O.B. 318 in See gegangen, getrennt, denn die Korvetten *Aubrietia*, *Hollyhock* und *Nigella* machten zusammen mit dem Geleit-Fischdampfer *St. Apollo* bereits am 6. in Reykjavik Dampf auf, um gleichzeitig mit der Aufgabe, die

7. E. Gr. abzulösen, vier Dampfer zum O.B. 318 zu geleiten.[144] Noch während der Nacht, morgens um 02.15 Uhr, folgt Commander Baker-Cresswell auf der *Bulldog* mit den beiden Zerstörern *Amazon* und *Broadway,* in ihrer Mitte, nur so aus purer kameradschaftlicher Gefälligkeit der nach einer Konvoibegleitfahrt nach Westen sofort zurückkehrende P & O-Passagierliner und nunmehrige Hilfskreuzer *Ranpura.* Und mit diesem die allerdings noch unklare *Daneman,* ein Fischdampfer vom Typ her.
Für keines der Sicherungsschiffe hatte es — wie üblich — eine Verschnaufpause gegeben, ein kurzer Landgang im friedensmäßig strahlend hell erleuchteten Reykjavik ausgenommen.
Fahren und Konvois sichern, fahren und »the damned subs« jagen, fahren, suchen, fahren, suchen, fahren... bei Tag, bei Nacht, bei Regen oder Sonne, und nicht selten bei Sturm in Orkanstärken in bergehoher, in zornig kochender See. Dazu das Problem für Baker-Cresswell: wie und wo den umgelenkten Konvoi finden, denn die Sicht auf dem genannten Treffpunkt ist schlecht. In den Nebelbänken ist sie plus minus null.
Die Zerstörer treffen vor der mitgekoppelten Zeit ein. Nichts ist zu sehen, wie erwartet. Aber um 15.44 Uhr des 7. Mai sichtet man die ersten Einheiten des O.B. 318, mit diesen die Eskorter der abzulösenden 7. E. Gr., die dann auch — die Zerstörer *Westcott, Campbeltown* und *Newmarket* nach kurzer Lagebesprechung der Chefs der Eskort Groups — wegen Brennstoffmangels abdrehen. Vorher, 19.45 Uhr, hatte Baker-Cresswell die volle Verantwortung für den O.B. 318 übernommen.
Im Gegensatz zum *U 94*-Kommandanten Kuppisch zeigt sich Baker-Cresswell in seinem Bericht an den Geleitzugkommodore über den Konvoi selbst des Lobes voll: Er (der Konvoi) sei (nach Roskill im Wortlaut [32]): »gut geführt, zusammengestellt und geschult« und er »habe bemerkenswert gut Position gehalten«, Mißfallen dagegen hatte er nur gegen die *Burma* vorzubringen. Sie hatte ein helles Licht gezeigt, ausgerechnet mit dem Vizekommodore an Bord.
Die Konvoisicherung ist jetzt relativ stark: drei Zerstörer *(Bulldog, Broadway, Amazon)* und die noch bis zum Abend zur Verfügung stehenden sechs Einheiten der 7. E. Gr., die Sloop *Rochester,* die Korvetten *Nasturtium, Auricula, Dianthus, Prim-*

rose und *Marigold,* dazu ist noch der Fischdampfer *Angle* zu rechnen. Die *Amazon* postiert sich an Backbordseite, die *Bulldog,* mit dem Eskortgruppenführer Baker-Cresswell an Bord, standesgemäß auf die Steuerbordseite vor dem O.B. 318, die *Broadway* sichert Backbord achtern, die anderen Eskorter werden rundherum plaziert. Der Hilfskreuzer — nach Baker-Cresswell »eine Art Scheune, die alle überragt« — kommt in die Mitte.

Kurz vor 21.00 Uhr dieses 7. Mai hat das *Bulldog*-Asdic einen Kontakt. Etwa 200 m vor dem Schiff. Doch so plötzlich das Gerät in Funktion trat, so plötzlich reißt der Kontakt wieder ab. Die *Bulldog* dreht sofort auf. Auf Gegenkurs prescht der Zerstörer mitten durch den Konvoi nach achtern. 21.15 Uhr erschüttern zwei Detonationen die See und die Luft. Erwischt hat es die 10 263 BRT große *Ixion* und den 5 638 BRT großen Norweger *Eastern Star.* Torpediert von Kuppisch's *U 94,* wie wir wissen.

Gentlemenlike und kameradschaftlich wie die See verantwortliche Männer erzieht, sorgt und kümmert sich Commander Baker-Cresswell um den Hilfskreuzer *Ranpura.* Er war es ja, der dessen Kommandanten überredet hatte, mit ihm zu kommen. Mitten während der Jagd nach dem erfolgreichen U-Boot fragt er den Dicken:

»Meinen Sie noch immer, daß dieser von mir vorgeschlagene Entschluß von Ihnen richtig war?«

Zurück kommt kurz und bündig:

»Danke für Ihre Sorgen. Er war und ist es.«

U 94 wird zwar schwer beschädigt, aber versenken oder zum Auftauchen zwingen vermag Baker-Cresswell es nicht. Bis in die ersten Morgenstunden des 8. Mai jagen und suchen die Zerstörer *Bulldog,* die *Rochester* und die *Amazon* vergeblich. Trotz mehrfacher Kontakte entwischt Kuppisch jeder neuen Lage Wasserbomben.

In dieser gleichen Nacht vom 7. zum 8. Mai treffen übrigens — genau um 22.00 Uhr — die morgens aus Reykjavik ausgelaufenen 3. E. Gr.-Korvetten *Aubrietia, Nigella* und *Hollyhock* sowie der Fischdampfer *St. Apollo* mit den vier von ihnen gesicherten Handelsschiffen am O.B. 318 ein, zu spät, um noch gegen *U 94* aktiv zu werden, aber noch früh genug, um den Konvoi wenigstens bis zum Auflösungspunkt noch stärker zu schützen. Zur Stunde ist der Geleitschutz noch immer stark, denn die 3. E. Gr. ist mit neun Einheiten nicht nur wieder komplett, die vier von der 7. E. Gr. erhöhen die Zahl der Eskorter auf 13. Das ist beachtlich viel an Sicherung für diese Zeit.

Aber der 8. Mai verläuft für den O.B. 318 ohne Aufregungen. Auch nach der Entlassung der *Dianthus,* der *Nasturtium,* der *Primrose* und der *Auricula* bleibt es ruhig. Scheinbar ruhig, denn seit 17.00 Uhr wird der Konvoi von *U 110* beschattet. Auf Distanz, aber ebenso hartnäckig, wie geschickt.

Dieses *U 110* macht auch die um 20.44 Uhr auf Admiral Nobles Befehl anstehende Kursänderung um 30° nach Südwesten mit — und auch die vom Geleitzugkommodore veranlaßte Ausweichwendung, die in dieser sternenklaren, mondhellen Nacht kaum Hoffnung auf einen Erfolg absoluter U-Boot-Abwehr versprach. Doch ist es in solchen Lagen für das seelische Gleichgewicht der strapazierten Besatzungen immer noch besser, irgend etwas als nichts zu tun. Inzwischen hatte die Admiralität vor einem U-Boot gewarnt, dessen Fühlunghaltermeldung in den späten Nachmittagsstunden eingepeilt worden war. Auch der Vormittag des 9. Mai zeigt sich friedlich. Mit 8 kn Marschfahrt quälen sich die in neun Kolonnen zu fünf Reihen aufgegliederten Dampfer durch die gegenüber dem Vortag etwas höher, in Stärke 3 laufende See. Fast erstaunlich ist diese Seefahrt zu nennen, wenn kein Krieg wäre ... Unter den niedrigen, mausgrau getönten Wolken ist das Tageslicht blaß und farblos — und die Dampfer wirken in ihrer kriegsmäßigen Bemalung wenig belebend, eher theatralisch düster und trostlos, besonders die Kohlenbrenner unter den Frachtern, die schwarzen Qualm wie Trauerfahnen hinter sich herziehen. Trauer für die am 7. Mai gesunkenen Konvoi-Schwestern. Auch ist es diesig. Die Sicht beträgt nur noch drei bis fünf Seemeilen. Das wenigstens wird als Geschenk des Himmels gepriesen, denn: je schlechter die Sicht, um so größer die Hoffnung, von den damned subs nicht gesichtet zu werden.

»Freuen Sie sich nicht zu früh«, warnt Baker-Cresswell seinen IWO, der angesichts des diesigen Wetters seine Erleichterung lautstark für alle auf der Brücke der *Bulldog* deutlich macht. »Der Wind frischt auf, wie Sie sehen.«

In der Tat weht es kurz vor Mittag bereits mit Stärke 4 bis 5. Und das drohend-düstere Gewölk bricht bereits hier und dort auf. Die Sonne zeigt sich, nautischer Leitstern am Tage. Das ist die Stunde, da der Commander zum Sextanten greift, um, wie üblich, das aus der Beobachtung errechnete Mittagsbesteck mit dem des Geleit-Kommodore auszutauschen. Doppelt genäht hält besser.

In diesem Augenblick bricht aus der Steuerbordflanke der 5029 BRT großen britischen *Esmond* — sie hat die taktische Nummer 91 und ist das Spitzenschiff der 9. Kolonne (rechts außen) — eine Wasserfontäne aus der See, gefolgt von einem unterseeischen Rumoren und Grollen. Sekunden später erwischt es auch die nur 2609 BRT große britische *Bengore Head,* die Nummer Eins in der 7. Reihe, während sich das Heck der torpedierten *Esmond* gerade langsam und lautlos und unheimlich schwerelos aus dem Wasser hebt und die Deckladungen in Bewegung geraten. Die direkt mittschiffs getroffene *Bengore Head* ist unmittelbar nach der Wasserfontäne direkt an der Explosionsstelle auseinandergebrochen. Bug und Heck schieben sich, spielerisch leicht fast, aus der See heraus. Die beiden Masten bewegen sich aufeinander zu. Ihre oberen Teile überlappen sich und bilden für einige Sekunden ein Kreuz über dem Ozean. Die auf dem Eskort-Zerstörer *Bulldog* haben keine Zeit, über dieses symbolische Zeichen nachzudenken, denn der Commander hat in der gleichen Sekunde, als er die Wassersäule neben dem Spitzenschiff der 9. Kolonne sah, U-Boot-Alarm und eine Kursänderung befohlen. Dorthin, wo seiner Meinung nach der Angreifer stehen könnte. Kaum dreht die *Bulldog* an, folgt der nächste Befehl. Er geht an die *Amazon:* »Übernehmen Sie die Sicherung.«

Und es ist 12.02, als der gesamte Geleitzug durch ein Signal des Geleitzugkommodore zu einer Gefechtswendung nach Backbord gezwungen wird.

Blenden wir hier zurück auf die Phase unmittelbar vor dem Angriff, so hatte die an der Steuerbordseite sichernde Korvette *Aubrietia* die hier anlaufenden Torpedos auf 800 m Distanz sogar im Asdic-Gerät.

12.03 Uhr sichtet man auf der *Aubrietia* das Sehrohr eines U-Bootes. Nur ganz kurz. Kein Zweifel, es war ein Sehrohr, dessen Kommandant offenbar die Folgen der Torpedotreffer kontrollierte. Gleichzeitig meldete der Mann am Asdic, Kontakt zu haben. Doch reißt diese Fühlungnahme kurz danach wieder ab. Der *Aubrietia*-Kommandant, Lieutenant Commander Smith, dreht die inzwischen weiter parallel zum Konvoi gelaufene Korvette mit Hartruderlage nach Steuerbord, läuft zurück und läßt — es ist 12.06 Uhr — Wasserbomben werfen. Einen ganzen Teppich. Einfach über den Daumen gepeilt. Auf 30 bis 70 m Tiefe eingestellt. Minuten danach meldet auch das Asdic »wieder klar«. Jetzt, da die *Aubrietia* — es ist 12.11 Uhr — wieder auf den SW-Kurs des Konvois (zurück-)gedreht hat, schwimmt das offenbar ebenfalls nach Südwesten ablaufende Ziel in 1700 m Distanz voraus.

12.20 Uhr: Neuer Asdic-Kontakt.

12.22 Uhr: Sie glauben auf der *Aubrietia*, direkt hinter dem U-Boot zu stehen, dessen getauchte Position sie jetzt überlaufen werden.

12.23 Uhr: Die *Aubrietia* mahlt mit ihren Schrauben über das Ziel hinweg. Die Wasserbomben sind jetzt auf 50 bis 120 m Tiefe eingeregelt.

12.23,5 Uhr: Neuer Wasserbombenteppich, dessen Explosionen das Meer aufwölben und aufbrechen. An einen Erfolg glaubt *Aubrietia*-Commander Smith eigentlich nicht. Er sieht vielmehr viel nützlicheres Tun darin, sich um die Überlebenden der sinkenden *Esmond* zu kümmern, während sich zur gleichen Zeitphase die Zerstörer *Bulldog* und *Broadway* nähern. Sie haben ebenfalls Asdic-Kontakt. Alle hören das »Ping« des Asdic, das »Pong« des Unterwasserechos. Just, als beide Eskorter mit Wasserbomben angreifen wollen, quirlt die See im Bereich der *Aubrietia*-Wurfstelle durcheinander. Wie bei einem Unterwasserstrudel. Wie Selterswasser, das aus der Tiefe der See an die Oberfläche sprudelt. Sie halten den Atem an.

Niemand spricht.

Auf keinem der Eskorter.

Lange Minuten passiert nichts.

Doch dann:

Es ist 12.35 Uhr, als der Turm eines auftauchenden U-Bootes die See durchbricht. Weiße Wasserkaskaden hüllen ihn für Sekunden ein.

Baker-Cresswell auf der *Bulldog* will, obwohl er weiß, wie gefährlich das für seinen leichtgebauten ungepanzerten Zerstörer sein kann, sofort rammen, aber auch Taylor, den Kommandanten der *Broadway,* bewegt offenbar die gleiche impulsive Absicht. Und da einige der aus dem Turmluk herauskletternden Männer an die auf dem Vorschiff montierte Kanone des U-Bootes stürzen, gibt Baker-Cresswell den Feuerbefehl. Als er die ersten Treffer — sie stammen aus der 7.6 cm-Flak, die das Schießen eröffnete — in dem Turm des U-Bootes beobachtet, ist der Gedanke akut: Dieses Boot könnte man vielleicht entern. Die *Bulldog* wird sofort gestoppt und zieht nach dem Befehl: »Beide Maschinen AK zurück« über den Achtersteven zurück und stoppt erneut. Jetzt, 100 m neben dem achtern tiefer im Wasser liegenden U-Boot liegend, naht die *Broadway*. Sie wird von Baker-Cresswell über Lautsprecher immer wieder gewarnt: »Nicht rammen! Nicht rammen!«

Dabei will Taylor gar nicht rammen. Er hat da seine eigene Vorstellung, nämlich flach eingestellte Wasserbomben direkt unter das U-Boot zu schießen, um, wie er hofft, »an Bord des U-Bootes Panik zu erzeugen, damit die Besatzung in größerer Eile aussteigt und dabei versäumt, das Boot zu versenken und das Geheimmaterial zu vernichten«. Bei diesem Manöver werden die Wasserbomben dann bloß deswegen nicht geworfen, weil die *Broadway* mit dem vorderen Tiefenruder des U-Bootes kollidiert. Das stabile Horizontalruder reißt die dünne Rumpfhaut des Zerstörers ein paar Handbreiten lang ein Stück auf und bricht beim Längsscheren obendrein auch noch die Backbordschraube ab.

Die *Broadway* ist schwer beschädigt und fällt aus. Die *Aubrietia* ist in dieser Phase noch immer mit der Rettung Überlebender der torpedierten Frachter befaßt, zu denen jetzt auch noch die Überlebenden aus dem U-Boot hinzukommen, die nach dem Beschuß in die See gesprungen sind und schwimmend Abstand vom Boot zu gewinnen versuchen. Auf der *Bulldog,* auf der der Befehl zum Feuereinstellen gegeben wurde, läßt um diese Zeit Baker-Cresswell das Prisenkommando klarmachen und, bewaffnet mit Gewehren, Maschinenpistolen und Handgranaten, in den inzwischen zu Wasser gebrachten Kutter springen. Ein Leutnant Balme ist der Verantwortliche. Er hatte den Be-

fehl, alle Papiere und auch sonst alles, was von Wert und Nutzen sein könnte, von Bord zu holen:
»Alles, was irgendwie transportabel ist.«
Er ist auch mit der ausdrücklichen Warnung auf den Weg geschickt worden, sehr wachsam zu sein:
»Es kann sein, daß noch einige Deutsche an Bord und im Boot sind.«
Darüber, daß das Boot während der Untersuchung der Räume mit ihm und seinen Männern jäh wegsacken könnte, wird nicht gesprochen. Daß es ein Himmelfahrtskommando ist, weiß auch der jüngste Matrose an Bord der beteiligten Eskorter. Bei Roskill [32] ist nachzulesen, wie geschickt und seemännisch gekonnt der Leutnant Balme an dem in der Dünung auf- und abschwojenden U-Boot festmacht und mit seinen Männern an Deck steigt: »Wieder einmal hatte die sorgfältige Ausbildung ihren Wert erwiesen, welche die englische Marine all ihren Offizieren in der Handhabung von Booten sowohl unter Ruder und Segel als auch mit Maschinenkraft angedeihen läßt ...«[145]
Balme bekennt dann, »daß es schwer und fast schon selbstmörderisch war, mit einem entsicherten Revolver in der Hand, in ein feindliches U-Boot einzusteigen, wenn man vorher noch kaum auf einem an Bord war«.[146]
Nach Balmes Bericht »... brennen noch alle Lampen. Alles lag kunterbunt umher, als wäre man nach dem Frühstück in eine Wohnung gekommen, bevor die Bewohner Zeit hatten, die Betten zu machen. Mäntel und Jacketts lagen herum, die Kojen waren erst halb gemacht. Im Boot herrschte vollkommene Stille, nur dann und wann hörte man noch das Dröhnen der Wasserbomben unserer Geleitfahrzeuge. Das war ein höchst unangenehmes Geräusch, besonders, wenn die Detonationen näher kamen, denn jeden Augenblick erwartete man, daß das Boot in die Luft gesprengt wurde ...«
Balme berichtet dann weiter, daß der Funker des Prisenkommandos, Long mit Namen, im FT-Raum alle Einstellungen an den Funkgeräten notierte, offenbar ohne Angst und ohne Eile, und daß er weiter verschiedene Geräte ausbaute. Er selbst befaßte sich mit den ausgebreiteten Seekarten, die er keineswegs hastig und unkontrolliert zusammenraffte, sondern vor der Mitnahme sogar noch studierte. »Dabei fielen mir sofort die

dicken dunklen Linien auf, welche die minenfreien Wege zu den deutschen U-Boot-Stützpunkten angaben ... Dann halfen mir ein paar meiner Seeleute, alle Karten und danach auch alle Bücher durch den Kommandoturm in den Kutter zu bringen. Da es uns an Zeit fehlte, zwischen Wichtigem und weniger Wichtigem zu unterscheiden, gaben wir einfach alles durch ... außerdem fanden wir ein halbes Dutzend wundervoller Sextanten, viel besser als die uns von der Admiralität gelieferten ...[146a]
Wir wußten schließlich überhaupt nicht mehr, wie lange wir schon in dem U-Boot waren, doch unser Kutter[147] fuhr, glaube ich, mehrmals hin und her. Nach einiger Zeit kam unser Ingenieuroffizier herüber, um zu sehen, ob er die Maschinen des U-Bootes in Gang bringen könnte, doch es gelang ihm nicht.«
Diese Feststellung ist wohl die gravierendste Aussage, beweist sie doch, daß in *U 110* die gesamte Antriebsanlage ausgefallen war, nämlich nicht nur die E-Maschine, die bei der Tauchfahrt nicht funktionierte, sondern auch der Dieselmotorantrieb, der nach den Versuchen des britischen LI ebenfalls nicht auf die Antriebswellen arbeitete.[148]
Strittig dagegen ist die Zahl der geworfenen Wasserbomben, die von den Überlebenden mit 18 Detonationen aufgerechnet wurde, während die britischen Berichte nur von 10 sprechen.
Auch die Angaben über den Umfang der Zerstörungen an Bord widersprechen sich. Hier sind Einzelheiten dazu über die bereits publizierten Angaben hinaus aber mehr oder weniger unwesentlich, wenn man nur an die auf See mit Bordmitteln irreparablen Schäden an der Schiffsbetriebstechnik denkt. Die Überlebenden dürfen sich glücklich schätzen, daß ihr Kommandant die äußerst bedrohliche und zugleich aussichtslose Lage für sein U-Boot schnell erkannte und, wie im Vorkapitel berichtet, ebenso blitzschnell handelte, das heißt anblasen ließ.
Während sich die *Bulldog,* die *Broadway* und die *Aubrietia* bei *U 110* aufhalten, marschiert der Konvoi weiter — geordnet wie zuvor. Er wird nunmehr nur noch von dem Rest der Eskorter gesichert, der nun, in Abwesenheit von Commander Baker-Cresswell auf der *Bulldog,* unter dem Befehl von Lieutenant-Commander Roper auf dem Zerstörer *Amazon* steht. Hier kommt es dann zum Verlust von zwei weiteren Frachtern, als um 12.28 Uhr britischer Zeit die am Ende des Konvois stehen-

den Dampfer *Empire Cloud* und *Gregalia* torpediert werden.[149] Das wiederum löst bei den bisher am Konvoi verbliebenen Eskortern *Amazon, Nigella* und *St. Apollo* (während die *Hollyhock* am Konvoi verbleibt) eine wütende U-Boot-Jagd aus, die nach 64 geworfenen Wasserbomben erst um 18.00 Uhr endet. Zur Jagd auf ein durch Asdic geortetes Ziel werden wenig später auch die bei *U 110* zurückgebliebenen Eskorter — die Zerstörer *Bulldog, Broadway* und die Korvette *Aubrietia* — aktiv, dann nämlich, als sich *U 201*, hinter dem Konvoi stehend, aus dem Wasserbombenbereich der Konvoi-Korvetten zurückzieht. Als endlich Ruhe eintritt, übernimmt der drei bis vier Seemeilen von der *U 110*-Gruppe abstehende Zerstörer *Amazon* von der inzwischen aufgelaufenen *Aubrietia* außer Sicht der *U 110*-Gruppe neben britischen Überlebenden der versenkten bzw. torpedierten Schiffe alle geretteten deutschen Kriegsgefangenen. Es sind nur noch 32, da inzwischen noch zwei der Verwundeten verstorben waren.

Es ist andererseits einleuchtend, daß geheim bleiben muß, in welcher Form die U-Boot-Männer gefangengenommen werden konnten. Das geht auch alle Männer der Handelsmarine an, soweit sie die Ereignisse um *U 110* sehen und beobachten konnten. Daß auch sie schwiegen, wie verlangt, beweist die Tatsache, daß die Wahrheit um *U 110* erst öffentlich bekannt wurde, als die Britische Admiralität den strengen Sperrvermerk aufhob.

Während nach dem Umsteigen der Überlebenden der beiden Kategorien, das wegen der zunehmenden See nicht in den kleinen Booten der Korvetten und Zerstörer sicher war, sondern in den größeren schweren Kuttern der torpedierten Handelsschiffe erfolgt, die *Aubrietia* und die *Nigella* um 20.00 Uhr zum Treffpunkt mit dem ostwärts marschierenden Konvoi H.X. 124 geschickt werden, kümmert sich die *St. Apollo* weiter um die noch immer treibende *Empire Cloud*[150], wogegen die *Amazon* Kurs nach Reykjavik absetzt. Damit endet die sich über Stunden abseits des Geleitzuges hinziehende (wie wir wissen vergebliche) Suche nach *U 201*.[151]

Nicht nur die beteiligten Zerstörer- und Korvettenseeleute sind der felsenfesten Überzeugung, man habe drei verschiedene U-Boote angegriffen und versenkt. Auch Admiral Noble ist der gleichen Meinung und spart nicht mit Lob und Glückwünschen, das zu einer Stunde, wo er noch gar nicht weiß, was wirklich geschah und welche kriegswichtige Beute die *Bulldog* an Bord hat.

Inzwischen — es sind einige Jahre vergangen, seit dem das im Koehler Verlag als Hardcover-Buch 1984 herausgegebene Buch »Die Wende im U-Bootkrieg 1939—1943« erschien — ist der Tod von Fritz-Julius Lemp zum
FALL LEMP
geworden, denn: Kapitänleutnant Fritz-Julius Lemp ist nicht ertrunken, als er nach dem Versagen der von ihm eingeleiteten Maßnahmen zur Selbstversenkung zum Boot zurückschwimmen wollte, er wurde, wehrlos im Wasser schwimmend, mit Maschinenwaffen erschossen.
Verantwortlich dafür war das unter der Führung des Sublieutenants Balme stehende Prisen- und Enterkommando des Zerstörers *H.M.S. Bulldog*. Dieses wurde spontan ausgesetzt, als das von Wasserbomben schwer havarierte U-Boot aufgetaucht war und seine Besatzung bei dem Beschuß durch die britischen Eskorter auf Befehl ihres Kommandanten das zum Sinken verurteilte U-Boot verließen. Der Kommandant, erkenntlich an seiner weißen Mütze als Letzter. Als Letzter schwamm er auch von seinem Boot weg, vor ihm sein IWO. Als Lemp, zurückblickend, sah, daß die Selbstversenkungsmaßnahme versagte, wollte er, wie bereits an anderer Stelle dargestellt, zum Boot zurückschwimmen, um das Notwendige zu veranlassen. Die Briten an Bord des Zerstörers wie auch in dem prophylaktisch zu Wasser gebrachten Verkehrsboot mit einem Enter- und Prisenkommando an Bord beobachteten dieses Verhalten von Lemp und deuteten das Zurückschwimmen richtig.
Eine Versenkung im Nachhinein mußte aus der Sicht der Briten auf alle Fälle verhindert werden, bot sich doch hier die nur in kühnsten Träumen britischer Navyoffiziere sich anbietende Gelegenheit, nicht nur ein deutsches U-Boot mit seiner gesamten Technik, sondern auch mit den streng geheimen Schlüsselmitteln und OP-Befehlen zu erbeuten. Zumindest hofften die Briten, daß diese Top-secret-Unterlagen und Geräte wie etwa die Schlüsselmaschinen „M" nicht bereits gleichzeitig mit dem Versenkungsbefehl von Bord gegeben und versenkt worden waren

(eine Maßnahme, die bei einem, durch die Selbstversenkungsaktion bereits offenkundig über großer atlantischer Tiefe sinkenden U-Boot dem Kommandanten nicht [bzw. nicht mehr] notwendig erschien). In dieser Situation gab der Kommandant des Prisenkommandos, also eben der Sublieutenant Balme — zweifelsohne mit Einverständnis seines Zerstörerkommandanten Commander Baker-Cresswell — den Befehl, den in der See schwimmenden
wehrlosen deutschen U-Boot-Kommandanten
zu erschießen.
Mit Maschinenwaffen, um bei dem in der Dünung dümpelnden Boot den Erfolg gewährleistet zu wissen.
Der Tod von Fritz-Julius Lemp gab den Briten den Weg frei, *U 110* zu entern und zunächst von Bord zu schaffen, was sie an geheimen und sonstigen wichtigen Unterlagen, noch immer unter dem panikartigen Druck eines doch noch drohenden Absaufens des angeschlagenen Bootskörpers, zusammenraffen konnten. Darunter außer der Schlüsselmaschine »M« (vom Typ ENIGMA) auch den sogenannten Tagesschlüssel, der ein direktes Mitlesen der kodierten Funksprüche für eine befristete Zeit erlaubte ...
Seit 1986, dem im marinehistorisch-wissenschaftlichen Magazin SCHIFF UND ZEIT publizierten Bekanntwerden der bisher streng geheim gehaltenen Erbeutung von *U 110* und damit auch der rigorosen Ausschaltung des in der atlantischen See schwimmenden Kommandanten des durch Wasserbombendetonationen zum Auftauchen gezwungenen U-Bootes, haben sich wegen der Erschießung des *U 110*-Kommandanten zahlreiche Stimmen zu Wort gemeldet. Die einen versuchten das Verhalten der Briten mit der echt britischen Maxime RIGHT OR WRONG MY COUNTRY zu entschuldigen oder zumindest zu erklären, andere sprachen von einer aus der Sicht der Briten gewerteten »gerechtfertigten Tötung« und ein Jurist, Professor Dr. jur. Hanswilly Bernartz, formulierte das Geschehen mit einem »übergesetzlichen Notstand, dem das geringere Rechtsgut dem Interesse des höheren Rechtsgutes weichen muß«. Bernartz begründete das weiter mit »... Und im Krieg galt und gilt das Leben eines Soldaten als geringeres Rechtsgut.« Andererseits sind die Stimmen, die das Verhalten der Briten gegenüber

dem Kommandanten von *U 110* verurteilen, nicht minder zahlreich, eher noch bedeutend zahlreicher. Nur zwei solcher Aussagen seien stellvertretend hier angeführt: Kapitän zur See Rolf Güth, bekannt und respektiert wegen seines Engagements für eine objektive historische Wahrheitsfindung, spricht vom »Fall Lemp« von »... des Krieges wahrem Gesicht« und sagt weiter »... so hart, so gnadenlos ging es gar nicht selten zu.«
Und Kapitän zur See Karl-Friedrich Merten, einer der erfolgreichsten U-Bootkommandanten im Weltkrieg II. und ab 1943 Chef der 24. U-Flottille, der Kommandanten-Ausbildungsflottille in Memel, sagt unverblümt:
DAS WAR MORD.

Weitere Einzelheiten zu diesem Thema siehe SCHIFF UND ZEIT im Dokumentarbericht: C. P. Hansen »Der Fall Fritz-Julius Lemp«, Heft 24 (1986) und im Beitrag von Karl-Friedrich Merten: »*U 110* und die gerechtfertigte Tötung«, Heft 25 (1987).

Dieses tragische Thema soll nicht ohne einen Hinweis abgeschlossen werden, daß die Britische Admiralität die wahren Vorkommnisse über das Schicksal von *U 110* und Kapitänleutnant Lemp sowie die Erbeutung des Geheimmaterials auf *U 110* jahrzehntelang streng geheim gehalten hat. Mehr noch: auch die Besatzungsmitglieder des Zerstörers *Bulldog*, die Zeugen des Ablaufs der Erbeutung von *U 110* waren und die Erschießung des Kommandanten des U-Bootes mitangesehen hatten, haben während des Krieges wie auch Jahrzehnte danach (!) absolutes Stillschweigen gewahrt.

1.10 Der mißglückte Abschleppversuch von *U 110* und der Fall *U 559*

> Britischer LI kennt sich in der U-Boot-Technik nicht aus · U-Boot-Prise wichtiger als Sicherheit des Konvois · Am Rande eines Kriegsgerichtsverfahrens · U-Boot-Spezialisten kommen nicht und *U 110* versinkt · IWO Loewe verteidigt seine Heimat · Beförderungs- und Medaillenregen für das Prisenkommando · Der Fall *U 559* · Die Aufbringung weiterer deutscher U-Boote

Hauptanliegen des britischen Escort-Commander Baker-Cresswell ist es, die Schwimmfähigkeit des erbeuteten Bootes zu prüfen und den Auftrieb des *U 110,* das inzwischen auch noch Schlagseite bekommen hat, zu vergrößern. Diese Aufgaben hat der LI der *Bulldog*, Kapitänleutnant Dodds, übernommen, der sich jedoch, wie er freimütig bekennen muß, in einem U-Boot überhaupt nicht auskennt. Weder er noch seine Techniker wagen es daher, die unzähligen Ventile und Hebel zu bewegen. Wichtig ist jedoch zunächst die Feststellung, daß der Druckkörper kein Leck hat. Drei Stunden nach der Aufbringung und Ausbeutung des Bootes will Baker-Cresswell in eigener Vollmacht den Versuch unternehmen, die Prise durch den Zerstörer *Bulldog* in einen Hafen des relativ nahen Island abschleppen zu lassen, ein Entschluß, der ihm, in erster Linie verantwortlich für die Sicherheit des Geleitzuges, ein Kriegsgerichtsverfahren einbringen könnte. Das ganze Unternehmen, erschwert durch die nicht zu beseitigende Backbord-Hartruderlage auf *U 110* und plötzlich auch vorübergehend gestoppt durch die Sichtung eines Sehrohrs (das unzweifelhaft zu *U 201* gehörte), ist bei Roskill [32] in aller Ausführlichkeit geschildert. Es kommt dabei sogar zu einer Rammung, als sich die *Bulldog* beim Wiederauffischen der wegen des U-Boot-Sehrohrs geschlippten Schlepptrosse über den Achtersteven an den Bug von *U 110* heranmanövriert und eine Beule am Heck einhandelt. Doch dann hält die Verbindung, und der Schleppzug kann Fahrt aufnehmen, zunächst mit vier, später sogar mit sieben Knoten Marschgeschwindigkeit.

Das Unternehmen, später in Whitehall »Primrose« genannt, wird durch einen (vom deutschen xB-Dienst nicht erfaßten) längeren Funkspruch der Admiralität gemeldet, ebenso die Sicherstellung von Geheimmaterial, Karten, transportablen Geräten usw. und ferner die Bitte, U-Boot-Fachleute heranzufliegen — und der Erste Seelord gebietet allerstrengstes Stillschweigen. »Es ist Sorge zu tragen, daß diese Nachricht nur einem ganz kleinen Kreis besonders bezeichneter Offiziere der Royal Navy bekannt werden darf.«

Das von Admiral Noble zugesagte Flugzeug mit den U-Boot-Spezialisten kann Stunden später wegen der Wetterverschlechterung nicht starten. Diese ist auch die Ursache, daß Baker-Cresswell am 11. Mai morgens um 07.00 Uhr in jetzt hochlaufender See beidrehen muß. 10.50 Uhr passiert es: *U 110* hebt sich mit dem Bug steil aus der See heraus und versinkt langsam. An Bord der *Bulldog* kappen sie, einen Stein im Herzen, die Schlepptrosse und mit ihr die Hoffnung, ein deutsches U-Boot einzuschleppen. In Reykjavik übernimmt die *Bulldog* die überlebenden U-Boot-Männer von der inzwischen ebenfalls einkommenden *Amazon*. Auf der Fahrt nach Scapa Flow, wo die Deutschen ausgeschifft werden sollen, hat Baker-Cresswell noch ein langes Gespräch mit dem IWO von *U 110,* Oberleutnant z.S. Loewe, der sich dabei britische Anklagen gegen Deutschland verbittet und ansonsten damit rechnet, in England erschossen, statt, wie der *Bulldog*-Kommandant versichert, in einem Herrenhaus untergebracht zu werden.

Für Baker-Cresswell und einige andere Beteiligte, den LI Dodds und den Prisenkommandanten Balme vor allem, regnet es Beförderungen und hagelt es Medaillen, auch aus der Hand des Königs. Der First Sealord, Sir Dudley Pound, ist außer sich, und der Flottenchef Tovey lädt Captain Baker-Cresswell zu einem privaten Dinner ein, denn inzwischen weiß man mehr: Die Aktentaschen, mit denen die Herren Vertreter der Admiralität nach Scapa Flow angereist waren, um ein paar Schriftstücke und Bücher in Empfang zu nehmen, erwiesen sich angesichts der zwei großen Kisten mit Beutematerial als zu klein.

Weiteres zum Thema »aufgebrachte U-Boote« siehe Anlage 3.

Schließlich bedarf es in diesem Zusammenhang noch des Hinweises auf *U 559*, ein VII C Boot, das unter Kapitänleutnant Hans Heidtmann am 30. September 1942 im Mittelmeer nördlich von Port Said auf 32° 30′ Nord/33° Ost durch Wasserbomben der Zerstörer *Pakenham, Petard* und *Hero* sowie der Geleitzerstörer *Dulverton* und *Hurworth,* die nach [90] von einem britischen Flugzeug unterstützt wurden, auf flachem Wasser versenkt worden ist.[152] Nach Kapitän zur See a. D. Kurt Diggins[153] haben die Briten wahrscheinlich Taucher in das Boot geschickt und die Geheimsachen (die inzwischen auf vier Walzen umgerüstete Schlüsselmaschine »M« mitsamt den Wechselwalzen und dem Tagesschlüssel) geborgen, denn nur wenig später endete das von Beesly eingestandene »Black out« für B.P. Diggins im Wortlaut in [122]: »Ich bin aber auch heute noch der Meinung, daß die Alliierten noch nicht alle Karten auf den Tisch gelegt haben. So ist über die vermutliche Gewinnung von Schlüsselunterlagen aus *U 559* bislang nichts verlautbart worden.«

1.11 Die Folgen der Erbeutung des Schlüssels »M«

Fast die ganze RHEINÜBUNGS-Versorgungsflotte wird im Atlantik aufgrund der Schlüsselkenntnis erbeutet · 13 wertvolle Schiffe mit wertvoller Ladung gehen den Deutschen verloren · Der Fall *Gedania* · Die Geheimsachen der *Gedania*, eine Aufstellung · Die *Gedania*-Besatzung stieg ohne Aufforderung aus · Keine Sprengladungen vorbereitet · Klärung und Erklärung zum Fall *Gedania* · Der wahre Nutzen der Beuteakten · Auch das Troßschiff *Lothringen* unbehindert von Briten besetzt · Auch auf der *Lothringen* Geheimpapiere erbeutet · Ein hintergründiges Spiel der britischen Intelligence-Kräfte? · Desinformationen nach Beesly · U-Boot-Verluste im Nordatlantik als Folge? · Die sekundären Folgen des Einblicks in den deutschen Marineschlüssel »M« sind ein Vielfaches größer, hier einige Beispiele · Die Bewertung der nicht erfaßten Konvois · Eigenverrat durch »zuvieles Funken«? · Weniger Gruppenerfolge im Winter · Dönitz von befohlenen Mittelmeer- und Arktiseinsätzen nicht erbaut · Noch einmal das Thema »Zersplitterung« — belegt am Beispiel der für die neufundländischen Ankerplätze vorgesehenen Boote der Gruppe STEUBEN · Heydemann grollt per FT an Dönitz · Die Amerikaner pfeifen auf die Neutralitätsgebote · Schlachtschiff *Texas* und *U 203* · Umlenkungen von Konvois bei drohenden U-Boot-Aufstellungen, einige Beispiele: sicheres Geleit wichtiger als versenkte U-Boote

Für B.P. als Entzifferungsstelle ist die völlig intakte Schlüsselmaschine »M« aus *U 110* ein Juwel. Sie ist, wie F. Russel [121] das ausdrückt: »Ein Geschenk aus dem Meer.« In Verbindung mit dem gleichfalls erbeuteten Tagesschlüssel können nach Sichten der Unterlagen bereits ab Juni 1941 alle nach dem Schlüsselkreis HYDRA verschlüsselten deutschen Funksprüche, also vor allem auch (noch) die FTs innerhalb der U-Boot-Waffe, zeitgleich mitgelesen werden, zumindest für die Laufzeit des ebenfalls erbeuteten Tagesschlüssels, der bis Ende Juni Gültigkeit hat. Und da man nunmehr das von der deutschen Kriegsmarine benutzte System in seiner Technik kennt, ist es mit den inzwischen fortentwickelten technischen Entschlüsselungsmethoden der Briten durchaus möglich, auch die folgenden neuen Schlüsseleinstellungen zu »knacken«, wenn auch mit unterschiedlicher Verzögerung. Mehr noch: Hier bahnen sich über die neuen Kenntnisse nunmehr auch Wege an, andere deutsche Schlüsselkreise müheloser und schneller »aufzubereiten«, etwa den Schlüsselkreis NEPTUN für Operationen der schweren Überwassereinheiten, oder, später, ab Februar 1942, den für die im Mittelmeer operierenden U-Boote MEDUSA genannten Schlüsselkreis.

Auf das zu dieser Zeitphase laufende Unternehmen RHEINÜBUNG: das heißt die Operation des Schlachtschiffes *Bismarck* und des beigegebenen Schweren Kreuzers *Prinz Eugen,* bei der nach [3] bereits einige Funksprüche mit erheblichen Zeitverlusten entziffert werden konnten[154], hat das »zeitgleiche Mitlesen« von HYDRA-FTs, soweit es die Beteiligung von U-Booten betrifft, noch keinen Einfluß, wohl aber wirkt sich der nun zeitgleiche Einbruch in den geheimen Schlüsselkreis für die gesamte Flotte an Begleitschiffen aus: für die Troßschiffe, die reinen Tanker und die Spähschiffe, wie aber auch für die Wetterbeobachtungsschiffe, die das Unternehmen meteorologisch absichern sollen. Hier nun bahnt sich eine regelrechte Katastrophe an, deren Ursachen die deutsche Seekriegsleitung (Skl) später nicht in einem systematischen Abharken des Atlantiks, wie die Engländer es als Grund ihres Erfolges zur Täuschung darzustellen versuchen, sondern vielmehr — und das in Übereinstimmung mit dem Marinegruppenkommando West in Paris — sieht in:

1. der Aufklärungstätigkeit des Gegners im Rahmen planmäßiger Geleit- und Streitkräftebewegungen,
2. der Aufklärung durch die USA im Rahmen der amerikanischen Überwachungstätigkeit (die, wie wir heute wissen, viel umfangreicher war, als damals selbst Pessimisten vermuteten),
3. den ungünstigen Jahreszeiten mit kurzen, hellen Nächten,
4. der Gewinnung wertvoller Erkenntnisse (beim Gegner) durch einen sehr guten Nachrichten- und Agentendienst.

Das Mitlesen der Funksprüche des deutschen Nachrichtendienstes, etwa durch Verrat, wird vom Chef MND/Skl entschieden bestritten, wohl aber wird Verrat durch eines der Begleitschiffe über die Aussage eines britischen Gefangenen aktenkundig werden, doch darüber später.

Doch genau das Mitlesen der Funksprüche ist hier der Schlüssel für die unheimlichen und für die Deutschen verhängnisvollen Erfolge bei der Jagd des Gegners auf die deutschen Begleitschiffe für die *Bismarck*-Unternehmung, wenn auch nicht durch Verrat, so doch durch den bereits dargestellten unglückseligen »Fall *U 110*«.

Abgesehen davon, daß einige der Troßschiffe und Tanker, die für die *Bismarck* und die *Prinz Eugen* bereitgestellt worden sind, gleichzeitig auch U-Boote versorgen sollen, ist es ein taktisches Gebot für die Seekriegsleitung, die (Warte-)Positionen aller im Nordatlantik eingesetzten Begleitschiffe, zu denen ja auch die Wetterbeobachtungsschiffe (WBS) zu zählen sind, den zu dieser Zeitphase in diesen Seeräumen operierenden U-Booten rechtzeitig zu melden, allein schon, um einer irrtümlichen Versenkung vorzubeugen.

Das O.I.C., dem mit den »mitgelesenen« HYDRA-Funksprüchen die letzten Positionen der deutschen Begleitschiffe, die jetzt, nach dem Verlust der *Bismarck,* nur noch der *Prinz Eugen* und U-Booten als Versorger[155] dienen sollen, bekannt wurden, informiert die Britische Admiralität über ihren direkten Draht, und diese setzt sofort Such- und Jagdgruppen in Marsch:

Kreuzer,
Flugzeugträger,
Zerstörer,
Korvetten und
Hilfskriegsschiffe.

Abgesehen von dem 9323 BRT großen, marineeigenen Troßschiff *Spichern* ex *Krossfonn*[156] und dem 7277 BRT großen Spähschiff *Kota Pinang* ex *Kara,* die am 7. bzw. am 10. Juni unbehelligt in St. Nazaire einkommen, gehen bei dieser Aktion 13 wertvolle deutsche Versorger verloren:

- am 3. Juni 1941 im Quadrat AJ 2162, also 100 sm westlich von Grönland (genau auf 59° N 47° W), das 6367 BRT große Troßschiff *Belchen* ex *Sysla,* ein Motortanker, der bei der

Versorgung von *U 93* überrascht und durch die Leichten Kreuzer *Aurora* und *Kenya* versenkt wird,
- am 4. Juni 1941: der 9849 BRT große Motortanker *Esso Hamburg* ex *Esso Colon* als marineeigenes Troßschiff im Mittelatlantik auf seinem U-Boot-Versorgungspunkt ROT auf 07° 35′ N/31° 25′ W durch den Schweren Kreuzer *London* in Begleitung des Zerstörers *Brilliant;* das Schiff kann sich selbst versenken;
- ferner das 4103 BRT große Spähschiff *Gonzenheim* ex *Kongsfjord* ex *Sperrbrecher 15* auf seinem am 31. Mai befohlenen Rückmarsch nach Westfrankreich, entdeckt durch den 14 204 BRT großen Hilfskreuzer *Esperance Bay,* dem es aber dank seiner größeren Geschwindigkeit entkommt, dann aber von einem Trägerflugzeug der *Victorious* wiedergefunden wird. Das Flugzeug führt den Schlachtkreuzer *Renown* und den Leichten Kreuzer *Neptune* heran, bei deren Auflaufen sich die *Gonzenheim* selbstversenkt, eine Maßnahme, die nach dem Aussteigen der Besatzung durch wütendes Artilleriefeuer der *Neptune* beschleunigt wird.
- Am gleichen Tage wird auch der für U-Boot-Versorgungen vorgesehene, 8423 BRT große Turbinentanker *Gedania* im Nordatlantik auf 43° 38′ N, 29° 15′ W durch das nur 4890 BRT große, aber relativ stark bewaffnete »Ocean Boarding Vessel« *Marsdale* gestellt und widerstandslos durch ein Prisenkommando geentert.[157] Das Schiff wird mit allen an Bord befindlichen Geheimunterlagen am 12. Juni in Greenock in Schottland eingebracht;
- am 5. Juni: der 9789 BRT große Motortanker *Egerland* ex *North America,* seit 1940 marineeigenes Troßschiff des TSV-West in der Natal-Freetown-Enge auf 07° 00′ N, 31° 00′ W durch Selbstversenkung bei der Annäherung des britischen Schweren Kreuzers *London* und dessen Begleitzerstörer *Brilliant;*
- am 12. Juni der 10 397 BRT große Marinetanker *Friedrich Breme,* ein ausschließlich für die *Bismarck/Prinz Eugen* bestimmtes Troßschiff, das sich auf 49° 48′ N, 24° W beim Annähern des britischen Leichten Kreuzers *Sheffield* selbst versenkt (wobei der Kapitän der *Friedrich Breme* aus dem Quadrat BE 7435, 90 sm nördlich der Position, auf der acht Tage

vorher die *Gonzenheim* gestellt wurde, vorher zunächst funkte: »18.45 Uhr: Werde von einem Schlachtschiff angehalten« und sich dann, genau um 20.32 Uhr, verabschiedete mit: »Standort BE 74, muß Schiff versenken, Kapitän *Gonzenheim);*«

- am 15. Juni wird der 10 746 BRT große Motortanker *Lothringen* ex (Prise) holländisch *Papendrecht,* Troßschiff für die *Bismarck* und die *Prinz Eugen,* nördlich vom Cap Verde auf 19° 49′ N, 25° 31′ W von einem Prisenkommando erbeutet. An sich stand die *Lothringen* auf der Liste der nach der Versenkung der *Bismarck* heimzurufenden Begleitschiffe, wird aber, da sie außer Heizöl auch noch Torpedos geladen hat, nach dem Verlust der *Gedania* und deren Ausfall als U-Boot-Versorger in den »Südraum« befohlen. Am 22. Juni meldet *U 103,* daß es bis zum 19. Juni auf dem Treffpunkt vergeblich auf die *Lothringen* gewartet habe. Nach [2] wurde der Tanker bereits am 15. Juni von Flugzeugen des Trägers *Eagle* entdeckt, die den Leichten Kreuzer *Dunedin* heranführten. Angesichts der alternativen Bedrohung durch die *Dunedin,* leitete der Kapitän die Selbstversenkung seines Schiffes nicht ein. Das britische Prisenkommando konnte die *Lothringen* unbehindert besetzen. Auch hier fielen den Briten, genau wie bei der *Gedania,* alle Geheimpapiere in die Hände und außer der wertvollen Ladung Heizöl auch noch 36 der modernsten U-Boot-Torpedos. Die Briten brachten diese Prise zunächst nach den Bermudas, später stellten sie den Tanker als *Empire Salvage* in Dienst.

- Ferner gehen im Rahmen der *Bismarck*-Aktion verloren: die Wetterbeobachtungsschiffe (WBS) *München* als WBS 6 (nach [6] und [46]) am 7. Mai 1941; *August Wriedt* (nach [6] und [46]) als WBS am 29. Mai, es wurde von den Briten erbeutet und unter dem Namen *Maria* (wahrscheinlich wieder als Fischdampfer) in Dienst gestellt und *Lauenburg* (nach [6, 46]) als WBS 2 am 28. Juni in der Nähe von Jan Mayen auf 73° 03′ N, 08° 15′ W, durch Artillerie des britischen Zerstörers *Tartar* versenkt.

Soweit die primären Verluste der britischen Aktionen gegen die Begleitschiffe des Unternehmens RHEINÜBUNG in Verbindung mit U-Boot-Versorgungen. Darüber hinaus gehen durch den Schlüsseleinbruch der Briten und die deutscherseits notwendige Funkunterrichtung der im Nordatlantik operierenden U-Boote verloren:

- am 6. Juni der 9179 BRT große Blockadebrecher *Elbe,* der unter Kapitän Vagt in der Nähe der Azoren gestellt wird. Das Schiff, das in Dairen insbesondere den so kriegswichtigen Rohgummi[158] geladen hatte, wurde von Flugzeugen des Trägers *Eagle* ausgemacht und mit Bomben versenkt;
- am 17. Juni der unter der Vichy-Regierung fahrende Dampfer *Désirade* östlich der Antillen durch den AMC *Pretoria Castle;*
- am 20. Juni wird auf 02° 05′, 27° 42′ der vorübergehend für den Hilfskreuzer *Atlantis* als V-Schiff fungierende Blockadebrecher *Babitonga* durch den Schweren Kreuzer *London* angehalten. Kapitän A. Basedow leitet bei dem 4422 BRT großen Motorschiff, das vor Kriegsausbruch im brasilianischen Santos Schutz gesucht hatte und nun im Auftrage der Skl für Versorgungsaufgaben am 25. April ausgelaufen war, die Selbstversenkungsmaßnahmen ein und entzieht die *Babitonga* somit dem Zugriff eines feindlichen Prisenkommandos;
- am 23. Juni erwischt es das aus dem Indischen Ozean kommende Versorgungsschiff *Alstertor* auf 41° 12′, 13° 10′ im Biscaya-Raum und damit einen bislang erfolgreichen Versorger für die Hilfskreuzer *Pinguin, Komet, Orion* und *Kormoran*. Das Schiff wird nach einem erfolglosen Luftangriff von Einheiten der 8. britischen Zerstörerflotte gestellt[159], kann sich aber noch rechtzeitig selbstversenken.
- Am 29. Juni kapert der Leichte Kreuzer *Dunedin* den Vichy-Franzosen *Ville de Tamatan* im Südatlantik.

Obwohl der gesamte Nordatlantik aufgescheucht war wie ein Hühnerhof, über dem ein Habicht kreist, gingen U-Boote, die durch einige der Begleitschiffe versorgt werden sollten, nur relativ wenig verloren, denn der Gegner konzentrierte sich bei seinen Operationen jetzt auf die Versorgungsschiffe, entweder während einer Versorgung oder in Erwartung eines zu versorgenden Bootes, während weitere Kampf-U-Boote in Abstand abwarteten und dabei klar zum Tauchen blieben.
Nach Angriffen auf Konvoi-Schiffe gingen in direktem Ge-

genangriff verloren: *U 147, U 556* und *U 651*. *U 138* wurde dabei durch Zufall mit Asdic geortet. Im Detail (ein Zusammenhang mit der britischen Schlüssel-M-Erbeutung mitsamt den für Wochen gültigen Tagesschlüssel besteht bei den nachstehend aufgeführten Booten nicht):

- am 2. Juni *U 147* (Oberleutnant z.S. Eberhard Wetjen) im Nordatlantik nordwestlich von Irland durch den Zerstörer *Wanderer* und die Korvette *Periwinkle;*
- am 18. Juni *U 138* (Kapitänleutnant Gramitzky) westlich von Cadiz durch die fünf Zerstörer[160] *Faulknor, Fearless, Forester, Foresight* und *Foxhound;*
- am 27. Juni südwestlich von Island *U 556* (das durch seine Aktionen gegen den Konvoi O.B. 318 bekannte Boot unter Kapitänleutnant Herbert Wohlfahrt), das die britischen Korvetten *Nasturtium, Celandine* und *Gladiolus* versenken und
- am 29. Juni südlich von Island *U 651* (Korvettenkapitän Peter Lohmeyer) durch Wasserbomben der Zerstörer *Malcolm, Scimitar* und der Korvetten *Arabis, Violet* und des Minenräumers *Speedwell.*

Doch noch ein Wort zu den ozeanischen Versorgungsschiffen und deren Verluste: Trotz der großen, wenn auch gefahrlosen Erfolge der Briten gegen das deutsche Überwasserschiff-Versorgungssystem im Nordatlantik wie auch gegen die nicht minder wichtigen Wetterschiffe wird von den deutschen Funkschlüsselkapazitäten mit Nachdruck und Überzeugung den militärischen Führungsstellen, also auch dem BdU, weiterhin versichert, eine Entzifferung der deutschen Funksprüche sei »völlig auszuschließen«. Die operative U-Boot-Führung muß es glauben oder nicht, sie ist auf das Wissen und Können solcher Experten angewiesen. Wie froh sind diese Expertenkreise, als sich die noch bestehenden Zweifel durch den »erwiesenen« Verrat des *Gedania*-Kapitäns als null und nichtig erweisen, denn nun ist das Aufrollen der Versorgerkette kristallklar geklärt.

Hier in diesem Zusammenhang sei dann auch noch einmal auf das eingangs bereits ausführlich behandelte HSK *Atlantis*-Drama hingewiesen, bei dem ebenfalls ein Versorgungsschiff, die *Python,* verloren ging, auch nur, weil B.P. die an die zu versorgenden U-Boote gerichteten Funksprüche mit Terminen und

Treffpunkten, nicht aber den reinen Versorgerfunkspruchverkehr entschlüsselt hatte.
Das Abräumen der praktisch gesamten nordatlantischen Versorgerflotte ist für die U-Boote ein schwerer Rückschlag. Der Ausfall der Versorger schränkt den durch Beölungen in See erweiterten Operationsradius der U-Boote wieder ein. Einziger Trost ist, daß die für ozeanische Öltransporte bereits seit 1939/40 entworfenen U-Schiffe vom Typ XIV[161] in Bau sind.
Doch zurück in den Juni 1941, solange noch der auf *U 110* erbeutete Tagesschlüssel zeitgleich mitgelesen werden kann. In diesem Monat soll der Schwere Kreuzer *Lützow* ex Panzerschiff *Deutschland* zum Handelskrieg in den Atlantik (und danach weiter nach Japan) auslaufen. Der Verdacht liegt nahe, daß es kein Zufall ist, daß britische Aufklärungsflugzeuge den von fünf Zerstörern gesicherten Verband vor Lindesnäs, Norwegens südlichem, in das Skagerrak herausragenden Punkt, sichten und aufgrund ihrer Meldung zwei Stunden später Bristol-Beaufort-Maschinen der Squ. No. 47 des Coastal Command die *Lützow* angreifen. Ihr Ziel wird mittschiffs durch einen Torpedo getroffen. Die *Lützow* muß mit teilweise ausgefallener Maschine mit schwerer Schlagseite in die Ostsee zurück und in Kiel am 14. Juni eindocken. Es ist durchaus möglich, daß der Gegner den auch für das Küstenvorfeld gültigen Schlüssel HYDRA zeitgleich mitgelesen hatte. So ist denn der britische Angriff auf die *Lützow* auch eine Folge des »Falles *U 110*«. Der letzte Versuch, Handelskrieg in ozeanischen Räumen mit den so bewährten, dieselmotorbetriebenen ex-Panzerschiffen zu führen, ist gescheitert.

Abgesehen von primären Erfolgen des britischen O.I.C. sind die sekundären Folgen des Schlüsseleinbruchs für die Deutschen noch gravierender, als jene durch die gezielten Umlenkungen des Konvois oder durch die Umgehungen vorhandener oder sich aufbauender U-Boot-Rudel. Der Verdacht der Umgehung der deutschen U-Boot-Aufstellungen ist zwar auch beim BdU akut, die wahren Ursachen bleiben dem BdU ebenso wie der Skl verborgen, nämlich die Entschlüsselungen der Funksprüche bei und für U-Boot-Gruppenbildungen.
Ein typisches Beispiel für eine Umgehung der U-Boote durch die Geleitzüge ist die am 1. Juni aus den im Westatlantik stehenden

U-Booten gebildete Westgruppe, die nach dem Verlust der *Belchen* am 3. Juni laufend verstärkt wird. Die Boote treffen statt der hier erwarteten, aber umgelenkten Konvois jetzt nur (noch) auf Einzelfahrer. Nach Rohwer/Hümmelchen [5] heißt es dann für die Operationsphase vom 20. bis zum 29. Juni: »Da der Verdacht einer Umgehung der Westgruppe besteht, werden die 22 U-Boote *U 43*, *U 71*, *U 75*, *U 77*, *U 79*, *U 96*, *U 101*, *U 108*, *U 111*, *U 201*, *U 202*, *U 203*, *U 371*, *U 553*, *U 556*, *U 557*, *U 558*, *U 559*, *U 562*, *U 564*, *U 651* und *U 751* in einer lockeren Aufstellung über den mittleren Nordatlantik verteilt, wobei aus dieser numerisch geordneten Aufzählung kein Aufstellungsschema für die Boote herausgelesen werden darf. Bei dieser zahlenmäßig, aber nicht flächenmäßig angelegten Suchaktion der 22 U-Boote kommt es lediglich an dem H.X. 133 zu Ergebnissen, während der verfolgte O.B. 336 nach zwei Versenkungen durch *U 203* (Mützelburg) — des 4956 BRT großen britischen Motorschiffes *Kinross* und des 1967 BRT großen Niederländers *Schie* — mit zusammen 6923 BRT und einer Versenkung des 4362 BRT großen griechischen Nachzüglers *Nicolas Pateras* durch *U 108* (Scholtz) entwischt und andere infolge Umlenkungen gar nicht erst in Sicht kommen.[161a] Die nach deutschen Unterlagen dennoch versenkten elf Schiffe mit 57 215 BRT sind zwar bei nur zwei Eigenverlusten (*U 556*, Kapitänleutnant Herbert Wohlfahrt, und *U 651*, Kapitänleutnant Peter Lohmeyer) ein stattliches Ergebnis, aber eben doch nur ein relativer Erfolg[161a]: Erstens ist der Großeinsatz von 22 Booten gar nicht zur Wirkung gekommen und zweitens blieb die Masse der in Fahrt befindlichen Konvois — vom S.L. 76 im Mittelatlantik mit vier Versenkungen mit 20 658 BRT durch *U 69* (Metzler, 2 und 1 fehl), *U 552* (Topp, 1 fehl) und *U 123* (Hardegen, 2 und 1 fehl) abgesehen — von den Grauen Wölfen ungeschoren, da ebenfalls ungesehen.

Auch die Fortführungsphase der aufgesplitterten »Westgruppe« vom 29. Juni bis zum 14. Juli bringt nur sehr geringe Erfolge; zwar wird den hier, im mittleren Nordatlantik, noch operierenden Booten dieser aufgelösten Gruppe von Flugzeugen der I./K.G. 40 und auch von dem xB-Dienst der Konvoi O.G. 66 lokalisiert, doch kommt nur *U 108* in seine Nähe — und dieses Boot wird obendrein auch noch von der starken, vorgewarnten

Sicherung wieder abgedrängt.[162] Bei dem Konvoi O.G. 66, der im »Convoy-Index« von [260] unter der Rubrizierung der United Kingdom-Gibraltar-Convoys auch gar nicht aufgeführt ist, könnte es sich um den später aufgelösten O.G. 67 gehandelt haben. Außerdem waren im Juli 1941 im Nordatlantik noch in See die Konvois O.G. 68 (nach [260]?), O.G. 69 und der O.S. 1, aus denen nach [260] insgesamt 13 Frachter versenkt und ein Schiff schwer beschädigt wurden (Einzelfahrverluste beim Gegner ausgenommen); ein solcher ist auch (ebenfalls nach [260]) die Versenkung der britischen *Toronto City* am 1. Juli 1941 durch *U 108* (Scholz). Das Schiff fuhr interessanterweise als »weather observation ship«.

»Am 3. Juli wird die Operation abgebrochen«, so nach [5]. Einige Boote haben aber wenigstens noch bei Einzelfahrern aus den inzwischen aufgelösten Konvois Erfolg. Auch den mit dem BdU zusammenarbeitenden Italienern geht es nicht besser. Nach kleineren Erfolgen der italienischen Boote westlich von Gibraltar und einem vergeblichen Angriff auf einen schnellen Konvoi (am 7. Juli) sichtet *U-Luigi Torelli* einen weiteren auslaufenden Konvoi. Auf ihn werden die Boote *U-Morosini*, *Leonardo da Vinci* und *Maggiore Baracca* sowie *U 103* angesetzt. Sie finden den inzwischen um- und weggelenkten Konvoi O.G. 68 jedoch nicht.

Es sind nicht nur die aus der britischen Kenntnis der Operation der deutschen U-Boote heraus möglichen Umlenkungen bedrohter Konvois oder die von der Zahl her immer stärker werdenden Sicherungsstreitkräfte mit einem zunehmend wachsenden Fahrbereich, es sind auch die US-Amerikaner, die der deutschen U-Boot-Führung Sorgen machen, da sie sich den Teufel um Sperrgebiete der Deutschen kümmern und Neutralitätsgebote nicht sonderlich zu schätzen scheinen. Ihre Einmischung zugunsten der Briten wird immer deutlicher. So sichtet *U 203* innerhalb der von Deutschland erklärten Operationsgebiete das US-Schlachtschiff *Texas*, was Dönitz zwingt, den Angriff auf us-amerikanische Schiffe innerhalb dieses Gebietes gänzlich zu verbieten. Im Klartext: Die Kommandanten amerikanischer Kriegsschiffe können und dürfen aus dem bequemen Kommandantenschaukelsessel auf der Brücke die Bewegungen deutscher

U-Boote melden, soweit sie solche sichten oder über ihre intensiv weiterentwickelte Peiltechnik feststellen. Und das ohne die geringste Sorge zu haben, von den Grauen Wölfen torpediert zu werden.
Weiter zum Thema: Am 1. Juli 1941 nimmt die Patrol Wing 7 der US-Navy vom neufundländischen Argentia die Aufklärung im Nordatlantik auf, wohlbemerkt: Argentia liegt im kanadischen Hoheitsgebiet. Am 7. Juli verlegt die US Task Force 19, zu der die Schlachtschiffe *New York* und *Arkansas* sowie die Leichten Kreuzer *Brooklyn* und *Nashville* gehören, acht Transporter und Tanker unter der Sicherung von 13 Zerstörern nach Island. Zur Ablösung der britischen Besatzung wird die 1. Brigade der Marines an Land gesetzt.
Seit dem 1. Juli hat zwar der auf *U 110* erbeutete Tagesschlüssel für den Schlüssel HYDRA keine Gültigkeit mehr, dennoch können die britischen Kryptologen die deutschen U-Boot-Funksprüche nicht nur an manchen, sondern sogar an vielen Tagen bis zum 1. Februar 1942, wenn auch mit unterschiedlichen Zeitverlusten, entziffern.[163] Bei den Geleitzügen führt das weiterhin — soweit der Zeitverlust bei der Dekodierung der U-Boot- und BdU-FTs nicht zu groß ist — zu Umgehungen deutscher U-Boot-Aufstellungen. Mit der Ausrichtung auf Umgehungen der U-Boot-Aufstellungen wann immer nur möglich, erlöschen zwar auch die Hoffnungen, deutsche U-Boote anzugreifen, auszuschalten oder zu vernichten, indessen hat bei den Briten die Sicherheit der Schiffe und deren Ladungen einen optimaleren Stellenwert als hypothetische Erfolge gegen die »damned German U-Boats«.

Ende Juli, ein späteres Beispiel möglicher Umgehungen, marschieren *U 93*, *U 94* und *U 124* nach Süden und werden danach zusammen mit dem vor Freetown besonders erfolgreichen *U 123* westlich von Marokko auf den Konvoi H.G. 69 angesetzt. Erfolge bleiben aus: Die Boote finden den breit und tief angelegten Konvoi nicht. Ein anderes Beispiel: In der Zeit vom 15. bis 20. Juli werden wegen des Dönitz beunruhigenden Ausbleibens der Sichtungen von britischen Konvois 15 von der Heimat wie üblich taktisch über Funk geführte U-Boote[164] zu einem engmaschigeren Netz zusammengezogen. Als am 17. Juli Fernaufklärer der I./K.G. 40 zusammen mit dem xB-Dienst einen nordwestlich des Nordkanals stehenden, ausgehenden Konvoi aufspüren, setzt der BdU zunächst fünf Boote und am 20. Juli 13 Boote als Vorpostenstreifen[165] an. Es war bislang zwar nicht zu ermitteln, um welchen Konvoi es sich bei der Sichtung durch die deutschen *FW 200* handelte, wohl steht heute fest, daß der Konvoi den U-Boot-Vorpostenstreifen am 19. Juli wie auch die noch breitere und tiefere Auffangstellung am 20. Juli ausmanövrierte und umging. Lediglich *U 203* und *U 95* belegen am 20. Juli zwei offenkundig zurückgefallene Frachter von 8293 BRT und 5419 BRT auf 49.15 N/21.? W und 50.14 N/17.53 W mit Artilleriefeuer. Die Schäden auf den Schiffen sind nur leicht, sie schwimmen weiter.

Hier noch ein weiteres Beispiel: Am 18. Juli 1941 melden Agenten aus Spanien das Auslaufen des Konvois H.G. 67 aus Gibraltar mit Kurs Atlantik. Fünf große italienische U-Boote werden aufgestellt, zu denen später noch drei deutsche U-Boote stoßen.[166]

Die Boote suchen und warten vergebens.

Die Frage nach der Verantwortlichkeit für solche Umlenkungen durch die Geleitzugkommodores ist so unberechtigt nicht. Zuständig ist in jedem Fall die Admiralität, deren Admiral Noble einen direkten Draht zum O.I.C. hat. Die Ergebnisse der Dekodierungsgruppe im B.P. sind und bleiben dabei ein absolutes Tabu. Man tarnt sie daher als Ergebnisse von Flugzeugsichtungen, Peilungen, Agentenmeldungen und dergleichen. Die Absicherung des O.I.C. ist derart perfekt, daß nicht einmal der Erste Lord der Britischen Admiralität, Sir. A. V. Alexander[167], zu den wenigen auserwählten Informationsberechtigten zählt.[168]

Was die Umleitungen angeht, so lassen sich für die Schlacht im Nordatlantik Beispiele dafür seitenweise fortsetzen, auch solche, wo deutscherseits dennoch Teilerfolge zustande kamen, etwa bei dem Angriff auf die am 24. Juli 1941 vom deutschen xB-Dienst erfaßten britischen Konvois O.G. 68 und S.L. 80:

Während auf den Konvoi O.G. 69 die Boote *U 79, U 126, U 331, U 68, U 561, U 562, U 564* (nur kurz) und *U 203* angesetzt werden, ist der seiner Position nach durch den xB-Dienst erfaßte Konvoi S.L. 80 das Ziel von *U 431, U 565, U 401, U 74, U 95* und *U 97*. Obwohl beide Konvois am 25. Juli außerdem erneut von *FWs 200* gesichtet werden (S.L. 80 einmal und O.G. 69 zweimal) und bis zu 15 U-Boote deren Peilzeichen empfangen, reißt die Fühlung zum S.L. 80 so rigoros und total ab, daß die Operationen gegen diesen Konvoi abgebrochen werden. Abgesehen von dem Angriff von *U 141* auf den vor Nordirland stehenden, auslaufenen Konvoi O.S. 1, bei dem von *U 141* ein 5106 BRT großer Frachter versenkt und ein weiterer, 5133 BRT großer Dampfer beschädigt wird, kann der Konvoi O.G. 69 erneut zweimal von *Focke Wulf 200* gesichtet und gemeldet werden. Auf ihn nun werden — mit *U 68* als Fühlunghalter — außer den genannten sieben deutschen Booten auch die Italiener *U-Barbarigo* und *U-Calvi* angesetzt. Glück haben in der Nacht zum 27. Juli nur *U 79* und *U 203*, die einen Frachter mit 2473 BRT und einen mit 1459 BRT versenken. Der Konvoi entwindet sich wieder, und *U 561, U 126, U 79* und *U 331* kommen daher nicht zum Erfolg.

Statt dessen macht wieder der O.S. 1 nach Peilzeichenheranführung von *U 371* (Kapitänleutnant Driver) als Fühlunghalter von sich reden. Er steht aber westlicher vom O.G. 69. *U 371* kann zwei Schiffe aus ihm versenken.

Inzwischen wird der Konvoi O.G. 69 von zwei *FWs 200* wiedergefunden. Sie halten Fühlung, aber von den herangeschlossenen Booten *U 68, U 562* und *U 126* kommt nur das unter Kapitänleutnant Bauer fahrende *U 126* zum Schuß: um Mitternacht sinken zwei Frachter mit 2639 BRT. Wieder zwei Kleinfrachter, denn Gibraltar wird von Konvois mit meist kleineren Schiffen angelaufen. In der Nacht zum 28. Juli versenkt auch *U 561* ein Schiff, ebenfalls einen Kleinen mit nur 1884 BRT. Am 28. Juli halten wieder *FWs 200* und die Boote *U 68, U 79, U 561, U 331* und *U 126* Fühlung am O.G. 69, und am Abend torpediert *U 203* zwei Schiffe mit 2846 BRT. Am gleichen Abend geht die Agentenmeldung über das Auslaufen des H.G. 68 aus Gibraltar ein. In der Nacht zum 29. Juli wird *U 331* vom O.G. 69 abgedrängt. Eine Aufstellung mit den Booten *U 79, U 126, U 66*, den Italienern *U-Calvi, U-Bagnolini* und *U-Barbarigo* am O.G. 69 und am H.G. 68 am 29. und 30. Juli führt zu keinem Erfolg. Sieben aus dem O.G. 69 versenkte Schiffe mit 11 303 BRT sind das Ergebnis der sich über eine Woche hinziehenden Anstrengungen im Kampf gegen diesen Konvoi.

Ende Juli, Anfang August — inzwischen ist Krieg mit den UdSSR — wird der Ansatz auf einen von xB-Dienst erfaßten Nordatlantik-Konvoi, auf den S.L. 81, nicht erschwert, denn dieser Konvoi kann nicht umgelenkt werden. Daher zeigt der Angriff der U-Boote das klassische Bild der von Dönitz gekrönten Rudeltaktik, er verdeutlicht aber noch mehr ...
Der Reihe nach:
Als *U 204* aus der neuen Aufstellung im mittleren Nordatlantik am 2. August 1941 an dem gemeldeten Konvoi S.L. 81 Fühlung hat, führt es *U 559* heran und am 3. August nacheinander weitere Boote: *U 431*, *U 205*, *U 558*, *U 75*, *U 372*, *U 401*, *U 565* und *U 559*, von denen *U 401* noch am gleichen Tage von Eskortern der 7. E.Gr. versenkt wird. Zu diesen nunmehr neun Booten stoßen am 4. nochmals weitere zwei Boote: *U 83* und *U 74*. Am 4. August, an dem Angriffsversuche von *U 558*, *U 431*, *U 75*, *U 559*, *U 83* und *U 74* von der betriebsamen, nicht einmal starken Eskortsicherung abgewiesen werden, können sonst nur die Focke-Wulf 200, die bereits am 3. angriffen, erneut aktiv werden; ein 4337 BRT großes Schiff ist ihr Opfer. Aber in der Nacht zum 5. kommen nacheinander am S.L. 81 zum Schuß:
U 372 unter Kapitänleutnant Neumann, *U 204* unter Kapitänleutnant Kell, *U 75* unter Kapitänleutnant Ringelmann und *U 74* unter Kapitänleutnant Kentrat. Sie versenken 2, 2, 1, und 1 = sechs Schiffe mit zusammen 23 190 BRT. Am Tage des 5. August jedoch werden alle Boote durch die Luft- und Seesicherung endgültig abgedrängt.
Auf einen am 4. August von *U 565* gesichteten und nach dem U-Besteck gemeldeten Konvoi werden die Boote *U 43*, *U 71*, *U 77*, *U 96* und *U 751* angesetzt. Nichts kommt in Sicht. Keine Rauchfahne. Keine Mastspitze. Der Konvoi scheint sich aufgelöst zu haben. Aufgelöst natürlich nicht, wohl aber umgelenkt, kühl überlegt umgelenkt wie auf einem Schachbrett mit vorauszuberechnenden Zügen.
Am 6. und 7. August suchen *U 43*, *U 46*, *U 71*, *U 75*, *U 83*, *U 96*, *U 204*, *U 205*, *U 372*, *U 559* und *U 751* den vom xB-Dienst erfaßten Konvoi H.G. 68. Sie harken die See in breiter Formation ab. Ohne Erfolg. Auch dieser Mißerfolg ist kein Zufall. Vom 8. bis 10. August ist dem BdU in diesem Raum ein südgehender Konvoi gemeldet worden. Die gleichen elf Boote, auf denen sich

die Ausguckposten die Augen nach dem H.G. 68 wund gesehen haben, werden über Funk nunmehr auf diesen Geleitzug gehetzt. Neuer Kurs liegt an. Auf ein Neues. Die Diesel hämmern, wenn Überwasserfahrt sich anbietet. Und die Besatzungen im Boot fiebern einem Erfolg entgegen. Sie müssen nicht nur, sie wollen auch. Jede Regung auf der Brücke von jedem der suchenden, jagenden Boote spricht sich in der Röhre herum ... Hat er ...? Oder hat er nicht?
Er hatte nicht. Er hat überhaupt nicht, denn keiner der Männer mit den guten, scharfen Gläsern aus Jena macht auf der See heute, bei dem zwar etwas dunstigen Wetter, etwas anderes als einen mit dem Meer nahtlos verschweißten Horizont aus. Die Gründe auch für diese, die Besatzungen verzweifelnden, an ein Fiasko grenzenden Enttäuschungen sind, wie bereits dargelegt, unstrittig das Ergebnis der den Deutschen nicht bekannten Entschlüsselung der U-Boot-Funksprüche, deren rechtzeitige Kenntnis dem Gegner eine Umlenkung der in Frage kommenden Geleitzüge erlaubt.
An Bord der betroffenen U-Boote macht man sich seine eigenen Gedanken. Es sind gar nicht so wenige unter den Kommandanten, welche diese offenkundigen Abwehr-Umlenkungen »auf das zuviele Funken« zurückführen. Auf das, wie einige kommentieren, »irre Funken«.
»Das peilen die ein, das ist so klar, wie dieses atlantische Seewasser so durchsichtig wie blankgeputztes Fensterglas ist.«
Auch im BdU-Stab greifen Unruhe und Besorgnisse um sich. Hier steht die Frage an: Wieso kann der Gegner so genau peilen, wenn überhaupt? Daß er Hochfrequenz-Kurzwellenpeilgeräte an Bord der Eskorter haben könnte, wird als technisch »noch« immer nicht realisierbar vom Tisch gewischt.
»Vielleicht in zehn Jahren«, die Experten.
Immerhin ist Dönitz davon überzeugt, daß der Engländer im Laufe der Zeit sein landgestütztes Peilnetz verbessern, ausbauen konnte und damit nun bessere Ergebnisse erzielt:
»Schon die günstige Lage und Länge der Peilbasis von den Shetlands bis nach Landsend, der Südwestspitze der britischen Insel, geben ihm ausgezeichnete Peilmöglichkeiten nach Westen.«
In seinem Buch: »10 Jahre und 20 Tage« [56] sagt Karl Dönitz später (jedoch noch ohne Kenntnis der technischen Wahrheiten

auf dem Gebiet der britischen Funkentschlüsselung und der späteren HF/DF-Peilgeräte) weiter: »... Durch Inbetriebnahme neuer Peilstationen, z. B. auch auf Island, Grönland und Neufundland, war es ihm möglich, ein den ganzen Nordatlantik überdeckendes Peilnetz aufzubauen. Es mußte daher angenommen werden, daß der Gegner jeden Funkspruch der U-Boote erfassen und einpeilen und damit ihren Standort feststellen würde. Jede Funkspruchdurchgabe bedeutete also in dieser Beziehung einen Nachteil. Es war abzuwägen, wie groß sein Vorteil für die U-Boot-Führung war. Entsprechend war zu entscheiden, ob gefunkt werden mußte oder nicht. Die größtmögliche Einschränkung war anzustreben. Ein voller Verzicht auf die Funksprüche der U-Boote war jedoch nicht möglich. Sie waren die Voraussetzung für den geführten Ansatz, der allein bei der Zusammenfassung des gegnerischen Verkehrs in Geleitzügen größere Erfolgsmöglichkeiten für die U-Boote bot. Durch Ausbildung und Befehle versuchte die U-Boot-Führung den schmalen Weg zwischen Vor- und Nachteil des Funkens so gut wie möglich zu gehen. In einem Nachrichtenbefehl erhielten die U-Boot-Kommandanten folgende grundsätzliche Richtlinien:

Im ANGRIFFSRAUM:
Funkspruchabgaben nur bei taktisch wichtigen Meldungen oder auf Anordnung der Führung oder wenn die Position dem Gegner ohnehin gerade bekannt geworden war.

AUF DEM MARSCH:
Wie vorher. Gelegentliche Funkspruchabgabe von weniger wichtigen Nachrichten; hierbei zu beachten, daß durch das Senden nicht das Gebiet für folgende oder dort stehende Boote vergrämt wird.

TECHNISCH:
Häufige Wellenwechsel, zusätzliche Verkehrskreise, Funkdisziplin, um dem Gegner das Einpeilen zu erschweren ...«
Anlaß zu Besorgnissen gibt auch die stärker und besser gewordene Abwehr der Konvois, vor allem in Seegebieten, in denen auch die Flugzeuge des Coastal Command »hinlangen« können. Bordgestützte Flugzeuge auf Escort Carriers sind nicht (noch nicht) in Aktion. Aber es scheint so, daß der Gegner sein Asdic verbessert hat.[168a] Auch die britischen Techniker geben

sich mit unzulänglichen Ergebnissen nicht zufrieden. Auch sie streben die optimale Leistung an.
Hein Schonder, Kommandant von *U 77*, ex HSO und einer der berühmten Crew 34, die aus den Reihen der Handelsschiffoffiziere so viele Kommandanten für die Grauen Wölfe und auch für die Schnellboote gestellt hat, verklart, wie er sagt, seine privaten Überlegungen an der Mittagsback, als Nachtisch quasi: »Beängstigend das Verschwinden der Konvois. Wir sprachen ja schon dieser Tage über die möglichen Ursachen, wenn da nichts ist, wo etwas sein müßte. Wir übersehen bei unseren so hochgepriesenen neuen Waffen und Geräten nur zu gern, daß Druck nun einmal Gegendruck erzeugt. Und nicht selten sogar mehr, als wir ahnen oder wahrhaben wollen. Auch die Wissenschaftler im angelsächsischen Bereich sind tüchtig. Und sie sind unbürokratisch oder, anders, sie brauchen dem Schimmel der Bürokratie nicht nachzulaufen, um Mittel und Kräfte für ihre Arbeiten freizusetzen. Ich bin daher, was die vielleicht gezielten Umlenkungen von uns bereits erfaßter Konvois angeht, gar nicht so sicher, daß die Leimis sich nicht doch in das Schlüssel-›M‹-System hineingedrechselt haben. Was denn dann?«
»Das ist ganz ausgeschlossen«, wehrt der noch sehr junge 2. WO ab, den die »jeune école« des neuen, des Dritten Reiches geprägt hat.
Jetzt aber mischt der bisher so schweigsame LI mit, ein Mann, dessen Berufsweg Gleichungen, Diagramme und Parameter bestimmt haben. An den WO gewandt, sagt er bedächtig: »Ihre unbeirrbare patriotische Überzeugung ist, was zum Beispiel den Kampfgeist der Truppe angeht, sehr lobenswert. Was indessen die Technik betrifft, so soll man bei deren Entwicklung niemals nie sagen. Und wenn Sie sich für Technik-Geschichte interessieren würden, werden Sie erstaunt feststellen, daß die zeitlichen Schritte von einer Erfindung bis zur praktischen Nutzung, sagen wir mal bis zur Serienreife, über die Jahrhunderte und Jahrzehnte hinweg immer kürzer werden. Kurzum, was heute noch das Ei des Columbus ist, kann morgen schon ins alte Eisen gehören. Wenn der Kommandant als Nichttechniker schon solche Sorgen hat, um wieviel mehr rumort es in uns, denen die Technik zum Beruf und Lebensinhalt geworden ist.«
»Und Berufung, wie bei Ihnen«, konstatiert Schonder.

Der LI lüftet sich mit einer Verbeugung zum Kommandanten hin an, sagt »Respekt, Herr Kaleunt«, und zwängt sich zwischen Back und Bank heraus, drängt in den Mittelgang und steigt in sein Reich, »in die Maschine«. »Er hat recht, der Alte«, gräbt es sich in ihm ein, doch dann resigniert er vor sich selbst: »Nur laut sagen darf man es nicht, daß wir mit Hilfe der Weltanschauung nüchterne Zahlen und wirtschaftliche, technische und naturwissenschaftliche Erkenntnisse und Forderungen überspielen, die sich im strategischen Kalkül nicht vernachlässigen lassen ...«
Zurück zu den Konvois: Hier wäre es Sache für einen ganzen Institutsstab, vor allem auch Hinweise auf jene Konvois zu verarbeiten, die weder vom B-Dienst, noch von den Fernaufklärern, oder noch durch Fühlunghalter erfaßt wurden, bzw. werden konnten.

Nach dem Kriege werden die Briten behaupten und belegen, daß diese deutschen Mißerfolge ein Erfolg vom O.I.C. und insbesondere von Winns Tracking Room und dessen Umlenkungen gewesen sind. Zu den sekundären Folgen der Umlenkungen ist auch die Tatsache zu zählen, daß die Briten von den umgelenkten, das heißt nach ihren Informationen aus den deutschen Funksprüchen ungefährdeten Konvois See- und Luftsicherungen abziehen können. Sie werden, wenn entfernungsmäßig darstellbar, gefährdeten Konvois zugewiesen.
Trotz zäher Einsätze sind bis zum Jahresende die Frühjahrs- und Frühsommererfolge in den Monaten Juli, August, September, November (mit nur 62 169 BRT) und Dezember nicht wieder zu erreichen.[169] Etwa die der jetzt mit beziehungsträchtigen Namen belegten Gruppen wie etwa REISSWOLF, MORDBRENNER, SCHLAGETOT, RAUBRITTER oder STOSSTRUPP im nordatlantischen Westraum, wie auch jener Gruppen im mittleren Nordatlantik und an der Gibraltarroute, wo sich z.B. Anfang November acht Boote westlich der spanischen Küste als Gruppe STÖRTEBEKER als Vorpostenstreifen gegen den am 1. November aus Gibraltar ausgelaufenen Konvoi H.G. 75 aufstellen. Mit den acht Booten suchen zusätzlich noch Flugzeuge der I./ K.G. 40. Am Stichtag sind es sogar sechs, die Aufklärung fliegen. Der Konvoi wird nicht erfaßt. Keine Mastspitze kommt in Sicht. Der BdU wirft das Ruder herum, er setzt die Gruppe am 7.

gegen den vom xB-Dienst in diesem Generalraum gemeldeten S.L. 91 an. Auch vergeblich. Auch hier kann nur eine rigorose Umleitung die Ursache sein.
Diese geringen Erfolge mögen[170] ihre Ursache im britischen Tracking Room haben, aber auch, von unhandigem Wetter abgesehen, an dem Abzug von U-Booten in für Dönitz sekundäre Seegebiete, in das Mittelmeer zum Beispiel, um die Rommelfront zu unterstützen. Auch, was die Konvois nach Murmansk/Archangelsk[171] angeht, vertritt Dönitz nicht die Auffassung des OKM oder der Skl. Er erachtet es als strategisch und taktisch klüger — und wirksamer, die feindlichen Konvois im nördlichen und westlichen Atlantik zu bekämpfen, statt von Bergen und später auch von Drontheim und Narvik aus.
Die Schlacht im Atlantik ist für den BdU
das absolut primäre Ziel.
Mittelmeer und Nordmeer mit ihren für den Gegner so guten und starken Sicherungsmöglichkeiten kosten die Atlantikschlachtkapazität nicht nur Boote, sie erfordern auch u-boot-erfahrenes Personal für die neueingerichteten oder noch einzurichtenden Stützpunkte.
Auch werden U-Boote für Geleitzwecke herangezogen. Dönitz sieht darin zu Recht eine fundamentale Fehleinschätzung der wahren Fähigkeiten eines U-Bootes durch die politische Führung, wenn seine Boote nun auch noch zum Schutz oder der vorübergehenden Sicherung von Hilfskreuzern, Blockadebrechern oder Prisen usw.[172] herangezogen werden. Auch diese Einmischung führt zu einer Verzettelung der Kräfte, die nach Dönitz nicht zuletzt eine der Ursachen für den drastischen Erfolgsrückgang ist.
Gewiß, die Zahl der Boote wächst ständig. 65 waren es im Juli (bei nur einem Abgang [der Außerdienststellung von UB], vier im August und zwei im September), 80 sind es bereits im Oktober (bei zwei Verlusten, jedoch fünf im November und sogar zehn im Dezember, so daß die Zahl der Zugänge vom Juli bis Oktober durch Verluste sogar noch übertroffen wird); 91 sind es im Januar 1942. Dabei ist nach wie vor zu berücksichtigen, daß immer nur ein Teil der U-Boote im Operationsgebiet stehen kann, treibstoffbedingt sind das Ein- bis maximal Zweidrittel der gesamten Operationszeit. Noch ist keines der neuen U-Boot-

Versorgungs-U-Boote in Dienst. Und die Masse der Überwasserversorgungsschiffe ist, wie berichtet, verlorengegangen. Die noch vorhandenen V-Schiffe wagt man nach dem Desaster im Nordatlantik in diesen Revieren nicht mehr einzusetzen (siehe auch das Kapitel über den neuen Marineschlüssel M-4).
Aber auch die gegnerischen Abwehrkräfte wachsen zahlenmäßig schnell weiter, so neben den vorhandenen Vorkriegsschiffen mit den in Bau befindlichen Geleitzerstörern, zu denen die (bereits erwähnten) us-amerikanischen Pacht- und Leihzerstörer treten, die neuen Fregatten und Korvetten, hier insbesondere die 1940—42 gleich zu Dutzenden gebauten Einheiten der *Flower*-Klasse, denen insgesamt 17 Einheiten »modified« *Flowers* folgen[172a]; dazu kommen ferner die ab 1940 in Kanada in einem forcierten Bauprogramm en masse auf Stapel gelegten Korvetten. Dazu treten Sloops und jede Menge Trawler, die für den Eskort-Dienst umgebaut werden. Man muß diese Anstrengungen der jahrhundertealten Seemacht Großbritannien vor dem Hintergrund des nach wie vor kontinental verhafteten Deutschen Reiches sehen, wenn man den Opfergang der deutschen U-Boot-Waffe kritisch untersucht.
Seit Herbst 1941 sind praktisch alle Zerstörer und Korvetten mit dem neuen Asdic zur Unterwasserortung ausgerüstet. Die Mehrzahl der Zerstörer verfügt jetzt über Radar-Geräte, auch ein Teil der Flugzeuge des Coastal-Command ist bereits mit ASVs ausgerüstet, die Mittel- und Langstreckenmaschinen und die (noch) wenigen VLR-Maschinen.[173]
Erst Ende 1941 wird es, wie bereits ausführlich geschildert, den Führungsstellen der Marine und der U-Boot-Waffe klar, daß der Gegner Funkmeßgeräte auch in Flugzeugen hat. Doch weiter: Der erste Hilfsflugzeugträger hat sich inzwischen bewährt. Er ist der Anlaß zu einem gezielten Großprogramm. Und mit ihren neuen Wasserbombenwerfern sind die Eskorter in der Lage, Serien von 10 bis 26 Wasserbomben zu werfen, deren vernichtende Wirkung bis zu 300 m Tiefe eine Fläche von 140 m Durchmesser abdeckt.

Noch ein ernstes, bitteres Wort zum Thema Zersplitterung, gegen die sich der BdU als »Unterbefehlshaber« in der maritimen Hierarchie nicht wehren kann, noch viel weniger, als die Ober-

sten Marinebefehlsstellen wiederum dem politischen Druck der Obersten Führung des Reiches ausgeliefert sind.
Klar, daß der BdU »weiche Stellen« im gegnerischen Abwehrsystem sucht. Irgendwo da drüben an der amerikanischen Nordostküste werden die Konvois doch zusammengestellt. Agentenberichte weisen auf die Halbinsel Avalon hin, die im südöstlichen Teil der Insel Neufundland zu suchen ist. Sie ist mit der Insel nur durch einen schmalen Isthmus verbunden, zerteilt sich aber selbst in drei kleinere Halbinseln und hat nach [60] »eine Menge vortrefflicher Baien, Buchten und Häfen, unter welchen die St. Mary- und die Conceptionbay sowie der Hafen von St. Johns, der Hauptstadt der Insel, die wichtigsten sind«.
Dönitz schickt fünf Boote nach Neufundland, um auf den Reeden von Avalon, insbesondere in der Bucht von St. Johns die für England bestimmten Geleitzüge auf ihren Sammelplätzen anzugreifen. Zu den fünf Booten gehört *U 575* unter Kapitänleutnant Günther Heydemann, der zu dieser Unternehmung nach seinem KTB am 9. November 1941 aus St. Nazaire ausläuft. Das »Freischwimmen« aus den Häfen der französischen Atlantikküste wird infolge der stärkeren Luftüberwachung immer schwieriger. Allein am 11. November muß *U 575* wegen anfliegender Flugzeuge dreimal in den Keller: 12.10 Uhr, 12.50 Uhr und 16.52 Uhr »... kam ein Flugzeug im Gleitflug von 30 Grad auf 1500 m aus einer Wolke neben der Sonne und drehte auf das Boot zu ...«
Am 13. November bekommt die für Neufundland bestimmte Gruppe ihren Namen, einen beziehungsreichen Namen: 22.36 Funkspruch vom BdU: »Schewe, Heydemann, Gengelbach, Lüth, Heyda BC 47 ansteuern, genannte Boote bilden die Gruppe STEUBEN.«
Böses Wetter erschwert den Anmarsch: Wind aus Süd-Südwest in Stärke 7, Seegang 7. Der Himmel ist bedeckt, die Sicht entsprechend schlecht. Laut KTB *U 575*: »In den letzten Stunden sind infolge der überkommenden Seen drei Tampen der Anschnallgurte gerissen. Halte Ausrüstung mit Stahltampen für zuverlässiger. Haben die Bootsroutine um vier Stunden verschoben, um einigermaßen der Ortszeit angenäherte Verhältnisse zu haben.«
Am 21. November neues FT vom BdU:

»1. Lüth und Schewe anstreben, in der Nacht zum 26. 11. überraschend in folgenden Ankerplätzen aufzutreten: Lüth BB 6385 sehr wichtiger Sammelplatz, Schewe BB 6381, hier ostwärts der großen Inseln Ankerplatz. Ostseite der Insel Verladepier für Erzdampfer.
2. Minen und Sperrmaßnahmen nach hier vorhandenen Unterlagen nicht zu erwarten und unwahrscheinlich.
3. Die drei übrigen STEUBEN-U-Boote Längengrad von BC 1854 nicht vor 25. November überschreiten.
4. Am 26. November alle STEUBEN-U-Boote an Ost- und Südküste in BB 63 und 66 operieren. Keine Trennung der Räume. Gebiet erscheint vor allem in Küstennähe aussichtsreich. Absetzen nach Osten anheimgestellt, jedoch erst, wenn Lage in Küstennähe klar übersehen wird.
5. Falls allen STEUBEN-Booten vorher eintretende Feindberührung Erfolgsaussichten bietet, sind diese in erster Linie auszunutzen. Operation Lüth und Schewe kann dann also entfallen oder später stattfinden. Überschreiten des Längengrades gemäß Ziffer 3 kann dann früher erfolgen.«
6. Hier werden die Operationsgrenzen angegeben. Ende.

Am 21. November geht ein bemerkenswerter Funkspruch von Lüth ein mit Standort und Seegang und »Erbitte Terminverlegung. Operiere nach Quadratkarte. Sonst keine Unterlagen.«

13.18 Uhr der BdU an die Gruppe STEUBEN: »Heydemann übernimmt Aufgabe Lüth in BB 6385. Lüth gemäß Befehl für übrige STEUBEN-U-Boote operieren. Befohlene Daten bleiben gültig.«

08.21 Uhr Funkspruch von Schewe: »Habe für Aufgabe Lüth nur Karte D 38 WU 1870 G, kein Handbuch.«

Heydemann dazu in sein privates KTB:
»Auch wir besitzen keine Spezialkarten und auch kein Handbuch, haben uns aber nach der Seekarte D 441 W eine fünffach vergrößerte Karte des Küstengebietes angefertigt, um sicher navigieren zu können.«

Am 23. November peilen sie auf *U 575* die Funkstation von St. Johns. Sie hat normalen Betrieb und ist gut zu peilen, ebenso Cape Race.

Heydemann will in der Nacht an die Küste herangehen, um sich

die örtlichen Verhältnisse am 24. tagsüber durch das Sehrohr und am 25. nachts über Wasser anzusehen ... »um dann am 26. in der Nacht die Aufgabe durchzuführen ...«
Der 24. November, 13.59 Uhr, Funkspruch vom BdU an die Gruppe STEUBEN: »Bisherige Aufgabe abbrechen, Gibraltar ansteuern ... Grund englische Offensive in Nordafrika. Zweck ist Entlastung des deutschen Afrikakorps durch Angriffe auf Seestreitkräfte und Ansatz auf Nachschub. Bisheriger Verlauf der Kämpfe an Land ist günstig, über 200 Feindpanzer vernichtet.«
Heydemann gibt diesen Befehl über die Entscheidung des OKM — von Beesly [3] mit »zu unserem Glück« kommentiert — seiner Besatzung bekannt. Erst betroffenes Schweigen. Dann ein paar, die ihre Meinung in Verbalinjurien ausdrücken. Heydemann, beherrschter in seinem Bericht: »Unsere Besatzung ist zutiefst deprimiert.«
Bei Antritt des Rückmarsches kann es sich der aus Greifswald stammende Pommer Günther Heydemann nicht verkneifen, sein und seiner Männer Mißvergnügen (er spricht stets von uns oder wir) mit dem Kurzsignal zu unterstreichen: »Stehen 12 Stunden vor Einlaufhafen.« Also vor St. Johns mit seinen tonnage- und ladungsträchtigen Zielen, ahnungslosen Zielen.
Noch fehlt in der wissenschaftlichen Literatur eine auf den Monat bezogene graphische Darstellung des Gesamt-Bildes aller jeweils laufenden Konvois. Sie wäre — für die Bewertung der Mühen der nach wie vor noch kleinen, viel zu kleinen deutschen U-Bootwaffe von instruktiver Aussage. In den üblichen, zweifelsohne gewissenhaften Chroniken über den Seekrieg 1939—1945 oder in Editionen über die »Schlacht im Atlantik« finden stets und leider nur die »betroffenen« Konvois Erwähnung, jene, die angegriffen oder vom Gegner für bestimmte Zielgruppen eingesetzt wurden, so etwa für die Landung in Nordafrika, die anderen, die »Klarfahrer« eben nicht. Ihre Auflistung im Gesamtbild erlaubt erst Schlußfolgerungen für das jeweils an- und eingesetzte Kräftepersonal auf beiden Seiten. Und ebenso für die totalen Auswirkungen der Funkentschlüsselungen.

1.12 Erste deutsche Besatzungskrisen, aber auch englische

> Mehr U-Boote heißt nicht nur mehr Besatzungen · Der Background der Erfolgsquoten · Erste Verluste an U-Boot-Assen · Kein 100%iges Rezept gegen neuartige Gefahrenlagen · Das Phänomen Korpsgeist · Die dynamische Bedeutung der Tradition · Gefühl der Spezialeinheiten: besser als die anderen (die Paras: »Nous, les autres«) · Hitlers suspekter Trost · Soldat und Politik · Politische Bindung aus »soldatischem« Dank · Bemannungskrisen bei den Alliierten, ein Wunsch des OKM · 30% Personalverluste je verlorenes Handelsschiff

Spätestens um die Jahreswende 1941/1942 wird deutlich, daß die mit 3000 Mann Personalbestand in den Krieg eingetretene deutsche U-Boot-Waffe mit den zur Verfügung stehenden Personalreserven nicht auskommen wird. Es wird bald transparent, daß es weitaus weniger problematisch ist, die Zahl der von Monat zu Monat sich steigernden Neuzugänge an U-Booten rein bautechnisch zu realisieren, als den dadurch notwendigen Bedarf an neuen Besatzungen zu decken. Ein größerer Bedarf an neuen Besatzungen bedeutet ja auch zwangsläufig eine Erweiterung des Personals der zu vermehrenden Ausbildungsstätten, wo man naturgemäß und ex obligo bevorzugt auf gefahrene Kräfte, das heißt auf erfahrene und kampferprobte U-Boot-Fahrer als Ausbilder zurückgreifen möchte. Hier wiederum stellen sich neue Probleme auf: Erfahrene und erprobte U-Boot-Fahrer aus der Front in die U-Boot-Ausbildung zu ziehen, ist gleichbedeutend mit einer Minderung der Erfolgsquoten, die man auch aus der rein psychologischen Sicht nicht unterschätzen darf, sowohl innerhalb der U-Boot-Waffe einmal, aber auch außerhalb vor allem bei jenen Kreisen und Persönlichkeiten, die von der Bedeutung dieser Waffe überzeugt werden müssen, um sich deren Unterstützung für den weiteren Ausbau zu sichern. Dieses Problem hat auch marineintern ein nicht zu unterschätzendes Gewicht, denn noch immer herrschen diametrale Auffassungen über die Seekriegsführung innerhalb der Führungsgremien der Kriegsmarine vor.

Hier nun wiegt, was die inzwischen eingetretenen Verluste an Booten und Besatzungen angeht, die Tatsache besonders schwer, daß unter den gefallenen oder in Gefangenschaft geratenen U-Boot-Kommandanten einige der im terminus technicus der Grauen Wölfe Asse genannten Kommandanten sind, Persönlichkeiten, die nicht nur wegen ihrer hohen Qualifikation als Seeoffiziere und Soldaten, sondern auch wegen besonderer Leistungen, wegen wegweisender neuer Taktiken etwa, herausragten. Das soll nun nicht ausdrücken, daß andere Kommandanten weniger wertvoll waren. Tüchtig waren sie alle, jeder auf seine Art, jeder von Fortunas Gunst mehr oder weniger favorisiert. Aber schließlich kann nicht jeder Oberfähnrich Admiral werden — und eben nicht jeder U-Boot-Kommandant ein U-Boot-As, was ja auch von den zugewiesenen Operationsgebieten oder den Aufgabenstellungen abhängig zu machen war (Wetterboote, Minenaufgaben) ...

Es ist einleuchtend, daß der BdU in steter Hoffnung lebt, daß ihm diese besonders »glückhaften Kommandanten« vom Schicksal erhalten bleiben, nicht allein der Erfolge wegen, auch als Vorbilder für den dringend benötigten Nachwuchs für die neuen Boote.

Und nun — im Frühjahr 1941 — verliert er gleich drei:

● Am 8. März 1941 geht das unter dem Kommando von Korvettenkapitän Günther Prien stehende *U 47* südlich von Island auf 60° 47′ Nord und 14° 17′ West durch Wasserbomben des britischen Zerstörers *Wolverine* verloren. Es gibt keine Überlebenden. Mit Günther Prien, der mit dem Eichenlaub zum Ritterkreuz ausgezeichnet worden ist, fällt dem Krieg nicht nur der »Held von Scapa Flow« zum Opfer, mit ihm und seinen Männern blieb ein Boot auf See, das unter Prien die feindliche Schiffahrt um 164 953 BRT geschädigt hatte. Bei dem britischen Autor P. Kemp heißt es in seinem Oxford Companion to Ships and the Sea [28] u. a. über Prien:

»He was a brave officer and a fine ship-handler. He was less successful in his relations with his crew and his fellow officers.[174] His much publicized statement: ›I get more pleasure out of really good convoy exercise than out of any leave‹ was a point of view which set him apart from other man.«

● Am 17. März 1941 wird das von Joachim Schepke[175] geführte *U 100* durch einen Rammstoß des britischen Zerstörers *Vanoc,* der zusammen mit dem Zerstörer *Walker* der 5. EG angehört, die sich später zu einer der neuartigen Hunter-Killer-Groups entwickelt, versenkt. 38 Besatzungsmitglieder lassen ihr Leben, unter diesen der mit dem Eichenlaub zum Ritterkreuz ausgezeichnete Kommandant Joachim Schepke, der, da eingeklemmt, den Turm nicht mehr verlassen konnte. Schepke, der im Kriege Kommandant erst von *U 3* und *U 19* war, ehe er *U 100* übernahm, hatte laut [261] 39 Schiffe mit 150 340 BRT versenkt, darunter am 21. September 1940 bei einem Gruppenangriff allein 7 Schiffe mit 40 340 BRT. In der Nacht vom 16. zum 17. März, als sie seit dem 15. März den 41 Schiffe starken Konvoi H.X. 112 erneut angreifen und fünf Dampfer bereits versenkt und zwei beschädigt worden waren, wird *U 100* auf 1000 m Distanz durch das Radar vom Typ ASV I[175a] gepeilt. Diese erste erfolgreiche Ortung mit einem Radar dieses Typs führt zur Vernichtung von *U 100* durch Rammstoß, als *U 100* »coming in on the surface at full speed to attack ...«
P. Kemp [28] über Joachim Schepke, dessen Leistungen er ausführlich würdigt, schreibt sonst noch über diesen Kommandanten: »His dashing and smart appearance with his cap at a rakish angle, showed a temperament which was thoroughly at home in early days of the submarine ›wolf packs‹.«

● Am 17. März 1941 geht südlich von Island auf 61° Nord und 12° West das von Korvettenkapitän Otto Kretschmer[176] geführte *U 99* durch Wasserbomben des Zerstörers H.M.S. *Walker* verloren. »Bis auf drei Mann kann die Besatzung gerettet werden, darunter auch der Kommandant, der so lange im Turm blieb, bis sein Boot unter ihm versank.« ... Es gab keinen Strudel und keinen Sog, wie allgemein befürchtet. Mit Otto Kretschmer, in der Marine als »Otto, der große Schweiger« bekannt, wurde von den Briten der bislang (und überhaupt) erfolgreichste U-Boot-Kommandant des Zweiten Weltkrieges aus der Schlacht um den Atlantik ausgeschaltet. Während der ersten 18 Monate dieses Krieges hatte er 44 Schiffe mit 266 629 BRT versenkt, praktisch die Flotte einer großen Reederei. Kretschmer, der vor *U 99* noch *U 23* führte, hatte sein eigenes Konzept für den Handelskrieg der deutschen U-Boote. Seine Maxime war: »Ein Torpedo ein Schiff!«[176a] Dies im Gegensatz zur Instruktion, daß die beste Schußentfernung bei etwa 1000 m liege, wobei — um mit Sicherheit einen Treffer zu erzielen — ein Fächer gleich mehrerer Torpedos zu schießen sei.[176b] Kretschmer ist überzeugt, daß ein Torpedo für jedes Ziel genügen müsse, was allerdings voraussetzt, näher an das Ziel heranzugehen oder, wenn irgend möglich, im Schutz der Nacht den Ring der Eskorter um den Konvoi zu durchbrechen, um sich zwischen eine der Kolonnen des Geleitzuges zu »manövrieren«, um von hier, die geringe Silhouette als genügender Schutz vor einer Entdeckung, die besten und größten Ziele unter den Dampfern herauszuschießen. Diese Praktik kommentiert P. Kemp in [28] in Verbindung mit Otto Kretschmer: »... He became the principal exponent of this type of attack which was not only phenomenally successful but also difficult to counter.«

Unter den Einzelerfolgen Otto Kretschmers sind, wie schon erwähnt, die am 3. November 1940 versenkten beiden britischen Hilfskreuzer bemerkenswert, nämlich der zum AMC umgebaute Ex-Liner *Laurentic* (mit 18 724 BRT) und der ebenfalls zum AMC umgebaute Ex-Liner *Patroclus* (mit 11 314 BRT). Während der Dreitageschlacht um den 41 Schiffe-Konvoi H.X. 212 versenkte Kretschmer fünf Frachter und beschädigte einen der Dampfer, ehe es den Eskortern gelang, *U 99* durch Wasserbomben so schwer zu beschädigen, daß das Boot von seinem Kommandanten aufgegeben und von seiner Besatzung verlassen werden mußte.

Während der Zeit seiner Gefangenschaft kam Kretschmer, inzwischen, am 26. Dezember 1941, mit den Schwertern zum Eichenlaub des Ritterkreuzes ausgezeichnet, von England nach Kanada in das Bowmanville Camp. Hier organisierte er ein System, um trotz der strengen Zensur Informationen, zum Beispiel über in der Gefangenschaft bekannt gewordene Verlustursachen von Kameraden-U-Booten, nach Deutschland weiterzuleiten.[177]

Zu den »Assen« der ersten Kriegsjahre sind unter den U-Boot-Kommandanten verlorengegangener Boote u. a. weiter zu zählen: Kapitänleutnant Julius Lemp, über den bereits ausführlich in Verbindung mit *U 110* berichtet wurde und/oder Kapitänleutnant Engelbert Endrass,[178] der bis Mai 1940 auf Priens Boot *U 47* als IWO fuhr, ehe er erst *U 46* und danach *U 567* übernahm, mit dem er nach einem Gesamterfolg von 128 879 BRT am 21. Dezember 1941 an dem u. a. durch den Geleitträger *Audacity* gesicherten Nahostkonvoi H.G. 76 durch Wasserbomben der Sloop *Deptford* und der Korvette *Samphire* verlorenging. Es gab keine Überlebenden.

Die Verluste dieser bewährten U-Boot-Kommandanten sind innerhalb der personellen Abgänge — neben den anderen, den materiellen Verlusten — ein Schock für die U-Boot-Führung.[179] Sie zu ersetzen, wird schwerfallen. Ihre besonderen Merkmale und Kommandierungen sind deshalb ausführlich vermerkt, weil die differenzierenden Charakteristika dieser spezifischen Führungskräfte der Marine einmal und zum anderen auch der Ermessensspielraum bei den angewandten Taktiken deutlich werden. Hier ist der in seefahrtlicher Praxis und Härte geformte Günther Prien, dort der kühle Rechner und nüchtern vorausplanende Otto Kretschmer oder der draufgängerische, aber nicht verwegene, u-boot-begeisterte Joachim Schepke. Trotz ihrer vollendeten Qualifikation als Kommandanten und ihrem seemännischen wie auch verstandesmäßigen Gespür für die jeweilige Lage, konnten auch diese drei Asse ihr Schicksal nicht abwenden.

Es gibt kein hundertprozentiges Rezept, die vielfältigen neuen oder neuesten Gefahrenlagen, wie etwa in diesen Fällen die Eskort-Groups, mit berechenbarer Sicherheit auszumanövrieren, wohl indessen mannigfache Erfahrungen, um sie bis zu einem höchstmöglichen Wahrscheinlichkeitsgrad zu reduzieren. Das jedoch ist nur einer eingefahrenen Besatzung im vagen Spielraum der Wahrscheinlichkeitsrechnung möglich, Männern, die sich selbst und ihren Kommandanten und Offizieren voll vertrauen (können).

Noch kann die U-Boot-Waffe auf gute Freiwillige zurückgreifen, auf einen Nachwuchs, der wissentlich die mit dem U-Bootfahren verbundenen lebensbedrohenden Risiken auf sich nimmt, im vollen Bewußtsein der optimalen Eigenleistung, junge Männer, die kämpfen wollen. Es ist der in verschiedenen Ursachen tief

verwurzelte Korpsgeist und damit das Bewußtsein, zu einer jeden Mann zu Höchstleistungen verpflichtenden Elite zu gehören, das sie befähigt, sich in allen Situationen selbst zu übertreffen, geistig, was die ratio für schnelles Erfassen und Analysieren der Lage und physisch, was schnelles körperliches Handeln angeht, denn Schnellhandeln vervielfältigt die Überlebenschancen in kritischen Lagen.
Hier nur ein Beispiel: der Mann am Horchgerät etwa, der fremde Schraubengeräusche unter der Aufbietung eines Maximums an Konzentration unter Ausschaltung aller ihn umfließenden Nebengeräusche bereits hört und vermerkt, wo andere »normale« Horcher, ohne irgendwelche Zeichen zu beobachten, noch sorglos an der Skala drehen...[179a] oder ein anderes Beispiel: die Seeleute auf der lederüberzogenen Bank am vorderen und hinteren Tiefenruder in der Zentrale, die auch beim Detonieren von Wasserbomben die Nerven nicht verlieren und sich auf die ihnen gegebenen Befehle und die Bedienung des Ruderrads konzentrieren und schnell handeln, wenn das Boot in einer Notsituation die Tiefenlage verändern soll, schnell aber ohne Hast und mit Fingerspitzengefühl, den Ruderlagenanzeiger vor sich, zwischen diesen den rotweißen Papenberg und den Tiefenlagenanzeiger ...
Woher nehmen diese Männer die Kraft, einen solchen Wall gegen die menschlich natürliche Angst aufzuwerfen, der sie befähigt, ihre jeweils unterschiedlichen Funktionen auch während der lebensbedrohenden Turbulenzen bei Nahexplosionen von Wabos und Flibos mit gebotener größter Sorgfalt und Gelassenheit zu erfüllen?
Das ist durchaus ein Phänomen. Das Stichwort dafür läßt sich »mit tief im Korpsgeist verankertem Kampfgeist« ausdrücken. Mit diesem Kampfgeist befaßte sich u. a. sehr gründlich der Amerikaner N. Luttwak im »Washington Quarterly«, der militärpolitischen Fachzeitschrift des »Center for Strategic and International Studies« an der Georgetown Universität. Er formulierte unter anderem: »Soldaten haben ein und dieselbe militärische Heimat.
Das heißt:
jeder Offizier,
jeder Unteroffizier und

jeder Mann kämpft immer in der gleichen Einheit:
Man kennt sich.
Man kann sich aufeinander verlassen.
Man durchleidet dieselben Belastungen.
Und man erlebt den gleichen Triumph.
Diese Geborgenheit in immer der gleichen überschaubaren militärischen Welt, dieses Dasein und Leben in einer Zelle der Gemeinsamkeit festigt den Zusammenhalt der Männergesellschaft ...«
Solche Manifestationen sind an sich kein Novum. Sie sind ohne Einschränkungen auch auf die deutsche U-Bootwaffe des Zweiten Weltkrieges zu übertragen. Und wenn N. Luttwak auf die dynamische Bedeutung der Tradition bei den verschiedenen Truppengattungen hinweist, so trifft dieses Merkmal ebenso auf die deutschen U-Boote und deren Besatzungen zu, ist doch die Tradition eine weitere motorische Kraft, die außergewöhnliche physische und psychische Leistungen möglich macht bzw. verstehen läßt.
N. Luttwak: »... Ziel jeder militärischen Führung war es bislang stets, in Spezialeinheiten das Gefühl zu erwecken, sie seien anders, darum besser als die anderen und übrigen. Ein Beispiel, so Luttwak, sind die französischen ›Paras‹, die Fallschirmjäger. Sie sprechen von sich als ›Nous, les autres‹.«
Und die U-Bootmänner von sich als »die Grauen Wölfe« mit dem BdU-Admiral Dönitz an der Spitze, den sie den Großen Löwen nennen.[180]
Vorerst jedenfalls hat der BdU keine Sorgen um guten Kommandantennachwuchs, aus dem sich, wie zuvor, die besonderen Könner herauskristallisieren. Daß er sie jedoch für die Zukunft hat, wenn er an den laufenden Zuwachs neuer Boote denkt, beweist eine Aktennotiz, nach der Hitler Dönitz versichert, er Dönitz, würde genügend Nachwuchspersonal bekommen, »wenn ich den Rußlandfeldzug siegreich beendet habe«. Ein suspekter Trost.
Bei der Frage nach der politischen Motivierung, die sich heute in Verbindung mit dem Soldatenberuf auch für die Marine immer wieder stellt, muß für das damalige Berufsbild — also jenes im Dritten Reich — auf eine sehr entscheidende Bestimmung hingewiesen werden.

Weder in der Reichsmarine noch in der Kriegsmarine durfte sich der Soldat, gleich welchen Dienstgrad er vertrat, politisch betätigen. Eine parteipolitische Bindung war erst recht nicht erlaubt, obschon sie sich auch ohne Parteibuch der NSDAP für Otto den Normalverbraucher unter den Soldaten von selbst ergab: Zweifelsohne aus »Dank an Adolf Hitler für die Wiederherstellung der durch den Vertrag von Versailles verlorenen Wehrhoheit«, als
»Dank für die Befreiung des Rheinlandes«, als
»Dank für die Heimholung der Freien Stadt Danzig ins Reich«, als
»Dank für den Wiederaufbau einer zunehmend immer stärker werdenden Flotte«, mit der ins Ausland zu fahren, der Wunsch jedes Marineangehörigen war — bewundert, bestaunt, geehrt, gefeiert — als
»Dank für das Wiedererstehen einer U-Bootwaffe, die nur die Besten unter den Besten erwählt und testet ...«
Dieser Dank war soldatischer Natur, verpflichtender Art, entschieden durch die britische Kriegserklärung am 3. September 1939. Die Kriegsmarine — vom Oberfehlshaber bis zum Matrosen — wußte: dies ist
Kampf um Sein oder Nichtsein.
Sie glaubte sich im Recht!

Es gibt natürlich Probleme bei der deutschen Kriegsmarine, aber personell (noch) keine Krisen. Weder von der Zahl, noch vom nach wie vor ungebrochenen Einsatzwillen her. Wohl aber indessen hofft man beim OKM auf eine Bemannungskrise bei den Handelsschiffen der Alliierten. Immerhin betragen die Verluste an Schiffsbesatzungen nach dem Bericht des Leiters der US-Schiffahrtsbehörde, Admiral Land, bis Ende 1942 3200 Mann, die als tot oder vermißt gelten. Nach Berechnungen der deutschen 3. Skl F.H. ergibt sich daraus je verlorenes Schiff eine durchschnittliche Verlustquote von 30%. Wenn man dem Küstenklatsch glauben darf, dann mehren sich aufgrund solcher Verlustquoten die Desertionen auf alliierten Handelsschiffen. Dagegen hätten sich nach US-Admiral Land im Verlauf von nur zehn Tagen etwa 100 000 Leute für die Handelsschiffahrt gemeldet, von denen allerdings nur 16 000 genügende Erfahrungen

aufweisen konnten. Ein großer Teil mußte erst in Ausbildungslager geschickt werden.
Washingtoner Schiffahrtsstellen schätzen, daß für die 2300 neuen Handelsschiffe 19 000 ausgebildete Offiziere und 80 000 Mann erforderlich seien. Das kommentiert die 3. Skl in Berlin [52]: »Dieses würde 0,6 Mann für je 100 BRT bedeuten, gegenüber der früheren Faustregel von einem Mann für je 100 BRT. Der Minderbedarf wird durch die einfache Maschinenanlage der »Liberty«-Schiffe hervorgerufen, die eine Besatzung von 44 Mann = 0,65 je 100 BRT haben. Für das USA-Programm für 1942 in Höhe von 13 Millionen BRT benötigt also die USA eine Besatzung von 78 000 Köpfen, die aber zum Teil durch die bei Schiffsverlusten geretteten Mannschaften gedeckt werden können. Nach Gefangenenaussagen melden sich viele Amerikaner für die Handelsschiffahrt, um nicht zum Heer eingezogen zu werden — und weil dort höhere Gehälter gezahlt werden. In der Besetzung der Schiffe wird zur Zeit hier kein unüberwindbares Hindernis gesehen, wenn auch bei den Offizieren und Ingenieuren ein gewisser Engpaß vorhanden sein wird, besonders, wenn verhindert wird, daß diese bei Schiffsuntergängen an die feindliche Küste kommen. Die Feindseite hat deshalb bereits Befehl erlassen, Kapitäne in den Rettungsbooten beim Anhalten durch U-Boote nicht namhaft zu machen, um sie so der Gefangennahme zu entziehen.

1.13 Der U-Bootkrieg und der Kampf der Wissenschaftler

> Dönitz überrascht mit einem neuen Marineschlüssel, mit dem Schlüssel »M-4« · Die deutschen Quadratkarten, ein anderes Sicherheitssystem, das britische Wissenschaftler angehen · Was Dönitz anstrebte, Göring im kleinen für seine Luftwaffe realisierte, bauen die Briten auf breiter Basis für alle drei Wehrmachtteile auf: Die Operations Research als militärischen Brain Trust — der geheime Schlüssel zu den künftigen alliierten Erfolgen · OR — die wissenschaftliche Feuerwehr · Görings Fachberatergruppen · Auch der BdU wollte einen wissenschaftlichen Beraterstab

Wie ernst Dönitz die Bedenken seiner Kommandanten insgeheim und in Wahrheit nimmt, der Gegner könnte in den Marinekode eingebrochen sein, beweisen seine wiederholt vorgebrachten Sorgen um die Sicherheit des Schlüssels M, auch und vor allem gegenüber den für die Schlüsselmittel verantwortlichen Stellen. Durch sie, nämlich die Dienststellen OKM/Chef MND und OKW/Chiffre-Abteilung, wird ein zusätzlich gesicherter Schlüssel M eingeführt, die Schlüsselmaschine M-4, die im Herbst 1941 entwickelt und inzwischen in Serie gegangen ist. Die Erschwerung einer Entschlüsselung ist in der Erhöhung der Zahl der Schlüsselwalzen zu sehen. Außerdem im Einbau von sogenannten Schaltlücken.

Wie der Name der neuen Type andeutet, hat die Schlüsselmaschine M-4 vier statt, wie bisher, drei Walzen. Die vierte Walze, die als sogenannte »Griechenwalze« installiert worden ist, ist gleich viermal auswechselbar, nämlich als Walze Alpha, als Walze Beta, als Walze Gamma und als Walze Delta. Sie ist links neben den drei bisherigen siebenfach austauschbaren, mit römischen Ziffern versehenen Walzen vorgesehen. Man will mit der Walze Alpha beginnen, aber erst, wenn alle Boote mit der neuen Schlüsselmaschine ausgerüstet sind. Bis dahin soll die Walze Alpha auf Booten, auf denen die M-4 bereits vorhanden ist, in der Nullstellung AA gefahren werden. Als Stichtag für einen schlag-

artigen Einsatz ist der 1. Februar eingeplant und — das ist wichtig — ausschließlich für die im Atlantik eingesetzten U-Boote, die unmittelbar vom BdU geführt werden. Als Kodename für den neuen Schlüsselkreis ist die Bezeichnung TRITON gewählt worden.
Die Erschwerung des Kodes wird mit der Griechenwalze ins Uferlose steigen. Mit der neuen Walze wird sich die Kombinationskapazität der 336 Möglichkeiten des bisherigen austauschbaren Dreiwalzensystems auf 1344 Walzenlagen vervierfachen. Die Periodenlänge wird sich von 17 576 auf 456 976 (lt. [3]) erhöhen.
Bei der M-4 mit orthodoxen Methoden der mathematischen Analyse und handschriftlichen Berechnungen zu einem Entschlüsselungserfolg kommen zu wollen, bedürfte, dessen ist man beim BdU überzeugt, einer ungeheueren Personalkapazität und eines womöglich jahrelangen Zeitaufwands, denn daß der Gegner bereits über maschinelle Entschlüsselungsmaschinen verfügen könnte, wird von der deutschen Rechenanlagen-Technik — bei der u. a. auch die Kontakte der deutschen Hollerithtochterfirma[181a] in Berlin mit der amerikanischen Muttergesellschaft seit Kriegsbeginn abgebrochen sind — energisch bestritten. Aber selbst dann, wenn es solche Maschinen gibt (wie sie die Alliierten inzwischen entwickelt und als »bombs« in Betrieb genommen haben), müßte, so die deutschen Experten hier völlig zu Recht, die neue M-4 erst einmal gesehen, auseinandergenommen und nachgebaut werden. Schließlich handelt es sich bei der M-4 um eine völlig neue Maschine, wenn auch das Konstruktionsprinzip das gleiche ist.
Unerklärlich bleibt, warum der Admiral Dönitz dem Hilfskreuzerkommandanten Kapitän z. S. Bernhard Rogge die Einführung des völlig neuartigen Schlüssels M nach dessen Meldung im OKM verschwiegen hat, als dieser, wie bereits in anderem Zusammenhang dargestellt, seinen Verdacht noch einmal gelegentlich eines Gesprächs unter vier Augen erhärtet hatte, der Gegner müsse in das Schlüsseleinstellungssystem M der Kriegsmarine eingebrochen sein.
Es bietet sich hier die eine Erklärung an, daß der neue Schlüssel M-4 nur dem BdU-Stab, den Kommandanten der Atlantik-U-Boote und deren ohnehin zu strengster Geheimhaltung ver-

pflichteten Funkern bekannt sein durfte. Wenn man hier eine Parallele zum britischen O.I.C. und dem Ersten Lord der Britischen Admiralität (First Lord of the Admiralty) Alexander, zieht, dann ist diese Überlegung so abwegig nicht.

Der Erschwerungen nicht genug. Ein neues Problem stellt sich dem Gegner mit den seit dem September 1941 veränderten Bezugspunkten der Quadratkarten der deutschen Kriegsmarine entgegen. Diese raffiniert aufgebauten, streng geheimen Operationskarten sind neben dem Schlüssel M eine andere Trumpfkarte der deutschen Marine, um dem Feind die Einsicht in die eigenen Operationen zu erschweren oder gar unmöglich zu machen. Diese Quadratkarten sind eine besondere Art der Verschlüsselung innerhalb der Schlüsselsysteme.
Was kann der britische Kryptologe im B.P. mit einer endlich entschlüsselten Formulierung wie etwa diesem Hinweis anfangen: Qu AK 2181 l.o.E. ...
Natürlich ist klar, daß es sich bei diesem Funkspruch um den von Dönitz befohlenen Ansatz gegen einen Konvoi handelt. Gegen welchen aber? Das vermag er erst zu enträtseln, wenn er diese vertrackte deutsche Seekarte zur Verfügung hat. Ohne sie ist er trotz der respektablen Leistungen der Entschlüsselungsexperten hilflos. Captain Roskill in [32]: »... Wir aber konnten bis dahin auf eine Gefährdung unserer Einheiten nur aus der Peilung der U-Boote bei der Abgabe ihrer Funksprüche an ihren Stützpunkt schließen. Wäre es uns doch gelungen (und das gilt eigentlich bis zur Aufbringung des Wetterbeobachtungsschiffes *München* und der Erbeutung von *U 110* ...), eine der deutschen Quadratkarten in die Hand zu bekommen, so hätten wir natürlich sofort viel genauer gewußt, was der Feind im Schilde führte. Wir hätten Schiffe und Flugzeuge mit guten Erfolgsaussichten auf Feindsuche schicken und bedrohte Geleitzüge auf sichere Kurse umleiten können. Man kann sich leicht vorstellen, was für Vorteile uns das gebracht haben würde. Uns interessierten auf den deutschen Quadratkarten besonders die Zonen AM, AL und AK, denn sie umfaßten den Atlantischen Ozean zwischen 51° und 61° Nordbreite und 5° bis 40° Westlänge. Praktisch unser ganzer Schiffsverkehr über den Atlantik mußte also die Zonen passieren ...«

43	51	52	53	61
44	54	55	56	66
49	57	58	59	
73	81	82		

AF (Ausschnitt)

Norwegen

1	2	3
4	5	6
7	8	1 2 3 / 4 5 6 / 7 8 9

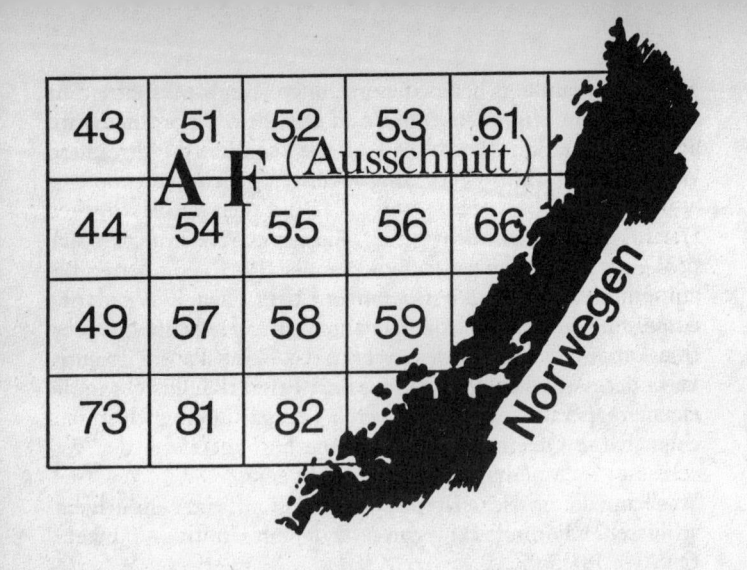

AF 5599

Oben: Teil aus der geheimen Quadratkarte, hier ein Ausschnitt aus dem Großquadrat AF, das zum Teil Norwegen überdeckt; siehe auch Vorsatzblatt. – Links: Das Unterquadrat 55 im Großquadrat AF, aufgeteilt in neun Unterquadrate von 1 bis 9, von denen jedes wieder in weitere 9 Unterquadrate unterteilt wurde, so daß (als Beispiel) die Position AF 5599 mit einem zusätzlichen Hinweis (etwa l.u.E. = linke untere Ecke) wie sonst im Besteck sehr genau bestimmt werden kann.

Im Prinzip ähnelt der Aufbau dieser deutschen Marine-Quadratkarten dem Such- und Findesystem einer Atlaskarte oder einer Autokarte, auf der oder in der man über die oberen/unteren und die seitlichen Seitenrandmarkierungen durch Buchstaben oder Zahlen durch die Gittermethode den gesuchten Ort finden kann. Nur sind die Marine-Quadratkarten mehrfach unterteilt: zunächst in Doppelbuchstabengroßquadrate, die wiederum in kleinere, und zwar in neun Bezugsfelder unterteilte Unterquadrate unterteilt sind, jedes dieser Zahlenquadrate ist erneut in neun kleinere Einzelzahlenquadrate unterteilt. Aus diesen vier Bezugspunkten ergibt sich die Position, die noch durch weitere Verweise wie l.o.E. (z.B.) = linke obere Ecke im letztgenannten Einzelzahlquadrat ergänzt wird. Ein raffiniert ausgeklügeltes System, das zu knacken einen Mathematikerstab oder eine der heutigen EDV-Anlagen erfordert.

Immerhin: eines Tages bekamen die Briten einen Zipfel dieses Geheimschleiers in die Hände, einen kleinen Ausschnitt aus der Quadratkarte ... Wann und wo sie das Stück Papier erbeutet haben, haben sie bis heute nicht verraten.[181b] Nach Otto Kretschmers Schreiben vom 18. März 1985 kann das mit Kurt von Gossler, Kommandant von *U 49* (versenkt am 15. April 1940 im Raum Narvik auf Position 68° 5′ N/16° 50′ O durch Wasserbomben der britischen Zerstörer *Fearless* und *Brazen,* ein Toter) in Verbindung gebracht werden. Also dem Auffinden der aus dem U-Bootturm ins Wasser geworfenen Papierfetzen. Aber es genügte, um in Verbindung mit entschlüsselten Funksprüchen Stück für Stück dieser verschachtelten Struktur aufzubauen ... bis man dann, siehe oben, das Glück mit dem WBS *München* und *U 110* sowie den Troßschiffen *Gedania* und *Lothringen* hatte. Britische Indiskretionen in der Presse (oder bewußt gezielte Aktionen zur Ablenkung von dem bloßem Verdacht einer Erbeutung von *U 110*) wurden dann zum Stein, der in den See des permanenten Mißtrauens der KM fiel und die Wellen hochgehen ließ.

Das eine Ergebnis zeigte sich bald in der neuen Griechenwalze der neuen Schlüsselmaschine M-4, das andere in einer nochmaligen, völlig neuen Überschlüsselung der Bezugspunkte in der Marinequadratkarte.

Das nun wirft die britischen Dekodierungsspezialisten enorm zurück. Immerhin, man hat jetzt die »bombs«, aber man sieht inzwischen auch ein, daß die sich immer mehr verstärkende Zahl der im Nordatlantik operierenden deutschen U-Boote generelle Umlenkungen beinahe illusorisch erscheinen lassen. Sehr viel Spielraum zum Verstecken in den nordatlantischen Weiten bleibt da nicht. Nun, man wird mit all solchen Problemen fertig, hier wie auch dort. Jeder neuen Waffe wird mit einer Gegenwaffe geantwortet, nur ist hier stets die Zeit von bestimmender Bedeutung. Daß die Gegenmaßnahmen schnell kommen, dafür sorgt bei den Briten das O.R.

O.R. ist die Abkürzung des Begriffes »Operations Research«. Es ist im gewissen Sinne der Vorläufer jeder Art Anstrengung, Wissenschaft auf die Leitung organisierter Systeme anzuwenden (und auch verständlich zu machen). An sich begann O.R. als eine separate Disziplin im Jahre 1937 in Großbritannien als das Ergebnis der Initiative von A.P. Rowe, dem Superintendenten der Bawdsey Research Station, die britische Wissenschaftler anleitete, führende Militärs darin zu unterrichten, wie das neu entwickelte Radar anzuwenden sei, um feindliche Ziele zu lokalisieren. Schon 1939 machte die Royal Air Force Versuche, die Reichweiten der Radargeräte auszudehnen, um die Zeitspanne zwischen der ersten Radarwarnung und dem Angriff durch feindliche (also deutsche) Flugzeuge zu vergrößern. Als die Wissenschaftler anerkannt wissen wollten, daß es zusätzliche Vorteile bringen würde, wenn die Zeit zwischen der ersten Warnung und der Vorbereitung oder der Entwicklung der Abwehrmaßnahmen verringert werden könnte, begannen sie, das Kommunikationssystem zu studieren, das die »Warnstelle« und die »Verteidigung« verbindet. Zuerst analysierten sie die physikalische Ausrüstung und das Nachrichtennetz, später überprüften sie systematisch auch die Arbeitsweisen des Betriebspersonals sowie der relevanten Exekutiven.
Als die Anzahl der Frühwarnstationen erhöht wurde, beobachtete man, daß es dort wesentliche Unterschiede in der Arbeitsweise zwischen ihnen gab, sogar, wenn die gleiche Gruppe des Testpersonals arbeitete. Untersuchungen ergaben Verbesserungen der Bedienungstechniken und offenbarten unabschätzbare Grenzen im Nachrichtennetz.
Im September 1939 werden die Wissenschaftler, die in verschiedenen Bereichen an diesen Problemen arbeiteten, im Fighter Command Headquarter zusammengerufen. Diese Abteilung erweiterte ihre Aktivitäten ständig, auch über die Anwendung des Radars hinaus. Und zur Zeit der »Schlacht um England« im Herbst 1940 wurde sie wegen einer unvorstellbaren Vielzahl an Problemen konsultiert.
Im Sommer 1941 wurde entschieden, O.R.-Abteilungen[181c]

weitgefächert in der RAF zu etablieren. Ähnliche Entwicklungen gab es auch bei der Royal Navy, und bei beiden Wehrmachtteilen war (zunächst) wieder das Radar die kausale Ausgangslage.

Der britische Physiker und Nobelpreisträger P.M.S. Blackett organisierte ein Team, um das Anti-Aircraft-Problem zu lösen. Blacketts Anti-Aircraft-Command Research Group gehörten an: Physiologen, zwei Physiker, zwei Astrophysiker, ein Armeeoffizier, ein ehemaliger Geometer und später noch ein dritter Physiologe, dazu treten noch ein Allgemeinphysiker und zwei Mathematiker.

Im März 1941 wechselten Blackett und einige seiner Mitarbeiter zum Coastal Command. Hier werden sie bei der Radarbeobachtung von Schiffen und insbesondere auch von U-Booten integriert. Inzwischen bildeten verschiedene Mitglieder der ursprünglichen Gruppe von Blackett die Operational Research Group of the Air Defense Research and Development Establishment. Aus dieser wurde dann etwas später die Army Operational Research Group.

Über diese Entwicklung werden innerhalb von zwei Jahren nach Kriegsbeginn bei allen drei britischen Wehrmachtteilen O.R.-Groups eingerichtet. Zusätzlich wird O.R. später auch bei der zivilen Verteidigung eingesetzt. Allein für diesen Zweck finden sich 40 O.R.-Männer zusammen, darunter auch einige Amerikaner, die anschließend bei der US-Airforce weiterarbeiten. Nebenbei bemerkt, aber nicht am Rande, befaßte sich diese Gruppe auch mit den Auswirkungen von Bombenexplosionen auf Menschen.

Parallel zu Großbritannien vollzieht sich die Entwicklung von O.R. in Australien, in Kanada, bei den freifranzösischen Streitkräften und ganz besonders in den USA, die die Nutznießer von Kontakten mit britischen O.R.-Leuten für ganz bedeutende Entwicklungen sind.

Sir Robert Watson-Watt, der mit A.P. Rowe die ersten beiden O.R.-Radarstudien 1937 herausbrachte (und der als der Vater der Panorama-Sichtpeiler gilt), gab der Disziplin den Namen. Er war es, der die USA besuchte und darauf drang, daß O.R. in den Kriegs- und Marine-Departments eingeführt wird. Aber erst 1942 beginnt in den USA im Naval Ordonance Laboratory die

erste O.R.-Tätigkeit. Neben anderen Einrichtungen wird hier 1942 die Antisubmarine Warfare O.R.-Gruppe gebildet. Sie wird später zur O.R.-Gruppe im Stab des zuständigen C.-in-C.[181c] erweitert. Sie befaßte sich ganz besonders mit der U-Boot-Abwehr, den Flugzeug- und amphibischen Operationen, der Flugzeugabwehr und allen neuen Waffensystemen.
Überall dort, wo es plötzlich maritime Probleme gibt, vor die sich die Offiziere und Techniker der Navy gestellt sehen, werden die Kapazitäten des O.R. quasi als wissenschaftliche Feuerwehr herangezogen. O.R. konzentriert sich auf die Ausführung organisierter Systeme als Ganzes gesehen und weniger auf Teilbereiche. O.R., bei dem die menschliche Leistung eine bedeutende Rolle spielt (im Gegensatz zu den Ingenieursystemen, bei denen menschliches Verhalten weniger oder gar nicht von Bedeutung ist), befaßte sich ursprünglich (also auch noch während des Krieges) eher damit, die Operationen vorhandener Systeme zu verbessern, als neue zu entwickeln (genau das Gegenteil trifft auf die Ingenieursysteme zu). Allerdings glätteten sich diese Unterschiede dann nach und nach.
Das Hauptanliegen von O.R. ist und bleibt es, Entscheidungen zu suchen, welche die Wirkungen der Systeme kontrollieren.

Noch eines:
War das Mechanisieren des Menschen und Ersetzen des Menschen durch Maschinen als Quelle körperlicher Arbeit im 19. Jahrhundert die 1. technische Revolution zu nennen (das Studium und die Anwendung dieser Arbeiten ist die Aufgabe des industriellen Ingenieurwesens), so befaßt sich die 2. Revolution mit der Automation und der Mechanisierung der geistigen Arbeit.
Die angewandten Haupttechnologien sind dabei (u. a.): Die Mechanisierung der Symbolfindung, das heißt die Beobachtung durch Maschinen und Geräte (zum Beispiel das Radar und das Sonar), die Mechanisierung der Symbolübertragung (neben Telefon, Radio und Fernsehen ist da auch die Sichtfunkpeilung zu zählen) und, später, die Mechanisierung der geistigen Symbolmanipulationen.
O.R., die übrigens als Begriff und in der Methode von den USA

übernommen werden, wendet die wissenschaftliche Methode
an auf das Studium geistiger Arbeit und vermittelt
das Wissen und Verstehen,
das erforderlich ist
für die effektive Nutzung für Mensch und Maschine,
die es auszuführen haben [22].
O.R. scheint dem Verfasser der Schlüssel zu dem britischen Geheimtresor zu sein, aus dem sie, gestützt und beflügelt von lateralem Denken, Analysen für die Pläne und Dossiers entnehmen,
die
zur Überwindung des größten Feindes unter den Achsenmächten,
der deutschen U-Boote,
führen werden.
Daß die Briten ideenreicher und intelligenter waren, soll und kann ihnen nicht attestiert werden, denn in Deutschland hatte zum Beispiel Reichsmarschall Hermann Göring bereits 1940 der Luftwaffe vermöge seiner nahezu unbeschränkten Machtmittel eine bereits an anderer Stelle behandelte wissenschaftliche Beratergruppe auf dem funktechnischen Sektor geschaffen[182], die aber eine mehr oder weniger interne und dazu noch kleine Gruppe blieb.
Der BdU, Admiral Dönitz, hatte, wie bereits erörtert und belegt, mehrfach um einen wissenschaftlichen Beraterstab gerungen; 1942 hat er, auch das sei in diesem Zusammenhang noch einmal unterstrichen, seine Forderung sogar in Abstimmung mit seinen Stabs- und Fachoffizieren schriftlich fixiert [61]. Mit Sicherheit ist dieser unbequeme, weil arbeitsintensive Vorschlag in der reichsdeutschen Ministerialbürokratie schubladisiert worden, wie vieles, was Zivilcourage erforderte, sich notfalls auch gegen Hitler durchzusetzen.

2. Kapitel
1942: Große Erfolge im Schatten massierter gegnerischer U-Boot-Abwehr

2.0 Zur Lage:

Das Jahr 1942, das mit einer Erklärung der 26 Vereinten Nationen in Washington beginnt, keinen Sonderfrieden mit Deutschland und/oder Japan zu schließen und sich zur Atlantic Charta zu bekennen, wird für die deutschen U-Boote das Jahr der größten Erfolge. Die Erfolge stärken nicht nur das Selbstvertrauen der GRAUEN WÖLFE, sondern auch ihre Leistungen und ihre Einsatzbereitschaft, nun auch im Kampf gegen das mächtige Amerika, das als Hauptlast Japan mit immer neuen Beweisen seiner offenkundigen (scheinbaren) Überlegenheit auf See zu tragen hat. Jede versenkte Tonne Schiffsraum zählt. Indessen: diese exorbitanten Achsenerfolge vollziehen sich im Schatten der sich immer mehr verdichtenden Wolken drohenden Unheils für die GRAUEN WÖLFE, das unter dem Mantel der Abschirmung einer hermetisch dichten Geheimhaltung zu wuchern beginnt, nicht mit einer, sondern mit einer ganzen Reihe von bislang unbekannten Technologien verschiedenster Art, besonders auf dem Gebiet der Hochfrequenztechnik.

Doch zunächst übertönt in den deutschen und deutschkontrollierten Rundfunksendern bei den Wehrmachtberichten eine Siegesfanfare die nächste, seitdem der BdU Boote vom Typ VII C in Wellen in den für Boote dieses Typs noch operativ räumlich möglichen Raum vor Neufundland/Nova Scotia und unter dem verpflichtenden Codewort PAUKENSCHLAG die großen IXer-Typ Boote vom St. Lorenzstrom bis hinunter nach Cape Hattaras und später weiter bis in die Karibik, den Golf von Mexiko und die Küstenbereiche des nördlichen Südamerika schickt.[183a]

Als Angriffstag für die Boote vom Typ IX ist der 13. Januar als der PAUKENSCHLAG angesetzt worden. Der BdU hatte Verdruß genug, wenigstens fünf Boote für die erste Welle von der Seekriegsleitung (Skl) genehmigt zu bekommen, da sie aus anderen Operationsvorhaben herausgelöst werden mußten. Nicht minder schwierig war es, die erste VII C-Boote-Welle vor Neufundland aufzustellen, da die an sich von der Skl für den Raum um die Azoren bestimmten Boote umgelenkt werden mußten. Der Sorge, der Feind könnte den Generalangriff auf die Handelsschiffahrt vor Nordamerikas und Kanadas Küsten aus der verminderten Operationstätigkeit im mittleren Atlantik — etwa aus dem Absinken der Funksprüche — herauslesen, meint Dönitz durch Täuschungsmanöver begegnen zu können. Wenigstens ein Boot soll im klassischen Operationsgebiet der North-Western Approaches hin und her operieren und durch laufende Funksprüche von verschiedenen Positionen ein U-Boot-Rudel demonstrieren. Sicherlich hat er den Befehl ohne seine Funkexperten getroffen, denn sonst wäre ihm von mindestens einem der praxiserfahrenen »Funkenpuster« erklärt worden, daß diese Scheinmanöver wenig sinnvoll seien, da jeder Funker seine »eigene Handschrift in die Taste schreibt«, was Könner auf der anderen Seite sehr schnell herausfinden, aber eben nur Könner. Solche mit Ultraohren.

Wir wissen heute, daß dem britischen O.I.C. diese Umlenkungen aufgefallen sind und daß der Tracking Room Winns die Amerikaner vor starken U-Boot-Konzentrationen vor den Ostküsten warnte, denn das Unternehmen PAUKENSCHLAG war nach Beesly »für die britische Admiralität keine Überraschung mehr«.

Dennoch fährt die Schiffahrt unter Amerikas Ostküsten mit und nach dem 13. Januar völlig unvorbereitet in eine Katastrophe hinein. Für Wochen, ja für Monate. Die Leuchtfeuer brennen friedensmäßig. Die Schiffe setzen nachts ihre Positionslaternen. Ihre Kapitäne funken gänzlich unbekümmert und selbstherrlich drauf los. Die sich erst langsam einspielende U-Boot-Abwehr der US-Navy verläuft so minutiös, daß ihre Routinen spielend von den U-Boot-Kommandanten erkannt und ausmanövriert werden können, weil man bald weiß, wann und wo dieser oder jener Zerstörer seinen Streifen abfährt. Englischen Berichten zufolge schlagen die Amerikaner alle Warnungen in den Wind, selbst die auf vielseitigen Erfahrungen basierenden Ratschläge der Royal Navy. Sie meinen, es einfach besser zu wissen, wie man mit den »damned subs« fertig wird. Der Kleine Bruder möge sich um seine eigenen Probleme kümmern, denn davon habe er genug, statt sich in die amerikanischen Scharmützel — etwas anderes ist die Lage unter den Ostküsten gegenüber dem Pazifik im Kampf gegen die Japaner doch nicht — einzumischen. Offenkundig ist durch den Krieg die ganze amerikanische Verwaltungstechnik gestört, sonst hätten doch die enormen Verluste an Schiffsraum von Neufundland bis in die Karibik durch Sofortgegenmaßnahmen aufgefangen werden müssen. Wagte in dem freiheitlichsten Land der Erde hier kein Politiker, keine staatliche Stelle einzugreifen? Oder ist eine latente Irrationalität die tiefere Ursache, sich von unbequemen Realitäten mit Grausen abzuwenden, statt sie zu verhindern? Oder ist es Stolz auf die stolze Navy, daß nicht passieren kann, was nicht passieren darf? Oder gibt es in amerikanischen Fachkreisen eine reale Begründung auf diese unpräzisen Generalisierungen, auf die Fragen, wieso und weshalb es zu dem Schiffsmassaker unter Nordamerikas Ostküsten kam?[183b]

Erst nach Monaten lernen die USA aus den Fehlern, die sie anhand der frühen Warnungen und Verhaltensratschläge der Briten schon nach einer Woche hätten vermeiden können. Und erst am 14. Mai 1942 nimmt der erste US-Ostküstenkonvoi von Hampton Roads nach Key West und am 19. Mai der erste Zubringer-Konvoi von New York nach Halifax Fahrt auf. Rohwer [5]: »Die Zusammenfassung der Schiffe läßt die Zahl der Handelsschiffsichtungen durch U-Boote scharf absinken. Da die Operationsgebiete der deutschen U-Boote von Neufundland über Cape Hattaras bis in die Karibik fließend ineinandergingen, ist eine genaue Abgrenzung der Erfolge ohne erheblichen Forschungsaufwand praktisch nicht möglich.«

Es möge genügen, daß bis zu der Zeit (Mitte Juli), da die an der Ostküste Nordamerikas angesetzten U-Boote keine »lohnenden Ziele mehr finden«, nach Rohwer [5], versenkt worden sind: Beteiligt waren je nach Anmarschstrecke und Operationsgebiet alle verfügbaren großen und größeren Typen, nämlich die Typen VII B, VII C, IX, IX B, IX C.

- 1. Welle vom 8. 1. bis 12. 2. vor Neufundland von 12 Booten: 21 Frachtschiffe mit 98 548 BRT, plus 1 Schiff mit 888 BRT torpediert;
- 1. Welle PAUKENSCHLAG vom 11. 1. bis zum 7. 2. vor der Ostküste der USA mit 5 Booten: 26 Schiffe mit 162 021 BRT, plus 2 Schiffe torpediert, außerdem versenkt die freifranzösische Korvette *Alysee;*
- 2. Welle vom 21. 1. bis zum 19. 2. vor Neufundland/Nova Scotia mit 8 Booten: 8 Schiffe mit 62 847 BRT, plus 2 torpediert mit 14 281, versenkt außerdem der Zerstörer *Belmont;*
- 2. Welle vom 21. 1. bis zum 6. 3. vor der Ostküste USA mit 5 Booten: 19 Schiffe mit 126 922 BRT;
- 3. Welle vom 10. 2. bis zum 20. 3. vor Neufundland bis Cape Hattaras von 15 Booten: 31 Schiffe mit 161 924 BRT, plus 1 Schiff mit 7118 BRT torpediert, außerdem versenkt Zerstörer *Jacob Jones* • 1 Eigenverlust *U 656* durch Flibos (US-Squ. 82);
- 3. Welle vom 2. 3. bis 23. 3. vor Ostküste USA durch 3 Boote: 11 Schiffe mit 67 173 BRT • 1 Eigenverlust *U 503* durch Flibos (US-Squ. 82);
- 4. Welle vom 14. 3. bis 24. 4. zur Ostküste USA mit 11 Booten: 44 Schiffe mit 274 057 BRT, plus 8 Schiffe mit 62 890 BRT torpediert;
- 5. Welle vom 8. 4. bis zum 11. 5. durch 12 Boote: 24 Schiffe mit 110 987 BRT, plus 3 Schiffe mit 22 920 BRT torpediert • 1 Eigenverlust *U 85* durch den US-Zerstörer *Roper;*
- 6. Welle vom 26. 4. bis zum 23. 5. zur Ostküste USA und in die kanadischen Küstengewässer mit 13 Booten: 23 Schiffe mit 103 838 BRT (hierunter nach Rohwer [5] von *U 432* 5 mit »nur« 6110 BRT [5]),[183c] plus 6 Schiffe mit 40 958 BRT torpediert;
- 7. Welle als Gruppe PFADFINDER vom 27. 5. bis zum 26. 6. zur Ostküste USA, z. T. gegen Konvois durch 9 Boote: 11 Schiffe mit 57 662 BRT, plus versenkt, außerdem ein Flugzeugtender und ein Schiff beim Rückmarsch;
- 8. Welle vom 11. 6. bis zum 19. 7. zur Ostküste USA zu Minenoperationen und Einzelaktionen durch 6 Boote: 10 Schiffe mit 57 776 BRT, plus U-Jagdtrawler versenkt, Minenerfolge nach [5] durch Minenoperationen der Boote *U 373* und

U 701 (Horst Degen), *U 202* und *U 584* setzen Agenten an der Ostküste der USA ab;
- 9. Welle vom 20. 6. bis 19. 7. zur Ostküste USA mit 7 Booten: keine Versenkung, denn Boote finden außer Konvois keine lohnenden Ziele mehr. Nach Verlust von 2 Booten Befehl zum Absetzen ins Gebiet südostwärts von Nova Scotia bzw. Rückmarsch, Eigenverluste: *U 215, U 576*.

Insgesamt ergibt sich für die Zeit der massierten Operationen gegen die Ostküste der USA und in den Raum Neufundland und Nova Scotia nach [5]
- an Versenkungen 228 Schiffe mit 1 283 755 BRT[184],
- torpediert und werfttreif beschädigt wurden 23 Schiffe mit 164 247 BRT; dazu kommen die oben genannten Kriegsschiffverluste.

Fast zur gleichen Zeit richteten sich Operationen gegen die Schiffahrt in der Karibik, im Golf von Mexiko, im Raum der Antillen oder vor den Küsten des nördlichen Südamerika (einschließlich Trinidad), wo in der Zeitphase bis zum Juli 1942, also der Einstellung der Einzelschiffaktionen unter der Ostküste der USA, nach Rohwer [5] versenkt wurden:
- 196 Schiffe mit 949 372 BRT, und torpediert wurden
- 18 Schiffe mit 217 418 BRT.

Gleichzeitig liefen während der ganzen Zeit noch Operationen gegen Konvois im Nordatlantik und im Eismeer[185], ferner solche im Mittelmeer, wo, wie in Norwegen, ab November 1941 ein FdU[186] notwendig geworden ist, um die im Mittelmeer stationierten zwei Flottillen mitsamt Stab zu betreuen — und zwar eine in La Spezia als Hauptstützpunkt[187] und eine in Salamis. Auch das sind Einrichtungen, die das Hauptziel des BdU, die Schlacht im Atlantik, schwächen.

Gleichermaßen erschwerend tritt hinzu, daß Hitler aus seiner latenten panischen Sorge vor einer Flankeninvasion in Norwegen dem OKM und dieses Dönitz befiehlt, vom 13. bis zum 24. Januar zwölf aus der Heimat ausmarschierende U-Boote vom Typ VII C der Gruppe SCHLEY westlich der Hebriden und der Färöer zu stationieren, ehe sie nach Westfrankreich weitermarschieren und zum atlantischen Einsatz klargemacht werden können. Auch später, vom 26. Januar bis zum 26. März, müssen weiter-

hin sechs U-Boote den genannten Raum sichern und beobachten. Dabei kommt es zu einigen Begegnungen mit Geleitzügen, jedoch ohne besonders spektakuläre Erfolge.
Obwohl für den Geleitzugkampf nur wenige U-Boote im Nordatlantik stehen, sind die Erfolge auch hier das Ergebnis unerschrockener und taktisch gekonnter Einsätze und Angriffe. So schießen vom 21. bis zum 25. Februar sechs Boote aus dem 36-Schiffe-Konvoi O.N.S. 67 acht Dampfer mit 55000 BRT heraus. Ohne einen Eigenverlust. Oder: Am 12. und 13. Mai versenken sie aus dem O.N.S. 92 sieben Schiffe mit 36000 BRT. Nach wie vor sind noch immer die BLACK GAPs im mittleren Nordatlantik der U-Boote erfolgreichstes Revier, obschon sich die Fälle mehren, hier von den neuen VLR-Liberators überrascht und angegriffen zu werden.[188]
Inzwischen, im April, sind auch die ersten zwei »Milchkühe« genannten U-Tanker vom Typ XIV in Fahrt gekommen.[189]
Sie erweitern den Aktionsradius der 762/871 ts großen VII C-Boote bis in die Karibik und nicht minder die Operationsphasen der großen Boote der Typen IX. Das erste Boot dieser U-Tanker läuft im Mai aus. Wie bedeutsam seine Kapazität ist, beweist, daß von ihm 15 Boote aufgetankt und auch sonst versorgt werden konnten. Das Rechenexempel wird noch überzeugender, wenn man darauf hinweist, daß für diese so in See versorgten Kampf-U-Boote ja der An- und Rückmarsch für praktisch gleich zwei Operationen genutzt werden kann.
Nachdem die USA, wie oben dargelegt, an ihren Ostküsten das Konvoisystem eingeführt und Angriffe der U-Boote außerordentlich erschwert haben, sucht der BdU neben der vordringlichen »Schlacht im Nordatlantik« nach anderen »weichen Stellen und Revieren«. Sie bieten sich ihm weiterhin im Mittelatlantik unter Nordwestafrika (Freetown),[190] und nun auch vor Brasilien und vor allem im Raum von Kapstadt an, wohin er die großen Boote zu einem erneuten »Paukenschlag« dirigiert.
Die Schlacht im Atlantik entbrennt im Sommer 1942 wieder in unerbittlicher Härte. Hatte zwar die Gruppe WOLF, die den Konvoi-Krieg im Nordatlantik vom 13. Juli bis zum 27. Juli mit zehn Booten einleitet, wegen Nichtsichtungen und Abdrängungen wenig Glück, so versetzt die Gruppe STEINBRINK dem Gegner erst mit acht, dann mit 14 Booten einen schweren

Schlag. Elf Frachter mit [lt. 260] 86 699 BRT werden aus dem 36-Schiffe-Konvoi S.C. 94 versenkt. Indessen kostet dieser Erfolg die deutsche U-Boot-Waffe zwei Boote: *U 210* unter Kapitänleutnant Rudolf Lemcke wird durch Wasserbomben des kanadischen Zerstörers *Assiniboine* versenkt, es gibt sechs Tote, und *U 379* unter Korvettenkapitän Paul-Hugo Kettner wird durch die britische Korvette *Dianthus* gerammt und danach mit Wasserbomben belegt und versenkt, Totalverlust. Übrigens: In den Vormittagsstunden des 8. August, als *U 176* und *U 379* angriffen und drei und zwei Frachter aus den Kolonnen des S.C. 94 herausschossen, als die Detonationswolken der detonierenden Torpedos in den wolkenverhangenen Himmel stiegen und von den Eskortern nun auch Wasserbomben geworfen wurden, die die grollende mörderische Lärmkulisse nur noch verstärkten, hat gleich drei Besatzungen überlebender Frachter die nackte Angst gepackt. Sie verließen mitsamt ihren Offizieren ihre Schiffe in den ohnehin bei Konvoifahrten in den Davits bereits ausgeschwungenen, nun in Hast und Eile gefierten Rettungsbooten.[191]

Im Hinblick auf die hohen Verluste und Opfer an der Ostküste der USA, allen Konvoischiffbesatzungen in grausiger Erinnerung, und auf die vorangegangenen Versenkungen im S.C. 94, ist eine solche panikähnliche Reaktion der drei schockierten Besatzungen nur allzu verständlich. Der Fall wird auch nur deshalb erwähnt, weil er belegt, wie hart und unerbittlich der U-Boot-Krieg im Atlantik geworden ist. Gar nicht so selten wurde ein Mann während einer Geleitzugfahrt zweimal »torpediert«, einmal auf seinem Schiff, auf dem er angemustert hat, dann auf dem Frachter, der ihn rettete oder sogar auf dem eigens für Bergungsaktionen beigegebenen Rettungsschiff, das meist am Schluß des Konvois plaziert ist. Die Atlantikschlacht wird noch heftiger, noch gnadenloser werden, wenn Dönitz ab August 18 bis 20 Boote und im September sogar 30 bis 40 einsetzen kann. Das ermöglicht dem BdU, die Konvois in sehr viel kürzeren Abständen zu erfassen, denn nun kann er auf beiden Seiten des Atlantiks U-Boot-Rudel bilden.[192] Außerdem ist der Gegner bereits seit dem 1. Halbjahr durch immer größere Verluste bei den Zerstörern und Korvetten gezwungen, auf die bisher geübte, weitgefächerte Streuung der Konvoirouten zu verzichten, um

den »Schiffsumlauf« zu beschleunigen. Auch dringen nunmehr jetzt aus den »Milchkühen« versorgte U-Boote bis in den südlichen Mittelatlantik vor (hier wieder in den Raum Freetown vor allem) und vor die Küsten Brasiliens[193], wenig später erlebt die Welt den zweiten Paukenschlag, als Boote der Gruppe EISBÄR im Revier vor der Drehscheibe Kapstadt auftauchen.[194] Hier, wie überhaupt südlich der Linie, ist die Sicherung (noch) schwach, »Luft« gibt es praktisch gar nicht.
Nicht zu vergessen sei der *Laconia*-Fall.[194a] Der mit 1800 italienischen Kriegsgefangenen belegte Truppentransporter *Laconia*, der 19 695 BRT große Ex-Passagierliner gleichen Namens, wird von *U 156* (einem der »Südatlantikboote«) unter Kapitänleutnant Hartenstein am 19. September tödlich torpediert. Hartenstein leitet sofort eigene Rettungsmaßnahmen ein und fordert über ein offenes FT in Klartext alle in der Nähe stehenden Schiffe zur Hilfeleistung an. Der BdU setzt zusätzlich die in »Reichweite« stehenden *U 507* (Korvettenkapitän Schacht) und *U 506* (Kapitänleutnant Würdemann) an, ferner setzt sich in Marsch das italienische U-Boot *Cappellini*. Freetown, der britische Flottenstützpunkt in NW-Afrika, signalisiert dem britischen Handelsschiff *Empire Haven* und alarmiert aus Takoradi den Hilfskreuzer *Corinthian*. Die US 1st Composite Air Squadron auf der Insel Ascension, welche das FT von *U 156* nur verstümmelt aufgenommen hatte, wird zusätzlich um Luftsicherung für die britischen Schiffe gebeten. Auch die Vichy-Franzosen haben sofort reagiert. Admiral Collinet, der Marinebefehlshaber in Französisch-Äquatorialafrika, schickt den Leichten Kreuzer *Gloire*, den Aviso *Dumont d'Urville* und den Minensucher *Annamite* in See. Inzwischen haben die U-Boote eine große Zahl britischer, polnischer und italienischer Schiffbrüchiger übernommen, soweit sie nicht in Rettungsbooten Platz gefunden haben. Diese wiederum nehmen die U-Boote in Schlepp; um den zunächst erwarteten französischen Schiffen entgegenzulaufen. Ein zufällig auf einem Überführungsflug nach Afrika befindlicher Liberator-Bomber der USAAF 343rd Squadron (Oberleutnant Harden) entdeckt bei einem Flug zur Sicherung der britischen Schiffe die deutschen U-Boote. Auf Rückfrage beim Kommandeur der 1st Composite Squadron, Hauptmann Richardson, erhält er den Befehl, die U-Boote anzugreifen. Obwohl *U 156* an Oberdeck

große, deutlich sichtbare Rote-Kreuz-Flaggen ausgelegt hat, wirft er Bomben auf dieses Boot. Das Boot übersteht den Angriff, die Folge jedoch ist der »*Laconia*-Befehl« durch den BdU an alle deutschen U-Boot-Kommandanten, daß »die Rettung Schiffbrüchiger von versenkten Schiffen zu unterbleiben habe«. Die Überlebenden der *Laconia* werden dann am 17. und 18. September von den französischen Kriegsschiffen von den deutschen Booten, dem italienischen U-Boot und aus den Rettungsbooten übernommen, insgesamt 1083 Mann.

Neu im Nordatlantik sind die OCEAN ESCORT GROUPS (O.E.G.s), die seit dem 20. April erstmals in Funktion getreten sind. Diese O.E.G.s, zunächst elf an der Zahl, haben die Aufgabe, alliierte Atlantik-Konvois der Kennungen H.X. (Halifax — United Kingdom), S.C. (Sydney — United Kingdom), O.N. (United Kingdom — North America) und O.N.S. (United Kingdom — Sydney [früher O.B. = langsamer Konvoi]) über die gefährlichste Strecke zwischen Neufundland (49° Nordbreite) und Londonderry (Nordirland) den (nach Roskill [2]) »... deadliest part of the journey ...« zu sichern. Von Halifax ausgehend, sind es im April vier Konvois, im Mai sieben, darunter zwei mit mehr als 60 Schiffen, meist gesichert von sechs bis acht Eskortern.

Ein Ereignis, das für die Achsenmächte Deutschland und Italien wie ein drohendes Fanal für die nähere Zukunft wirkt, ist am 8. November 1942 die Operation TORCH, die Landung der Alliierten in Nordafrika. Sie erfolgte schlagartig und von den Achsenmächten zunächst praktisch unbehindert. Zu ihrer Abwehr hätte die deutsche Marine ohnehin keine anderen Kampfkräfte als nur U-Boote zur Verfügung gehabt. Nach dem Anlaufen der Landeoperationen der verschiedenen Zielgruppen werden vom BdU die im westlichen Mittelmeer operierenden U-Boote zusammengezogen, zusätzlich durch sieben Einheiten aus dem Atlantik verstärkt und zusammen mit den verfügbaren 27 italienischen U-Booten gegen die Invasionsflotten und Nachschubkonvois angesetzt. Für den Raum Marokko und Gibraltar muß Dönitz weitere 24 U-Boote aus der Schlacht um den Atlantik abziehen. Zur Abwehr der eigentlichen Landung kommen die Boote zu spät, erstaunlich ist und bleibt, wie hermetisch diese erste große amphibische Operation der Alliierten im europäisch-

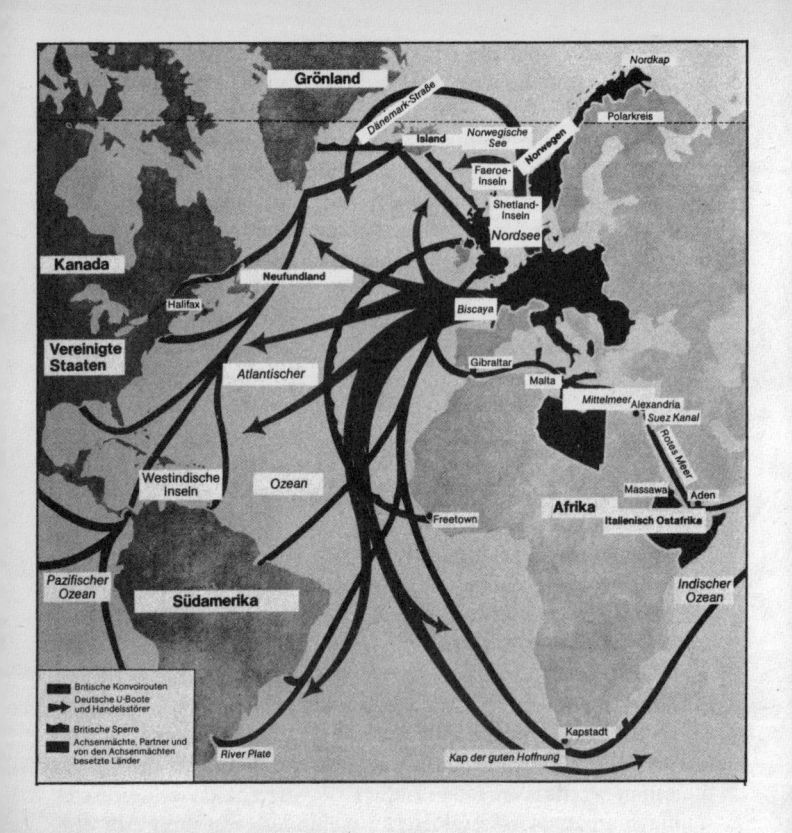

Diese aus [180] entnommene graphische Darstellung des nördlichen und südlichen
Atlantiks belegt einmal die britischen Konvoirouten und zum anderen die Operationsgebiete der deutschen U-Boote, die sich mit Schwerpunkt im nördlichen mittleren
Atlantik abzeichnen und die um diese Zeit, 1942, auch über den Mittelatlantik bis in
den Südatlantik und zum Teil sogar bis in den Indischen Ozean hineinreichen. Hier
im Indischen Ozean sind sie, den deutschen Stellen kaum bewußt, aber von großer
Bedeutung, sollen (und können) doch nunmehr in den (in der Zeichnung nicht sichtbaren) Persischen Golf Transporte für Rußland laufen, die dann über Land durch den
Iran zu den Sowjets geleitet werden. Der Anteil der Lieferungen ist (wenn überhaupt)
strittig. Murmansk und Archangelsk wären im bejahenden Fall für die am Ende in
den UdSSR kriegsentscheidende überseeische Kriegsmaterialversorgung nun nicht
mehr das non plus ultra.

nordafrikanischen Revier abgesichert werden konnte. Es sind erschreckende Zahlen an Kriegsschiffen, an Transportern, an Sicherungsschiffen und vor allem auch an den neuen Escort Aircraft Carriers, die hier an sich, statt in den neuen Support Groups gegen die U-Boote Verwendung zu finden, bei den Konvois eingesetzt werden und daher natürlich im Kampf gegen die U-Boote, im Mittelatlantik vor allem, fehlen. Noch ein Wort zu dem imponierenden alliierten Flottenaufgebot für TORCH: Da ist zum Beispiel die in den Landeraum Westküste Marokko von Safi bis Mehedia mit dem Hauptziel Casablanca vorstoßende

- WESTERN TASK FORCE.[195]

Zu dieser Kampfgruppe treten die anderen, wenn auch weniger starken Gruppen:

- die CENTRE TASK FORCE für den Raum Oran, wo die Franzosen nächst Casablanca den hier angelandeten 39 000 Mann den wohl (zudem unerwarteten) härtesten Widerstand leisten,

- die EASTERN TASK FORCE für den Raum Algier mit 33 000 Mann, auch mit den dazugehörigen Transporter- und Sicherungsstreitkräften. Dazu kommt zur Deckung der Operationen im Mittelmeer

- die FORCE »H« mit den Schlachtschiffen *Duke of York* und *Rodney*, dem Schlachtkreuzer *Renown*, den Trägern *Victorious, Formidable, Furious*, den Leichten Kreuzern *Bermuda, Argonaut* und *Sirius* sowie 17 Zerstörern. Zuzuordnen sind hier ferner die AZORES COVERING FORCE mit den Schweren Kreuzern *Norfolk* und *Cumberland* und 3 Zerstörern, ferner die FUELLING FORCE mit 2 Tankern, 1 Korvette, 4 A/S Trawlern, ferner die für Algier bestimmte EASTERN NAVAL TASK FORCE, bestehend aus: 1 Headquartership *Bulolo*, 1 Leichten Kreuzer *Sheffield*, 2 Flak-Kreuzern *Scylla* und *Charybdis*, 1 Eskort-Flugzeugträger *Argus* und 1 Hilfsflugzeugträger *Avenger*, den A.A. Ships *Palomares, Pozarica* und *Tynwald*, dem Monitor *Roberts*, 13 Zerstörern, 3 U-Booten, 3 Sloops, 3 Minensuchern, 6 Korvetten, ferner verschiedenen Landungsschifftypen, A/S Trawlers und Motorbarkassen. Seitens der Briten treten neben den Landungskorps hinzu: die für Oran bestimmte CENTRE NA-

VAL TASK FORCE mit ihren Landungsgruppen, die GIBRALTAR ESCORT FORCE, die GIBRALTAR MISCELLANEOUS FORCE und schließlich noch 34 kleinere Kriegsschiffe, die den TORCH-Forces nicht zugeteilt werden, aber bereitstehen, wenn die Landung erfolgt (geglückt) ist.

Allein 78 Zerstörer sind im Einsatz, um die am Ende insgesamt 39 U-Boote des BdU und die 27 U-Boote der Italiener zu bekämpfen. Zu diesen Zerstörern treten noch regelrechte Flottillen an Korvetten, Sloops, Trawlern und anderen Hilfsstreitkräften. Alles im U-Boot-Krieg erfahrene Einheiten.
Ein Alptraum!
Erfolge haben die deutschen und italienischen U-Boote (nach Rohwer [5]) nur nach der Landung an den nachfolgenden »Afrika«-Konvois: 1 Träger, 2 Zerstörer, 15 Transporter mit 147 270 BRT. Als Dönitz die für die Operation TORCH abgezweigten U-Boote wieder frei bekommt und wieder im Nordatlantik einsetzen kann, haben die Gegner nicht nur ihre Eskort-Gruppen wieder aufgefüllt, sie haben auch inzwischen endlich das Problem der Beölung der Sicherungsfahrzeuge in See befriedigend gelöst.
Wenn auch Hitler zwar behauptete, die Operation TORCH »sei auch für ihn« eine Überraschung gewesen (was indessen Elmar Krautkrämer in den Militärgeschichtlichen Mitteilungen des MGFA [66] überzeugend widerlegt), so bleibt es dennoch ein Phänomen, daß die deutschen U-Boote im Nordatlantik (oder die weitreichenden Focke-Wulf Maschinen des Fliegerführers Atlantik) nicht wenigstens den Auf- und Abmarsch der zahllosen Pulks der britischen Seestreitkräfte beobachtet und erkannt haben. Das erstaunt um so mehr, wenn man weiß, daß diese aus Scapa, aus Milford Haven, Plymouth und vom Clyde kamen. Immerhin standen doch Anfang November 42 deutsche U-Boote zwischen Grönland und den Azoren, allerdings mit östlichem Schwerpunkt. 16 U-Boote befanden sich in der Karibik und in der berüchtigten Enge zwischen Westafrika und Brasilien, 7 operierten am Kap der Guten Hoffnung und 6 an der zentralafrikanischen Küste; 10 der Mittelatlantik-U-Boote der Gruppe STREITAXT wurden aufgesplittert, nachdem sie in der Zeit vom 26. bis 31. Oktober mit sehr gutem Erfolg den infolge

TORCH nur schwach gesicherten Konvoi S.L. 125 angegriffen hatten.
Von den 37 Konvoi-Frachtern des S.L. 125 wurden in der oben genannten Zeitspanne nach [260] zwölf versenkt und acht beschädigt. Der Ablauf dieser Rudeltaktik bietet ein eklatantes Beispiel für die Schwierigkeiten bei den Erfolgsnachweisen vor Ort, beim BdU und nach dem Kriege durch die verschiedenen Institute (vor allem durch das U-Boot-Archiv, Horst Bredow, Cuxhaven) und die nicht immer maritim verhafteten Historiker. Die Operation STREITAXT, für die (zunächst) die Angaben aus [260] zugrunde gelegt werden, begann, als bereits am 25. Oktober zwei Frachtschiffe und zwei Eskorter mit Nordostkurs gesichtet worden waren. Am 26. Oktober, 17.40 Ortszeit, torpediert *U 509* (Kommandant Oberleutnant z.S. Werner Witte) im Quadrat DH 7555 ein auf 4000 BRT geschätztes Schiff, das er korrekterweise als »ohne sichtbaren Erfolg torpediert« meldet. Es handelt sich, wie wir heute wissen, um den auf der Position 27.50 N/22.15 W beschädigten, 7705 BRT großen Motortanker *Anglo Maersk*. Einen Tag später, am 27. Oktober, meldet *U 409* (Kapitänleutnant Hanns-Ferdinand Maßmann) den vom xB-Dienst erfaßten Konvoi S.L. 125 (dessen schon oben genannte 37 Schiffe von nur vier Korvetten gesichert werden, darunter von der *Petunia* unter Ltn. Commander Rayner). Abends um 21.06 torpediert *U 604* (Kapitänleutnant Horst Höltring) im Quadrat DH 8547 ebenfalls einen Tanker, der auf der Position 27.15 N/15.44 W in Höhe des afrikanischen Festlandes Spanisch Marokko sinkt. Höltring hatte das Schiff auf 9000 BRT geschätzt und gemeldet, ohne zu wissen, daß es sich um den tags zuvor von *U 509* angegriffenen und nur beschädigten 7705 BRT großen britischen Motortanker *Anglo Maersk* handelte. Am gleichen 27. Oktober, 22.33 Ortszeit greift *U 509* im Quadrat DH 7531 in der typischen Konvoiformation einen Schatten an, den er als einen 9000 BRT großen Frachter anspricht, den er auf 29.15 N/20.27 W versenkt und den die Alliierten als den nur 7951 BRT großen britischen Frachter *Pacific Star* abschreiben müssen. Nur fünf Sekunden später, 22.38 Ortszeit und im gleichen Quadrat zertrümmert eine Torpedodetonation die Bordwand eines von *U 509* (Witte) auf 6500 BRT geschätzten Frachters, des 6148 BRT großen britischen Motor-

schiffes *Stentor,* das auf 29.13 N/31.40 W in den nachtdunklen Fluten des Atlantiks versinkt. Am 27. Oktober hatte sich *U 509* erneut zum Angriff an den Konvoi herangestaffelt. Im Quadrat DH 4958 löste es um 22.00 Ortszeit zwei und um 22.06 einen dritten Torpedo. Nach einer Meldung an den BdU beschädigten die ersten beiden Aale einen 9000 Tonner und einen von 6000, während das dritte Ziel, ein auf 7000 Tonnen geschätzter Frachter, für den Gegner zum Totalverlust wurde. Es war der allerdings nur 5283 BRT große Brite *Nagpore,* der auf 31.30 N/19.25 W seine letzte Reise antrat. Über die beiden anderen Ziele, deren Trefferschäden auch von *U 509* mit einem Fragezeichen versehen waren, gibt es keine Ergebnisangaben. Mit dem von *U 509* um 22.09 Uhr noch geschossenen Torpedo wird nach Wittes Schätzung ein 5000 Tonner getroffen, die 5178 BRT große britische *Hopecastle,* die in Wittes Meldung versenkt, indessen laut alliierten Dokumenten [s. auch 260] auf 31.39 N/19.35 W (zunächst) nur beschädigt worden war. Laut KTB hatte Witte auf die beiden letzten, namentlich nicht identifizierten Ziele nach 1 min 34 s und 1 min 28 s Treffer beobachtet; eines der Schiffe brach danach auseinander, das andere, ein atemberaubender, schrecklicher Anblick, explodierte, wohl, weil es für das Afrikaunternehmen Munition geladen hatte ... Das britische Motorschiff *Hopecastle,* nunmehr der von *U 509* (Witte) nur beschädigte Nachzügler des S.L. 125, wird einen Tag später, am 29. Oktober, um 04.52 Ortszeit, von *U 203* unter Oberleutnant z. S. Hermann Kottmann im Quadrat DH 5142 auf 31.39 N/19.25 W erneut torpediert und »endgültig« versenkt, ohne das Kottmann es weiß, einen Second-hand-Erfolg für sein Boot verbucht zu haben.

Der britische Dampfer *Corinaldo* steht nach [260] gleich dreimal zur Diskussion:

1. Am 29.X., 22.16 Ortszeit begann es: *U 509* versenkt im Quadrat DH 5146 einen auf 8000 BRT geschätzten Dampfer, der, *U 509* unbekannt, nach [260] der britische Frachter *Corinaldo* ist, der jedoch bei den Alliierten und [260] als nur beschädigt abgehakt wird.

2. Das angeknackte, aber noch schwimmfähige Schiff wird am 30.X., 02.07 Ortszeit, im Quadrat DH 2545, nunmehr als Nachzügler erneut im coup de grâce torpediert und dem BdU

als 7000-Tonnen-Erfolg gemeldet. Kapitänleutnant Hans Stock, der *U 659* Kommandant schätzte das Explosionsbild zu gewaltsam ein, denn die zähe *Corinaldo* dachte nach dem Zusammenfallen und Verwehen der Detonationswolke nicht daran abzusaufen, sie wird in [260] erneut und weiter als beschädigter 7131 BRT großer britischer Frachter geführt, und zwar auf der Position 33.20 N/18.12 W.
3. Noch am gleichen Tag, am 30. X., 04.16 Ortszeit, sichtet *U 203* unter Kapitänleutnant Hermann Kottmann im Quadrat DH 2549 einen Nachzügler des S.L. 125, den 7133 BRT großen Briten *Corinaldo* (sein Name ist von Kottmann aus dem Funkbild überkommen), den er, um ganz sicher zu gehen, nicht nur torpediert, sondern sich dabei auch noch der Artillerie auf *U 203* bedient, bis der tiefabgeladene Frachter auf der Position 33.20 N/16.12 W endgültig versinkt. Für den BdU ist dieses Schiff dreimal als versenkt gemeldet worden: 1. als ein auf 8000 BRT geschätzter Dampfer 2. als ein geschätzter 7000-Tonner und 3. als der Brite *Corinaldo* mit 7133 BRT. Kritik an diesen Fehlinterpretationen wäre unfair.[195a]
Am 30. X., 00.21 Ortszeit torpediert und versenkt *U 409*, Kapitänleutnant Hanns-Ferdinand Maßmann, im Quadrat DH 2521 einen auf 8000 BRT geschätzten Tanker, den britischen Motortanker *Bullmouth*, der aber nicht nur nur 7519 BRT groß ist, sondern in Wahrheit auch nur beschädigt worden ist. Nur etwas mehr als eine Stunde später, 01.40 Ortszeit, kommt dieser von *U 409* beschädigte Motortanker im Quadrat DH 2545 als Nachzügler *U 659* (Kapitänleutnant Hans Stock) vor die Rohre und wird als 10000 Tonner viel zu groß geschätzt und dem BdU erneut als versenkt gemeldet. Die laut Lloyds nur 7519 BRT große *Bullmouth* sinkt auf der Position 33.20 N/18.20 W endgültig, wie die *Hopecastle* ebenfalls nach einem »coup de grâce«, aus englischer Sicht, denn für Stock ist diese Torpedierung ja kein »Gnadenschuß«. Wieder wird *U 509* offensiv, denn am 30. X., 00.00 Ortszeit wird von Leutnant Witte im Quadrat DH 5152 ein auf 10000 BRT geschätzter Dampfer auf der Position 33.29 N/18.12 W versenkt. Nach den alliierten Unterlagen handelte es sich um das allerdings nur 4772 BRT große Motorschiff *Brittany*. Am 30. X., 18.30 Uhr Ortszeit torpediert *U 604* unter Kapitänleutnant Horst Höltring im Quadrat CF 9868 ei-

nen 11 000 BRT großen Dampfer, nämlich das laut Lloyds Register 11 898 BRT große britische Motorschiff *President Doumer,* als Truppentransporter eingesetzter Bibby Liner, auf der Position 35.08 N/16.44 W. Kurz danach gibt es wieder Trouble mit einem britischen Motorschiff, das am 30.X., 21.53 Ortszeit, von *U 659*, Kapitänleutnant Hans Stock, aus dem Quadrat CF 9948 aus dem S.L. 125 als versenkt gemeldet wird. Es handelt sich um das mit 6405 BRT fast genau geschätzte Motorschiff *Tasmania* auf der Position 36.06 N/16.59 W, das aber nicht sinkt, sondern lediglich beschädigt worden ist. Ein zweiter, 21.54 Ortszeit von *U 659* nur eine Minute später ausgestoßener Torpedo soll nach Stocks Meldung einen 4500 BRT großen Frachter beschädigt haben, jedoch wird in [260] kein weiteres Ergebnis in dieser Größenordnung vermerkt. Die überlebende *Tasmania* wird dann wieder erst am 31.X. in Verbindung mit *U 103* (Oberleutnant z.S. Gustav-Adolf Janssen) erwähnt, das um 00.12 Ortszeit im Quadrat CF 9856 einen 6000 Tonner als versenkt meldet, keinen Unbekannten, denn das Opfer ist die hier auf der Position 36.06 N/16.59 W erneut torpedierte *Tasmania*. Ein zur gleichen Zeit geschossener zweiter Torpedo soll nach Janssen noch einen 9000 Tonner versenkt haben (laut KTB: »... beobachtete zwei Treffer nach 2 min 3 s und 1 min 57 s bei zwei Schiffen...«). Nach [260] hat es jedenfalls nach der *Tasmania* in der oben geschilderten Phase keine zweite Versenkung gegeben. Nur beim BdU wird der ihm gefunkte Erfolg von *U 103* zwangsläufig aufgewertet.

Noch vor der *Tasmania* versenkte am 30.X., 23.02 Ortszeit, *U 604* (Höltring) im Quadrat CF 9885 einen auf 6000 BRT geschätzten großen Frachter, den indessen laut Lloyds nur 3642 BRT großen britischen Dampfer *Baron Vernon,* den die alliierten Statistiken auf 36.06 N/16.59 W abschreiben. Nur sieben Sekunden später, um 23.19 Ortszeit, soll der von *U 604* gelöste zweite Torpedo nach Höltrings KTB noch einen zweiten Frachter, einen 4500 Tonner ausgelöscht haben. [260] beantwortet diesen Erfolg mit einer Fehlanzeige. Im KTB spiegelt er sich wieder mit der Feststellung, »nach den Torpedierungen ein Schiff in sinkender Position beobachtet und einen zweiten Treffer ohne Detonation gehört, und zwar nach 52 s«. Die Briten kommentieren diesen Hörtreffer später mit (... probably a dud

= Blindgänger). Am 30. X., 23.28 Ortszeit, torpediert auch Kapitänleutnant Hanns-Ferdinand Maßmann mit *U 409* im Quadrat CF 9894 einen 6000 BRT Frachter. Es handelt sich um das genau 6373 BRT große, britische Motorschiff *Silverwillow,* das auf 35.08 N/16.59 W versinkt.

Auch *U 510* (Fregattenkapitän Karl Neitzel) kommt zum Schuß. Am 31. X., 00.03 Ortszeit, wird im Quadrat CF 9882 ein 6000 BRT großes Ziel torpediert, gut geschätzt von Neitzel, denn der nachtdunkle Schiffsschatten, der auf 36.06 N/16.89 W getroffen wurde, war der 5681 BRT große Norweger *Alaska,* nur den von Neitzel gemeldeten Versenkungserfolg hätte man beim BdU korrigieren müssen, denn die *Alaska* überlebte den Angriff, sie wurde, weil, von Neitzel nicht weiter optisch beobachtet, nicht versenkt, sondern nur beschädigt. Ob sie ihren oder einen Hafen erreichte, darüber ist in [260] nichts nachzulesen, obschon auch das weitere Schicksal beschädigter Schiffe von Bedeutung ist für eine wissenschaftliche Untersuchung. Hinzu tritt noch die Erkenntnis, daß die nach alliierten Auflistungen in [260] ebenfalls Fehler enthalten.

Das obige Beispiel über einen Konvoi-Angriff ist nicht gezielt herausgesucht, gezielt etwa wegen der mehrfachen Doppelversenkungen und der Fehlschüsse wegen. Doppelversenkungen kamen in der Whooling einer Geleitzugschlacht schon vor, aber auch nicht oft, eher nur hin und wieder. Dabei spielten auch die Wetterlage eine gravierende Rolle, der Seegang, die Sichtweite, und auch, ob es eine Neumond- oder eine Vollmondnacht war. Auch die immer wieder auftretenden Unzuverlässigkeiten und Versager der Torpedos sind belastende Imponderabilien an Bord eines U-Bootes. Auch ein Psychogramm der Kommandanten ist für eine Bewertung der Kampfkraft eines Bootes von Bedeutung, ein Bewertungsmaßstab, der von den Briten sorgfältig gepflegt wurde; bei der deutschen Marine war er Beiwerk in den Personalpapieren, aber keine zentrale Zielgruppe ...

Zusammenfassend läßt sich zur Operation STREITAXT und den Ergebnissen am Konvoi S.L. 125 sagen:

• Aus deutscher Sicht wurden 24 Ziele angegriffen, davon wurden
20 Schiffe mit 145 416 BRT als versenkt gemeldet,

2 Schiffe galten als beschädigt,
2 weitere als fraglich beschädigt.

Nach der von Jürgen Rohwer und G. Hümmelchen 1968 edierten Chronik, bei der die Autoren keine Mühen scheuten und, soweit sich ihnen Quellen auch bei den ehemaligen Alliierten anboten, ein optimales Maß an Sorgfalt und wissenschaftlicher Akribie einsetzten [5], ergibt sich bis 1983 für die Operation STREITAXT an Versenkungen nur noch:

- 11 Schiffe mit 74 827 BRT.

Nach [260], das 1983/84 nur in englischer Sprache erschien und insbesondere die Unterstützung des US Naval Instituts, Annapolis, und anderer Dienststellen und Archive in den USA, im United Kingdom, in Italien wie auch erneut beim Bundesarchiv — Militärarchiv in Freiburg fand,

- wurden 12 Schiffe mit 87 324 BRT versenkt
- 7 beschädigt und
- bei 5 Zielen sind Fehlschüsse zu vermerken.

Angesichts der von den deutschen U-Booten gemeldeten Ergebnisse am S.L. 125, bei dem mehr als Zweidrittel der Tonnage ausgeschaltet wurde (die beschädigten Schiffe einbezogen), hatte der Befehlshaber der U-Boote, Admiral Dönitz durchaus Grund bei seinen Anstrengungen, mit noch mehr Booten noch mehr Erfolge zu erzielen. Es sei hier nicht übersehen, daß er dennoch bei Großadmiral Raeder drängte, den Serienbau der völlig neuartigen Walter-U-Boote zu realisieren, denn es war Dönitz durchaus gegenwärtig, daß der Gegner mit Höchstdruck an neuartigen U-Bootabwehrwaffen arbeiten würde, also auch im Funkmeßbereich, der bei den Alliierten optimalen Stellenwert hatte. Aber gerade beim Funkmeßwesen fehlte es an wissenschaftlichem Personal im Großdeutschen Reich, an beschleunigenden Impulsen wie am Verständnis für dessen Funktionen und Bedeutung schlechthin, das bis hinauf in die obersten Kommandostellen. Ähnlich schleppend war die Situation auch bei den Walter-U-Booten, deren Endfertigung und Einsatz sich am Ende wegen der (noch) unzulänglichen Treibstoffproduktion von selbst verbot.

Doch wenden wir uns wieder dem S.L. 125 zu. Hier wurden

abends alle Boote durch die stark einsetzende Luftüberwachung abgedrängt. Da diese Operation die im Raum westlich von Marokko und Gibraltar operierenden U-Boote auf sich zog, kamen die gleichzeitig laufenden TORCH-Konvois unbehelligt an ihre Ziele.[196] Während dieser Phase standen zudem 28 U-Boote auf der Heim- beziehungsweise auf der Ausreise. Zusammen waren am 6. November (einschließlich der Rückkehrer und der ausgehenden Boote) 99 U-Boote im atlantischen Raum eingesetzt. Kein einziges Boot hatte eine Sichtung auch nur einer Gruppe der aufmarschierenden Einheiten aus der Operation TORCH. Transparenter kann die Kardinalsorge des BdU nicht werden: »Mein größtes Problem ist es, die feindlichen Geleitzüge überhaupt zu finden.«

1942 Monat	Nordatlantik Westatlantik und amerikan. Küstenmeere	andere Reviere*	U-Boot-Minen	Gesamtverluste durch U-Boote außer beschädigte Schiffe	Gesamtverlust nach Roskill nicht nur durch U-Boote einschließlich Japan	U-Boot-Verluste (in Klammern durch Flugzeuge bzw. Flugzeug/Eskorter kombiniert)
Januar	{ 25 : 128718 23 : 142320	1 : 5135	–	49 : 276173	106 : 419907	3 (1)
Februar	{ 15 : 95617 55 : 315943	–	–	70 : 411560	154 : 679632	2 (0)
März	{ 8 : 26430 62 : 349989	14 : 69525	–	84 : 446044	273 : 834164	5 (2)
April	{ 3 : 15744 57 : 340773	12 : 38243	–	72 : 394769	132 : 674457	3 (0)
Mai	{ 15 : 82879 108 : 491502	2 : 10407	–	125 : 584788	151 : 705050	4 (1)
Juni	{ 18 : 91355 104 : 506779	7 : 10653	2 : 8117**	131 : 616904	173 : 834196	3 (2)
Juli	{ 8 : 56932 51 : 195198	34 : 202345	–	93 : 454535	128 : 618113	12 (3 + 1 komb. = 4)
August	{ 38 : 202189 44 : 229487	23 : 85619	–	105 : 517295	123 : 661133	10 (3 + 1 komb. = 4)
September	{ 31 : 148755 38 : 171873	25 : 152025	–	97 : 472653	114 : 567327	11 (4)
Oktober	{ 28 : 189215 19 : 85145	44 : 310999	–	91 : 585359	101 : 637833	16 (10!!)
November	{ 31 : 179877 26 : 155753	54 : 350090	1 : 5621	118 : 743321	134 : 807754	13 (7!!)
Dezember	{ 30 : 178135 9 : 40497	20 : 97041	–	59 : 315673	73 : 348902***	5 (2)

* Mittel- und Südatlantik, Mittelmeer und wieder Nordmeer, ferner ab Oktober südafrikanische Gewässer und Indischer Ozean und (nach Kriegseintritt USA) Westatlantik und amerikanische Küstenmeere
** Von den 16 im Nordmeer versenkten Schiffen war ein Teil vorher durch Luftangriffe beschädigt
*** plus 2 mit 2229 BRT mit unbekanntem Datum

Die Tabelle 1942 macht deutlicher als viele Worte, was die Briten im Dechiffrierungszentrum später, nach der Preisgabe des top secret dieser Dienststelle im Bletchley Park (BP), behaupteten: »... nach einer Pause von elf Monaten im Dezember 1942 die neuen Einstellungen endlich dechiffriert zu haben. Die Vorpostenstreifen und Anmarschpositionen der deutschen U-Boote können wieder im Quadrat lokalisiert — und die Geleitzüge wieder umgeleitet werden ...«

2.1 METOX der rettende Engel und sein nur anfänglicher Nutzen

Das Flugzeug, das in der Mondnacht kam · Radargelenkter Nachtangriff auf *U 453*. Bomben auf das U-Boot · Deutsche Entwicklung von Funkmeßabwehrgeräten gestoppt · Die Behelfslösung aus der Produktion der französischen Radioindustrie · Horchstelle Boulogne weiß mehr, als die oberste Marineführung nur ahnt · Das unhandliche, in rechten Händen aber nützliche BISCAYA-KREUZ · Der Gegner überrascht und blufft durch Kurzortung · *U 453* ein Beweis guter Zusammenarbeit zwischen Kommandant und seinem Funkpersonal · Oberfunkmaat Hermann Rautzenberg, Oberfunkmaat Aloys Fassbender und Kapitänleutnant Franzius hatten (zum Beispiel) mit dem METOX keine Probleme · Das Beispiel *U 575* unter Kapitänleutnant Heydemann

Der 24. Januar 1942. Kurz nach Mitternacht, in *U 453* unter dem Kommando von Egon Freiherr von Schlippenbach, der mit seinem Boot, vom Stützpunkt La Spezia kommend, jetzt in dem ihm zugewiesenen Operationsraum vor Alexandria bis vor Tobruk steht. Aufgetaucht, denn die Batterien sind bei der im »luftgefährdeten« Mittelmeer zwangsläufigen, fast permanenten Unterwasserfahrt erschöpft. WO auf der Brücke ist Oberleutnant zur See Reff, erfahrener Mann, wie seine Wachgänger auch. Weniger gut ist der strahlend goldgelbe Vollmond, den die fast stille See als glitzernde Silberbahn reflektiert. Vor dem achteren Kugelschott in der Zentrale — die Vorräume zu den Zentralekugelschotten sind beim Unterwassermarsch der Sammelplatz für die »smoke time-Anwärter« — Hermann Rautzenberg, KOA und Oberfunkmaat an Bord, der just seine Wache hinter sich hat. Und der nun abschalten will vom Dauerstreß im Horch-Raum. »Frage Chance?«[197a] Von der Zentrale bekommt er einen Wink, ›klar zum‹. Am Turm das übliche Zeremoniell, denn in diesem Turm kann nicht jeder rauf- und runterklettern, wie er gerade will. Wer hier draußen Vorfahrt hat, regelt die jeweilige Feindlage.

»Frage ein Mann Turm, bitte um Raucherlaubnis.«
»Ein Mann Turm kommen, Raucherlaubnis erteilt.«
Aufwärts wie ein Wiesel in dem mit Geräten vollmontierten engen Turmraum findet Rautzenberg grade noch Platz am Sehrohrbock. Gut tut das, dem vom eindringenden Fahrtwind verwirbelten Zigarettenrauch zuzuschauen, denn man kann die frische Luft hier nicht nur riechen, man kann sie durch das Kontrastmittel Rauch auch sehen, freut sich der Obermaat und vergißt die entnervende Monotonie des Unterwasserhorchens über das GHG, dem Gruppen-Horchgerät, und der Morsezeichen der letzten Funksprüche aller Art, nur keines für *U 453* war dabei. Dieser Leerlauf strengt an. Gut diese Pause, fast romantisch der Blick durch das offene Turmluk in die blausamtene Mondnacht. Ein paar Sterne schreiben Bewegungen in den Himmel, immer, wenn das Boot überholt, ganze Worte, ganze Sätze, für den einen versprechen sie glückhafte Heimkehr, für den anderen, den Nursoldaten, einen baldigen stolzen Erfolg.
Als Hermann Rautzenberg die helle, durchdringende Stimme des Matrosengefreiten Hauenstein hört, braucht er gar nicht weiter hinzuhören. Dicke Luft. Schlimmer noch. Hauenstein, von dem sie an Bord sagen, er könne auf 100 m Entfernung noch eine weibliche von einer männlichen Fliege mit bloßem Auge diagnostizieren, hat an Steuerbord achteraus ein knapp 50 m über der See anfliegendes Flugzeug entdeckt.
Alarm. Ab in den Keller. Und »Zwei Dez Steuerbord«, der nächste Befehl. Als Oberleutnant zur See Reff, der WO, als Letzter in das Luk fällt, den Lukendeckel heruntererrt, einrastet und die Spindel wasserdicht festkurbelt, sind die anderen bereits in der Zentrale angekommen, schneidet das Boot gerade mit 30 Grad Lastigkeit in die Tiefe, wobei Reff gekonnt ein schräges Anlaufen der Dünung und damit ein schnelleres Tauchmanöver verbindet. Gelernt bei der Agru-Front in der Ostsee vor Gotenhafen/Memel, nach dem Stil der alterfahrenen Asse. Alles andere überschlägt sich im Zeitablauf. In den Manöverlärm, in das »Alle Mann voraus«, um das Tauchmanöver zu beschleunigen, dröhnen drei — oder sind es vier — gewaltige, schrill reißende Hammerschläge gegen die Röhre. Wer nicht fest auf zwei Beinen steht, wer sich nicht noch eben festklammern kann, knallt auf die Flurplatten oder gegen die nächste Wand. Oder gegen Ar-

maturen. Oder Rohre, denn hier an Bord ist alles Technik, hier ist nur Technik.

R. F. Feldmann und Jens Janssen in ihrem Bericht in »Feindfahrten im Mittelmeer«, — Unterseeboot *U 453* = U-*Nürnberg* [63]:
»... Die Fliegerbomben haben böse Schäden im Boot angerichtet. *U 453* muß nachts auftauchen. Es herrscht ausgerechnet Vollmond, und es läßt sich nicht umgehen, daß das Boot in der Nähe eines nur 500 Meter weit abstehenden, aber glücklicherweise nicht aufmerksamen Bewachers aus der See hervorbricht. Von Schlippenbach hatte sein Boot vorher zur Selbstversenkung vorbereiten lassen. Die Hoffnung, die Schäden mit Bordmitteln schnell und vielleicht sogar ganz zu beheben, ist nur gering. Und die Hoffnung, den gegnerischen Verfolgern zu entkommen, sie ist noch geringer. Die Kupplung für beide Diesel ist ausgefallen. Das ist das Schlimmste. Das Ablaufen vom gegnerischen Bewacher gelingt mit der noch funktionsfähigen E-Maschine. Und nach zwei Stunden harter Arbeit sind auch die beiden Diesel wieder klar. Trotzdem muß *U 453* den Rückmarsch antreten ...«

»Wie war das genau?« will von Schlippenbach von Hauenstein auf dem Rückmarsch wissen.

»Die Maschine stand etwa 300 bis 400 m ab, als ich sie sah. Die Biene flog genau parallel zu unserem Kurs, dann an uns vorbei ... das sah ich noch. Oberleutnant Reff hat dann bei seinem Einsteigen noch beobachtet, wie das Flugzeug hart eindrehte, um uns, wie üblich, breitseits anzugreifen. Durch unsere sofortige Kursänderung verkantete sich dann wohl der Anflugkurs, zeigten wir ihm das Kielwasser ...«

Reff bestätigt, was Hauenstein sagt.

Für den *U 453*-Kommandanten ist der Fall sonnenklar: Das U-Boot wurde — wie denn sonst, bereits auf größere Distanz während der Nacht? — durch Funkmeß geortet, dazu aber nicht gezielt angeflogen, so daß die Begegnung mehr einem Zufall gleichkam. Näher herangekommen, wurde aus der Radarortung eine Sichtortung. Vor allem wird sich das Kielwasser stark abgezeichnet haben. Die Maschine flog dem Scheine nach vorbei, um die U-Boot-Wachgänger in Sicherheit zu wiegen, drehte und griff gezielt an ... Und warf die Bomben nur um eine Handbreit zu spät.

Licht müßte man gehabt haben, werden die britischen Flugzeugbesatzungen den Fehlwurf resignierend kommentiert haben.
Daß dieser Angriff nicht die erste radargelenkte Flugzeugoperation gegen ein U-Boot war, ist bereits im Kapitel 1.3 (Die ersten Flugzeugradarortungen in der Nacht) belegt worden.
Der Bericht, den Freiherr von Schlippenbach nach seiner bombenschädenbedingten Rückkehr nach Pola in La Spezia dann dem BdU und der Operationsabteilung in Kerneval bei Lorient vorträgt, bekräftigt, was man seit den Nachforschungen von Hitlers Marineadjutanten, Kapitän zur See von Puttkamer, nach weiteren Recherchen — vor allem bei der »Marine Horchstelle« in Boulogne — seit oder ab Sommer 1941 weiß: Der Gegner verfügt über funkmeßtechnische Seeaufklärergeräte,

- sogenannte ASVs im Frequenzbereich um 1,70 m
- Nachtjägergeräte um 1,55 m,
- Landgeräte um 1,50 m,
- Flakmeßgeräte um 1,45 m,
- Schiffsgeräte um 1,40 m und
- Rammschutzgeräte (Monika genannt) um 1,30 m wie
- Fernführungsgeräte unter dem Begriff »Bumerang« um 1,30 m.

Die Horchstelle weiß mehr, als die oberste Marineführung ahnt. Schlippenbachs Bericht läßt auch die hier angewandte Taktik erkennen, um einen funkmeßgelenkten Angriff aus der Luft zu verschleiern.
Jeder der heimkehrenden U-Boot-Kommandanten — manchmal zwei oder drei und mehr gleichzeitig — wird, wenn er von Flugzeugen angegriffen worden ist, in dieser Hinsicht besonders sorgfältig befragt. An sich bedarf es dazu keiner besonderen Aufforderung, denn die betroffenen Kommandanten sind bestürzt genug, von einem oder mehreren Flugzeugen »im Schutze der Nacht während der Überwasserfahrt zum Aufladen der Batterien« angeflogen und angegriffen worden zu sein. Nicht nur während der Nacht, auch am Tage stoßen Flugzeuge aus bedecktem Himmel oder aus Wolkengebirgen heraus und kommen in lineargenauem Anflug auf vom Radar erfaßte U-Boote zu.

Auch bei Wolfgang Hirschfeld [132] ist zum Beispiel nachzulesen: »Immer mehr Boote melden, daß sie in der Nacht auch bei geschlossener Wolkendecke angegriffen wurden.« Natürlich trotz dichter Wolkendecke auch bei Tage, so wie *U 71* oder *U 105* ...
H. Gießler [107]: Diese Angriffe, hauptsächlich während des Marsches durch die Biscaya, kamen (1940) überraschend, zumal man in Deutschland nicht damit gerechnet hatte, daß Funkmeßgeräte auch in Flugzeuge eingebaut werden könnten.
Wegen des Fehlens einer militärischen Bearbeitung der Funkmeßfragen in der Skl ist der ohnehin strapazierte Stab des BdU nur unzulänglich über die großen Fortschritte im Einsatz der Funkmeßgeräte für die Aufklärung, das Flakschießen und weitere Zwecke unterrichtet.
»Das mit den überraschenden Angriffen wird sich ändern«, das wenigstens verspricht der BdU, denn er hat inzwischen Erforderliches eingeleitet. Stellt einer aber die naheliegende Gretchenfrage: »Wann?« erhält er nur zur Antwort: »Wir müssen hier um Geduld und Ruhe bitten, um so schneller verfügen wir über ein wirksames Abwehrgerät.«
Zu dem »inzwischen Veranlaßten« gehört auch eine Sitzung beim BdU mit dem jetzt für die Funkmeßfragen verantwortlichen Abteilungschef beim Chef MND, dem Kapitän zur See L. Stummel, im Juni 1942.[197b]
Als Abhilfe werden von Admiral Dönitz befohlen:

1. Alle Front-U-Boote (sind) beschleunigt mit Funkmeßbeobachtungsgeräten (= FuMB) auszurüsten, damit die U-Boote eine Ortung rechtzeitig erkennen können.
2. Die U-Boote (sind) mit einem aktiven FuMO auszurüsten, damit (eine) eigene Ortung möglich ist.[197c]
3. Ein Mittel (ist) zu entwickeln, welches das U-Boot tarnt, also eine technische Möglichkeit ist zu finden, welche feindliche Ortungsstrahlen absorbiert oder so stark dämpft, daß die reflektierten Strahlen nicht zum Empfänger zurückkommen können.

Es würde zu weit führen, im Detail auf die Vorentwicklung der FuMB-Geräte erneut einzugehen, zumal ja am Anfang der sogenannte Horchempfänger, ein FuH.E. für die Nachrichten-Auf-

klärung stand, ein Gerät, für das sich vornehmlich das Heer und weniger die Luftwaffe oder die Marine interessierten. Diese an sich praktisch bereits abgeschlossene Entwicklung wurde indessen für Großserien bürokratisch behindert oder für einige Anlagen sogar gestoppt, da bereits im ersten Kriegsjahr ein Führerbefehl einen Entwicklungsstopp für alle Entwicklungen angeordnet hatte, deren Serienreife sich länger als sechs Monate hinziehen würde.
Folgen wir hier Fritz Trenkle in [40]: »... Da die Geräte FuH.E.d und f und i noch nicht in die Fertigung gegeben waren, also Seriengeräte nicht vor ein bis zwei Jahren zu erwarten waren, griff man auf vorhandene Geräte der französischen Industrie zurück. Hier stand bei der Fa. Sadir eine Reihe von 11-Röhrensupern zur Verfügung, die mit Eichel- oder US-Stahlröhren bestückt waren, die dann auch mit leicht geänderten Frequenzbereichen für die Luftwaffe und die Kriegsmarine gefertigt wurden ...« Es folgen hier nun die verschiedenen Typen R 87 D für 25.0—37.6 MHz usw ... »Die Luftwaffe ließ bei der Firma Metox noch 50 Stück von deren Empfänger R 203 (60—160 MHz) herstellen. Die Kriegsmarine — und zwar das kurz NVK genannte Nachrichtenversuchskommando — hatte ihrerseits bereits Ende 1941 (?) die Entwicklung eines UKW/DMW-Empfängers abgeschlossen. Es ist dies der spätere METOX vom Typ R 600, der ab August 1942 als FuMB 1 (mit 113 bis 500 MHz) Verwendung findet und wegen Überlastung der deutschen Fachindustrie bei den französischen Firmen Metox und Grandin angefertigt wird.[197d] Es handelt sich dabei um ein Überlagerungsgerät mit Gegentakt-Diodenmischstufe (mit Eicheltrioden als Dioden geschaltet) und Dreipunktoszillator (ebenfalls mit Eichelröhren). In den übrigen Stufen wurden Stahlröhren verwendet. Der Empfänger, der im Wellenbereich von 1,80 bis 4,00 m arbeitet und der Radarimpulse bis zu 100 km Entfernung erfassen kann, wird vom Herbst 1942 an in größter Beeilung auf U-Booten eingesetzt. Dabei dient als Antenne die FuMB-Antenne 2 HONDURAS, die sich als BISCAYAKREUZ einbürgert, nach der einen Quelle [40] »wegen ihrer Form«, nach einer anderen [63] »weil sie zuerst im Golf von Biscaya benutzt wurde«.
Man kann das derbe Holzkreuz schon fast primitiv nennen. Au-

ßenherum ist es »einfach mit Draht« bespannt. Der Fachmann dazu: »Die Antenne besteht aus zwei langen und nach unten geknickten Dipolen.« Die beiden Zuleitungskabel zum Empfänger werden »bei Betrieb« (und ein »Betrieb« ist nur bei Überwassermarsch möglich) durch das offene Turmluk gereicht. Das BISCAYAKREUZ muß beim Betrieb von einem Seemann alle 5 min um 90° gedreht werden[179b], denn das Diagramm weist zwei Nullstellen auf. Behindernd ist auch, daß das Gerät bei starkem Seegang nicht zu verwenden ist, da das Turmluk dann geschlossen gefahren werden muß, also die Zuleitungskabel nicht durchgeführt werden können. (Es gibt noch keine druckfesten Porzellane, um das Kabel durch die »Haut« des Druckkörpers wasserdicht hindurchzuführen.) Erschwerend ist daher weiter, daß die Antenne, also das BISCAYAKREUZ, bei jedem Tauchmanöver aus der Halterung genommen und ins Boot gereicht werden muß — und umgekehrt. Die einen verfluchen »diesen technischen Umstand«, die anderen nehmen es gelassen, je nach Temperament. Heydemann von *U 575*: »Das (mit dem BISCAYAKREUZ) war zwar etwas umständlich, klappte aber mit etwas Übung im allgemeinen ganz gut.« Zugegeben werden muß, daß die in flugverkehrsreichen Revieren (über der Biscaya etwa) laufend wahrgenommenen Ortungssignale aus den verschiedenen Richtungen zwangsläufig zu einer starken Nervenbelastung der betroffenen U-Boot-Besatzungen führen.
Und da, ein weiteres Problem, die Einweisung quasi unter der Hand und in größter Beeilung erfolgt, können die das Gerät bedienenden Funker nicht gründlich genug unter fachlicher Anleitung üben. Vom Summton über den leisen bis lauten, pfeifenden Piepton hin ist bei dem weitreichenden Gerät eine Geräuschskala gegeben, die in praxi nicht jeder sachkundig und schnell ausdeuten kann. Laut »Taktischem Befehl Nr. 10« heißt es für den Funkbeobachtungsdienst, Z. 28: »Die Lautstärken geben für die Entfernung keinen sicheren Anhalt, da a) der Gegner die Sendeenergie regeln kann, b) die Empfindlichkeit des FuMB-Empfängers schwankt« [66]. Ausgesucht exakt ist diese Definition also nicht. Hier hilft nur das gewisse Fingerspitzengefühl. Oder/und viel Erfahrung.
Es gibt nicht wenige Kommandanten, die »den verdammten Pfeifkasten« kurzerhand abstellen lassen.[198a] Da sind aber auch

Kommandanten wie Egon Freiherr von Schlippenbach zu nennen, die sich von ihren Funkern die Funktionen »dieser Kiste« in Ruhe und im Detail erklären lassen und mit diesen mitdenken, wenn das Gerät das Vorhandensein einer feindlichen Radarortung anzeigt.

Oberfunkmaat Rautzenberg: »Mit dem Gerät gab es, wenn man genug Übung und Sachverständnis hatte, überhaupt keine Schwierigkeiten. Es funktionierte, wie erhofft, viel besser, als wir erwartet hatten: Flog der anfliegende radargesteuerte Gegner eine Suchkurve, wurde der Piepton leiser, oder er verstummte, wenn er auf Gegenkurs ging, lauter aber, wenn er auf uns zudrehte, und ganz laut wurde er bei direktem Anflug ... für uns höchste Zeit, das Boot mit A.K. in den Keller zu verholen ...«[198b]

Dasselbe bestätigt der frühere Oberfunkmaat Aloys Faßbender, der FT-Verantwortliche auf *U 438* unter Kapitänleutnant Rudolf Franzius. Auch er hatte keine Probleme mit dem improvisierten FuMB METOX und seinem an FT- und Hochfrequenzbelangen interessierten Kommandanten, der übrigens vor seiner U-Boot-Ausbildung zuletzt 3. Artillerieoffizier auf dem Schlachtschiff *Gneisenau* und daher mit Funkmeßfragen vertraut war ... Bei Heydemann z. B. ist im KTB des *U 575* nachzulesen:

»19. September 1942, 19.50 Uhr: St. Nazaire ausgelaufen zur sechsten Feindfahrt. 26. September. Nordatlantik BE 5214. Das FuMB hat sich auf der Fahrt durch die Biscaya gut bewährt. Haben fünfmal vor Ortung getaucht und sind nur einmal von einem Boeing-Bomber ohne Ortung angeflogen worden. Nur der Antennenmast ist zu schwach und ist im Seegang durch die die Brücke durchspülenden Wellen mehrfach abgebrochen.«

Apropos das auch Tannenbaum genannte BISCAYAKREUZ: Das Provisorium kann relativ bald schon, genau ab März 1943, durch eine am Turm fest montierte Rundempfangs-Antenne vom Typ FuMB BALI I (NVK/IFS, Bereich 100 bis 400 MHz) ersetzt werden. Die BALI-Antenne besteht aus einem breiten Ringdipol für den Empfang horizontal polarisierter Wellen. Die aufgesetzten Vertikalstäbe bringen der Antenne bei den fantasiebeschwingten »Seelords« den Namen HÄSCHEN ein. Quasi aus Dankbarkeit. In doppelter Hinsicht.

Im sachbezogenen Schrifttum wird nachgewiesen, daß die Ver-

luste von U-Booten durch Flugzeuge (relativ) drastisch zurückgehen. Dann aber stagniert dieser Trend: Die Gegner, denen das »Vorabwegtauchen« der U-Boote nicht verborgen bleibt, haben sich etwas Neues ausgedacht, eine Täuschung, einen Trick:
Sobald eines der Flugzeuge der air patrol oder der air escort in dem von der Leitstelle vorgegebenen Raum einen Kontakt hat (und nach der in Frage kommenden Lage kann es nur ein deutsches U-Boot sein), schaltet man in der suchenden und nun angreifenden Maschine das Radar ab, das heißt den »Dauerton«.[198c] Vorausgesetzt, es ist Tag und gute Sicht, benötigt man das Radar ohnehin nicht mehr, denn nun ist bei tiefer gehendem Flug meist ein »optischer Angriff« möglich. Theoretisch kann das zum Erfolg führen. Aber da die deutschen U-Boote, wenn sie schon am Tage über Wasser fahren, über hervorragend aufmerksame Ausguckposten verfügen, kommt es selten zu einem das U-Boot überraschenden Überfall. Das durch die Radarkurzortung vorgewarnte U-Boot taucht, oder es manövriert heftig und wehrt sich mit seiner Flak. Ist die Sicht am Tage behindert — diesige Luft oder niedrige Wolkendecke —, stehen die Chancen für den Angreifer schon besser. In der Nacht dagegen erschwert die Unsichtigkeit den Zielanflug. Hier muß die angreifende Maschine das Radar durch eine kurze Umdrehung noch einmal oder mehrmals einschalten.
Die dunkle Nacht erschwert aber auch einen genauen Bombenabwurf.
Das will und wird man bei den Briten ändern, aber ...
Den deutschen U-Boot-Kommandanten bleibt diese neue Taktik nicht lange verborgen. Hermann Rautzenberg auf *U 453*: »Immer wenn wir über den Metox ein gefährlich lautes, aber nur kurzes Warnsignal aufnehmen (und mit der Zeit hatten wir genug Übung, um über die Lautstärke die Gefahrenskala abzulesen), ließ von Schlippenbach Alarmtauchen machen ... Wir warteten eine geraume Zeit — etwa zwanzig Minuten oder eine halbe Stunde, tauchten wieder auf und nahmen unseren METOX wieder in Betrieb. Je nach Tonlage — wenn überhaupt noch — handelte der Kommandant. Manchmal mußten wir das Manöver drei- bis viermal wiederholen. Und da wir bei von Schlippenbach gut mit unseren Abwehrmanövern fuhren, begann das Katz- und Mausspiel den strapazierten Gemütern so-

gar Spaß zu machen. Wenn es eines Beweises bedarf, daß dieses Verfahren tadellos funktionierte, dann ist dieser wohl auch von der Tatsache abzuleiten, daß *U 453* im praktisch permanent aus der Luft überwachten Mittelmeer 17 Feindfahrten unter Kapitänleutnant Freiherr von Schlippenbach[198d] (Juli 1941 bis Dezember 1943) und Oberleutnant zur See Dirk Lührs[199] (Dezember 1943 bis Mai 1944) absolvierte und nicht das Opfer der gegnerischen »Luft« wurde.

Ob dieses Anti-Abschaltrezept von von Schlippenbach »erfunden«, das heißt zuerst praktiziert wurde, steht dahin, fest steht nur, daß es an der Front der GRAUEN WÖLFE schnell Schule macht und vielen Booten das Leben rettet ... Das, bis zum Blackout der auf Dezimeter- und Meterwellen geeichten deutschen FuMBs.

2.2 Neue Überraschung:
Das Leigh Light — und das neue ASV Mark III

Es gibt auch britische Bürokraten — sie behindern das Leigh Light · Das neue britische Waffensystem RADAR — SCHEINWERFER — BOMBE verlangt (zu) hohen Ausbildungsstand · U-Boot-Bombe vorher nie erprobt · Die Zentimeterwelle (CMW) im Gespräch · Die ersten CMW-Sets für die Flugzeuge im Biscaya-Raid · *U 333* wird zum CMW-Mißerfolg · *U 519* erster Verlust durch ein amerikanisches CMW-Radar · Admiral Karl Dönitz befiehlt den U-Booten eine neue Taktik

Um aber einem radargelenkten Angriff auch in dunkler Nacht zu einem Erfolg zu verhelfen, hat der britische Fliegergeschwaderführer H. de V. Leigh wenig später nach der Einführung des Radars auch in Flugzeugen beharrlich den Gedanken verfolgt, ein »searchlight« mit dem »airborne radar« zu koordinieren. Das »searchlight« — ein starker Scheinwerfer mit einem Wirkungsbereich bis zu einem Kilometer — wird unter der Tragfläche des Flugzeuges angebracht und verspricht für den Augenblick die totale Überraschung, wenn es kurz vor dem Überfliegen des Ziels, also eines U-Bootes, eingeschaltet wird. Roskill dazu: »The important factor was so in the hands of the attacking aircraft« [2, Vol. 1].

Der Weg zu dieser Erkenntnis war übrigens umständlich und langsam, weil unvermeidlich bürokratisch und von höchsten Stellen sogar behindert. Es waren gleichzeitig verschiedene Faktoren, die ihn erschwerten: einmal war es die Tatsache, daß nicht genügend geeignete Flugzeuge zur Verfügung standen, zum anderen war es vor allem das Fehlen einer »tödlichen Waffe zum Angreifen und Vernichten von U-Booten«, und zwar für die Luftwaffe ebenso wie für die Marine, drittens schließlich mußte ein notwendig hoher Ausbildungsstand der Leute für dieses kombinierte Waffensystem: RADAR — SCHEINWERFER — BOMBE garantiert werden können. Die Schwierigkeiten sind bei Roskill [2] nachzulesen, aus dessen Erklärungen hervorgeht, daß die Marine wie auch die Luftwaffe seit 1925 über eine gegen U-Boote gerichtete »anti-submarine-bomb« verfügten, von der man gar nicht wußte, welche Wirkungen sie auf/oder in dem U-Boot bei Direkt- oder Nahtreffern hatte — und was unter Nahtreffern überhaupt verstanden werden kann, denn: In der Praxis ist diese Waffe nie erprobt worden. Wie gesagt, sie war seit 1925 bekannt und entwickelt, aber erst 1931 kam sie in Dienst mit oben genannten bürokratischen Unzulänglichkeiten behaftet. Vorschläge für eine andere, von vornherein als absolut wirksam versicherte neue Tiefenwasserbombe, kamen erst nach Kriegsbeginn von der Luftwaffe wie gleichermaßen von der Marine, seitdem man seit dem 17. April 1940 (offenkundig bei einer vergeblichen Bombardierung eines U-Bootes) weiß, daß die vorhandene Wasserbombe nichts taugt. Trotzdem hat das britische Luftfahrtministerium entschieden, die Versuche mit der neuen Waffe einzustellen. Glücklicherweise für die Air Force (wie auch für die »flying«) Navy bekam der Air Marshal Sir F. W. Bowhill, C. in C. Coastal Command, dieses Einstellungsverbot für die Versuche noch früh genug in die Hände, um seinerseits gegen den höheren Befehl die Versuchsreihe fortsetzen zu lassen. Das Projekt war indessen nicht vor Frühjahr 1941 abgeschlossen. Erst ab dann konnte die neue Waffe in Serie gehen. Diese neue »depth charge« war nach Roskill die wirkungsvollste Anti-U-Boot-Waffe während des ganzen Krieges, für beide Waffengattungen: für die Navy und die RAF.

So liefen denn die Fertigung der neuen Bombe wie auch das Leigh Light-Projekt parallel, wobei bei dem Leigh Light die Probleme mit dem Zusammenwirken RADAR — SCHEINWERFER — BOMBE den Einsatz verzögerten. Parallel dazu liefen aber auch die Entwicklungen für ein völlig neues Radargerät auf der Zentimeterwelle (in der Folge kurz CMW genannt) als Panorama-Sichtfunkpeilgerät und nicht mehr als bloße Zackenanzeige für einen mehr oder weniger eingeschränkten Winkelausschnitt der Vorausrichtung.

Einer der Gründe für ein solches neues Radargerät — zumindest für dessen Produktionsbeschleunigung — ist vielleicht auch in den britischen Beobachtungen auf die Reaktionen der mit dem ASV-II, dem »Anderthalbmeterradar«, aufgrund des neuen METOX vergeblich georteten deutschen U-Boote zu suchen. Das

Die Opfer unter den zivilen Tankerbesatzungen waren besonders hoch, waren alliierte Tanker doch für die deutschen U-Boote, immer, wo man die Wahl zwischen Trockenfrachter und Bulker hatte, bevorzugte Ziele. Wer die torpedierten Tanker sah, wird diese apokalyptische Szenerie nie vergessen, Bilder vom Drama kriegsbedingter mitleidloser Vernichtung, bei dem in der Endbilanz prozentual mehr Angreifer als Angegriffene verlorengehen. Nur aus dieser Sicht war das schreckliche Schicksal der explodierenden, aufbrennenden Tanker und ihrer Besatzungen für die Männer der Grauen Wölfe zu verkraften. — Foto: PK, PBZ in [155].

Oben: *U 110* (Kapitänleutnant F.-J. Lemp) ist am 9. Mai 1941 mittags beim Angriff auf den Konvoi O.B. 318 von der Korvette *Aubrietia* mit Wasserbomben belegt und zum Auftauchen gezwungen worden. Die U-Bootbesatzung ist unter Einleitung der Selbstversenkungsmaßnahmen ausgestiegen, während sich der Zerstörer HMS *Bulldog* nähert und gerade ein Prisenboot aussetzt, um das scheinbar nur langsam über das Heck versinkende U-Boot zu entern. — Foto: Archiv Koehlers Verlag mbH. (2) • Unten: *U 129* (Kapitänleutnant Nico[lai] Clausen) wird am 20. November 1941 im Mittelatlantik vom U-Bootversorger und Blockadebrecher *Python* (3664 BRT) versorgt, dessen weitere Versorgungspositionen von den Briten entschlüsselt werden können, das um so leichter, als man jetzt die auf *U 110* erbeutete Schlüsselmaschine »M« besitzt. So wird denn die *Python* (wie viele andere Überwasser-U-Bootversorgungsschiffe bereits vorher) am 1. Dezember 1941 von dem Schweren Kreuzer *Dorsetshire* bei einer Versorgung gestellt und von seiner Besatzung selbstversenkt, Anlaß genug, an keine Zufallsbegegnung zu glauben, denn der britische Schwere Kreuzer lief gezielt auf die U-Boot-Versorgerposition zu.

Oben links: Korvettenkapitän Adalbert (Addi) Schnee (*31. XII. 1913 in Berlin, † 4. XI. 1982 in Hamburg) hier als Oberleutnant z. S.; Kommandant von *U 201* und nach Dienstzeit beim BdU von *U 2511* (Typ XXI); Vorsitzender des Verbandes Deutscher U-Bootfahrer (VDU) ● Oben rechts: Kapitän z. S. Werner Hartmann (*26. XII. 1902 in Silstedt/Harz, † 26. IV. 1963), Kommandant von *U 37* und *U 198*, maßgeblich an der Erprobung der Rudeltaktik beteiligt; Flottillenchef; FdU; zuletzt Regimentskommandeur; Eichenlaub 5. XI. 1941. Nach 1945 u. a. beim Evangelischen Hilfswerk tätig, ab 1956—1962 Bundesmarine, dann Leiter der Hanseatischen Jachtschule ● Links unten: Kapitänleutnant Günther Heydemann (* 11. I. 1914 in Greifswald); Kommandant *U 575*, danach Ausbildungsleiter — Ritterkreuz 3. VII. 1943 ● Rechts unten: Fregattenkapitän Otto Kretschmer (* 1. V. 1912) in Heidau/Liegnitz), Kommandant *U 23* und *U 99*, entwickelte die »Einsickertaktik in die Konvoikolonnen«; 17. III. 1941 Gefangenschaft; Ritterkreuz VIII. 1940; Eichenlaub XI. 1940, Schwerter 26. XII. 1941, mit versenkten 350 000 BRT »Tonnagekönig« des II. Weltkrieges; nach 1945 u. a. 1. Präsident des DMB, später bei der Bundesmarine als Flottillenadmiral, danach bei der Werft Thyssen-Nordseewerke GmbH. in Emden. — Fotos [4]: Archiv FISM, Harmsdorf/Ostholstein.

Der Dienst bei der U-Bootwaffe erfordert nicht nur eine charakterliche Auslese, diese jungen Männer — bis weit in die ersten Kriegsjahre hinein fast ausschließlich Freiwillige — mußten kerngesund, abgehärtet und standfest sein, um ihren oft strapaziösen Dienst zu versehen. Oben links: Im Eismeer — im Sinne des Wortes — im Kampf gegen die Murmansk-Konvois. — Foto: Bundesarchiv, Koblenz • Oben rechts: Oberdecksarbeit im Seegang erfordert harte, selbstsichere Männer, »waschechte«, gestandene Seeleute. — Foto: PPZ • Unten: Ausguck bei schwerem Wetter: Anzug »Großer Seehund«. Jeder Mann hat seinen bestimmten Ausgucksektor. — Foto: PK-R. Meisinger (Weltbild).

traf besonders auf die von Flugzeugen praktisch permanent überwachte Biscaya Bay zu. Nicht unwahrscheinlich ist aber vielleicht auch die Kenntnis, daß von den Deutschen die Arbeiten an einem CMW-Gerät eingestellt worden sind, möglicherweise auch unter Preisgabe der Gründe. Nicht selten wurde der Geheimhaltung solcher Erkenntnisse unter Wissenschaftlern weniger Beachtung geschenkt als den wissenschaftlichen Fakten, die man um so sorgloser sogar in spezifischen Fachzeitschriften »öffentlich« diskutierte, als bei der CMW die Inpraktibilität deutscherseits »absolut erwiesen« schien.

Das völlig neue Radargerät der Alliierten stellt sich in doppelter Ausführung vor. Gegen Ende 1942 stehen zwei neue CMW-Radar vor der Einführung in die Royal Air Force: a) das H_2S-Radar für das Bomber Command mit kartenähnlicher Wiedergabe und das technisch ähnliche ASV Mark III für das Coastal Command. Dabei ist das H_2S-Radar in erster Linie für die Pfadfinderflugzeuge bestimmt, um die Bomberströme über Land anzuführen.

Zunächst jedoch entbrennt auf der Insel ein energischer Streit, wer überhaupt die ersten CMW-Radarsets vom zuerst fertigen H_2S-Typ bekommen soll:

- die Flugzeuge des Air Force Bomber Commands das 10 cm-H_2S als »Pathfinder«-Gerät oder
- das Coastal Command das ASV Mark III auf der 9.7 cm Welle.

Beide Geräte sind Panoramageräte, das heißt, beide Geräte messen nicht nur mehr nur einen Sektor an, sondern arbeiten in 360° Rundsicht. Das ist ein enormer Fortschritt. Obwohl man bei einer kritischen Analyse erkennen muß — und das unter Hinzuziehung der Operations Research —, daß die U-Boote, welche die Biscaya einlaufend oder auslaufend passieren müssen, als eines der Hauptziele der gegen U-Boote eingesetzten Flugzeuge zu werten sind, werden die ersten H_2S-Sets an die Pathfinder Squadrons der Bomber Commands ausgeliefert. So kommt es, daß die Alliierten die ersten 10 cm-Radar bei den Bomberflügen über feindlichem Territorium einsetzen und somit Gefahr laufen, daß das neue Radar bei einem Abschuß eines der Pfadfinder-Flugzeuge entdeckt wird. Doch ist der von Churchill hinzugezogene Physiker Sir Watson-Watt der Auffassung, daß die Erbeutung eines Musters des H_2S nur wenig Auswirkung auf den U-Boot-Krieg haben würde.[200] Erst später erhält das Coastal Command[201] die neuen Ausrüstungen mit dem Radar-See-ASV Mark III für den 9.7 cm-Wellenbereich.

Erstmals werden Leigh Light-Flugzeuge des Coastal Command in Verbindung mit US-Heeresflugzeugen ab Februar 1943 in der »Bay Offensive« des Air Vice Marshal Bromet gegen ein- und auslaufende U-Boote eingesetzt. Der Erfolg der ersten Operationen scheint im Vergleich zum Aufwand nicht überzeugend: 312 Einsätze mit 19 Sichtungen und nur 8 Angriffen. Versenkt wird in dem quer zu den Auslauf- und Einlaufkursen liegenden rechteckigen Zielgebiet der GONDOLA genannten Operation[202] britischer, us-amerikanischer, tschechischer und polnischer Flugzeuge durch eine mit dem 9.7 CMW-Radar vom Typ SCR 517 ausgerüstete us-amerikanische Heeres-Liberator der 2. Squadron am 10. Februar 1943 *U 519* unter Günter Eppen (Totalverlust auf 47° 05′ N/18° 34′ W). Bei den der Operation GONDOLA zunächst folgenden Normaleinsätzen über der Biscaya (inzwischen ist am 19. Februar *U 268* unter Oberleutnant z.S. E. Heydemann gebombt und versenkt worden) kommen erstmalig Leigh-Light-Wellingtons der 172. RAF-Squadron zum Einsatz, die neu mit dem 9,7 cm ASV Mark III ausgestattet sind. Der erste ASV Mark III-Erfolg wird ein Mißerfolg. Das vom 9,7 cm-Radar eingepeilte *U 333* (Oberleutnant z.S. Schwaff)[203] schießt die angreifende Wellington ab. Ahnungsschwer meldet er dem BdU sofort, in der Nacht ohne vorherige Ortung durch METOX angeflogen worden zu sein. Die Vermutung des BdU, es könne sich bei dem nächtlichen gezielten Anflug um eine Ortung durch ein »Rotterdamgerät« handeln, ist so abwegig nicht, im Gegenteil.

Die weiteren »Bay Offensiven« ENCLOSE I und ENCLOSE II bringen mit ihren zunehmenden nächtlichen »ortungslosen« Überraschungsangriffen dem BdU die Erkenntnis:

Die Lage durch zunehmend gezielte Nachtangriffe mit nicht mehr durch den METOX faßbarer Ortung[204] wird in Verbindung mit dem scheinbar problemlosen Abschuß eines am Tage angreifenden Flugzeuges durch *U 438* zunächst zu einer Änderung der deutschen Taktik führen:

- »Nachts getaucht marschieren,
- tagsüber aufladen und
- Flugzeuge mit Flak abwehren.«

Doch das ist ein besonderes Kapitel für die Phase 1943, ebenso die sonstigen Maßnahmen nach dem deutscherseits erkannten »Versagen« des METOX, bedingt durch das von deutschen Kapazitäten als »ortungstechnisch nutzlos« bewertete gegnerische FuMO-Gerät auf der CMW.

Übrigens gab es bei der An- und Abschalttechnik (nach Mallmann-Showell) neben den »normalen« Fehlschlägen auch böse Überraschungen. Es kam mehr als einmal vor, daß die radargesteuerten Flugzeuge Frachtschiffe anflogen. »Wenn es so dunkel war, daß man überhaupt nichts sehen konnte, wurde für die letzte Ortsbestimmung das ›Leigh Light‹ (ein leuchtstarker Scheinwerfer) eingeschaltet. In dieser Phase wurde das Unternehmen für den Piloten recht nervenaufreibend, weil er sich in zwei von drei Fällen plötzlich über einem großen Handelsschiff und nicht über einem niedrigen U-Boot sah. Es gab viele Berichte von der Handelsmarine, daß Flugzeuge gerade so eben von den Mastspitzen klargekommen wären. Die RAF-Piloten merkten bald, daß es sehr schwierig ist, in der Dunkelheit Entfernungen zu schätzen, und daß die U-Boot-Leute anfingen zu schießen, sobald das Leigh Light eingeschaltet wurde, obgleich das Flugzeug sich noch außerhalb der Reichweite ihrer Waffen befand. Der Flugzeugführer konnte dann auf das Mündungsfeuer des Fla-Gewehrs zufliegen und nur beten, daß die Flak beim Tauchen des Bootes verlassen sein würde ...«

2.3 Die CMW der Briten und der verhängnisvolle Irrtum des Staatsrats Plendl

CMW-Geräte für Deutschland »absolut unnötig« · Briten erbeuten ein WÜRZBURG-Gerät · General Martinis Warnung in den Wind geschrieben · Das beim CMW-FuMO »weggespiegelte« Ziel

Über das oben erwähnte Zentimeterwellen-Funkmeßortungs-Gerät (CMW-Gerät bzw. CMW-Radar) ist bereits im Kapitel 1.3 einiges zum deutschen Standpunkt gesagt worden, über das 9.7 cm-Radar hat der Verfasser Wesentliches bereits in [18] berichtet, auch, warum der deutsche Topmanager für alle großdeutschen Hochfrequenzfragen, Staatsrat Plendl, die Entwicklung und den Einsatz von Zentimeterwellen-Funkmeßgeräten auch Ende 1942 für »absolut unnötig« erachtete. Heute wissen wir mehr: Auch der Chef der Luftnachrichtengruppe, General Martini, hatte am 8. August 1942 eine Wiederaufnahme der Forschungs- und Produktionsarbeiten an und für ein CMW-Gerät gefordert. Grund genug hatte er, denn in der Nacht vom 27. zum 28. Februar hatte ein britischer gemischter Kommandotrupp, also Army, RAF und Navy, an der französischen Küste ein WÜRZBURG-FuMO erbeutet, und zwar bei der Landung in der Nähe von Le Havre »... to examine and destroy radiolocation station at Bruneval ...« Martini fürchtete offenbar, die Kenntnis von der Frequenz des WÜRZBURG-Geräts könnte für den deutschen Gegner der Anlaß sein, auf die CMW überzuwechseln. Auch die von Trenkle in [40] belegte Warnung wurde in den Wind geschrieben:
»... Beim RLM war man jedoch (gestützt durch Gutachten einiger deutscher Wissenschaftler) der Ansicht, daß der Gegner technisch auch nicht viel weiter sein könnte als die Firma Telefunken ...«
Diese »beweist« am 27. November 1942, daß die Zentimeterwellen für Funkmeßgeräte untauglich seien, da sie am Ziel nicht reflektiert, sondern »weggespiegelt« wurden.
Nur eine Woche später wird bei Telefunken (Illberg) das Labor für die Herstellung eines Funkmeßgerätes auf der Zentimeter-Welle, das CMW-Labor, aufgelöst.

2.4 Die unheimlichen, unerklärlichen Zielangriffe aus der Luft

Versagen die METOX-Bedienungen? · Zielflüge auf Oszillatorstrahlungen? · Wenn SADIR strahlt — warum nicht auch der METOX? · Dieselabgase infrarot geortet? Ein britischer Bluff · Die (falsche) deutsche Antwort auf der DMW · Neue DMW-Geräte unter Hochdruck im Bau · Wissenschaftler von der Front geholt · 38 FuMBs allein für die KM bis Kriegsende entwickelt und zum Teil in Serie · Kaum noch einzuholender Vorsprung beim Gegner · Die FuMBs 5 bis 10 ...

Als die ersten britischen CMW-Geräte in Flugzeugen über der freien See in Dienst kommen (siehe auch die oben behandelte Bay-Aktion), feiert die deutsche U-Boot-Waffe gerade ihre höchsten und größten Triumphe. Und da, wenn schon U-Boote durch Flugzeuge angegriffen und vernichtet werden, die meisten dieser Boote als Totalverluste abgeschrieben werden müssen (oder Überlebende in Gefangenschaft geraten), kommen keine Erfahrungsberichte Dabeigewesener in das Lagezimmer des BdU. Höchstens FT-Meldungen über Flugzeugangriffe, zum Teil, und das ist beunruhigend, ohne METOX-Vorwarnung. Sind hier Nachlässigkeiten der METOX-Bedienung die Ursache? Oder was sind sonst die Gründe für das Versagen des Warnempfängers METOX, »vorausgesetzt«, so die mißtrauische 4. Skl im OKM, »daß das Gerät vorher eingeschaltet war«. Da man inzwischen weiß, daß das von der KM an Land benutzte FuMB 2, der französische Rundfunkempfänger SADIR, jenes Elfröhrengerät »strahlt«, überträgt man diesen Nachteil auch auf den METOX und setzt als selbstverständlich voraus, daß die Briten ebenfalls über FuMBs verfügen. (In Wahrheit haben weder die Briten noch die Amerikaner während des Krieges jemals ein Funkmeßbeobachtungsgerät in unserem Sinn entwickelt oder eingesetzt.[205a] Die britischen Geräte RU I und RU V konnten Anmessungen zwar feststellen und auch stören, nicht aber im Sinne des Wortes anmessen.)
Man fürchtet, der Gegner könnte diese Oszillatorstrahlung

nachts oder bei Tage bei geschlossener Wolkendecke zum passiven Zielflug gegen das U-Boot ausnutzen, ohne daß es überhaupt einer Einschaltung (oder Zuschaltung) des Funkmeßgerätes, also des Radars, bedarf. Nach Mallmann-Showell [63] habe sogar ein gefangengenommener britischer Flieger solche Weisheiten (»... man habe die Strahlung des deutschen Geräts als Peil- und damit als Anflugstrahl benutzt...«) ausgeplaudert. Angeblich, muß man da wohl einschränken. Hier aber, beim Verdacht einer solchen Strahlungspeilung, melden sich auch kritische Stimmen zu Wort. Sie sagen: »Zugegeben, daß der METOX strahlt, jedoch sind diese Strahlenimpulse zu schwach, um dem Gegner taktische Vorteile anzubieten. Die Strahlungen reichen nicht weit genug — und nur auf große Distanzen ist bei der jetzigen Ein- und Abschalttaktik ihrer Funkmeßanlagen ein Erfolg zu erhoffen. Wir müßten also die Kurzeinschaltungen auf große Distanzen in jedem Falle mitbekommen.«
»Oder auch nicht«, kontert ein anderer, der argumentiert, daß die Peilantenne, das umstrittene BISCAYAKREUZ also, in diesem Augenblick gerade aus der Anmeßrichtung gedreht sein könnte.
Viele Wenns.
Viele Aber.
Eine andere Version der unerklärlichen, vom METOX nicht erfaßten Zielanflüge britischer Flugzeuge auf U-Boote, ist die Überlegung, die Briten könnten aus ihren Flugzeugen nachts die Wärme der Dieselabgase der U-Boote durch Infrarotgeräte »sichtbar« machen. Auch hier hat I.P. Mallmann-Showell [63] eine ähnliche, nachgerade suspekte Erklärung.
»Zweitens war es einem abgeschossenen Flieger der Royal Air Force gelungen, die Deutschen zu überzeugen, daß die Flugzeuge die Hitze der Auspuffgase anflögen...«
Das klingt nicht minder überzeugend wie die oben zitierte andere Gefangenenaussage...
Nein, so nicht. Es bedurfte wohl kaum solcher Legenden, um die deutschen Techniker auf eine solche — auch noch mögliche — Spur zu lenken.
Die dritte Überlegung geht dahin, der Gegner könnte bei den Anderthalbmeterwellen seines Radars den Frequenzbereich nach oben oder unten verbreitert haben. (Daß er ihn mit dem

Schritt von der DM zur CMW in Wahrheit vergrößert hat, das wagte nach dem kategorischen AUS des Staatsrates Plendl in Sachen Hochfrequenztechnik keiner der Sach- und Fachverantwortlichen auch nur zu denken und auszusprechen schon gar nicht, wollte er nicht seine Beförderung gefährden.)

Der größeren Bandbreite wegen (1,20 m bis 1,80 m, nach [67] der »sogenannte ASV-Bereich«) werden jedenfalls in den nächsten Monaten die verschiedensten FuMB-Geräte auf der DMW entwickelt. Das ist zwar eine schnelle, aber falsche deutsche Antwort. Man könnte hier nun anhand der FuMB-Entwicklung belegen, daß in diesem Bereich seitens der Versuchsanstalten der Marine und der sachbezogenen Industrie erstaunlich enorme Aktivitäten unternommen worden sind, um die gegnerischen Radarpeilungen taktisch zu kontrollieren. Und das trotz Personalnot und trotz kriegsbedingter Werkstoffbeschränkungen.

Greifen wir hier der weiteren Entwicklung voraus, so ist festzustellen: Unter den verschiedenen Peilanlagen für die drei Wehrmachtteile werden allein für die Kriegsmarine bis Kriegsende im Mai 1945 38 FuMB-Geräte entwickelt und zum Teil zur Serienreife gebracht, am Ende, aber zu spät, auch solche mit Magnetronröhren als Sichtpeilanlagen. Beteiligt bei diesem »Überholwettlauf« sind die Firman R.& S. (Rhode & Schwarz), Telefunken, Blaupunkt, Lorenz, Siemens & Halske, Elac, Metox, Sadir, ... ferner das RPZ, das NVK, das OKM, das IFS; einige arbeiten sogar in Kooperation (endlich!) und mit zum Teil aus der Front herausgezogenem Personal (Kommentar: auch endlich, denn nicht wenige Wissenschaftler sind durch Frontdienst »zweckentfremdet« worden). Den verlorenen, besser: verspielten Vorsprung beim Gegner aufzuholen, scheint fast unmöglich, rechtzeitig aufzuholen, denn das ist hier die conditio sine qua non.

Nach dem METOX als FuMB 1 folgen, wie bereits erwähnt, das Gerät SADIR als FuMB 2 und das Gerät DOMEYER als FuMB 3, die aber nicht für Bordzwecke bestimmt sind; erst das FuMB 4, SAMOS genannt, wird wieder an Bord genutzt.[205b]

Die optimale Lösung ist auch das FuMB SAMOS (90—470 MHz) nicht. Was man sucht und braucht, das ist die Forderung der U-Boot-Waffe, ist ein strahlungsarmes Beobachtungs- und Warngerät, mit automatischer Frequenzabsuchung, um auch die vertrackten Kurzimpulse »einzufangen«. Am besten ein Panorama-Sichtgerät auf Bildschirmbasis ... In Arbeit sind das DMW-FuMB 5 FANÖ, das mit 400—800 MHz 1943 in Dienst kommt, das Ultrakurzwellen-FuMB 6 WANGEROOGE (160—250 MHz), das noch 1942 fertig wird, das FuMB 7 NAXOS (2500—3750 MHz) als erstes CMW-Gerät als »Notfallprodukt«, das erst viel später, im Herbst 1943, eingesetzt werden kann, das DMW-FuMB 8 CYPERN 1 (160—250 MHz), das erst 1943 betriebsfertig und schnell durch das FuMB 9, CYPERN 2 (156—254 MHz) abgelöst wird, das DMW-FuMB 10 BORKUM (> 150 MHz), dessen Einsatz sich bis 1943 verzögert und gegenüber dem britischen ASV III ebenso versagt wie alle anderen Geräte, NAXOS 1 mit seinen Anfangsproblemen ausgenommen (später, 1944, nach NAXOS ZM 1, NAXOS ZM 4 sowie [außer MÜCKE, TUNIS usw.] NAXOS ZMD als Sichtpeilanlagen.)

Der in der Ziffer 2 der Sitzung in Funkmeßfragen beim BdU im Juni 1942 von Dönitz verlangte Einbau von einem FuMO in die U-Boote läßt sich nicht von heute auf morgen realisieren. Hierfür ist eine völlige Neuentwicklung notwendig, da das auf den großen Kriegsschiffeinheiten gebräuchliche SEETAKT-Gerät wegen der großen, auch »Matratze« genannten Antenne auf U-Booten nicht zu verwenden ist. Die SEETAKT-Antenne muß soweit verkleinert werden, daß diese am oder neben dem U-Boot-Turm angebracht und hier auch versenkt werden kann. Die Antennendurchführung vom Turm in den Druckkörper ist ein weiteres technisches Problem.
Sie muß auch bei größeren und größten Tiefen »druckfest« installiert werden. Die Keramiken, derer es dabei bedarf, können, wie bereits angedeutet, so schnell nicht beschafft werden.
Vorerst schleppt sich die Fertigung eines brauchbaren U-Boot-FuMO über die Wochen und Monate hin. Erst 1943 kommt es zu den ersten Einbauten eines obendrein marinefremden Geräts ...

2.5 Die neue Waffe der Alliierten: Das Huff/Duff und die neuen Probleme des BdU

>   Zerstörer laufen U-Boote millimetergenau an · Zufall oder Peilung oder Funkentschlüsselung? · Der Agent von Algeciras · Das Foto vom Eskorter mit dem verdächtigen keulenähnlichen Gebilde im Gefechtsmast · Zensuroffiziere beseitigen mit dem Hintergrund auch die »Keule« im Bild: die HF/DF-Adcock Peilantenne · Watson-Watts Lorbeeren um den Panorama-Sichtfunkpeiler an Bord der Eskorter · Jedes U-Boot-Signal wird 25 sm im Umkreis erfaßt · Der deutsche xB-Dienst erkannte britische KW-Peiler an Bord der Eskorter schon früher · Ein KW-Peiler kommt bei den U-Boot-Lagebesprechungen nicht auf den Tisch · Bonatz: Jedes U-Boot geriet in ihren Todeskreis

Wieder — wie so oft — berichten verschiedene, gerade heimgekehrte U-Boot-Kommandanten dem BdU, ihrem »Großen Löwen«, der jetzt — den lebensdurstigen jungen Kommandanten ist das nicht unangenehm — in Paris residiert, in der Avenue Maréchal Maunoury.[206]

Dönitz will wissen: Was war anders auf dieser Unternehmung? Was wich von der gewohnten und bekannten Norm ab?

»Unheimlich unwirklich war es, daß der Zerstörer vierkant auf meine Position zulief, wie am Schnürchen, so selbstsicher und genau ...«

»Und du meinst nicht, daß der Eskorter eine Sichtpeilung hatte und einfach der Sichtpeilung nachlief?«

»Nein, Herr Admiral, das ist es ja eben. Er kam mit hoher Fahrt und millimetergenauem Kurs auf unsere Position direkt aus der Kimm. Er kann uns vorher gar nicht gesehen haben.«

»Haben andere Ähnliches beobachtet?«

»Ja, andere machten gleichähnliche Beobachtungen, so, als sei dem Bewacher der Außensicherung die genaue Position des Bootes auf Grad und Minute vorher bekannt gewesen.«

»Ausgeschlossen, daß die in unserem neuen Schlüssel M-4 drin

sitzen, die Griechenwalze macht denen einen Einbruch bereits im Ansatz unmöglich.«
»Und wenn die Briten 10 000 Mann an die Dechiffrierung ansetzen ...?«
»Auch dann nicht«, mischt sich der zuständige Asto ein. »Mit einer Entzifferung ist dieses Phänomen nicht zu erklären.«
Zufall? Erneuter Zufall, nachdem schon andere Kommandanten solche Erfahrungen machten! Das Schweigen darauf bleibt als Frage im Raum stehen, wie ein düsterer Schatten vor der großen Lagekarte mit den Positionen der in See stehenden Boote; deutlich heben sich die gesteckten Rudel heraus, jetzt mehr als ein Dutzend Boote je Rudel in der Schlacht um den Nordatlantik.

Dr. phil. Arnulf Clodius hatte sich im schloßähnlichen Hotel Reina Christina in Algeciras beim Portier gemeldet, als guter alter Bekannter mit guten, aber nicht auffallend guten Trinkgeldern an den Goldbetreßten, der den Zimmerschlüssel mit spanisch dezenter Grandezza entgegennahm. Clodius — er ist hier als Fischereiforscher mit Wohnsitz in Caiscas bei Lissabon bekannt — durchquert die Halle mit den schweren Ledersesseln, den maurischen Bogendurchbrüchen statt gewohnten Türen, er tritt in den Hotelgarten, der fast schon ein Park ist mit Palmen, Trompetenblumen und einem malvenfarben getönten zehn Meter großen Swimming-pool, aus dem, aus braungoldenen Mosaiksteinchen geformt, eine Krone mit den Initialen R C durch das leicht bewegte Wasssser herausleuchtet.
Um es kurz zu machen: Algeciras liegt an einer hufeisenförmigen Bucht der Straße von Gibraltar, am anderen Ende, also gegenüber, zeigt sich Gibraltar, stark frequentiert von Kriegsschiffen aller Typen. Eskorter aller Typen kommen ein, andere laufen aus. Genau das sucht Arnulf Clodius, dessen echter Name anders lautet, denn hier und in Lissabon wirkt er als Agent des Admirals Canaris. Von spanischen Fischerbooten aus lassen sich unter dem Tarnmantel verschiedener mitgeführter oder an Bord gebrachter Geräte Aufnahmen von jedem nur in Sicht kommenden Schiff erstellen, mit und ohne Tele, aber mit allerbesten Kameras und Optiken. Geld spielt hier keine Rolle. Die Bilder von heute bringen zwei britische Fregatten, einen kanadischen Zer-

störer, eine Menge Handelsschiffe und zwei schwere Einheiten. Die eine Fregatte ist neu, zumindest ist das in der Form einer Keule aus Drähten spinnennetzähnlich konstruierte Gebilde über der Mastspitze neu, das mit einem kugelähnlichen Mittelpunkt eine Spezialantenne sein könnte. [271] Dieses Gebilde fällt dem aufmerksamen Doktor Clodius auf. Er macht gleich zehn Bilder von dem Achterschiff mit dem hinteren Mast mit der geometrischen Drahtkonstruktion am oberen Ende, sicherheitshalber mit verschiedenen Blenden und Belichtungszeiten.
In Lissabon werden die per Kurier nach dort geschafften Filme entwickelt und mit dem Agenten zusammen begutachtet. Die neuartige Antenne ist gut zu erkennen. Nach Berlin weitergeleitet, werden die inzwischen angefertigten Vergrößerungen ausgewertet, vorher jedoch, damit kein Dritter erfährt, wann und wo die Bilder gemacht worden sind, von einem künstlerisch begabten Retuscheur ihrer charakteristischen »Ortsmerkmale entkleidet«, kurzum alles, was zum Bild der »Landschaft« und deren Aussage gehört, wird abgedeckt. Nur das Schiff interessiert ja für den militärischen Bereich. Und da die Antenne, die bewußte, in den Rücken des Gibraltarberges hineinragte, hat sie der Retuscheur gleich mit beseitigt. »Als nicht wesentlich« für das typbestimmende Erkennungsbild der neuartigen Fregatte, die sich für einen Fachmann von der sattsam bekannten *Flower*-Klasse unterscheidet.
Der fleißige Mann hat damit das Wichtigste, das Neue am Schiff beseitigt, genau das, worauf es ankam: die neue, immerhin recht eigenartige Antenne, die auch in Lissabon sofort aufgefallen ist.

Wir wissen heute, daß der Gegner nicht nur auf dem Sektor der Funkmeßortung und der Funkentschlüsselung tüchtiger war, als selbst Skeptiker anzunehmen wagten. Ob dabei die O.R., die Operations Research, von Fall zu Fall Beistand und Rat leistete, sei hier dahingestellt, denn wir wissen, daß es der Brite Watson-Watt war, der sich verschiedene goldene Lorbeeren auf dem Gebiet der Hochfrequenztechnik einhandelte, ohne je an Lorbeeren zu denken. Jedenfalls hatte er, wie schon kurz angedeutet, bereits 1925/26 mit Versuchen mit Peilanzeigen auf einer Kathodenstrahlröhre mit elektrischer Ablenkung begonnen ([40]).

Da Watson-Watt damals noch keine Hochfrequenzverstärker zur Verfügung standen, hatte er einen sehr großen Kreuzrahmen errichtet, ihn durch Verlängerungsspulen und Drehkondensatoren abgestimmt und den Nord-Südrahmen direkt mit den vertikalen Ablenkplatten und den Ost-Westrahmen direkt mit den horizontalen Ablenkplatten der Anzeigeröhren verbunden. Durch Blitzentladungen erzeugte Spannungen, sogenannte Atmospherics, konnten so auf einer mit einer 360°-Skala ausgerüsteten Braunschen Röhre angezeigt, das heißt sichtbar gemacht werden. Bei diesen Versuchen für einen »Gewitterpeiler« nutzt Watson-Watt bereits eine Seitenbestimmung, und zwar hatte er eine Hilfsantenne über einen 90°-Phasenschieber an den Wehneltzylinder[207] angeschlossen. Dadurch wurde bei der ersten Ausführung die falsche Seite aufgehellt, was Watson-Watt bei späteren Versuchen unterdrücken konnte.
Nach der Entwicklung von HF-Verstärkern ließen sich auch schwächere Feldstärken im gesamten Frequenzspektrum von

- den Längstwellen bis zu
- den Kurzwellen

zur Anzeige bringen.
Es gibt noch einige komplizierte Probleme, die für den Peiler aber auch gelöst werden können, nachzulesen bei Fritz Trenkle, der für den 360° überdeckenden Watson-Watt Panorama-Sichtfunkpeiler nachstehende Vorteile zusammenfaßt:

a) Es werden zwei oder drei Sender auf der gleichen Frequenz unabhängig voneinander richtig angezeigt (und zwar als Mittellinien der dann entstehenden Vier- oder Sechsecke).
b) Auch Kurzsignale werden ohne stroboskopische Effekte erfaßt.
c) Der Nachrichteninhalt des gepeilten Senders ist stets vorhanden und nicht während der Sichtanzeige durch eine Goniometer-Umlauffrequenz moduliert.
d) Es sind keine rotierenden Teile vorhanden, die einer mechanischen Abnützung unterliegen.

Das System wird so ausgebaut, daß u. a. auch Kurzsignale nicht nur von den großen Adcockpeilanlagen an Land, sondern auch in Form von KW-Nahfeldpeilern 1942 erstmals an

Bord der Eskorter als HF/DF (= Huff/Duff) Geräte eingepeilt werden können, die später, 1943, nach und nach zur Standardausrüstung der Sicherungseinheiten aller alliierten Geleitzüge gehören. Auch in Deutschland wird dieses Watson-Watt Peilprinzip (zumindest) gefördert.[209]

Bei den mit dem HF/DF-Gerät des Typs FH 3[210] nach Watson-Watt ausgerüsteten alliierten U-Boot-Jägertypen handelt es sich bei jener auffallenden, auf der Mastspitze angebrachten keulenförmigen Antenne, um eine Adcock-Kreuzrahmenantenne, also um ein Peilantennensystem, dessen Reduzierung auf Bordverwendungsmaße — wie berichtet — deutscherseits vor kurzem noch »als vorerst technisch nicht realisierbar« angesprochen wurde. Die HF/DF-Anlagen selbst sind auf die KW-Nachrichtenfrequenzen der deutschen U-Boote eingestellt. Sie ermöglichen, auch im Zusammenwirken mit den fernen Landpeilstellen, die Feststellung einer sicheren und schnellen U-Boot-Position im Panorama-Sichtpeilverfahren. Die Reichweite der Peilungen ist bis auf etwa 25 sm bemessen. Infolge der Gerätecharakteristik braucht man überdies keine Kreuzpeilung. Jedenfalls nicht mit dem Huff/Duff auf einem U-Boot-Jäger gleich welchen Typs. Kann »vor Ort« nun ein durch Peilzeichen fühlunghaltendes U-Boot, das seine Position dem BdU durch Kurzsignal gemeldet hat, unter Wasser gedrückt und vom abdrehenden Konvoi abgedrängt werden, so kommt eine große Anzahl von Geleitzugschlachten durch diese Taktik gar nicht zustande. Der Eskortführer kann aber auch, wenn er über genügend Geleitschutzeinheiten verfügt, mehrere Zerstörer oder/und Korvetten ein- und auf das getauchte U-Boot ansetzen, um es entweder durch massierte Wasserbombenverfolgung zu vernichten, oder um es, nach Aufbrauchen der Batteriekapazität, zum Auftauchen zu zwingen. Ein beträchtlicher Teil der U-Boot-Verluste ab Ende 1942 geht damit auf diese Technik und weniger auf die Auswirkungen des Radars zurück.

Deutscherseits wurde dem gut sichtbaren Kreuzrahmen leider keine Beachtung geschenkt und in den Fällen, da seine Anwesenheit hätte durch Fotos belegt werden können, traten die unglücklich eifrigen Zensoren und Retuscheure in Funktion, welche mit dem »verräterischen Hintergrund« des jeweiligen Eskorters auch die Kreuzrahmen-Antenne für die Zwecke des Schiffserkennungsdienstes überdeckten.[211]

Daß die Alliierten auch Kurzsignale mit den neuartigen Großadcockanlagen der Landstationen orten könnten, wurde deutscherseits vermutet, nicht aber, daß der Gegner Kurzwellen-Nahfeldpeiler an Bord seiner Eskorter montiert hat. Wohl hatte, wie bereits berichtet, der deutsche xB-Dienst auch auf Kurzwellenpeiler an Bord britischer Kriegsschiffe hingewiesen, jedoch wurden diese Vermerke nicht beachtet, nicht begriffen oder nicht ernst genug genommen. Bereits am 7. Januar 1941 wurde in einem GKdos-Fernschreiben einem Asto des BdU der Hinweis gegeben, daß »die Engländer uns im Peilwesen wahrscheinlich weit überlegen sind, zumal sich bereits KW-Peiler an Bord der britischen Kriegsschiffe befinden ...« Bonatz in [4]. Auch danach ist mehrfach in xB-Meldungen das Vorhandensein von KW-Peilern an Bord gemeldet worden. Es war also ein schwerwiegender Erinnerungsfehler, wenn Bonatz in »Die deutsche Marine-Funkaufklärung 1914 bis 1945«, Seite 149, schrieb, daß erst 1968 aus Fotos von 1943 das Vorhandensein von KW-Peilern an Bord von Schiffen bekannt geworden sei. Der weitere dort geäußerte Zweifel, daß diese Fotos damals der Skl und anderen maßgebenden Stellen, also besonders dem BdU, vorgelegen haben, könnte dagegen berechtigt sein. Bonatz hat im August 1942 — wie schon sein Vorgänger im Juni 1941 — dem BdU in Kerneval bei Lorient über das Gesamtgebiet der Funkaufklärung (FA), über Stand und Möglichkeiten vorgetragen; er nahm nach Ernennung des Großadmirals zum ObdM täglich an den nunmehr in Berlin am Steinplatz stattfindenden U-Lagebesprechungen teil. Er kann sich aber nicht erinnern, daß xB-Meldungen über das vermutete und auch belegte Vorhandensein von KW-Peilern an Bord (feindlicher Eskorter) dabei überhaupt erörtert wurden. Nicht ohne Resignation formuliert er zusammenfassend: »Sollte etwa die Radarortung, als Hauptgefahr für das U-Boot angesehen, mit ihren Problemen alles (das heißt in Frage kommenden anderen Faktoren) überschattet haben?

Der Gegner war also imstande, von Geleitern (Eskortern) aus funkende U-Boote im Nahfeldbereich von 25 sm im Durchmesser einzupeilen. Selbstverständlich wurde die Peilmeldung sofort auch an andere Einheiten der Gruppe und an die Geleitsiche-

rungsführer (= Eskort-Commanders = dt. Eskort-Kommandeur oder Geleitzugkommandeur) über UKW-Sprechfunk weitergegeben. Der Bord-KW-Peiler HF/DF wurde und war ein verhängnisvolles Mittel zum Finden der angreifenden bzw. sich zum Angriff sammelnden U-Boote ...«
Außer der bereits behandelten Kurzsignaleinpeilung, die am 24. September 1940 *U 60* betraf, erwähnt Bonatz eine Feindmeldung über *U 94*, dessen Kurzsignal im Juni 1942 vom Gegner eingepeilt wurde, eine Erkenntnis von heute, daß dies »tatsächlich die erste erfolgreiche Verwendung eines KW-Sichtfunkpeilers war, der jedes gefunkte und erfaßte Zeichen sichtbar machte und dabei die oft fehlerhafte und zeitraubende binaurale Peilung ausschaltete ...«[212] Bonatz weiter: »Dank der fast unbegrenzten (personellen, werkstoffmäßigen und technischen) Möglichkeiten der USA, dank des (entscheidend) frühzeitigeren Erkennens der kriegsentscheidenden Bedeutung des Hochfrequenzkrieges wurden die tödlichen Ortungsmittel des Gegners folgerichtig und mit (so) großem Nachdruck so vervollkommnet, daß nahezu jedes U-Boot, ob es nun funkte oder nicht, in ihren Todeskreis geriet und dann die eigentlichen Vernichtungsangriffe begannen ...«

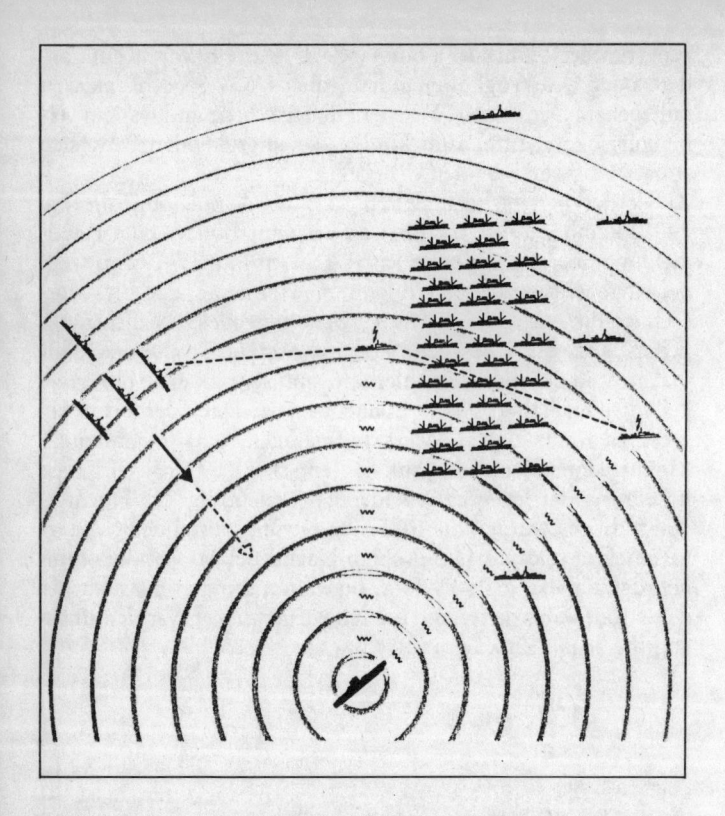

In [180] gibt es zur obigen Schemadarstellung die nachstehende Erklärung für die Wirksamkeit der HF/DF-Geräte auf Eskortern an einem Geleitzug, der außer den üblichen Sicherungsschiffen rundherum noch zusätzlich durch eine (links im Bild sichtbare) Support-Group gesichert wird: »Das HF/DF-Gerät auf einem Eskorter ermöglicht es, ein U-Boot zu lokalisieren, ohne daß das U-Boot selbst gewarnt wird. Hier im Bild ist das Gerät auf zwei Eskortern installiert (auf jenen durch ein ⚡-Zeichen markierten Zerstörern), die über ihr HF/DF-Gerät ein FT des U-Bootes aufgefaßt und eingepeilt haben. Sie verständigen sofort die Eskorter der Support Group, die das U-Boot nunmehr auf der gemeldeten Position mit ihren Asdics orten und angreifen. Die HF/DF-Praxis macht es möglich, einen Konvoi beschattende U-Boote bereits auf größere Distanz zu lokalisieren (bis etwa 25 sm), gezielt anzugreifen, um sie zu vernichten oder wenigstens abzudrängen, bevor sich diese in den sicheren Schußbereich ihrer Torpedos heranmanövrieren können.

2.6 Trotz Blackout finden die Briten die deutschen U-Boote

Das neue Schlüsselsystem TRITON tritt in Kraft · Die Schlüsselmaschine M-4 — und die erste Griechenwalze ALPHA · Blackout für die Briten, aber Beesly kontert: »... doch fast nicht ganz« · BP antwortet mit den »bombs«, edv-ähnliche Entschlüsselungsmaschinen · Neue landgestützte Großpeilstellen bei den Alliierten · Auch THETIS und HYDRA-Dekodierungen sind eine wertvolle Hilfe für die U-Boot-Lage · Psychogramme deutscher U-Boot-Kommandanten und ihr Nutzen, ein typisch britisches Spezialgebiet · Im Dezember wieder Einbruch in den U-Boot-Schlüssel TRITON

Am 1. Februar 1942 setzt Admiral Dönitz für alle von ihm unmittelbar im Atlantik geführten U-Boote den Schlüsselkreis TRITON in Verbindung mit der Griechenwalze ALPHA in Kraft.[212a] Das führt zum Blackout bei der britischen Funkentschlüsselung in Bletchley Park (= BP), ein Ausfall, der praktisch fast das ganze Jahr über anhält. Die Briten sehen sich in die Zeit vor Juni 1941 zurückversetzt, allerdings, wie Beesly dick hervorhebt, »fast nicht ganz«. In dieser Interimszeit, da man verzweifelt und mit allen modernen technischen Hilfsmitteln, also auch den bereits edv-ähnlichen neuartigen »bombs« versucht, erneut in den Schlüssel einzudringen, behelfen sich die Briten, denn es stehen genug andere Nachrichtenquellen zur Verfügung, um sich wenigstens ein annäherndes Bild von der täglichen U-Boot-Lage zu machen, ein, wie man heute weiß, sogar ziemlich genaues Bild.

Das sind zunächst die landgestützten Adcockpeilanlagen, die inzwischen — auch für Kurzwellenfrequenzen und Kurzsignale geeignet — in ihrer Zahl bedeutend vermehrt worden sind. Großfunkpeilstellen stehen nunmehr auch auf Island, Neufundland, auf den Bermudas, im Raum Freetown, auf der Insel Ascension und im Raum Kapstadt, auch vor allem an der gesamten us-amerikanischen Küste. Praktisch wird mit ihnen jeder U-Boot-Funkspruch erfaßt, jedoch sind die Peilergebnisse nicht immer 100%ig befriedigend, jedenfalls nicht so genau, daß die

Position eines U-Bootes auf Grad und Minute lokalisiert werden kann. Immerhin: Man kennt die Generalposition. Mit Verzögerung entschlüsselte FTs bringen, wenn auch später (und in vielen Fällen zu spät) eine Bestätigung. Dort jedoch, wo zusätzlich Nahfunkpeilungen durch mit Huff/Duff ausgerüstete Eskorter möglich sind, kommt es dazu, daß der vermutete Standort mit den wirklichen Positionen ausgetauscht werden kann.
Ein anderer Anhaltspunkt, der den Briten so oder auch sonst von Nutzen ist, ist der nicht verbesserte und nach wie vor gültige Schlüssel HYDRA, der nach wie vor für alle deutschen Einheiten in der Nord- und Ostsee sowie auch für jene im Bereich der Häfen und im Küstenvorfeld der besetzten Gebiete zuständig ist. Das sind insbesondere die Minensuch- und die Minenräumboote, die Vorpostenboote und die U-Boot-Jäger vor den Küsten Norwegens und Frankreichs.
Jedes neue U-Boot, das die Werft verläßt und zu Probefahrten in die Ostsee geht und hier auch die AGRU-Front absolviert, wird über den Sonderschlüssel THETIS, der ja ausschließlich für eben diese Ausbildungsgruppe zuständig ist, von B.P. erfaßt. Die Briten haben somit praktisch sofort jedes neue Boot registriert und in der Kartei, nicht nur das, auch die Namen der Kommandanten sind bekannt. Ihr Psychogramm wird laufend ergänzt. Es ist sehr wichtig, von welcher Mentalität dieser oder jener Kommandant ist, erlauben doch die mosaiksteinchenhaft zusammengetragenen Charaktermerkmale Rückschlüsse auf sehr wahrscheinlich mögliche Reaktionen und Maßnahmen bei bestimmten Situationen.
Wie verhält sich
wer,
wo,
wann?
So sind denn bei den Briten die deutschen U-Boote und deren Kommandanten wie gute Freunde, deren Schwächen und Vorzüge man abschätzen und deren Handlungsweisen man einkalkulieren kann. Außerdem offenbaren die Entschlüsselungen der die AGRU-Front betreffenden Funksprüche Informationen über die Führungsgrundlagen und Führungsmethoden des BdU.
Schließlich bleiben über den permanenten Einbruch in den Schlüssel HYDRA auch die Bewegungen der U-Boote in den

Stützpunkten in Frankreich und Norwegen nicht verborgen, da das Auslaufen und Einlaufen auf minenfreien Wegen erfolgen muß, für die Sicherungseinheiten gestellt werden, deren HYDRA-Funkverkehr fast problemlos entziffert werden kann. Für die Flugzeuge des Coastal Command sind solche Meldungen äußerst wichtig. Schließlich werden (nach Dönitz) allein 1942 über 1000 solcher Ein- und Auslaufgeleite gefahren.

Die Royal Navy ist daher über die Anzahl der in den bombensicheren Bunkern[213] der Stützpunkte liegenden U-Boote präzise unterrichtet. Über diese Zahlen lassen sich im Laufe der Monate auch die Verlustzahlen der U-Boote belegen, was wiederum für die Kontrolle und Regulierung der Wirksamkeit der U-Boot-Abwehr von Bedeutung ist.

Schwieriger ist es schon, die Bewegungen auslaufender U-Boote nach Abgabe des Funkspruches an der 200-m-Marke zu verfolgen. Weitere Funksprüche des Bootes — man kennt ja die »Handschrift des Funkers«, die auch als eine Art »Psychogramm« zu werten ist — geben in ungefähr ebenso Anhaltspunkte, ob das Boot im Nordatlantik bleibt oder Kurs auf die Karibik oder den Südatlantik nimmt, dazu tragen auch die Funkpeilungen der Landstationen bei. Auch Flugzeugsichtungen ergänzen das Mosaik für die U-Boot-Lagekarte im britischen Tracking Room. Dennoch sind diese Maßnahmen ein Behelf gegenüber der Dekodierung der U-Boot-Funksprüche. Das jedoch gelingt wieder endlich nach elf Monaten. Ab Anfang Dezember 1942 kann B.P., wie bereits im Lagebericht 1942 erwähnt, vermöge modernster Technologien in den Schlüssel TRITON einbrechen. Damit wird auch das Bild der an der Front eingesetzten U-Boote klarer und präziser. Es zeigt indessen aber auch, daß die anhand der Funkpeilungen, der Luftaufklärung usw. vermuteten Positionen und Bewegungen der U-Boote in ungefähr mit der tatsächlichen Lage (gemäß Funkentschlüsselung) übereinstimmen.

Das ist, was den Nordatlantik als Hauptoperationsgebiet angeht, nicht weiter verwunderlich, stehen doch allein im Nordatlantik im Dezember über 80 U-Boote (genau in den ersten drei Wochen 82, 83, 84). Die Zahl der Boote ist fast ausreichend, um jeden in Frage kommenden nordatlantischen Seeraum zu kontrollieren.

2.7 Dönitz: Die U-Boote müssen unter Wasser

> Unterseeboot nicht gleich Unterseeschiff · E-Batterienaufladen und Auftauchenmüssen sind das Kriterium · Bomben auf U-Boote bereits im Ersten Weltkrieg · Als die Krise 1943 hereinbricht — ist es zu spät · Das Walter-U-Boot eine Lösung, wenn auch nur eine Behelfslösung · Raeders 1942 befohlener Bau von gleich 24 Walter-U-Booten, die nicht einmal erprobt sind · Was fehlt, ist das echte Unterseeschiff · Der »Schnorchel« — ein Drama für die deutsche U-Boot-Waffe und deren Entwicklung · Schnorchel — kein Geheimnis, nur nachzulesen in der Unterseebootgeschichte; Anregungen genug · Auch für den U-Boot-Bau fehlte eine OR-Gruppe

Die U-Boote sind Boote (oder Schiffe, wenn man so will), die auch tauchen können, Unterwasserschiffe im Sinne des Wortes sind sie (noch) nicht. Wie bekannt, fahren die U-Boote dieser Zeit (im Gegensatz zu den modernen, nuklear betriebenen Untersee-Booten unserer heutigen Zeit) über Wasser mit Dieselkraft und müssen bei Unterwasserfahrt, sprich Tauchfahrt, auf E-Maschinen zurückgreifen, die ihren »Saft« aus Akku-Batterien beziehen, deren Kapazität beschränkt ist. Das heißt, die U-Boote dieser konventionellen Bauart, die unter Wasser ja nicht mit Dieselmotoren fahren können, weil Dieselmotoren für den Betrieb Frischluft mit normalem Sauerstoff (= 20,946 %) benötigen, müssen nach Aufbrauchen der Batteriekapazitäten auftauchen, um über die Dieselgeneratoren die Akkumulatorenbatterien wieder neu aufzuladen. Dieses Auftauchenmüssen ist vielen U-Booten zum Verhängnis geworden, wenn sie von Eskortern gejagt oder beim notwendigen Überwassermarsch von Flugzeugen überrascht wurden.

Das alles sind Gemeinplätze für jeden, der je U-Boot gefahren oder damit zu tun gehabt hat.

Das Auftauchenmüssen ist also das Kriterium für die U-Boote jener Zeit. Und je mehr eine gegnerische Luftwaffe die See aus der Luft kontrollieren kann, um so größer ist zwangsläufig die Gefahr für ein U-Boot.

Auch das sind Allgemeinplätze. Selbstkritisch muß man fragen, ob dieses Kriterium sich auf die Konstruktion neuer Typen hätte rechtzeitig auswirken müssen:[214a] das um so mehr, als bereits gegen Ende des Ersten Weltkrieges U-Boote — deutsche wie österreichische — von Flugzeugen gebombt und sogar versenkt worden sind.[214b] Ja, wenn sich die Fortschritte in der Entwicklung der Militärflugzeuge im Geheimen vollzogen hätte, jene von Jägern und vor allem von Bombern. Aber nichts dergleichen. Diese Entwicklung vollzog sich quasi vor den Augen der Öffentlichkeit und aller Militärs. Muß es erst dazu kommen, wie im Herbst/Winter 1942, daß immer mehr U-Boote aus der Luft als durch Eskorter mit Wasserbomben versenkt werden?
Erschreckend deutlich wird, daß die Vernichtung von U-Booten aus der Luft eine permanente steigende Tendenz aufzeigt. Das jedenfalls sagen die Kontrolldiagramme aufrüttelnd, mahnend aus, auch wenn diese Diagramme wegen einiger Unklarheiten bei den U-Boot-Verlusten nicht hundertprozentig korrekt sind. Pauschal gesehen, sind sie dennoch repräsentativ für eine Entwicklung, deren erste Ansätze sich, siehe oben, bis in die letzten Jahre des I. Weltkriegs verfolgen lassen. Wieder wird einmal offenkundig, daß eine aufkeimende Bedrohung, hier für die neue Waffe U-Boote, kaum oder gar nicht ernsthaft beachtet bzw. gelesen und ausgewertet worden ist. In den Quellen ab 1918 findet sich keine warnende Studie zum Thema »Bedrohung der U-Boote aus der Luft, jetzt und in Zukunft« — auch nicht bei dem für den Bau neuer Boote höchst verantwortlichen K-Amt. Zumindest nicht im Hinblick auf die künftige, rasant schnelle Entwicklung der Flugzeuge, d. h. deren Reichweiten und deren maximalen Bombenlasten. Und jetzt, als es (fast) zu spät ist, fordert Dönitz erneut beim letztverantwortlichen OKM:

Die U-Boote müssen echte Unterseeboote werden.
Die U-Boote müssen unter Wasser.

Grund genug nun endlich auch für den ObdM, Großadmiral Raeder, den Bau von Unterseebooten mit dem zusätzlichen Walterantrieb voll zu bejahen, indem er am 22. Dezember 1942 den Serienbau von 24 U-Booten vom Typ XVII B und XVII G[215] und zwei U-Booten vom Typ XVIII[216] genehmigt. Das ist angesichts der sich für den spezifischen, kritischen Fachmann bereits abzeichnenden Krise für die U-Boote der konventionellen Typen eine halbherzige Entscheidung, keine jedenfalls, die eine baldige Wende im gesamten U-Boot-Krieg durch eine Umrüstung auf neuartige Boote garantieren kann. Und sie ist absolut verfrüht, denn noch haben die Versuchsboote vom Typ XVII, die beiden Wa 201 und Wk 202, ihre bürokratisch betriebenen Erprobungen noch gar nicht abgeschlossen. Indessen scheinen die konstruktiven Versprechungen des neuen Ingenieurbüros »Glückauf« von der neuen Form der Walter-U-Boote her ebenso vielversprechend wie der Zusatzantrieb mit den Walterturbinen für Unterwassergeschwindigkeiten bis zu 26 kn. Vor allem wurde endlich das Problem der wie beim Treiböl freiflutenden Unterbringung des hochexplosiven Treibstoffes Perhydrol[217] für die katalysatortechnische Dampfentwicklung zum Turbinenbetrieb gelöst, einfach dadurch, indem in die zusätzlichen Treibstofftanks freiflutend gelagerte, aus dem Kunststoff Mipolam®[218a] gefertigte Säcke als Behälter für das hochprozentige Perhydrol-Gemisch hineingehängt werden. Damit ist der Gewichtsausgleich beim Betrieb der Walter-Turbinen-Anlage garantiert, aber auch die Explosionsgefahr ist gebannt, denn das Mipolam® wirkt als einer der ganz wenigen Werkstoffe auf das Perhydrol nicht als Katalysator. So jedenfalls kann das Seewasser beim Perhydrolverbrauch automatisch und gewichtausgleichend in den Tank nachdringen, ohne, durch die Mipolam®-Haut abgesichert, mit dem explosiven Treibstoff in Berührung zu kommen. Eine geniale Lösung, die eigentlich, genau genommen, im Zuge der Entwicklungsphasen in der chemischen Industrie (und die deutsche Chemie lag mit Abstand an der Spitze der Weltproduktion und der Weltentwicklung) erst jetzt in praxi realisierbar ist. Das ist der wohl wichtigste Schritt voran in der Praxis der wegen ihrer übertriebenen »Risikobehaftung« sich verzögernden Walter-U-Boote.[218b]

Die Walter-U-Boote werden wegen ihrer hohen Geschwindigkeit zwar unter Wasser schnell anlaufen und sich ebenso schnell auf eine Distanz zurückziehen können, die dem Gegner für seine Suchaktionen absurd und illusorisch erscheint, jedoch ist die Fahrzeit mit dem Walter-Antrieb wegen des rasant hohen Treibstoffverbrauchs relativ sehr gering zu berechnen. Aber sie wird groß genug sein, um sich wenigstens aus dem akuten Gefahren-

bereich der Eskorter und der Luftsicherung am Konvoi absetzen zu können. Ab hier nun wird dann der konventionelle E-Antrieb für den Unterwassermarsch oder der Diesel für die Überwasserfahrt genügen, vorausgesetzt, daß dies die Luftlage gestattet.
Eben die Luftlage, die in kritischen Seeräumen immer dichter wird, ist das Kriterium, jene über den Konvois und jene, die unter den Begriff Air Patrols fällt. Der Weisheit letzter Schluß ist der jeweils zeitlich kurzbefristete Walter-Antrieb (der ja ein Turbinenantrieb ist) also noch nicht.
Warum Raeder im Dezember 1942 24 kleine Typen und nur zwei große Boote mit den Walteranlagen als Zusatzantrieb genehmigte, ist leider nicht zu klären, da in den Akten nirgendwo ein Kommentar dazu zu finden ist. Gerade innerhalb der geringen Eindringtiefen der kleinen Boote, also innerhalb der Küstenbereiche, ist eine räumlich breitgefächerte Luftgefahr durch die Flugzeuge des Coastal Commands besonders groß.
Was nach wie vor fehlt, ist das absolute Unterseeschiff.
Wo ist da eine Lösung?
Für den, der die Geschichte der Entwicklung von U-Booten kennt, für den bietet sich eine Lösung an, auch wenn sie ebenfalls nur eine Zwischenlösung genannt werden muß.
Diese nächst praktikablere Lösung für eine zumindest längere Unterwasserfahrt mit Dieselantrieb heißt »Schnorchel«, die an sich jeder, der nach einem beispielhaften »know how« sucht, in den Booten des von der Kon. Nederland. Marine bereits 1937 entworfenen verbesserten U-Boot-Typs O 19 der O 21 bis O 27-Klasse finden kann: »They were also fitted with experimental air breathing masts to allow the diesel to be run at periscope depth [9]...«
Alle in Frage kommenden Boote sind bei Wilton-Fijenoord, Schiedam, und bei der Rotterdamsche Drogdok während der Jahre 1938 bis 1940/41 von Stapel gelaufen.[219]
Ob die »experimental air breathing masts«, die Schnorchel also, (auch) der Unterwasser-Dieselfahrt in Periskophöhe dienten, wird von einigen deutschen U-Boot-Fachleuten bestritten.[218c] Danach habe der Schnorchel der in Frage kommenden holländischen U-Boote lediglich der Durchlüftung des Bootes bei periskoptiefer Unterwasserfahrt in tropischen, das heißt in niederländisch-indischen Kolonial-Hoheitsgewässern gedient. Außer-

dem habe ja der Schnorcheleinrichtung ein für eine schnorchelbelüftete Dieselmotorunterwasserfahrt das notwendige Abgasrohrsystem gefehlt.
Eberhard Rössler widerspricht dieser Theorie in [99] und kommentiert Forschungsergebnisse des Autors mit:
»... Dieser (vom holländischen Kapitänleutnant J.J. Wichers 1933 für holländische Unterseeboote zum Patent angemeldete ausfahrbare) Luftmast, der dazu dienen sollte, unter der Wasseroberfläche mit Dieselmotoren zu fahren, wurde zur Erprobung auf den holländischen Booten ab O 19 eingebaut. O 19 und O 20 besaßen 1939 einen Luftmast mit einem automatischen Kopfventil und einem Antriebsmotor für das Aus- und Einfahren. Der Abgasmast war nicht einfahrbar ... O 21 und O 27 besaßen eine verbesserte Anlage, bei der der Abgasmast mit Handbetrieb aus- und eingefahren werden konnte. Ein weiterer Entwurf sah sogar einen automatisch ausfahrbaren zweiteiligen Zu- und Abluftmast vor ...«
Diese Anlagen sind sowohl der deutschen wie auch der britischen Marine mit den erbeuteten bzw. übergebenen U-Booten bekannt geworden. Sie fanden jedoch hier wie dort nur wenig Resonanz. Während die britische Marine die Schnorchel auf O 21 bis O 24 sofort demontierte (»angeblich auf Vorschlag eines holländischen Marineoffiziers«), haben die Deutschen den Luftmast auf O 26 (später UD 4) unter der Leitung von Marineoberbaurat Aschmoneit wenigstens erprobt. Nach [99] ergaben sich dabei einige Schwierigkeiten. Als deren Folge wurden die Versuche abgebrochen — und zwar gegen den Einspruch von Aschmoneit. Schlimmer noch: die Luftmaste der Boote O 25 — O 27 werden auf höheren Befehl während der Umbauarbeiten ausgebaut.[218d] Das Thema ist damit gestorben. Vorerst — bis die schweren Rückschläge im Frühjahr 1943 Dönitz zu einer schnellstmöglichen Notlösung zwingen: »Die Boote müssen unter Wasser.« Am 2. März 1943 wird der spätere Professor Hellmuth Walter Dönitz den Dieselunterwassermarsch mittels eines »Luftrohrs« vorschlagen: »Auf diese Weise wird man auch die Ortung durch das gegnerische Radar verhindern, zumindest aber erschweren.« Von nun an werden die Verfechter der Schnorchellösung nicht nur freie Fahrt haben, sondern im Großadmiral und neuem ObdM auch die allerhöchste Unterstützung

für ein technisches System, das künftig den neuen U-Boot-Typen ebenso wie auch den alten Booten nutzen wird.

Um nochmals auf die holländischen Beute-U-Boote der O-Klasse zurückzukommen, so ist zu vermerken, daß diese nicht fertigen Boote unter der deutschen Verwaltung weitergebaut wurden. Der Turm wird nach der Übernahme auf deutsche Norm geändert. Die Boote werden nach den Umbauten und ihrer endgültigen Fertigstellung von der deutschen Kriegsmarine (sprich U-Bootwaffe) als UD-Boote 3—5 übernommen. Zwei davon werden auch in Dienst gestellt, *UD 3* am 1. März 1943, *UD 4* am 28. Januar 1941, während es bei *UD 5* heißt, es sei nach dem auf der Bauwerft in Rotterdam erfolgten Stapellauf am 20. September 1941 am 30. Januar 1943 übernommen worden. Nach Horst Bredows U-Boot-Archiv in Cuxhaven [261] sei auf *UD 4* der Schnorchel auch unter deutscher Führung des Bootes an Bord verblieben.

Luftzufuhren durch einen »Luftmast« hat es zudem in der Geschichte der Unterseeboote sogar schon viel früher gegeben. Es sei auf die ersten Versuche hingewiesen, mit Booten unter Wasser zu fahren, gleich mit welchem Antrieb. Der Anregungen gab es genug ... Man hätte nur nachzulesen und nachzuempfinden brauchen. Außerdem wurde der »Schnorchel« als Luftmast für eine Dieselfahrt unter Wasser der deutschen Kriegsmarine bereits 1934 von den Holländern mit realistischen Konstruktionszeichnungen angeboten.
Diese Entwicklung ist, was die deutsche U-Boot-Waffe angeht, ein schon fast klassisches Drama.
Der Autor will mit Konditionalen wie »wenn man« oder »hätte man« den U-Boot-Krieg nicht im nachhinein gewinnen helfen. Aber es gehört nun einmal zur historisch-wissenschaftlichen Forschung, Gründen und Ursachen objektiv und ohne Emotionen nachzuspüren.
Hätten die Deutschen — so wie die Briten — über Operations Researchgruppen verfügt, hätte man mit diesen das Problem einer Dauerunterwasserfahrt mit Dieselmotorkraft auf den Arbeitstisch einer technischwissenschaftlichen Forschungsgruppe der verschiedensten Disziplinen delegieren können. Es gehört

zum Metier sachbezogener Wissenschaftler, auch jedes verfügbare Schrifttum zur Entwicklungsgeschichte einer bestimmten Technik oder Waffe, wie man will, heranzuziehen, zu untersuchen, zu analysieren und auszuwerten. So gesehen, wäre im Fall des Schnorchels auf den holländischen »Onderzeebooten« eine deutsche OR-Gruppe — fach- und sachgerecht und vielschichtig besetzt — der »Zwischenlösung« dieses Problems schon viel früher auf die Spur gekommen, wahrscheinlich sofort mit der Erbeutung der holländischen Boote (wenn nicht gar früher), hätte sich der zuständige Führer der Unterseeboote, also der FdU im Bereich, an eine solche, dem BdU beigeordnete Forschungsgruppe wenden können. Wenn ja, wäre nicht der Befehl erteilt worden, die »für europäische Gewässer nutzlosen Schnorchel« auszubauen, man hätte sie vielmehr weiterhin erprobt und in ihrer Wirksamkeit und ihrem eminenten Nutzen erkannt, daran ist, wenn man den hohen Leistungsstand der deutschen Wissenschaft bewertet, kein Zweifel.

Die Frage, wieviel weniger Boote gesunken wären, mag hypothetisch sein, klein wäre die Zahl gewißlich nicht.

2.8 Im Hintergrund
der großen Erfolge eine neue Torpedokrise

U 575 schießt 4 Torpedos als Fächer auf einen Dampfer »fehl« · Bei nächtlichem Doppelschuß wieder ein Versager dabei · Tags drauf zwei Angriffe auf einen Frachter: alle 5 Torpedos »fehl« · Heydemanns typische WIR-Form im KTB · Entscheidungen nicht in der ICH-Form · 10 Fehlschüsse sind das Ergebnis einer Unternehmung · Von 8 Booten melden 5 Torpedoversager · Der Tankerkonvoi T.M.1 = 31 Torpedoversager bei 24 genauen Torpedoschußunterlagen · Das nur scheinbar engmaschige Netz der britischen Funkaufklärung · *U 575*: Der Mehrfacherfolg am Tankerkonvoi, der gar keiner war · Die Tankerschlacht um die Schiffe des T.M.1-Konvois in der »Chronik des Seekrieges« [5] und (als Beispiel) · Vergleiche zum KTB *U 575*

Am 24. März 1942 hat Kapitänleutnant Günther Heydemann mit *U 575* eine neue Unternehmung angetreten, laut KTB: »... um 17.15 Uhr St. Nazaire ausgelaufen zur vierten Feindfahrt ...«. Am 10. April heißt es im KTB u. a. »Stehen auf Breite von New York. Beabsichtigen zunächst vor Long Island an die Küste zu gehen und dann vor New Jersey von New York bis nach Cape May zu operieren ... Am 14. morgens kommen zwei Mastspitzen in Sicht. Setzen uns mit großer Fahrt vor. 21.12 Uhr: Stehen vor dem Gegner ...«

U 575 taucht zum Unterwasserangriff. Im Boot erstirbt jedes Gespräch. Der Kommandant berichtet, was er im Sehrohr sieht: Dampfer kommt mit spitzer Lage näher, zackt alle drei bis sechs Minuten um 2 bis 3 Dez ...

Für 22.40 Uhr kommt ins KTB: »Dampfer macht zwei starke Kursänderungen von uns weg. Drehen mit großer Fahrt nach und haben ihn um 22.23 Uhr auf 1500 m mit Bug links, Lage 90, vor den Rohren. Schießen einen Viererfächer, Tiefe 3, Bug links, Lage 90, Gegnerfahrt 10 kn, Entfernung 1500 m. Der Fächer liegt nach Horchpeilung einwandfrei. Der Gegner hält Kurs und Fahrt durch. Es erfolgt jedoch keine Detonation, of-

fensichtlich untersteuert ...? Letzte Entlüftung des Tiefensteuerapparates fünf Stunden vor dem Schuß ...
16. April 00.00 Uhr: Tauchen auf und setzen uns vor zum Überwassernachtangriff ... Dunkle Nacht, zeitweise starkes Meeresleuchten. Kommen an der Steuerbordseite des Dampfers schnell nach vorn. Stehen 03.30 Uhr in vorlicher Position und laufen an.
03.39 Uhr: Doppelschuß auf 1100 m, Bug rechts, Lage 90, Gegnerfahrt 10 sm, Tiefe 2 m. Erster Torpedo durchbricht die Oberfläche und macht ein ›Bajonett‹. Zweiter Torpedo läuft einwandfrei. Nach 73 s — 1100 m — Treffer Mitte, niedrige Sprengsäule, muß sehr tief sitzen, offensichtlich 3 bis 4 m tiefer als eingestellt. Kurz darauf eine Kesselexplosion. Dampfer neigt sich zur Seite, bricht in der Mitte durch und ist in sieben Minuten nach der Detonation verschwunden ...«[220]
U 575 setzt den Marsch fort und sichtet am 17. April 19.20 Uhr die Mastspitzen eines auf nördlichem Kurs liegenden, schnell laufenden Schiffes ...
01.00 Uhr: Dämmerungsbeginn, staffeln näher heran.
02.00 Uhr: Dunkle Nacht, starkes Meeresleuchten.
05.56 Uhr: Stehen jetzt so weit vorlich, daß wir den Dampfer mit Bug links, Lage 15, in rw 130 Grad peilen ... Drehen zu und laufen an. Schießen auf geringste Entfernung von 400 m einen Doppelschuß aus den Rohren II und IV: Bug links, Lage 80, Tiefe 2 m, Gegnerfahrt 15 kn. Drehen nach dem Schuß hart ab und schießen noch einen Hecktorpedo auf 400 m hinterher: Lage 110, Tiefe 2 m, gleiche Gegnerfahrt. Der Dampfer ist zum Greifen nahe. Typ *American Reefer*.
Keine Detonationen. Gegnerwerte waren genau erfaßt, so daß auf eine Entfernung von 400 m Fehlschüsse nur durch Untersteuern zu erklären sind ... Setzen uns zum zweiten Mal vor.
06.50 Uhr: Stehen 3 Dez vorlich vom Gegner. Haben nur noch drei Torpedos. Beabsichtigen deshalb Einzelschuß ... Der Schuß fällt auf 600 m. Gegnerfahrt 15 kn, Tiefe 1.5 m, Bug links, Lage 110. Wieder fehl!«
Heydemann hat nach diesen alle an Bord deprimierenden Versagern zwar die Absicht, einen dritten Angriff mit dem M.G. Typ C-30 zu fahren, wird daran aber durch plötzlichen Ruderversager gehindert. Der Dampfer kommt inzwischen außer Sicht.

Wieder klar, beschließt Heydemann, im ruhigen Quadrat CA 95 die Oberdeckstorpedos zu übernehmen, da *U 575* jetzt nur vorn und achtern einen E.-To im Rohr zur Verfügung hat.

Die nun folgenden Einzelheiten mit dem Schweizer Dampfer, die Begegnung mit einem Bewacher vom Typ der Küstenwachkreuzer *Geo W. Campbell*, die Probleme um die Brennstofflage, bei der das Boot mehr gestoppt liegt als fährt, die Flugzeugalarme am Abend des 20. und am Nachmittag des 21. lassen wahrlich keine Langeweile aufkommen, ebensowenig die Begegnung mit den Booten von Uphoff und Schug, die alle, einschließlich *U 575*, auf den von *U 201*, Schnee, in DC 6155 gemeldeten 45 647 BRT großen Truppentransporter und ex Cunard-Liner *Aquitania* als Vorpostenstreifen angesetzt werden ... »Ziehen uns vor den Kurs der *Aquitania* auseinander, aber leider tut sie uns nicht den Gefallen ...«
U 575 hat jetzt noch 49 Kubikmeter Brennstoff. Nach Hause? Nein, solange noch Torpedos an Bord sind.
»Unsere Anfrage an den BdU: Spätere Ergänzung von Brennstoff möglich? wird abschlägig beschieden. Treten Rückmarsch unter Ausnutzung des Golfstroms auf dem Großkreis an ...«
Seemännisch und nautisch vollendet durchdacht von einem Kommandanten, der, wie bereits gesagt, in seinem KTB stets das WIR gebraucht und seine Entscheidungen nicht in der ICH-Form motiviert. Noch einmal bietet sich auf dem Rückmarsch eine Angriffsgelegenheit, auf ein typisch amerikanisches U-Boot, Typ R 1, das sich unter dem Mond in breiter Silhouette zeigt. Aber gerade, als Heydemann mit AK darauf zudrehen will, dreht der Amerikaner ab und taucht.
Einlaufen mit Flugzeugalarmen und in das KTB die deprimierende Eintragung: »14. Mai 09.30 Uhr: In St. Nazaire festgemacht. Das Ergebnis dieser Reise ist mit einer Versenkung und zehn Fehlschüssen nicht sehr befriedigend.« Das ist eine gentlemanlike Formulierung zu den elenden Torpedoversagern, der Männer Kommentar ist weniger beherrscht. Was sie zu sagen haben, ist nicht druckreif. Die Erschöpfung, die nervenzehrenden Enttäuschungen bewegen die Gemüter zwischen heiligem Zorn und tiefer Niedergeschlagenheit. Diese Männer wollen, wie alle deutschen Soldaten in ihrer hermetisch abgeschirmten

idealisierten Welt für Großdeutschlands Ziele Erfolge erringen, den Gegner schlagen, wo auch immer eine Gelegenheit dazu ist. Und Gelegenheiten hatten sie, wenn die Torpedoversager nicht gewesen wären. Hier versagte ihnen eine unberechenbare Größe die Siegesfanfaren bei der Heimkehr, bei der so bewußt erlebten Heimkehr, denn jede Unternehmung ist inzwischen durch die Luftbedrohung zu einem vermehrten Risiko geworden.
Um so schwerer wiegt daher der Mißerfolg.

Folgen wir der privaten Nachkriegsniederschrift von Günther Heydemann:
Aus der Funkkladde unseres Bootes ergab sich nach der dritten Feindfahrt eine erschütternde Bilanz: von acht Booten, die eine Erfolgsmeldung abgegeben hatten, meldeten fünf Boote Torpedoversager, und zwar

- *U 701* unter Kapitänleutnant Horst Degen: zwei Pi-Versager, drei ungeklärte Fehlschüsse;
- *U 156* unter Kapitänleutnant Werner Hartenstein: Vorgestern zwei E-Tos fehl, klare Unterlagen, Tiefe 3 und 2 m, gestern drei fehl gegen gestoppten Frachter;
- *U 84* unter Kapitänleutnant Horst Uphoff: Dreierfächer und Mehrfachschuß ungeklärt fehl, sichere Schußunterlagen, Entfernung 600 m, Tiefe 2 und 1 m, ruhige See. Bei Unterwasserfächer zwei gehörte Aufschläge (keine Detonationen);
- *U 654* unter Oberleutnant zur See Ludwig Forster: zwei Fehlschüsse auf Dampfer, Quadrat BA 99, fünf Fehlschüsse DS 51 auf großen Frachter, davon drei auf gestopptes Schiff, Tiefe 2 m, gesamt neun Fehlschüsse und ein Rohrläufer;
- *U 437* unter Kapitänleutnant Werner-Karl Schulz: BC 75 fünf Fehlschüsse auf einen kleinen Frachter, CC 22 zwei Fehlschüsse auf kleinen Frachter in Ballast.

Das sind nur die Versagerergebnisse von jenen Booten, deren Funksprüche in der Funkkladde von *U 575* vermerkt worden sind, viele andere Boote hatten nicht weniger Pech, 1942 und sogar noch Anfang 1943, jenem Jahr, in dem ein jetzt in der Endphase der Entwicklung befindlicher, völlig neuartiger Torpedo die Garantie für das Rezept: »Ein Torpedo — ein Schiff« verspricht, der T 5, der ZAUNKÖNIG heißen soll.

Allerdings wurden die Torpedoversager der zweiten Torpedokrise im Jahre 1942 nicht widerspruchslos hingenommen. Die Fehler können jedoch erst Ende 1942 nach Änderung des Tiefensteuerapparates behoben werden. Indessen erhält die Front erst Ende Dezember 1942 die ersten Exemplare einer neuen Abstandspistole, die gleichzeitig als Aufschlagpistole funktioniert. Aber auch danach sind, wie oben gesagt, Torpedoversager (trotz der neuen Pistole) nach wie vor »an der Tagesordnung«.

Beim Angriff auf den Ende Dezember 1942 aus Trinidad mit Kurs Gibraltar (TORCH 1) ausgelaufenen Tanker-Konvoi T.M.1, an dem von zwölf angesetzten U-Booten zehn zum Schuß kommen, verfehlen

- 31 (!!!) Torpedos ihre Ziele.
- 24 Torpedos davon trotz genauer Schußunterlagen,
- 16 Torpedos waren dabei Pistolenversager, die innerhalb des Konvois detonierten, ohne ein Schiff zu beschädigen.

Heydemann, der *U 575*-Kommandant, später, nach dem Kriege: »Auch die von *U 575* um 00.03 Uhr und um 06.36 Uhr gemeldeten Treffer waren Fehldetonierer, die sowohl von den englischen Bewachern als auch von *U 571* (Möhlmann) registriert wurden. Eine Verwechslung der Torpedodetonationen mit Wasserbombendetonationen ist nach den englischen und deutschen Kriegstagebuchaufzeichnungen demnach ausgeschlossen.«

So war das auf *U 575* laut KTB beim Angriff auf den T.M.1:
»8. Januar:
23.29 Uhr. Geleitzug in Sicht in rw 330 Grad. Staffele näher heran. Zwei Dwarslinien von je vier bis fünf Tankern. Steuerbord achteraus vom Geleitzug undeutlich auszumachen ein Sicherungsfahrzeug.[221]
Gehe zur Erfassung der Schußunterlagen auf Parallelkurs. Stehe günstig steuerbord vorlich zum Geleit: Gegnerbug rechts, Lage 60. Die einzelnen Schiffe der beiden Dwarslinien überlappen sich um etwa die Hälfte.
23.48 Uhr: Laufe an.
09. Januar, 00.03 Uhr:
Mehrfachschuß aus den Rohren I bis V. Gegnerfahrt 10, Bug rechts, Lage 60, Entfernung 3000 m, Torpedogeschwindigkeit 30 sm. Ziele: Rohr I und II zwei Normaltanker der zweiten Ko-

lonne, Rohr III: ein Normaltanker der ersten Kolonne, alle um 6000 BRT, Rohr IV und V Großtanker um 10 000 BRT.
Drei Treffer nach 4 min 26 s — 4 min 30 s und 4 min 32 s. Ein Torpedo nach Horchbeobachtung Aufschlag ohne nachfolgende Detonation.
Nach Ablaufen keine Sprengsäulen beobachtet. Wegen zu großer Entfernung — 6000 bis 7000 m wahrscheinlich — nicht mehr auszumachen. Keine Branderscheinungen, anscheinend Schweröltanker ...«
Nach mehrfachen, von Bewachern behinderten Vorsetzmanövern, bietet sich eine neue Chance:
»06.35 Uhr: Leuchtgranaten, in nordwestlicher Richtung vom Geleit geschossen, beleuchten vier mit nördlichen Kursen ablaufende Tanker, die sich vom hellerleuchteten Horizont gut abheben. Laufen mit äußerster Kraft an.
06.35 Uhr: Viererfächer auf einen Pulk von drei sich überlappenden Tankern in rw 305 Grad, Bug rechts, Lage 60, Gegnerfahrt 11.5 kn. Entfernung 3000 m, Tiefe 3 m, Torpedogeschwindigkeit 30 kn.
06.36 Uhr: Einzelschuß aus Rohr V auf einzelnen, etwas achteraus stehenden Tanker. Entfernung 2000 m, Bug rechts, Lage 90, Gegnerfahrt 11.5 kn, Tiefe 3 m, Torpedogeschwindigkeit 30 kn.
Vier Treffer
auf allen vier Tankern
nahezu gleichzeitig.
Laufzeit des Fächers 3 min 15 s, für das Rohr V, das eine Minute später losgemacht wurde, 2 min 10 s. Anscheinend wieder Schweröltanker, da keiner nach der Torpedierung in Brand geraten ist. Nach dem Angriff keine Leuchtgranaten. Laden nach dem Angriff die beiden letzten E-Tos nach, um uns anschließend zu einem dritten Nachtangriff bzw. Unterwasser-Dämmerungsangriff vorzusetzen ...« Und dann fällt der Steuerbord-Diesel aus: Kolbenfresser Steuerbord V. Und da mit einer Höchstfahrt von nur noch 11 kn ein weiteres Vorsetzen unmöglich ist, beginnen sie auf *U 575* sofort mit der Reparatur, mit dem Auswechseln des Kolbens und der Laufbuchse.
Ins KTB kommt während dieser Zeit: »Melden dem BdU den Erfolg.«

Einen Mehrfacherfolg, der in Wahrheit, wie nachstehend von seiten der damaligen Gegner behauptet wird, wegen Torpedoversager gar keiner ist. Doch das weiß man an Bord von Günther Heydemann noch nicht. Heydemann und einige Erfahrene nehmen den scheinbaren Erfolg distanziert, weil sie wissen, welch grausames Schicksal den Männern von den Tankerbesatzungen aufgezwungen wurde, glücklich, wer da noch in ein Boot kam, verloren der, der im sich ausbreitenden Öl schwimmt und in den Gasen mehr erstickt als im Wasser ertrinkt.
Verloren aber auch die,
die in den Booten
verbrannten.
Und es sind viele Tanker-Rettungsboote verbrannt.
Aber es ist Krieg.
Sie ersehen den Erfolg,
sie, die GRAUEN WÖLFE, müssen Schiffe vernichten.
Tanker sind dabei Ziele Nummer Eins.

Hier nachstehend die Auflistung der Ereignisse während der Angriffe auf den Tankerkonvoi T.M. 1 für die Zeit vom 3. bis zum 12. Januar 1943 [5]: »*U 514* (Kapitänleutnant Auffermann) meldet ostwärts Trinidad den zum Mittelmeer marschierenden Tanker-Konvoi T.M. 1 (9 Tanker, Escort Group B. 5, Commander Boyle mit den Zerstörern *Havelock* und den Korvetten *Pimpernel*, *Saxifrage* und *Godetia*).

- *U 514* (Auffermann) torpediert zum 3. Januar, 22.52 Uhr (21.46 GMT) im Quadrat DQ 2329 (auf der Position 20.58 N/44.40 W) die auf 16 966 BRT notierte DW (= Whaling Factory), bei der es sich indessen um den nur 8093 BRT großen, britischen Motortanker *Vigilance* handelt. Die Besatzung verläßt das Schiff, das danach aber nicht sinkt. Das Wrack wird am 24. Januar durch *U 105* (Oberleutnant z. S. Nissen) im Quadrat DQ 7345 mit zwei Torpedos versenkt.
Nach einem kurzen, aber vergeblichen Angriff auf einen von *U 182* (Kapitänleutnant Nicolai Clausen) gemeldeten G.U.F.-Konvoi, werden die Boote der seit dem 29. Dezember operierenden Gruppe DELPHIN mit *U 571* (Kapitänleutnant

Möhlmann), *U 620* (Kapitänleutnant Heinz Stein), *U 575* (Kapitänleutnant Günther Heydemann), *U 381* (Graf von Pückler und Limpurg), *U 436* (Kapitänleutnant Seibicke), und *U 442* (Korvettenkapitän Hans Joachim Hesse) und die auf dem Marsch in der Nähe stehenden *U 134* (Kapitänleutnant Schendel), *U 181* (Korvettenkapitän Wolfgang Lüth), *U 522* (Kapitänleutnant Herbert Schneider) und *U 511* (Kapitänleutnant Schneewind) auf den
T.M. 1
angesetzt, an dem U 514 (Auffermann) und *U 125* (Kapitänleutnant Folkers) vergeblich versuchen, Fühlung zu halten.

- Der 8. Januar: *U 381* (Graf Pückler) sichtet den T.M. 1 und führt drei Boote heran. U 436 (Seibicke) löst, im Quadrat DG 8565 stehend, 22.37 (21.39 GMT) drei Einzelschüsse. Zwei der drei Torpedos treffen auf 27.59 N/28.50 W den britischen Dampftanker *Oltenia II*. Das 6394 BRT große Schiff explodiert und sinkt unter quellender Rauchentwicklung. Der dritte Torpedo detoniert am 8309 BRT großen, norwegischen Motortanker *Albert L. Ellsworth* auf der Position 27.59 N/28.50 W. Seibicke meldet die beiden, von ihm auf je 8565 BRT geschätzten Dampfer als versenkt. Indessen überlebt der nach dem Treffer achtern abgesackte, aber noch schwimmfähige Norweger. Vorerst!

- Der neue Tag, der 9. Januar 1943, ist angebrochen. Kurz nach Mitternacht, 00.03 Uhr (8/23.01 GMT), schießt *U 575* (Heydemann) im Quadrat DG 8672 die bereits vorstehend behandelten Torpedos, nach [260] sind es vier FATs. In [260] heißt es über das hier umstrittene Ergebnis: »... and heard three detonations after 4 min 30 s. At this time HMS *Pimpernel* dropped depth charges ...« Im Klartext heißt das seitens der Briten: »Kein Erfolg, *Heydemann* verwechselte Wabodetonationen mit Torpedoexplosionen.« (Dazu sagt Ali Cremer [z. B.]: »Irrtümer ausgeschlossen, man kann Torpedodetonationen und Waboexplosionen unstrittig unterscheiden.«)

- 06.19 Uhr (05.15 GMT) am 9. Januar: *U 522* (Schneider) schickt im Quadrat DG 8636 drei Torpedos gegen drei, von ihm auf 8000 BRT geschätzte Ziele, die er alle drei als versenkt meldet. Daß die Aale trafen und detonierten, bestätigt auch der in seiner Nähe stehende Heydemann. Zwei Tanker sinken jedoch nicht, der norwegische, 6833 BRT große Motortanker *Minister Wedel* auf 28.08 N/28.20 W nicht und der panamesische Motortanker *Norwik* auf gleicher Position ebenfalls nicht, während *U 522* dem BdU (siehe oben) sogar drei 8000 BRT große Tanker als Erfolg meldete. In [260] ist dazu noch angemerkt: »Wahrscheinlich erhielt die *Minister Wedel* zwei Treffer, die sofort ein rasendes Feuer an Bord des Tankers auslösten; der dritte Torpedo erwischte die *Norwik*. HMS *Havelock* versuchte bei dieser Operation, beide Boote (also *U 522* und *U 575*) durch Artilleriefeuer zu vernichten. Ohne Erfolg. Die beiden torpedierten, aber überlebenden Tanker werden (siehe unten): am 9. Januar nachmittags [260] von *U 522* erneut torpediert. Und versenkt. Neues Erfolgs-FT.

- Um 06.36 Uhr (9/05.35 GMT) des 9. Januar und um 06.38 Uhr (9/05.42 GMT), rund 30 min nach den ersten Torpedoschüssen von *U 522* (Schneider), feuert *U 575* (Heydemann) im Quadrat DG 8683 einen Hecktorpedo und einen Viererfächer vom Typ FAT. Er war nach [260] davon überzeugt, einen 7000 BRT großen Tanker versenkt und zwei fraglicher Größe beschädigt zu haben, denn wieder führten explodierende Tiefenladungen von HMS *Pimpernell* zur Fehlinterpretation als Torpedotreffer. Sie schienen dagegen Heydemann als Treffer und Torpedoexplosionen so unmißverständlich, daß er dem BdU einen 7000 BRT-Tanker als versenkt und einen fraglich großen Tanker als beschädigt meldete. Statt dessen werden in [260] in der auf alliierten Dokumenten beruhenden Ergebnisrubrik »Fehlstriche« und keine Positionen zugegeben.
- Am gleichen 9. Januar um 07.27 Uhr (9/06.25 und 9/06.27 GMT) beschießt *U 442* (Hesse) im Quadrat DG 9411 zwei 7000-BRT-Tanker, ein Ergebnis, das er an den BdU als »versenkt« funkt. Der Kommentar in [260] lautet dagegen: »*U 422* war überzeugt, zwei Tanker versenkt zu haben, aber nur einer traf — und zwar den britischen 9807 BRT großen Dampfertanker *Empire Lytton* auf 28.08 N/28.20 W, der aber nur beschädigt wurde. Und, wie noch berichtet werden muß, dennoch nicht überlebte. Fast zur gleichen Zeit wird *U 381* (Graf Pückler) von der HMS *Havelock* mit Wabos belegt. (*U 381* übersteht den Angriff, wird aber am 19. Mai

1943 südöstlich von Cape Farewell als Totalverlust durch Wabos des britischen Zerstörers *Duncan* und der Korvette *Snowflake* vernichtet.)
- Am 9. Januar 1943 um 14.50 Uhr (9/12.30 GMT) entdeckt *U 442* im Quadrat DG 8635 einen Nachzügler von geschätzten 7000 BRT, den er auf 28.08 N/28.20 W torpediert und als neuen Erfolg meldet, versenkt durch drei Treffer. In Wahrheit ist das Schiff — es handelt sich um »seine« bereits »versenkte« *Empire Lytton* — auch jetzt noch betriebsbereit und schwimmfähig, ein unglaublich zäher Brite.

  Auch am 9. Januar kommt um 15.15 Uhr (9/14.15 GMT) Schneider mit *U 522* beim BdU wieder ins Gespräch, meldet er doch im Quadrat DG 9510 auf 28.08 N/20.20 W einen 10 034 BRT-Tanker als Nachzügler versenkt. Das Opfer ist, nur weiß es Schneider nicht, ein am gleichen Tage bereits in den sehr frühen Morgenstunden als »versenkt« gemeldeter 8000 BRT-Tanker, der nun, bei dem endgültigen Aus beim Verlassen des sinkenden Wracks seinen Namen funkte: es ist der 10 034 BRT große Motortanker *Norvik* aus Panama (s. o.).
- Am 9., um die frühe Nachmittagszeit, hat auch *U 134* (Kapitänleutnant Schendel) Glück und Pech zugleich. Im Quadrat DG 9510 macht er 15.33 Uhr (9/14.31) drei Torpedos auf einen Tanker los, den er mit 9807 BRT als versenkt meldet. Doch das Ziel, der norwegische Motortanker *Vanja*, manövrierte (so nach [260]) den Angriff aus, und die Detonationen waren (nach [260]) Explosionen von Wasserbomben, geworfen von HMS *Godetia*.
- Und wieder greift Schneider mit *U 522* zu, am 9. Januar 16.50 (9/15.50 GMT) und 17.30 Uhr im Quadrat DG 9510. Schneider, der bereits die *Norvik* zum zweitenmal und endgültig versenkte, torpediert um 16.50 Uhr den beschädigten Motortanker *Minister Wedel*. Das 6833 BRT große Schiff sinkt nach Schneiders Meldung an den BdU auf 28.08 N/ 28.20 W. Sein zweiter Angriff um 17.30 Uhr soll einem 8000-Tonner gegolten haben, der nach Schneider aber nur beschädigt wurde, in [260] aber in der Ergebnisrubrik überhaupt nicht erwähnt wird.
- Und wie die Bilder sich gleichen: auch *U 442* (Hesse) torpediert um 19.38 Uhr (GMT-Angaben fehlen) im Quadrat DG

8635 auf 28.08 N/28.20 W mit der inzwischen zweimal (06.25 und 12.30 Uhr!) beschädigten britischen *Empire Lytton* ein Ziel im Konvoi T.M. 1 nun zum drittenmal, ehe es, von seiner Besatzung verlassen, in den Tiefen des Atlantiks versinkt.

- Ebenfalls am 9. bekommt *U 436* (Seibicke) in den ersten Abendstunden im Quadrat DG 8565 einen auf 8309 BRT ft (= funk)-entschlüsselten Tanker vor die Rohre. Als die 20.43 Uhr (19.45 GMT) geschossenen Torpedos dieses Ziel treffen, endet auf 27.59 N/28.50 W der 8309 BRT große norwegische Motortanker *Albert L. Ellsworth,* den Seibicke bereits am 8. Januar abends, 22.37 Uhr (21.39 GMT) nach seiner Beobachtung tödlich torpedierte, aber in Wirklichkeit nur beschädigt hatte.

- Pech hat *U 620* (Stein), das am 10. Januar 1941 im Quadrat DH 5110 um 20.15 Uhr (20.00 GMT) auf zwei sich überlappende 8000-Tonner schießt und prompt Unterwasserdetonationen hört, die später auch vom HMS *Saxifrage* bestätigt werden als: »... probably end-of-run detonations«, wie die Briten erleichtert einschränken. In [260] gibt es dann auch für beide von Stein als beschädigt gemeldeten Ziele Fehlanzeigen.

- Der 11. Januar 1943: Kurz nach Mitternacht bekommt *U 522* (Schneider) im Quadrat DH 5110 zwei Tanker vor die schußbereiten Rohre. Den einen schätzt er auf 9000 BRT, den anderen kann er wegen seiner spitzen Lage nicht bestimmen. *U 522* löst 00.40 Uhr (10/23.40) Torpedos auf diese Ziele, trifft auch und meldet den 9000-Tonner als versenkt, die unklare Größe als beschädigt. Nach [260] wurde nur einer der Tanker auf 30.30 N/14.55 W getroffen, aber auch nur beschädigt: der 6983 BRT große britische Dampftanker *British Dominion.* Fehlanzeige indessen für das zweite Ziel.

- Am 11. Januar schießt *U 571* (Möhlmann) fast zur gleichen Zeit, mit 00.53 Uhr (10/23.53) nur ein paar Minuten später, im Quadrat DH 5724 auf einen 9000 BRT groß geschätzten Tankerschatten. Auf *U 571* werden laut KTB zwei Detonationen gehört. Der Name des Ziels wird durch einen Funkspruch bekannt: es handelt sich um den norwegischen Motortanker *Cliona,* dessen Versenkung als 9000-Tonner dem

BdU gemeldet wird. In [260] bedienen sich die Alliierten einer plausiblen Erklärung in der Auflistung: »*U 571* heard two detonations but missed the *Cliona,* and mistook depth charges by HMS *Havelock* for torpedohits.« (Als ob sich die *Havelock* mit nur zwei Wasserbomben begnügt hätte? Wenigstens diesen Zweifel darf der Autor diesen stereotypen Unterstellungen der Fehlbeurteilungen deutscher U-Boot-kommandanten gegenüberstellen.)

- Am 11. Januar kommt *U 620* (Stein) um 03.00 Uhr (02.22 GMT) im Quadrat DH 5119 doch noch zu seinem Erfolg. Stein sichtet auf Position 30.30 N/19.55 W einen Nachzügler, den er torpediert: den von *U 522* am 11. Januar 00.40 Uhr (10/24.40 Uhr GMT) beschädigten 6983 BRT großen britischen Dampftanker *British Dominium,* der, nun zum zweitenmal angegriffen, optisch sichtbar untergeht.

Nach [5] soll übrigens *U 571* (Möhlmann) außer der *Cliona* in der Nacht vom 10. zum 11. Januar auch den bereits am Nachmittag des 9. Januar von *U 134* strittig beschädigten 9907 BRT großen norwegischen Motortanker *Vanja* angegriffen haben. Beide Schiffe, die *Cliona* und die *Vanja,* seien ausgewichen, ebenso einem Angriff von *U 511* (Schneewind) in den Morgenstunden des 12. Januar. Weiter heißt es bei [5]: »Einsetzende Luftsicherung von Gibraltar und die Verstärkung der Sicherung durch den Zerstörer *Quiberon* und die Korvetten *Pentstemon* und *Samphire* drängten die U-Boote ab. Die beiden Tanker laufen am 14. Januar in Gibraltar ein, der Rest des Tanker-Konvois TM 1, dessen Ladungen für die Seestreitkräfte der OPERATION TORCH, der sonderbarerweise von den Achsenmächten völlig unbemerkten alliierten Landung in Nordafrika, bestimmt gewesen sind, bzw. was die *Vanja* und *Cliona* betrifft, noch sind.

2.9 In aller Stille holt der Gegner zum großen Gegenschlag aus

2.9.1 Die Escort Aircraft Carrier der Briten und die CVEs der Amerikaner

Escort Aircraft Carrier, erst in Verbindung mit der Operation TORCH in größerer Anzahl — Gute Gesamterfolge überschatten die Bewertung der EACs · EACs haben bei den Alliierten nach der *Audacity* hohen Stellenwert: sie richten sich gegen die Achillesferse der U-Boote · Die Auflistung aller »aus dem Boden gestampften« EACs und CVEs · Entscheidungskomponente EAC (und ihre Zahl) auch heute noch unterschätzt · A: Die Escort Aircraft Carriers der Royal Navy (EAC), ihre Flugzeuge und ihre Schicksale · B: Die Geleitflugzeugträger der US Navy (CVE), ihre Flugzeuge und ihre Schicksale · Henry Kaisers 100 »Auxiliary Carriers« · Ohne ASV III keine Erfolge denkbar · Kaum ein atlantisches Seerevier ist ohne Kontrolle · Der Einsatz des FIDO verstärkt die alliierte Schlagkraft gegen die U-Boote

Vielleicht lag es daran, daß deutscherseits den Escort Aircraft Carriers anfangs nicht die ihnen angemessene Bedeutung zuerkannt wurde, weil sie erstmals in erst relativ größerer Zahl in Verbindung mit Flotteneinheiten und Truppentransportern bei der Operation TORCH in Erscheinung traten ... Im Raum vor Gibraltar, wo Dönitz auf die Meldung der alliierten Landung in Afrika hin u. a. 16 Boote als Gruppe WESTWALL zusammenzieht, setzt sich am 12. November 1942 der rückmarschierende Transporter-Konvoi M.K.F. 1 in Marsch, gesichert durch die Escort Aircraft Carriers *Argus* und *Avenger,* die britischen Zerstörer *Wrestler* und *Amazon* sowie den exilnorwegischen Zerstörer *Glaisdale*. Außerdem steht eine Nahsicherungsgruppe beim Konvoi. Den hartnäckigen Angriffen einiger WESTWALL-Boote gelingt die Versenkung des 20 107 BRT großen Truppentransporters *Warwick Castle* durch *U 413* unter Oberleutnant zur See Poel am 14. November. Am 15. versenkt Kapitänleutnant Piening mit *U 155* den Escort Aircraft Carrier *Avenger*, ohne daß dessen Flugzeuge den Angreifer bedrohen konnten. Auch der 6737 BRT große (von Piening auf 10 000 BRT geschätzte) amerikanische Truppentransporter *Almaak* wird torpediert, geht aber nicht verloren, da nur beschädigt. Am 16. November versenkt *U 92* unter Oberleutnant Oelrich einen 7662 Tonner, auch ohne durch Flugzeuge, etwa durch solche des EAC *Argus*, behindert worden zu sein. *U 515* verfehlt einen Kreuzer, und *U 218* wird beim Versuch, einen Trägerverband anzugreifen, beschädigt. (Am gleichen Tage versenkt *U 608* [Struckmeier] in der Nähe von New York den 5621 BRT großen britischen Dampfer *Irish Pine* und auf dem 10° Nordbreite auf 61.01 W *U 508* [Staats] den 5318 BRT großen britischen Dampfer *City of Corinth*.)

Mag sein, daß die Aufmerksamkeit auf das Vorhandensein der EACs — und damit auch der *Avenger* — durch die trotz der Abwehr sehr guten Erfolge an diesem und anderen Konvois und Kampfgruppen mit 729 000 BRT allein im November 1942 überschattet wurde. Besonders erwähnt wird der Typ vom EAC in den deutschen Berichten nicht, der nun, da die deutsche U-Boot-Waffe auf 212 Boote angewachsen ist und 181 Boote im Stadium der Probefahrt stehen, für die Alliierten dringlicher denn je geworden ist. Trotz der Verluste der U-Boote kommen zudem jedes Vierteljahr 70 neue Einheiten dazu, welche die realen Verluste summa summarum aufwiegen.

Es ist zwar kein reiner »Lesestoff«, in diesem Zusammenhang die um diese Zeit vorhandenen wie auch die später in ganzen Serien hinzugetretenen Escort Aircraft Carriers vorzustellen. Schließlich aber haben die Geleitflugzeugträger nach den überzeugenden Erfolgen der *Audacity ex Hannover* gar bald schon einen sehr wesentlichen Stellenwert in dem verzweifelten und erbitterten Kampf gegen die U-Boote. Obwohl ein Großteil dieser Hilfsträger (vor allem jene Einheiten der US-Navy) im Pazifik eingesetzt wurde, so beweist doch die Zahl der »aus dem Boden gestampften« Escort Aircraft Carriers die immensen Anstrengungen der Alliierten, die damit ihre Angriffswaffen gegen die U-Boote konzentriert gegen die Achillesferse der konventionellen Typen richten:

Das Auftauchenmüssen, um die Batteriekapazität aufzuladen.

Der eine oder andere Leser wird vielleicht die (an sich berechtigte) Frage stellen, welchen Sinn die nachstehende, derart detaillierte Auflistung der britischen wie auch der us-amerikanischen Escort Aircraft Carriers in Verbindung mit dieser Arbeit über die Krisen und den Opfergang der deutschen U-Boot-Waffe habe. Eine zahlenmäßige Zusammenfassung könnte, ja, müßte eigentlich genügen.

Der Verfasser meint, sie genügt eben nicht, denn ein bloßer Blick auf die Listen der Klassen und Zahlen dieser Escort Aircraft Carriers läßt fast erschrecken, wie ahnungslos die deutschen Stellen hinsichtlich der massierten alliierten Gegenmaßnahmen allein auf diesem Sektor waren, der als Entscheidungskomponente komplex auch heute noch im maritimen Nachkriegsschrifttum unterschätzt wird. Die Listen weisen ja nicht nur die Typen und Zahlen und mit den Zahlen auch den Operationsbereich aus, ihnen ist auch die den U-Booten später überlegene Geschwindigkeit zu entnehmen. Vor allem aber können die Zahlen der auf diesen Hilfs-Geleitträgern mitgeführten Flugzeuge der verschiedenen Typen die wahre Situation auf den ozeanischen Schlachtfeldern im Kampf gegen die U-Boote aufhellen.

Andererseits ist ab 1943 die Begegnung der mit vermehrter modernerer Flak ausgerüsteten U-Boote mit Flugzeugen eines EAC so aussichtslos nicht, da die Flugzeuge im Gegensatz zu den landgestützten Bombern (noch) nicht gepanzert und gegenüber den Zwozentimetergeschossen verletzlich sind.

Auch der Verbleib bzw. das Schicksal der Escort Aircraft Carriers ist eine gravierende Aussage, sind doch die Verluste an diesen Spezialeinheiten ausgesprochen minimal. Sie sind es noch weniger, wenn man im Vergleich dazu die der deutschen U-Boote durch eben diese Hilfsflugzeugträger an den Konvois heranzieht.

Doch wenden wir uns nunmehr den alliierten Geleitflugzeugträgern zu, wo man zunächst mit Improvisationen begann und wenig später, 1943, nach den ersten Erfolgsbestätigungen eine nachgerade fabrikatorische Produktion betreibt, wenn man insbesondere an die CVEs genannten amerikanischen Aircraft Carriers der Kaiser-Werften denkt.

A) Die Escort Aircraft Carriers der Royal Navy (46 EACs)

● 1941: *Audacity* ex *Hannover,** 1939, 5537 BRT, L.: 142.41 m, B.: 17.14 m; Antrieb: Dieselmotor für 5200 PSe/15 kn auf 1 Schraube (am 8. März als NDL-Schiff in der Monopassage von britischen Streitkräften aufgebracht) und zunächst als *Sindbad* unter der britischen Flagge, dann (1940) Umbau zum Escort Carrier, im Dienst am 1. Juli 1941, Flugdeck 140.20 m mal 18.29 m, Bewaffnung: 2:4 inch (10.2 cm), 1:6pfünder, 4:2pfünder Pompoms, 2:2 cm; 6 Flugzeuge.
Schicksal: Am 21. Dezember 1941 von *U 751* torpediert und dann durch zwei weitere Torpedos versenkt, ohne Bericht über die Versenkung.

● 1942: Als zweiter Hilfsflugzeugträger für Geleitzwecke ist zu nennen die 1940 als Handelsschiff begonnene und am 14. Oktober 1942 als Escort Aircraft Carrier abgelieferte
Activity, 11 800 ts standard, L.ü.A.: 156.05 m, B.: 20.24 m Flugdeck als Steuerbordinsel 149.96 m lang; Zweiwellen Dieselmotorschiff; 12 000 PSe für 18 kn, Bewaffnung 2:4 inch, 24:2 cm Kanonen, 11 Flugzeuge.
Schicksal: verkauft 1946.

● 1942: Es folgt ein 1939 bei Harland & Wolff, Belfast, für die Union-Castle Line erbautes, motorbetriebenes 17 393 BRT großes Passagierschiff, das seit Kriegsbeginn als AMC fuhr und dann bei Swan Hunter zum Escort Aircraft Carrier umgebaut wurde:
Pretoria Castle, 19 650 t/23 450 t; L.: 180.44 m, B.: 23.27 m, T.: 8.89 m; Flugdeck 167.64 m lang; Zweischraubenschiff, Dieselmotor für 16 000 PSe/18 kn; Bewaffnung: 4:4 inch, 28:2 cm Kanonen; Anzahl der Flugzeuge variierte.
Schicksal: verkauft 1946.

● 1943: In Dienst als EAC kommen zwei als schnelle Frachtschiffe erbaute Handelsschiffe, die ab 1942 als Escort Aircraft Carrier der *Vindex*-Klasse umgebaut wurden:
Vindex bei Swan Hunter im Juli 1942 umgebaut und als EAC in Dienst seit dem 3. Dezember 1943; 13 445 t/16 830 t; L.: 159.71 m, B.: 20.93 m und T.: 7.67 m; Flugdeck mit Steuerbordinsel 150.87 m lang; Zweiwellenschiff, Dieselmotor mit 10 700 PSe/16 kn; Bewaffnung: 2:4 inch, 16:2pfünder Pompoms (4 mal 4), 16:2 cm Kanonen, 18 Flugzeuge.
Schicksal: verkauft 1947.

● 1943: *Nairana,* Umbau bei John Brown 1942, im Dienst als EAC am 12. Dezember 1943; 13 825 t/17 210 t, sonst wie *Vindex* (18 Flugzeuge).
Schicksal: Verkauft 1948 an die Niederlande, vorher, ab 1946, als Leihgabe unter neuem Namen *Karel Doorman* im Dienst.

● 1944: Der *Vindex*-Klasse ähnlich und ein Einzelgänger ist der auf Stapel aufgelegte, aber erst im März 1944 fertiggestellte EAC
Campania, 12 450 t/15 970 t; L.: 154.39 m, B.: 21.24 m, T.: 6.16 m; Zweiwellenschiff; Dieselmotor mit 10 700 PSe/16 kn; Bewaffnung: 2:4 inch, 16:2pfünder Pompoms (4 mal 4); 16 Flugzeuge.
Die Masse der »Hilfs«-Geleitträger erhielten die Briten auf dem Lend Lease-Wege zunächst zum Umbau als EAC geeigneter Handelsschiffe oder aus deren Rümpfen in den verschiedensten Bauphasen, so zunächst als Einzelschiff die

● 1941: *Archer* ex *Mormacland* von Newport News, umgebaut und in Dienst als EAC seit November 1941; 10 220 t/12 860 t; L.: 149.96 m, B.: 21.18 m, T.: 6.56 m; Flugdeck 133.50 m mit schmaler Insel an Steuerbord; Einschrauben-Dieselmotor-

schiff mit 8500 PSe/16,5 kn; Bewaffnung: 3:4 inch, 15:2 cm Kanonen, 16 Flugzeuge.
Schicksal: 1945 wieder im Handelsdienst.

Ebenfalls aus us-amerikanischen Beständen werden in den USA umgebaut und bei der RN als EAC der *Avenger*-Klasse in Dienst gestellt:

- 1942: *Avenger* ex *Rio Hudson;* erbaut bei Bethlehem Steel, Umbau bei Sun & Co, fertiggestellt 1942; 10366 t/15125 t; L.: 149.96 m, B.: 21,18 m, T.: 7.65 m; Flugdeck anfangs 124.96 m, später 134.62, mit Insel an Steuerbord; Einwellenschiff, Dieselmotor mit 8500 PSe für 16,5 kn; Bewaffnung 3:4 inch, 19:2 cm Kanonen; 15 Flugzeuge.

Schicksal: 15. November versenkt durch *U 155;* der Torpedo traf die Bombenlast, das Schiff explodierte.

- 1942: *Biter* ex *Rio Parana,* erbaut bei Atlantic Basin, Umbau durch Sun & Co, fertig 1. Mai 1942; 12850 t/15300 t; sonst wie *Avenger*.

Schicksal: 9. April 1945 an Frankreich als *Dixmude* verkauft.

- 1942: *Dasher* ex *Rio de Janeiro,* erbaut bei Tietjen-Laird, sonst wie *Avenger*.

Schicksal: gesunken am 27. März 1943 nach einer Explosion an Bord (bulk petrol). Wegen dieser Explosion kommt es zwischen den beiden Marinen zu heftigen Disputen.

- 1942: Charger, das vierte Schiff dieser Klasse, wurde von den USA für die USN zurückgehalten, wahrscheinlich als Antwort auf die *Dasher*-Diskussionen.

Eine Verbesserung der übereilt gefertigten Lend-Lease EACs kommt mit den elf Einheiten der 1942/43 in Dienst gestellten *Attacker*-Klasse mit längerem Hangar und zwei Lifts in Dienst. Diese Verbesserung drückt sich auch in der größeren Anzahl der an Bord unterzubringenden Flugzeuge aus.

- 1942: *Attacker,* erbaut bei Western Pipe; 10200 t/14170 t; L.: 149.91 m (bis 151.20 bei anderen Einheiten dieser Klasse), B.: 21.18 m, T.: 7.19 m; Flugdeck anfangs 136.55 m, später 137.16 m; Bewaffnung: 2:4 inch, 8:4 cm Bofors (4 mal 2) (*Searcher* 16:4 cm Bofors), 10:3,5 bis 2 cm Flak; 18 bis 24 Flugzeuge;

Vom gleichen Typ sind die

- 1942: *Battler,* bei Ingalls, fertig 15. November 1942; 1946 zurück an USA;
- 1942: *Chaser,* bei Ingalls, fertig 9. April 1943; 1946 zurück an USA;
- 1943: *Fencer,* bei Western Pipe, fertig 20. Februar 1943, 1946 zurück an USA;
- 1943: *Hunter,* bei Ingalls, fertig 11. Januar 1943, 1945 zurück an USA;
- 1943: *Pursuer,* bei Ingalls, fertig 14. Juni 1943, 1946 zurück an USA;
- 1943: *Ravager,* Seattle-Tacoma, fertig 26. April 1943, 1946 zurück an USA;
- 1943: *Searcher,* bei Seattle-Tacoma, fertig 8. April 1943, 1945 zurück an USA;
- 1942: *Stalker,* bei Western Pipe, fertig 30. Dezember 1942, 1945 zurück an USA;
- 1942: *Striker,* bei Western Pipe, fertig 29. April 1943, 1946 zurück an USA;
- 1943: *Tracker,* bei Seattle-Tacoma, fertig 31. Januar 1943, 1945 zurück an USA.

Die vornehmlich 1943, aber zum Teil auch erst 1944 in Dienst kommenden Escort Aircraft Carriers der *Ameer*-Klasse werden in britischen Handbüchern generell als verbesserte Einheiten der vorausgegangenen Klasse vom *Attacker*-Typ bezeichnet. Die Verbesserung bezieht sich auf eine verstärkte Katapultanlage. Sie wird von 7000 lbs der *Attacker*-Klasse für 60.8 kn auf 8500 lbs für 73.8 kn erhöht. Dagegen werden die Maße des Flugdecks nicht verändert, und der Brennstoffvorrat wird sogar reduziert. Hier die 23 nach dem Typschiff *Ameer* gebauten EACs der nächsten Generation:

299

- 1943: *Ameer,* erbaut ab Juli 1942 bei Seattle-Tacoma, fertig 20. Juli 1943; 11 400 t/15 390 t; L.: 150.49 m bis 151.38 m, B.: 21.18 m, T.: 7.75 m; Einschraubenschiff, Turbinenantrieb für 8500 WPs/18 kn; Bewaffnung: 2:5 inch (2 mal 1), 16:4 cm Bofors (8 mal 2), 27 bis 35 (!):2 cm Kanonen; 18 bis 24 Flugzeuge.
- 1943: *Arbiter,* bei Seattle-Tacoma, fertig 31. Dezember 1943; 1946 zurück an USA;
- 1943: *Atheling,* bei Seattle-Tacoma, fertig 1. August 1943; 1946 zurück an USA;
- 1943: *Begum,* bei Seattle-Tacoma, fertig 3. August 1943; 1946 zurück an USA;
- 1943: *Emperor,* bei Seattle-Tacoma, fertig 13. August 1943; 1946 zurück an USA;
- 1943: *Empress,* bei Seattle-Tacoma, fertig 13. August 1943; 1946 zurück an USA;
- 1943: *Khedive,* bei Seattle-Tacoma, fertig 23. August 1943; 1946 zurück an USA;
- 1943: *Nabob,* bei Seattle-Tacoma, fertig 7. September 1943; »Constructive loss« am 22. August 1944. Die *Nabob* war von *U 354* torpediert worden, erreichte aber trotz über eine Länge von 15 m aufgerissener Seite den Hafen, war aber irreparabel;
- 1943: *Patroller,* bei Seattle-Tacoma, fertig 25. Oktober 1943; 1946 zurück an USA;
- 1943: *Premier,* bei Seattle-Tacoma, fertig 3. November 1943, 1946 zurück an USA;
- 1943: *Puncher,* bei Seattle-Tacoma, fertig 5. Februar 1944; 1946 zurück an USA;
- 1943: *Queen,* bei Seattle-Tacoma, fertig 7. Dezember 1943; 1946 zurück an USA;
- 1944: *Rajah,* bei Seattle-Tacoma, fertig 17. Januar 1944; 1946 zurück an USA, dann Willamette Iron and Steel;
- 1943: *Ranee,* bei Seattle-Tacoma, fertig 8. November 1943; 1946 zurück an USA;
- 1944: *Reaper,* bei Seattle-Tacoma, fertig 21. Februar 1944; 1946 zurück an USA;
- 1943: *Ruler,* bei Seattle-Tacoma, fertig 22. Dezember 1943; 1946 zurück an USA;
- 1943: *Shah,* Seattle-Tacoma, fertig 27. September 1943; 1945 zurück an USA;
- 1943: *Slinger,* Seattle-Tacoma, dann Willamette Iron and Steel, fertig 11. August 1943; 1946 zurück an USA;
- 1943: *Smiter,* Seattle-Tacoma, fertig 20. Januar 1944; 1946 zurück an USA;
- 1943: *Speaker,* Seattle-Tacoma, dann Willamette Iron and Steel; fertig 20. November 1943; 1946 zurück an USA;
- 1943: *Thane,* Seattle-Tacoma, fertig 19. November 1943; »constructive loss« am 15. Januar 1945 nach einer schweren Beschädigung durch einen Torpedo des *U 482* in der Nähe vom Clyde Feuerschiff;
- 1944: *Trouncer,* Seattle-Tacoma, dann Commercial Iron Works, fertig 31. Januar 1944; zurück an USA 1946;
- 1943: *Trumpeter,* Seattle-Tacoma, dann Commercial Iron Works, fertig 4. August 1943; 1946 zurück an USA.

B) Die Geleitzugträger der US-Navy (84 CVEs plus taktische Zahl)

Beeinflußt vom britischen Experiment mit der *Audacity* ex *Hannover* wird fast zur gleichen Zeit das us-amerikanische Handelsschiff *Mormacmail* in das erste us-amerikanische Hilfsflugzeugschiff umgebaut. Als *Long Island* eröffnet die ex *Mormacmail* die lange Reihe der US-Escort Carriers, allerdings zunächst als Flugzeugtransporter. Bald jedoch findet sie einen ihrer ursprünglichen Bestimmung gemäßen Einsatz als »Combatant«.

Die *Long Island* als Typschiff war vom Entwurf her ein dieselmotorbetriebenes C 3-Handelsschiff, das nach der Meinung ihres Kommandanten viel zu langsam war. Man zog schnell die Lehre aus dieser begründeten Feststellung und kaprizierte sich auf Umbauten in einen CVE nunmehr nur noch auf turbinengetriebene Schiffe vom Typ C 3. Hier die Übersicht:

- 1941, CVE 1: *Long Island* ex *Mormacmail* gebaut bei Sun & Co, fertig 2. Juni 1941; 11 800 t/15 126 t, L.: 141.73 m, B.: 21,16 m, T.: 7.66 m; Einschraubenschiff; Dieselmotor mit 8500 PSe/16,5 kn; Bewaffnung: 3 bis 4:4 inch, 10:2 cm Kanonen; 16 Flugzeuge (10 Aufklärer und 6 Bomber).

Schicksal: Der CVE 1 wurde 1944 wieder in einen Flugzeugtransporter zurückgebaut und nach dem Kriege, 1949, verkauft.

- 1942, CVE 30: *Charger* ex *Rio de la Plata,* bei Sun & Co, fertig 3. März 1942. Da auch die *Charger* noch ein Dieselmotorschiff ist, verbleibt sie mit 36 Flugzeugen an Bord als Schulschiff bei der US-Navy.

Schicksal: 1947 verkauft.

Beide Schiffe der *Long Island*-Klasse haben (ebenso wie die britischen C 3 Umbauten) ein schmales Flugdeck. Sie unterscheiden sich von den späteren amerikanischen Escort Aircraft Carriers dadurch, daß sie keinen Schornstein haben (Diesel). Ab 1942 kommt auch in den USA, gewöhnt an quantitatives Denken, erstmals eine ganze Serie CVE-Einheiten in Dienst, jene der *Bogue*-Klasse, deren Schiffe auch nach dem Kriege von Nutzen sind, dienen sie doch noch viele Jahre als Flugzeugtransporter. Die CVEs der *Bogue*-Klasse haben 28 Flugzeuge an Bord, die Besatzung beträgt 890 Mann.

- 1942, CVE 9: *Bogue* ex *Steel Advocate,* bei Seattle-Tacoma, 9393 t/13 891 t *(Nassau),* L.: 141.73 m in WL, 151.08 ü.a.m., B.: 21.16 m in WL, B. max: 39.99 m, T.: 7.09 m; Einwellen-Turbinenschiff, 8500 PSW/16,5 kn; Bewaffnung: 2:5 inch; 4:40 mm, 10:20 mm Kanonen.

Schicksal: November 1960 abgebrochen.

- 1942, CVE 11: *Card,* bei Seattle-Tacoma, fertig 8. November 1942; 1971 abgewrackt;
- 1942, CVE 12: *Copahee* ex *Steel Architect,* bei Seattle-Tacoma, fertig 15. Juni 1942; Mai 1961 abgewrackt;
- 1942, CVE 13: *Core,* bei Seattle-Tacoma, fertig 10. Dezember 1942; 1971 abgewrackt;
- 1942, CVE 16: *Nassau,* bei Seattle-Tacoma, fertig 20. August 1942; Juni 1961 abgewrackt;
- 1942, CVE 18: *Altamaha,* bei Seattle-Tacoma, fertig 15. September; 1961 abgewrackt;
- 1943, CVE 20: *Barnes,* bei Seattle-Tacoma, fertig 20. Februar 1943; 1960 abgewrackt;
- 1943, CVE 21: *Block Island,* bei Seattle-Tacoma, fertig 8. März 1943; am 29. Mai 1944 von *U 549* unter Kapitänleutnant Krankenhagen auf dessen

Wege nach Brasilien im Azorenraum mit 3 Torpedotreffern versenkt*;

- 1943, CVE 23: *Breton,* bei Seattle-Tacoma, fertig 12. April 1943; 1972 abgewrackt;
- 1943, CVE 25: *Croatan,* bei Seattle-Tacoma, fertig 28. April 1943; 1971 abgewrackt;
- 1943, CVE 31: *Prince William,* bei Seattle-Tacoma, fertig 9. April 1943; März 1961 abgewrackt.

Ein besonderer CVE-Typ sind die vier Einheiten der *Sangamon*-Klasse. Es handelt sich hier um Umbauten aus Flottentankern, die konsequenterweise ein längeres Flugdeck als die normalen C 3 und die noch nachfolgend behandelten *Casablanca*-Typen haben. Mit 18 kn sind sie relativ schnelle Schiffe; 31 Flugzeuge (!); Besatzung: 1080;

- 1942, CVE 26: *Sangamon* ex *AO 28* ex *Esso Trenton,* bei Federal Kearny, fertig 25. August 1942; 10494 t/23875 t; L.: 160.02 m/168.55 m, B.: 22.86 m/32.05 m, T.: 9,32 m; Zweiwellenschiffe; Turbinenantrieb für 13500 PSW/18 kn; Bewaffnung: 2:5 inch, 8:4 cm, 12:2 cm Kanonen;

Schicksal: 1960 abgewrackt;

- 1942, CVE 27: *Suwannee* ex *AO 33* ex *Markay,* bei Federal Kearny, fertig 24. September 1942; Juni 1962 abgewrackt;
- 1942, CVE 28: *Chenango* ex *AO 31* ex *Esso New Orleans,* bei Sun & Co, fertig 19. September 1942, Juli 1962 abgewrackt;
- 1942, CVE 29: *Santee* ex *AO 29,* ex *Seakay,* bei Sun & Co, fertig 24. August 1942; abgewrackt Mai 1960.

Im Conway [9] ist nachzulesen, daß Henry John Kaiser, der »Erfinder« der »Liberty«-Schiffe, um die Mitte des Jahres 1942 den Vorschlag für eine Massenproduktion von mindestens 100 »Auxiliary Carriers« eingebracht hat. Das geschah zur gleichen Zeit, da der US-Präsident den dringenden, kriegswichtigen Mehrbedarf an Flugzeugträgern erkannte und befürwortete. Auf dem Sektor der CVEs werden 1942/1943/1944 fünfzig Einheiten umgebaut oder neu begonnen. Diese *Casablanca*-Escort Carriers sind schmaler und beengter als die Einheiten der *Bogue*-Klasse, dafür sind sie aber mit 19 kn schneller und können mehr Flugzeuge an Bord nehmen, nämlich 27 insgesamt (= 9 Jäger, 9 Bomber, 9 Torpedobomber), Besatzung 860 Mann;

- 1943, CVE 55: *Casablanca,* bei Kaiser, Vancouver, fertig 8. Juli 1943; 8188 t/ 10902 t *(Liscome Bay),* L.: 149.35 m/156.14 m, B.: 19.86 m/ 32.86 m, T.: 6.32 m; Zweiwellenschiff mit Turbinenantrieb für 9000 PSW/19 kn; Bewaffnung: 1:5 inch 8:4 cm (4 mal 2), 12:2 cm Kanonen;

---

* Dabei traf *U 549* noch den zur Task Group 22.1 gehörigen Zerstörer *Barr* mit einem T 5 und verfehlte den Zerstörer *Eugene E. Elmore* mit einem T 5. Während der Zerstörer *Ahrens* Überlebende rettet, wird *U 549* von den DEs *Eugene E. Elmore und Robert I. Paines* versenkt, Totalverlust, 57 Tote. Übrigens wird die Task Group 22.1 von der Task Group 22.3 mit der *Guadalcanal* und deren DEs abgelöst. Diese sucht nach einer HF/DF Peilung, das vom Kurzsignal des rückmarschierenden *U 505* stammt. Das Boot wird am 4. Juni, wie bereits berichtet, von den Eskortern mit Wabos angegriffen und zum Auftauchen gezwungen. Das Boot, das nicht mehr tauchklar ist, kann von einem Enterkommando überraschend schnell besetzt werden, das die Versenkungsmaßnahmen außer Kraft setzt.

- 1943, CVE 56: *Liscome Bay,* bei Kaiser, fertig 7. August 1943; versenkt am 24. November 1943;
- 1943, CVE 57: *Anzio* ex *Coral Sea* ex *Alikula Bay,* bei Kaiser, fertig 27. August 1943; März 1960 abgebrochen;
- 1943, CVE 58: *Corregidor* ex *Anguilla Bay,* bei Kaiser, fertig 31. August 1943; Januar 1960 abgewrackt;
- 1943, CVE 59: *Mission Bay* ex *Atheling,* bei Kaiser; fertig 13. September 1943; Januar 1960 abgewrackt;
- 1943, CVE 60: *Guadalcanal* ex *Astrolabe Bay,* bei Kaiser, fertig 25. September 1943; Januar 1960 abgebrochen;
- 1943, CVE 61: *Manila Bay* ex *Bucareli Bay,* bei Kaiser, fertig 5. Oktober 1943; Februar 1960 abgebrochen;
- 1943, CVE 62: *Natoma Bay* ex *Begum,* bei Kaiser, fertig 14. Oktober 1943; Februar 1960 abgebrochen;
- 1943, CVE 63: *St. Lo* ex *Midway* ex *Chapin Bay,* bei Kaiser, fertig 23. Oktober 1943; versenkt am 25. Oktober 1944;
- 1943, CVE 64: *Tripoli* ex *Didrickson Bay,* bei Kaiser, fertig 31. Oktober 1943; Januar 1960 abgebrochen;
- 1943, CVE 65: *Wake Island* ex *Dolomi Bay,* bei Kaiser, fertig 7. November 1943; 1947 abgewrackt;
- 1943, CVE 66: *White Plains* ex *Elbour Bay,* bei Kaiser, fertig 15. November 1943; August 1959 abgebrochen;
- 1943, CVE 67: *Solomons* ex *Nassuk Bay* ex *Emperor,* bei Kaiser, fertig 21. November 1943; 1947 abgewrackt;
- 1943, CVE 68: *Kalinin Bay,* bei Kaiser, fertig 27. November 1943; 1947 abgewrackt;
- 1943, CVE 69: *Kasaan Bay,* bei Kaiser, fertig 4. Dezember 1943; März 1960 abgewrackt;
- 1943, CVE 70: *Fanshaw Bay,* bei Kaiser, fertig 9. Dezember 1943; 1959 abgewrackt;
- 1943, CVE 71: *Kitkun Bay,* bei Kaiser, fertig 15. Dezember 1943; 1947 abgewrackt;
- 1943, CVE 72: *Tulagi* ex *Fortaleza Bay,* bei Kaiser, fertig 21. Dezember 1943; 1947 abgewrackt;
- 1943, CVE 73: *Gambier Bay,* bei Kaiser, fertig 28. Dezember 1943; gesunken 25. Oktober 1944;

- 1944, CVE 74: *Nehenta Bay* ex *Khedive,* bei Kaiser, fertig 3. Januar 1944; Juni 1960 abgebrochen;
- 1944, CVE 75: *Hoggatt Bay,* bei Kaiser, fertig 11. Januar 1944; Mai 1960 abgebrochen;
- 1944, CVE 76: *Kadashan Bay,* bei Kaiser, fertig 18. Januar 1944; Juni 1960 abgebrochen;
- 1944, CVE 77: *Markus Island* ex *Kanalku Bay,* bei Kaiser, fertig 26. Januar 1944; Juni 1960 abgewrackt;
- 1944, CVE 78: *Savo Island* ex *Kaita Bay,* bei Kaiser, fertig 3. Februar 1944; Juni 1960 abgewrackt;
- 1944, CVE 79: *Ommaney Bay,* bei Kaiser, fertig 11. Februar 1944; 4. Januar 1945 im Pazifik durch Kamikaze-Flieger versenkt;
- 1944, CVE 80: *Petrof Bay,* bei Kaiser, fertig 18. Februar 1944; September 1959 abgebrochen;

- 1944, CVE 81: *Rudyerd Bay,* bei Kaiser, fertig 25. Februar 1946; 1960 abgebrochen;
- 1944, CVE 82: *Saginaw Bay,* bei Kaiser, fertig 2. März 1944; April 1960 abgebrochen;
- 1944, CVE 83: *Sargent Bay,* bei Kaiser, fertig 9. März 1944; September 1959 abgewrackt;
- 1944, CVE 84: *Shamrock Bay,* bei Kaiser, fertig 15. März 1944; November 1959 abgewrackt;
- 1944, CVE 85: *Shipley Bay,* bei Kaiser, fertig 21. März 1944; Januar 1961 abgewrackt;
- 1944, CVE 86: *Sitkoh Bay,* bei Kaiser, fertig 28. März 1944; 1961 abgewrackt;
- 1944, CVE 87: *Steamer Bay, bei Kaiser, fertig 4. April 1944; 1959 abgewrackt;*
- 1944, CVE 88: *Cape Esperance* ex *Tananek Bay,* bei Kaiser, fertig 9. April 1944; Januar 1961 abgebrochen;
- 1944, CVE 89: *Takanis Bay,* bei Kaiser, fertig 15. April 1944; November 1960 abgewrackt;
- 1944, CVE 90: *Thetis Bay,* bei Kaiser, fertig 21. April 1944; 1965 verkauft;
- 1944, CVE 91: *Makassar Strait* ex *Ulitaka Bay,* fertig 29. April 1944; 1. September 1958 schwer beschädigt als Zielschiff;
- 1944, CVE 92: *Windham Bay,* bei Kaiser, fertig 3. Mai 1944; abgebrochen im Februar 1961;
- 1944, CVE 93: *Makin Island* ex *Woodcliff,* bei Kaiser, fertig am 9. Mai 1944; abgewrackt 1947;
- 1944, CVE 94: *Lunga Point* ex *Alazon Bay,* bei Kaiser, fertig 14. Mai 1944; November 1960 abgebrochen;
- 1944, CVE 95: *Bismarck Sea* ex *Alikula Bay,* bei Kaiser, fertig 20. Mai 1944; versenkt am 21. Februar 1945 im Bereich der Bonin-Inseln durch japanische Flugzeuge;
- 1944, CVE 96: *Salamaua* ex *Anguilla Bay,* bei Kaiser, fertig 26. Mai 1944; 1947 abgebrochen;
- 1944, CVE 97: *Hollandia* ex *Astrolabe Bay,* bei Kaiser, fertig 1. Juni 1944; November 1960 abgebrochen;
- 1944, CVE 98: *Kwajalein* ex *Bucareli Bay,* bei Kaiser, fertig 7. Juni 1944; Januar 1961 abgewrackt;
- 1944, CVE 99: *Admiralty Islands* ex *Chapin Bay,* bei Kaiser, fertig 13. Juni 1944; 1947 abgewrackt;
- 1944, CVE 100: *Bougainville* ex *Didrickson Bay,* bei Kaiser, fertig 18. Juni 1944; 1960 abgewrackt;
- 1944, CVE 101: *Matanikau* ex *Dolomi Bay,* bei Kaiser, fertig 24. Juni 1944; November 1960 abgewrackt;
- 1944, CVE 102: *Attu* ex *Elbour Bay,* bei Kaiser, fertig 30. Juni 1944; 1949 abgebrochen;
- 1944, CVE 103: *Roi* ex *Alava Bay,* bei Kaiser, fertig 6. Juli 1944; 1947 abgebrochen;
- 1944, CVE 104: *Munda* ex *Tonowek Bay,* bei Kaiser, fertig 8. Juli 1944; Oktober 1960 abgebrochen.

Die *Sangamon*-Klasse, die sich von allen bisherigen CVE-Typen glänzend bewährt und vor allem wegen ihrer großen Heizölbunker eine große Seeausdauer hat, wird 1944 modifiziert. Als verbesserter Typ kommt, im Herbst 1943 begonnen, ab Ende

1944 die *Commencement-Bay*-Klasse in Dienst; 33 Flugzeuge, 1066 Mann Besatzung.

- 1944, CVE 105: *Commencement Bay* ex *St. Joseph Bay,* umgebaut bei Todd-Pazific, Tacoma; 18 908 t/21 397 t, L.: 160.02 m/169.20 m, B.: 22.80 m/32.05 m, T.: 8.50 m, Zweischraubenschiff mit Turbinen für 16 000 PSW/19 kn; Bewaffnung: 2:5 inch, 36:4 cm (12×2), 20:2 cm, Flugzeuge: bis zu 33.
Schicksal: ausgemustert 1. April 1971;

- 1944, CVE 106: *Block Island* ex *Sunset Bay,* bei Todd-Pacific, Tacoma, fertig 30. Dezember 1944; Juni 1960 abgebrochen;
- 1945, CVE 107: *Gilbert Islands* ex *St. Andrews,* bei Todd-Pacific, Tacoma, fertig 5. Februar 1945; ausgemustert 15. Oktober 1976;
- 1945, CVE 108: *Kula Gulf* ex *Vermillion Bay,* bei Todd-Pacific, Tacoma, fertig 12. Mai 1945; 1971 abgewrackt;
- 1945, CVE 109: *Cape Gloucester* ex *Willapa Bay,* bei Todd Pacific, Tacoma, fertig 5. März 1945; ausgemustert 1. April 1971;
- 1945, CVE 110: *Salerno Bay* ex *Winjah Bay,* bei Todd Pacific, Tacoma, fertig 19. Mai 1945; 1962 abgebrochen;
- 1945, CVE 111: *Vella Gulf* ex *Totem Bay,* bei Todd Pacific, Tacoma, fertig 9. April 1945; 1971 abgewrackt;
- 1945, CVE 112: *Siboney* ex *Frosty Bay,* bei Todd Pacific, Tacoma, fertig am 14. Mai 1945; 1971 abgewrackt;
- 1945, CVE 113: *Puget Sound* ex *Hobart Bay,* bei Todd Pacific, Tacoma, fertig 18. Juni 1945; abgewrackt 1962;
- 1945, CVE 114: *Rendova* ex *Mosser Bay,* bei Todd Pacific, Tacoma, fertig 22. Oktober 1945; 1971 abgewrackt;
- 1945, CVE 115: *Bairoko* ex *Portage Bay,* bei Todd Pacific, Tacoma, fertig 16. Juli 1945, Januar 1961 abgewrackt;
- 1945, CVE 116: *Badoeng Strait* ex *San Alberto Bay,* bei Todd Pacific, Tacoma, fertig 14. November 1945; 1972 abgebrochen;
- 1945, CVE 117: *Saidor* ex *Saltery Bay,* bei Todd Pacific, Tacoma, fertig 4. September 1945; 1971 abgebrochen;
- 1945, CVE 118: *Sicily* ex *Sandy Bay,* bei Todd Pacific, Tacoma, fertig 27. Februar 1946; März 1961 abgebrochen;
- 1945, CVE 119: *Point Cruz* ex *Trocadero Bay,* bei Todd Pacific, Tacoma, fertig 16. Oktober 1945; 1971 abgebrochen;
- 1945, CVE 120: *Mindoro,* bei Todd Pacific, Tacoma, fertig 4. Dezember 1945; September 1960 abgebrochen.

Die CVE 121 *Rabaul,* CVE 122 *Palau* und CVE 123 *Tinian* wurden erst 1946 fertig, vier weitere, noch 1945 im April und Mai begonnene CVEs (CVE 124 *Bastogne,* CVE 125 *Eniwetok,* CVE 126 *Lingayen* und CVE 127 *Okinawa*) wurden annulliert.

Wer eine Antwort darauf sucht, warum die deutsche U-Boot-Waffe trotz aller Anstrengungen und überwältigenden Leistungen unterliegen mußte: diese Escort Aircraft Geleitträger mit 10, 15, 20 und mehr Flugzeugen an Bord werden nicht nur das von Flugzeugen bislang nicht kontrollierte BLACK GAP im Nordatlantik schließen, sie werden mit ihren Flugzeugen auch die bisher »weichen Stellen« über den ozeanischen Weiten des mittleren und nördlichen Südatlantiks überdecken, und sie finden auch im Nordmeer zum Schutze der Rußlandgeleite Verwendung.

Zugegeben, daß es oft sehr schwer ist — der Fall *München* und der Fall *Pamir* beweisen es — Schiffe aus der Luft in See zu entdecken, so sind die bald in allen Flugzeugen installierten 9.7 cm und später 3 cm ASV-Geräte[222a], ein wertvoller Bundesgenosse, um solche relativ kleinen Ziele, wie U-Boote es sind, zu orten. Die britische Funkaufklärung in BP gibt oft die gefunkte und in die Seekarte vermerkte Position — immer, wenn die Boote dem BdU melden, oder die HF/DF-Geräte an Bord der Eskorter die gefürchteten GRAUEN WÖLFE noch genauer einpeilen. Jetzt aber müssen die relativ kleinen U-Boot-Ziele in der See auch gefunden werden. Hier, bei nun annähernd genauer Position, kann sich das Flugzeugradar bei eingegrenztem Suchbereich gezielter konzentrieren.

Wie gesagt, die EACs und die CVEs kontrollieren jene Seegebiete, die von den Coastal Command-Flugzeugen, den Long-Ranges und Very Long Ranges, nicht erreicht werden können. Da ist bald keine Zone in den nord- und mittelatlantischen Operationsgebieten mehr, in denen den U-Booten kein Angriff aus der Luft droht. Schlimm, sehr schlimm, weil absolut tödlich, wird es erst, als die Alliierten ab Sommer 1943 ihre akustischen Lufttorpedos einsetzen, eine Waffe mit einer Technik, von der die Deutschen glauben, die absolute Priorität zu haben. Es handelt sich um den FIDO, von dem die Amerikaner indessen respektvoll orakeln: »Sein Einsatz wird zeitlich beschränkt sein, denn es wird höchstens zwei Monate dauern, dann haben diese ›bloody

---

Zur nebenstehenden Zeichnung: Das Bild verdeutlicht die über die Jahre hinweg fortschreitenden Eindringtiefen durch britische, später britisch-amerikanische Flugzeuge, die sich wie die Blende einer Optik immer mehr vergrößern mit dem Ziel, die Konvois in den BLACK GAPs nordwestlich und vor allem südwestlich der Azoren zu sichern. Die Besetzung Islands (und der Färöers) im Juni 1941 war der erste Schritt der Alliierten auf dem Wege »towards closing the gap«. Weitere folgen vom Juni 1941 bis März 1941, vom April 1941 bis Dezember 1941, vom Januar 1942 bis Juli 1942, vom August 1942 bis Mai 1943, jenem Jahr, in dem im Nordatlantik das letzte GAP bis zum Ende des Krieges »geschlossen« werden kann.

Zeichnung: aus [184]

Sep 1939 Mai 1940	Juni 1940 März 1941	April 1941 Dez 1941	Jan 1942 July 1942	Aug 1942 Mai 1943	Juni 1943 Aug 1943	Sep 1943 Mai 1945	

Island

Cherbourg
Brest
Lorient
St Nazaire

Gibraltar

Azoren

Bermudas

Westindische Inseln

307

Germans‹ eine Gegenwaffe und schalten ihn aus.«[222b] Der erste erfolgreiche Einsatz eines FIDO ist (nach Hans Meckel) jedenfalls für den 12. Mai 1943 nachzuweisen, für jenen Monat, in dem für die GRAUEN WÖLFE das Verhängnis begann.

2.9.2 Verbesserte, immer modernere Waffen zielen auf eine Krise der U-Boote ab

2.9.2.1 Der Hedgehog-Werfer

> Erste Versuche mit dem »Igel« (= Hedgehog) auf dem britischen Zerstörer *Westcott* · Beim Vorauswurf bleibt die Asdic-Ortung ungestört: das ist das Neue, das Wesentliche · Eigengefährdung durch den Hedgehog · Der Unterschied zwischen Wurfgranaten und Wasserbomben · Sinkkörper mit Kontaktzündung · elliptisches oder/und quadratisches Ziel- und Trefferfeld · Hedgehog-Salven bei maximal 15 kn · Die Maxime des britischen Admirals über das »unsichere Gerät« · Hedgehog schlecht, weil die moralische Wirkung explodierender Wasserbomben fehlt · Woran es mangelt, ist: eine elektronische Zielbilderfassung · Der us-amerikanische »mousetrap« · Die »Mausefalle« befriedigte nie

Als der Flottillenführer der Zerstörer der »Admiralty W-class« Mitte 1941 erstmals und versuchsweise dem Zerstörer *Westcott* ein neues U-Boot-Bekämpfungsmittel liefert, das den ebenso unseemännisch verwirrenden wie vielversprechenden Namen Hedgehog = Igel trägt, zeigt sich der Zerstörerkommandant nach der Testfahrt nicht sonderlich begeistert.[223] Vor allem die elektrische Abfeuerungsanlage funktionierte schlecht, so schlecht, daß man es bei weiteren Testfahrten mit dem ebenfalls neuen Gerät »Porcupine« versucht, das jedoch, mechanisch abgefeuert, noch schlechter funktioniert.

Aber der Vorteil des Hedgehog ist imponierend einleuchtend und scheint derart verblüffend gut, daß man nur ungern auf einen Einsatz verzichten möchte, werden doch hier U-Boot-Be-

Die neue, 1941 entwickelte U-Boot-Bekämpfungswaffe Hedgehog (= bildhaft: Igel), die erstmals auf dem britischen Zerstörer WESTCOTT eingesetzt wird, ist nach dem Weyer [164] ein (in der Verwendung heute auslaufender) »Wabo«-Salvenwerfer. Wabos (= Wasserbomben) schleudert das Gerät, wie auch auf dem Bild erkenntlich, jedoch nicht. In korrekter technischer Nomenklatur handelt es sich bei den Geschossen des Hedgehog vielmehr um Wurfgranaten. Erst nach Beendigung des (Wurf- oder Schleuder-)Fluges wird das Geschoß im Wasser zum Sinkkörper, der nur über eine Kontaktzündung detoniert. Die Hedgehog-Wurfgranate muß also das Ziel, das heißt das U-Boot, treffen, um wirksam zu werden. Anders die Wasserbombe, die mit ihrem geregelten Untertrieb vermöge ihres hydrostatischen Zünders in einer vorgesehenen Tiefe explodiert und je nach Typ eine u-boot-vernichtende Explosionswellenwirkung hat. Während die Wasserbomben also tiefenabhängig sind, wirken die Hedgehoggeschosse tiefenunabhängig und haben wegen ihrer gleichzeitig angesetzten größeren Zahl auch einen größeren Bereich, wenigstens mit einem Geschoß das Ziel zu treffen.

Photo: nach [180]

kämpfungsgeschosse des U-Boot-Jägers über den Bug hinaus nach voraus in Fahrtrichtung geschossen. Dadurch kann das vom ASDIC erfaßte U-Boot, das sonst bei den übers Heck achteraus geworfenen normalen Wasserbomben im Wirbel der Detonationen entkommt bzw. entkommen kann und neu gesucht und neu angelaufen werden muß.

Hier beim Hedgehog aber bleibt das U-Boot nicht nur in der ASDIC-Peilung, es läuft regelrecht in die Werfersalve hinein. Außerdem kann der betreffende Eskorter auch andere U-Boot-Bekämpfungsfahrzeuge einweisen. Gemeint sind mit den Werfersalven die Hedgehog-Geschosse. Diese sind aber in genauer technischer Nomenklatur nicht mehr und nicht weniger als Wurfgranaten und deutlich durch die Bezeichnungen bomb von der depth charge zu unterscheiden.

Zu einer Wasserbombe gehört ein geregelter Untertrieb und ein hydrostatischer Zünder.

Die Hedgehog-Geschosse können von dem anlaufenden U-Boot-Jäger voraus »geschossen« bzw. geschleudert werden, wenn eine Asdic-Ortung ein U-boot lokalisiert. Die Asdic-Ortung bleibt beim Hedgehog-Angriff bestehen und wird nicht, wie bei den konventionell achteraus geworfenen (bzw. abgerollten) Wabos (= Wasserbomben) ausgelöscht, da das Ziel vor dem Wabo-Wurf überfahren werden muß.

Zeichnung aus [180]

Sie ist ein Sinkkörper, auch wenn sie ein Stück weit weggeworfen wird.
Eine Wurfgranate dagegen ist ein ballistisches Geschoß, in diesem Fall durch vier Flügel stabilisiert, das erst nach Beendigung des Fluges zum Sinkkörper wird und eine Kontaktzündung hat. Solch eine Hedgehog-Granate hat eine Sprengladung von 32lbs Torpex.[224]
Dieser Hedgehog ist an sich, das noch nebenbei, eine Marine-Aptierung des beim Heer eingeführten, nach seinem Erfinder Blacker Bombard genannten Gerätes, das zwei verschiedene Munitionsarten verschießen kann: a) den Typ anti-tank und b) den Typ anti-personnel. Die technische Bezeichnung lautet hier »spigot mortar«, was deutscherseits mit Zapfenwerfer übersetzt werden kann, obgleich es nicht mit Zapfen wirft, denn die Zapfen dienen nur zum Aufsetzen der Wurfgranaten. Die Heeres- und die Marineversion haben beide 24 Zapfen fixierter Stellung, die am Ende des Zielfluges bei der Marine ein elliptisches und beim Heer ein mehr quadratisches Feld bewirken, beim Heer auch ausnahmsweise ein rechteckiges Feld zur Panzerbekämpfung, eine seltenere Form.
Eine Ausnahme bei der Marine ist ein zweigeteilter Werfer mit 2 mal 12 Zapfen (= 24), dies aus Platzgründen auf den den Fregatten gegenüber kleineren Korvetten. Die Zündung erfolgt elektrisch. Die Marine hat erhebliche Schwierigkeiten, ehe diese Zündanlage wasserdicht abgesichert werden kann. Die Zündung erfolgt hier aus Gründen der Deckstabilität für nur jeweils zwei in berechneter Folge, alle aber immer innerhalb von Sekunden.
Der Munitionsvorrat bei den Korvetten beträgt acht Satz, bei den Zerstörern liegt er mit 42 Satz bedeutend höher. Sollen Hedgehog-Geschosse geworfen werden, darf die Geschwindigkeit des Eskorters höchstens bis 15 kn betragen, damit bei einer Wurfweite von 200 yards (= 183 m) auch bei einem Treffer das Boot im ASDIC-Kontakt gehalten werden kann, unterer A-Neigungswinkel etwa 35°.
Die Geschosse werden übrigens erst nach dem Eintritt ins Wasser scharf. Bis zu 20° Krängung werden über die »Stacheln« ausgeglichen. Das elliptische Zielfeld hat eine Längsachse von etwa 36.50 m, und der Abstand der Geschosse von einander beträgt

sieben bis acht Fuß, so berechnet, damit möglichst zwei Geschosse bei einer Druckkörperbreite treffen können.
Anfangs hatte man, wie gesagt, einigen Ärger, auch später, wenn die Zündanlage abgesoffen war. Wie sagte doch der britische Admiral zu dem Flottillenführer des Versuchs-Eskorters nach den keineswegs befriedigenden Testfahrten mit dem Lächeln des mit Problemen, scheinbar unlösbaren Problemen, vertrauten Sachkenners: Nun ja, man sollte meinen, ein so unsicheres Gerät gehört nicht an die Front. Aber Sie wissen, nach welcher Maxime wir in allen unseren Streitkräften zu handeln pflegen: »Gib der Front das drittbeste Gerät, sie macht das zweitbeste daraus, auf das allerbeste wird man immer vergebens warten.«
Britischer geht es nicht.
Übrigens, die ersten Flottillenführer unter den Zerstörern, die nach ihrem Umbau in »long rage escorts« außer 110 DCs das Hedgehog eingebaut bekommen, sind die *Vansittart,* die *Venomous,* die *Verity,* die *Volunteer* und die *Whitehall,* alle von der »Admiralty Modified ›W‹ class«.
Werner F. G. Stehr im Wortlaut: »Vielfach wurde der Hedgehog als schlechte Waffe betrachtet, da die moralische Wirkung der in jedem Fall explodierenden Wasserbomben fehlte, hatte doch der Hedgehog Aufschlagzünder, das heißt das ins Zielgebiet geschleuderte Geschoß mußte das angegriffene Boot treffen. Hedgehog war eben einfach eine Waffe mehr, und man glaubt nicht, daß ihm allein viele U-Boote zum Opfer fielen. Weshalb die britischen Fachleute dieser Meinung sind, liegt wohl daran, daß es damals noch keine elektronische Zielbild-Abtastvorrichtung gab. Eine Verzögerung von nur 2 s reichte aus, um die Ellipse neben das U-Boot zu legen. Da der Feuerbefehl zwischen Zielauffassung und Abfeuerung im günstigsten Fall einen Zeitraum von 16 s überdeckte, sind 2 s viel.«
Auch die US Navy hat eine ähnliche Waffe, weil ihr der britische Hedgehog an sich zu schwer und zu unhandlich ist und die Verbände des Schiffes beim Abfeuern zu stark belasten. Die Amerikaner entwickeln daher ihren »Mousetrap«. Diese »Mausefalle« verschießt die gleiche Munition. Das Geschoßgewicht beträgt 26 kg und hat einen Durchmesser von 5 inch (= 127 mm), verfügt aber über eine weitaus größere Reichweite, nämlich über

300 yards (= 275 m). Der Mousetrap faßt nur 8 Geschosse, weil er auch auf kleinen und langsam fahrenden Fahrzeugen aufgestellt werden soll und wird. Andererseits werden auf zwölf Zerstörern der 2395 ts großen *Benson/Livermore*-Klasse je 3 Mousetrap-Raketenwerfer installiert, die von Conway [9] wie folgt kommentiert werden: »The equipment proved a failure, but this was the only such installation in wartime modern US-destroyers; only destroyer escorts and the old flush-deckers ever received hedgehogs in wartime«, genauso wie die U-Boot-Jäger, so vom Typ *PC* (173 ft) oder von der *SC* (110 ft) Klasse, die neben den DC-projectors und DC-racks je 2 Mousetraps erhalten.
Was die Zerstörer und die amerikanischen Versuche betrifft, sagt hiermit Werner Stehr:
»Zudem mußte man für so kleine Geräte nicht das Geschütz A opfern, sondern nur etwas Artilleriemunition oder einige Wabos. Entwickelt wurde der Mousetrap übrigens vom US National Defense Research Committee. Die Endausführung war die Version Mk 22, deren Zapfen starr waren und keinen Rollausgleich ermöglichten. Trotz verschiedenartiger und forcierter Erprobungen befriedigte dieses Gerät nie und wurde im März 1944 von Bord genommen, meist zugunsten der leichten Flak«.
Ob der Hedgehog und der Mousetrap von den deutschen U-Boot-Kommandanten in seiner Art erkannt und dem BdU darüber als neuartige Feindwaffe berichtet wurde, geht aus den einschlägigen Akten nicht hervor. Wie dem auch sei, bei der Frage, warum die deutsche U-Boot-Waffe unterliegen mußte, muß auch dieser Waffe ein Anteil gegnerischer Erfolge zugesprochen werden.
Dasselbe trifft auch auf die Stromlinienwasserbomben zu.[225]
Und versagte auch hier die von Admiral Canaris gelenkte Abwehr? Schließlich konnte doch jeder Interessierte die Werfergestelle auf den betreffenden Schiffen sehen, wenn sie im Hafen lagen, wie ja auch die HF/DF-Antenne einfach nicht zu übersehen war.

2.9.2.2 Wasserbomben, leichte, schwere und die »Torpex«, der Squid und der Amouk

Größeres Wabo-Totgewicht — größere Sinkgeschwindigkeit · Druckkörperzerstörung bei 25 feet Abstand · Die britischen Wurfsysteme · Statistik: Hedgehog als effektivste U-Boot-Bekämpfungswaffe erwiesen · Die unbeliebte Mk X · Spezielles Tiefzielgerät · Der Toroplane · Der als »Mark 24 Mine« getarnte FIDO · Hier Gleitbomben — dort »rocket projectors« · Übungsflugzeuge zur Täuschung

Die Marine — und damit auch die U-Boot-Waffe und U-Boot-Abwehr — kann nur verstanden werden, wenn nicht nur ihre Schiffe, sondern auch die integrierten Waffensysteme vorgestellt und gewertet werden. Hier, bei der britischen U-Boot-Abwehr, spielt die konventionelle Wasserbombe nach wie vor eine gravierende Rolle. Außerdem ist sie inzwischen weiter entwickelt worden [72]. Verbessert sind die 200 kg schweren Leichten Wasserbomben vom Typ Mk IV und die 250 kg schwere Schwere Wasserbombe vom Typ Mk VII, die bei einer Länge von 30 inch (= 761,970 mm)[226] mit ihren 220 lbs Minol (einem während des Krieges verbesserten Amatol der Mk IV) die gleiche Sprengladungsmenge mitführt (Sprengwirkung geschätzt A = 1 : 11 = 1.5). Da das Totgewicht der Mk VII größer ist, hat sich zwangsläufig auch die Sinkgeschwindigkeit erhöht. Beträgt sie bei der Leichten Mk IV 10 feet (= 3,048 m/s), so liegt sie bei der Schweren Mk VII bei 16 feet (= 4,877 m/s). Hat die Mk IV eine max. Einstelltiefe bis zu 500 feet (= 152,40 m), so ist die Mk VII bis zu maximal 900 feet (= 274,32 m) wirksam, womit sie weiter über der den Booten vorgeschriebenen Sicherheitstauchtiefe liegt, die jedoch noch einen Spielraum bis in diese Tiefenzonen zuläßt. Erstaunlich ist nur, daß die Briten diese schriftlich nirgendwo fixierten Tabus der optimalen Nottauchtiefen der VII C-Boote kennen. Woher, ist nicht konkret festzustellen, höchstens zu vermuten. Erst nach dem Kriege werden die deutschen U-Bootfahrer — soweit sie überlebten — wie auch die Marinehistoriker erfahren, daß die Briten diese streng geheimen Nottauchtiefen offenkundig (so versichern Mitarbeiter des Deutschen U-BOOT-ARCHIVS[226] naheliegender Weise,

wenn auch ohne exakte Belege) aus Tieftauchversuchen mit dem am 27. August 1941 südlich von Island erbeuteten VII C-Boot *U 570* (Kapitänleutnant Rahmlow) kannten. (Wie in einem anderen Kapitel dargestellt, wurde *U 570* zunächst nach Thorlákshöfn eingeschleppt, später in England repariert und am 29. September 1941 als das britische U-Boot *Graph* in Dienst gestellt.)
Zurück zur Mk IV und Mk VII und deren Zerstörungskraft: Bei einer Detonation im Abstand von 25 feet = 7,62 m wird normalerweise der Druckkörper aufgebrochen, bei 40 feet = 12,19 m wird die Hülle beschädigt.
Beide Wasserbombentypen werden über die Ablaufbahn am Heck oder die Mk IV durch Werfer[227] geworfen, letztere dwars bis auf 120 feet (= 36,50 m). Bei der späteren Aufstellung von vier Werfern je Bordseite werden je zwei dwars und je zwei 45° nach achtern geschleudert. Die ursprüngliche Wurftechnik war: 1. Ablaufbahn und beide Werfer je eine Wabo, 2. und 3. Bahn je eine Wabo. Daraus ergab sich das Bild einer Fünf wie man sie vom Würfeln her kennt. Bei später 3 Bahnen und 8 Werfern — also bei 17 Wabos — waren 9 leicht und 8 schwer. Das Feld ist jetzt größer, die Tiefen sind differenzierter. Man kann sich also nicht mehr — wie weiland Otto Kretschmer — zwischen die Einstellungstiefen manövrieren und Schutz und Sicherheit vor Nahtreffern suchen.
Später geht man zu 10 Wabos von zwei Bahnen und vier Werfern über, um Munition zu strecken oder aber man fährt einen Schleichangriff in der Gruppe zu 26 Wabos. Bei einer plötzlichen Entdeckung ist für den Notfall der alte 5er-Satz stets in Bereitschaft.
Übrigens wurde 1941 eine Thornycroft-Entwicklung erprobt. Träger der Erprobungsgruppe war der Zerstörer *Whitehall* der V. und W.-Klasse. An der Stelle der Position vom Geschütz A stand ein Gerät mit 1. vier und 2. fünf Wurfrohren für den Vorauswurf in verschiedenen Seiten- und Neigungswinkeln. Zur größeren Zielgenauigkeit (Wind!) wurden die Wabos mit der Kreisfläche voran geschleudert. Die Geräte bewährten sich nicht. Statt dessen wird später (1943) der Squid entwickelt. Dieser Squid ist ein dreirohriger Vorauswerfer mit einer Wurfweite von etwa 400 m. Er schleudert im Dreieck-Muster Wasserbom-

ben vom Typ Mk VI als Wabos in verbesserter Ausführung. Diese Bombe kann nämlich auf hydrostatische oder auf Zeit-Zündung eingestellt werden. Zudem verleihen verschieden starke Kartuschen unterschiedliche Fluggeschwindigkeiten. Außerdem sind die Rohre (dreiachsig in sehr engen Grenzen) einzeln zu richten. Der Einschlag kann so plaziert werden, daß das U-Boot in die gemeinsame Explosion der Bomben sozusagen »hineinfährt«. Jede Wabo hat einen tödlichen Radius von etwa 21 feet = 6,401 m. Ihr großer Vorteil ist, daß ihre Tiefeneinstellung durch die neuen Tiefen-ASDICs sehr genau ist.[228] Im Gegensatz zum Vorauswerfer Hedgehog wird bei den Squid-Wasserbomben — wie bei Wabos üblich und gewollt — auch eine moralische Wirkung erzielt, wenn schon keine zerstörerischen Schäden am Druckkörper des Bootes erreicht werden können.[229]

Noch ein Wort zur Effektivität des Squid: Nach einer 1946 veröffentlichten Studie der US Operationals Group wird die Effektivität der Squid in der Dreiergruppe mit 16 % und mit 26 % in der Sechsergruppe von 2 Squids angegeben, und der Squid zu den erfolgreichsten Waffen gezählt. Noch effektiver war danach der Hedgehog mit 28 %. Das amerikanische Gegenstück Mousetrap fiel auf 17 % zurück, während die normale Wasserbombe (auch in der Tiefenversion) mit nur 6 % am schlechtesten abschnitt.[230]
Eine weitere Anti-U-Boot-Waffe wird nicht eingeführt:
der Amuck.
Hierbei soll ein winkliges Eisengestell die alte Wabo Mk II mit einer 180 lbs Sprengladung verschießen. Die Wasserbombe ist von 12 zwei inch-Raketenmotoren umgeben und erreicht im Vorauswurf 500 Yards = rund 460 m. Kürzere Reichweiten können durch paarweises Entfernen der »Raketenmotörchen« (alles lt [72]) erzielt werden.
Um einen größeren Bestreichungswinkel zu erreichen, wie ihn das neue ASDIC 147 erlaubt, wird das Gerät auf eine Drehscheibe gesetzt.
Keine der Lösungen befriedigt.
Auch in Großbritannien wird nur mit Wasser gekocht.
Abschließend zu der britischen Entwicklung sei noch auf die — hier und dort fälschlich mit Torpex bezeichnete — Wasserbom-

be Mk X hingewiesen, die, ein Riese, einen Ø von 53,3 cm und eine Länge von 7,16 m hat. Bei der Mk X sind drei Einstellungen möglich, nämlich für 200, 600 und 800 feet Tiefe (die Einstellung von 200 feet ist äußerst unbeliebt). Verschossen wird die Mk X aus einem Torpedorohr bei einer Mindestgeschwindigkeit des Schiffes von ca. 20 kn. Damit indessen ist der ASDIC-Kontakt verloren, der höchstens bis 15 kn gegeben ist.
Die Dotierung beträgt je Fahrzeug = 1.
Die Wirkung der 1000 lbs Minol, das von einem der üblichen Zünder über TNT ausgelöst wird, ist nachgerade erschreckend. Selbst bei 600 feet Tiefeneinstellungen sind Beschädigungen am eigenen ASDIC, an den Maschinenfundamenten und dergleichen vorgekommen. Es interessiert noch, daß aufgrund des hohen Gewichts in der Mk X eine Auftriebskammer vorhanden ist, um die Sinkgeschwindigkeit so zu reduzieren, daß das »werfende« Fahrzeug klarlaufen kann. Dessen ungeachtet sind, siehe oben, Eigenschäden bei Mk X-Detonationen nicht auszuschließen.
Außer Admiral Sir Max Kennedy Horton, seit November 1942 Commander in Chief Western Approaches (und der von Dönitz am schärfsten respektierte Gegner), und den Hunter-Killers Commander Macintyre und Captain Walker mag niemand diese Waffe.

Dem Vernehmen nach wird die Mk XI erst Ende 1943 eingeführt. Sie ist vom Typ Mk VII, also mit Totgewicht für höhere Sinkgeschwindigkeit. (Ihr Leitwerk ist so eingerichtet, daß die Wabo einen Drall bekommt und damit stetiger und schneller sinken kann.) Ihr Gesamtgewicht beträgt 220 lb, davon entfallen 120 lb auf die Sprengladung. Um der relativ kleinen Sprengladung zu großer Wirkung zu verhelfen, hat man Torpex genommen. Der Wirkungsbereich übertrifft bei weitem den aller Wasserbomben mit Ausnahme des Mk X-Riesen. Apropos Wasserbombensalven:
Sind die acht Mark XI geworfen, folgt eine Markierungs-Funkboje. Können keine Wasserbomben geworfen werden (leergeworfen oder Ladehemmung), wird die Funkboje allein geworfen, damit andere Eskorter oder U-Jäger zur See oder in der Luft das angesprochene Ziel finden können.[231]

Für Tiefangriffe gegen U-Boote — sei es mit Bomben oder Wabos — ist inzwischen ein spezielles Tiefangriffszielgerät entwickelt worden.

Was nun die US-Amerikaner und deren Wasserbomben-System angeht, so halten diese, das vorab, nicht viel von den ausgefuchsten Geräten der Royal Navy.[232] Einmal sind sie für Großserien nach amerikanischem Stil nicht unbedingt geeignet, zum anderen entsprechen sie auch nicht der simplen colt-mentality der Bedienungen auf us-amerikanischen Kriegsschiffen. So bleiben die Amerikaner in der direkten U-Boot-Bekämpfung — von der mißglückten Mousetrap abgesehen, die sie in der Beschränkung bestärkt haben mag — bei ihrem einfachen Wasserbombensystem; nachdem sie bei Kriegsbeginn zunächst noch Bestände aus dem Weltkrieg I mit ihren 400 lbs Sprengstoff verwendeten. Mit dieser Sprengladung waren sie stärker und gefährlicher als die Typen, mit denen die Briten den Weltkrieg II begannen. Ihre höchste Tiefeneinstellung lag bei 120 m.

Typ	Geschoßgewicht in lbs und Einsatzart	Ladung TNT in lbs	Sinkgeschwindigkeit ft/s
Mk 3	veraltet bei Kriegsausbruch: Notbehelf		6
Mk 4	veraltet bei Kriegsausbruch: ebenso Notbehelf		6
Mk 6	420 für Werfer Y-gun, später K-gun[233]	300	8
Mk 7	720 für Heckablauf	600	9
Mk 8	wie Mk 6 plus 155 lb Totgewicht für größere Sinkgeschwindigkeit	300	~ 12
Mk 9	340; ist nach der Interimslösung Mk 8 mit tropfenförmiger Form die Endlösung	200	14,2

Für alle amerikanischen Wasserbomben gelten bis 1942 300 feet als tiefste Zündeinstellung, danach werden es 600 feet.
600 feet bedeuten = 1 min Sinkzeit bei 10 ft/s.
Bei etwa sechs Knoten Ausweichgeschwindigkeit des getauchten U-Bootes sind das 600 feet oder 183 m Strecke. Damit ist das bedrohte U-Boot selbst aus dem Bereich kleinerer Schäden herausgelaufen. Das ist der Grund, weshalb die Briten die oben erwähnte Mk 10 entwickelt haben.
Die Y-guns benötigten querschiffs zuviel Platz und erlaubten auch kein schnelles Nachladen. Ab 1941 beginnt daher der Aus-

tausch gegen die K-guns,[234] die je nach Platzverhältnissen ein schnelles Nachladen von Wasserbomben ermöglichen. Die Y- wie auch die K-guns haben eine Wurfweite von 350 Yards = 310 m.
Das heißt:
wo die Briten zielen, streuen die Amerikaner; die us-amerikanische Mentalität wie auch die industriellen Möglichkeiten spielen hier eine Rolle.
Vor dem Kriegseintritt und auch noch danach war die übliche Aufstellung der Amerikaner: 1 Y-gun, die nach beiden Seiten werfen konnte. Danach ging man dann zu den 2 Ag und den 4.6 und 8 K-guns über, die nur nach einer Seite werfen, je nach Behinderung durch die Torpedorohrsätze der unterschiedlichen Zerstörertypen. Ursprünglich hatten die Gestelle 12 Wabos hintereinander. Durch den zunehmenden Bedarf an Leichter Flak werden sie auf 8 verkürzt, und zwar mit 5 in Reserve innen daneben, zum Beispiel bei der *Fletcher*-Klasse. Zusammen mit je 5 Wabos der 6 K-guns lassen sich 5 Fächer werfen.
Die Dotationen sind nach den jeweiligen Klassen verschieden und liegen etwa zwischen 40 Mk 7 und 10 Mk 6 am Anfang und 30 Mk 7 und 32 Mk 6 in den späteren Kriegsjahren.
Die Wabo Mk 9 bringt ohne Gewichtserhöhung nachstehende Stückzahlenerhöhung: 36 Mk 9 statt 26 Mk 7 und 10 Mk 6 für Gestelle, für K-guns im ähnlichen Verhältnis je nach vorhandenem Raum. Bei der Mk 8 ist die Erhöhung der Dotierung nicht so stark spürbar.

Apropos alliierte Zusammenarbeit: Sie war zwischen der US-Navy und der US-Luftwaffe zu Beginn des Krieges katastrophal. Das ändert sich erst im Sommer 1942. Zu dieser Zeit bekehrt sich die US-Marine (und das ist von Interesse im Hinblick auf die schweren Verluste durch die deutschen U-Boote) zu der britischen Ansicht, daß selbst ein schlecht gesicherter Konvoi besser sei als Einzelfahrer.

Nicht zu vergessen sind die U-Boot-Bekämpfungswaffen aus Flugzeugen. Begonnen hatte es mit 50 lb.-Flugzeugbomben mit Verzögerungszünder für 30 ft = 9,144 m Wassertiefe. Der Flugzeugtorpedo, mit dem Großbritannien in den Krieg ging, wog

2150 lb und hatte einen Durchmesser von 18 inches = 457 mm. Um den Torpedowurf außerhalb des Bereiches der leichten Flak zu halten, wurde von Sir Dennis Burney der »Toraplane« entwickelt. Der übliche Flugzeugtorpedo wird bei diesem System unter ein drachenartiges Tragegestell gehängt, das einen Abwurf aus jeder Höhe ermöglichen sollte. In Verbindung mit dem Gyroskop des Torpedos glitt das Gerät mit 160 m.p.h. im Winkel von 7:1 ins Wasser. Ein an einem kurzen Drahtständer hängendes Ottergewicht sorgte für die Ablösung des Torpedos vom Drachen kurz vor Erreichen der Wasseroberfläche.

Das weiter entwickelte Toraplan-Gerät ließ den Drachen zunächst eine englische Meile horizontal fliegen und hielt dadurch das Flugzeug aus dem Bereich der U-Boot-Flak.

Beide Geräte befriedigten indessen nicht und wurden 1940 aus der Front genommen. Bomben wie Torpedos wurden selbstverständlich laufend verbessert und in ihrer Wirkung verstärkt. Eine Krönung ist dann der nach den Plänen des amerikanischen FIDO konstruierte britische akustische Torpedo, der, erst im Herbst 1943 erstmals eingesetzt, aus Geheimhaltungs- und Tarnungsgründen als »Mark 24 Mine« geführt wird.

Neu sind dann, im Herbst 1943, in dem die Deutschen ihre ersten Gleitbomben gegen Schiffsziele einsetzen, auch die »rocket projectors«, Raketenwerfer also, mit denen die Liberators der 224. Squadron ausgerüstet werden.

Bleibt noch der Hinweis, daß der Einsatz von Lufttorpedos von Mitarbeitern des U-BOOT-ARCHIVS (Cuxhaven) als abwegig bezeichnet wird. Nach dieser Quelle ist »nur ein einziger Fall« einer U-Boot-Versenkung mit einem Lufttorpedo bekannt: *U 331,* das im Mittelmeer, nordwestlich von Algier stilliegend, gebombt und aus der Luft torpediert wurde, »also ohnehin ein Sonderfall«.

Übrigens sei in Verbindung mit den Lufttorpedos noch eine Nachlese von Interesse: völlig ungeübt in der U-Boot-Bekämpfung aus der Luft sind die Briten nun nicht in den Krieg gegangen. Sie hatten ihre Methoden der U-Boot-Bekämpfung bereits während des Spanischen Bürgerkrieges an deutschen und italienischen U-Booten »geübt«. Zuständig war seinerzeit die in Gibraltar stationierte Squadron 202. Von Interesse ist vielleicht

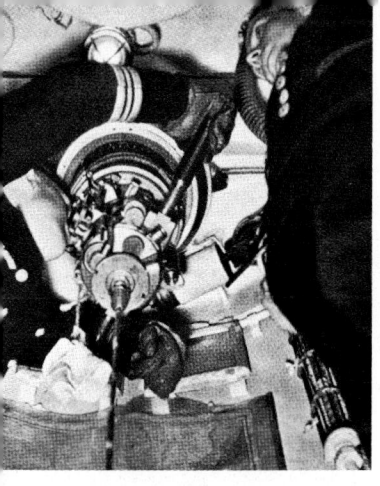

Oben links: Der Kommandant am ausgefahrenen Nachtzielsehrohr in der Zentrale. — Foto: aus [155] •
»Alarm«: Das Boot geht auf die Tiefe — als letzter der Brückenwache ist der Kommandant in den Turm eingestiegen. Er wirft das Luk zu, das knackend einrastet. Hier dreht er die Spindel und damit das Luk wasserdicht. Inzwischen sind die Entlüfter für die Tauchzellen betätigt worden, traumwandlerisch eingeübt 5 (mit dem Handrad) — 4 beide — 3 beide — 2 beide (alle per Hebel) — und zuletzt 1 (wieder per Handrad). — Foto: PK Lassen • Unten: Die Besatzung von *U 65* (Korvettenkapitän Hans-Gerrit von Stockhausen (Ritterkreuz 14. I. 1941) nach erfolgreicher Feindfahrt am 2. I. 1941 im Stützpunkt. Jeder Mann der Besatzung ist ausgezeichnet worden, denn jeder an Bord ist (nach Wolfgang Lüth) »Mitglied der Kampfgemeinschaft Unterseeboot« [257]. Verantwortung für alle lastet auf jedem Mann an Bord. — Foto: Archiv Koehlers Verlag.

Oben: Hier, bei dem von Feindfahrt heimgekehrten VII C-Boot *U 94* (Kapitänleutnant Herbert Kuppisch) steht Admiral Dönitz nicht als BdU und somit als Chef, hier steht der praxis- und feindfahrterfahrene U-Bootfahrer Karl Dönitz, der mit seinen Männern fühlt und denkt und lebt und denen seine ganze Sorge gilt, Männer und Offiziere, die er mit kameradschaftlichem (väterlichem) Du und nicht mit distanziertem Sie anredet. — Foto: Koehler Vlg. — Archiv (2) • Links: Überwältigende Erfolge vor Nordamerika im Frühjahr lassen hoffen: hier macht das IX C-Boot *U 123* (Kapitänleutnant Reinhard Hardegen) nach zwei überaus erfolgreichen USA-Ostküsteneinsätzen zum erstenmal wieder in der Heimat fest. — Foto: PK. Meisinger • Unten: Neue Boote erhöhen (trotz abgehender Verluste) die Schlagkraft der Grauen Wölfe. Aber auch der Gegner schläft nicht; bald schon werden sich die Boote der bisherigen Typen als zu konventionell (sprich überholt) erweisen und eine der Ursachen der Wende sein. Im Bild: *U 231* (X. 1942) bei der Endausrüstung in Kiel, luftzielgetarnt durch einen einfachen, aber praktischen Überbau. — Foto: Archiv Koehler Vlg.

"Roll of Drums"

By Lieutenant (j.g.) T. J. Belke, U. S. Navy

Off the Florida coast, this tanker fell victim to the Nazi submarine offensive, Operation Paukenschlag— the "roll of drums." Starting with a handful of U-boats in January 1942, Germany's carefully orchestrated forces shook American coastal shipping—and Americans' confidence— with a crescendo of exploding torpedoes. For the next six months, the reverberations were felt by the Allies as far away as Tobruk.

Die U-Boot-Aktion Paukenschlag vor der Ostküste der USA hat den Amerikanern über Monate hinweg schwerste Schiffsverluste eingebracht. Noch heute befassen sich us-amerikanische Marinehistoriker und andere Experten mit der Frage »Warum das so war«, hier mit dem Beitrag »Roll of the Drums« in den »Proceedings« des U.S. Naval Institutes in Annapolis [133].

Die italienischen U-Bootfahrer waren gute, tapfere Waffenkameraden. In der 1. Phase der Atlantikschlacht waren nach der Besetzung von Frankreich eine Zeitlang mehr italienische als deutsche U-Boote in den Stützpunkten von Westfrankreich. Indessen hatten die großen italienischen Boote (die über 1 Mio BRT versenkten) gegenüber dem kleineren wendigen deutschen VII C-Boot einsatztechnische Schwächen. Das Bild zeigt das 1060/1313ts große U-Schiff *Commandante Cappellini,* später, in Singapore, deutsch UIT 24, nach 10. Mai 1945 an Japan. — Foto: Archiv Koehler Vlg. (2). • Unten: Der Kommandant des italienischen U-Bootes *Barbarigo* (941 t [!]), Korvettenkapitän Enzo Grossi, ist am 7. XI. 1942 in Bordeaux von Admiral Dönitz in Gegenwart von Vertretern der deutschen und italienischen Waffengattung mit dem Ritterkreuz ausgezeichnet worden. Kapitän Enzo Grossi freut sich aufrichtig über diese hohe Auszeichnung durch den deutschen Befehlshaber der U-Boote. *U-Barbarigo* geht im Juni 1943 in der Biscaya durch Luftangriff verloren.

auch noch, daß beim Anwachsen der U-Boot-Gefahren unter den britischen Küsten auch unbewaffnete Übungsflugzeuge eingesetzt wurden. Sie sollten den U-Boot-Kommandanten Luftgefahr vortäuschen. Diese Maschinen, die von ausgebildeten Piloten geflogen wurden, fehlten natürlich an den Flugschulen. Hauptsache war: deutsche U-Boote wurden unter Wasser gedrückt.

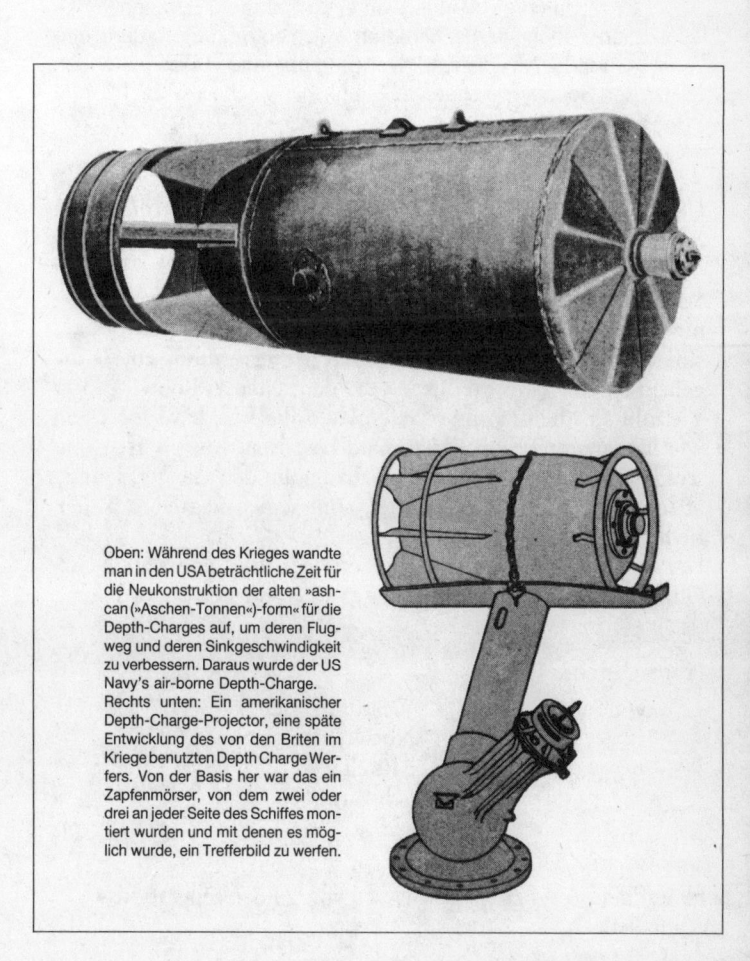

Oben: Während des Krieges wandte man in den USA beträchtliche Zeit für die Neukonstruktion der alten »ashcan (»Aschen-Tonnen«)-form« für die Depth-Charges auf, um deren Flugweg und deren Sinkgeschwindigkeit zu verbessern. Daraus wurde der US Navy's air-borne Depth-Charge.
Rechts unten: Ein amerikanischer Depth-Charge-Projector, eine späte Entwicklung des von den Briten im Kriege benutzten Depth Charge Werfers. Von der Basis her war das ein Zapfenmörser, von dem zwei oder drei an jeder Seite des Schiffes montiert wurden und mit denen es möglich wurde, ein Trefferbild zu werfen.

2.10 1942 ein relativ erfolgreiches Jahr für die U-Boot-Waffe

> Churchills Sorgen: the close struggle for bare survival · Sich ständig vergrößernde U-Boot-Zahlen · Aber: Der Verlustdurchschnitt beginnt anzusteigen · Raeders Problem: Krise durch die Verluste an eingefahrenem Personal · Alliierte Neubauten multiplizieren sich zu Ungunsten der Deutschen · Casablanca: »Der Sieg über die U-Boote steht an der Spitze« — absolute Einigkeit zwischen Churchill und Roosevelt

Churchill macht angesichts der Tonnageverluste, die 1942 durch die U-Boote 6 546 000 BRT und durch andere Einheiten und Ursachen 1 529 000 BRT betragen, aus seinen schweren Sorgen keinen Hehl: Die deutsche U-Boot-Waffe bringe der Seemacht Großbritannien den, wie er sagt, »close struggle for bare survival«. Das ruft er der freien Welt in einer Stunde zu, da die geheimen Abwehrmittel gegen die deutschen U-Boote in ihrer Vielzahl an Mensch und Masse bereits die Wende versprechen, wie Einsatzexerzitien zeigen. Und beweisen. Ein taktisch und strategisch unerhört kluger Schachzug, um den Gegner, Dönitz at first, in Sicherheit zu wiegen, »mit seinen Mitteln auf dem richtigen Wege zu sein ...«

Dazu zählen sich ständig vergrößernde Zahlen an fronteinsatzfähigen U-Booten. Im Dezember 1942 ergibt sich dieses Bild:

Front-U-Boote			210
a) davon in Häfen	Westfrankreich	67	
	Norwegen	18	
	Mittelmeer	13	
	Schwarze See	2	
		100	100

b) auf dem An- bzw. Rückmarsch von/zu den Operationsgebieten 47

c) im Operationsgebiet Nordatlantik   40
                        Mittelatlantik   13
                        Südatlantik   —
                        Mittelmeer   8
                        Nordmeer   2
                        Schwarze See   —
                                         63   63

In der Erprobung und in der Ausbildung befinden sich 119 Boote, die noch im Laufe des Jahres 1943 frontreif werden sollen.
Die Gesamtverluste an U-Booten betragen seit Beginn des Krieges bis zum 12. Dezember 1942 150 Boote, das ist fast das Dreifache von dem Vorkriegsbestand und ergibt einen monatlichen Verlustdurchschnitt an 3,8 Booten, der jedoch im November bedrohlich ansteigt, als 13 U-Boote verlorengehen und nur 24 Neubauten dagegenstehen. Das ist der Zeitpunkt, da sich, den Deutschen unbekannt, alliierterseits der Einsatz vom 9.7 cm-Radar in Flugzeugen (auch in den VLR), vom 10 cm-Radar auf den Eskorten, vom Huff/Duff und vom Hedgehog mehrt, während die Escort Aircraft Carriers in dieser Phase noch vornehmlich für die Operation TORCH benötigt werden.

Noch viel schwerer als die materiellen wiegen die personellen Verluste der U-Boot-Waffe. Bereits am 26. August hatte Großadmiral Raeder Hitler vorgetragen: »Die in der letzten Zeit eingetretenen U-Boot-Verluste — 3 im Juni, 9 im Juli, 10 im August — waren unerwartet hoch. Bei einer Gesamtzahl von 105 U-Booten betrugen die Personalverluste 38 %. Es handelte sich vornehmlich um »eingefahrenes Personal«:

	Offiziere	Port.-UOs	Unteroffiz.	Mannsch.	Summe
Gefallen sind:	185	184	515	1075	1959
in Gefangenschaft gingen:	112	113	323	600	1148
vermißt werden:	63	59	192	382	696
	360	356	1030	2057	3803

Die Erfolge sind also teuer, zu teuer erkauft (was sich ab Mai 1943 noch erschreckend steigern wird). Immerhin läßt sich bis dato nachweisen, daß insgesamt mehr Schiffe versenkt worden sind, als im Rahmen des (allerdings gerade erst angelaufenen) alliierten Neubauprogramms nachgebaut bzw. ersetzt werden konnten, nämlich 8 075 000 BRT versenktem alliierten Schiffsraum stehen 7 200 000 BRT an Neubautonnage gegenüber.

Diese Relation, die (ohne detaillierte Kenntnis der sich in Wahrheit multiplizierenden U-Boot-Abwehrkräfte der Alliierten) mit zunehmenden U-Boot-Zahlen allein durch bloße Extrapolation ein noch wesentlich günstigeres Ergebnis für 1943 erhoffen läßt, wird sich 1943 dagegen sehr zu Ungunsten der Deutschen ändern, denn jetzt potenziert sich die Zahl der Neubauten an Handelsschifftonnage. Sie wird Ende 1943 14 600 000 BRT betragen.

Allein aus dieser Sicht ist die akute Krise für den Handelskrieg der deutschen U-Boote bereits angebrochen. Sie wird sich noch mehr verstärken, wenn erst einmal die Maßnahmen zum Tragen kommen, die Mitte Januar auf der Konferenz in Casablanca zwischen Roosevelt und Churchill im Rahmen der von beiden Staatsmännern verlangten »bedingungslosen Kapitulation« protokolliert werden und die unter der Maxime stehen »Der Sieg über die deutschen U-Boote steht an der Spitze der Prioritätsliste der alliierten Kriegführung«.

3. Kapitel
1943: Der Höhepunkt im März, das Kriterium im Mai und der Entschluß des BDU

3.0 Zur Lage:

Das Jahr 1943, das mit der Katastrophe von Stalingrad eingeleitet wird, ist, was die U-Boot-Waffe angeht, gleich in mehrfacher Hinsicht entscheidend:
1. Zunächst und vor allem gibt die am 30. Januar 1943 erfolgte Ernennung von Admiral Karl Dönitz zum Großadmiral und Oberbefehlshaber der Kriegsmarine der U-Boot-Waffe die absolute Priorität der Seekriegführung, nachdem Großadmiral Dr. h.c. Erich Raeder als einstiger Verfechter einer auf Großkampfschiffe gestützten Seekriegführung nach Differenzen mit Hitler zurückgetreten ist.
2. Immer noch behindern schwere Stürme die Nordatlantikschlacht, aus der Hitler nach der Katastrophe von Stalingrad wenigstens einige »Sondermeldungen« erhofft, um die depressive Stimmung im Volk und an den Fronten zu korrigieren. Im Monat Januar kann jedoch bei nur einer Versenkung aus einem der (nur) zwei im winterlichen Atlantik von den 60 eingesetzten U-Booten aufgespürten Konvois in Verbindung mit den anderen Revieren im Nordmeer (alias Eismeer), im Mittel- und Südatlantik und im Mittel- und Schwarzen Meer nur eine Gesamtsumme von 42 Schiffen mit etwas über 200 000 BRT versenkt werden. Dieser an der Zahl der eingesetzten U-Boote mager zu nennende Erfolg muß mit sechs (!) Eigenverlusten[235] bezahlt werden, von denen die Hälfte aus der Luft versenkt wurde, eine Ursache, für die man an Land das Radar in den Flugzeugen verantwortlich macht, die Front dagegen in vielen Fällen meint, der Gegner könne nur die deutschen Schlüsselmittel beherrschen. Er

weiß deshalb, wo U-Boote nach ihrer letzten FT-Position stehen. Erst dann setzt er seine Flugzeuge ein und an. Den Rest der Such- und Jagdaktion besorgt das Radar. Doch einen Schlüsseleinbruch verneint die Heimat nach wie vor kategorisch und damit den auf Grad und Minute lokalisierten U-Boot-Jagdeinsatz.
Im Februar werden — bei nach wie vor schwerem Wetter mit Hagel und Schnee in den Orkanböen — im Nordatlantik trotz hervorragender Arbeit des deutschen xB-Dienstes nur fünf der gemeldeten Konvois gesichtet und angegriffen. Von den in den Konvois gesicherten 195 Schiffen werden 35 versenkt (bei einer Gesamtversenkungstonnage durch U-Boote von 68 Schiffen/ 330 000 BRT), aber bei nunmehr 19 Eigenverlusten. Einen Kommentar zu dieser beunruhigend hohen Verlustziffer gibt es nicht, wohl aber mit dem 1. März (siehe diesen) eine Antwort im FT-Bereich, die vermuten läßt, daß der BdU also doch um die Sicherheit des Marineschlüssels trotz gegenteiliger Versicherungen der Experten besorgt sein könnte.[236]
Im Februar zeigte Dönitz übrigens bereits bei der Führer-Lage im Führerhauptquartier Wolfsschanze,[237] wie der Gegner überraschenderweise die U-Boot-Aufstellungen nicht nur räumlich, sondern auch nach Bootszahlen erfaßt hat. Eine Umgehung der ihm bekannt gewordenen U-Boot-Aufstellungen ist hinterher festgestellt worden. »Für diese Erfassung können nach Meinung des BdU zwei Gründe ursächlich sein:

a) Verrat oder
b) Ortung der Aufstellung durch ungesehene ASV-Flugzeuge.«

Hinsichtlich des Verratsverdachtes sei alles Erforderliche veranlaßt worden.
Für den Fall b), daß die U-Boot-Aufstellungen dem Gegner durch Ortung bekannt geworden sind,
»... muß zu einer lockeren Aufstellung in größeren Abständen übergegangen werden ...«
(Auch hier vor Hitler kein Wort eines Verdachts, der Gegner könnte in den Schlüssel eingebrochen sein, kein Wort über einen nur vagen Verdacht einer Peilung der tabuisierten Kurzsignale der Fühlunghalter unter den angesetzten U-Boot-Gruppen [!!] oder der jeweiligen Standortmeldungen aufmarschierender Boote.[238])

Auf das Phänomen der Erfassung der Rudelaufstellungen wie auch der Zahl der angesetzten U-Boote durch den Gegner geht Dönitz vor Hitler nicht weiter (und wieder nicht) ein, nicht jedenfalls nach dem Lagebericht aus dem Führerhauptquartier.
Der neue Ob.d.M. muß jedenfalls an alle Probleme seines Vorgängers anknüpfen. Nicht nur an das der »Dicken Schiffe«, die Dönitz nach anfänglichem Einverständnis trotz der vorausgegangenen energischen Forderung Hitlers dann doch nicht außer Dienst stellen läßt.[239] Auch was die Fernaufklärung aus der Luft angeht. Nach der Lage der Dinge müssen die U-Boote vorerst (und auch weiterhin) in der Gruppen- und Rudeltaktik ihre eigenen Aufklärer bleiben. Das erkennt der Feind. Und er setzt alles daran, in diese taktische Schwäche einzubrechen. Das gelingt ihm — und das bleibt den Deutschen bis zum Ende des Krieges verborgen — mithilfe der bereits dargestellten Funkentschlüsselung in BP, mit dem HF/DF-Kurzwellenpeiler an Bord der Einheiten der Escort- und der Support Groups, die mit diesen Sichtfunkpeilern[240] im 25 sm-Nahbereich auch die Kurzsignale der U-Boot-Aufklärer und damit deren Fühlunghaltermeldungen erfassen.
Mit dem Verjagen und/oder Versenken der U-Boot-Aufklärer im Vorpostenstreifen glückt es den Alliierten, das taktische System des BdU zu brechen:

● die Konvois werden von den U-Booten ferngehalten, wenn man sie nicht schon vorher vor einer (über die Funkentschlüsselung) erkannten Krisensituation umleitet.

Entbrennt dennoch eine Geleitzugschlacht, verraten sich die angreifenden U-Boote weiterhin durch ihre Kurzsignale und geraten in die Abwehraktionen der Escort-Groups und neuerdings der auch mit EACs bestückten Support Groups sowie der sich immer flächiger ausbreitenden Luftüberwachung durch die VLRs.
Ein sehr wesentlicher Faktor für die sich abzeichnende augenblickliche Überlegenheit im Kampf um die Schlacht um den Atlantik ist insbesondere auch die wissenschaftliche Analyse aller erreichbaren Gegnerdaten durch die britischen Operations Research Sections.
Ein Fall für den Monat Februar ist auch das aus einem bei Rotterdam abgeschossenen britischen Bomber geborgene (CMW-)

Hochfrequenzgerät vom Typ des für Landzwecke abgewandelten ASV III, das als »Rotterdam«-Gerät unter dem Kürzel H_2S in die Geschichte eingehen wird und über das nach den neuesten Forschungsergebnissen noch wesentliche Erkenntnisse zu berichten sind.
Im März 1943 treibt dann die Schlacht im Atlantik — nach wie vor hervorragend unterstützt durch den xB-Dienst[240a] — einem absoluten Höhepunkt entgegen, worauf anfangs nicht zuletzt die von Dönitz mit dem 1. März ab Mitternacht befohlene zweite Griechenwalze Beta Einfluß hat.[240b] In diesem Monat, in dem der größte Ansatz von U-Booten nördlich des 50. Breitengrades vornehmlich zwischen 20 und 35 Grad Westlänge (das heißt südwestlich von Irland und östlich von Neufundland) erfolgt — 66 sind es am 15. März —, kommt es zur bisher größten Geleitzugschlacht (siehe auch Kapitel 3.2). Dennoch steht das Endergebnis für den Monat März, was den Konvoiraum angeht, in keinem Verhältnis zu diesem Superlativ. Von den zehn Konvois, die im Nordatlantik mit 264 Schiffen unterwegs waren, wurden zwar sechs gefaßt, aber nur 41 Schiffe daraus versenkt. Insgesamt büßte der Gegner durch U-Boote in allen Revieren 105 Schiffe mit 590 234 BRT ein, davon 82 Schiffe mit 476 349 BRT allein im gesamten nordatlantischen Raum. Dagegen stehen 15 U-Boote als Verlust.[241]
Im April werden zwölf von vierzehn Konvois mit total 611 Schiffen erfaßt, von denen im Bereich der Western Approaches des Admirals Sir Max Kennedy Horton nur 19 (23 lt. [83]) angegriffen und versenkt werden können.
Admiral Sir Max Kennedy Horton (* 1883, † 1954) hatte im November 1942 — also während der für Großbritannien kritischsten Phase der Schlacht im Atlantik — von Admiral Percy Noble das Kommando des Commander in Chief (C.-in-C.) Western Approaches übernommen. Obgleich die Grundlagen für die Funktionen dieses Kommandos von seinem Vorgänger erarbeitet worden waren, kommen Max Horton die größten Verdienste an den Erfolgen (Kemp [91] spricht von einem Sieg) zu, die sechs Monate später an den Nordatlantikrouten erzielt wurden. Sie sind mit neuartigen Trainingsmethoden für die Eskorter zu umschreiben, mit einer wesentlichen Verbesserung des Luftsicherungsschirmes über und um die Konvois und schließlich

mit der Errichtung der Support Groups mit einem Eskortträger im Zentrum [91].

Von der Gesamtzahl 30 der anfangs hier aktiv operierenden U-Boote gehen in diesem Schwerpunktraum sechs verloren, elf werden beschädigt. Bei einem Gesamterfolg von 48 Schiffen mit 276 517 BRT, muß der BdU die gleiche Zahl wie im März 1943, nämlich 15 U-Boote als Verlust abschreiben.[242]

Da sich inzwischen gezeigt hatte, daß am Konvoi »durchschlagende Erfolge« nur mit 15, 18 oder 20 Booten zu erzielen sind, hat Dönitz sogar die Fernunternehmen eingeschränkt und große Boote vom Typ IX in den Geleitzugkampf im Nordatlantik geworfen. Ende April kann er jedenfalls über 65 aktive U-Boote im Nordatlantik verfügen. Das ist auch die Zahl, mit der der Kampf in den ersten Maitagen fortgeführt werden kann.[243] Deutlich markiert sich jetzt, im Mai 1943, die entscheidende Wende: Von 13 Konvois mit 366 Schiffen werden in diesem Monat — vor allem bedingt durch die sehr starke Luftsicherung, nun auch über dem AIR GAP[244] — nur noch zwei erfaßt, da die Konvois nach Entschlüsselung der Fühlunghalter-FTs oder Luftbeobachtungen rechtzeitig umgelenkt oder die U-Boote durch weitgefächerte permanente »Luft« abgedrängt werden. Bei einer obendrein durch Verluste bedingten ständigen Abnahme der U-Boot-Zahlen können daher unter der Einwirkung der genannten Faktoren nur 15 Handelsschiffe und zwei Eskorter versenkt werden. Im gleichen Raum gehen zur gleichen Zeit jedoch 21 U-Boote verloren, elf werden beschädigt. Insgesamt beträgt die Verlustzahl in allen Operationsgebieten[245] bis zum 24. Mai, an dem Dönitz die Konsequenzen zieht, 34 U-Boote. Am Monatsende sind es 41. Eine schreckliche Verlustquote, die das Stalingrad im Nordatlantik markiert. Wenn wenigstens noch die Erfolge in eine adäquate Relation zu bringen wären, doch ist deren Gesamtziffer nicht minder erschreckend.

Bei total 44 Handelsschiffen (mit 225 772 BRT) kommt auf einen versenkten Frachter praktisch
ein verlorenes U-Boot.

Im Mai 1940 hatte die Relation so ausgesehen:
15 Frachter mit 63 407 BRT bei einem (1) U-Boot-Verlust,

im Mai 1941:
63 Frachter mit 349 620 BRT bei wiederum nur einem (1) U-Boot-Verlust und

im Mai 1942:
125 Handelsschiffe mit 584 788 BRT bei vier (4) U-Boot-Verlusten.

Die Verluste im Monat Mai 1943, chronologisch geordnet und mit den Verlustvermerken nach dem Kriegstagebuch des BdU versehen (wie gehabt ● = Verluste durch Flugzeuge, ab hier: ○ = Verluste durch Seestreitkräfte [Eskorter u. ä.] und ⊙ = durch Seestreitkräfte im Zusammenwirken mit bord- oder landgestützten Flugzeugen):

- ● *U 332* (Oberleutnant z.S. Hüttemann) am 2. Mai in der Biscaya bei Cap Finisterre durch Flugzeuge der R.A.A.F. Squ. 461 gebombt, Totalverlust; laut BdU-KTB »vermutlich durch Luft«.
- ○ *U 659* (Kapitänleutnant Hans Stock) am 3. Mai im Nordatlantik westlich von Cap Finisterre durch Kollision mit *U 439;* 44 Tote; lt. BdU-KTB »Verlustursache unbekannt«;
- ○ *U 439* (Oberleutnant z.S. H. von Tippelskirch) am 3. Mai im Nordatlantik nach Kollision mit *U 659,* 40 Tote; Kommandant gefallen, Teile der Besatzung in Gefangenschaft; lt. BdU-KTB »vermutlich durch Luft«;
- ● *U 630* (Oberleutnant z.S. Werner Winkler) am 4. Mai im Nordatlantik, Cape Farewell, durch Flugzeuge der R.C.A.F. Squ. 5, Totalverlust; lt. BdU-KTB »Verlustursache unbekannt«;
- ● *U 465* (Kapitänleutnant H. Wolf) am 5. Mai westlich von St. Nazaire durch australische FliBo der Squadron 47° 06′ N/ 10° 58′ W, 48 Tote, Totalverlust;
- ○ *U 192* (Oberleutnant z.S. W. Happe) am 5. Mai im Nordatlantik südwestlich von Cape Farewell durch Wabos der britischen Korvette *Pink,* Totalverlust; lt. BdU-KTB »Verlust vermutlich durch Luft«;
- ○ *U 638* (Kapitänleutnant Oskar Staudinger) am 5. Mai im Nordatlantik nordöstlich von Neufundland durch Wabos der britischen Korvette *Loosestrife,* Totalverlust; lt. BdU-KTB »vermutlich durch Seestreitkräfte«;

- *U 125* (Kapitänleutnant Ulrich Folkers) nach Lohmann [90] und nach Gröner [6] am 6. Mai im Nordatlantik östlich von Neufundland auf 52° 01′ N/44° 50′ W durch den britischen Zerstörer *Oribi* bzw. durch die Korvette *Snowflake* erst mit Artillerie beschossen, dann gerammt; nach Roskill [2] und Mielke [78] östlich von Neufundland durch den britischen Zerstörer *Vidette* nach Artilleriebeschuß gerammt, Totalverlust; lt. BdU-KTB »Am Geleit verloren«;
- *U 531* (Kapitänleutnant Herbert Neckel) nach [90] und [6] durch Wabos vom britischen Zerstörer *Vidette* am 6. Mai im Nordatlantik nordöstlich von Neufundland, nach [2] und [78] durch den britischen Zerstörer *Oribi*, 54 Tote, Totalverlust; lt. BdU-KTB »Verlust vermutlich durch Seestreitkräfte«;
- *U 438* (Kapitänleutnant Heinrich Heinsohn) am 6. Mai im Nordatlantik nordöstlich von Neufundland durch Wabos der britischen Sloop *Pelican*, Totalverlust; lt. BdU-KTB »vermutlich durch Seestreitkräfte«;
- *U 447* (Oberleutnant z.S. Friedrich-Wilhelm Bothe) am 7. Mai im Atlantik westlich von Gibraltar durch Flugzeuge der Air Patrol der 233. Squ. gebombt, Totalverlust; lt. BdU-KTB »Verlustursache unbekannt«;
- *U 109* (Oberleutnant z.S. Joachim Schramm) am 7. Mai beim Ausmarsch aus der Biscaya im Nordatlantik südlich von Irland durch FliBos der Bay Air Patrol gebombt, Totalverlust; lt. BdU-KTB »Verlust vermutlich durch Luft«;
- *U 663* (Kapitänleutnant Heinrich Schmid) am 7. Mai in der Biscaya westlich von Brest durch Flugzeuge der Bay Air Patrol der 58. Squ., Totalverlust; lt. BdU-KTB »Verlust durch Luft«;
- *U 528* (Kapitänleutnant Georg von Rabenau) am 11. Mai im Nordatlantik südwestlich von Irland durch air/sea escort, und zwar durch Flugzeuge der 58. Squ. und Wabos der Sloop *Fleetwood*, ein Teil der Besatzung geriet in Gefangenschaft; lt. BdU-KTB »Verlust vermutlich durch Luft«;
- *U 186* (Kapitänleutnant Siegfried Hesemann) am 12. Mai im Nordatlantik nördlich der Azoren durch Wabos des britischen Zerstörers *Hesperus*, Totalverlust; lt. BdU-KTB »Verlust vermutlich durch Seestreitkräfte am Geleit«;
- *U 89* (Korvettenkapitän Dietrich Lohmann) am 12. Mai

durch air/sea escort durch Flugzeuge des Escort-carriers *Biter* (811. Squ.) in Verbindung mit Wabos des britischen Zerstörers *Broadway* und der Fregatte *Lagan* im Nordatlantik, Totalverlust; lt. BdU-KTB »am Geleit verloren«;

o *U 456* (Kapitänleutnant Max-Martin Teichert) am 12. Mai im Nordatlantik durch Fli-T-FIDO und Artillerie des britischen Zerstörers *Pathfinder* und FliBos von Flugzeugen des britischen Eskortträgers *Biter,* 49 Tote, Totalverlust;

• *U 266* (Kapitänleutnant Ralf von Jessen) am 14. Mai im mittleren Nordatlantik durch Flugzeuge der air escort der 86. Squ. gebombt, Totalverlust; lt. BdU-KTB »Verlust vermutlich durch Luft«;

• *U 657* (Kapitänleutnant Heinrich Göllnitz) am 14. Mai im Nordatlantik östlich von Cape Farewell durch Flugzeuge der air escort durch die 84. US Squ. gebombt, Totalverlust; lt. BdU-KTB »Verlustursache unbekannt«;

• *U 753* (Fregattenkapitän M. von Manstein) am 13. Mai im Nordatlantik versenkt auf 48° 37' N/22° 39' W durch Wabos der kanadischen Fregatte *Drumheller,* der britischen Fregatte *Lagan* und britische FliBos, 47 Tote, Totalverlust (galt beim BdU als verschollen und versenkt »vermutlich durch Luft am Konvoi H.X. 237«);

o *U 176* (Korvettenkapitän Rainer Dierksen) am 15. Mai durch Flugzeuge der US Squ. 62 gebombt und durch Wabos des cubanischen Patrolers *SC 13* in der Karibik nördlich von La Habana, Totalverlust; lt. BdU-KTB »Verlustursache unbekannt«;

• *U 463* (Korvettenkapitän Leo Wolfbauer) am 15. Mai nach Roskill [2] durch Flugzeuge der Bay Air Patrol der 58. Squ. gebombt, Totalverlust; lt. BdU-KTB »vermutlich durch Luft«;

o *U 182* (Kapitänleutnant Nicolai Clausen) am 16. Mai im Südatlantik nördlich von Tristan da Cunha durch Wabos des US-Zerstörers *Mackenzie,* Totalverlust; lt. BdU-KTB »letzte Meldung südwestlich Freetown, Verlust wahrscheinlich«;

o *U 128* (Kapitänleutnant Hermann Steinert) am 17. Mai südlich von Pernambuco versenkt durch Artillerie bzw. FliBos, US-Zerstörer *Moffet* und *Jouett* bzw. zwei Wasserflugzeuge, 7 Tote, Rest einschließlich Kommandant gerettet; lt. BdU-KTB »Verlustursache unbekannt«;

- *U 640* (Oberleutnant Karl-Heinz Nagel) am 17. Mai im Nordatlantik beim Cape Farewell durch Wabos der britischen Fregatte *Swale,* Totalverlust; lt. BdU-KTB »Verlust vermutlich durch Luft«;
- *U 646* (Oberleutnant z.S. Heinrich Wulff) am 17. Mai im Nordatlantik südöstlich von Island durch Flugzeuge der air patrol der 269. Squ. gebombt, Totalverlust; lt. BdU-KTB »Verlust vermutlich durch Luft«;
- *U 954* (Kapitänleutnant Udo Loewe) am 19. Mai im Nordatlantik südöstlich von Cape Farewell durch Flugzeuge der air escort der 120. Squ. gebombt, Totalverlust; lt. BdU-KTB »Verlust vermutlich am Geleit«;
- *U 209* (Korvettenkapitän Heinrich Brodda) am 19. Mai im Nordatlantik südöstlich von Cape Farewell durch Wabos der britischen Fregatte *Jed* und der Sloop *Sennen,* des ehemaligen Coast-Guard-Cutters (USCCC) *Champlain,* Totalverlust; lt. BdU-KTB »vermutlich durch Luft«;
- *U 273* (Oberleutnant z.S. Hermann Rossmann) am 19. Mai im Nordatlantik südwestlich Island durch Flugzeuge der air escort der 269. Squ. gebombt, Totalverlust;
- *U 381* (Kapitänleutnant Wilhelm-Heinrich Graf von Pückler und Limpurg) am 19. Mai im Nordatlantik südöstlich durch Wasserbomben des britischen Zerstörers *Duncan* und der britischen Korvette *Snowflake,* Totalverlust; lt. BdU-KTB »Verlustursache unbekannt«;
- *U 258* (Kapitänleutnant Wilhelm von Mässenhausen) am 20. Mai im Nordatlantik durch Flugzeuge der air escort der 120. Squ. gebombt, Totalverlust; lt. BdU-KTB »Verlust vermutlich durch Luft«;
- *U 303* (Kapitänleutnant Karl Franz Heine) am 21. Mai durch Torpedos des britischen U-Bootes *Sickle* im westlichen Mittelmeer südlich Toulon, 19 Tote; lt. BdU-KTB »vor Toulon torpediert«;
- *U 569* (Oberleutnant z.S. H. Johannsen) am 22. Mai im Nordatlantik durch Flugzeuge des US-Eskortträgers *Bogue,* und bei Annäherung des kanadischen Zerstörers *St. Lawrence* selbstversenkt; 21 Tote;
- *U 752* (Kapitänleutnant Karl-Ernst Schroeter) am 23. Mai im Nordatlantik von carrier air escort durch Voll(-stahl)-

Raketen [123] britischer Flugzeuge des Eskortträgers *Archer*, Totalverlust.

Rückzug der U-Boote aus dem Konvoigebiet des Nordatlantiks am 24. Mai 1943.
Weitere Verluste im Monat Mai:

- ○ *U 414* (Oberleutnant z.S. Walther Huth) am 25. Mai im westlichen Mittelmeer nordwestlich von Tenes durch Wabos des sea escort der britischen Korvette *Vetch*, Totalverlust;
- • *U 467* (Kapitänleutnant Heinz Kummer) am 25. Mai im Nordatlantik südöstlich von Island durch den air escort einer Catalina der US 84 Squ. gebombt, Totalverlust; lt. BdU-KTB »keine Meldung, Verlustursache unbekannt«;
- ○ *U 436* (Korvettenkapitän Günther Seibicke) am 26. Mai im Nordatlantik westlich vom Kap Ortegal durch Wasserbomben des sea escort der britischen Fregatte *Test* und der britischen Korvette *Hyderabad*, Totalverlust;
- • *U 304* (Oberleutnant z.S. Heinz Koch) am 28. Mai im Nordatlantik südöstlich von Cape Farewell von der air patrol durch Flugzeuge der britischen 120. Squ. gebombt, Totalverlust;
- • *U 755* (Kapitänleutnant Walter Göing) am 28. Mai im westlichen Mittelmeer nordwestlich von Mallorca durch Flugzeuge der air patrol der britischen 608. Squ. gebombt, 40 Tote, darunter der Kommandant; lt. BdU-KTB »im westlichen Mittelmeer durch Flugzeuge«;
- • *U 563* (Oberleutnant z.S. Gustav Borchardt) am 31. Mai in der Biscaya südwestlich von Brest durch Flugzeuge der Bay Air Patrol der britischen 58. und 228. Squ. gebombt, Totalverlust; lt. BdU-KTB »Verlustursache unbekannt«;
- • *U 440* (Oberleutnant z.S. Werner Schwaff) am 31. Mai im Nordatlantik am Ausgang der Biscaya, und zwar nordwestlich von Kap Ortegal durch Flugzeuge der Bay Air Patrol der 201. Squ. (Sunderland) gebombt, Totalverlust.

Hinzu kommen noch 4 Boote der italienischen Verbündeten:
- • *U Mocenigo* am 13. Mai in Cagliari bei einem air raid von US-Squadrons;
- • *U Enrico Tazzoli* am 16. Mai in der Biscaya durch Flugzeuge der britischen air patrol;

- *U Gorgo* am 21. Mai im Mittelmeer, durch US-Zerstörer *Nields;*
- *U Leonardo da Vinci* am 23. Mai nordöstlich der Azoren durch Wabos des Zerstörers *Active* und der Fregatte *Ness*.

Fast genau die Hälfte der U-Boote ist durch Flugzeuge versenkt worden, ein Teil in kombinierten Aktionen zwischen Flugzeugen und Eskortschiffen.
Auffallend und erschütternd zugleich ist für einen großen Teil der Verluste, daß die U-Boot-Führung die Ursachen nur vermuten kann. Immerhin schreibt der BdU den Flugzeugen jetzt wesentlich mehr Versenkungen zu, als dies in den Übersichten der Vormonate der Fall war.

Nachstehend die Aufgliederung der U-Boote für den tragischen Monat Mai laut BdU-KTB:

	II	VIIa	VIIb	VIIc	VIId	VIIf	IXa	IXb/c	IXd	IXD$_2$	XIV	XB	∑
Front	5	–	2	148	3	–	1	44	2	7	6	3	221
Erprobung	–	–	–	93	–	2	–	19	–	6	2	2	124
Schulzwecke	33*	4	–	30**	–	–	–	3	–	–	–	–	70
∑	38*	4	2	271	3	2	1	66	2	13	8	5	∑ 415

* 1 Boot vorübergehend außer Dienst für Schwarzes Meer *(U 23)*
** 12 Boote vorübergehend für Schulzwecke abgestellt

Im Mai sind zur Front neu hinzugetreten	+ 16 Boote
Die Zahl der Erprobungsboote hat zugenommen um	+ 6 Boote
Die Zahl der Schulboote hat zugenommen um	+ 3 Boote

Im Atlantik waren im Mai

Im Tagesdurchschnitt in See	121 Boote
davon im Operationsgebiet	42 Boote
auf dem Marsch	76 Boote
von den letzteren auf dem Rückmarsch	26 Boote
fraglich	3 Boote

Im Mai sind in den Atlantik ausgelaufen

aus der Heimat   16 Boote
aus Westfrankreich und Bergen   46 Boote

Frontverteilung am 1. Juni 1943 (1. Mai 1943)

Atlantik   183 Boote (1. Mai = 207)
Mittelmeer   18 Boote (1. Mai = 18)
Nordmeer   12 Boote (1. Mai = 12)
Schwarzes Meer   5 Boote (1. Mai =   3)
                $\sum$ 218 Boote

3.1 Großadmiral Karl Dönitz wird Oberbefehlshaber der Kriegsmarine

Auch wenn Raeder schwieg, war er für Hitler ein stiller Vorwurf · Raeder mit Hitler selten allein · Unter Dönitz wird vieles anders, vieles ist neu · Dönitz sucht den Kontakt · Der Kahlschlag unter bisherigen Flaggoffizieren · Stalingrad nicht nur das einzige düstere Zeichen · Auf H_2S gestützter Angriff auf Hamburg · Die Casablanca-Konferenz und ihre Folgen für die U-Boote · Hitler glaubt noch immer an ein Zusammengehen mit den Briten gegen den Osten · Dönitz als ObdM und BdU an seine U-Boot-Männer: Den U-Boot-Krieg führe ich weiterhin selbst

Drei Jahre und vier Monate hatte Erich Raeder den deutschen Seekrieg geleitet und ihn vor Hitler »und vor der Geschichte verantwortet«. Seine Lagevorträge und Niederschriften waren — wie seine geschichtlichen Arbeiten 1920/22 im Marinearchiv — »nicht ohne lehrhafte Urteile [76], aber merkwürdig umständlich im Satzbau«. Raeder hatte Hitler zumeist nur im Beisein des Chefs OKW, Keitel, und des Marineadjutanten, von Puttkamer, vorgetragen. Die Gesprächsprotokolle fertigte er selbst mit eigener Interpretation.

Gedankenaustausch mit den Chefs der Generalstäbe hatte Raeder vermieden (SEELÖWE, BARBAROSSA). Der Reichsmarschall Göring war ihm zuwider. Hitler war froh, den zwar korrekten, aber schwierigen alten Herrn los zu sein, denn auch, wenn Raeder schwieg, war er eine dauernde Mahnung — oder sogar stiller Vorwurf — dafür, England verkannt und den »Krieg in ein falsches Gleis« gebracht zu haben (oder: haben zu sollen).

Vom 30. Januar 1943 führt nun Dönitz, zum Großadmiral befördert, noch für zwei Jahre und drei Monate die Kriegsmarine. Der profilierte (man könnte auch sagen der profilierteste) Frontbefehlshaber überträgt seinen Führungsstil als BdU auf seine neue Stellung als Oberbefehlshaber der Kriegsmarine (Ob.d.M.) und als Chef der Seekriegsleitung (Skl).

Vieles wird anders. Vieles ist neu: Die Lagebeurteilungen erfol-

gen bei Dönitz in Gedankenaustausch und Diskussion. Jeder Entschluß ist klar, bündig und ohne Umschweife. Der Befehl ist energisch.
So trägt er auch Hitler vor:
in einer präzisen, oft drastischen Sprache. Er sucht den Gedankenaustausch mit den Generalstabschefs in offener Aussprache. Ohne besondere Rücksicht auf deren besondere Stellung stellt er auch seine Forderungen an den Reichsaußenminister von Ribbentrop über eine bessere Unterrichtung der Oberbefehlshaber über politische Fragen (»Politik und Waffenführung sind nicht mehr voneinander zu trennen«), an den Reichsführer SS Himmler auf Abgabe von Personal für die U-Boot-Waffe, an den Beauftragten für den Arbeitseinsatz, Reichsstatthalter Sauckel, auf Abgabe von Fach- und Werftarbeitern für den Kriegsschiffbau.
Dönitz scheut keine Differenzen mit Göring, z. B. über die Konzentration der Hochfrequenztechnik in allen Bereichen oder über den Aufbau der Atlantikaufklärung für den U-Boot-Krieg mit rechtzeitiger, langfristiger Ausbildung. Mit dem Reichsminister für Bewaffnung und Munition, Speer, vereinbart er bald schon einen Gemeinschaftserlaß zur Durchführung des Flottenbauprogramms 1943. Durch diesen Gemeinschaftserlaß gibt Dönitz einen Teil der von Raeder ängstlich gehüteten Selbständigkeit der Marine auf. Er verbittet sich aber das Kritisieren »ohne selbst Besseres zu leisten«.
Die Kriegsmarine wird neu organisiert. Dienstältere Flaggoffiziere werden (als »der Robbenschlag« kommentiert) ihren Abschied erhalten. Die »Wachablösung« durch jüngere Admirale ist für den Juni 1943 vorgesehen.
Die Grundsätze und Organisation des unter Raeder entwickelten Ausbildungswesens bleiben bestehen. Aber: Dönitz will und wird die Schulen »entmiefen und entstauben«. Den frischen Wind werden die Offiziere aus der Front einbringen. Als Dönitz sein neues Amt am 30. Januar 1943 übernimmt, haben die Kriegswende und die permanente Wandlung des Krieges bereits eingesetzt:

- Erlaß über den Einsatz der Männer und Frauen für die Aufgaben der Reichsverteidigung (1. »totale Mobilisierung«) vom 13. Januar 1943;

- Offensive der aus den USA mit Kriegsmaterial versorgten und an Menschen überlegenen Roten Armee mit der Kapitulation des Nordkessels;
- Vernichtung der 6. Armee im Raum Stalingrad;
- Rückzug der deutsch-italienischen Panzerarmee auf Tunis;
- Erster Tagesangriff durch die US-Air-Force mit 4motorigen Großbombern am 27. Januar auf Stadt und Hafen Wilhelmshaven.
- Aus deutscher Sicht: Erster Einsatz eines Navigationsgerätes auf Fernsehbasis durch die RAF beim Angriff auf Hamburg in der Nacht vom 30. zum 31. Januar 1943 (gemeint ist das Gerät H_2S, von denen eines am 2. Februar 1943 bei Rotterdam aus einem abgeschossenen Stirling-Bomber geborgen wird — und das (wie das ASV III für den See-Einsatz) in Wahrheit [auch] ein CMW-Radar für Flugzeuge für den »Über«-Landeinsatz ist);
- Verkündung der Priorität der alliierten Kriegführung: Sieg über die deutschen U-Boote und ihres Kriegsziels: »Unconditional Surrender« durch Roosevelt, Churchill und die Combined Chiefs of Staff (Conference of Casablanca, 14.—25. Januar 1943[246]).

Hierzu noch ein Wort über des Obersten Befehlshabers Überlegungen:
Hitler bleibt bei seinem Glauben: »An sich liegt der Engländer ganz falsch. Wegen der Balance of Power in Europa ist er in den Krieg getreten. Inzwischen ist der Russe erwacht und (mithilfe der USA) technisch und materiell ein hochwertiger Staat geworden, der jetzt eine ganz andere Bedrohung darstellt als früher.«
Der Schutz Europas könne daher nur noch durch das gesamte und zusammengeschlossene Europa erreicht werden unter einer starken Zentralmacht. Dem Ansturm des Ostens sei künftig nur noch durch das vereinte Europa unter deutscher Führung zu begegnen: Das liege auch im Interesse Englands. «... Wenn der Vernichtungswille der Angelsachsen heute noch eindeutig ist, so sind politische Entwicklungen möglich ...« [100].

Gleich nach seinem Dienstantritt hat sich Dönitz, der in Personalunion Ob.d.M., Chef Skl[247] und BdU gleichzeitig bleibt, auch an »seine U-Boot-Männer« gewandt. Ein FT unterrichtet die in See stehenden U-Boot-Kommandanten und deren Besatzungen:

»An meine U-Boot-Männer:
Auf Befehl des Führers habe ich heute den Oberbefehl über die Kriegsmarine übernommen. Den U-Boot-Krieg führe ich auch weiterhin selbst. Euer Truppenbefehlshaber wird der Konteradmiral von Friedeburg als Kommandierender Admiral der U-Boote. Seit 1935 gehört meine ganze Kraft der U-Boot-Waffe. Ich danke Euch U-Boot-Männern für Eure Treue. In kühner Kampfbereitschaft habt Ihr im Kriege Großes geleistet. Todesmutig und hart gegen uns selbst müssen wir weiterkämpfen. Denkt daran, daß auch Euer Kampf für das Schicksal unserer geliebten Heimat entscheidend ist. Der BdU.«

3.2 Mit der Zusatzwalze BETA in den März

Wieder günstige Lage im Nordatlantik für die Grauen Wölfe · Dönitz findet seinen Funkführungsstil vollauf bestätigt · Der Kampf der Gruppe NEULAND · Erstmals ein CVE beim Konvoi — aber mittschiffs der Kolonnen · Vom xB-Dienst gemeldet — aber von den Booten nicht erfaßt · Die Rechnung der Operations Research Group geht auf: Großer Geleitzug macht stärkere Sicherung möglich

Großadmiral Dönitz schreibt in seiner späteren Denkschrift [98]: »Im März sind die Verhältnisse auf dem Hauptkriegsschauplatz, dem Nordatlantik (über dem, wie im Lagebericht vorab gesagt, seit Januar schwerste Winterstürme tobten), wieder günstiger. Es werden mehrere Geleitzüge angetroffen und mit sehr großem Erfolg bekämpft. Es werden die erfolgreichsten Geleitzugschlachten des ganzen Krieges geschlagen, die Führung der U-Boote in diesen Schlachten und das Kämpfen der Kommandanten am Geleitzug stehen auf ihrem Höhepunkt. Eindeutig hat sich nun auf Grund jahrelanger Kriegserfahrung erwiesen, daß das Führen der U-Boote von einem in See befindlichen oder in der Nähe des Geleitzuges stehenden anderen Boot unmöglich ist. Die gesamte Führung muß von dem oft tausend Seemeilen abgesetzten U-Boot-Führer an Land erfolgen. Zwischen diesem und den geführten Kommandanten in See hat sich allmählich ein solches Verstehen herausgebildet, daß die Führung hinsichtlich der Gesamtverhältnisse am Geleitzug, der Luftsicherung, der Fern- und der Nahsicherung, der Wetterlage so im Bilde ist, daß sie die taktische Führung des weit abgesetzten Geschehens so leiten kann, daß sie zum Erfolg führt und auch von den Geführten als richtig und zweckmäßig beurteilt wird. Hierbei macht die Führung allerdings rücksichtslos vom Funken Gebrauch und läßt sich von den Booten über die Verhältnisse am Geleitzug die erforderlichen Unterlagen geben. Reichen die Funksprüche nicht aus, so bespricht sich der Befehlshaber der U-Boote aus seiner Befehlsstelle durch Funktelefonie mit dem erfahrensten U-Boot-Kommandanten, der am Geleitzug steht. Es ist mir kein Fall gegenwärtig, wo hierbei nicht Übereinstimmung zwischen Führung und diesen alten Kämpfern festgestellt wurde ...«

Soweit Dönitz. Jedenfalls: Die ersten beiden Konvoioperationen dieses Monats, der dem wenig erfolgreichen Januar und Februar folgt, lassen die Folgen der Umstellung auf die Zusatzwalze BETA erkennen. Der Gegner kann nicht mehr schnell genug dechiffrieren und daher seine Konvois nicht mehr rechtzeitig umdirigieren. Sie machen aber auch transparent, wie stark jetzt die gegnerische Konvoisicherung ist, wenn auch die Flugzeuge der neuartigen Support-Gruppen — offenkundig wegen der noch immer anhaltenden Schlechtwetterlage im Nordatlantik — nicht aktiv werden können.

Es begann im Kampfraum der Nordatlantikkonvois am 6. März 1943 mit der Bildung der 16 Boote starken Gruppe NEULAND an der Ostseite des Nordatlantiks, wobei *U 221* (Oberleutnant z.S. Trojer) am 7. den norwegischen Einzelfahrer *Jamaica* mit 3015 BRT versenkt, jedoch *U 633* unter Oberleutnant z.S. B. Müller mit seiner ganzen Besatzung das Opfer einer Fortress der RAF-Squ. 220 wird. Erfolge am S.C. 121 hatten auch *U 230* (Siegmann) mit zwei Torpedierungen, aber mit nur einer Versenkung, nämlich des britischen Dampfers *Egyptian* (2868 BRT) und *U 591* (Zetzsche) mit dem 6116 BRT großen britischen Dampfer *Empire Impala* und am 8. mit dem Jugoslawen *Vojvoda Putnik* (5879 BRT). Erfolge am S.C. 121 haben am 8. März auch *U 527* (Uhlig), *U 190* (Wintermeyer) und *U 642* (Brünning), am 9. weitere Boote: *U 409*, *U 405* und *U 229* und am 10. *U 229* (Schetelig) und *U 616* (Koitschka). Dönitz zieht die nördlichen NEULAND-Boote als Gruppe OSTMARK vom Konvoi S.C. 121 ab und setzt 13 plus später 5 neu hinzugekommene Boote, also 18 Boote insgesamt mit der Gruppe NEULAND gegen den inzwischen vom xB-Dienst erfaßten Konvoi H.X. 228 an. Das deutsche Dechiffrierverfahren der Funkaufklärung (FA) arbeitet so gut, daß das südlich stehende Boot *U 336* (Kapitänleutnant Hunger) am 10. 3. mittags den Riesenkonvoi prompt in Sicht bekommt. Der H.X. 228 vereint 60 Schiffe und verfügt nicht nur über 10 englische, polnische und französische Eskorter, sondern auch über eine der neuen us-amerikanischen Support-groups mit dem 9393 ts/13 891 ts großen, Ende September 1942 in Dienst gestellten Escort Aircraft-Carrier CVE 9, dem Geleitträger *Bogue* und zwei Zerstörern.

Am 10. März kommen nachts (ab 21.00 Uhr) zwei Boote an den Konvoi H.X. 228 heran: *U 221* (Trojer) versenkt um 21.26 (10/ 20.24 GMT) und 21.31 (20.24 GMT) auf 51.20 N/30.10 W und 51.20 N/29.29 W zwei Frachter mit 11 977 BRT, die britische *Tucurinca* und den Amerikaner *Andrea F. Luckenbach* und torpediert ein 3. Schiff, den 7197 BRT großen, amerikanischen Dampfer *Lawton B. Evans*, der aber auf dem Clyde einkommt. Alle drei Schiffe waren vom Typ her Munitionstransporter. *U 336* (Hunger) hört nach Torpedoschüssen auf einen 10 000 Tonner zwei späte Detonationen, die ohne Erfolg bleiben. Am 11. schießt *U 86* (Schug) FATs auf einen Dampfer ungeklärter Größe und hat trotz gehörter Detonationen auch keinen Erfolg (Enddetonationen?); ebenso ergeht es *U 406* (Dieterichs) auf wahrscheinlich denselben Frachter (es ist die 5464 BRT große *Jamaica Producer*), die trotz »internal explosion was brought into harbour«. *U 444* (Langfeld) torpediert und beschädigt einen etwa 8000 BRT großen Frachter, den auch *U 757* (Deetz) beschießt, den 7197 BRT großen Dampfer *William C. Gorgas*, der versinkt. Außerdem torpediert *U 757* noch ein 5001 BRT großes Schiff, den Dampfer *Brant County*, dessen fürchterliche Explosion (offenkundig hatte er Munition o. ä. geladen, und wenn, dann mindestens 8000 tons) *U 757* nicht unerheblich beschädigt. *U 444* wird vom Zerstörer *Harvester* durch Wabos zum Auftauchen gezwungen und von dem Eskorter so gerammt, daß dieser sich mit einer Welle am U-Boot festklemmt. Das tauchunklare *U 444* versucht, sich bei geringer Fahrt von dem gefährlichen Weggenossen zu lösen. Nach zehn Minuten glückt das. Darauf hat nur die freifranzösische Korvette *Aconit* gewartet, die nunmehr — inzwischen ist ja der 11. März angebrochen — ihrerseits *U 444* rammt — und versenkt. Der Kommandant, Oberleutnant z.S. Albert Langfeld fällt, nur ein Teil der Besatzung überlebt und gerät in Gefangenschaft. Doch auch die *Harvester* fällt aus. Nach provisorischer Reparatur kann sie nur noch mit langsamer Fahrt dem Konvoi folgen. Dabei bricht die zweite Welle. Als die *Harvester* stoppt, nutzt *U 432* (Kapitänleutnant Eckhardt) die Gelegenheit und versenkt sie. Die zurückkehrende *Aconit* ortet das getauchte U-Boot mit ASDIC, zwingt es mit gezielt liegenden Wabosalven zum Auftauchen, und vernichtet es mit Artillerie und durch Rammstoß. Auch hier fällt der Kommandant, Kapitänleutnant Hermann Eckhardt, auch hier gerät nur ein Teil der Besatzung in Gefangenschaft. Mißerfolge haben am 11. März *U 228* (Christophersen) und *U 359* (Förster) und ferner, später, an Nachzüglern des H.X. 228, *U 440* (Geißler) und *U 590* (Müller-Edzards) zu verzeichnen. Alle anderen Boote am Konvoi sind inzwischen von den Eskortern abgedrängt worden. Dabei kam der Geleitträger kaum zum nützlichen Einsatz. Man hatte ihn — vielleicht im Hinblick auf die deutsche Einsickertaktik, vielleicht aber auch, um ihn noch nicht »vorzuzeigen« — mitten im Konvoi plaziert, wo ihm keine Bewegungsfreiheit verblieb. Das Ergebnis der vom BdU gegen die beiden Konvois nach der Lage flexibel umdirigierten Einsatzgruppe NEULAND entspricht nicht den Erwartungen, die bei der Sichtung des Riesenkonvois H.X. 228 in den Ansatz von gleich 18 Booten gesetzt worden sind. Zusammen mit dem Einzelfahrer wurden nur vier Frachter mit 27 190 BRT und ein Zerstörer (H.M.S. *Harvester* ex *Handy* ex *Jurua*) versenkt. Auf der Verlustliste stehen dagegen drei U-Boote mit unersetzlichen Besatzungen:

U 633 (Oberleutnant Bernhard Müller) am 7. März 1943 im Nordatlantik durch britische FliBos, 43 Tote, Totalverlust;

U 444 (Oberleutnant z.S. Langfeld) am 11. März 1943 im Nordatlantik durch Wasserbomben und Rammstoß des britischen Zerstörers *Harvester* und der freifranzösischen Korvette *Aconit*, 41 Tote;

U 432 (Kapitänleutnant Eckhardt) am 11. März 1943 im Nordatlantik durch Wasserbomben und Artillerie der freifranzösischen Korvette *Aconit*, 26 Tote nach Versenkung des britischen Zerstörers H.M.S. *Harvester* (s.o.).

Die nächsten Konvoioperationen auf dem Schlachtfeld Nordatlantik, die sich vom 7. bis zum 14. März 1943 hinziehen, richten sich mit 13 Booten der Gruppe RAUBGRAF gegen den vom xB-Dienst gemeldeten O.N.S. 169, der aber nicht erfaßt werden kann. Lediglich *U 653* torpediert am 12. März einen in dem schweren Sturm zerbrochenen Nachzügler, den 7176 BRT großen amerikanischen Dampfer *Thomas Hooker*. Die Gruppe wendet sich nach Entzifferung von Funksprüchen des H.X. 229 gegen diesen Konvoi. Auch vergebens. Ebenso geht der von *U 653, U 468* und *U 603* gesichtete O.N. 170 im Sturm und Schneetreiben wieder verloren. Am 14. wird die Operation, während der insgesamt nur drei Nachzügler mit 15 646 BRT versenkt wurden, abgebrochen.

Zur gleichen Zeit, am 9. März 1943, sucht Fregattenkapitän Karl Neitzel mit seinem IX C/40-Boot *U 510* auf 07.11 bis 07.40 Nordbreite und 52.30 bis 52.07 Westlänge den Mittelatlantik ab. Er torpediert am 9. März aus dem Konvoi B.T. 6 an einem einzigen Tage, bis auf eine Ausnahme, sieben amerikanische 7000 BRT-Schiffe: 1. den 7176 BRT großen US-Dampfer *George G. Meade,* der beschädigt wird, 2. das 3872 BRT große, britische Motorschiff *Kelvinbank,* das sinkt, 3. den 7176 BRT großen Amerikaner *Tabitha Brown,* der ebenfalls mehr oder weniger schwer beschädigt wird, 4. ebenfalls nur beschädigt wird der 7181 BRT große US-Dampfer *Joseph Rodman Drake,* 5. das gleiche Schicksal teilt der 7176 BRT große Amerikaner *Mark Hanna,* gleiches Glück ist der 7178 BRT großen *James Smith* beschieden. Versenkt wird der 7191 BRT große amerikanische Dampfer *Thomas Ruffin.* Das gleiche Schicksal packt den 7177 BRT großen Amerikaner *James K. Polk.* Wie ein makabrer Film spult sich der Angriff nach Mitternacht zwischen der kurzen Zeit von 03.06 bis 06.11 früh ab. In drei Stunden verlieren die Alliierten drei Frachtschiffe mit 18 240 BRT, während 35 890 BRT zunächst, da werftreif, ausgeschaltet worden sind. Das ist ein bemerkenswerter Erfolg eines einzelnen U-Bootes, ein Erfolg, der aber auch Fragezeichen schreibt.
Warum überlebten mehr als 50 % der torpedierten Amerikaner den bzw. die Torpedotreffer?
Und was im einzelnen ist aus den beschädigten Schiffen geworden ...?
Erreichten sie den Zielhafen ohne fremde Hilfe
oder mußten sie einen fremden Hafen anlaufen,
oder umkehren ...???
Oder ging der eine oder andere Frachter nicht doch noch verloren?

Auffallend ist erneut, daß die Sicherung der Konvois derart ungewöhnlich stark geworden ist, so daß die Masse der Boote gar nicht erst zum Angriff kommt und vorher abgedrängt wird.
Diese überraschend starke Sicherung hat, wie wir heute wissen, eine plausible taktische wie auch eine ökonomische Erklärung. Bei den Alliierten hatte man nämlich wissenschaftliche Untersuchungen durch die OR angesetzt, um die Frage zu klären, ob Verluste an zahlenmäßig größeren Konvois zwangsläufig auch größer sind. Sie sind es — das ist das Ergebnis — bei relativ gleichstarker Sicherung nicht. Als Folge dieser Erkenntnis werden die Konvois vergrößert und zum Teil mit 60 und 70 Schiffen bestückt. Diese Maßnahme hat mehrfachen Nutzen. Einmal multipliziert sich das Transportvolumen ohne wesentlich größere Gefahren. Das Schrumpfen der Zahl an Geleitzügen wiederum läßt Eskortkräfte frei werden, die noch immer knapp und daher kostbar sind. Diese Einheiten können nunmehr den Großgeleiten als zusätzliche Sicherung beigegeben werden. Weiter aber erschweren weniger Geleitzüge im Nordatlantik dem Gegner, den deutschen U-Booten also, das Finden der Konvois, das seit Anbeginn des Krieges eines der Hauptprobleme der Grauen Wölfe ist.

3.3 Kurz vor der tödlichen Wende: Der U-Boote größte Geleitzugschlacht

Winterlicher Nordatlantik: Kurze Tage — quälend lange Nächte · Feindfahrt in Schnee- und Hagelböen und wilde, hochlaufende See · 43 Boote in drei Rudeln · Klassischer U-Boot-Aufmarsch — wie 1939 konzipiert und erhofft · Die 500 U-Boote des Vizeadmirals Hellmuth Heye — ein Wunschtraum · Zehn Konvois im Nordatlantik mit über 500 Frachtschiffen · Briten erwarten Angriffe und dirigieren Konvois von der Nordroute auf die Südroute um · Der Trick der Korvette *Heather* · BdU bricht die Operationen gegen den O.N. 170 ab · Ansatz auf die Südrouten-Konvois · Erste überzeugende Erfolge mit dem FAT · Die britische Aktion RASPBERRY am S.C. 122 · Zu spät merkt der BdU, daß es sich nicht um einen, sondern um zwei Geleitzüge handelt · Das Huff/Duff in der Praxis · Erste HF/DF-Geräte im Einsatz · Das Phänomen des Frachters *Port Auckland* · Noch einmal H.X. 224 · 21 Schiffe mit 140842 BRT versenkt — bei nur einem Eigenverlust · Dönitz ist sehr zuversichtlich, auch hinsichtlich der neuen Torpedos

In dieser Zeit kommt es — nach den Untersuchungen maritimer Historiker wie auch den beiderseitigen Unterlagen — »zur größten Geleitzugschlacht des Zweiten Weltkrieges«. Sie ist es auch sowohl von der Zahl der beteiligten U-Boote her einmal als auch der Frachter der alliierten Konvois zum anderen. Die Anzahl der gegnerischen Eskortschiffe ist hier relativ klein, dessen ungeachtet groß genug, um die bewährten U-Boot-Taktiken zu erschweren.

Nicht minder superlativ ist die Erfolgsquote, obschon hier Einschränkungen erlaubt, wenn nicht gar notwendig sind. Unbestritten ist auch, daß sich diese über kurze Tage und quälend lange Nächte hinziehende Schlacht im und auf dem noch immer winterlich ruppigen Nordatlantik wegen

- der extrem schlechten Wetterlagen mit eisigen Stürmen,
- der unaufhörlichen, sichtbehindernden Schneeböen,

- der messerscharf schneidenden Hagelböen und
- einer wilden, breit und hoch und langlaufenden See wohl auch — gemessen an anderen Geleitzugschlachten — allein schon von der Dauer her die bislang schwersten physischen und psychischen Belastungen für alle Besatzungen mit sich brachte, für jene auf den Frachtern und Eskortern und ganz besonders für die Männer im Grauen Lederpäckchen auf den niedrig gehaltenen, der wütenden See greifbar nahen Türmen der U-Boote. Lediglich die Eismeerfahrer — Jäger wie Gejagte — haben während der nachtdunklen Wintermonate über dem Polarkreis und den entfesselten Eismeerstürmen einen gleichähnlichen, oft noch schwereren Tribut zu zahlen.

Einige Tage vor dieser größten Schlacht im Nordatlantik, am 12. März, war der BdU der Auffassung, daß er mit drei großen U-Boot-Rudeln aus 43 Booten alle der üblichen Nordatlantikrouten der alliierten Konvois abgedeckt habe: mit den Gruppen STÜRMER und DRÄNGER, die sich fächerförmig weit südlich von Grönland und weit westlich vom Nordkanal aufgestellt haben, und ferner mit der Gruppe RAUBGRAF, die er südlich von Grönland und östlich von Neufundland angesetzt hat. Dazwischen, im mittleren Südatlantik, gleichsam als die untere Spitze dieses umgekehrten Dreiecks, stehen die U-Bootversorger *U 463* (ein als Treibölversorger gebautes Boot vom Typ XIV unter Korvettenkapitän Wolf Bauer) und *U 119* (ein als Minenleger vom Typ X b gebautes Boot, das im Rahmen dieser Operationen unter Kapitänleutnant Horst Jessen von Kamecke vor Rejkjavik Minen gelegt hatte und danach nun als ozeanischer U-Bootversorger eingesetzt wird) auf Position.

Ein klassischer Aufmarsch zur Bekämpfung der für die britischen Inseln so lebenswichtigen Konvoirouten im Nordatlantik. Ein solches Bild hatte dem BdU gleich zu Beginn des Krieges für den Fall einer Auseinandersetzung mit Großbritannien vorgeschwebt, damals, als er mindestens dreihundert U-Boote forderte — und nicht bekam.[249]

Die Lage am 13. März 1943 sieht so aus, an Konvois sind in See:
a) von den USA nach Großbritannien — noch im Westen stehend — der H.X. 229, der H.X. 229 A, der S.C. 122 und im Ostraum der H.X. 228 und der S.C. 121.

b) Umgekehrt bewegen sich von England nach den USA im nördlichen Ostraum und im hohen Norden die für die USA bestimmten Rückkehrkonvois O.N. 173, O.N. 172 und O.N.S. 171,
c) ferner schwimmen im westlichen Raum der O.N. 170 und der O.N.S. 169.
Das sind zusammen zehn Konvois.
Rechnet man je Konvoi 50 Schiffe, so sind im Mittel etwa 500 Frachter unterwegs (es würde zu weit führen, jeden einzelnen Konvoi mitsamt seinen Eskortern zu analysieren). Nimmt man — von den Ablösungen abgesehen — im Mittel fünf Eskorter je Geleitzug, kommt man auf 50 Sicherungseinheiten, die beansprucht werden, und zu denen auch noch die Werftlieger hinzuzurechnen sind. Weiter werden benötigt zur Sicherung die sich ständig mehrenden Maschinen vom Typ der VLR, die Flugzeuge des Coastal Command und der auf Island stationierten RAF-Squadrons. Von den neuartigen Support Groups mit Escort Aircraft Carriers ist die bereits erwähnte Kampfgruppe *Bogue* mit zwei Zerstörern in Aktion.
Gegen diese am 13. März den Nordatlantik überdeckende Frachter- und Konvoilawinen sollen 43 U-Boote aktiv werden mit Seeleuten und Technikern an Bord, die, wie alle GRAUEN WÖLFE, ohne Übertreibung zur Auslese der deutschen Kriegsmarine gezählt werden dürfen. Sie sind U-Boot-Fahrer ex professo. Und sie sind auch exquisit zu nennen, was ihren Kampfgeist angeht. Ihre Kampfmoral ist auch durch Rückschläge nicht zu brechen, eher zu aktivieren. Ihre Befehlstreue zu ihrem Großadmiral, den sie unter sich DEN GROSSEN LÖWEN nennen (oder auch kurz und in einer Assoziation von Respekt, Hochachtung und Verehrung »Chef«), und die persönliche Bindung sind unerschütterlich. Sie ist nachgerade einmalig in der deutschen Marine und sie ist so bewunderswert, daß sich ihr auch nach dem (verlorenen) Kriege, die jetzigen Gegner nicht versagen werden. Sie sind auch das Geheimnis der »Dennocherfolge« im Kampf gegen eine Übermacht, im Kampf gegen Mensch und Masse. Sicherlich sind sie auch eine Ursache für die Ausschaltung oder bewußte Unterdrückung kritischer Überlegungen über die bereits 1943, also jetzt schon praktisch hoffnungslose Lage im Hinblick auf den versprochenen Endsieg.[249a]
Am 14. März entziffert der deutsche Funkbeobachtungsdienst

die alliierten FT-Anweisungen an den über die Nordroute von Grönland her mit südlichen Kursen in Richtung New York heranstampfenden Konvoi O.N. 170, den die Escort Group B 2 sichert. Diese Sicherungsgruppe steht unter dem Befehl des bei den Deutschen berüchtigten U-Boot-Killerspezialisten Macintyre[249b], nämlich mit den Zerstörern *Vanessa* und *Whitehall,* der Sloop *Whimbrel,* den Korvetten *Gentian, Campanula, Heather, Sweetbriar* (der zur E.G. B2 gehörende Zerstörer *Hesperus* liegt gerade in der Werft, die Korvette *Clematis* ebenfalls). Dem Gegner wie auch der Geleitzugsteuerung in der Britischen Admiralität sind natürlich die U-Boot-Aufstellungen im Raum nordwestlich von Neufundland (also die der Gruppe RAUBGRAF) nicht verborgen geblieben. Um nun diese an der Westseite der Nordroute operierenden U-Boote für wenigstens die nächsten nach England gehenden Konvois prophylaktisch auszumanövrieren, dirigiert die Konvoibefehlsstelle per FT (von der deutschen Funkaufklärung [FA] erfaßt) die inzwischen aus New York ausgelaufenen S.C. 122 und H.X. 229 von der anfänglich befohlenen Nordroute auf die Südroute im nordatlantischen Raum um, ebenso den später folgenen H.X. 229 A.

Dabei wird zunächst ein 67°-Kurs für den S.C. 122 und für den H.X. 229 ein solcher von 89° befohlen (zwei Kurse, die laufend variieren).

15. März: Die Boote der aus den Booten der alten Gruppen BURGGRAF und WILDFANG gebildeten Gruppe RAUBGRAF werden in Vorpostenstreifen vor dem vom xB-Dienst ermittelten Kurs des nun auf der südlichen Konvoiroute marschierenden Konvois S.C. 122 gelegt, nachdem der BdU die Operationen gegen den bereits vorbeigelaufenen O.N. 170 hat abbrechen lassen.

An sich war der O.N. 170, bei dem am 11. und 12. März Boote der Gruppe RAUBGRAF die Versenkung von den drei oben genannten Einzelfahrern meldeten, schlecht dran, da er der deutschen U-Boot-Aufstellung wegen akuten Brennstoffmangels der Eskorter nicht, wie ihm befohlen, weit nach Westen ausweichen konnte. Am 13. lief der Konvoi dann in die Mitte des Vorpostenstreifens der Gruppe RAUBGRAF hinein und wurde von *U 603* gemeldet. Der BdU setzte das Rudel auf Südwestkurs auf den Konvoi an. Doch drückten Eskorter der E.G. B2 den durch

Huff/Duff eingepeilten Fühlunghalter unter Wasser und täuschten den anderen heranschließenden U-Booten die Beibehaltung des Südwestkurses vor. Inzwischen konnte ja auch der Zerstörer *Vanessa* bei nunmehr auf Stärke 5 abflauenden SSW-Winden beölt werden. Und inzwischen hatte auch die S.O.E. dem O.N. 170-Kommodore eine Notstandskursänderung (also einen emergency turn) befohlen und zwar um 40° auf einen neuen Generalkurs auf 180°, der einem rechtweisenden Südkurs entsprach. Während dieses Notstandskurses drehte die britische Sloop *Whimbrel* zum besagten Täuschungskurs nach Südwesten ab, eine raffinierte Irreführung, die sie 30 min beibehalten soll. Nur fünf Minuten nach dieser Kursänderung, 13.20 Uhr, sichtet *U 435* zwei Eskorter an der Stelle, wo vorher, 11.47 Uhr, der Fühlunghalter *U 603* zum Tauchen gezwungen worden war. *U 435* meldet die beiden gesichteten Eskorter, wird aber von der *Whimbrel* eingepeilt und auf deren Hinweis von der Korvette *Heather* gejagt. Auch *U 435* muß nunmehr in den Keller, ebenso *U 615*, das um 13.50 Uhr Peilzeichen vom inzwischen getauchten Fühlunghalter *U 435* fordert. Jetzt macht die *Whimbrel* kurz kehrt und greift *U 615* an. Das Boot kann sich durch Tauchen entziehen, und die *Whimbrel* läuft nunmehr, nach Ablauf der 30 min, dem Konvoi nach. Die *Heather* dagegen bekommt den Befehl, die U-Boote weiter unter Wasser zu drücken. Danach soll sie mit Südwestkurs ablaufen, um die Boote weiterhin über den wahren Konvoikurs zu täuschen. Erst bei Anbruch der Dunkelheit soll sie auf den vorerst noch auf Südkurs liegenden Konvoi zurückdrehen. Und da *U 600* den Konvoi um 18.43 Uhr sichtet und infolge der schlechten Dunstsicht irrtümlich mit 220°-Kurs statt mit seinem wahren 180°-Kurs meldet,[250] gerät der ganze Ansatz auch nicht in Konfusion, denn der BdU in Berlin ist ja aufgrund der Täuschungsmanöver und der daraus resultierenden Meldung nach wie vor der Auffassung, daß der O.N. 170 auf 220°-Kurs, also auf Südwestkurs liege. Jedenfalls zielen die deutschen Aktionen in eine um 40° falsche Richtung. Und da *U 600* von der Korvette nach Einpeilen ihres Fühlunghaltersignals vor anlaufenden »Zerstörern« (so der Kommandant an den BdU) zum Tauchen gezwungen wird, kann *U 600* auch seinen Irrtum nicht berichtigen.
Der Geleitzugkommodore ändert den Kurs noch nicht, obschon

er ursprünglich um 21.00 Uhr wieder auf 220° gehen wollte. Ob hier die Entschlüsselung der deutschen Funksprüche eine Rolle spielte, kann so schnell nicht geklärt werden und ist im Hinblick auf die Gesamtlage auch ohne Bedeutung. O.N. 170 ackert also weiter auf rechtweisend Süd, und *Heather* veranstaltet, als die Korvette auf dem Täuschungskurs Südwest eingesteuert hat, ein regelrechtes Feuerwerk mit Leuchtgranaten, jetzt, um 21.00 Uhr und um 00.00 Uhr wieder. Inzwischen, 21.30 Uhr, hatte die Korvette *Gentian* das anlaufende *U 468*, das den Eskorter trotz der schlechten Sicht ausgemacht hatte, mit Radar geortet und, direkt anlaufend, mit Wasserbomben belegt, als das Boot vor »anlaufenden Zerstörern« in den Keller ging. Als dann die *Heather* um 00.00 Uhr die erwähnten Leuchtgranaten schießt, wird das Feuerwerk vom wiederaufgetauchten *U 435* beobachtet. Die Meldungen von *U 435* führen dazu, daß die U-Boote weiterhin in der falschen Richtung suchen.

Als am Morgen des 14. März der Konvoi auf 220°-Kurs zurückdreht, trifft die Luftsicherung ein. Alle Boote, die in der Nähe stehen, werden unter Wasser gedrückt. Die Fühlung reißt ab. Der BdU bricht die nun erfolglose Operation gegen den O.N. 170 ab und zieht die RAUBGRAF-Boote, wie bereits erwähnt, in einen engen Vorpostenstreifen für den 15. März vor den von deutschen Funkbeobachtungsstellen dechiffrierten Kurs des S.C. 122. Das ist ein besonders drastisches Beispiel für die Leistungen der Marinedienstgruppe, die mitsamt ihren Untergruppen in keinem öffentlichen Bericht Erwähnung finden durfte. Dieser Fall hier ist aber auch klassisch deswegen, weil es, wie später noch erklärt, scheint, daß die Dechiffrierung der Funksprüche zu viel Zeit in Anspruch genommen hatte ... Es handelt sich um den Ansatz der 8 Boote

- *U 84* (VII B, Kapitänleutnant Horst Uphoff),
- *U 91* (VII C, Kapitänleutnant Heinz Walkerling),
- *U 435* (VII C, Kapitänleutnant Siegfried Strelow),
- *U 600* (VII C, Kapitänleutnant Bernhard Zurmühlen),
- *U 603* (VII C, Kapitänleutnant Hans-Joachim Bertelsmann),
- *U 615* (VII C, Kapitänleutnant Ralph Kapitzky),
- *U 664* (VII C, Oberleutnant z. S. Adolf Graef),
- *U 758* (VII C, Kapitänleutnant Helmut Manseck).

Auf der Ostseite des Nordatlantiks werden gegen den S.C. 122 dirigiert die Boote der Gruppe STÜRMER, und zwar zusammen mit den vom inzwischen in den Nordkanal eingelaufenen Konvoi S.C. 121 freigewordenen 14 Booten:

- U 190 (IX C$_{40}$, Kapitänleutnant Max Wintermeyer),
- U 229 (VII C, Oberleutnant z. S. Robert Schetelig),
- U 305 (VII C, Kapitänleutnant Rudolf Bahr),
- U 338 (VII C, Kapitänleutnant Manfred Kinzel),
- U 439 (VII C, Oberleutnant z. S. Helmut von Tippelskirch),
- U 523 (IX C, Kapitänleutnant Werner Pietzsch),
- U 526 (IX C$_{40}$, Kapitänleutnant Hans Möglich),
- U 527 (IX C$_{40}$, Kapitänleutnant Herbert Uhlig),
- U 530 (IX C$_{40}$, Kapitänleutnant Kurt Lange),
- U 618 (VII C, Kapitänleutnant Kurt Baberg),
- U 641 (VII C, Kapitänleutnant Horst Rendtel),
- U 642 (VII C, Kapitänleutnant Herbert Brünning),
- U 665 (VII C, Oberleutnant z. S. Hans-Jürgen Haupt),
- U 666 (VII C, Oberleutnant z. S. Herbert Engel).

Ferner treten zu dieser Gruppe die inzwischen neu eingetroffenen 4 Boote:

- U 134 (VII C, Kapitänleutnant Hans-Günther Brosin),
- U 384 (VII C, Kapitänleutnant Hans-Achim von Rosenberg-Gruszczynski),
- U 598 (VII C, Kapitänleutnant Gottfried Holtorf) und
- U 631 (VII C, Oberleutnant z. S. Jürgen Krüger).

Gleichzeitig werden gegen den ebenfalls vom xB-Dienst erfaßten H.X. 229, der ebenso wie der S.C. 122 auf die Südroute im nordatlantischen Konvoidienst umgeleitet worden ist, die Boote der Gruppe DRÄNGER eingesetzt, die von dem inzwischen in den Nordkanal einmarschierten Konvoi H.X. 228 abgezogen werden konnten. Es sind dies die Boote:

- U 86 (VII B, Kapitänleutnant Walter Schug),
- U 221 (VII C, Oberleutnant z. S. Hans Trojer),
- U 333 (VII C, Oberleutnant z. S. Werner Schwaff),
- U 336 (VII C, Kapitänleutnant Hans Hunger),
- U 373 (VII C, Kapitänleutnant Paul-Karl Loeser),
- U 406 (VII C, Kapitänleutnant Horst Dieterichs),

- *U 440* (VII C, Kapitänleutnant Hans Geissler),
- *U 441* (VII C, Kapitänleutnant Klaus Hartmann),
- *U 590* (VII C, Kapitänleutnant Heinrich Müller-Edzards),
- *U 608* (VII C, Kapitänleutnant Struckmeier),
- *U 610* (VII C, Kapitänleutnant Walter Freiherr von Freyberg-Eisenberg-Allmendingen).

Hinzuzuzählen sind noch die acht Rückmarschierer, nämlich:

- *U 89* (VII C, Korvettenkapitän Dietrich Lohmann),
- *U 228* (VII C, Oberleutnant z. S. Erwin Christophersen),
- *U 230* (VII C, Kapitänleutnant Heinz-Eugen Siegmann),
- *U 618* (VII C, Kapitänleutnant Kurt Baberg),
- *U 621* (VII C, Oberleutnant z. S. Max Kruschka),
- *U 638* (VII C, Kapitänleutnant Bernbeck)
- *U 653* (VII C, Kapitänleutnant Gerhard Feiler),
  und von der alten Gruppe SEETEUFEL
- *U 663* (VII C, Kapitänleutnant Heinrich Schmid).

Was den S.C. 122 betrifft, so haben die Boote der Gruppe RAUBGRAF Pech, denn der Sturm behindert den Vormarsch derart, daß sie den vorgeplanten Vorpostenstreifen erst ab 16.00 Uhr erreichen, zu einer Zeit also, da der S.C. 122 die Position bereits lange passiert hat und nunmehr 80 sm weiter östlich steht. Der H.X. 229 umgeht den RAUBGRAF-Vorpostenstreifen im Süden in nur 30 sm Distanz. Als südlichstes Boot des RAUBGRAF-Vorpostenstreifens sichtet *U 91* (Walkerling) wenigstens einen Zerstörer des H.X. 229, allerdings ein nicht voll einsatzfähiges Schiff: den wegen Brennstoffmangels im schweren Seegang beigedrehten Zerstörer *Witherington*, dessen Notlage Walkerling auf diese Distanz indessen nicht erkennt. *U 91* alarmiert auch die Boote *U 84*, *U 664* und *U 758*, schließlich könnte bzw. müßte der Zerstörer, so mutmaßen sie, einer der Außensicherung fahrenden Eskorter des S.C. 122 sein. Alle Boote finden jedoch weder den Zerstörer noch den Konvoi, der ja auf nur kurzer Distanz südlicher segelt.

In der Heimat hat man inzwischen die neue Kursanweisung — 73° — für den S.C. 122 entschlüsselt. Der BdU, Großadmiral Dönitz, versetzt den neuen Vorpostenstreifen nach Osten, und zwar mit Befehl für den 16. März. Die Position liegt dabei 15 sm

südlicher, also vom Kurs des S.C. 122 weg, jedoch an den Generalkurs des H.X. 229 näher heran.
Als am 16. das auf dem Rückmarsch stehende *U 653* einen Konvoi sichtet und meldet, handelt es sich nicht, wie der BdU zunächst vermutet, um den 52 Schiffe starken Mammutkonvoi S.C. 122, sondern um den Parallelkonvoi H.X. 229, der nur 38 Schiffe stark und dessen Eskortsicherung auch schwächer ist (der H.X. 229 wird gesichert durch die E.G. B2 mit zur Zeit nur den Zerstörern *Volunteer* und *Beverley* und den Korvetten *Anemone* und *Pennywort,* allerdings hat man noch von der Western Local Escort Group den Zerstörer *Mansfield* zur Verfügung).
Insgesamt hat der BdU auf die Meldung von *U 653* hin alle RAUBGRAF-Boote und 11 Boote der südlichen Gruppe STÜRMER in Marsch gesetzt. Dazu kommen noch zwei vom Versorger *U 463* betankte Boote, nämlich *U 616* und *U 228,* die noch weiter vorlicher, das heißt ostwärts angesetzt werden. Um 13.00 Uhr des 16. bekommen die ersten RAUBGRAF-U-Boote Fühlung mit dem Konvoi, der jedoch nicht der gesuchte S.C. 122, sondern der H.X. 229 ist. *U 600* koppelt — an der Grenze der 9 sm-Sichtweite des Konvois mitlaufend — Kurs und Marschfahrt des Geleitzuges mit. Dabei ist interessant, wie aus alliierten KTBs hervorgeht, daß die Reichweite der Radargeräte der britischen Eskorter in dem schweren Seegang nur 5 bis 6 sm beträgt, im Hinblick auf *U 600* also unwirksam sind. Dagegen werden die Fühlunghaltersignale der deutschen U-Boote vom Führerzerstörer *Volunteer* mit dem Huff/Duff sofort eingepeilt.
Die Folge ist: Beide fühlunghaltenden U-Boote werden abgedrängt und zum Tauchen gezwungen, der Konvoi dagegen dreht mit einem neuen »emergency turn« um 14.02 um 45° ab und um 14.07 Uhr erneut um 45°. Nunmehr marschiert der Geleitzug so rechtwinklig zum alten Kurs, daß er jetzt die schmalste Silhouette anbietet. Zum Verdruß des Konvoikommodore wirken sich die bösartigen Wettereinflüsse noch immer aus, ein nicht geringer Teil der Konvoischiffe ist zurückgefallen. Der Konvoi muß mit der Fahrt heruntergehen, um die Nachzügler aufkommen zu lassen. So wird denn das bisher schlechte Wetter für die deutschen U-Boote zum nützlichen Wetter und zum Verbündeten.
Gegen 18.00 Uhr, als keine weiteren U-Boot-Peilungen — oder

-sichtungen — vermerkt worden sind, dreht der Konvoi auf den alten Generalkurs in zwei kurzen, nacheinanderfolgenden Kursänderungen zurück. Allerdings lautet der Kurs jetzt 53°, das ist ein klein wenig nördlicher als in der Nacht vom 15. zum 16. Es ist 22.00 Uhr, als die deutschen U-Boote zum Angriff ansetzen. Das Wetter ist günstig, denn der Sturm hat sich ausgetobt. Der Wind weht in Stärke 2 aus nördlicher Richtung. Die Dünung steht aus NNW und ist 1 bis 2 stark. Dazu herrscht Vollmond. Die Sicht ist also auch in der Nacht gut. Vom U-Boot aus gegen Handelsschiffe beträgt sie fast 9 sm.

Hier nun die Angriffe auf den H.X. 229 in zeitlicher Folge, und zwar für den 16. und 17. März.

- *U 603* (Bertelsmann) 23.00 Uhr: ein Schiff, die *Elin K.* mit 5214 BRT versenkt, während das mit dem Fächer beschossene zweite Ziel nicht getroffen wird, offenbar wieder ein Torpedoversager;
- *U 758* (Manseck) um 00.23 Uhr: ein Frachter, die 6813 BRT große niederländische *Zaanland James* torpediert, Schiff sinkt. Ein zweiter Frachter, die amerikanische 7176 BRT große *Oglethorpe* torpediert, Schiff sinkt nicht und wird später von *U 91* (Walkerling) »with a coup de grâce« versenkt.

Inzwischen ist es Mitternacht, der neue Tag, der 17. März, bricht an:

- *U 435* (Strelow) um 00.20 Uhr: 1 Frachter (amerikanischer Dampfer *William Eustris)* mit 7196 BRT torpediert, *U 91* (Walkerling) vollendet die Versenkung.
- *U 91* und *U 435* um 02.30 Uhr: Beide Boote greifen den H.X. 229 gleichzeitig an. *U 435* von Backbord und *U 91* von Steuerbord. Die 4 *U 435*-Torpedos gehen fehl, da aus zu großer Entfernung geschossen, während von dem Viererfächer des *U 91* zwei Torpedos den 6366 BRT großen Frachter *Harry Luckenbach* als taktische No 111 treffen und sofort zum Sinken bringen;
- *U 616* (Koitschka) um 04.18 Uhr: Fehlschüsse auf den Zerstörer *Volunteer;*
- *U 600* (Zurmühlen) feuert einen Viererfächer FAT-Torpedos und schießt, abdrehend, noch einen Hecktorpedo: 1 Treffer auf dem 8714 BRT großen Frachter *Nariva* als No. 91 und 2

Treffer auf dem 6125 BRT großen Frachter *Irénée du Pont* der No. 81, beide zusammen mit 14 839 BRT, ferner 1 Treffer auf der 12 156 BRT großen Walkocherei *Southern Princess* als No. 72. Die für ihre Zeit riesige Walkocherei sinkt, die beiden anderen Schiffe bleiben, schwer beschädigt, bewegungslos liegen. Sie werden durch *U 91* (Walkerling) versenkt;
- *U 228* (Christophersen) um 05.34 Uhr: ein Dreierfächer verfehlt den Zerstörer *Mansfield*. Es ist 05.00 Uhr, als der Geleitkommodore auf Befehl der S.O.E. erneut zwei Alarmkursänderungen vornimmt, und zwar, wie gehabt, jedesmal um 45° nach Backbord, um danach wieder auf den alten Kurs zurückzufallen.

Das Ergebnis der Nacht ist, an der Gesamtzahl der auf den Konvoi angesetzten U-Boote gemessen, nicht überwältigend, aber vom Ansatz her erfolgreich genug, um so mehr, als keines der Boote ernsthaft bedroht oder gar vernichtet wurde.
Bemerkenswert ist der Erfolg, den *U 600* mit einem Fächer der neuen Torpedos vom Typ FAT (siehe diese) erzielte.
In der Nacht zum 17. hatten auch die vom Norden her eintreffenden U-Boote der Gruppe STÜRMER Fühlung mit dem nur noch 51 Schiffe starken Konvoi S.C. 122 gewonnen, der von der E.Gr. 5 gesichert wird, nämlich von dem Zerstörer *Havelock*, der Fregatte *Swale*, den Korvetten *Godetia, Pimpernel, Buttercup, Lavendel* und *Saxifrage,* ferner von dem der Western Local E.Gr. zugehörigen Zerstörer *Leamington* und dem vom O.N. 170 abgestellten US-Zerstörer *Upshur.* Auch bei dem S.C. 122 herrscht die gleiche, für die U-Boote ausgesucht günstige Wetterlage: Vollmond und sehr gute Sicht, die in [75] sogar mit 12 sm angegeben wird. Nur kommt der Wind jetzt aus West, ist mit 2 bis 3 etwas stärker, während der Seegang in den Stärken 2 bis 3 sogar als zunehmend bezeichnet werden darf. Der Konvoi marschiert in 13 Kolonnen mit einer Front über 7 sm Breite und 2,5 sm Tiefe durch die atlantische See, in etwa 4000 m rundherum, elliptisch angeordnet, die Eskorter; eine Festung in See. Auf sie läuft am 17. März 02.01 Uhr *U 338* (Kinzel, Manfred) von vorn an. Wer an Bord von *U 338* ahnt, daß das 02.02 Uhr gefunkte Fühlunghaltersignal, das *U 338* absetzt, als es gerade zwischen den etwa 12 000 m auseinanderste-

henden Eskortern *Lavendel* und *Pimpernel* eindringt und auf das 6. Schiff der vordersten der fünf Kolonnen zuhält, von dem Führerboot der Eskort Gruppe, dem Zerstörer *Havelock,* eingepeilt und ausgewertet wird?[251] Gerade als auf der *Havelock* eine Warnung »Alle, Alle« vorbereitet wird, handelt Kapitänleutnant Manfred Kinzel:

- *U 338* um 02.05 Uhr: Zweierfächer aus den Bugrohren. Zwei Schiffe in der 1. und 2. Kolonne werden nach 110 s (Laufstrecke 1584 m) getroffen, die taktische No. 51, der Frachter *Kingsbury,* und die No. 52, der Frachter *King Gruffydd.*
- *U 338* um 02.06 Uhr: zweiter Zweierfächer aus den Bugrohren, zwei Treffer auf die taktische No. 61, den Frachter *Alderamin,* der sinkt.
- *U 338* um 02.07 Uhr: schießt abdrehend einen Hecktorpedo auf eines der Schiffe der Kolonnen an Steuerbord und trifft die taktische Nummer 124, den Frachter *Fort Cedar Lake,* der später von *U 665* als bewegungsloses Wrack versenkt wird.
- *U 338* um 02.08 Uhr: taucht, da von den Frachtern mit den taktischen Nummern 71, 81 und 91 beschossen.

Im Konvoi wird die Aktion RASPBERRY ausgelöst. Die Eskorter drehen auf diesen »Himbeeren«-Befehl auf den Konvoi zu und gehen in unmittelbarer Nähe der äußeren Schiffe mit AK und Hartruderlage wieder auf Gegenkurs. Dabei schießen sie Leuchtgranaten recht voraus. Rundherum wird der gesamte Konvoikomplex mit hellem Flackerlicht aufgehellt. Die teerschwarze See nimmt eine seidenmatte dunkle Farbe an. Sie ist von den widerspiegelnden Lichtern der Leuchtgranaten übersät. Doch nirgendwo ist ein U-Boot zu erkennen, das sich, wenn es noch am Konvoi stehen würde, gegen den fast taghellen Horizont als Silhouette abzeichnen müßte. *U 338* bleibt getaucht.
Der Gegner kann sich jetzt um die Bergung der Überlebenden kümmern, denn die Frachter *King Gruffydd* und *Alderamin* sind inzwischen gesunken. Die *Kingsbury* brennt. Die Korvette *Saxifrage* sichert die Bergungsaktion des Rettungsschiffes *Zamalek.* Der Zerstörer *Havelock* findet das Wrack der *Fort Cedar Lake,*

und um 02.04 Uhr wird die *Swale* auf die Mittschiffsposition vor den Geleitzug befohlen.
Drei Schiffe mit 17 838 BRT sind von *U 338* versenkt, der 7176 BRT-Frachter schwimmt noch als Wrack, ist dem Erfolg aber nach einer Versenkung durch *U 665* hinzuzuzählen.
Erst jetzt wird dem BdU deutlich, daß es sich bei den Operationen in diesem Revier um zwei Geleitzüge handeln muß ... Er setzt sofort die noch zurückgehaltenen Einheiten der restlichen STÜRMER und DRÄNGER an. Als diese versuchen, an den Konvoi heranzustaffeln, werden sie von einer durch HF/DF-Peilzeichen herangeführten Liberator der neuen RAF-Squadron 120 von Island aus unter Wasser gedrückt. Die Eskorter *Swale*, *Upshur* und *Havelock* helfen dabei. Nur *U 338* bleibt das Glück noch treu. Ein 4071 BRT großer Frachter ist das Opfer eines schneidigen Unterwasser-Tagesangriffs, noch dazu eines Oberflächenläufers.
Die Eskortschiffe des H.X. 229 haben noch immer mit der Bergung Überlebender und deren Sicherung zu tun. Sie sind noch nicht wieder auf Position, als der Konvoi fast gleichzeitig von *U 384* und *U 631* unter Wasser angegriffen wird. Die Boote haben bei der Sicht von nur 8 sm an der Grenze der Sichtweite in weitem Bogen an der Steuerbordseite des Konvois vorgesetzt. Sie kommen fast auf die Minute genau in Schußposition. *U 384* um 13.05 Uhr und *U 631* um 13.06 Uhr. Je ein Schiff wird getroffen. Es versinken ein 7252 BRT-Frachter (die holländische *Terkoelei* auf der Konvoi-Position 91) und ein 5158 BRT-Frachter (die auf Position hinter der *Terkoelei* stehende britische *Coracero* mit 7252 BRT).
Nachmittags zwingt eine Liberator das am H.X. 229 fühlunghaltende *U 600* in den Keller. Die Fühlung zum Geleitzug reißt ab, sehr zum Nutzen der nur noch schwachen Konvoi-Sicherung, die durch die *Volunteer*, die *Beverly*, die *Anemone* und die *Pennywort* unter hartem Einsatz wahrgenommen wird. Doch die GRAUEN WÖLFE geben nicht auf. Bereits in den Morgenstunden des 18. glückt es einem der Boote, die Fühlung wieder herzustellen.
In diesem Zusammenhang erscheint es angebracht, auf die verschiedensten Luftsicherungsverfahren hinzuweisen, wie sie von den Briten praktiziert wurden, nämlich auf die Verfahren

1. MANTA, 2. VIPER oder 3. FROG. Bei 1. und 2. werden die Flugzeuge auf den HF/DF- (im Slang HUFF/DUFF geheißenen) Peilstrahlen an U-Boote herangeführt, die von Eskortschiffen bei der Abgabe von Funksprüchen oder Fühlunghaltersignalen durch HF/DF eingepeilt worden sind. Nach dem FROG-Verfahren setzt man sie in Sektoren von der Mitte eines Konvois nach Uhrzeiten (0 bis/oder 12) an (siehe [75]). Dabei tragen die Flugzeuge florettähnliche Vorstöße in jene Richtung vor, aus der man Angriffe von U-Booten als am wahrscheinlichsten erwartet. Hinzu kommt noch die COBRA-Patrouille, zum Beispiel im Abstand von 10 oder 11 sm pp. rund um den Konvoi herum.

Wenden wir uns nun wieder dem S.C. 122 zu. Hier können am 17. März nachmittags nach den Torpedoschüssen von *U 338* (Kinzel) auf einen auf 10 000 BRT geschätzten großen Frachter und einen 5000 Tonner, von denen aber nur der »10 000 Tonner« als die nur 4071 BRT große, panamesische *Eranville* sinkt, die praktisch von allen Seiten anlaufenden U-Boote der Gruppen STÜRMER und DRÄNGER abgewiesen werden, ebenso wie beim H.X. 229 durch nur vier zusätzliche, aus Island angeflogene Liberators. Doch kann nach Einbruch der Dunkelheit *U 305* (Bahr) an der 6 sm-Grenze der Sichtweite (bedeckter Himmel und Mondlicht durch die Bewölkungslücken; Wind NNW, Seegang 3 bis 4 in flacher Dünung) zwei Schiffe aus dem Konvoi versenken. Das eine wird von einem Torpedo des 22.08 Uhr geschossenen Zweierfächers nach einer auf 5000 m geschätzten Laufstrecke um 22.14 Uhr getroffen. Das Opfer ist der an der Steuerbordseite des Konvois marschierende 8789 BRT-Frachter *Port Auckland;* der zweite Aal des Fächers läuft noch weiter und erwischt die in der Position 84 fahrende *Zouave* mit 4256 BRT. Kapitänleutnant Bahr hatte noch einen zweiten Fächer gelöst, bei dem aber nur ein Torpedo ausgestoßen werden konnte, über dessen Verbleib nichts bekannt ist. Zwar hörte man noch ziemlich spät eine Explosion ... Die Enddetonation am Ende der Laufstrecke? Wasserbombe?
Bahr erfährt es nicht.
Jedenfalls: Die *Zouave* sinkt in wenigen Minuten, die *Port Auckland* dagegen bleibt nach dem Aussteigen der Besatzung manövrierunfähig liegen. Um 23.41 Uhr löst *U 305* einen neuen Torpedo auf dieses Schiff, einen Heckrohrschuß. Das vierkant

mittschiffs getroffene Ziel scheint zu explodieren, so wirkt die fast 200 m hohe schwarze Sprengwolke, hinter der der Frachter völlig verschwindet. Als die Wolke verweht und die Wassermassen in sich zusammengesunken sind, entschleiert sich daraus — allen, die es sehen, stockt der Atem — ein Schiff: die nach wie vor schwimmende *Port Auckland*. Sie ist zwar wrack, aber sie schwimmt.

Der Konvoi ist schon lange abgelaufen, als das hartnäckige, zählebige Wrack von *U 338* (das den Angriff von *U 305* beobachtet hatte) bei auf 6 bis 7 Beaufort auffrischendem Wind und Seegang 5 in der dünenden See entdeckt und 01.55 Uhr mit einem Torpedo beschossen wird. Zu allem Überfluß verfehlt der Aal sein Ziel, das sich, vom fahlen Mondlicht umflossen, als scharf konturierte Silhouette gegen den Horizont abhebt, doch als die Laufzeit des Torpedos um ist und die Männer auf die Enddetonation warten, geschieht das Phänomen: Die *Port Auckland* sackt achtern weg. Ihr Vorschiff reckt sich steil aufrecht wie ein hagerer Glockenturm aus der nachtschwarzen See auf — und ehe man auf *U 338* diese sonderbare Verkettung höherer Gewalten begreift, ist der hoch aus der See herausragende Bug wie ein Stein im Ozean verschwunden. *U 305* darf 13 045 BRT auf seinem Erfolgskonto verbuchen, denn Kapitänleutnant Rudolf Bahr war es, der 00.41 Uhr einen FAT auf sein noch schwimmendes erstes Ziel schoß.

Am 18. März gelingt es den 30 noch auf die Konvois operierenden U-Booten (ein Teil ist zur Versorgung zu den U-Tankern abgelaufen) nur noch, in die Nähe der Geleitzüge zu kommen. Abgesehen von dem hundsmiserablen Wetter, den Schneestürmen mit kaum zwei Seemeilen Sicht, dem sturmähnlichen Wind in Stärken von sieben bis acht und einem hochlaufenden Seegang in Stärken fünf bis sechs, haben auch diese Boote wenig Glück, da die Luftsicherung des Gegners noch intensiver geworden ist. Nur *U 221* kann, von *U 610* herangeführt, aus dem Konvoi die taktische No. 21, den Frachter *Walter Q. Gresham*, mit einem um 16.41 Uhr geschossenen Hecktorpedo versenken. Ein 16.49 Uhr sofort folgender Viererfächer aus den Bugrohren trifft mit zwei Torpedos die als taktische No. 23 fahrende *Canadian Star*, die sofort sinkt. Zwei FATs verrennen sich ohne Ergebnis. Zwar wird *U 221* danach bei einer weitgreifenden Such-

aktion mit ASDIC geortet und mit Wasserbomben belegt, kommt aber davon, wenn auch mit Schäden. Zwei Frachter mit 15 484 BRT sind das Fazit, ein Erfolg, der Oberleutnant zur See Hans Trojer *(U 221)* gutgeschrieben wird.
H.X. 229 wird am 18. abends und in der Nacht zusätzlich durch den Zerstörer *Highlander* von der E.G. B4 gesichert, Verstärkung bekommt auch der S.C. 122, ihm wird der US-Coast Guard Kutter *Samuel D. Ingham*[252] beigegeben.
Noch sind die Eskorter knapp, noch fehlt es an Geleitflugzeugträgern, um das BLACK GAP und andere, von Flugzeugen nicht erreichbare Gebiete zu kontrollieren und zu sichern ...
In der Nacht zum 19. kommen noch einmal einige Boote an den H.X. 229 heran:

- *U 441* schießt einen Fächer — und fehlt,
- *U 608* schießt einen Fächer auf die *Highlander* und fehlt.

In der gleichen Nacht hat *U 666* am S.C. 122 noch einen Erfolg: 1 Schiff mit 5234 BRT wird beschädigt und als Nachzügler von *U 333* versenkt.
Der 19. bringt gleich in den ersten Vormittagsstunden starke Luftsicherung. Aber wenigstens ein Nachzügler kann von *U 527* und *U 523* versenkt werden. Als am Nachmittag des 19. und in der Nacht zum 20. März die Sicherung des H.X. 229 durch den Zerstörer *Vimy* und die Korvette *Abelia* verstärkt wird, werden auch die letzten Fühlunghalter abgedrängt. Die Luftsicherung drückt die Boote unter Wasser: *U 631* am H.X. 229 und *U 642* am S.C. 122.
Der BdU bricht mit der ersten Tageslichtdämmerung des 20. März die Operationen gegen beide Konvois ab. Beim Absetzen nach Westen geht dabei durch eine Sunderland *U 384* verloren. Die Besatzung, 47 Mann, kommt um.
Während dieser größten Geleitzugschlacht des Zweiten Weltkrieges — groß von den betroffenen Dampferzahlen innerhalb der Konvois und den Erfolgen (nicht aber an der Zahl der angesetzten U-Boote) — sind
bei nur einem einzigen Eigenverlust
von den beteiligten 43 Booten versenkt worden:

- 21 Schiffe mit
- 140 842 BRT.

Mit dem Erfolg dieser bisher
größten Tonnageschlacht
sieht Dönitz seine Prognosen über die U-Boote bestätigt:
»Die U-Boote sind in diesem Krieg«,
und das predigt Dönitz seit 1939,
»die einzig wirksame Trumpfkarte
im Zufuhrkrieg
gegen Großbritannien.«

Über diesen entscheidenden Monat März schreibt der Großadmiral später in seiner Mondorfer Denkschrift [98] u. a. »... Hinsichtlich der Aufklärung, des Fühlunghaltens trotz Luft- und Fernsicherung, klarer Meldetechnik, rechtzeitigen Tauchens vor Flugzeugen und Zerstörern, möglichst baldigem Wiederauftauchens und Nachstoßens, Durchbruchs zum Angriff und hinsichtlich des Angriffs selbst leisteten die Kommandanten Vorzügliches. Es waren Männer, die sich durch jahrelange Kriegsseefahrt im Atlantik Sommer und Winter zu Hause fühlten, eine Schar kühner Kämpfer von hervorragendem militärischen Können. Es gab infolgedessen Geleitzugschlachten, wo mehr als die Hälfte, in einigen Fällen über Zwodrittel des Geleitzuges aufgerieben wurden. Rückblickend auf diesen Zeitpunkt waren die U-Boot-Erfolge besonders groß. Die U-Boot-Zahlen stiegen laufend an. Die Verluste waren gering. Der Nachschub aus der Heimat erheblich. Der Aktionsradius aller Boote wurde durch die Verwendung von U-Boot-Tankern, aus denen je etwa 10 Boote 40 t Öl und zusätzlichen Proviant entnehmen konnten, erheblich erweitert und damit die unnötigen An- und Rückmärsche sogar für deutsche Begriffe nahegelegenen Biscaya-Häfen gespart. Soweit vorhanden wurden die U-Boote auch aus Überwassertankern[253] versorgt. Von diesen konnten auch Torpedos abgegeben werden, Operationen in den südamerikanischen Raum, in den Raum Kapstadt und in den Indischen Ozean wurden dadurch ermöglicht.
Durch den rechtzeitig vom Führer befohlenen Bau der U-Boot-Bunker in den Biscayahäfen konnten die Reparaturen und Ausrüstungen der Boote vollkommen ungestört und ohne Verluste durch Bombenangriffe stattfinden. Die Torpedowaffe hat einen völlig neuen Torpedo entwickelt und eingesetzt, den ZAUN-

KÖNIG genannten Geräuschtorpedo T 5, der nur auf schnelldrehende Schiffsschrauben anspricht, also auf die Propeller der Eskorter. (Hier hat der Autor Dönitz zeitlich vorgezogen, denn der ZAUNKÖNIG wurde erst im September eingesetzt und sein Vorläufer FALKE hatte noch Schwächen.) Durch Schleifentorpedos (FAT und LUT) verschiedener Art war inzwischen die Treffsicherheit, besonders von Zielen im Geleitzug, erheblich vergrößert worden. Wenn auch die Sorge um die Entwicklung im Atlantik und vor der Verbesserung der Überwasserortung den U-Boot-Krieg belastete, so standen diesen Sorgen die genannten Vorteile gegenüber, so daß die U-Boote in Stolz auf die bis März 1943 errungenen sehr großen Erfolge blicken und hoffen, auch einer verstärkten U-Boot-Abwehr durch Erhöhung der U-Boot-Zahlen begegnen und so die Erfolge auf gleicher Höhe halten zu können ...«

3.4 400 U-Boote ab 1. März in Dienst

Ein Roskill-Zitat zur U-Boot-Lage · Britische Stimmen mehren sich: Konvoischutzschild ist wirkungslos geworden · Der »Kleine Kreis« kennt bereits den Termin zur Wende · Die Washington-Konferenz und ihre Ziele · Die Invasionsbasis bedroht · Wachsende U-Boot-Zahlen — aber nur solcher (veralteter) konventioneller Typen

Noch nie waren die GRAUEN WÖLFE der Zerstörung der lebens- und kriegswichtigen Seeverkehrsverbindungen zwischen der Alten und der Neuen Welt so nahe wie in den ersten 20 Tagen des Monats März 1943. Captain Roskill in [2]: »Sie (die britische Admiralität) muß gefühlt haben, daß die Niederlage ihr ins Gesicht starrte.« Bei Gretton ist vermerkt:
»In Großbritannien gab es nur noch für zwei Monate Lebensmittel- und Materialvorräte.«
In Großbritannien werden angesichts dieser schweren Verluste sogar Befürchtungen und aus diesen Überlegungen laut, ob man nicht das Konvoisystem — bisher einziger und hinreichend sicherer Schutzschild der britischen und der britenfreundlichen Handelsschiffahrt — aufgeben soll und muß.
Doch die Entscheidung über diese Kardinalfrage
fällt in aller Stille und
vor einem geheimen Hintergrund,
vor einem kleinen Kreis Wissender, der an eine baldige Wende nicht nur glaubt,
sondern ihrer souverän sicher ist.
Zu diesem »Kleinen Kreis« gehört auch der »Tracking Room«, wo man nach Beesly [3] weder im Dienst noch in privaten Gesprächen Sorge um das Konvoisystem und den Ausgang der Nordatlantikschlacht hat. Hier lassen sich alle Zahlen über die eigene wie auch die jetzige und zu erwartende Feindlage ablesen. Hier ist alles erfaßt, was alliierterseits an neuen Geräten und Waffen an die Front kommen wird. Hier kennt man nicht nur die neuen und künftigen Zahlen der deutschen U-Boote, hier wird genau bekannt, wieviel neue Boote mit neuen, im Ge-

leitzugkampf noch unerfahrenen Besatzungen in die Schlacht um den Nordatlantik geworfen werden. Allein in den Monaten Januar bis März 1943 schickt der BdU 51 neue Boote mit neuen Besatzungen auf Feindfahrt, denen 40 verlorene U-Boote gegenüberstehen, viele von diesen aber auch mit an Erfahrungen unersetzlichen Männern an Bord.

Hier in diesem »Kleinen Kreis« weiß man auch um die Washington-Konferenz vom 1. März, auf der zwischen Großbritannien, den USA und Kanada die Support Groups als vordringlichst zur U-Boot-Bekämpfung beschlossen wurden, denn das Flugzeug scheint (und ist) das einzige verläßliche Mittel, die U-Boote nicht nur unter Wasser zu zwingen, sondern auch, um sie zu vernichten. Bei Roskill [2, Vol. II] heißt es zu dem Support Groups-Beschluß: »... consisting of an escort carrier and five destroyers to work under British control with the North Atlantic Convoys ...«

Weiter heißt es in [2]: »... In addition new convoy cycles were agreed for the North Atlantic, and it was decided that the number of long range aircraft (wie auch der später eingesetzten very long range aircraft = VLR) would be increased to four squadrons (= 48). The long range aircraft, no matter of which country, were to work to the limit of their endurance without regard to the Chop Line, and the support groups were also to have freedom to move wherever they might be needed, under general strategic control of the command which they belonged ...«

Es ist vorgesehen, daß »... these arrangements with minor variations came into force on the 1st April 1943.«

Aber von diesem Vorhaben, diesem Startschuß für den Generalangriff auf die GRAUEN WÖLFE des Großadmirals Dönitz, weiß der alliierte Normalverbraucher unter den Politikern, den Militärs, den Wirtschaftlern usw. nichts. Allgemein gesehen, scheint es vielmehr, daß sich die U-Boote für den alliierten Gegner endgültig zu einer wahrlich lebensbedrohlichen Waffe entwickelt haben. Es mahnen nicht nur die Verluste in dieser weitgreifenden Geleitzugschlacht zwischen dem 14. und 20. März 1943, es ist auch die Tatsache
einer taktischen Ohnmacht,
was der schwache alliierte Abwehrerfolg mit nur einem einzigen versenkten U-Boot während dieser Großaktion bekräftigt.

Es scheint nur noch eine Frage der Zeit zu sein, daß die U-Boote mit ihrer permanent zunehmenden Zahl und ihren damit laufend zunehmenden Einsatzquoten vor allem im Nordatlantik die Insel Großbritannien als Basis für die geplante Invasion in Europa wie auch als Flugzeugträger im Kampf gegen die »Festung Europa« und auch sonst von allen lebens- und kriegswichtigen Zufuhren abschneiden.

Die Zahl der U-Boote
wächst und
wächst und
wächst:

- Seit dem 1. März 1943 sind 400 U-Boote im Dienst, ein gutes Viertel mehr, als Dönitz in seiner Denkschrift 1939 verlangt hatte;
- weitere 47 Boote befinden sich als Neubauten in der Ausrüstung;
- 245 Neubauten befinden sich auf den Werften in Arbeit.

Die einsatzbereiten U-Boote gliedern sich in

- 52 Schulboote = 13%,
- 119 Boote in der Ausbildung = 29,8%,
- 7 Versuchsboote (Walterantrieb) = 1,7%,
- 222 Frontboote = 55,5%.

Diese wiederum gliedern sich auf in:

- 18 U-Boote im Nordmeer,
- 19 U-Boote im Mittelmeer,
- 3 U-Boote in der Schwarzen See und
- 182 U-Boote für die Operationen im Atlantik.

Davon befinden sich

- 114 U-Boote = 62,6% in See, von denen 22 U-Boote auf dem An- bzw. Abmarsch ins/aus dem Operationsgebiet stehen,
- 68 U-Boote = 37,4% befinden sich in den Stützpunkten in Frankreich.

Im Operationsgebiet Atlantik stehen 70 Boote und von diesen operieren

- 45 im Nordatlantik,

- 13 im Mittelatlantik,
- 5 im Westatlantik,
- 7 im Südatlantik.

Doch kann und muß diese Aufzählung mit einer Einschränkung
versehen werden:
alle diese Boote sind
U-Boote konventioneller Bauart,
die sieben Versuchsboote ausgenommen,
deren neuartige Form es ist, die schließlich
nach dem Katastrophenmonat Mai
einen völlig neuen,
aber zu späten Weg weisen wird.

3.5 Das Rotterdamgerät H$_2$S — ein Schock

Das H$_2$S-Gerät — ein Zufallsfund · Die Arbeitsgemeinschaft Rotterdamgerät (AGR) · General Martini fordert Nachbau des Geräts, um seine wahre Wirkung zu erforschen · Nachbaudringlichkeitsstufe braucht drei Wochen · Die Marine kontert: Rotterdamgerät ist eine Navigationshilfe (aber kein Radar) · Marine: Die ortungslosen Luftangriffe auf U-Boote haben andere Gründe · Funkmaat Brusters »Magisches Auge« · Ein Jahr vergeht, bis man die Wahrheit weiß — bis dahin sterben warnungslos aus der Luft angegriffene U-Boote · In der Funkmeßbeobachtung fährt man auf falschen Gleisen: Nach wie vor auf DMW-Frequenzen, weil nicht sein kann, was nicht sein darf

Tragisch für die U-Boot-Waffe wird, daß der inzwischen am 2. Februar gemachte Fund eines alliierten H$_2$S-Gerätes bei der Kriegsmarine nicht die ihm zukommende Bedeutung hinsichtlich seiner wahren Effizienz erfährt. An diesem Tage nämlich konnte, wie in [18] beschrieben, aus einem in der Nähe von Rotterdam abgeschossenen britischen Stirling-Bomber ein neuartiges Funkmeß-Rundsichtgerät geborgen werden. Das Gerät hat ein Magnetron mit Hohlräumen, die einer Wellenlänge von etwa zehn Zentimetern entsprechen. Nach Price [123] hat das Gerät diese neuen, unbekannten Besonderheiten: »einen Hochleistungs-Oszillator, viereckige Hohlleiter, welche die Energie zur Antenne führen und eine Antenne mit einem kleinen Reflektorspiegel von nicht mehr als einem Meter Breite.« Offenkundig arbeitete das Gerät — das nach seinem Fundort Rotterdam benannt wurde — auf der kurz CMW genannten cm-Welle. Nach Trenkle heißt es in [40] über diesen in Fachkreisen als Schock bezeichneten Fund: »Bereits nach wenigen Tagen wurde eine Arbeitsgemeinschaft Rotterdam (ARG) gegründet, der die wichtigsten Fachleute aus Industrie, Forschung und den drei Wehrmachtteilen angehörten und deren Vorsitz der Entwicklungsleiter der Gruppe Funkmeß, Dr. Leo Brandt[254a], übernahm ...«
Für den Kreis der Funkmeßexperten war es die naheliegende,

vordringlichste Aufgabe, den Nachbau dieses Geräts in mehrfacher Stückzahl zu betreiben, »... um seine Eigenschaften und Leistungen zu erkunden.«
Obwohl auch die Kriegsmarine FuMB-Stelle am Kanal auch britische Landgeräte auf der CMW-Frequenz ermittelt hatte, glaubt man bei der Marine und deren Experten einfach nicht daran, daß solche »Rotterdam«-Geräte auf Schiffen und in Flugzeugen auch gegen U-Boote usw. eingesetzt würden bzw. eingesetzt werden. Und obwohl General Wolfgang Martini, der, wie beschrieben, ein Befürworter des Baues deutscher CMW-Geräte und damit auch der dazugehörigen FuMBs war — und nach wie vor ist —, sofort den schnellstmöglichen Bau von Warngeräten gegen die CMW-Frequenz der »Rotterdam«-Geräte fordert, dauert es drei Wochen, bis man bei den verantwortlichen Stellen zur Einsicht kommt und der Entwicklung und dem Bau von FuMB-Geräten für die CMW-Frequenz die notwendige Dringlichkeitsstufe einräumt. Bedingt durch die Personallage mit General Martini als Chef des Nachrichten-Verbindungs-Wesens der Luftwaffe mit ihren geheimen Etatschlüsseln liegt der Schwerpunkt der Entwicklungsarbeiten naturgemäß bei dieser Waffengattung, um so mehr als, wie gesagt, die Marine eine Ortung mit dem »Rotterdam«-Gerät wegen der »Wegspiegeltheorie«[254b] eigentlich für unwahrscheinlich erachtet und hier der Gedanke genährt wird, es könne sich bei diesem Gerät um eine neuartige Navigationshilfe für die neuerdings über dem Festland auftretenden »Pathfinder«-Flugzeuge für die Bomberpulks handeln. Womit sie übrigens für das H_2S auch recht hat.
Auch die unterschiedlichen Forderungen der drei Wehrmachtteile an das Funkmeß- und Funkmeßbeobachtungsverfahren (und selbstverständlich auch an das Funklenk- und Funkstörverfahren) erschweren die Zusammenarbeit und die Entscheidungen hinsichtlich der so wichtigen Dringlichkeitsstufen.
Jedenfalls: Die inzwischen gewonnenen Erkenntnisse über die Leistungen des »Rotterdam«-Gerätes verdichten bei der Marine die Überzeugung, daß die immer häufigeren plötzlichen und gezielten Angriffe aus der Luft, insbesondere gegen U-Boote ohne eine vorherige Warnung durch den R 600 A (METOX) nur auf anderen Möglichkeiten als etwa auf einem neuartigen Funkmeßgerätetyp beruhen können. Also eben nicht auf einem Gerät

wie vom Typ Rotterdam mit seinem CMW-Bereich. Aber vielleicht einem ähnlichen.
Hinzu tritt die von einigen deutschen Experten gepflegte Theorie, daß die Impulsfolge bei den ASV-Geräten der Briten vom bisherigen Typ umschaltbar sei und oberhalb des hörbaren Bereichs liegen könnte.
Nach einem Vorschlag von Funkmaat Bruster von *U 214* werden die METOX-Empfänger mit einem »Magischen Auge« nachgerüstet, womit nach Trenkle und Reuter [89] tatsächlich nicht »hörbare« Ortungen durch Veränderung der Regelspannung mit einer Anzeige an der Abstimmröhre nachgewiesen worden sein sollen. Und was die plötzlichen, nächtlichen Angriffe auf U-Boote aus der Luft angeht: Die Vermutung erhärtet sich, auch offiziell, daß die bekannten gegnerischen Geräte auf Kurzortung umgestellt worden sind, das heißt auf eine nur kurzzeitige Einschaltung mit großen Pausen, so daß sie vom METOX dann nicht erfaßt werden, wenn die (drehbare) Antenne in einer für die FuMB-Anmessung ungünstigen Richtung steht. Kurzum:
Die Experten der Marine glauben nicht an ein neues britisches ASV-Gerät (sprich Radar) auf der Zentimeterwelle. Das ist wohl auch der Grund, daß bei ihr Gegenmaßnahmen im Hinblick auf ein CMW-Gerät nur langsam anlaufen.
Trotz der bis zum endgültigen Nachbau anhaltenden Unsicherheit über den Zweck des H_2S, den auch Dr. Leo Brandt als Koordinator der Arbeitsgemeinschaft Rotterdam (AGR) in erster Linie in einer Navigationshilfe sieht (obwohl er versicherte, man könne damit natürlich auch ein U-Boot orten), kann General Wolfgang Martini am 23. Februar die Weisung zum sofortigen Beginn für die Entwicklung und den Bau von CMW-FuMB Empfängern durchsetzen, einer Aufgabe, der sich das Unternehmen TELEFUNKEN mit Zuversicht auf eine schnelle Lösung annimmt. Am gleichen Tage kommt die im TELEFUNKEN-Haus zusammengetretene AGR auch überein, daß gleich sechs Radargeräte auf der Basis des »Rotterdam«-Gerätes gebaut werden sollen, die dann als Prototypen für eine Großfertigung für die Wehrmacht dienen. Doch ist's bis dahin noch ein langer Weg. Am 15. März 1943 wird von der Firma TELEFUNKEN das erste CMW-Mustergerät als FuMB 7 unter dem Decknamen NAXOS geliefert und bei verschiedenen Unternehmen in

einer Stückzahl von 1700 in Serie gegeben. Während die ersten Luftwaffengeräte im Juni 1943 geliefert werden, muß sich die Kriegsmarine mit den ersten Geräten NAXOS 1 bis zum September gedulden. Das Gerät — es handelt sich um einen λ/4 Strahler mit Bandpaß und Detektor (»Finger«-Antenne) und einem 6stufigen NF-Verstärker, der die mechanischen Bauteile des Kenngerätes FuG 25 ZWILLING verwendete — erfaßt einen Bereich von 8—12 cm (= 2500—3700 MHz = 2,5 bis 3,7 GHz).

Zur Marineversion wären noch verschiedene besondere Details zu sagen, die aber in diesem Buch, da ja erst ab September 1943 akut, zu weit führen würden.

Ein Vorgriff auf die weitere Entwicklung hinsichtlich eines Nachbaues des erbeuteten H_2S-Radar sagt aus:

Es wird, wenn man Fritz Trenkle als dem wohl kompetentesten Fachmann auf dem Gebiet der Veröffentlichungen über Funkstörverhalten und die Funkpeil- und Horchverfahren heranzieht, erst Anfang Dezember 1943 werden, ehe mit einem weiteren erbeuteten und wiederinstandgesetzten »Rotterdam«-Gerät erstmalig auch Ortungen von Schiffen auf 10 bis 20 km Entfernung nachgewiesen werden können. »Wenige Wochen später ist das Gerät besser justiert, so daß neben U-Booten sogar Bojen auf dem Bildschirm dieses Panoramagerätes sichtbar gemacht werden können.«[255]

Zur gleichen Zeit wird auch die Brauchbarkeit der CMW für Flakfunkmeßgeräte klar bewiesen. In den Berichten der AGR werden diese Angaben kommentarlos vermerkt werden. Es gibt keinerlei Hinweis darauf, daß damit die bisher so energisch vertretene »Wegspiegeltheorie« endgültig widerlegt worden ist und einen »Erdrutsch« der Meinungen ausgelöst hat. Es gibt im heutigen Fachschrifttum auch keinerlei Vermerke darüber, weshalb der im Februar 1943 befohlene »sofortige Nachbau« des erbeuteten »Rotterdam«-Gerätes trotz höchster Dringlichkeitsstufe fast ein volles Jahr gedauert hat.[256]

Und draußen auf See — insbesondere im nordatlantischen Raum und in der Biscaya — fielen immer mehr U-Boote immer mehr mit den neuen CMW-Geräten ausgerüsteten Flugzeugen zum Opfer, U-Boote, welche durch britische Entschlüsselung in B.P. nach ihren obligatorischen und befehlsmäßigen Standortmeldungen in ihren jeweiligen Quadraten nachgewiesen worden waren (und werden) und die nun von den eingewiesenen Flugzeugen gesucht und durch das ASV-Mark III bzw. das H_2S auch durch die dichtesten Wolkendecken hindurch lokalisiert und dann blitzartig (meist von der Seite her) angegriffen wurden (und werden). In fast allen Fällen, in denen kein FuMB warnte, weil es keines für die 9,7 cm- und später auch die amerikanischen 3 cm-Frequenzen (noch) nicht gibt, kam (und kommt) es zum Totalverlust. Da gibt es niemanden, der darüber berichten kann. Und wenn bei Kombinationsangriffen von See- und Luftstreitkräften Überlebende gerettet werden, geraten sie in alliierte Gefangenschaft.

3.6 Die alliierten Gegenmaßnahmen beginnen sich auszuwirken

Viele Faktoren bestimmen Erfolgs- und Verlustquoten im Nordatlantik · Mitte/Ende März: 2 der 3 vom xB-Dienst gemeldeten Konvois gefunden · Erstmals Support-Group mit Escort Aircraft Carrier am Konvoi · 14 Escorter an einem einzigen Konvoi · 1 Frachter aus 2 Konvois versenkt — dagegen 2 U-Boote verloren · Im unberechenbaren Wechselspiel am Konvoi S.L. 126 wieder Erfolge bei keinem Eigenverlust · Am H.X. 231 6 Frachter versenkt — aber 2 Eigenverluste · 12 Eskorter sichern 35 Frachter · Geringe Erfolge · U-Boote werden abgedrängt, viele werden dabei beschädigt · Wieder ein Escort Aircraft Carrier am Konvoi · von Bülows gefeierter Irrtum um einen »versenkten« Hilfsflugzeugträger, Anlaß für Dönitz, Mut zu machen · 6 Frachter versenkt — 3 Boote geopfert · Gegner wollen auch die Kampfmoral der U-Boot-Männer schwächen · Bittere Kommandantenzitate über die Präsenz der permanenten »feindlichen Luft« · Noch immer unzulängliche U-Boot-Flak · Am H.X. 232: 1 Frachter versenkt und 1 U-Boot verloren · Wieder raffinierte Umlenkungen als Ergebnisse im britischen B.P. · Der Gruppe FINK läuft der O.N.S. 5 direkt in den Vorpostenstreifen ein · Die Nebelkatastrophe am O.N.S. 5: die alliierten Eskorter »sehen« mit dem neuen 10 cm-Radar — und das deutsche FuMB versagt · Größter Erfolg der Radartype 271 M · Die O.N.S. 5 — Operation aus der Sicht des BdU-KTBs · Gesamterfolg: 16 Schiffe mit 90 500 BRT · Dönitz: Die Boote hatten ein schweres Kämpfen · 15 Boote erhielten Wasserbomben · 6 Boote melden nicht mehr — 6 sind beschädigt und fallen aus · Dönitz: Die Verluste sind sehr hoch · Der G.L. 36 und das Funkmeß · Der BdU und die Luftortung · Wieder umgelenkte Konvois · Der BdU und das Problem der offenkundigen Umlenkungen · Wieder stärkere Feindluft über der Biscaya · Stärkere Flak und Turmpanzerung für die U-Boote · Dönitz: »Es gibt keine wirksame Waffe gegen die (wachsende Zahl der) Eskorter«

Es sind, wie bereits dargestellt, viele Faktoren, die in der Schlacht im Nordatlantik die Erfolgs- und Verlustkurven bestimmen. Im harten Ringen, im Zug und Gegenzug läßt sich jedoch so schnell ein mathematisch klares Bild nicht gewinnen, wo und wann sich eine Wende anbahnt. Ist sie vorübergehender Natur — oder gar von entscheidender Dauer? Wenn sich nun Ende März, im April bis Anfang Mai für den BdU eine fallende Tendenz andeutet, wenn zunehmende U-Boot-Verluste auf eine Krise hindeuten, stehen für den BdU noch zu viele Imponderabilien im Raum, um sofort wirkungsvolle Gegenmaßnahmen zu arrangieren. Dazu bedarf es detaillierter Berichte, dazu braucht die U-Boot-Führung die persönlichen Aussagen und Beobachtungen dabeigewesener, heimgekehrter Kommandanten. Das kann Wochen, aber auch Monate dauern.

Hier nun die weiteren Geleitzugschlachten im nordatlantischen Raum als dem nervus rerum für die Versorgung der britischen Inseln — wie auch für den Nachschub nach Sowjetrußland, wo ein Stalingrad ohne die über See erfolgte millionentonnenschwere Waffenhilfe nicht möglich gewesen wäre. Hier nun die weiteren beispielhaften Ergebnisse der GRAUEN WÖLFE in diesem spezifischen Konvoirevier,[257] das Fazit aus dem Ansatz der einzelnen Rudel in der Relation zu den Eigenverlusten.

- *Die Phase vom 21. bis 30. 3.:*

Beteiligt sind südlich Islands an der Suche nach einem vom xB-Dienst erfaßten Konvoi, dem O.N.S.1, die Boote der Gruppe SEETEUFEL mit am Ende insgesamt 17 U-Booten und die schließlich 22 Boote starke Gruppe SEEWOLF bei der Suche nach dem ebenfalls vom xB-Dienst erfaßten Konvoi S.C.123. Zwei Boote werden bereits beim Aufmarsch zu den Aufstellungen durch Fortress-Bomber versenkt: am 25. März *U 469* und am 27. März *U 169*.

Der O.N.S.1 wird nicht gefunden, da offenkundig umgelenkt. Aber der S.C.123 wird am 26. von *U 564* gesichtet, irrtümlich aber mit Westkurs marschierend gemeldet. Am gleichen Tage bekommen SEETEUFEL-Boote Fühlung. Sie werden durch die Ocean Escort Group und durch die 6. Support Group mit ihrem Geleitflugzeugträger *Bogue* abgedrängt. Daraufhin werden beide Gruppen auf den von *U 305* (Gruppe SEEWOLF) entdeckten H.X.230 angesetzt (45 Frachter, 14 [!] Eskorter). Von den 22 SEEWOLF-Booten bekommen nur fünf Fühlung. *U 610* versenkt einen Frachter. Danach aber werden diese Boote abgedrückt. Am 30. verliert das letzte Boot bei schwerem Wetter und starker Luftsicherung die Fühlung. Der BdU bricht die Operation ab.

Das Fazit: Angesetzt bzw. in Aktion waren 29 U-Boote gegen zwei von drei gemeldeten und gefundenen Konvois. Versenkt wurde an dem ungewöhnlich stark gesicherten Konvoi H.X. 230 lediglich 1 Frachter mit 7176 BRT, dagegen gingen während der Gesamtoperation beider Gruppen 2 U-Boote verloren, *U 469* und *U 169*, keine Überlebenden.

Der Ansatz des Geleitträgers hat sich beim Gegner bewährt. Seine Luftüberwachung von Island aus wirkte sich tödlich aus. Die Funkentschlüsselung der Alliierten half, opferreiche Begegnungen der Konvois mit den gefürchteten GRAUEN WÖLFEN zu verhüten.

- *Vom 27. bis 30. 3., zur fast gleichen Zeit,*

erfassen am Nordatlantikrand, westlich der Biscaya, 5 ausmarschierende U-Boote den von der deutschen Luftaufklärung gemeldeten Konvoi S.L. 126 (37 Schiffe, 6 Eskorter). Sie versenken vier Frachter und greifen weitere an.

Das Fazit: 4 Schiffe mit 28 833 BRT versenkt, 1 Schiff mit 7174 BRT torpediert. Eigene Verluste: keine.

- *Die Phase vom 3. bis 7. April:*

Im Nordatlantik, nordöstlich von Island, operiert gegen den 61 Schiffe starken H.X. 231 (E.G. B7, 6 Eskorter) die 13 Boote starke, noch um zwei Boote verstärkte Gruppe LÖWENHERZ mit gutem Erfolg, aber ...

Das Fazit: Es werden 6 Frachter mit 41 494 BRT versenkt, zwei eigene Boote gehen verloren: *U 646* und *U 632*.

- *Die Phase vom 7. bis 12. April:*

10 Boote der südlich von Grönland kämpfenden Gruppe ADLER werden zunächst vergeblich auf den S.C. 125 gezogen, dann weitergelenkt auf den im Süden erwarteten H.X. 232, wobei es zu einer Begegnung mit dem Konvoi O.N. 176 (46 Schiffe, E.G. B4 mit 8 Eskortern) kommt. Dabei wird von *U 188* der jetzt britische Zerstörer *Beverly* im Nachtangriff versenkt. Die-

ser Verlust wird später in [260] zugegeben, aber kein weiterer bei den zur gleichen Zeitphase von *U 188* (Lüdden) beschossenen und als versenkt (2) und beschädigt (1) gemeldeten drei Zielen im O.N. 176. Auch der auf 6000 BRT geschätzte Einzelerfolg vom *U 613* (Köppe) findet in [260] keine Erwähnung (obwohl nach Köppes KTB ein 6000 BRT-Dampfer versenkt gemeldet wurde). Ähnlich ergeht es später *U 404* (von Bülow), der Stunden später, 01.13 Uhr, am nunmehr 12. April, noch drei Ziele im gleichen Konvoi angreift und davon zwei als versenkt und eines als beschädigt meldet. Doch ausgerechnet und nur der beschädigte 1914 BRT große britische Dampfer *Lancastrian Prince* wird später als Verlust bestätigt.

Bei der Verfolgung des O.N. 176 wird der O.N.S. 2 mit 37 Frachtern und einer E.G. B5 (mit 12 Eskortern) aufgespürt, aus dem nach deutschen Angaben von *U 571* (Möhlmann) und *U 84* (Uphoff) zwei Frachter mit 7500 und 5000 BRT versenkt und drei beschädigt werden. Der Feind behauptet später in [260], daß nur ein Schiff bei diesem Angriff verloren ging: die norwegische *Ingerfire* (in [260] heißt es in der Anmerkung übersetzt nach den deutschen KTBs: »*U 571* fired a 3-torpedo spread and a stern shot at five ships. One broke in two, two detonations were heard, and one listing ship remained behind. *U 84* heard two detonations...« Das sind Beobachtungen, die dem von den Alliierten behaupteten Ergebnis widersprechen, auch Torpedoversager stehen hier nicht zur Debatte). Am Ende dieser Operationen drängen schließlich die ungewöhnlich starken Konvoisicherungen zur See und auch aus der Luft die Boote ab.

Das Fazit nach Rohwers deutschen (gegenüber den alliierten) Quellen: 1 Geleitzerstörer, die 1175 ts große britische *Beverley* ex US DD *Branch*, und 7 (2) Frachter versenkt. Keine Eigenverluste, aber 5 Boote (*U 84, U 662, U 404, U 613, U 571*) müssen wegen Wasserbomben- und Fliegerbombenschäden abbrechen.

- *Die Phase vom 11. bis 13. April:*

Die nunmehr gegen den H.X. 232 mit 10 Booten operierende Gruppe LERCHE stellt den von 7 Eskortern gesicherten Konvoi »planmäßig«. Es werden (nach [260]) 3 Frachter (die 7117 BRT große *Pacific Grove*, die 2666 BRT große *Ulysses* und die erneut

angegriffene, von *U 453* [Hartmann] inzwischen schwer beschädigte *Fresno City* von *U 706* [von Zitzewitz]) versenkt, dann aber werden die Boote von der starken Sicherung abgedrängt. Die Operation wird abgebrochen. Die Boote gehen zu den U-Tankern.
Das Fazit: 3 Frachter mit 17 044 BRT versenkt. Keine Eigenverluste, aber auch hier bislang unbekannte Erschwernisse, die verstärkten Sicherungsringe zu durchbrechen.

- *Die Phase vom 11. bis 27. April:*

Beim Ansatz der 21 Boote starken Gruppe MEISE auf verschiedene, sich überlappende Konvois, insbesondere auf den O.N. 178 und den H.X. 234 werden nicht nur starke Eskortsicherungen bis zu 8 Eskortern (E.G. B4 beim H.X. 234), sondern erneut eine mit einem der neuen Geleitsicherungsträger, der *Biter*,[258] bestückte Support-Group beobachtet. Neben bösen Schlechtwetterfronten erschwert eine starke Fernluftsicherung durch Catalinas von Grönland und Island und Liberators der RAF-Squ. 120 die Operationen. Es werden 5 Schiffe mit 30 893 BRT und zwei bis heute noch nicht geklärte Munitionsdampfer versenkt, eines mit 5313 BRT wird torpediert. In Verbindung mit Angriffen auf den Entgegenkommer O.N.S. 4 und der hier zur Unterstützung herangezogenen 5. Support-Group meldet *U 404* (von Bülow) die Versenkung eines Hilfsflugzeugträgers. In Wirklichkeit verfehlte er HMS *Biter* durch einen Frühdetonierer.

Der BdU nimmt die Versenkung vom Flugzeugträger *Ranger*, wie von Bülow irrtümlich meldete, zum Anlaß für eine ermutigende Rundfunkrede [3]. Besonders infolge der starken Luftsicherung gingen bei sieben versenkten Frachtern direkt und indirekt 4 Boote verloren: *U 191* am 23. April (Wabos des Zerstörers *Hesperus,* Totalverlust), *U 189* am 23. April (vor Cape Farewell durch Flibos, Totalverlust), *U 710* (Flibos, Totalverlust) und am 24. April *U 203* südlich Cape Farewell durch Flibos und Wasserbomben der Flugzeuge des Eskortträgers *Biter* bzw. des Zerstörers *Pathfinder* ex *Onslaught* (1540 ts), 10 Tote.
Das Fazit: Die von den Alliierten angestrebte Wende kündigt sich an. Die Luftsicherung wird stärker, landgestützt, wie auch auf den Escort Carriers basierend.

Für die Deutschen ist die Relation dieser Geleitzugschlacht nicht mehr tragbar. In dieser Phase, da die operative deutsche U-Boot-Flotte (bei ansteigender Zunahme) 254 Boote beträgt, liegt der durchschnittliche Totalverlust auf allen Operationsgebieten bei insgesamt 16 im Februar und 16 im März. Sie ist — bei vermehrter Ansatzzahl — höher als in den Vergleichsmonaten des Vorjahres. Allerdings ist die Zugangsrate an Neubauten höher, aber mit jungen und unerfahrenen Besatzungen. Die stärkere Verwundbarkeit der U-Boote durch vermehrte Luftangriffe beginnt sich auszuwirken, wobei die Gegner hoffen, dabei auch die bislang unerschütterliche Kampfmoral der Besatzungen und ihrer Kommandanten zu schwächen. Beesly [3] vermerkt für die Zeit vom 21. bis 24. April, daß sich die U-Boote wiederholt mit bitteren Worten über die dauernde Präsenz der Flugzeuge beklagten, die am 24. den Konvoi ständig abschirmten. »Kein Versuch wurde unternommen, diese Flugzeuge aktiv abzuwehren, wie es kürzlich bei zwei oder drei Gelegenheiten, vor allem in der Biscaya, der Fall war. Angreifende Flugzeuge in aufgetauchtem Zustand zu bekämpfen, ist ein Verfahren, auf das der BdU seit kurzem steigenden Wert legt...« Hier fehlt es an der Aussage, daß die Flak der Boote unterschiedlich und noch immer zu schwach ist, mit 2 cm-Fla-Waffen ist den gepanzerten Fernkampfbombern auf Distanz nicht mehr beizukommen, und eine vollautomatische 3,7 cm-Kanone ist erst in der Entwicklung. Jedoch besteht bei der Masse der Trägerflugzeuge bei der Abwehr auch mit der 2 cm-Flak durchaus eine Chance, den Gegner entweder abzuwehren oder abzuschießen, besonders bei der angestrebten Ausrüstung mit einer 2 cm-Vierlingsflak.

- *Die Phase vom 15. bis 18. April:*

Ebenso beunruhigend geht der Ansatz der 8 ausmarschierenden Boote gegen den auf der Südroute des Nordatlantik querenden H.X. 233 (57 Schiffe, 8 Eskorter) aus. Hier kann nur ein Frachter von *U 628* torpediert werden, der hinterher als sich dahinschleppender Nachzügler durch *U 226* versenkt wird. Das fühlunghaltende *U 175* (Korvettenkapitän Heinrich Bruns) wird beim Unterwassertagesangriff vom US Coast Guard Kutter

Spencer mit SONAR geortet, erst mit Wabos und nach dem Auftauchen durch Artillerie versenkt; 13 Tote.
Das Fazit: 1 Frachter mit 7134 BRT versenkt, ein U-Boot, *U 175* (Kommandant gefallen, 41 Mann überlebten) ging verloren, das ist eine untragbare 1 zu 1-Relation.
Es ist hier nicht der Raum gegeben, alle einzelnen Gruppen und Einzeloperationen im April oder Mai aufzuführen. So etwa jene, die bei Rohwer [5] unter der Phase 20. April bis 6. Mai 1943 aufgeführt werden ..., etwa

- der Ansatz der 10 Boote der Gruppe AMSEL gegen den am 26. 4. vom xB-Dienst gemeldeten Konvoi S.C.127, der die AMSEL-Boote aber umgeht.
- Der Ansatz der 19 Boote der Gruppe SPECHT gegen den H.X. 235, nachdem der O.N.S. 4 unbemerkt »durchgegangen« war. Der H.X. 235 marschiert indessen zwischen der AMSEL- und der SPECHT-Gruppe hindurch. Zwar wird der H.X. 235 am 28. 4. gehorcht, doch drängt die zur Unterstützung jetzt zusätzlich eingesetzte 6. Support Group mit dem US-Geleitträger *Bogue* und den fünf Zerstörern die angesetzten AMSEL-Boote ab. Wenigstens auf dem Anmarsch konnten aus dem R.U.-Konvoi 2 kleine Schiffe versenkt werden. Am 28. April baut die Gruppe STAR mit 16 Booten einen Vorpostenstreifen südlich Island gegen den von *U 650* (Oberleutnant z. S. v. Witzendorff) gemeldeten O.N.S. 5 mit neun Eskortern auf. Die Eskorter wehren herangeführte U-Boote ab, wenigstens ein Frachter wird versenkt, ehe der Konvoi bei sich verschlechterndem Wetter außer Sicht kommt.

Als der xB-Dienst am 29. April den Konvoi S.C.128 lokalisiert, stellt Dönitz die Gruppen SPECHT und AMSEL im Halbkreis vor dem Konvoi-Kurs auf. Leuchtgranaten schießende Eskorter lenken die U-Boote ab, — und der Konvoi S.C.128 passiert ungehindert und ungesehen im Westen.
Inzwischen sind die STAR- und SPECHT-Boote sozusagen vakant. Der BdU dirigiert sie für einen neuen Vorpostenstreifen unter dem Begriff FINK für den 4. Mai vor den S.C. 128. Von den 28 Booten wird am 4. Mai südlich von Cape Farewell *U 630* unter Oberleutnant zur See Winkler als Totalverlust von

einem Canso[258a]-Flugboot der RCAF Squ. 5 versenkt und *U 438* beschädigt, während der S.C. 128 westlich passiert.
Im Wortlaut nach [5] heißt es weiter:
Am Abend des 4. Mai läuft der O.N.S. 5 in die Mitte der Gruppe FINK ein und wird von *U 628* (Kapitänleutnant Hasenschar) gemeldet. Sofort werden FINK und die weiter südlich stehenden Gruppen AMSEL 1 mit *U 638, U 402, U 621, U 575, U 504* und *U 107* und AMSEL 2 mit *U 634, U 223, U 266, U 383* und *U 377* sowie zwei Rückmarschierern angesetzt. Nachdem wegen des herrschenden Seegangs am 2., 3. und 4. Mai keine Beölung möglich war, hatten Commander Gretton mit der *Duncan*, der *Impulsive*, der *Penn*, der *Panther* den Konvoi wegen Brennstoffmangels verlassen müssen. Am 4. Mai stehen an dem noch aus 31 Schiffen bestehenden Konvoi an Eskortern noch die *Tay*, die *Vidette*, die *Sunflower*, die *Snowflake*, die *Loosestrife*, die *Offa* und die *Oribi*. Achteraus läuft die *Pink* mit fünf Nachzüglern, weitere fünf Nachzügler und die *Northern Spray* suchen aufzudampfen. *U 125* (Kapitänleutnant Folkers) versenkt am Nachmittag davon 1 Schiff mit 4635 BRT. Am Konvoi selbst gewinnen am 4. Mai 5, in der Nacht sechs Boote Fühlung. Einige werden von der *Tay*, der *Offa* und der *Oribi* abgedrängt und *U 270* durch Wabos der *Vidette* beschädigt. Von den angreifenden Booten versenken zum 5. Mai 02.22 *U 707* (Gretschel) nach drei Fehlschüssen als viertes Ziel die 4635 BRT große, britische *North Britain*, *U 628* (Hasenschar) um 02.46 Uhr ein Schiff mit 5081 BRT, den britischen Dampfer *Harbury* (der aber nur beschädigt wurde und den am gleichen Tage, später, um 07.07 Uhr, von *U 264* versenkt); *U 264* (Kapitänleutnant Looks) um 03.02/ 03.03 Uhr zwei Schiffe mit 10147 BRT (nämlich den 5561 BRT großen amerikanischen Dampfer *West Maximus* und den britischen, 4586 BRT großen Dampfer *Harperley* und *U 358* (Kapitänleutnant Manke) zwei Schiffe mit 8076 BRT (nämlich den 2864 BRT großen britischen Dampfer *Bristol City* und den 5212 BRT großen britischen Dampfer *Wentworth*, der aber nach [260] im Gegensatz zu Mankes Versenkungsmeldung an den BdU nur beschädigt worden ist, aber am gleichen Tage, 14 Stunden später, um 17.37 Uhr, von *U 628* als Nachzügler versenkt wird. Außerdem fiel um 02.51 Uhr *U 952* (Oberleutnant z.S. Curio), ein 5000 BRT großer Dampfer zum Opfer, der, wie im

Original berichtet, kein Nachzügler war, aber auch jetzt nicht versenkt wurde. Am 5. Mai trifft *U 192* (Oberleutnant z. S. Happe) auf die Korvette *Pink,* wird geortet und mit Hedgehog-Salven versenkt, 55 Tote, Totalverlust. Am Konvoi selbst gewinnen im Laufe des Nachmittags 15 Boote Fühlung. In Unterwasserangriffen versenken *U 638* (Staudinger) das 5507 BRT große Motorschiff *Dolius,* *U 584* (Kapitänleutnant Deecke) um 16.34 Uhr den 5565 BRT großen amerikanischen Dampfer *West Madaket,* während das zweite, ebenfalls als »versenkt« gemeldete Ziel in Wahrheit weiterschwimmt (she attacked a straggler group escorted by the corvette H.M.S. *Pink,* and sank only the W.M.) und Kapitänleutnant von Jessen drei Schiffe mit 12 012 BRT, und zwar um 21.50 Uhr die 5136 BRT große britische *Selvistan,* um 21.50 Uhr den britischen Dampfer *Gharinda,* ein 5306 BRT großer Dampfer, und den 1570 BRT großen norwegischen Dampfer *Bonde.* Für die Nacht scheint sich für den Konvoi eine Katastrophe anzubahnen, als plötzlich zwei Stunden vor Anbruch der Dunkelheit Nebel einsetzt, der die angreifenden U-Boote blind auf die mit Radargeräten ausgerüsteten, daher trotz des Nebels »sehenden« Eskorter prallen läßt. Die *Sunflower* ortet nacheinander vier U-Boote, von denen *U 267* (Kapitänleutnant Otto Tinschert) nach einem Fehlschuß durch Artilleriefeuer beschädigt wird. Die *Loosestrife* ortet zwei Boote, von denen es *U 638* (Kapitänleutnant Oskar Staudinger) bei einem Angriffsversuch überrascht und mit Wasserbomben versenkt, 44 Tote. Die *Vidette* drängt drei Boote ab. Die *Snowflake* ortet fast gleichzeitig drei Boote, von denen *U 531* (Kapitänleutnant Neckel) die Korvette verfehlt, mit Wasserbomben eingedeckt wird und auftauchen muß. Von den zur Unterstützung heranbeorderten Schiffen prallt die *Oribi* auf *U 125* (Kapitänleutnant Folkers), das gerammt wird, sich aber in einer Regenböe absetzen kann, bis es von der *Snowflake,* die ihre Wasserbomben verbraucht hat, gefunden und mit Artillerie versenkt wird. Die *Sunflower* ortet und rammt *U 533* (Kapitänleutnant Helmut Henning), das schwer beschädigt entkommt. Die *Vidette* ortet das wieder getauchte *U 531* und versenkt es mit Hedgehog. Ein Rammversuch der *Offa* gegen ein geortetes U-Boot geht knapp vorbei und die *Loosestrife* führt drei weitere Waboangriffe. Gegen Morgen trifft die vom CINCWA[259] aus St.

John's zur Unterstützung entsandte 1. Support Group mit zwei Sloops und drei Fregatten ein. Die Sloop *Pelican* ortet *U 438* (Kapitänleutnant Heinrich Heinsohn) mit Radar und versenkt es zusammen mit der Fregatte *Jed*. Die Sloop *Sennen* trifft auf dem Wege zur abgesetzten *Pink*-Gruppe auf *U 267*, das, (s. o.), von Artillerie beschädigt, entkommen kann. Am Morgen des 6. Mai wird die Operation durch den BdU abgebrochen.

»Das ist der größte Erfolg des britischen Radargerätes Typ 271 M in einer Geleitzugschlacht.«

Soweit Rohwer/Hümmelchen in der hier korrigierten bzw. ergänzten Chronik [5]. Wie ähnlich, aber anders sich diese Geleitzugschlacht im KTB des BdU widerspiegelt, sei vergleichsweise nachstehend dokumentiert:

»GL 36 (= Geleitzug 36)[260a]

Die Operation auf den O.N. 180 (gemeint ist der O.N.S. 5) dauerte vom 4. (Mai 1943) abends bis 6. morgens über 210 Seemeilen. Angesetzt waren 41 Boote (!!!), von denen alle Boote der Gruppe FINK besonders günstig bei Fühlungnahme abends am 4. Mai 20.20 Uhr standen. Es konnten dann auch mit 8 Booten an dem Geleit in der ersten Nacht gleich 13 Schiffe versenkt werden, wahrscheinlich in erster Linie dem Überraschungsmoment zuzuschreiben. Von der Zeit des Erfassens bis Dunkelheit waren nur 5 Stunden Zeit, ein Umstand, der jedesmal wieder günstig ist, da die Abwehr meistens erst ca. einen Tag später verstärkt wird und in Aktion tritt. Am Tage wurden dann noch zwei erfolgreiche Unterwasserangriffe gefahren mit 4 versenkten Schiffen; Gesamterfolg: 16 Schiffe mit 90 500 BRT versenkt, eine Korvette und 3 Schiffe torpediert.

Das Geleit hatte sich nach dem 1. Schlag wahrscheinlich schon teilweise aufgelöst, da am 5. tagsüber öfters kleine Gruppen gemeldet wurden. Ein Boot meldete ungefähr um 23.00 Uhr den Hauptpulk von 20 Fahrzeugen. Das Geleit lief mit einer Vormarschgeschwindigkeit von 7 kn mit Kurs 200°. Offensichtlich wurde am 5., nachmittags, die Sicherung des Geleits verstärkt. Zweimal wurden 4 Zerstörer zusammen gemeldet, ein Boot meldete 2 Zerstörer, alle abgesetzt vom Geleit fahrend. Ab nun stärkere Abwehr als zuvor.

Es waren im Laufe des Tages bis zur Dunkelheit bei sehr guter Sicht und ruhiger See insgesamt 15 Boote an den Geleitzug her-

angekommen, eine selten hohe Zahl, so daß man damit rechnen konnte, daß ein besonders günstiges Versenkungsergebnis in der Nacht zum 6. erzielt werden würde. Zwei Stunden vor Dunkelheit kam Nebel (plötzlich) auf, wurde schnell dicker, vereitelte ihre große Chance. Die Boote verloren fast alle die Fühlung wieder, und um 04.00 Uhr morgens wurde das Geleit zum letzten Mal gesichtet. Hätte dieser Nebel erst sechs Stunden später eingesetzt, würden mit Sicherheit weitere Schiffe aus dem Geleit versenkt worden sein. So vereitelte der Nebel diese große Chance. Kein Boot kam mehr zum Erfolg.
Die Verhältnisse wurden dann immer ungünstiger, und bei dem Nebel und der zahlenmäßig starken Sicherung des Gegners hatten die Boote ein schweres Kämpfen. 15 Boote erhielten allein in dieser Nebelzeit Wabos, davon wurden 6 Boote im Nebel von ortenden Zerstörern überrascht und mit Artillerie überfallen. Ohne ein Gegenmittel gegen die Ortung waren die Boote einwandfrei in unterlegener, aussichtsloser Position. Insgesamt 4 schwer beschädigte Boote mußten die Operation abbrechen. *U 125* meldete, gerammt worden zu sein, wurde auch von 4 suchenden Booten nicht mehr gefunden. Außer diesem Boot haben 5 weitere Boote *U 638*, *U 438*, *U 531*, *U 630* und *U 192* sich nicht mehr gemeldet. 3 Boote von diesen hatten Fühlung mit dem Geleit gemeldet. Falls sich keines der Boote noch melden sollte, ist dieser Verlust von 6 Booten für die kurze Zeit der Operation sehr hoch. Er ist in erster Linie auf die Nebelzeit vom 5. abends ab 23.00 Uhr zurückzuführen. Nach Abbruch der Geleitoperation setzen die Boote nach Osten bzw. nach Südosten ab. Etwa 15 Boote bleiben klar für weiteren Einsatz und sollen neben den im Neufundlandbereich stehenden Booten der Gruppe AMSEL etwa im gleichen Gebiet aufgestellt werden. 10 Geleitzugboote werden aus *U 459* und *U 461* für Weiteroperationen (mit Brennstoff) aufgefüllt. Die restlichen Boote marschieren nach geringer Ergänzung nach Hause.«
Soweit das KTB des BdU.*
Das Fazit: Von der Zahl der gegen den O.N.S. 5 angesetzten

---

* Zu beanstanden ist in dem KTB-Bericht der laufende Mißbrauch des Begriffes »Geleit«, der nur die Eskorte bedeutet, nicht aber den ganzen Geleitzug.

U-Boote her,[260b] 41 nämlich, darf bei insgesamt 66 Booten nördlich des 50. Breitengrades (und bei über 100 im gesamten Atlantik) diese Aktion als die zweitgrößte U-Boot-Geleitzugschlacht gewertet werden. Weniger trifft dieser Superlativ auf die versenkte Tonnage zu, denn mit bei den bei [5] vermerkten 76 366 BRT sind bei 15 Schiffen alle während der Zeitphase vom 26. April bis zum 6. Mai versenkten Frachtschiffe erfaßt; korrekterweise müssen jene vor der O.N.S. 5-Schlacht abgezogen werden. Das sind 3 Schiffe und 20 606 BRT, so daß für die O.N.S. 5-Operation 12 Schiffe mit 55 366 BRT bleiben. — Im BdU-KTB werden für den O.N. 180 (= O.N.S. 5) 16 Schiffe mit 90 500 BRT genannt, das wäre für die O.N.S. 5-Operation ausschließlich fast das Doppelte, aber auch für die Gesamtphase der drei Gruppen wäre der Erfolg nicht unerheblich überschätzt. Jedenfalls sind mit den bei [5] genannten 76 366 BRT nur wenig mehr als 50 % dessen erzielt worden, was weniger Boote während der großen Geleitzugschlacht im März 1943 mit 140 842 BRT schafften.

Erschreckend und ernüchternd zugleich ist eine Gegenüberstellung der Verlustquoten:

Bei der großen Geleitzugschlacht im März 1943 ging nur ein einziges Boot verloren — und dieses auch erst, als das Unternehmen wegen Annäherung an das aus der Luft stark überwachte Nordkanal-Revier abgebrochen war. Beim FINK-Unternehmen gegen den O.N.S. 5 dagegen wurden 6 Boote das Opfer der Eskorter und der Luftsicherung (im Zweifelsfall sogar 7, wenn man den späteren Verlust von *U 528* noch hinzuzählt) nämlich die Boote: *U 125, U 192, U 438, U 531, U 630* und *U 638*. Beschädigt und daher für die Schlacht um den Nordatlantik ausgefallen sind: *U 267, U 270, U 386, U 438, U 528* und *U 533*.

Von den 41 unmittelbar angesetzten aller im Nordatlantik befindlichen über 100 Booten sind jedenfalls 15 aktiv und aktenkundig geworden. Das etwa heißt nicht, daß die anderen Boote nicht minder hart und schwer an den Geleitzügen gekämpft haben, nur hatten sie entweder keinen Erfolg — oder das Glück, nicht unter den Unstern akuter Bedrohungen durch direkte Feindberührung zu geraten. Ausgefallen sind an den Konvois bei den 6 (plus 1) genannten versenkten U-Booten sowie den oben zitierten 5 mehr oder weniger stark beschädigten Booten

— also 11 (12) von insgesamt 41. Das ist mehr als ein Fünftel der aktiv tätigen Kapazität. Und das bei relativ stark reduziertem Erfolg trotz anfangs zahlenmäßig größerer Kampfkraft an einem Konvoi.
Für die U-Boot-Führung ist dieses Ergebnis alarmierend, wenngleich die hohen Verluste in der Endphase nur durch den nicht einkalkulierbaren plötzlichen Nebel in Verbindung mit dem neuen 10 cm-Radar[261] an Bord der Eskorter bedingt gewesen sind. Ohne Nebel wären die Sicherungsschiffe sicherlich auch nachts optisch rechtzeitig erkannt worden, ob bei der durch das vorhandene, veraltete FuMB METOX nicht mehr einpeilbaren Radarortung optisch rechtzeitig genug, bleibt hypothetisch.
Zweifelsohne muß die U-Boot-Führung nun erst Detailberichte über die Ursache der plötzlich angestiegenen Verluste abwarten, ehe sie — wie dann auch Wochen später — die Konsequenzen ziehen kann. Daß der Nebel eine Rolle spielte, weiß sie bereits. Aber in welcher Verbindung mit welchen (neuen) Waffentechniken?

Im KTB des BdU ist für den Geleitzug 36 (= GL 36), also für den O.N.S. 5, noch nachzulesen:
Funkmeß: Allgemeines
Die feindliche Funkmeßortung, die am Geleitzug Nr. 36 den Abbruch der Operation notwendig machte, ist neben der Feindluft der stärkste Gegner der U-Boote.
Zusammengefaßt ist die Lage folgende: Die Ortung durch Luft- und Überwasserfahrzeuge beeinträchtigt nicht nur aufs schwerste den unmittelbaren Kampf der einzelnen Boote, sondern gibt dem Gegner darüber hinaus ein von ihm gut genutztes Mittel, die vorbereiteten Aufstellungen der U-Boote zu erfassen und ihnen auszuweichen. Sie ist damit im Begriff, dem U-Boot seine wesentliche Eigenschaft, die Nichtfeststellbarkeit, zu nehmen.
An der Aufgabe, den U-Booten wieder Geräte zu geben, mit denen die feindliche Ortung festgestellt werden kann, wird mit Hochdruck gearbeitet, ebenso an der als Haupt- und Fernziel anzusehenden Aufgabe, das U-Boot gegen die Ortung zu tarnen. Die Lösung wenigstens der ersten Aufgabe kann für den U-Boot-Krieg von schlechthin entscheidender Bedeutung sein.
Die feindliche Luftwaffe kann heute bereits fast im ganzen At-

lantik die Sicherung von Geleitzügen übernehmen — es ist zu erwarten, daß auch die letzten Lücken in absehbarer Zeit durch Landflugzeuge oder wenigstens durch den Einsatz von Hilfsflugzeugträgern geschlossen werden können. Diese Sicherung, soweit sie mit größeren Flugzeugzahlen und im großen Umkreis durchgeführt wurde, hat stets dazu geführt, daß die Boote an Geleitzügen hoffnungslos nach hinten sackten und keine Erfolge mehr erzielt werden konnten, besonders bei geschickter Zusammenarbeit von See- und Luftabwehr.
Daneben hat die Feindluft auf den Anmarschwegen der Biscaya stärksten Einfluß gewonnen — Verluste und Beschädigungen von U-Booten haben wieder wie in der Zeit vor der Einführung der ersten provisorischen FuMBs zugenommen ...
Es folgen dann Überlegungen und Vorhaben zu stärkerer Flak und einer leichten Panzerung der Brücke und auch solche über die Bekämpfung von getauchten U-Booten mit neuartigen Ortungsmitteln und ausreichend stärkeren Wabos als früher: »Als Beweis müssen die in letzter Zeit häufig aufgetretenen Beschädigungen von Oberdecksbehältern angesehen werden, die mit plötzlich großer Gewichtszunahme immer eine besondere Gefahr bedeuten. Für den Atlantik müßte daher das Zurücklassen der Oberdecksbehälter angeordnet werden ...
Auf lange Sicht wird erst das VII C$_{42}$-Boot mit größerer Widerstandskraft und größerer Tauchtiefe eine Erleichterung bringen ...«
Das KTB befaßt sich weiter mit »der wachsenden Zahl der Abwehrfahrzeuge, deren Bekämpfung mit der Pi 2, dem Horchtorpedo FALKE und dem Kreislauftorpedo ein Anfang gemacht worden ist, gegen die es aber eine wirkliche Waffe noch nicht gibt ...«

Soweit das KTB des BdU [116], das in vieler Hinsicht aufschlußreich ist. Der Sachkenner weiß, daß neue FuMB-Geräte von gleich verschiedenen Unternehmen entwickelt werden, aber auch, daß das Boot vom Typ VII C$_{42}$ der Weisheit letzter Schluß nicht ist, denn es ist Dönitz seit langem klar, daß nur das echte Unterwasserschiff die drohende Wende wieder wenden kann ...
Auch der FALKE ist vorerst nur eine Hoffnung und ein Schritt

voran in der klar als notwendig und dringend erkannten Entwicklung. Außerdem wird, das ist am gravierendsten, die gegnerische Funkmeßortung überschätzt und obendrein verfehlt bewertet.

Gleichermaßen problematisch ist der Einbau eines noch vor gar nicht langer Zeit kategorisch abgelehnten FuMO-Gerätes. Hier kommt man nach Vorversuchen mit dem FuMO 30[262a] schließlich zu einem ersten Ergebnis und läßt einige Boote mit dem sehr brauchbaren 56 cm-Luftwaffen-Funkmeßgerät HOHENTWIEL unter der Marinebezeichnung FuMO 61 HOHENTWIEL U[262b] ausrüsten.

3.7 Die neuen Torpedos — neue Hoffnungen

Der Schleifentorpedo FAT · Der Horchtorpedo, auch FALKE genannt · Zur Geschichte des akustischen Torpedos · Das Prinzip des T 4 ist so kompliziert nicht · Dönitz ist mit dem T 4 FALKE nicht zufrieden · Der T 4-Einsatz wird aufgegeben · Dönitz fordert den »Zerstörerknacker«, den ZAUNKÖNIG genannten T 5 · Amerikas FIDO, den sie auch WANDERING ANNIE nennen

Blenden wir noch einmal auf *U 600* und den H.X. 229 zurück.
»Wir sinken schnell!«
Diesen Notruf mit Tag, Uhrzeit und Positionsangabe funkte das 12 156 BRT große Walfangmutterschiff *Southern Express,* das am 17. März 1943 im Nordatlantik aus dem nur schwach gesicherten 38 Schiffe-Konvoi H.X. 229 heraustorpediert worden ist.
Mit einem FAT.
Geschossen von *U 600* unter Kapitänleutnant Bernhard Zurmühlen.
Weitere Aale des FAT-Fächers trafen bei ihrem Zielsuchlauf noch zwei andere Frachter. Sie wurden beschädigt, schwammen aber weiter und wurden, zurückgefallen aus dem Konvoi, von *U 91* (Walkerling) versenkt.
Versenkt mit einem FAT-Zweierfächer wurde am 17. März 1943 durch *U 435* (Kapitänleutnant Strelow) mit Vorläufen 50 und 40 links lang auch ein 7195 BRT-Frachter nach 13 min 46 s durch zwei Treffer vor Beginn der 3. und 4. Schleife [116]. Nach [5] wurde der Dampfer nur torpediert, dann aber als Nachzügler des H.X. 229 um 08.39 Uhr auch von *U 91* versenkt. Ein weiterer FAT-Fächer Strelows (Vorläufe 30 und 40 links lang) erbrachte nach 8 min 16 s und 9 min 12 s Treffer auf zwei Dampfern in der zweiten und vor Beginn der dritten Schleife.
Verbunden mit anderen Ergebnissen bezeichnet Dönitz den FAT daher als »einen vollen Erfolg mit einer Trefferwahrscheinlichkeit von 75%« [99] in den ersten fünf Monaten [116].

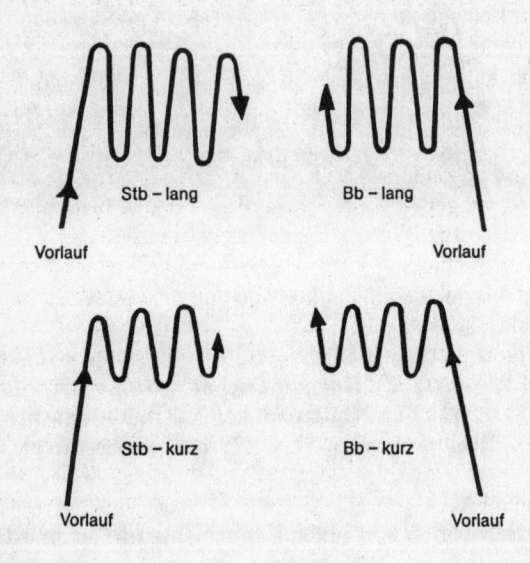

Zeichnung: E. Rössler/Brennecke

Der Anlaß zur FAT-Entwicklung (schon vor dem Ersten Weltkrieg besaßen die deutschen Torpedos vom Typ C/06 ab eine Winkelschußeinrichtung bis ± 90°) war eine Anfrage des OKM bei der Torpedoversuchsanstalt (TVA), ob es möglich sei, G 7 a-Torpedos nach einer einstellbaren Geradlaufstrecke (= Vorlauf) Drehkreise von 1000–1500 m ausführen zu lassen... Die TVA schlug darauf ihrerseits einen Schleifenlauf vor, bei dem der Torpedo mit dem Geleitzug mitwandert und günstige Schneidungswinkel über größere Strecken erzielt. Diese Entwicklungen (Einzelheiten siehe bei E. Rössler [249]) führen zu einem in einen G 7 a eingebauten Federapparat = FAT. Schließlich kommt es nach erfolgreichen Versuchen zur Serienfertigung. Die FAT-Einrichtung besteht jetzt aus 5 Steuerscheiben. Die erste Steuerscheibe bestimmt die Länge des Vorlaufs und schaltet nach Ablauf dieser Strecke die (vor-)gewählte Steuerscheibe des Schleifenlaufs ein. Diese löst dann gegen den Einfluß des GA (= Gradlaufapparat) die Umlenkbögen aus. Die vier Steuerscheiben können folgende Programme ermöglichen: ● lange Schleife rechts, ● lange Schleife links, ● kurze Schleife rechts, ● kurze Schleife links. Bei »lang« beträgt die Schleifenlänge ~ 1900 m, bei »kurz« ~ 1200 m.

Ganz so befriedigend ist sein Einsatz wohl nicht. Bei Rohwer/ Hümmelchen [5] steht bei der Nordatlantikschlachtphase der Gruppe NEULAND vom 6. bis zum 13. März 1943: »... Von den in der Nacht zum 11. März herankommenden Booten versenkt *U 221* zwei Schiffe mit 11 977 BRT. *U 336, U 86, U 406* verfehlen zum Teil mit FAT-Fächern den Konvoi ...«
Zur Entwicklung dieses FAT ist zu vermerken: November 1942: In Verbindung mit einer (endlich) neuen magnetischen Abstandszündung Pi 39 H (Pi 2), die auch als AZ wirksam ist, wird der für sie besonders konstruierte ETO als T 3 für die Frontverwendung freigegeben. Gleichzeitig ist für den bisherigen G 7 a eine Einrichtung »für den Schleifenlauf« verfügbar.[263a]
Der neue »Schleifen«-Torpedo wird als FAT = Federapparat-Torpedo aktenkundig. Er kann so eingestellt werden, daß er eine Schleife nach (rechts) Steuerbord oder nach (links) Backbord läuft. Dabei kann die Schleife kurz oder lang sein, das bei einem Vorlauf von 5 zu 5 hm bis 150 hm, bei einer Geschwindigkeit von 30 kn und einer Laufstrecke von 12 500 m. Allerdings hat der G 7 a FAT noch eine, wenn auch geringe Blasenbahn, Grund genug, um diese Waffe vorerst nur während der Nacht anzusetzen, um dem Gegner keine Anhaltspunkte über die neuartige Methode zu geben (die er angeblich bereits kennt — oder kennen soll).
Wichtig ist die »FAT-Warnung«. Das zum Angriff laufende Boot muß eine besondere »FAT-Warnung« mit FT absetzen. Das bestimmt der St.Kr. Befehl Nr. 306.[263b] Erwähnt soll in diesem Zusammenhang werden, daß sich — ebenso wie der FAT — auch der T 3 trotz seiner sehr flachen Tiefeneinstellung bewährt. Die MZ funktioniert jedenfalls, wie den Berichten verschiedener Kommandanten zu entnehmen ist.[264]
Dönitz, als man ihm die neuen Typen vorstellte: »Gut und schön, aber: Die Angriffsmöglichkeiten an den Konvois werden durch die verstärkten Sicherungen immer schlechter, sehr viel schlechter sogar. Das heißt, auch die neue Waffe FAT kann sich daher nicht, wie vorgestellt, auswirken. Was ich für meine U-Boote brauche, ist eine gezielt wirkende Abwehrwaffe gegen die offensiv gewordenen Eskort- und Support-Gruppen, welche U-Boote gar nicht erst an den Konvoi herankommen lassen.«
Als prophylaktische Antwort auf diese Sorgen des BdU hatte die

TVA den akustischen Zielsuchtorpedo T 4 = FALKE konstruiert.[265] Mit diesem bereits (oder endlich) im Februar/März 1943 frontreifen Torpedo waren zunächst sechs Boote mit je zwei Torpedos ausgerüstet worden. Wo sich relativ günstige Ziele anboten, war der Erfolg überwältigend: Am 23. Februar morgens versenkte Kapitänleutnant Herbert Schneider mit *U 522* im Mittelatlantik aus dem durch 3 Fregatten, 3 Korvetten und in der Support Group durch vier Zerstörer besonders stark gesicherten Tankerkonvoi U.C. 1 den 8862 BRT großen Motortanker *Athelprincess* mit dem erstmalig eingesetzten Torpedo G 7 e S-FALKE. Abends um 22.14 Uhr torpedierte *U 382* unter Kapitänleutnant Juli den 8252 BRT großen Tanker *Murena* mit dem T 4[266], während zwei weitere Torpedos vom Typ G 7 e auf einen 8000 Tonnen- und einen 6000 Tonnen Tanker geschossen und von Herbert Juli ebenfalls als versenkt gemeldet wurden, diese indessen in Wahrheit nicht versanken, aber immerhin schwer beschädigt wurden. Dagegen hat *U 202* unter Kapitänleutnant Günter Poser mehr Glück, als er um 22.17 Uhr einen Fächer schießt und gleich drei Tanker trifft, davon beschädigt er den 9811 BRT großen Turbinentanker *Empire Norseman* und den 8482 BRT großen Motortanker *Fortitude*. Versenkt wird indessen der 7989 BRT große amerikanische Turbinentanker *Esso Baron Rouge*. Ein vierter als beschossener und versenkt gemeldeter 6000 BRT-Tanker wird nicht anerkannt. Torpedoversager? Der akustische Torpedo ist übrigens so neu nicht, wie es scheinen möchte. Seine Entwicklung begann lange vor dem Kriege, aber auch erst 1934, nachdem die bis dahin anstehenden Probleme um die Benutzung von Ultraschallempfängern und den Einsatz leistungsfähiger Verstärker gelöst waren. Nach Klärung der physikalischen Grundlagen durch die NVA begann dann die Entwicklung geeigneter Peilempfänger bei den Firmen Atlas, Elac und der AEG. Doch erst bei Kriegsbeginn lagen die ersten Labormuster vor. Geplant war ein akustisch zielsuchender Torpedo, der bei 30 kn Geschwindigkeit ausschließlich gegen Kriegsschiffe Verwendung finden sollte. Von nun an ist die TVA in Eckernförde für die weitere Entwicklung zuständig. Voll, übervoll mit vielen (zu vielen) Programmen ausgelastet, kommt man hier nur langsam voran. Auch wegen Personalmangels. Eine neue, vom OKM geforderte Variante verlangt Umkonstruktionen: Nächst schnellen Kriegsschiffen sollen nunmehr auch langsamere Handelsschiffe vom T 4 »angesprochen« werden können. Das wiederum bedeutet eine höhere Empfindlichkeit. Und diese wiederum ist nur auf Kosten der Laufgeschwindigkeit zu erreichen. Die Laufgeschwindigkeit muß verringert werden, damit die Frequenz des Ziels nicht in der vielfach lauteren Frequenz des umströmenden Wassers untergeht, die bei höheren Geschwindigkeiten naturgemäß stärker ist. Obendrein wird die Konstruktion der akustischen Torpedos wegen ihrer Ausweitung zu einer regelrechten Abteilung innerhalb der TVA 1941 nach Gotenhafen verlegt werden. Also Umzug mit all seinen Verzögerungen und Schrecken (von wegen: ein Umzug ist soviel wie einmal abgebrannt).

Das Prinzip des selbststeuernden Torpedos ist so kompliziert nicht: Im Kopf des Torpedos werden zwei Magnetostriktionsschwinger als Geräuschempfänger eingebaut. Diese sollen die von fahrenden Schiffen erzeugten Schraubengeräusche aufnehmen. Die Schwinger mit der Richtcharakteristik sind so orientiert, daß der eine bevorzugt Geräusche aus etwa 30° an Steuerbord, der andere aus 30° (oder 330°) an Backbord empfängt. Das Gerät wird so geschaltet, daß bei einem Überwiegen der Geräuschspannung auf der einen Seite das Ruder des Torpedos automatisch auf die andere Seite gelegt wird und damit den Lauf des Torpedos nach dieser ändert. Überwiegt dann die Empfangsspannung nach der anderen Seite, legt sich das Ruder wieder zurück. Der Torpedo pendelt sich auf die Geräuschrichtung ein und läuft in einer Hundekurve auf die Geräusche zu und wird/bzw. soll das Schiff von achtern treffen [107].

Das Wunder präsentiert sich: Im Herbst 1942 liegt der FALKE als T 4 vor: Das Ladungsgewicht ist auf Kosten der komplizierten Suchapparatur auf 274 kg vermindert worden. Ausdrücklich wird vermerkt, daß die neue Waffe nicht tropentauglich ist. Und da die Rohrstreckensicherheit der Pistole immer noch nicht ausreichend ist, darf der FALKE ausschließlich in Heckrohren geladen werden. Auch das Problem wird gelöst. Nach einer Vergrößerung der Sperrstrecke (der Sperrung der S-Apparatur) von den bestehenden 720 m auf 1000 m sowie der verbesserten absoluten Rohrsicherheit der Pistole wird der FALKE ab 1. Juli auch für den allgemeinen Fronteinsatz zur Verfügung stehen.

Der T 4 ist laut TVA einsetzbar gegen tiefgehende Schiffe mit 7 bis 13 kn.
Diese Werte befriedigen den Großadmiral nicht: Er braucht eine Waffe gegen die schnellaufenden Eskorter: »Der T 4 muß auch eine Abstandszündung und nicht nur eine Aufschlagzündung (AZ) haben.«
Das Verlangen ist einleuchtend: Bei Eskortern handelt es sich um flachgehende Ziele. Bei dem beim FALKEN erforderlichen Mindestabstand der Torpedolaufbahn von der Oberfläche kommt zum Vermeiden von Störschall nur eine AZ nicht in Frage. Es werden nur noch fünf Boote mit dem FALKEN ausgerüstet. Ein weiterer FALKE-Einsatz wird aus den genannten Gründen aufgegeben.
Bleibt abschließend zu erhärten, was Dönitz bereits ausgedrückt hat: Weder der FAT noch der vielbesungene FALKE genügen den waffentechnisch gestellten Bedingungen, dabei ist ein wirksamer »Zerstörerknacker« jetzt notwendiger denn je. Schließlich nimmt sich Dönitz eines aus seiner Sicht und nach seinen Vorstellungen verbesserten Akustiktorpedos persönlich an. Für diese ZAUNKÖNIG-Entwicklung wird er Albert Speer heranziehen ... Daß der Gegner — angeregt durch einen entschlüsselten Funkspruch (?) oder durch Verrat (Canaris, der ex U-Boot-Kommandant) durch einen eigenen Akustik-Torpedo in dieser Zeit als »U-Boot-Knacker«, wie bereits kurz behandelt, in erfolgreicher Erprobung hat, woher soll der Großadmiral das wissen? Für den besagten FIDO haben die Amerikaner einen fast poetischen Namen. Sie nennen ihn »Wandering Annie«[268a].

3.8 Der Katastrophe entgegen

> Hier drei U-Boote — dort nur ein Frachtschiff versenkt · Der BdU Dönitz über die »Versager« bei den Umgehungen der U-Boot-Gruppen · War »die hier sehr starke Funkerei« die Ursache? · Oder sind die Umgehungen auf Ortungen aus der Luft zurückzuführen? · Ein Einbruch in den Schlüssel ›M‹ ist absolut ausgeschlossen · Auch Dönitz kannte das Buch von Hector Bywater nicht, ein lehrreiches, ein wichtiges Buch über die Folgen zu häufiger Funksprüche in See

Die weiteren Geleitzugoperationen im Nordatlantik steuern nunmehr einer Katastrophe für die U-Boote entgegen:

- *Die Phase vom 30. April bis 9. Mai 1943:*

Bei Operationen im Nordatlantik westlich von Cap Finisterre wird von Flugzeugen der R.A.F. Squ. 41 *U 332* aus der zwölf Boote starken Gruppe DROSSEL versenkt, tags darauf, als die Boote auf einen der beiden durch Luftaufklärung erfaßten LST-Konvois angesetzt werden, gehen beim Angriffsversuch *U 659* und *U 439* durch Kollision miteinander verloren. Die vorgetragenen Angriffe der U-Boote, vor allem von *U 456* auf einen Kreuzer bleiben ohne Erfolge, und als am 6. Mai aus der Luft der Konvoi S.L. 128 (48 Schiffe, fünf Eskorter) gesichtet und gemeldet wird, ist nun dieser das Ziel der DROSSEL-U-Boote, die erhebliche Probleme mit der starken Luftsicherung am Konvoi haben. Während *U 607* (Kapitänleutnant Wolf Jeschonnek) den Konvoi verfehlt, wird *U 456* mit Wabos und *U 230* beim Fühlunghalten mit Fliegerbomben belegt. Beim Mittagsangriff von *U 436* und *U 89* versenkt *U 89* (Kapitänleutnant Lohmann) wenigstens ein Schiff mit 3803 BRT. Dann reißt bei aufkommender schlechter Sicht die Fühlung ab, und DROSSEL wird nunmehr gegen den im Funkbild erfaßten H.X. 237 angesetzt.
Soviel ist deutlich:
die Funkaufklärung des xB-Dienstes, kurz FA genannt, funktioniert nach wie vor ausgezeichnet.
Das Fazit: Bei den sich überlappenden Geleitzugoperationen der zwölf DROSSEL-U-Boote stehen einem einzigen versenkten

3803 BRT-Frachter drei verlorene U-Boote gegenüber. Beschränkt man sich unter Ausklammerung des Seeunfalles lediglich auf reguläre Feindverluste, so steht das Verhältnis 1:1, ein deprimierendes Ergebnis für die tapferen, aber zu dieser Stunde unglücklichen U-Boote.

Was Rohwer und Hümmelchen [5] nicht schildern, sind die »typischen« Umgehungen der Konvois H.X. 237 und S.C. 129 — auch nicht die Überlegungen des BdU in seinem KTB über diese Art »Versager«:

»Der von (den Gruppen) RHEIN und ELBE ab 13.00 Uhr am 7. Mai erwartete H.X. 237 trifft bis abends nicht ein. Nach einer gegen 23.00 Uhr eingehenden xB-Meldung stand der Geleitzug mit 38 Schiffen am 7. Mai 16.00 im CD 1185 und steuerte Kurs 128°, 9 kn. Eine zweite xB-Meldung enthält eine am 5. Mai 22.30 Uhr gefunkte Anweisung, wonach der S.C. 129 von BC 8184 über die Punkte CD 1566 und CD 2819 ostwärts steuern soll.

Diese klare Umgehung des bis zum 7. Mai gestandenen AMSEL 4-Streifens und der an diesem Tage befohlenen ELBE-RHEIN-Aufstellung stellt die Frage in den Vordergrund, welche Möglichkeiten beim Gegner zum Erkennen des Vorpostenstreifens gegeben waren. Abgesehen von der nicht festgestellten Ortung durch Flugzeuge kann«, so Dönitz, »die sehr starke Funkerei am Geleitzug 36 (also dem O.N.S. 5) in AJ 60 dafür maßgebend gewesen sein. Außerdem wurde am 5. Mai aus der Südposition des AMSEL-Streifens ein Schlechtwetter gemeldet. Trotz der angegebenen Unterlagen bleibt die fast kreisförmige Umgehung bedenklich.

Daß die gegnerische Luftaufklärung alle Aufstellungen durch Ortung erfaßt, ist vielleicht möglich, aber doch nicht anzunehmen. Ein Einbruch in unsere Schlüsselmittel wird aber ebenfalls für unwahrscheinlich gehalten. Die Möglichkeit des Einbruchs wird durch sofortige Änderung der Schlüsselmittel ausgeschaltet.

Weitere Verratsquellen werden nochmals überprüft.

Entsprechende Maßnahmen bleiben vorbehalten ...«

Wenn auch Dönitz (und mit ihm die weiteren Verantwortlichen in der Kriegsmarine, also die Skl) nach wie vor dessen sicher ist, daß der Feind nicht in den Kode des deutschen Marineschlüssels

»M« einbrechen kann, das noch viel weniger nach den letzten Verbesserungen und Erschwerungen des technisch-wissenschaftlichen Systems, so quält ihn offenbar eben doch die (durchaus richtige) Überlegung, daß sich die U-Boote durch die allzu häufige Funkerei verraten könnten, auch und vor allem außerhalb der Feindberührungen, wie es üblich ist — und ja auch verlangt wird — für

- die Standortmeldungen,
- die Wettermeldungen,
- die Torpedobestandsmeldungen usw.

Wer das Buch des Engländers Hector Bywater: STRANGE INTELLIGENCE gelesen hat, in dem sich dieser Fachmann mit den Vorzügen, aber auch mit den schwerwiegenden Nachteilen einer zu starken Benutzung der FT auf Kriegsschiffen in See in Krisenzeiten oder gar eines Krieges befaßt, braucht keine tiefschürfenden Überlegungen in dieser Richtung anzustellen, der weiß um die drohenden, meist verhängnisvollen Folgen.

Otto Kretschmer hat Dönitz gegenüber aus seinen aus diesem Wissen gewachsenen Erfahrungen, Kombinationen und Rückschlüssen keinen Hehl gemacht. Als ihn der BdU bei der Berichterstattung nach einer Unternehmung zur Rechenschaft zog und fragte, ob er »keine Befehle mehr ausführen« wolle, weil er trotz Aufforderung Informationsmeldungen aus der befohlenen Wartestellung unterlassen hatte, verteidigte er seine Funkstille, er habe bei seiner intimen Kenntnis des Operationsgebietes das Risiko nicht eingehen d ü r f e n, durch derartige Funksignale außer seiner generellen Anwesenheit auch noch seinen Standort durch gegnerische Funkpeilung zu verraten. Andernfalls hätte er den gerade gemeldeten Standort verlassen müssen.

Bei dieser Gelegenheit wies Kretschmer auch auf die Erkenntnisse von Hector Bywater in dessen (oben genannter) Edition hin. Weder Dönitz noch andere Verantwortliche, mit denen er darüber innerhalb der U-Boot-Führung sprach, kannten dieses für den Gebrauch beziehungsweise Nichtgebrauch der FT so lehrreiche und wegweisende Buch. Es war, auch Kretschmer unbekannt, überdies 1932 auch in deutscher Sprache erschienen, in Leipzig beim Goldmann Verlag, unter dem alarmierenden Titel »Englische Marinespionage«, allerdings ohne die wichtigen

Erkenntnisse bezüglich des U-Boot-Krieges. Das englischsprachige Buch befand sich in der Bibliothek der Marineschule Mürwik und war von Kretschmer als Fähnrich zur See nur zu seiner Vorbereitung auf die Dolmetscherprüfung durchgearbeitet worden.
Dieses Buch hätte in den Lehrstoff der Marineschule Mürwik gehört. Mehr noch: es hätte für jeden Seeoffizier und jeden Marineunteroffizier zur Pflichtlektüre erhoben werden müssen.

3.9 Zu hohe Verluste — Dönitz bricht die Nordatlantikschlacht am 24. Mai 1943 ab

H.X. 237 und S.C. 121 — Stoff für einen Dokumentarbericht · Peter Dingeman: Gehorsam im Interesse des Schiffes · Opfer für etwas, das größer ist als man selbst · Geisteshaltung gewordene Disziplin · 35 U-Boote im Ansatz: 5 Frachter versenkt, aber auch 5 U-Boote verloren · Rohwer: Entscheidungsbestimmender Einsatz von land- und seegestützten Flugzeugen · U-Booten kaum noch möglich, an Konvois heranzukommen · Trägerflugzeuge und Escorter zwingen die U-Boote zum Tauchen · Zusätzliche Flugboote übernehmen zusätzliche Luftsicherung · BdU bricht die H.X. 237-Operation wegen »Dauerluft« ab · Escort Aircraft Carrier *Biter* am S.C. 129 aktiv · Auch hier zusätzliche Liberators · 40 Boote in hartem Einsatz gegen eingespielte Zusammenarbeit von See und Luft · Zweizentimeter Vierlinge allein genügen nicht · Gegner setzt erstmals Raketen aus Flugzeugen ein · Die Vorlaufphase zum Stalingrad im Nordatlantik · Immer stärkere Luftsicherung · Eine Liberator drückt sechs Boote unter Wasser · Der O.N. 184 von Eskortern und den Flugzeugen des US Escort Aircraft Carriers *Bogue* gesichert · Dauerluft gegen U-Boote · Auch der H.X. 130 zusätzlich durch Escort Aircraft Carrier gesichert · Vierlingsflak gegen 3 Swordfish erfolgreich · 5 Geleitzüge von 40 U-Booten bekämpft — nur 1 Frachter versenkt, aber 10 Eigenverluste und 4 Schadensabgänge · Dönitz bricht die Gruppenoperationen im Nordatlantik angesichts der überaus hohen Verluste am 24. Mai »vorübergehend« ab

Die folgenden Operationen während der Phase der Nordatlantikschlacht vom 8. bis zum 15. Mai, die sich gegen die, wie oben bereits laut BdU-KTB erwähnten, vom xB-Dienst erfaßten Konvois H.X. 237 und S.C. 129 richteten, verdienen ausführlich und in Verbindung mit klärenden Gefechtsskizzen dargestellt zu werden, denn diese acht Tage bieten Stoff für einen an Dramatik, an Einsatzbereitschaft und höchster Kampfmoral, aber auch an schweren Opfern reichen, exorbitanten Dokumentarbericht,

für ein ganzes Buch, wenn man auch noch die Technik einbezieht und ausleuchtet und das »Vorspiel« dazu. Beide Seiten kämpften mit unvergleichlicher Erbitterung, gelenkt und geleitet von einer Disziplin, die diese Menschengruppen an Bord der Schiffe und Boote geprägt und verändert hat, einer intelligenten Disziplin, die Peter Dingeman, der spätere (heutige) Captain der Royal Navy, so ausdeutet [77]: »In der Marine ist die Basis für Disziplin nicht der Gehorsam um seiner selbst willen, sondern Gehorsam im Interesse des Schiffes, seiner Besatzung ... Es ist das Opfern der persönlichen Neigungen und Sicherheit, ja sogar des Lebens für andere und für etwas, das größer ist, als man selbst. Es ist die Weigerung, ein Weichling zu sein, der unter Streß zusammenbricht.[268b] Diese Disziplin strebt kein automatisches Befolgen von Befehlen an, sondern die aktive, zur Gewohnheit und Geisteshaltung gewordene Disziplin — nicht ein mechanisches Ableisten des Dienstes, sondern die zum Instinkt gewordene Entschlossenheit, in jeder Lage seine Pflicht zu tun ...«
Der Dienst auf U-Booten kommt einem »Credo« gleich.[269]
Doch zurück zu dem Kämpfen gegen und um die Konvois H.X. 237 und S.C. 129, gegen die der BdU insgesamt 33 U-Boote ansetzt, in den sich überlappenden und zum Teil einander ergänzenden Gruppen RHEIN (aus AMSEL 1 und AMSEL 2) und DROSSEL wie ELBE 1 und ELBE 2. Die 46 Schiffe des H.X. 237 werden von der Escort Group C 2 mit einem Zerstörer und 7 Eskortern gesichert, später auch noch durch die herangezogene 5. Support Group mit dem durch drei Zerstörer gesicherten Escort Aircraft Carrier *Biter*.
In einem Kampf konsequenter Härte und immer neuer Anstrengungen der deutschen U-Boote, die dichten Sicherungsringe um die Konvois zu durchbrechen, verliert der Gegner

- 3 Frachter mit 21 389 BRT am H.X. 237 und
- 2 Frachter mit 7621 BRT am S.C. 129,

während man den nordöstlich, auf dem 47. Breitengrad schwimmenden irischen Dampfer *Irish Oak* (5589 BRT), den *U 607* (Wolf Jeschonnek) nach befehlsgemäßem Abbruch der Operationen auf dem bereits angetretenen Rückmarsch versenkt, dieser Geleitzugschlacht nicht zuordnen kann.

Diesen 5 versenkten Frachtern stehen gegenüber:

- 5 versenkte U-Boote, nämlich
- *U 89, U 456, U 753, U 186* und *U 266*.

Durch Flibos und Wabos gingen dabei drei Boote verloren, eines nur durch Fliegerbomben und nur eines ausschließlich durch Wasserbomben der Eskorter. *Das Fazit:* Die detaillierte Operationsbeschreibung bei Rohwer und Hümmelchen [5] spricht neben den Sicherungen durch eine relativ große Zahl an Eskortern von einem starken und entscheidungsbestimmenden Einsatz von land- und seegestützten Flugzeugen, die mit den Eskortern so geschickt zusammenarbeiteten, daß die Zahl der zudem meist nur als Nachzügler versenkten Handelsschiffe mit jener der versenkten U-Boote praktisch gleichzieht.

In der statistischen Relation heißt das auch bei dieser Doppelschlacht:

- 1 Frachter = 1 U-Boot.

Ein erschütterndes, ein für die bisher so erfolgreiche Rudeltaktik vernichtendes Ergebnis, denn:

Am H.X. 237 wurden nach den mühsamen zwei Erfolgen in der Nacht zum 11. Mai 1943 von *U 456* (Kapitänleutnant Max Martin Teichert) und von *U 403* (Kapitänleutnant Heinz-Ehlert Clausen) nur noch Nachzügler (nach Rohwer [5], nach [260] keine Nachzügler) versenkt. Im Klartext heißt das: Es war den angreifenden U-Booten kaum noch möglich, an den Konvois selbst zu einem Erfolg zu kommen ... Vor allem die Luftsicherung wirkte sich deutlich in Verbindung mit einem den an den Konvois eingesetzten Hilfsflugzeugträgern aus, in diesem Falle der *Biter*.

In Auszügen bei [5] lautet es so, hier für den 9. Mai: »... *U 359* (Oberleutnant zur See Förster) erfaßt am Südende der Gruppe RHEIN den Konvoi H.X. 237, wird aber sofort mit Huff/Duff eingepeilt und unter Wasser gedrückt ... Ein vor dem Konvoi gebildeter Vorpostenstreifen wird durchbrochen, nachdem eine Swordfish des EAC *Biter* das im Wege stehende *U 454* unter Wasser gedrückt hat. *U 403* gewinnt bei der Verfolgung des zurückgebliebenen Rettungsschleppers am 10. Mai wieder Fühlung, kann eine Swordfish mit der Bordflak abwehren, wird aber in der Abwehrkombination des Gegners von einem der

3 Zerstörer der 5. Support Group zum Tauchen gezwungen. Da die Boote nicht mehr vorankommen, wird die Operation nur mit den von Westen kommenden 8 Booten der Gruppe DROSSEL fortgesetzt ...«

Für den 12. Mai: »... Nach Hellwerden versuchen die (24) U-Boote (der Gruppen ELBE 1 und ELBE 2), sich die Swordfish-Flugzeuge der *Biter* vom Leibe zu halten. *U 230* (Kapitänleutnant Siegmann) schießt eine Swordfish ab, die anderen Boote werden aber von herangerufenen Eskorts zum Tauchen gezwungen. *U 89* wird durch den von einer Swordfish herangerufenen (Pacht- und Leih-)Zerstörer *Broadway* und von der Fregatte *Lagan* versenkt, *U 456* nach schwerer Beschädigung durch eine Liberator der RAF-Squ. 120 durch den von einer Swordfish herangeführten Zerstörer *Pathfinder* versenkt ...«

Für den 13. Mai morgens am H.X. 237: »... Sunderland-Flugboote der RCAF-Squ. 423 übernehmen zusätzliche Luftsicherung und führen die Fregatte *Lagan* und die Korvette *Drumheller* an *U 753* heran, das versenkt wird. Am Konvoi drängen die Korvetten *Chambly* und *Morden* weitere Boote ab. Der BdU muß die Operation gegen den H.X. 237 als aussichtslos abbrechen.«

Für den 13. morgens am S.C. 129, wohin die CINCWA inzwischen die 5. Support Group mit dem EAC *Biter* gesandt hat: »Bereits früh setzt die Luftsicherung durch Swordfish-Flugzeuge des inzwischen herangekommenen Geleitträgers ein. Am Nachmittag treffen auch Liberators der RAF-Squ. 86 ein, die am folgenden Tage achteraus vom Konvoi *U 266* versenken ...
Die Operation wird abgebrochen ...«

Überlappend zu der Phase vom 8. bis 15. Mai kommt es zu Operationen von 40 U-Booten, die in mehreren Gruppen zwischen dem 11. und dem 23. Mai im Nordatlantik an den Geleitzugrouten operieren. Was bei der erstgenannten Phase begann, setzt sich für die U-Boote in apokalyptischer Szene fort. Durch die hervorragend eingespielte Zusammenarbeit zwischen Flugzeugen und Eskortern bleibt auch solchen U-Booten keine Chance, die angesichts der zunehmenden Luftbedrohung — die jetzt auch durch VLR-Maschinen und Flugzeuge verschiedener Typen der Escort Aircraft Carrier das BLACK GAP im mittleren

Nordatlantik bedarfsweise akut ist — bereits mit dem neuen Zwozentimeter-Vierling ausgerüstet sind. Zum ersten Male setzt der Gegner auch Raketengeschosse aus Flugzeugen ein.
Diese Krise wird in Verbindung mit der sich überlappenden Vorlaufphase zum »Stalingrad im Nordatlantik«.
Wie kam es zu dieser tödlichen Wende?
Dazu nach Rohwer [5]:
Südostwärts von Cape Farewell, der Südspitze Grönlands, werden aus 13 U-Booten durch FT-Befehl drei U-Boot-Gruppen gebildet:

1. Die Gruppe ISAR mit *U 304*, *U 646*, *U 952* und *U 414*,
2. die Gruppe LECH mit *U 209*, *U 202*, *U 664* und *U 91* und
3. die Gruppe INN mit *U 258*, *U 381*, *U 954* und *U 92*.

Weitere Gruppen aus im Anmarsch befindlichen Booten sind vorgesehen, eines dieser Boote ist *U 640* unter Oberleutnant z.S. Nagel. Dieses Boot sichtet am 12. Mai den 40 Frachtschiffe starken Konvoi O.N.S. 7, den die E.G. B 5 mit der Fregatte *Swale* und weiteren 5 Eskortern sichert.
Obwohl *U 640* mehrfach abgedrängt wird, hält es bis zum 13. Mai Fühlung, so daß weitere 5 Boote der neuen Gruppe ILLER aus *U 760*, *U 636*, *U 340*, *U 731* und *U 657* angesetzt werden können. Danach wird *U 640* durch eine Catalina ausgemacht und gebombt. Das Boot geht verloren.
Der BdU will die Fühlung wieder herstellen. Dazu bildet er aus den oben genannten Gruppen und der von der Versorgung anmarschierenden Gruppe NAB ab 15./16.: die 12 Boote starke Gruppe DONAU 1 aus *U 657*, *U 760*, *U 636*, *U 340*, *U 731*, *U 304*, *U 227*, *U 645*, *U 952*, *U 418*, *U 258* und *U 381*, die 11 Boote starke Gruppe DONAU 2 aus *U 954*, *U 92*, *U 209*, *U 202*, *U 664*, *U 91*, *U 707*, *U 413*, *U 264*, *U 378* und *U 218*.[269a] Allerdings umgeht der Konvoi O.N.S. 7 (mit Sicherheit nach gegnerischer Funkaufklärung) die deutsche U-Boot-Aufstellung in der Nacht vom 16. zum 17. Mai auf 47° N/25° W am nördlichen Ende. Hier greift *U 657* unter Kapitänleutnant Heinrich Göllnitz an, versenkt den 5196 BRT großen britischen Frachter *Aymeric* auf 59.42 N/41.39 W, wird dabei selbst zum Ziel der Eskorter und wenig später von der Fregatte *Swale* mit Wasserbomben versenkt.

Am 17. und am 19. Mai werden die anmarschierenden Boote *U 646* und *U 273* das Opfer der südlich von Island aufklärenden Hudson-Bomber der RAF-Squ. 269. Inzwischen sind aus xB-Dienstmeldungen vom 17. und 18. Mai die Ausweichbewegungen der Konvois H.X. 238 und S.C. 130 erkannt worden. Der BdU läßt die Aufstellung nach Süden ziehen und durch die südlich neugebildete Gruppe ODER mit den Booten *U 221*, *U 666*, *U 558*, *U 752*, *U 336*, *U 642*, *U 603* und *U 228* verlängern. Doch der 45 Frachter starke H.X. 238, den die E.G. C 3 mit der *Skeena* als Führerboot sichert, passiert den Vorpostenstreifen unbehelligt. Der dem H.X. 238 folgende 38-Schiffe-Konvoi S.C. 130, den die E.G. B 7 mit den Zerstörern *Duncan*, *Vidette*, der Fregatte *Tay*, den Korvetten *Snowflake*, *Sunflower*, *Pink*, *Loosestrife* und der kanadischen *Kitchener* (diese ist nur bis zum 19. Mai angehängt) sichern, wird in der Nacht zum 19. Mai von *U 304* unter Oberleutnant zur See Koch gemeldet. Koch kann noch *U 645* und *U 952* heranführen, ehe die Fühlung in den frühen Morgenstunden nach einer scharfen Kursänderung des unter dem Befehl von Commodore Captain Forsythe stehenden Konvois abreißt. Starke Luftsicherung — es handelt sich um Liberators der RAF-Squ. 120 — vereitelt die Vorsetzversuche der U-Boote. Eine Liberator, die T/120, versenkt im ersten Anflug *U 954* (Kapitänleutnant Odo Loewe) und drückt 5 weitere Boote unter Wasser. Von diesen wird *U 952* (Kapitänleutnant Curio) durch Wasserbomben der Fregatte *Tay* schwer beschädigt. Als *U 381* unter dem Kommando von Kapitänleutnant Graf von Pückler und Limpurg zum Unterwasserangriff ansetzt, wird das Boot von der Korvette *Snowflake* mit Asdic geortet und zusammen mit dem Zerstörer *Duncan* in mehreren Überläufen versenkt. Zwei andere Boot können über Wasser den sie verfolgenden Korvetten *Pink* und *Sunflower* entkommen.

Erfolge am S.C. 130 kann wenigstens das der Gruppe DONAU zugeteilt gewesene *U 92* (Oelrich) weitermelden, (»ein 6500 BRT-Schiff versenkt, ein fraglich großer Frachter beschädigt«) zwei Erfolge, die in [260] nicht anerkannt werden und deren an Bord gehörte Trefferdetonationen von den Alliierten wieder einmal erklärt werden mit »... but these probably were detonations of depth charges«.

In den Mittagsstunden des 19. Mai sichtet die beim Konvoi achtern auflaufende 1st. Support Group mit den Fregatten *Wear*, *Jed*, *Spey* und dem US Coast Guard Cutter *Sennen* 2 U-Boote. Eines der beiden Boote, *U 209* unter Kapitänleutnant Heinrich Brodda, schießt noch im Tauchen Torpedos, wird jedoch von der *Sennen* und der *Jed* mit Hedgehog-Salven belegt und versenkt. *U 707* versucht einen Angriff auf den Zerstörer *Duncan*, dem dieser nicht nur ausweichen, sondern der dabei auch das U-Boot beschädigen kann, das indessen überlebt.

Da ist noch eine zweite Liberator, die P/120, die, zum Teil in Verbindung mit dem Zerstörer *Vidette*, 6 Boote unter Wasser drückt. Die Liberator O/120 und Y/120 zwingen nochmals 4 bzw. 2 Boote unter Wasser, 3 davon werden gebombt, das jedoch ohne Erfolg. Als der Abend dämmert, drängen die Fregatten *Jed* und *Spey* die letzten Fühlunghalter ab. Nur *U 92* fährt unter Kapitänleutnant Oelrich noch einen Angriff, Erfolg hat er nicht. Als am Morgen des 20. Mai vom BdU die Operation abgebrochen wird, versenkt eine Liberator *U 258* auf 55° 18′ N, 27° 49′ W.

Aus den restlichen U-Booten hat der BdU inzwischen, am 19., die Gruppe MOSEL gebildet, nämlich aus den 21 Booten *U 552*, *U 264*, *U 378*, *U 607*, *U 221*, *U 666*, *U 752*, *U 558*, *U 336*, *U 650*, *U 642*, *U 603*, *U 228*, *U 575*, *U 621*, *U 641*, *U 305*, *U 569*, *U 468*, *U 231* und *U 218*. Diese Boote werden nun gegen den vom xB-Dienst erfaßten H.X. 239 angesetzt. Der Konvoi ist 42 Schiffe stark und gesichert durch die E.G. B 3 mit den Zerstörern *Keppel* und *Escapade*, der Fregatte *Towy*, den Korvetten *Orchis*, *Narcissus* und den freifranzösischen Einheiten *Roselys*, *Lobelia* und *Renoncule*. Eine Ausweichbewegung des Konvois, die dieser auf seine Funkentzifferung hin vornimmt, kann aber wiederum vom xB-Dienst erkannt und ausgewertet werden. Im Gegenzug kann der BdU die Gruppe MOSEL weiter nach Süden verlegen.

Am 21. Mai abends gerät der von Osten her heranstampfende, 39 Schiffe starke Konvoi O.N. 184, gesichert durch die E.G. C 1 mit der Fregatte *Itchen* als Eskortführungsschiff und unterstützt durch die 6th Support Group mit dem US-Geleitträger *Bogue* und den vier diesen sichernden Zerstörern *Belknap*, *Greene*, *Osmond-Ingram* und *Georg E. Badger*, in den Bereich des Vorpostenstreifens der deutschen U-Boote. Der Erfolg der ungewöhnlich starken und zudem zusätzlich neuartigen Konvoisicherung zeigt sich sofort. Avenger-Bomber der *Bogue* greifen *U 231* an und beschädigen das Boot, das für die weiteren Operationen ausfällt. Gleichzeitig drücken die Zerstörer *Osmond-Ingram* und *St. Laurent* zwei andere U-Boote unter Wasser. Durch die dadurch entstandene Lücke passiert der O.N. 184, ohne überhaupt angegriffen worden zu sein. Am nächsten Tage, am 22. 5., wehrt *U 468* unter Oberleutnant Clemens Schamong einen Avenger-Bomber mit der Bordflak ab, doch an den Konvoi kommt das Boot trotzdem nicht heran. Erst in den Mittagsstunden meldet *U 305* den Konvoi. Der BdU setzt die südlich stehenden U-Boote der MOSEL-Gruppe an. Bei seinen Vorsetz- und Angriffsversuchen wird *U 305* dreimal von Avenger-Flugzeugen angegriffen und gebombt und am Ende beschädigt. Zwei andere Avenger der *Bogue* versenken *U 569*.

Fast zur gleichen Zeit horcht *U 218* unter Kapitänleutnant Bekker einen weiteren Konvoi, bei dem es sich, wie wir heute wissen, um den H.X. 239 handelt. Auf diesen werden die vom S.C. 130 kommenden DONAU-U-Boote zusammen mit den übrigen MOSEL-Booten angesetzt. Niemand in der BdU-Befehlsstelle ahnt, daß auch dieser Konvoi zusätzlich durch eine Trägergruppe gesichert wird, durch die 4th. Support Group mit dem Escort Aircraft Carrier *Archer*, den wiederum die Zerstörer *Milne*, *Matchless*, *Eclipse* und *Fury* begleiten. Eine Swordfish der *Archer* kann von *U 468* abgewehrt werden. Das Boot entkommt ebenso wie *U 218*, auf das der Gegner Zerstörer angesetzt hat. Am 23. Mai melden *U 664* und *U 413* den Konvoi erneut. Keines dieser oder der anderen Boote kommt zum Angriff. Während des Tauchmanövers vor Flugzeugen wird *U 752* unter Kapitänleutnant Karl-Ernst Schroeter von einer Swordfish gezielt angegriffen. Wiederum setzt der Gegner Raketengeschosse ein. Das Boot wird dabei zwar getroffen, aber nicht versenkt, im Gegenteil, der Flakbedienung glückt es, mit dem neuen Zweizentimeter-Vierling 3 Swordfishflugzeuge und 1 Martlet auf Distanz zu halten und zum Abdrehen zu zwingen. Nach [5] muß sich *U 752* bei der Annäherung der Zerstörer *Keppel* und *Escapade* versenken, nach Gröner [6] geht das Boot durch Fliegerbomben von Trägerflugzeugen der *Archer* verloren, wobei es unter der Besatzung 29 Gefallene gab. Nach [78] wurde das Boot

durch Raketenbomben britischer Trägerflugzeuge versenkt und als Totalverlust vermerkt.
Mit der nüchternen Feststellung: »Beide Konvois haben die Aufstellung (der deutschen U-Boote) ohne Verluste passiert«, endet bei [5] die Nordatlantikphase vom 11. bis zum 23. Mai.
Bei diesen Operationen gegen die Konvois O.N.S. 7, H.X. 238, S.C. 130, H.X. 239 und O.N. 184 wurde von den beteiligten 40 Booten ... 1 Schiff (ein einziger nur 5196 BRT großer Frachter, die britische *Americ*), versenkt.

- 10 U-Boote gingen dagegen verloren,

mindestens 4 wurden wegen der erhaltenen Schäden zur Aufgabe gezwungen.
Die sich seit Wochen abzeichnende Wende in der »Schlacht im Atlantik« ist da. Die Hauptursache für
die Katastrophe
für die GRAUEN WÖLFE in der Nordatlantikschlacht gegen die alliierten Konvois ist nächst der britischen Funkentschlüsselung vor allem der U-Boot-Standortmeldungen zweifelsohne im gelenkten Zielansatz der Support-Gruppen in Verbindung mit deren Flugzeugträgern und Zerstörersicherungen zu suchen.[269b]
Eine nicht viel weniger gravierende Ursache ist den ebenfalls gelenkten VLR-Flugzeugen vom Typ Liberator zuzuschreiben, erst an dritter Stelle kommen die Aktivitäten der Eskorter der verschiedenen Typen, denn es ist doch so, daß diese erst angesetzt werden, wenn die U-Boote nicht schon vorher von den Flugzeugen abgefangen und bekämpft worden sind, also im Nahbereich.
Der BdU, Großadmiral Dönitz, handelt: Am 24. Mai entschließt er sich angesichts der hohen Verluste bei den letzten Konvoiope-

---

* Rechte Seite: Die deutsche U-Bootlage vom Januar 1943 bis zum Wendepunkt am 24. Mai 1943, dazu die alliierte Luftüberwachung und U-Bootjagd aus der Luft; parallel dazu die Lage »in der Festung Europa« und an der Ost- und Nordafrikafront. Oben an der Eismeerfront wird auf den Einsatz deutscher Überwasser-Seestreitkräfte hingewiesen (Hi = *Admiral Hipper* [Schwerer Kreuzer]; Lü = *Lützow* [Schwerer Kreuzer]; Z = Zerstörer)

Konzeption der Lagekarte: Kz.S.a.D. Rolf Güth, Oldenburg i.O., Zeichnung A. Eberhard, Bad Salzuflen

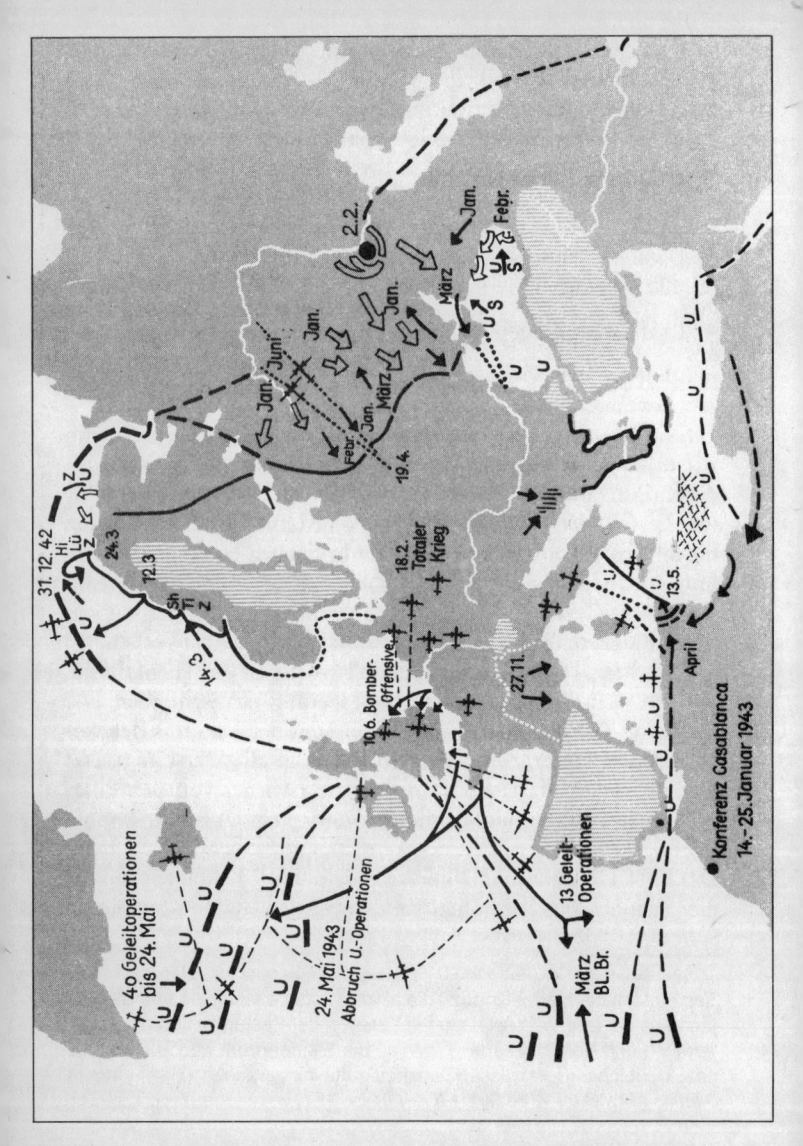

Die Entwicklung der militärischen Lage auf See und an Land vom Januar 1943 bis Juni 1943

rationen im Nordatlantik — hier mit den Gruppen DONAU und MOSEL —, den Geleitzugkampf in diesem Seeraum einzustellen. Und zwar, wie beabsichtigt bzw. erhofft, vorübergehend: »bis zur Klärung der Lage und der Bereitstellung neuer Waffen«. Alle brennstoffstarken Boote werden nach Südosten in den mittleren Atlantik abgezogen, um hier an der Konvoiroute Gibraltar — USA zu operieren. Die brennstoffschwachen U-Boote verteilt Dönitz »locker« über den Nordatlantik. Es handelt sich um 15 Boote *U 91*, *U 202*, *U 264*, *U 378*, *U 304*, *U 418*, *U 413*, *U 552*, *U 575*, *U 621*, *U 645*, *U 650*, *U 636*, *U 664* und *U 731*. Die Boote sollen durch provoziert starken Funkverkehr das Vorhandensein stärkerer U-Boot-Gruppen im Konvoirevier vortäuschen.

Diese Wende im U-Boot-Krieg bleibt dem Gegner trotz der Täuschungsfunksprüche nicht verborgen. Als der CINCWA die 2. Support Group vom 22. bis zum 25. Mai an den 52 Schiffe starken Konvoi O.N.S. 8 und vom 27. Mai bis zum 30. an den 56 Schiffe starken H.X. 240 ansetzt, um gemeinsam mit den Escort Groups und den VLR-Flugzeugen den Durchbruch durch die laut Funkbild aufmarschierenden U-Boot-Gruppen zu erzwingen[270], wird kein U-Boot gefunden. Lediglich die Liberator E/120 entdeckt eines in der Nähe vom H.X. 240. Es handelt sich um *U 304*, das südöstlich von Cape Farewell auf 54° 50′ Nord/37° 20′ West versenkt wird. Erst beim dritten Einsatz der sechs Einheiten starken 2. Support Group zeigt sich Captain Walker, dem Führer der Spezialgruppe, am 2. Juni südöstlich vom berüchtigten Cape Farewell ein einzeln operierendes U-Boot, das er nach einer 15stündigen Jagd versenkt: *U 202*, ein anderes jener brennstoffschwachen Boote, die befehlsgemäß im Nordatlantik verblieben waren. Wenigstens kann bei 18 Gefallenen ein Teil der Besatzung gerettet werden.

3.10 Dönitz berichtet Hitler

>Der Lagevortrag vor Hitler am 31. Mai 1943 · Zunahme an Gegnerflugzeugen für Dönitz die Ursache der Krise · Dönitz: Der Gegner hat ein neues Ortungsgerät an Bord auf See und in der Luft · Verluste von 13% auf 30% gestiegen · Dönitz über des Gegners Funkmeßortung: Wir besitzen nichts auf diesem Gebiet · Zersplittern oder/und Stören der gegnerischen Ortung, ein Weg? Die Aphrodite für 75 bis 600 Megahertz (MHz) · Das FuMG THETIS · Der BdU: der eigene FuMG-Strahl ist zu schmal · Probleme der U-Boot-Tarnung · Die Deckbezeichnung SCHORNSTEINFEGER · »Schwarzfärbung« durch Dipolgitter · Sümpfe genannte Absorptionsschichten · Dem Stoff für 100%ige Absorption der Radarstrahlen auf der Spur · Strahlendurchlässige U-Boot-Türme · Mehr Vierlinge nutzen ohne »Zerstörerknacker« auch nichts · Zweifel an der Me 410 für den Biscaya-Einsatz · Dönitz: Man darf nicht mit »Zuckerbäckern« über See fliegen · Die Seefliegerausbildung nur so systematisch wie die der U-Boot-Besatzungen · Die U-Boote sind an einer technischen Waffenfrage gescheitert — aber, so Dönitz, es wird ein Gegenmittel geben · Absinken der U-Boot-Erfolge im statistischen Nachweis · U-Boote binden außerordentlich starke Feindkräfte · Hitler: Der Nordatlantik ist mein westliches Vorfeld · U-Boot-Stoßtrupps für Nordafrika · Hitler und das neue Ortungsgerät, seherische Zweifel · Entscheidungsprobleme · Teilrückzug aus dem Nordatlantik oder — totaler Abbruch des U-Boot-Krieges, bis alle Gegenwaffen einsatzbereit, auch die neuen Boote, die aber erst das Ergebnis der jetzt endlich vereinten Anstrengungen sein werden

Am 31. Mai 1943 trägt Großadmiral Dönitz Hitler auf dem Berghof bei Berchtesgaden die neue Lage vor [85]. Anwesend sind Generalfeldmarschall Wilhelm Keitel als Chef des Oberkommandos der Wehrmacht (OKW),[271] General R. Warlimont als Stellv. Chef des Wehrmacht-Führungsstabes (WFST) und Hitlers Marineadjutant Konteradmiral K. J. von Puttkamer.

Hier der Lagebericht in Auszügen:
»Teil A.
Dönitz: Der Grund der augenblicklichen Krisis des U-Boot-Krieges ist die erhebliche Zunahme der Luftwaffe des Gegners. In der Enge Island — Faeroers ist durch Horchdienst jetzt an einem Tage die gleiche Anzahl von Flugzeugen festgestellt (worden), die noch vor Wochen dort nur innerhalb einer Woche auftraten. Ferner ist festgestellt worden der Einsatz von Flugzeugträgern an den Geleitzügen im Nordatlantik, so daß jetzt die gesamten Straßen des Nordatlantiks von der feindlichen Luftwaffe überwacht sind.
Die U-Boot-Krise würde jedoch durch die Zunahme der Flugzeuge (in diesem Raum) allein nicht erfolgt sein. Das Ausschlaggebende ist, daß die Flugzeuge durch ein neues Ortungsgerät[272], das auch anscheinend von Überwasserfahrzeugen angewandt wird, in der Lage sind, U-Boote zu orten und auch bei tiefer Wolkendecke, Nebel oder in der Nacht anzugreifen. Hätten die Flugzeuge das Ortungsgerät nicht, so würden sie, zum Beispiel bei grober See oder bei Nacht, keineswegs das U-Boot erkennen können. Entsprechend verteilen sich auch die Verluste. Der weitaus größte Teil der U-Boot-Verluste ist durch Flugzeuge erfolgt.[273]
Der Anteil an Seestreitkräften ist nur gering, obwohl infolge einer besonders unglücklichen Wetterlage — wie plötzlich einsetzendem Nebel — bei der Geleitzugoperation am 8. Mai in diesem Monat verhältnismäßig viele U-Boote, nämlich fünf, durch Zerstörer überrascht werden konnten. Diese Überraschung im Nebel ist auch wieder durch Ortungsgeräte möglich gewesen.
Dieser Lage entsprechend sind auch 65 % der Verluste auf dem Marsch bzw. in Wartestellung erfolgt und nur 35 % am Geleitzug selbst. Das ist natürlich, denn den größten Teil der Unternehmung von sechs bis acht Wochen befindet sich das U-Boot wartend oder auf dem Marsch; hier ist die Gefahr sehr groß, bei Unsichtigkeit oder Dunkelheit von einem vorher nicht feststellbaren Gegner aus der Luft angegriffen zu werden. Die Verluste sind im letzten Monat von bisher etwa 14 Booten, das heißt 13 % der in See befindlichen U-Boote, auf 36, wenn nicht 37, das heißt auf rund 30 % der in See befindlichen U-Boote angestiegen.

Diese Verluste sind zu hoch.
Es kommt darauf an,
jetzt Kräfte zu sparen,
andernfalls würde nur das Geschäft des Gegners betrieben werden.
Folgende Maßnahmen sind eingeleitet (worden):
1. Ich habe mich im Atlantik abgesetzt in den Raum westlich der Azoren in der Hoffnung, dort weniger Luftüberwachung vorzufinden. Ich erwarte (hier) einen nach Gibraltar gehenden Geleitzug. Die Erfassung dieses Geleitzuges ist in diesem Raum jedoch schwierig.
Mit den neu auslaufenden Booten werde ich in abgesetzte Seeräume gehen in der Hoffnung, daß die dortige Luftüberwachung noch nicht in dem Maße mit den modernen Ortungsgeräten ausgerüstet ist. Ich beabsichtige jedoch im Juli zur Neumondperiode, erneut im Nordatlantik einen Geleitzug anzugreifen unter der Voraussetzung, daß den U-Booten dann zusätzlich Schutzwaffen zur Verfügung stehen.
2. Waffenmäßig kommt es darauf an:
a) Den U-Booten zwecks Warnung ein gegen das gegnerische CMW-Gerät brauchbares FuMB zu geben, das heißt ein Gerät, mit dem die Frequenz des ortenden Flugzeuges erfaßt werden kann. Wir besitzen außer dem METOX und verschiedenen Versuchsmustern (noch) nichts auf diesem Gebiet.[274]
Wir wissen noch nicht einmal, auf welcher Wellenlänge der Gegner ortet.[275]
Wir wissen überhaupt nicht, ob es Hochfrequenz- oder andere Ortungsmittel sind. Alles Mögliche zur Feststellung geschieht.
Ich habe bis zum Vorhandensein eines Warngerätes angeordnet, daß die U-Boote nachts nur mit einer elektrischen Maschine fahren, um durch den Fortfall des Dieselgeräusches das Horchen der Flugzeuge zu erleichtern, da mir letzteres das einzige Mittel scheint, die U-Boote vor einem Angriff zu warnen. Es wird geprüft, ob sich auf dem U-Boot-Turm Horchgeräte anbringen lassen, die den See- und Tauchverhältnissen gewachsen sind.
b) Die zweite Möglichkeit, die sich abzeichnet, ist die des Störens oder Zersplitterns der feindlichen Ortung. Auf dem Gebiete des Störens haben wir gar nichts,[276] da die Reichweite der

Störsender von einem U-Boot aus zu gering ist, und außerdem ein Störsender, der sich nicht automatisch auf die Welle des ortenden Gegners einstellen kann, leicht vom Gegner durch ein Übergehen auf eine andere Wellenlänge eliminiert werden kann. Ein solches automatisches Gerät befindet sich in der Laboratoriumsfertigung beim Reichsminister Ohnesorge, ist aber in seiner Brauchbarkeit und Anwendung für diesen Zweck auf U-Booten noch sehr weit entfernt. Hinsichtlich des Zersplitterns liegt das einzig Positive vor. Wir werden bereits im Juni U-Boote mit der sogenannten APHRODITE[277] ausrüsten, die dieselbe Echowirkung wie ein U-Boot-Turm gibt und zur Irreführung des Angreifers von den U-Booten ausgesetzt werden kann. Außerdem werden im Juni große Bojen ausgelegt, die ebenfalls die Echowirkung eines U-Boot-Turmes ergeben und feindliche Flugzeuge irreleiten sollen.[278a]

Da es sich um ein neues Kampfmittel handelt, bitte ich um die Genehmigung seiner Einführung.«

Hitler erteilt hierzu die Genehmigung.

Dönitz trägt weiter vor:

»c) Die Aufgabe, die ortenden Flugzeuge vom U-Boot aus durch eigene Ortung zu erfassen (FuMG)[278b], ist bisher nicht gelöst. Die Schwierigkeit liegt darin, daß der eigene Ortungsstrahl nur sehr schmal ist — einem eng gebündelten Scheinwerfer vergleichbar — und das Absuchen des Himmels damit also untragbar lange dauert.[278c]

d) Hinsichtlich des Tarnens eines U-Boot-Turmes gegen Ortung haben Versuche ergeben, daß eine Verminderung der Echowirkung auf 30 % möglich ist, das heißt, ein Gegner, der z. B. das Boot bisher aus einer Entfernung von 9000 m orten konnte, kann das jetzt nur aus einer Entfernung von 3000 m tun. Ob dieser Schutz für alle Wellen möglich ist, wird die Praxis lehren. Bis zur Durchführung dieser Tarnung ist noch ein weiter Weg.[279]

e) Einbau der Vierlinge und entsprechender Turmumbau ab Juli in steigendem Maße.

f) Die Bekämpfung der Flugzeuge vom U-Boot aus mit den Vierlingen nutzt nichts, wenn nicht gleichzeitig der »Zerstörerknacker« vorhanden ist, da andernfalls das U-Boot durch den von Flugzeugen herangeholten Zerstörer doch noch unter Wasser gedrückt würde. Wir werden zum Oktober mit Sicherheit

den sogenannten FALKEN bekommen, einen Horchtorpedo, der einen Gegner ansteuert, wenn er nicht schneller als 12 kn[280] ist.
Diese Einschränkung ist sehr nachteilig. Es müssen alle Mittel angewendet werden, um den sogenannten ZAUNKÖNIG, bei dem der Gegner bis 18 kn laufen darf, bereits im Herbst an der Front einzuführen.[281]
Ich werde mit Minister Speer die erforderlichen Maßnahmen besprechen, um den ZAUNKÖNIG bis zum Herbst an die Front zu bringen. Ich bitte um Ihre Unterstützung, da ich es unbedingt für erforderlich halte, vor der günstigen Kampfperiode des Winters den U-Booten den Zerstörerknacker zu geben.«
Hitler stimmte zu, daß die Fertigstellung mit allen Mitteln beschleunigt werden muß.
Dönitz:
»g) Notwendig ist, daß die Biscaya, in der die feindliche Luftwaffe ungestört hier ein- und auslaufende U-Boote nachhaltig aus der Luft bekämpft, gesichert wird. Augenblicklich ist die Hilfe der Luftwaffe dort vollkommen unzureichend. Die Ju 88 kann nur geschlossen zu mehreren fliegen, da sie andernfalls selbst die gejagte Maschine wäre. Nur in geschlossener Formation gelingen den Ju 88s gelegentlich Abschüsse. Ich halte es für notwendig und unterstütze damit Anträge der Luftflotte 3 und des Fliegerführers Atlantik, daß die Me 410, sobald als möglich, zur Biscaya kommt.«
Hitler bezweifelt, daß die Me 410 hierfür brauchbar ist. Er will die Sache aber prüfen. Danach legt er ausführlich die falsch geleitete Entwicklung der deutschen Kampfflugzeuge dar; sonst siehe Dokument [85].
Der Ob.d.M. Dönitz ist der Ansicht: »... daß wir in dem Augenblick, als wir eine große U-Boot-Waffe in Bau gaben, spätestens gleichzeitig den Bau entsprechender Flugzeuge für den Seekrieg hätten in Bau geben müssen.[282]
Wir hätten zweifelsohne mit der U-Boot-Waffe sehr viel mehr versenken können, wenn wir mit dem zurückliegenden Jahr des U-Boot-Krieg die Seemaschine gehabt hätten. Sie könnte den U-Boot-Krieg unterstützen, sowohl durch Aufklärung wie durch Schutz des U-Bootes gegenüber der feindlichen Luftwaffe.[283]

Es gibt sehr viel Maschinen im Nordatlantik, die den eigenen Maschinen unterlegen sein würden. Außerdem hätte die Luftwaffe im Atlantik eine Fülle von Angriffszielen und könnte so einen unmittelbaren Beitrag zum Tonnagekrieg liefern.
Es ist auch jetzt noch nicht zu spät, dem Seekrieg endlich eine Luftwaffe zu geben.«
Auch hier stimmt Hitler den Ausführungen des Großadmirals kommentarlos zu.[284]
Großadmiral Dönitz sagt weiter, daß es dann (also beim Aufbau einer adäquaten Luftwaffe für ozeanische Verwendung) erforderlich ist, »rechtzeitig und langfristig die Besatzungen der Seemaschinen auszubilden, damit man nicht mit Zuckerbäckern über See fliegen müsse, die vom Seekrieg nichts verstehen. Es ist also notwendig, sofort eine Seekampffliegerschule einzurichten, die nach Gotenhafen in Zusammenarbeit mit den Geleitzug-Übungsflottillen der U-Boot-Waffe gelegt werden muß. Denn es ist notwendig, daß die Seeflieger genauso systematisch vier bis fünf Monate lang ausgebildet werden, wie das die U-Boot-Waffe tut. Die Seeflieger müssen erst das Navigieren über See, die astronomische Navigation über See, Abdrift, Fühlung am Geleitzug, Zusammenarbeit mit U-Booten durch Peilzeichen, das Herangeführtwerden durch andere Flugzeuge an den Geleitzug und so weiter und entsprechenden Nachrichtendienst lernen. Kurz und gut, sie müssen bereits in der Ostsee zusammen mit der U-Boot-Waffe ausgebildet werden, damit sie mit dieser eine Sprache reden und dann auch draußen mit ihr zusammen kämpfen können. Es darf nicht so sein, daß die Zusammenarbeit zwischen der U-Boot-Waffe und der Luftwaffe im Atlantik daran scheitert, daß Fehler gemacht werden, die an sich mit der grundsätzlichen Richtigkeit der Zusammenarbeit nichts zu tun haben und es dann heißt, die Zusammenarbeit bringe nichts.«
Hitler stimmt erneut zu (oder, wie es im Protokoll heißt: »Der Führer stimmt den Ausführungen sehr zu und unterstreicht noch einmal Aufgaben, Aussichten und Möglichkeiten, die die eigene Luftwaffe haben würde und schließt mit den Worten: ›Man muß weitreichende Kampfflugzeuge also in den Atlantik schicken!‹«).
Dönitz meldet nun die Aussichten des U-Boot-Krieges in der Zukunft; ungeschminkt, ehrlich und offen, ergo mit Zivilcou-

rage, die (wie der Verfasser von Hitlers Marineadjutanten, Konteradmiral von Puttkamer weiß) Hitler nicht verstimmt, sondern bei Dönitz toleriert und respektiert wird:

»Wir sind jetzt an einer technischen Waffenfrage gescheitert, gegen die es ein Gegenmittel geben wird. Wie weit sich aber die Wirkung des U-Boot-Krieges hinsichtlich seiner Erfolge wieder hochziehen läßt, ist nicht vorauszusagen. Die Abwehr des Gegners auf dem Wasser und in der Luft wird zunehmen. Es liegen darin große Unbekannte und Unsicherheiten. Die Tonnage, die ein U-Boot pro Seetag 1940 versenkt hat, lag bei ca. 1000 t, Ende 1942 sind es ca. 200 t. Es geht daraus klar das Ansteigen der Abwehr und die verminderte Wirkung jedes U-Bootes hervor. Ich bin aber trotzdem der Ansicht, daß der U-Boot-Krieg geführt werden muß, auch wenn er sein Ziel, größere Erfolge zu erringen, nicht mehr erreicht, denn die Kräfte des Gegners, die er bindet, sind außerordentlich groß. Jellicoe[285] hat in seinem Buch die Zahl der Kräfte, die der U-Boot-Krieg im Ersten Weltkrieg gebunden hat, in beträchtlicher Höhe genannt.«

Hitler unterbricht Dönitz und wirft ein: »Es kommt gar nicht infrage, daß im U-Boot-Krieg etwa nachzulassen sei. Der Atlantik ist mein westliches Vorfeld, und wenn ich dort auch in der Defensive kämpfen muß, so ist das besser, als wenn ich mich erst an den Küsten Europas verteidige. Das, was der U-Boot-Krieg, auch, wenn er nicht mehr zu großen Erfolgen kommt, binden würde, ist außerordentlich groß, daß ich mir das Freiwerden dieser Mittel des Gegners nicht leisten kann.«

Dönitz: »Ich bin daher der Meinung, daß es bei dem seinerzeit gemeldeten Hochziehen des U-Boot-Baues bleiben muß[286] und ich glaube sogar, daß die Zahl von 30 U-Booten nicht ausreicht, da wir selbst bei einer lediglich im Erfolg defensiven Kriegführung im Atlantik große U-Boot-Zahlen brauchen werden. Ich halte es für richtig, auf die Zahl von 40 U-Booten zu gehen. Ich habe in Übereinstimmung mit Minister Speer das Bauprogramm für 30 U-Boote und das s. Zt. gemeldete Hilfsschiffprogramm bereits in Auftrag gegeben, und ich bitte, den anliegenden Führerbefehl zu vollziehen.«

Hitler stimmt zu. Er ändert die Zahl von 30 U-Booten in dem Befehl auf 40 U-Boote im Monat
und unterschreibt.

Was seitens der deutschen Abwehr weniger beachtet wurde, war der enorme Bau ganzer Flotten von Hilfsflugzeugträgern durch die Alliierten, die vor allem als Geleit-Flugzeug-Träger (Escort Aircraft Carrier) in den von Flugzeugen nicht (oder noch nicht) kontrollierbaren Seeräumen (Black Gaps) eingesetzt wurden — und, nach Dönitz, »den U-Booten das Kämpfen unmöglich« machten. Oben: Escort Aircraft Carrier HMS *Archer* (10220 BRT), der aus dem us-amerikanischen Frachtmotorschiff *Mormacland* entstand und für 16 Flugzeuge eingerichtet ist. Im Bild: Swordfish-Torpedobomber beim Start. — Foto: aus [166]. • Riß Mitte: Der us-amerikanische CVE 21 *Block Island,* ein Träger der 9393 BRT großen *Boghe*-Klasse mit 16 Kampfflugzeugen und 12 Torpedobombern an Bord. — Zeichnung aus [9] • Unten: Der 11800 BRT große CVE *Long Island* ex *Mormacmail,* der erste CVE in den Serien der US-Escort Aircraft Carriers, eingerichtet für 10 Aufklärer und 6 Bombenflugzeuge. — In den KTBs wurden hin und wieder Eskortträger erwähnt, ihre riesige Anzahl blieb unbekannt. — Foto: aus [9].

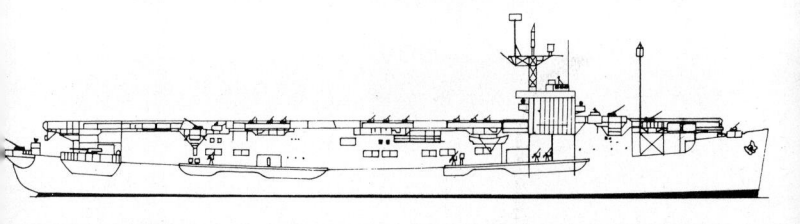

Immer häufiger meldeten Ende 1942/Anfang 1943 U-Boot-Kommandanten, ohne Vorwarnung durch das FuMB METOX angegriffen worden zu sein, auch aus dichten Wolkendecken, auch in der Nacht. Daß die Alliierten ein völlig neues Radar (auf der CM-Welle) auch gegen U-Boote einsetzten, war deutscherseits strittig. Hier greift ein Mosquito-Bomber von der Seite her ein funkmeßgeortetes U-Boot an, mit Raketen, auch eine neue Waffe. — Foto: aus [184] • Links unten: Flugzeuge werden ab 43 der Feind Nummer Eins für die U-Boote. Bilder wie dieses, wo eine Fliegerbombe auf dem Steuerbordbunker von *U 763* abgerutscht und nicht detoniert war, gab es selten, denn fast immer endeten solche Treffer tödlich für das Boot. — Foto: Rudolf Wieser, Westerland (U 763) • Rechts unten: Die FuMB 1-Antenne, Biskayakreuz genannt, eine noch, wie man sieht, improvisierte primitive Anlage, schnell zusammengezimmert, weil die deutschen Funkmeßexperten Funkmeßgeräte (Radar) in Flugzeugen (noch) nicht als realisierbar bezeichneten. — Foto: aus [40].

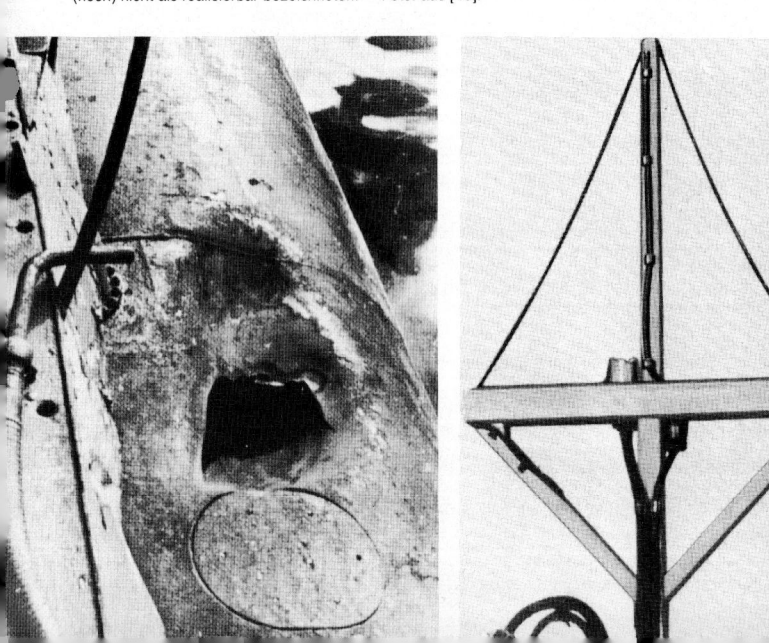

U 426 (Kapitänleutnant Christian Reich) sinkt nach Fliegerbeschuß und Flibos in der Biskaya westlich von Nantes. Es wird hier von seiner Besatzung verlassen. Das Foto ist ein besonders tragisch-dramatisches Dokument, denn nach Gröner [6], Mielke [78], Lohmann [90] überlebte niemand. — Foto: dpa.

U-Boote haben kaum Platz für die eigene Besatzung, Überlebende an Bord zu nehmen, verbietet die eigene Sicherheit — und gefährdet zwangsläufig auch die Geretteten. Notfalls jedoch ist für zwei oder drei Mann Platz, je nach Bootstyp und Unternehmensphase (keine Reservetorpedos mehr, Proviant fast verbraucht ...). Wenn Anbordnahmen (soweit aus der Lage und wegen Fliegergefahr überhaupt vertretbar), dann möglichst den Kapitän und/oder den Chief, die man im Bild *U 203* (Kapitänleutnant Rolf Mützelburg) aus dem Rettungsboot des torpedierten, sinkenden Frachters herauszufinden sucht. Meist tarnten sich die Nautiker und Chiefs in den Rettungsbooten als einfache Seeleute. — Foto: Archiv Koehlers Vlg. mbH • Unten: Nach 24 Stunden in Gummiflössen werden englische Flieger — der U-Bootmänner tödlichste Feinde — im mittleren Atlantik von einem U-Boot übernommen und gerettet. — Foto: Keystone.

Teil B.: ...[287]
Teil C.: ...[288]
Teil D.: ...[289]

Hitler abschließend: Er erklärt, daß es gegen den augenblicklichen Vorsprung der technischen Mittel des Gegners gegen den U-Boot-Krieg ein Gegenmittel geben müsse.

Dönitz versichert, daß jegliche Entlastung, auch wenn noch so gering, erwünscht sei, denn eine Summierung einzelner geringer Entlastungen könnte letzten Endes einem U-Boot den Angriff wieder möglich machen.

Hitler, bekannt für seine sich nicht selten bestätigenden »seherischen Fähigkeiten«, drückt seine Sorge aus, daß das neue Ortungsgerät andere Grundlagen hätte, »die wir noch nicht kennen. Die Krise muß mit allen Mitteln überwunden werden.«

Das Protokoll über die Führerlage vom 31. Mai 1943 ist, was den U-Boot-Krieg und seine Situation und Bedeutung angeht, in mehrfacher Hinsicht ein seestrategisches, politisches und maritimtechnisches Dokument. Auch, was das Verhandlungsgeschick des Großadmirals Hitler gegenüber betrifft.

1. Wenn sich Großadmiral Karl Dönitz am 24. Mai 1943 entschloß, den U-Boot-Krieg in seinem effizientesten atlantischen Kampfraum einzustellen, also im Nordatlantik als dem Hauptverkehrsrevier alliierter Geleitzüge zur Versorgung der britischen Inseln, aber auch zur Stärkung des militärischen Potentials der Sowjetunion (über die sich anschließende Eismeerroute), so konnte er wohl dieses Hitler gegenüber nicht durch eine radikale Zäsur nahebringen. Es bedurfte der tröstlichen Versicherung, daß diese Maßnahme nur »vorübergehend« sei (das beweist ja auch die Versicherung von Dönitz, in der Neumondperiode des Juli im Nordatlantik einen Geleitzug angreifen zu wollen, allerdings nur dann, wenn den U-Booten bis dahin Schutzmaßnahmen zur Verfügung stehen, worunter Dönitz offenbar die neuen FuMBs, die FuMOs HOHENTWIEL U, eine verstärkte Flak auf jedem Boot und neue Torpedos verstand).

Offen und ohne Beschönigung der wahren Lage gab Dönitz Hitler gegenüber seine Sorgen zu, ob im U-Boot-Krieg jemals wieder so große Erfolge wie zuvor erzielt werden können. Dönitz verklärt nicht die eigene Lage, und er schmälert auch nicht die weiterhin zu erwartende Zunahme der gegnerischen Abwehrkräfte. Während andere Befehlshaber — euphorisch fast — oft genug eine baldige und grundlegende Besserung der Lage versprechen oder zumindest erhoffen, zeigt Dönitz das Understatement eines gestandenen und erfahrenen Seemannes nach der Maxime

- Das Schlechteste erwarten und das Beste erhoffen.

Welche Bedeutung Hitler der Schlacht im Atlantik beimaß, belegt ja seine abrupte Einmischung in den Vortrag des Großadmirals und schließlich auch seine konsequente Feststellung, daß der U-Boot-Krieg hier im westlichen Vorfeld der Festung Europa »auf keinen Fall« eingestellt werden dürfe, denn selbst in der Defensive sei er für die Gesamtlage von exorbitanter Bedeutung. Daß Dönitz mit der Vokabel »vorübergehend« auch die, wenn auch unausgesprochene stille Hoffnung verband, die eigene technische Entwicklung werde der deutschen U-Boot-Waffe möglichst bald schon wieder zu neuen Erfolgen verhelfen, muß ihm bei seiner Kenntnis aller streng geheimgehaltenen waffentechnischen Entwicklungen und der in Kürze zu erwartenden Neuerungen konzediert werden. Einige Beispiele sind ja auch den Fußnoten zu entnehmen.

Und daß Dönitz sich vor Hitler bei der Wertung des U-Boot-Krieges so freimütig zu einer Krisenlage bekannte und ihm gegenüber den Schritt eines »vorübergehenden Rückzuges« aus dem Nordatlantik rechtfertigte, war ein Akt bemerkenswerter Zivilcourage. Wenn wir daran denken, wie wenig Hitler im Falle Paulus — Stalingrad nachgab, so war doch die Drohung evident, daß er selbst einem »teilweisen« Rückzug aus dem Nordatlantik widersprechen werde. Der Großadmiral hat in seinen Erinnerungen Bedenken über ein etwa alternatives Eingreifen Hitlers zwar nicht zum Ausdruck gebracht, doch wer decouvriert schon seine geheimen oder stillsten Überlegungen oder seine unterbewußte Reaktion, für welche die Ratio keine Erklärung hat. Er hatte einfach den Mut, es zu tun und zu rechtfertigen.
Übrigens: In diesem Zusammenhang sind auch Seeoffiziere (auch U-Boot-Kommandanten) zu nennen, die vertreten, der BdU hätte diesen Abbruch schon früher und wenn, dann gleich

generell für den gesamten Nord- und Mittelatlantik befehlen sollen oder müssen.

2. Das Protokoll macht ungeschminkt deutlich, daß als Hauptursache für die Verluste an U-Booten klar und unstrittig die gegnerischen Flugzeuge erkannt wurden. Konsequenzen im Hinblick auf die Boote selbst wurden jedoch (noch) nicht gezogen, zumal Dönitz und seine Berater die schwerwiegendste Ursache für die optimale Gefahr aus der Luft in den neuartigen Ortungsgeräten der Alliierten und weniger in einem Einbruch in den Schlüssel »M« sahen.

Hier scheint seitens der Funkmeß- und FuMB-Spezialisten versäumt worden zu sein, die Funktionsweisen solcher Hochfrequenzgeräte auch Laien auf diesen diffus-schwierigen und technisch hochwissenschaftlichen Gebieten in einer Sprache transparent zu machen, die allgemeinverständlich war, eben nicht nur hinsichtlich des Ergebnisses selbst, sondern vor allem auch bezüglich der Funktionen auf dem Wege dorthin. Der Verfasser erinnert an das Gespräch, das er mit dem dem Admiral Lütjens nachfolgenden Flottenchef Generaladmiral Otto Schniewind führte.

Es gab eben keine technisch-wissenschaftliche PR-Stelle für Seeoffiziere, um das Fachchinesisch zu »übersetzen«. Und im Fachchinesisch sonnten sich auch und gerade die (durchaus honorigen) Hochfrequenzler. Es gab auch keine technisch-wissenschaftliche Beratung durch Topwissenschaftler bei der deutschen Kriegsmarine im Sinne der britischen/amerikanischen Operations Research, wie sie Dönitz bereits 1941 gefordert hatte.

So kommt es, daß Dönitz so offen vor Hitler bekannte, daß man nicht einmal wisse, auf welcher Welle der Gegner orte »... und ob über Hochfrequenz und überhaupt«. So konnte denn Dönitz auch nicht analysieren, daß die gegnerische Ortung in der Nacht oder bei Nebel oder aus geschlossenen Wolkendecken heraus so modern überhaupt nicht war, wenn man nur an die ersten ASV-Geräte denkt, die schon seit Ende 1941 bei der deutschen Kriegsmarine zur Debatte standen. Es sei nur an die zu Anfang erwähnte Kontroverse Rogge : Hitler oder Dönitz : Rogge erinnert.

Dönitz sprach bei seinem Lagevortrag ja intuitiv auch aus, daß die neue gegnerische Ortungstechnik vielleicht auch etwas mit den Wellenlängen zu tun haben könnte.

3. Was völlig fehlt in dem Führer-Lagebericht des Großadmirals, sind Kenntnisse oder auch nur Hinweise oder Andeutungen auf einen möglichen britischen Einbruch in den Marineschlüssel »M«. Hier glaubt man sich nach der Einführung der neuen Griechenwalzen weiterhin absolut sicher. Auch Warnungen, die selbst aus den Reihen der in diesem Metier bewanderten Funkaufklärungsdienststellen kamen (und noch kommen), wurden (und werden) überhört. Dabei ist der tatsächlich erfolgte Einbruch in den deutschen Marinekode quasi der Universalschlüssel für den Kampf gegen die GRAUEN WÖLFE schlechthin. Über seine Ergebnisse führte der Weg zur genauen Kenntnis der jeweiligen Zahl der Boote der U-Boot-Rudel oft lange vor deren Aufbau. Praktisch jeder Fühlunghalterfunkspruch, jede Positionsmeldung wurde und wird eingepeilt und in B.P. maschinell entschlüsselt. Die B.P.-Entschlüsselungen darf man, was die U-Boot-Verluste angeht, als die primäre Quelle für die Krisis ansehen. Analog zu ihr rangieren die landgestützten, zum Teil zusätzlich neuen Adcock-Kurzwellenpeiler, denen wiederum für den Nahbereich der Geleitzüge die HF/DF-Peiler an Bord der Eskorter zuzuordnen sind, die ebenfalls als Panoramageräte wirken, so daß auch die kürzesten Kurzsignale erfaßt werden können.

Und gerade auf ihre Kurzsignale baute die deutsche Marine, weil sie so kurz waren, daß es dem Gegner — von Zufällen abgesehen — unmöglich sein mußte, sie einzupeilen und mitzulesen. Nun, heute wissen wir es: Es war dem Gegner aber möglich, mithilfe der Bildschirmtechnik und der Panoramamethode, die das ganze 360-Gradfeld umfaßte.

Wenn man bei den Alliierten also weiß, in welchem ozeanischen Großraum sich ein U-Boot-Rudel aufzubauen beginnt (unter Einbeziehung der anmarschierenden, ihren Positionen nach ebenfalls bekannten Boote), ist es kein Problem, auch Flugzeuge gezielt anzusetzen. Meist bereits ausgerüstet mit dem neuen ASV III-Panoramagerät, wird deren punktgenaue Annäherung von den U-Booten wegen Fehlens geeigneter FuMBs auf der CMW erst dann bemerkt, wenn (bei über Wasser marschierenden Booten) eine optische Sichtung oder, nachts, eine akustische

Peilung möglich ist. Dann aber ist es für den U-Boot-Kommandanten oft zu spät, sich den Bomben und/oder dem Bordwaffenbeschuß durch ein Schnelltauchen zu entziehen.
Da die deutsche U-Boot-Waffe inzwischen auch die (Hilfs-)Flugzeugträger bei den Konvois erkannt hat, ist ihr das ein weiterer Beweis für den massierten Eifer des Gegners, alle Konvoirouten und Konvois durch Flugzeuge abzuschirmen. Zwar sind den Konvois generell keine »Flugzeugträger beigeordnet«, wie Dönitz am 31. März 1943 in seinem Lagebericht formulierte, aber sie sichern die Konvois in Verbindung mit den flexiblen Support Groups, die in den Gefahrenzonen gegenwärtig und an die jeweils bedrohten Konvois dirigiert werden. Man kann auch sagen, daß diese Support Groups mit ihren Escort Carriers Bestandteil der jeweiligen Konvois sind. Unbekannt bleibt der deutschen Führung die gewaltige Zahl der vornehmlich in den USA gebauten Escort Aircraft Carriers, den CVEs, wie deren amerikanische Klassifikations-Kennung heißt.

3.11 Großadmiral Dönitz begründet den »Opfergang« der U-Boot-Waffe

> War der Einsatz der konventionellen U-Boote überhaupt noch vertretbar? · Boote sind zu ersetzen — erfahrene Besatzungen kaum · Des Großadmirals Erklärungen gegenüber dem Verfasser · Dönitz' Antwort an Kapitän zur See Güth · Clausewitz und die Ökonomie der Kräfte · Konteradmiral Rösing heute: »... weil es doch keine andere Alternative gab« · Die Zustimmung der Flottillenchefs · »... den geistigen Gesetzen seiner Zeit unterworfen ...« · Die schweren Folgen bei einer Einstellung des U-Boot-Krieges · Auch britische Historiker heben die Kräftebindung durch die U-Boote hervor · U-Boote zwingen die Alliierten u. a. auch weiterhin zum Konvoisystem

Diese Frage steht seit dem 24. Mai 1943 wie dunkles, undurchdringliches Gewölk im Raum:
War es militärisch, ökonomisch und insbesondere personell richtig, die U-Boote konventioneller Bauart bei der erkannten Überlegenheit des Gegners noch einzusetzen?
Wäre es angesichts der permanenten und zudem intensiven Bedrohung aus der Luft nicht sinnvoller gewesen, alle Boote (allein schon wegen ihres so gefährlich gewordenen Marsches durch die mit einem engmaschigen Netz an Aufklärungs-, Such- und Bombenflugzeugen britischer und us-amerikanischer Herkunft überdeckte Biscaya) zurückzuziehen?
Eine solche Maßnahme hätte während der Phase der technischen Luftüberlegenheit der Gegner nicht nur zahlreiche Boote vor dem Untergang bewahrt, sie hätte vor allem den zur Zeit entsetzlich schweren Opfergang dieser Spezialbesatzungen gestoppt, deren Einsatzbereitschaft — ungebrochen trotz der Verluste — ohne Beispiel gewesen ist: So groß, so stark und so unerschütterlich wie ihre Liebe zur Heimat war. Auch im Zweifel an der Rechtmäßigkeit eines Krieges, dieses Krieges. Und wie wenige hatten Zweifel.

U-Boote können durch Neubauten (noch) relativ problemlos ersetzt werden, verlorene Besatzungen von Monat zu Monat schwerer und solche mit der Praxis und der Routine gleich mehrerer Feindfahrten praktisch überhaupt nicht, oft mit mehrfachen Wasserbombeninfernos über Stunden, ja Tage hinweg, immer auf schmalstem Grat zwischen Überleben und Tod.
Und es sind immer nur wenige, die einen U-Boot-Verlust überleben, die meisten U-Boot-Versenkungen — insbesondere jene aus der Luft — sind Totalverluste, ein Opfer, das keine andere Einheit oder Waffengattung kennt.
Diese Überlegung hat der Autor in der 1. Auflage seines U-Boot-Buches JÄGER/GEJAGTE mit seinen nachgezeichneten Erfahrungs- und Erlebnisberichten[290] niedergeschrieben. Als Großadmiral Dönitz aus Spandau kam, hat er sich sofort auch mit diesem Buch befaßt. Er nannte es das »beste seiner Art«, aber wegen einer Passage hätte er gern ein Gespräch geführt. Und auch das ist charakteristisch für den ex-BdU, daß er den Verfasser um einen Termin in dessen Wohnort und Wohnung und nicht bei sich in Aumühle erbat. Tage später traf der Verfasser nach einem von Dönitz respektierten Gegenvorschlag den Großadmiral in seinem Heim in Aumühle in der Pfingstholzallee. Dönitz hatte »Addi« Schnee hinzugezogen, Korvettenkapitän und hochdekorierter U-Boot-Kommandant und von 1942 bis 1944 Geleitzugsasto beim OKM/2 Skl. In Begleitung des Verfassers Rudolf (Rudi) Meisinger, der letzte persönliche Bildberichter des ObdM, mit 13 U-Boot-Feindfahrten ein As eigener Art und erstmals 1940 auf einem U-Boot eingestiegen.
Der Großadmiral legte ohne Umschweife seine Gründe für die Weiterführung des U-Boot-Krieges nach den Verlusten im Monat Mai 1943 dar und sagte: »Bitte bedenken Sie, daß durch die U-Boot-Kriegführung im Nordatlantik mindestens 3000, wenn nicht gar 4000 Flugzeuge gebunden wurden, also auch über der Biscaya als Aus- und Einlaufweg für Operationen in andere Seegebiete. Hätte ich den U-Boot-Krieg eingestellt, um erst die Frontreife neuer Waffen oder gar der neuen modernen Boote abzuwarten, hätte der Gegner diese gewaltige Zahl an Flugzeugen auf deutsche Industrieanlagen und vor allem auf deutsche Städte und damit auch auf Frauen und Kinder und Facharbeiter eingesetzt. Die ohnehin große Zahl der Opfer hätte sich vervielfäl-

tigt.« (Diese Zahlen sind auch immer wieder Gegenstand von Erklärungen auch in den BdU-KTB's, sie sind also nicht erst im Nachhinein aufgestellt worden.)
Großadmiral Dönitz endete mit der Erklärung: »Sie können diese meine Begründung nun in einer Neuauflage berücksichtigen oder nicht. Ich respektiere Ihre Meinung, auch, wenn Sie aus meiner Sicht falsch ist, bitte, respektieren Sie aber auch meine Argumente.«

Dieses Thema: »Den U-Boot-Krieg nach dem Mai 1943 einstellen — oder im Interesse der Gesamtlage in der Defensive bis zur Bereitstellung neuer Waffen unter Inkaufnahme durch die gegnerische Überlegenheit bedingter Opfer weiterkämpfen«, hat vielfach zur Diskussion gestanden, bereits während des Krieges, als es aktuell war ... Auch Kapitän zur See Rolf Güth hat während seiner Lehrtätigkeit an der Führungsakademie der Bundeswehr seine Vorlesungen zum Thema Marinegeschichte vor den Hörern der Admiralstabs- und Generalstabslehrgänge außer durch die ihm zugänglichen Archivalien und Publikationen weiter vertieft [101] »... Ausgang meiner Darstellungen waren häufige Gespräche mit ehemaligen Befehlshabern der Kriegsmarine.[291] Strategische, operative und taktische Fragen erörterte ich ab 1966 mit den Generaladmiralen Boehm und Marschall und Admiral Schuster in Kiel. Die Erörterung von Problemen des U-Boot-Krieges erfolgte mit Großadmiral Dönitz in Aumühle (später auch der Gesamtkriegsprobleme und der Kapitulation). Bei der Diskussion mit meinen Hörern schälte sich das Problem ›Opfergang der U-Boot-Waffe‹ 1943/44 nach Abbruch der Atlantikschlacht am 24. Mai 1943 heraus.
Von Großadmiral Dönitz erhielt ich dafür seine (damals noch nicht veröffentlichte) Denkschrift [103] vom 8. Juni 1943 sowie andere persönliche Ausarbeitungen der Jahre 1967/68.
Dennoch blieb die Frage offen:

● Wenn man Strategie bezeichnen kann als die Kalkulation der Kräfte (Clausewitz sagt ›Elemente verschiedenster Art‹) und deren Abwägen im Hinblick auf
a) den Feind, seine Mittel und Ziele und
b) das eigene Ziel ›des ganzen kriegerischen Aktes, das seinem Zweck entspricht‹ (Clausewitz),

dann folgt die Frage:
War es ›Ökonomie der Kräfte‹,
war es zweckvoll im Hinblick auf das Ziel, den Gegner friedensbereit zu machen durch den Einsatz neuer U-Boot-Typen (XXI und XXIII[292]) in der Atlantikschlacht — etwa 1944 — das wichtigste ›Element‹, nämlich die eingefahrenen und erfahrenen Besatzungen in der ›Verteidigung des Vorfeldes Europa auf dem Atlantik‹ (Hitler) voll und ohne Rücksicht auf kalkulierbare Verluste anzusetzen?
Würden 1944 junge, mehr oder weniger noch unerfahrene Besatzungen auf den neuen U-Boot-Typen eine Wende herbeiführen können?
Wenn z. B. Dönitz die Aufstellung einer Marineluftwaffe für den U-Boot-Krieg mit gut ausgebildeten Seeoffizieren als Beobachter verlangte, weil ›man mit Zuckerbäckern nicht über See fliegen kann‹ (so Dönitz zu Hitler [100]), um wieviel weniger durften dann Zuckerbäcker in die Tonnageschlacht geschickt werden? Haben Chef Skl/BdU und Stab die Alternative durchdacht: entweder

a) Opfergang und Bindung der Feindkräfte im ›Vorfeld Europas‹ (wie laut Denkschrift)
oder
b) ökonomischer Einsatz der Kräfte und Durchhalten bis zur Einsatzfähigkeit der ›neuen‹ U-Waffe mit eingefahrenen Besatzungen?

Großadmiral Dönitz verwies mich auf seine Denkschrift und seine späteren Stellungnahmen, das heißt
Begründung des, wie er es nannte, Opferganges und sagte nach meiner Erinnerung: ›Es war Krieg auf Leben und Tod. Es herrschten andere Gesetze als theoretische Lehren über Strategie ...‹
Eine Frage an den damaligen FdU West, den späteren Konteradmiral Rösing, erhielt (1970) diese Antwort: Die Entscheidung (!) für den Opfergang habe den Großadmiral schlaflose Nächte gekostet. Er habe sich den Entschluß ›von der Seele gerungen‹, und zwar erst nach Befragung der Frontflottillenchefs und deren Zustimmung, ›weil es doch keine Alternative gab‹.
Ich habe an diesem Beispiel meinen Asto-Hörern klarzumachen versucht:

1. was strategische Entschlüsse überhaupt bedeuten,
2. wie schwer sie — selbst bei gründlichem Studium der Akten und Befragung der beteiligten Personen — nachzuvollziehen sind,
3. wie einsam letztlich der Befehlshaber in einer Entschlußfassung steht und dabei den geistigen ›Gesetzen‹ seiner Zeit unterworfen ist;
4. wie behutsam man daher im Nachhinein Entschlüsse und militärische Vollzüge beurteilen muß, und schließlich
5. daß dem Menschen, der Entscheidungen fällt angesichts der Ungewißheit ihrer Folgen, Gerechtigkeit und Achtung widerfahren muß, wenn seine Entscheidungen moralisch in Verantworungsbewußtsein begründet sind.«

Großadmiral Dönitz selbst hat sich vielfach zu der gravierenden Frage »Warum Fortsetzung des U-Boot-Krieges Mai 1943« schriftlich wie auch mündlich geäußert, so in einer Zusammenstellung, die er, wie er 1968 an Güth schrieb, »... einmal zu irgendeinem Zweck gemacht habe« [102]: »Der U-Boot-Krieg mußte trotz dieser Verluste im Mai 1943 fortgesetzt werden. Wenn wir 1943 den U-Boot-Krieg eingestellt hätten, wären zum Beispiel beim Gegner freigeworden:

1. Auch ein gar nicht abzuschätzendes Industrie- und Werftpotential[293] der Alliierten;
2. durch Aufhören des Zwangs, Geleitzüge zu bilden, etwa 25 % der Handelsschiffstonnage zu anderer Kriegsverwendung;
3. Hunderte von Bewachungsstreitkräften und Flugzeugen. Diese hätte der Gegner zu anderen Kriegsunternehmungen einsetzen können, z. B.:

● I. Zur Forcierung der Ostsee-Eingänge und Eroberung der Seeherrschaft in der Ostsee, Churchills alter Wunsch.[294] Dann hätte unsere Erzzufuhr und unsere Versorgung der deutschen Ostfront über die Ostsee aufgehört. Und am Ende des Krieges hätte die deutsche Kriegsmarine nicht zwei Millionen Menschen über die Ostsee nach Westen retten können.

● II. Zur völligen Unterbindung unseres Küstenverkehrs in der Nordsee und in Norwegen. Dann wäre z. B. unsere Armee in

Norwegen, die vom Nachschub aus Deutschland abhängig war, nicht mehr lebens-, geschweige denn kampffähig gewesen.

● III. Die für die U-Boot-Bekämpfung dann nicht mehr benötigten Flugzeuge wären ebenfalls mit — mit Bomben beladen — nach Deutschland geflogen und hätten dort Zivilpersonen, Frauen und Kinder, totgeschlagen.«

Weiter heißt es dann u. a.: »... Schon um größere Menschenverluste an anderer Stelle, z. B. Frauen und Kinder, bei Bombenangriffen durch die freigewordenen Flugzeuge, uns zu ersparen, mußte die U-Boot-Waffe weiterkämpfen. Der Soldat konnte 1943 nicht aufhören, sich einzusetzen, weil dies das Blut deutscher Menschen in der Heimat kosten würde ...

Die Bedeutung des Kräftebindens des deutschen U-Boot-Krieges ab 1943 geht auch aus der Roskillschen Darstellung ›Royal Navy‹ hervor. Er schreibt:

a) Auf den Seiten 130, 179, 246 und 248 von der Alternative, daß die englischen Flugzeuge mit Bomben nach Deutschland fliegen oder zur U-Boot-Jagd verwendet werden konnten.

b) Auf der Seite 253, daß die englische Marine ab Mitte 1943, also nach ihrem Mai-Sieg über die U-Boote im Atlantik, in der Lage war, ihre Offensive gegen unsere Küstengeleitzüge in der Nordsee und gegen diejenigen, welche nach Norwegen liefen, zu verstärken. Diese Angriffe fügten uns so schweren Schaden zu, daß ich mich als Oberbefehlshaber der Kriegsmarine auch zu einem beschleunigten Neubauprogramm von Sicherheitsfahrzeugen entschließen mußte, weil es andernfalls abzusehen war, wann unsere Küstengeleitzüge so gut wie nicht mehr würden geschützt werden können ...«

Und greifen wir dem zeitlichen Ablauf voraus, so sagt Dönitz in diesem Zusammenhang unter

c) »Vor allem schreibt Roskill auf der Seite 365, daß das Auftreten unserer U-Boote die Alliierten (auch weiterhin) zwang, die Atlantikgeleitzüge beizubehalten ...

d) Und er sagt auf der Seite 372, daß es notwendig war, Anfang 1945 im englischen Seeraum 426 Sicherungsfahrzeuge und 420 Flugzeuge einzusetzen, ›um mit den vier oder fünf Dutzend dort operierenden U-Booten fertig zu werden‹, und er sagt, daß 300 weitere Geleitfahrzeuge, die in den Fernen Osten fahren sollten, zurückgehalten wurden, um einer erwarteten erneuten deutschen U-Boot-Offensive Herr werden zu können.«

Zur Ziffer 2 der Begründungen des Großadmirals möchte der Verfasser noch zusätzlich bemerken: Analysiert man die Folgen einer solchen Maßnahme, steht am Ende einer solchen Untersuchung ein zeitlich bedingter Transportgewinn, das heißt eine vielfach sekundäre Tonnagevermehrung: die Frachter brauchen in den Ausgangshäfen nicht mehr bis zur Zusammenstellung des Geleitzuges zu warten, sie brauchen sich auf See nicht nach den Langsamfahrern im Konvoi zu richten und sie können einen Zielhafen mit verbürgter schneller Abfertigung anlaufen. Und es würde in Zukunft auch keine Besatzungsprobleme mehr geben. (Gravierende gab es ohnehin nicht: Wer zur Handelsmarine ging, brauchte nicht Soldat zu werden und bekam obendrein noch eine relativ große Heuer.)

An weiteren offiziellen Begründungen für die Fortführung des U-Boot-Krieges nach dem dramatischen Mai 1943 mangelt es nicht, Beweis genug, wie schwer dem BdU der Entschluß geworden ist. Jeder weiß, wie sehr ihm seine Besatzungen ans Herz gewachsen sind.
Es sei hier noch einmal auf die Denkschrift des Chefs der Seekriegsleitung vom 8. Juni 1943 hingewiesen, deren Verteiler die Zielgruppen ausweist, als da sind 1. Hitler, 2. der OKW/WFst op M, 3. Konteradmiral Voss, 4. Konteradmiral von Puttkamer, 5. der Oberbefehlshaber der Luftwaffe (Obd. L.)/Füstb. Ia KM und 6. die Skl Ib.
Dönitz befaßt sich hier im Detail mit den Ursachen für die Krise »infolge noch nicht erkannter Ortung und neuartiger Unterwasserwaffen«, er begründet erneut die Zielgruppen des U-Boot-Krieges im Nordatlantik und sagt, »warum die U-Boote sich solange in abwehrschwächere Seegebiete absetzen müssen«.
»... Der Gegner hat diese (für die deutschen U-Boote verlustreiche) Lage erkannt. Während noch vor wenigen Wochen die Kriegslage in allen Veröffentlichungen als überaus günstig ausgegeben wurde mit alleiniger Ausnahme des Tonnagekrie-

ges, der das Hemmnis für alle feindlichen Pläne und die stärkste Bedrohung für die Zukunft sei, wird nunmehr der Abwehrerfolg gegen unsere U-Boote und der damit erzielte Gewinn an Handelsschiffsraum als das wesentlichste Ereignis der letzten Monate und die wichtigste Nachricht in allen Veröffentlichungen bezeichnet ...
... Die für das Wiedergewinnen der Kampfkraft der U-Boote notwendigen Maßnahmen werden zur Zeit durchgeführt bzw. vorbereitet ...«
Und hier schränkt Dönitz ein, aufrichtig und offen »... Selbst wenn der U-Boot-Krieg die augenblicklichen Schwierigkeiten nicht voll überwinden und die alten Erfolge nicht wieder erreichen sollte, müssen für die U-Boot-Waffe alle Kräfte eingesetzt werden, weil durch sie ein Vielfaches von unserem Aufwand an feindlichem Kriegspotential vernichtet oder gebunden wird ...
Darüber hinaus ist es Aufgabe der Kriegsmarine, den Tonnagekrieg durch die übrigen Seekampfmittel zu ergänzen ...«
Besonderes Anliegen ist dem Großadmiral die Situation bei der Luftwaffe und deren Zusammenarbeit mit der Marine: »Das langsame Zurückdrängen der deutschen Luftwaffe in die Defensive durch die zunehmende materielle Feindüberlegenheit hat in steigendem Ausmaß dazu geführt, daß der Seekrieg Deutschlands praktisch ohne Luftwaffe geführt wird. Demgegenüber stehen die großen, für den Seekrieg geschulten und abgestellten Luftwaffenverbände der Angelsachsen, die für die Aufgaben dieses Seekrieges geschult und erfahren sind und die im Seekrieg wirksame Waffen in hoher Vollendung besitzen ...«
Dönitz kommt darauf zu sprechen, »was auf unserer Seite in dieser Hinsicht alles fehlt«, und sagt u. a.: »Die lehrreichsten Erfahrungen jedoch haben wir durch den Ansatz der feindlichen Luftwaffe am eigenen Leibe verspürt. Der Engländer hat zielbewußt den Schwerpunkt seines Angriffs bisher stets auf die Seeverbindungen gerichtet, und selbst da, wo er mit der Landmacht vorzugehen genötigt war, den Schwerpunkt der Abdrosselung des Nachschubs über See gelegt ...«
Hier weist Dönitz auf das Beispiel Brückenkopf der Achsenmächte in Nordafrika hin. Und weiter sagt er: »Die materielle Unterlegenheit wurde verschärft durch personelle Mängel, da die eingesetzten Verbände z. T. aus dem Landeinsatz herausge-

zogen und ohne jede Erfahrung oder Schulung für die neuen Aufgaben über See eingesetzt wurden.
Die stärkste Auswirkung hat das Fehlen der See-Luftwaffe jedoch auf die Schwerpunktaufgabe der Kriegsmarine, den U-Boot-Krieg, gehabt. Da bisher die Schwierigkeit des U-Boot-Kampfes nicht im Angriff selbst, sondern im Finden des Zieles lag, steht es außer jedem Zweifel, daß eine weitreichende Fernluftaufklärung die Erfolge des U-Boot-Krieges um ein Vielfaches gesteigert hätte. Nicht minder stark war die Auswirkung der feindlichen Luftstreitkräfte in der Bekämpfung unserer U-Boote. Große Teile der Luftwaffe des Gegners sind in der Sicherung der Geleitzüge, in der Überwachung der Ozeane und bei der Bekämpfung der Ein- und Auslaufwege in der Biscaya eingesetzt. Die materielle Ausrüstung dieser Flugzeuge ist nach den Forderungen des Seekrieges ausgerichtet.
Es kommt daher darauf an, so schnell wie möglich diese klaffende Lücke des Seekrieges, das Fehlen eigener Flugzeuge, auszufüllen und den U-Booten die erforderliche Entlastung und Aufklärung zu geben.
Die deutsche Kriegführung muß deshalb in klarer Ausrichtung gegen die Schwäche des Gegners, die in seiner Abhängigkeit von den Seeverbindungen besteht, bestrebt sein, Luftstreitkräfte mehr als bisher und soweit sie nicht für die Verteidigung der europäischen Position unbedingt gebraucht werden, für den Kampf gegen die feindliche Seemacht, das heißt Schiffe und Häfen, einzusetzen.
Der Kampf des Flugzeuges gegen das stets verhältnismäßig abwehrschwache Handelsschiff ist über die psychologische Wirkung der Erfolge hinaus für die deutsche Kriegführung deshalb besonders vorteilhaft, weil hierdurch unter verhältnismäßig geringem eigenen Aufwand an Material, Kapazität und Personal ein vielfach höheres Potential beim Gegner vernichtet werden kann. Die Erfolgsmöglichkeiten für diese Art Kriegführung sind erwiesen ...«
Auch und vor allem beim Gegner.
Dönitz noch dazu: »Die Vernichtung feindlicher Tonnage in der Fahrt nach England beeinflußt dabei auch noch die Kampfkraft der feindlichen Luftstreitkräfte (Nachschub, Treibstoff), die zum Angriff auf das Reich angesetzt werden.

Es ergeben sich hieraus folgende Forderungen:

1. Fortführung, soweit möglich Verstärkung der Maßnahmen für die Errichtung weitreichender Fernluftaufklärung auf dem Nordatlantik und der Fernjagd über der Biscaya.

2. Einsatz von Fernkampfflugzeugen zur Bekämpfung der feindlichen Handelsschiffahrt auf dem Nordatlantik.

3. Bereitstellung von Luftstreitkräften, die den Minenkrieg in diejenigen Seegebiete tragen, die durch eigene Seestreitkräfte nicht erreichbar sind.

4. Schutz der eigenen Seeverbindungen gegen Angriffe aus der Luft ...«

Soweit die Vorschläge und Forderungen des Großadmirals, auch zum Thema Seeluftwaffe.

Als aktuellen Nachtrag zu den von Kapitän z.S. Rolf Güth wegen des Opfergangs an Konteradmiral Rösing gestellten Fragen sei noch auf die Fernsehdiskussion vom 26. Mai 1984 im 3. Programm verwiesen:
Im Zusammenhang mit der »Deutschen Wochenschau 771 vom 31. Mai 1944« (also vor vierzig Jahren) und dem auffallenden Ausbleiben der gewohnten Erfolgsberichte der deutschen U-Boote gab Kapitän z.S. Hans Meckel (1937 bis November 1939 Kommandant von *U 19* und danach bis Mai 1944 4. Asto im Stabe des BdU und bis Kriegsende Chef der Abteilung Ortungsdienst (OKM, 5. Skl) Antworten auf naheliegende Fragen des Fernsehsprechers zum Thema. Dabei sagte er, daß sich Dönitz wegen der Fortführung des U-Boot-Krieges nach der Wende im Mai 1943 auch mit seinem Stab, das heißt, auch mit ihm besprochen habe.
Jeder habe sich seine Antwort sehr genau überlegt.
Sie lautete:
Fortführung des U-Boot-Krieges in der Hoffnung auf die neuen Waffen, die ja keine Traumziele waren, und mit dem Ziel:

1. den Gegner auch weiterhin zum Konvoisystem zu zwingen, das ihn ein Drittel mehr an Transportraum kostete,
2. mit dem Konvoisystem Hunderte von Eskortern und

3. Tausende (?, der Verfasser) von Flugzeugen zu binden, davon allein 4000 (?, der Verfasser)* beim Coastal Command. Zur Frage des Sprechers nach den Überlebenschancen der U-Boote nach der Wende schränkte Meckel ein, daß sie nicht 100%ig zu beantworten sei, »... man könne aber sagen, daß sie für eine Besatzung bei 90 Tagen durchschnittlicher Lebenserwartung lag.«

---

* Nirgendwo ist belegt, woher diese Zahl, die auch Dönitz in seinem KTB vertrat, stammt.

Monat	Nord-atlantik- und britische Gewässer	West-atlantik und ameri-kanische Küsten-gewässer	Mittel- und Südatlantik	Südafrikan. Gewässer und Indik	Minener-folge in Nordsee und Atlantik	Nordsee Nordmeer	Mittel-meer	Versen-kungen insge-samt	beschä-digte Tonnage
Januar	9/ 59436	10/55340	12/79408	–	–	2/ 4310	9/19955	42/218449	1/ 7159
Februar	39/237627	5/26333	8/49273	5/31624	–	1/ 7460	10/28518	68/380835	8/59884
März	65/381644	9/51423	6/31912	10/58834	–	2/18245	12/48176	105/590234	10/70481
April	23/139473	5/34462	10/57471	3/20038	2/10869	–	5/13934	48/276517	3/19582
Mai	20/ 99365	4/11764	11/66405	7/36015	–	–	2/12223	44/225772	6/43700
Juni	–	3/14693	5/22004	5/23453	1/ 2937	–	6/23720	20/ 86807	3/20809

Im Nordatlantik

	Geleite	davon erfaßt	Schiffe	davon versenkt	versenkte Kriegs-schiffe	U-Boote in See	U-Boots-verluste total / beschädigt	Auf allen Seekriegs-schauplätzen Summe der Schiffsver-senkungen	U-Boots-verluste
Februar	5	5	195	35	2 Korvetten 1 U-Jäger 1 Minen-Kreuzer	~ 60	8 / 2	68	18
März	10	6	264	41		~ 40	4 / 5	105	15
April	14	12	611	19		~ 30	6 / 11	48	14
bis 24. Mai	13	2	366	15	2 Zerstörer	bis 5. V.: 65* am 15. V.: 40 am 20. V.: 30 am 24. V.: 18	21 / 11	44	38

* Nach Gretton [105] operierten Anfang Mai 1943 116 U-Boote im Nordatlantik, er hat wahrscheinlich die An- und Rückmarschierer hinzuaddiert.

der Geleitzugkonzentration in »weichere« Operationsgebiete aus, die, wie er aus bisherigen Erfahrungen weiß, vom Feind we-niger kontrolliert werden — oder, drastischer formuliert —, von der Lage her aus deutscher Sicht und deutschen Erkenntnissen weniger kontrolliert werden können.
Nach wie vor ist der deutschen Marineführung der Schlüssel »M« ein militärisches Tabu, und für alle, die damit fachlich be-faßt sind, das mit Abstand sicherste Funkschlüsselsystem der Welt. Dabei ist dieser Schlüssel, der vor allem die U-Boote an-geht, bereits seit Jahren vom Feind in seinen Funktionen erkannt und von diesem — trotz fallweiser mehrfacher Erschwerungen durch die Deutschen — mittels neuartiger elektromechanischer Entzifferungsmaschinen immer wieder aufgebrochen worden.

4. Kapitel
Schlußbetrachtung

Einprägsame Statistiken · Otto Kretschmer zur Schlüssel-»M«-Kompromittierung · Die Front glaubte teilweise schon im Frieden nicht an die absolute Sicherheit des Schlüssels »M« · Ungenutzte Möglichkeiten zur zusätzlichen Schlüsselsicherung · Das Prinzip »need to know« beim U-Boot-Funk · Der primäre und der sekundäre Stellenwert der Feindmaßnahmen · Schnellere britische Fregatten — aber noch immer gleichschnelle (= gleichlangsame) neue U-Boote der verbesserten Typen · Personalprobleme auf den Eskorten im Vergleich zu den U-Booten · U-Bootfahrernachwuchs mit zum Teil fehlenden (Hochsee-)Erfahrungen — aber hoher Kampfmoral · »Deutscherseits keine Vorstellung von der Wirksamkeit der alliierten Gegenmaßnahmen« · Des USA-Ministers Knox Warnung · Dönitz: »Das U-Boot muß unter Wasser!« · Pro und Kontra um das Walter-U-Boot · Verlorene, vertane und nicht mehr aufzuholende Zeit · Fehlende Zusammenarbeit — Kardinalfehler Nummer Eins · Schnorchel gegen Luftbedrohung der U-Boote · Dönitz entwickelt völlig neue Seekriegskonzeption · Berechtigte Hoffnung auf eine Wende nach der Wende · Der U-Boote Opfergang

Einprägsamer und überzeugender als viele langatmige Umschreibungen machen Statistiken die Lageentwicklungen im Mai 1943 zum »Stalingrad im Atlantik« transparent: völlig unerwartet für die deutsche U-Bootwaffe, abrupt fast nach den eben noch zuversichtlich stimmenden Erfolgen (nächste Seite [434] oben nach J. Rohwer [81] und unten nach R. Güth, wie bei den anderen Tabellen alle nach dem deutschen Stand bis 1945).

Die Ad hoc-Konsequenzen, die der Großadmiral als ObdM und BdU aus dieser für die U-Bootwaffe katastrophalen Lage zog, sind bereits in gebotener Ausführlichkeit behandelt worden: Dönitz weicht aus dem nordatlantischen Schwerpunktbereich

Der schließlich fast perfekte Einbruch in den Schlüssel »M« ist, wie im Vorwort bereits gesagt, für den Gegner in seinem erbitterten Kampf gegen die deutschen U-Boote, der wahre Kristallisationspunkt in der Atlantikschlacht, auf den — in ein Diagramm umgesetzt — alle anderen Offensiv- und Defensivtaktiken radial zulaufen.
Flottillenadmiral a.D. Otto Kretschmer, Seeoffizier und Jurist, heute zu dieser Lage:
»Der Einfluß der Kompromittierung des Schlüssels ›M‹ auf die Atlantikschlacht wird (heute noch) von den Verantwortlichen in den Stäben als relativ gering — neben Radar, Asdic, Huff/Duff, zielsuchenden Torpedos usw. — bewertet. Auf ›unsere‹ (das heißt der fronterfahrenen Kommandanten) Meinung sollten auch die Historiker mehr Gewicht legen. Daß die (frühere) Führung die Sache heute bagatellisiert, ist menschlich verständlich. Bei der ASW, dem Anti Submarine Warfare, handelt es sich bei dem Hauptproblem doch um die berühmte Nadel im Heuhaufen, um die pin in a hay-stack, die nicht zu finden ist, was bisher in jedem älteren und modernen Seekriegswerk betont und zugegeben wurde. Auch die Luftaufklärung hat keine wesentliche Änderung gebracht, denn deren Sensoren sprechen auch erst auf allernächste Entfernungen an, das heißt also, wenn der Standort des Ziels ungefähr bekannt ist. (Wer das nicht wahrhaben wollte, mußte durch den Fall des Unterganges des Leichterträgers *München*[295] wieder umdenken.) Da dem Gegner alle Standorte bekannt wurden, konnte er schließlich auch die gesamte mobile Logistik einschließlich der Seekühe quasi ›im Handstreich‹ vernichten.[296] Vor allem (und sofort) konnte er die Vorposten- bzw. Aufklärungsstreifen der Angriffs-U-Boote durch die Geleitzüge umgehen bzw. durch Träger-Jagdgruppen bekämpfen. Da man die Positionen der U-Boote kannte, brauchte man nur die Nah-Ortungsgeräte (Huff/Daff also) einzusetzen, die ja sonst nie zum Tragen gekommen wären oder erst dann, wenn die U-Boote durch ihren Angriff auf einen Geleitzug ihre Standorte selbst preisgeben mußten.
Ohne Kompromittierung des Schlüssels ›M‹ hätte alles ganz anders ausgesehen. Auch, wenn höheren Orts — u. a. beim OKW und beim OKM — immer wieder versichert wurde, der Schlüssel ›M‹ sei nicht zu knacken, was von den Frontfahrern teilweise

schon im Frieden nicht geglaubt wurde, durfte sich die U-Bootführung auf keinen Fall damit zufrieden geben. Schon der bloße Verdacht, der sich ohnehin immer mehr zur Gewißheit verdichtete, mußte sie zum Handeln zwingen, die Skl natürlich auch.
Es wäre zum Beispiel möglich gewesen, jede U-Bootposition und auch jede Gruppenaufstellung noch einmal zu verschlüsseln. So etwas läßt sich leicht und (sogar) primitiv durchführen — zum Beispiel dadurch, daß die M-verschlüsselten Positionen nur Bezugspunkte sind, von denen aus die einzunehmenden Positionen mit einer den U-Booten mitgegebenen Richtungs- und Entfernungsliste, die für jeden Tag hätte anders lauten können bzw. müssen, zu finden sind. Da auch noch Überwasserschiffe auf den Ozeanen, jedenfalls anfangs noch, operierten, hätte man den U-Bootfunk völlig abkoppeln müssen, was ohnehin besser gewesen wäre nach dem Prinzip ›need to know‹. Warum durften viele der tausend Marineführungsstellen den U-Bootfunk mithören und in ihren Lagezimmern auch noch darstellen? Nicht einmal BdU-Org und die Molenpäpste hätten eigentlich mit den U-Boot-Operationen informatorisch befaßt werden dürfen.«

Soviel von damals aus heutiger Sicht. Doch damals waren solche Überlegungen nur hier und dort virulent, nicht aber in der Führungsspitze, der selbst exponierte Fachleute die absolute Sicherheit des Schlüssels »M« mit einem überzeugungsstarken Wortschatz immer wieder beschworen.
Wertet man die Kompromittierung des Schlüssels »M« vom Stellenwert her als die im wesentlichen primäre Ursache für die sich mehrenden U-Bootverluste, müßte man neben den herkömmlichen Kampfmitteln, wie Artillerie, Wasserbomben, Fliegerbomben und Bordwaffenbeschuß, die neuen waffen- und gerätetechnischen Maßnahmen dem sekundären Bereich in des Gegners Kampf gegen die deutschen U-Boote zuordnen, so:

1. die Verstärkung der Escort Groups gefährdeter Konvois durch zusätzliche Support Groups.

2. Die weitreichenden Flugzeuge, vor allem die VLR-Maschinen, mit denen auch die BLACK GAPs kontrolliert werden können.

3. Die Flugzeuge der englischen und us-amerikanischen Escort Carrier, deren Anwesenheit auch bei den neuartigen Support Groups zwar bekannt, deren sich mehrende enorme Anzahl den Deutschen jedoch ebenso wenig bekannt ist wie die Zahl der an Bord der Träger (die ja streng genommen Hilfsflugzeugträger sind) verfügbaren Flugzeuge verschiedener Typen. Auch in diesem Falle werden vor allem die noch vorhandenen BLACK GAPs aus Flugzeugen überwacht; durch Trägerflugzeuge erst einmal entdeckte U-Boote können durch praktisch stationär verhaltende Träger und deren Flugzeuge nach Erschöpfen der Batteriekapazität zum Auftauchen gezwungen werden.

4. Die neuen Zentimeterwellen-Radargeräte (das 9,7 cm ASV III in den Flugzeugen und später das 3 cm MEDDO sowie das 10 cm Radar an Bord der Konvoisicherungseinheiten) haben das deutsche METOX[297], das FuMB 1, ausgeschaltet, aber insofern nicht überflüssig gemacht, da die Ausrüstung der Flugzeuge und Eskorter sukzessiv erfolgt und beim Gegner daher nach wie vor mit ASV im Bereich von 170 bis 220 MHz geortet wird. Die hierdurch ausgelöste Unsicherheit wird deutscherseits zu verhängnisvollen Trugschlüssen führen, ja auch zur völligen »alarmmäßigen« Abschaltung des METOX ...[298]

5. Wie bereits kurz erwähnt, verfügt der Gegner jetzt über den akustischen Lufttorpedo FIDO, mit dessen Einsatz er in der Phase der maximalen Krise für die U-Boote beginnt, das zu einer Zeit, da deutscherseits der FALKE wieder verworfen und alle Hoffnungen sich nun auf den noch in der Entwicklung befindlichen ZAUNKÖNIG genannten T 5 konzentrieren.

6. Der Ausbau des Funkpeilnetzes mit automatischen Peilgeräten wie auch der Einbau vollautomatischer Panorama-Kurzwellenpeiler an Bord der Eskorter. Diese bereits im Detail behandelten HF/DF — (Huff/Duff) Geräte machen jedes gefunkte und erfaßte Zeichen im 25 sm-Nahbereich sichtbar und schalten die oft fehlerhafte und zeitraubende binaurale Peilung aus.[299]

7. Die neuen Waffen, zu denen insbesondere der Hedgehog-Werfer, die schweren Wasserbomben oder die bereits erwähnten Raketengeschosse zu zählen sind.

8. Die Vergrößerung der Konvois auf 60 und mehr Frachtschif-

fe verringert die Zahl der Geleitzüge und setzt Sicherungsstreitkräfte frei, die der zusätzlichen Sicherung dieser größeren Konvois nutzen.

9. Die Alliierten überraschen mit neuen, schnellen Eskortern, so vor allem mit den ab 1941 entwickelten und ab 1942 erbauten Fregatten der *River*-Klasse, von denen ein Teil in Kanada und in Australien gebaut wird. Diese Fregatten sind 1310— 1460 ts standard groß (die Modified *River*-Class 1537 ts) und bei 6500 PSW für 21 kn (bzw. bei 5000 PSi für 19 kn) ausgelegt. Sie sind damit neben bereits anderen in Dienst befindlichen Eskortern (Zerstörer ohnehin ausgenommen) nicht unwesentlich schneller als die Boote vom Typ VII C mit z. T. maximal ↑ 17,7 kn und IX B und IX C mit z. T. ↑ 18,3 kn.

Man (das heißt die Seekriegsleitung) mußte doch damit rechnen, daß nach den bereits vorhandenen (und nachgewiesenen) schnelleren Eskortern der Gegner weitere und vielleicht noch schnellere Fahrzeuge für die Konvoisicherungen und die U-Bootjagd bauen würde — und das bei praktisch ungestörter Werft- und Zuliefererkapazität. Dennoch sind auch die verbesserten neuen Boote vom Typ VII C/40 mit ↑ 18.3 kn ebensowenig schneller ausgelegt als die U-Boote vom Typ VII C/41, deren Tauchtiefen im stärkeren Druckkörper im Gröner [7], Bd. 3, nunmehr mit 100/250 m angegeben wird. Die Hochseetauchboote vom Entwurf 1942/43, ein Einhüllentyp usw. wie der Typ VII C, sollen einen stärkeren Druckkörper mit maximaler Blechstärke von 28 mm Dicke erhalten. Mit verarbeitetem Panzermaterial werden Tauchtiefen von 200 m bis 400 m garantiert, dabei könnte, wie bei den anderen Typen auch, im äußersten Notfall die garantierte Sicherheitsgrenze gar nicht so unerheblich überschritten werden.[299a]

Bei der Unterwassergeschwindigkeit (7.6 kn) hat sich ebensowenig geändert wie mit 18.3 kn an der max. Fahrtstufe bei dem Überwassermarsch. Torpedobewaffnung wie VII C, jedoch 16 Torpedos. Stärker ist auch die Flak mit 4:2 cm in Zwillingen. Für das Brückenkleid ist sogar eine Panzerung vorgesehen. Zur Schiffsbetriebstechnik ist zu erwähnen: 2 MAN-6zyl. Viertakt-Diesel MGV 40/46 mit Hochaufladung im Dieselraum Abt. II/2 SSW-E-Maschinen wie Typ VII D, Ruder → VII C.

Aber was ist gegen die beweisbar tödliche Radarortung (FuMB) aus der Luft vorgesehen? Und welches FuMO-Gerät soll der eigenen Ortung dienen? Darüber ist im Zusammenhang mit dem Typ VII C 42/43 auch in [7] nichts nachzulesen.

10. Das ASDIC oder auch SONAR-(sound navigation and ranging)Gerät ist inzwischen verbessert worden. Die Geschwindigkeit der neuen Geräte liegt bei 18 kn (Anfang der 30er Jahre waren Ortungsgeschwindigkeiten von nur 5 bis 10 kn üblich). Außerdem liefern die neuen ASDIC-Geräte die Werte für den Wurf von Wasserbomben automatisch.

11. Das Personalproblem, das bei den Eskortern weniger akut ist als bei den U-Booten. In der Relation der Verluste zeigt sich die Lage bei den alliierten Sicherungsstreitkräften aller Typen wesentlich günstiger als bei den U-Booten. Das insofern, als das primäre Ziel der U-Boote (noch) nicht die Eskorter, sondern Frachtschiffe und Tanker sind. Während bei den ersten U-Booten die Kommandanten der ersten Generation — und unter diesen die »Asse« der Grauen Wölfe — entweder gefallen, in Gefangenschaft geraten oder in U-Boot-Befehls- oder Ausbildungsstellen versetzt worden sind, sind die kriegsbedingten Abgänge unter den Besatzungen der Eskorter mit Abstand geringer. Das heißt: Das Breitenspektrum kampfprobter und kampferfahrener Eskorterbesatzungen ist — auch im Hinblick auf die Neuzugänge — größer als bei den U-Booten, wo immer weniger u-booterfahrene Kommandanten und Wachoffiziere zur Verfügung stehen. Es gibt zwar keinen Mangel an U-Boot-nachwuchs, auch nicht bei den Mannschaften, nicht wenige sind aber darunter, die nicht nur ihren ersten Einsatz, sondern sogar ihre erste größere Seefahrt antreten. Auch sie, wie alle U-Bootfahrer, mit sehr hoher Kampfmoral, trotz der sich mehrenden Verluste.

(Bei den geringen und von der U-Bootführung übrigens zu hoch eingeschätzten Erfolgen am H.X. 231 zum Beispiel [am 4.—7. April 1943] heißt es nach [105], daß die bei dieser Operation [bei der acht Schiffe mit 58 000 BRT versenkt wurden] aufgetretenen Verluste von zwei U-Booten, nämlich von *U 632* und *U 635,* und der Ausfall von fünf weiteren U-Booten wegen schwerer Beschädigungen durch Flieger- und Wasserbomben in

einem Bericht der deutschen Führung wie folgt kommentiert wurden: »Die meisten U-Boote fuhren ihren ersten Einsatz, und darin liegt die Erklärung dafür, daß die [angreifenden] acht U-Boote während der ersten, so günstigen Nacht so wenig Erfolg hatten ...«
Sir Peter Gretton [105] sagt: »Es ist überraschend, daß die deutsche U-Bootführung den geringen Erfolg so betont auf die Unerfahrenheit der Kommandanten zurückführt, statt auf die Wachsamkeit der Verteidigung.« Gretton sieht also die Ursache für die zwar günstigen, aber nicht voll ausgenutzten Chancen weit weniger im Mangel an Praxis der zum großen Teil noch unerfahrenen Kommandanten. Er sagt, was die alliierte Abwehr betrifft, aus seiner besseren Kenntnis heraus: »Hier zeigt sich deutlich, daß die Deutschen keine Vorstellung davon hatten, wie wirksam inzwischen die alliierten Gegenmaßnahmen waren.«)

12. Schließlich und endlich wird in der Strategie des Krieges um die Zufuhrtonnagen nach Großbritannien wie auch nach Nordafrika der permanente Zugang an fabrikatorisch erbauten werftneuen Frachtschiffen und Tankern wirksam, wodurch sich die U-Boot-Tonnageerfolge nicht nur aufheben, sondern von Monat zu Monat in ihrer Gesamtrelation absinken. Im Juli 1943 ist der Zuwachs der Gesamttonnagen erstmals so groß, daß sämtliche Verluste des Vorjahrs ausgeglichen sind, siehe auch die Anlage 7, Seite 477.

Die Auflistung beweist in der Zusammenfassung die sich zum großen Teil auch auf wissenschaftlich fundierten Aktivitäten aufbauende Überlegenheit des britischen und später britisch-amerikanischen Gegners (und das in Verbindung mit der Akkumulation jeder nur möglichen und verfügbaren Kräfte).
Dabei kam der massierte Angriff gegen die deutschen U-Boote nicht ohne Vorwarnung:
Am 22. April 1943 hatte der USA-Marineminister Knox unter anderem öffentlich erklärt:
»Die Nazis setzen jedes U-Boot ein, um unsere Kampfkraft zu lähmen, bevor wir nach ihrer Kehle greifen können.
Wir nehmen die Herausforderung an,
und wir glauben an den Sieg.

Hilfsflugzeugträger werden zu Dutzenden gebaut und schnelle Geleitzerstörer zu Hunderten fertiggestellt.
Dieses sei eine Warnung an die deutschen U-Bootbesatzungen, daß jede ihrer Fahrten gefährlicher würde. Wir bauen außerdem Anti-U-Bootwaffen, über die ich mich nicht näher auslassen kann. Ehe die U-Bootgefahr im Atlantik nicht gebannt ist, werden die Vereinigten Nationen nicht in der Lage sein, den vollständigen Sieg über Deutschland davonzutragen.«
Soweit der USA-Minister Knox, während der Admiral Ernest Joseph King (nicht OB der USA-Flotte, wie in dem Skl-Bericht, sondern als Flottenadmiral »C. in C. of the Atlantic Fleet« und ab 1941 bis 1945 »Chief of Naval Operations«) versichert:
»... Die U-Bootgefahr im Atlantik wird während der nächsten sechs Monate gemeistert werden ...«
Diese und andere ähnliche Verlautbarungen, die im deutschen Radio an die lautstarken sieges- und selbstsicheren Verkündungen von Doktor Joseph Goebbels in seiner Eigenschaft als Reichsminister für Volksaufklärung und Propaganda erinnern und somit an Überzeugungskraft einbüßten, wurden vom OKM, Abteilung FH Br. Nr. 7519 geh. vom 30. April 1943 als »Feindstimmen zum U-Bootkrieg Nr. 4 (mit Stellungnahme 3 Skl. FH)« verteilt an: 1) M (zur Vorlage beim ObdM), 2) M I, 3) C. Skl. (zurück am 3 Skl. FH), 4) 1. Skl., 5) 2. Skl. B.d.U. op. (2×), 6) 3 Skl. Chef FL, FM, R, FH, 7) Kommandierender Admiral der U-Boote (6×), 8) F.d.U. West, Ost, Norwegen, Italien, 9) OKW W Stab (Ausl.) 1/West/I und 10) Herrn Freg. Kpt. Dr. Stübel.

Um auf die Mai-Katastrophe zurückzukommen. Hier stellt sich naturgemäß von selbst die Frage:
Haben, wenn nicht die U-Bootbesatzungen, die deutschen Wissenschaftler versagt? Hier sei erneut Sir Peter Gretton als einer der bewährtesten britischen Escort Commander zitiert. In [105] schreibt er: »Bevor ich auf die Einzelheiten eingehe, möchte ich eine Begründung für die Tatsache (nämlich, daß die Engländer bei der ›Ausrüstung‹ der Boote und der Flugzeuge im Vorteil waren[300]), suchen, denn die Deutschen waren auf technischem Gebiet führend, man denke an die V 1- und die V 2-Raketen. Ich glaube aber, daß die Engländer ihre Wissenschaftler besser

einsetzten. Die Forscher wußten, was sie vollbringen mußten. Arbeitsgemeinschaften von Wissenschaftlern und Marineoffizieren, packten
die Probleme
gemeinsam
an, während die deutschen Gelehrten
isoliert
mit einer bestimmten Aufgabe betraut wurden, deren Zweck ihnen nicht immer ganz klar war. Noch wichtiger war vermutlich, daß in England Wissenschaftler in den Stäben an Land saßen, und zwar sowohl bei der Marine als auch bei der Luftwaffe. Diese Forschungsabteilungen gehörten ebenso zu den Operationsgruppen wie die Marine- und Luftwaffenoffiziere, mit denen sie zusammenarbeiteten.«
Außerdem wirkten sich die auf fast allen Gebieten ab 1940 von Hitler erlassenen Entwicklungsverbote für alle nicht »baldmöglichst« realisierbaren (und abzuschließenden) Forschungsvorhaben aus — insbesondere auch bei der Funk-Technik —, die als eine der Ursachen für den bei den Alliierten später nicht mehr einholbaren Vorsprung anzusprechen sind. Einer der Gründe für gewisse Forschungsstops war dabei weniger die gewisse Forschungsfeindlichkeit der Obersten Führung, sondern die personelle Not- und daher Zwangslage. Zu den Behinderungsgründen in der Forschung sind aber auch die unübersehbaren Zuständigkeiten wie auch die als Folge übertriebener Geheimhaltungsvorschriften nur ungenügend koordinierten Forderungen der drei Wehrmachtteile zu zählen.

Nicht unerwähnt darf bei einer Schlußbetrachtung zum Thema bleiben, daß die Alliierten auch über eine mehrfach größere Bevölkerungszahl gegenüber den Achsenmächten (Japan eingeschlossen) und zusätzliches Menschenmaterial in den Kolonien (Großbritannien) wie auch in den sympathisierenden Staaten verfügten und damit auch über eine größere Kapazität an Wissenschaftlern und Technikern. Man scheute sich zum Beispiel in England auch nicht, alle verfügbaren Funkamateure einzusetzen, während im Dritten Reich den Funkamateuren ihr »Sport« verboten war und damit Männern, die im Funkwesen fachlichen Problemen und Aufgaben mit intensiverem Ehrgeiz und mit

mehr emotionellem Fleiß nachgingen als so mancher Funkfachmann unter den Profis.
Den auf verschiedenen Gebieten errungenen Vorsprung verdanken die Alliierten mit ihren Operations Research last not least auch jenen geistigen Kräften, die Großdeutschland aus ideologischen und/oder rassischen Gründen verlassen haben bzw. verlassen mußten, sofern ihnen dazu noch eine Möglichkeit verblieb.

Zur Lage Mai/Juni 1943 des U-Bootkrieges — dessen Wende man, das sei noch einmal ganz klar herausgestellt, bei der Kriegsmarine fast ausschließlich auf radarbestückte Flugzeuge zurückführte (während doch, siehe oben, so viele andere und weitere Faktoren als casus obliqui zu werten sind, die dazu führten, daß die U-Boote auch bei günstiger Lage ihre Angriffe nicht mehr ausführen können) — sagen Elmar B. Potter, Chester W. Nimitz und Jürgen Rohwer in ihrem Werk »Seemacht« [27]:
»Der BdU führte diese Krise des U-Bootkrieges auf eine augenblickliche Überlegenheit des Gegners zurück, gegen die die in Kürze in Aussicht stehenden eigenen neuen Geräte und Waffen: Zentimeter-Funkmeß-Beobachtungsgerät, Geräuschtorpedo, Flakbewaffnung usw. spätestens im Spätsommer wirksam werden mußten ...«
So simplifiziert darf man die Lage dieser so bedeutsamen Phase des Seekrieges im Zweiten Weltkrieg nicht sehen, zumal Dönitz Hitler gegenüber offen und ehrlich seine Zweifel an weiteren Erfolgen wie ehedem zum Ausdruck gebracht hatte, einen Standpunkt, den er erst mit dem Serienbau der »völlig neuartigen U-Boote als Unterwasserschiffe (der Typen XXI und später XXVI W) revidieren wird bzw. zu können glaubt.«
Wichtiger erscheint dem Autor der Entschluß des Großadmirals, alle Mittel und Kräfte zu mobilisieren, um eine
»völlig neuartige Unterwasserstrategie«
zu erzwingen.
Schon 1942 hatte Dönitz angesichts der zunehmenden Luftbedrohung ausgesprochen, was ihn bewegte:
»Das U-Boot muß unter Wasser.«
Der Weg zum reinen Unterwasserkampfboot ist vom Germania-Werft-Ingenieur Hellmuth Walter bereits seit Jahren vorgezeich-

net, genau seit dem April 1933, als H. Walter einen Einheitsantrieb für ein »US-Boot«, ein U-Schnellboot, konkretisierte.
Der weitere Weg führt über den zunächst schmalen Steg echter Begeisterung einer Handvoll kompetenter Fachleute in dem einen Lager über die breiten Brücken versteckter, aber auch unverhohlener Skepsis konträrer Kräfte in dem anderen Lager bis hin zu massiven Widerständen, denen sich auch das Personalamt anschließt, indem es Walter fronterfahrene U-Bootoffiziere für die Mitarbeit an den Walter-Projekten verweigert.
Erst nachdem das Walter-Versuchsboot V 80 1941 seine Probefahrt »mit Auszeichnung« bestand, hat Walter im Jahre 1942 verschiedene konstruktive Gespräche mit Dönitz. Aber da die Widerstände gegen das Projekt ebensowenig zu beseitigen sind wie das zeitraubende Hin und Her bis hin zu der Versicherung, man habe im übrigen gar keine Kapazitäten frei, bleiben Dönitz und Walter nur noch die letzte Instanz: Vom Marineadjutanten von Puttkamer alarmiert, befiehlt Hitler am 28. September 1942 Vortrag in der Reichskanzlei. Anwesend sind Keitel, Raeder, Fuchs (Admiral und Amtschef des Konstruktionsamtes im OKM) und Dipl.-Ing. Waas. Das Ergebnis: Hitler gibt den Befehl zur »Breitenentwicklung« der Walter-U-Boote.
Zweieinhalb Jahre sind vertan!
Sind sie noch aufzuholen?
Bereits im Herbst 1942 sah Dönitz im Schlagschatten der großen Erfolge, aber auch angesichts der sich verstärkenden Feindabwehr auf See und in der Luft klar für einen revolutionierenden Unterseekrieg, den er durch die Einführung des Walter-U-Bootes so bald wie nur möglich einzuleiten hofft:
»Ein U-Boot mit einer großen Unterwassergeschwindigkeit wird die Möglichkeit bieten, trotz der feindlichen Sicherungsfahrzeuge auf Schußposition an den Geleitzug heranzukommen. Sie wird ferner dazu führen, daß das U-Boot in der Lage ist, sich seinen Verfolgern schnell zu entziehen.«
Bereits Anfang 1943 wird — noch unter der Ära Raeder — in dieser Beziehung alles besser. Als Dönitz den Oberbefehl der Kriegsmarine übernimmt, kommen die Arbeiten an dem Walter-Prototyp XVII, nämlich je zwei Boote vom Typ Wa 201 und WK 202, gut, wenn auch sozusagen noch immer nur »auf dem

Dienstwege« voran. Das zeitraffende, dynamische »drive in« der privaten Wirtschaft schwebt (noch) tief unter der Kimm.
Ebenso — nach wie vor als oberster Kardinalfehler schlechthin —
die Zusammenarbeit aller ineinander zu verzahnender Kräfte.
Noch bevor das Ausmaß der vollen Katastrophe im Mai 1943 bekannt wird, schreibt Hellmuth Walter am 19. Mai einen Brief an Dönitz: »Als ich Sie gelegentlich meines Besuches im März 1943 um den Baudirektor Dr. Fischer bat ..., erwähnte ich die Möglichkeit, die Motoren bei ↓-Marschfahrt in Sehrohrtiefe durch Ansaugen von Luft durch ein Rohr zu betreiben ... Frischluft- und Auspuffrohr werden wie ein Sehrohr aus- und eingefahren. Bei Überflutung wird das Rohr selbsttätig geschlossen und geöffnet. Bei einer Geschwindigkeit von 7 kn kann der Motor bis 60 s aus dem Raum saugen.
Die zunehmende Bedrohung des U-Bootkrieges aus der Luft hatte mich auf diesen sicher nicht neuen Gedanken gebracht.[301]
Es würde dadurch erreicht:

1. Der An- und Rückmarsch der Boote ginge nahezu ungefährdet vonstatten. Die Ortung der Seh- und Luftrohre durch die Funkmeßeinrichtungen ist sicher nur auf kleinen Entfernungen, im Seegang vielleicht überhaupt nicht, möglich,
Außerdem dürfte sich das Reflexionsvermögen dieser Rohre ohne großen Aufwand ausschalten lassen. Eine Ortung durch Sicht vom Flugzeug aus dürfte bei normalen Seeverhältnissen sehr schwierig und jedenfalls nur bei Entfernungen möglich sein, bei denen das U-Boot den Gegner ohnehin längst vorher wahrgenommen hat.

2. Der genaue Standort der U-Boote im Kampfgebiet kann vom Gegner nicht festgestellt werden. Ich nehme an, daß der Gegner zur Zeit in der Lage ist, den Standort der meisten am Feind befindlichen U-Boote durch das Netz seiner Luftaufklärung mittels Funkmeß festzustellen. Selbst, wenn ein Boot gezwungen wäre, zeitweise aufgetaucht mit Höchstfahrt aufzulaufen, so könnte es hinterher immer noch im beträchtlichen Ausmaß durch ↓-Marsch seinen Standort verändern, wobei auch gleichzeitig das Aufladen der Batterie für die Schleichfahrt vorgenommen werden könnte.

Von besonderem Wert wäre das Luftrohr für Untersee-Schnellboote (also für Walter-U-Boote). Diese brauchten damit aus technischen Gründen überhaupt nicht mehr an der Oberfläche zu fahren. Aus militärischen Gründen wäre ein Auftauchen (oder ein »Abschalten« des Schnorchelbetriebs) allerdings notwendig, um den Gegner zu orten, jedoch könnte die Zeitdauer der ↑ -Fahrt bei Anwendung von Funkmeß- und Schallortung noch stark eingeschränkt werden. Der Typ XVIII, ausgerüstet mit dem Luftrohr und entsprechenden Ortungsgeräten, käme dem vollkommenen U-Boot sehr nahe ...«

Als Dönitz die Schlacht im Nordatlantik abbricht und in anderen Revieren Tonnageerfolge sucht (wobei die »Milchkühe«, die Versorger-U-Boote, zeitlich und räumlich weitgreifende Operationen ermöglichen [noch ermöglichen]), weiß er um den hohen taktischen Wert der in der Entwicklung befindlichen Walter-U-Boote. Er sieht in dem von Walter vorgeschlagenen »Schnorchel« aber auch einen Weg, die Boote der konventionellen Typen für die Front so lange einsatzfähig zu erhalten, bis die neuen Boote vom Walter-Typ in Dienst und an die Front kommen. Grundsätzlich ändert sich an dieser Zielgruppe nichts, wenn man weiß, daß das Walter-U-Boot wegen einiger, nicht schnell zu beseitigender Probleme (vor allem hinsichtlich einer ausreichenden Produktion von Aurol genanntem Treibstoff Perhydrol) durch das unter Wasser (zwar nicht ganz so) schnelle Elektro-U-Boot vom Typ XXI ersetzt werden soll, der neu entwickelte Walter-Boot-Typ XXVI W ausgenommen, der aber erst 1944 in die Fertigung gehen wird.[302]

Bemerkenswert ist hier noch, daß das Walter-U-Boot von der hydrodynamischen Form her wie auch von der Raumgestaltung zur vorgesehenen zusätzlichen Unterbringung des Aurols für den Typ XXI Pate stand.[303]

Jedenfalls: Dönitz entwickelt nunmehr eine völlig neue Seekriegskonzeption: »Mit dem Verschwinden des U-Bootes unter Wasser« — schon durch das Schnorchel-System und erst recht durch die neuen Typen mit hoher Unterwassergeschwindigkeit —»wird«, so Dönitz, »eine grundsätzliche Umwälzung in den Begriffen der Seekriegführung eintreten. Die klassischen Mittel des Seekrieges, auf denen die Seeherrschaft auf den Meeren be-

ruht, werden durch diese neue Errungenschaft der U-Boote umgangen und ausgeschaltet. Die Intensivierung des U-Boot-Krieges bleibt aber eine Frage des Zusammenwirkens von Luftaufklärung und U-Bootansatz.«
Nach Klärung der Typenfrage — also vordringlich große Unterwasserschiffe vom Typ XXI und kleinere für das Küstenvorfeld vom Typ XXIII als unter Wasser schnellere Elektroboote — rechnen Großadmiral Dönitz und Reichsminister Speer mit der Indienststellung dieser Boote
— »bei fanatischem Ansatz aller Kräfte für die Rüstung« —
ab 2. Hälfte 1944.
Bis dahin müssen die nach wie vor einsatzwilligen und einsatzfreudigen U-Bootbesatzungen mit den bisherigen, noch nicht auf Schnorchelbetrieb umgerüsteten Booten vom Typ VII und den Typen IX
ihren Opfergang
»gehen«.
Alle anderen Offensivmittel des Seekrieges und die Luftwaffe werden in den »Wettlauf
zwischen Neubau
und Tonnage«
eingreifen müssen, solange die Baisse des U-Bootkrieges anhält.

Daß der Gegner seine Anstrengungen multipliziert, um die U-Bootwaffe ganz auszuschalten, daß die Amerikaner den Krieg gegen die GRAUEN WÖLFE ökonomischer denn je führen und die Briten echt amerikanische Methoden für den Raum Biscaya übernahmen, gehört hier nicht mehr zum Thema dieses Buches, höchstens die Feststellung, daß sie die U-Boote eben doch nicht von den Meeren fegen, sondern nach und nach mit der permanent zunehmenden Anzahl an deutschen Schnorchel-U-Booten (zunächst mit auf Schnorchelbetrieb umgerüsteten Booten alten Typs und später auch mit den ersten in Dienst kommenden Elektrobooten vom »Küstengewässer«-Typ XXIII [während der Hochseetyp XXI nicht mehr an die Front kommen wird]) wieder größere Tonnageverluste hinnehmen müssen. Auch wird es den Alliierten trotz der »Operation GOMORRHA«[304] und der vielen, vielen anderen massierten Luftangriffe speziell auch auf weitere Werften und die dem Feind be-

kannte Zulieferindustrie nicht gelingen, den Bau der neuen Unterseeschiffe vom Typ XXI zu verhindern, wohl aber zu verlangsamen,
seitdem sie wissen, welche neuartige Unterseewaffe auf sie zukommt.
Die Phase vom Juni 1943 bis zum Mai 1945 wird zu einem hochdramatischen Wettlauf mit der Zeit — er endet am gleichen Tage, da eines der neuen Elektro-U-Schiffe, völlig unbemerkt von den gegnerischen Asdic-Geräten, im Gebiet westlich von England einen britischen Kriegsschiffverband vor den Rohren hat, aber wegen der inzwischen befohlenen Einstellung des U-Bootkrieges nicht schießen darf.

Grundsätzlich noch zum Mai/Juni 1943: Es gibt sogar einige U-Bootfahrer — unter diesen auch Kommandanten — die mit einem abwertenden Urteil nicht zögern und die da sagen:
Dönitz habe die U-Boote »verheizt«.
Indessen: Ist es ein sinnloser Opfergang, wenn ein Befehlshaber — ein unpolitisch erzogener Soldat preußischer Schule[305] — versucht, eine Front[306] zu halten, für die er verantwortlich ist? Wenigstens, um andere Fronten — und dazu gehören vor allem die fernen Kampfräume in den Weiten Rußlands mit Millionen Soldaten, wie aber auch die permanent durch Luftangriffe bedrohte Heimatfront mit Millionen Zivilisten, mit Frauen und Kindern — zu entlasten? Das wiederum ist über den atlantischen Seekrieg an den kriegs- und lebenswichtigen Seetransportwegen
ebenso absolut realistisch
wie die Bindung von Feindflugzeugen in der U-Bootjagd.
Und ist der Aufwind auf eine durch die neuen Unterseeschiffe zu erwartende neue Wende im U-Bootkrieg militärisch und technisch etwa nicht berechtigt?
Wenn schon keine Wende zum Sieg, so doch zu einem »Patt« mit dem Widerruf des von den Alliierten in Casablanca beschlossenen »unconditional surrender« — und des später ausgerufenen Morgenthauplans, der Restdeutschlands Reduzierung auf den Status eines Agrarlandes vorsieht.

Schlußwort

Dem Diktator Hitler gelang es nicht, Wissenschaft, Technologien und Kriegführung zu konzentrieren, das indessen vermochte der — auf Zeit bestellte, demokratische — britische Kriegspremier Churchill.

*Und so unterschieden sich
englische Ratio und
deutscher Glaube.
Die erstere hatte den längeren Atem.* [101]

Anlage 1

Die Entwicklung der deutschen Funkmeßgeräte und die des britischen Radars

Den ersten Schritt zur Funkmeßortung (also zum späteren deutschen DeTe und englischen Radar) tat der Düsseldorfer Ingenieur Christian Hülsmeyer, der nach anfänglichen Versuchen als Student in Bremen und der Gründung der »Telemobiloskop GmbH« anno 1904 unter dem Reichspatent 165546 vom 30. April 1904 ein Telemobiloskop = Fernbewegungsseher anmeldete [41]. Ein Zusatzpatent für die Entfernungsmessung wurde anschließend erteilt. Praktische Versuche, bei denen 1904 in Köln von der Hohenzollernbrücke aus auf dem Rhein herannahende Schiffe »drahtlos« gesichtet wurden, blieben in den zuständigen Kreisen (also bei den Marinen und Reedern) unbeachtet, ebenso wie schon Jahre vorher die für Hülsmeyers Experimente so wichtigen Grundlagenforschungen des britischen Physikers Michael Faraday, des Schotten James Clerk Maxwell und des deutschen Wissenschaftlers Heinrich Hertz, der die Maxwellschen Theorien in praktischen Versuchen testete und bereits 1886 die Existenz von Radiowellen nachwies, die nur spezifischen Wissenschaftlern geläufig waren. Lediglich die holländische Zeitung DE TELEGRAAF vom 11. Juni 1904 spricht in Verbindung mit Versuchen während eines Schiffahrtkongresses in Köln [65] davon, daß diese Erfindung vielleicht für Kriegszeiten eine ungeahnte Zukunft habe. Die deutsche »Gesellschaft für drahtlose Telegrafie mbH Berlin« (Telefunken) jedoch sieht ebenso wie die »Felten Guillaume-Lahmeyer-Werke A.G. Frankfurt« keine Verwendung für diese Versuche. Und Großadmiral v. Tirpitz läßt dankend ablehnen und lapidar mitteilen: »Kein Interesse. Meine Ingenieure haben bessere Ideen.« Zwischendurch — und auch im I. Weltkrieg — gibt es noch eine ganze Reihe adäquater Ideen, Versuche, Arbeitsgruppen und Gesellschaften, darunter auch den »Strahlenzieher« des Zukunftsromanautors Hans Dominik im von Haase und Koehler Verlag (dem heutigen Koehler Verlag in Herford als Nachfolger) [65]. Erst drei Jahrzehnte nach Hülsmeyer, 1932/33, wird diese Idee in Verbindung mit Experimenten der Nachrichtenversuchsanstalt der Reichsmarine (NVA) für ein Unterwasserortungsgerät mit ultrasonoren Schallwellen (die horizontal abgestrahlt und nach Reflektion durch ein Ziel in einem Unterwasserschallempfänger wieder aufgenommen wurden) erneut aufgegriffen, und zwar ohne Bezug auf Chr. Hülsmeyer und dessen Patent. H. Gießler: »Aufbauend auf dieser neuen Möglichkeit mit den ultrasonoren Schallwellen wurden bei der NVA Überlegungen und ›allererste‹ Versuche angestellt, ob dieses Prinzip nicht auch bei elektromagnetischen Wellen angewandt werden könnte. Da die Haushaltmittel bei der NVA sehr knapp waren, wurden finanzielle Unterstützungen des Artilleriewaffenamtes und der Torpedoversuchsanstalt angenommen. Der Laboratoriumsleiter der NVA, Dr. Kühnhold, griff den Gedanken von Heinrich Hertz (aber nicht vom offenbar völlig vergessenen Christian Hülsmeyer) wieder auf und versuchte, sehr kurze elektromagnetische Wellen für eine Echolotung in der Luft anzuwenden. Daraufhin wurden bei der Fa. Julius Pintsch A.G., Berlin, in Verbindung mit Professor Kohl, Röhren für Sender und Empfänger auf etwa 13.5 cm entwickelt. Mit diesen Röhren wurden im Herbst 1933 Sende- und Empfangsversuche durchgeführt. Die Leistungen der Röhren waren jedoch zu schwach, um zu einem gewissen Erfolg zu führen. Dr. Kühnhold hatte sich etwa im gleichen Zeitraum mit der führenden deutschen Funkfirma, der Telefunken GmbH, in Verbindung gesetzt, ob sie derartige Entwicklungen durchzuführen bereit wäre. Dieser Gedanke wurde leider auch jetzt nicht aufgegriffen. Nach dem Kriege, 1956, äußerte Professor Dr. Runge, der Leiter des Entwicklungslaboratoriums von Telefunken, auf einer Sitzung des Ausschusses für Funkortung, daß »Dr. Kühnhold mit seinen Rückstrahl-Überlegungen im Jahre 1934 um Jahre den bei Telefunken für möglich gehaltenen Entwicklungen voraus war ...«

Die NVA hatte nach den bisherigen Erfahrungen erkannt, daß die unbedingt notwendigen Grundlagen und Entwicklungsarbeiten wesentlich umfangreicher waren und höhere Mittel erforderten. Daher wurde mit Haushaltmitteln der Marine die Firma »Gesellschaft für elektroakustische und mechanische Apparate mbH« (GEMA) gegründet. Ihre Geschäftsführer ... hatten bereits vor dieser Zeit erste Entwicklungsarbeiten für die NVA durchgeführt. Die Aufgabe der neuen Firma war es, in engster Zusammenarbeit mit der NVA die Probleme der »Funk-Entfernungsmessung« zu untersuchen. Als Tarnname wurde hierfür das »DeTe-Gerät«, das heißt das »Dezimeter-Telefonie-Gerät«, bestimmt. Für die ersten Untersuchungen konnten einige Magnetrons (das heißt Magnetfeldröhren als Hochvakuum-Elektronenröhren der Höchstfrequenztechnik) aus Holland beschafft werden. Beim Zusammenbau des ersten Senders wurde das Magnetron anodenseitig mit einem 1000 Hz Ton moduliert. Die Wellenlänge betrug bei 100 Watt Leistung 48 cm. Der Empfänger bestand aus einem Bremsaudion mit angehängter Niederfrequenzverstärkung. Als Antenne wurde eine Yagi-Antenne benutzt, das heißt eine Antenne mit besonderer Richtwirkung.

Mit dieser ersten Versuchsausführung konnten am 20. März 1934 in Kiel keine Rückstrahlungen von dem etwa 800 m entfernt liegenden Linienschiff *Hessen* festgestellt werden. Erst die Verlegung des Empfängers außerhalb des direkten Strahlungsbereiches des Senders brachte ein Ergebnis und damit den Beweis für eine Ortungsmöglichkeit ... Das war der Anfang zur Wiederbelebung von Hülsmeyers Idee, das war der erste Schritt zum Deutschen Funkmeßgerät.

Die weiteren Schritte führten nach dem Umbau und der Verbesserung der Anlage anno 1934 und dem Aufbau auf einem 12 m hohen Turm auf dem Versuchsgelände der NVA in Pelzerhaken in der Lübecker Bucht zu dem Ergebnis, daß am 24. Oktober 1934 bei einem 250 m vom Sender entfernten Empfänger Reflektionen von dem 3800 m entfernten Versuchsboot *Welle* (500 t) festgestellt wurden. Aufregung herrschte, als dabei auch ein zufällig durch den Sendestrahl fliegendes Flugzeug vom Ganzmetalltyp Junkers W 34 bis auf elf Kilometer Entfernung angezeigt wurde. Die genaue Entfernung zu messen, war um diese Zeit noch nicht möglich. Nach weiteren Entwicklungen durch die GEMA konnte der Sender direkt neben den Empfänger gestellt werden (Gerät nach der Impulsmethode mit Braun'schem Rohr zur Impulsanzeige). Im Oktober 1934 werden der Leichte Kreuzer *Königsberg* auf 7 km und ein Wasserflugzeug auf 15 km gemessen. Statt der instabilen Magnetrons wurden hier Rückkoppelungsverfahren angewandt. Das ist ein entscheidender Fortschritt, da jetzt das zur Sendung benutzte Rohr in der rückgekoppelten Schaltung für die Impulsabstrahlung um ein Vielfaches (etwa 200fach) der Nennleistung ausgesteuert werden kann.

Am 26. September 1935 wird — strengst geheim natürlich — das erste Muster eines deutschen Funkmeßgerätes Admiral Raeder als Ob.d.M. und anderen Offizieren (darunter Vizeadmiral Witzell als Chef des Marinewaffenamtes) vorgeführt. Das Gerät, das auf 50 cm arbeitet, hat einen Sender mit einem von der GEMA gebauten Magnetron mit Impulstastung. Die Messung der Entfernung erfolgt über eine von der GEMA entwickelte Meßkette mit einer Ausbreitungsgeschwindigkeit der elektromagnetischen Wellen von 300 000 km/s. Ein Braun'sches Rohr dient als Anzeigeinstrument. Gegen das Versuchsboot *Welle* kann eine Reichweite von 7 km (gegen vorher nur 3 km) und gegen das Artillerieschulboot *Bremse* (1870/1435 t) von 8 km mit einer Seitengenauigkeit von ± 0.2° und einer Entfernungsmeßgenauigkeit von ± 150 m getestet werden.

In den anschließenden Diskussionen sieht die eine Gruppe eine Verwendungsmöglichkeit für die Artillerie, eine andere auch für die Torpedowaffe. Es werden aber auch Stimmen laut, »ob das komplizierte und empfindliche Braun'sche Rohr Erschütterungen beim Bordeinsatz (von solchen beim Schießen ganz zu schweigen) aushalten könne«. Helmut

Gießler (Kapitän z. S. a. D. u. a. 1943/44 OKM/NWa, Chef der Entwicklungsabteilung, später OKM/Skl, Chef der Ausbildungs- und Stabsabteilung [Adm. Qu V.]) im Wortlaut: »Zu dieser Zeit hatte leider keiner der beteiligten Offiziere das geistige Vorstellungsvermögen, welche Revolution dieses ›elektrische Sehen auch bei Nacht und Nebel‹ für den Seekrieg bedeutete. Erstmalig hatte man eine technische Möglichkeit, die alle Grundsätze des Seekrieges umstoßen konnte. Es war (nun) nicht mehr möglich, sich nach einer Gefechtsberührung bei Tage abzusetzen und dann bei Nacht neu aufzumarschieren, um aus einer neuen, günstigeren Stellung den Gegner zu stellen. Auch der Einsatz der Scheinwerfer würde nicht mehr nötig sein ...«

Bei der weiteren Entwicklung der Funkmeßanlagen, wie etwa des FREYA-Gerätes oder des SEETAKT-Gerätes, ist generell zu unterscheiden in

a) ● taktische Geräte, die bei guten Meßleistungen nur grobe Richtungsbestimmungen zulassen und daher für den Waffeneinsatz nicht geeignet sind,

b) ● Waffengeräte, die ausschließlich für den Waffeneinsatz bestimmt sind und sich durch besondere Meß- und Peilgenauigkeit bei ausreichender Reichweite auszeichnen.
Während die Engländer hier schnell zu eminent guten Leistungen kommen, verzögert sich diese Entwicklung im deutschen Bereich.

c) ● kombinierte Geräte, die eine Peilzusatzeinrichtung besitzen und damit sowohl für den taktischen als auch für den Waffeneinsatz verwendet werden können (GEMA-Geräte). Die spätere (nach 1943) BERLIN-Anlage arbeitet mit automatisch umlaufender Antenne und gibt, dem britischen Rotterdamgerät nachempfunden, ein panoramaähnliches Bild.

Der Schwerpunkt der Geräte liegt jetzt bei den Dezimeter- und Meterwellen, während die Entwicklungsarbeiten an den Zentimeter-Geräten amtlich Ende 1936 endgültig eingestellt werden. Hier hatte man in Deutschland 1936 zwar nochmals die Anwendung auch von Zentimeterwellen für die Rückstrahlgeräte gemäß der Ziffer 2 des Versuchsprogramms untersucht, ohne jedoch zu brauchbaren Ergebnissen zu kommen (Geräte von 10 bis 19 cm für den Impulsbetrieb entsprechend der früheren Versuche bei Pintsch). Eine Steigerung der Leistung der Röhren war nämlich noch immer nicht möglich. Auch bei diesem erneuten Versuchsprogramm trat eine rein optische Reflektion auf. Man hatte für diesen Versuch zwischen den Masten des Versuchsbootes *Welle* ein Drahtnetz gespannt. Die *Welle* fuhr dann Kreise innerhalb des Strahlungsbereiches des Senders. Nur, wenn die optischen Gesetze erfüllt waren, traten Reflektionen auf. Die Leistungen des Magnetrons konnten auch nicht gesteigert werden, so daß bei einem Versuch gegen Schiffe keine Reflektionen festgestellt wurden. Daraufhin wurden, wie oben vermerkt, die Entwicklungsarbeiten für ein Zentimetergerät eingestellt. Das schien um so sinnvoller, als die vorhandenen Personalkapazitäten ohnehin bis an den Grenzwert ausgelastet waren. Daraus etwa (wie bei Witthöft [10] nachzulesen ist) folgern zu wollen »... daß die Marine die revolutionäre Bedeutung der Funkmeßtechnik und ihre Auswirkungen auf die Seekriegführung nicht, mindestens aber zu spät erkannt hat«, ist Unsinn. Sie hat die Bedeutung sehr wohl erkannt, indessen hat die Technik (bzw. deren Interpreten) die Grenzen abgesteckt.

Erst sehr viel später sollte sich zeigen, daß dieser damals so leicht und bequem hingenommene Schritt der CMW-Wellen-Entwicklung-Einstellung eine der schwerwiegendsten technischen Fehlentscheidungen des ganzen Krieges war: Als dann im Februar 1943, wie noch berichtet wird, aus einem bei Rotterdam abgeschossenen Bomber das erste auf Zentimeterwellen arbeitende Radargerät geborgen wird, ist der britische Vorsprung nicht mehr einzuholen. Von den später noch zu analysierenden Irrtümern hinsichtlich der Anwendung ganz zu schweigen.

Blenden wir zurück auf die weitere Vorkriegsentwicklung:

1938 stellt die NVA das von der Marine entwickelte Gerät FREYA mit einer nunmehr auf 2,40 m umgestellten Wellenlänge den Spitzen des Staates und der Wehrmacht vor. Das an sich mehr in den Bereich der Luftwaffe fallende Flugmeldegerät erzielt dabei gegen eine Ju 52 Reichweiten bis zu 90 km. Das Gerät wird sofort in Serienproduktion gegeben, die allerdings zunächst auf einen Versuchsauftrag von nur 50 Ex. beschränkt bleibt. Gleichzeitig wird das auf der 80 cm-Welle arbeitende Gerät SEETAKT vorgestellt.

Während die Serienproduktion für das FREYA-Gerät 1938/39 anläuft, wird das Gerät SEETAKT zunächst noch weiter erprobt. Die Marine sieht Einsatzmöglichkeiten zunächst auf den »Dickschiffen« und den Kreuzertypen. Dönitz, als U-Boot-Chef an sich an einem solchen Gerät interessiert, entscheidet sich schließlich gegen eine Ausrüstung der U-Boote mit dem SEETAKT. Die Gründe sind einleuchtend: Wenn auch der Antennenspiegel wegen des notwendigen Ein- und Ausfahrens bedeutend verkleinert werden könnte, müßte die Antennendurchführung druckfest konstruiert werden. Auch das wäre noch zu bewerkstelligen. Sonst aber zeigt sich die Versuchsausführung einfach zu kompliziert und weder von der Konstruktion noch — und das ist entscheidend — von der Leistung her befriedigend. Der FdU zieht daher als »Peilwaffe« das S-Gerät vor.

Außerdem erachtete Dönitz, wie an anderer Stelle bereits ausgeführt, die technisch mögliche Aufstellungshöhe auf einem U-Boot als zu nied-

rig, dachte doch der FdU (siehe auch den Verweis auf das S-Gerät) in erster Linie und naheliegenderweise an Seezielortungen.
Später einmal wird eine druckfeste Antennendurchführung dann doch akut und dringend dazu. Das kostet sechs Monate kostbare Zeit.
Als Ende 1939 bei nunmehr 1300 Mann Personal im Funkmeßbausektor endlich ausgeliefert werden

- 8 FREYA-Geräte und
- 4 SEETAKT,

ist die erzielte Produktion sehr viel geringer als vorgesehen und eingeplant. Das hat seine Gründe nicht etwa an den naturgemäßen Anlaufschwierigkeiten der GEMA, sondern ist laut Gießler und anderen Kapazitäten auf die unerwartet schleppende Bereitstellung von Haushaltmitteln und den ausgesprochen hemmenden bürokratischen Abschluß der Verträge zurückzuführen.

Schließlich mangelte es an einer offenen ehrlichen und konstruktiven Zusammenarbeit, wie sie bei der Marine üblich ist, denn ohne Wissen der Marine hat das Technische Amt der Luftwaffe inzwischen bei den Unternehmen Lorenz und Telefunken eigene Funkmeßgeräte im Wellenbereich von 50 und 60 cm entwickeln lassen. Sie führen zum Flak-Schießgerät WÜRZBURG (52 cm); das Gerät von Lorenz, das auf der 60 cm-Welle arbeiten soll, wird dagegen nicht serienreif. Es würde zu weit führen, die Folgerungen für die unbefriedigende Eigenerkennung im Flugbetrieb daraus zu behandeln, deren Probleme zu vermeidbar gewesenen Flugzeugeigenabschüssen durch die Marine führten, einfach, weil das bisher übliche pyrotechnische ES (Erkennungssignal) bei schnellen Flugzeugen nun nicht mehr sicher ist... Inzwischen, ab 1937, hatte die Marine das SEETAKT-Gerät erstmals auf dem Torpedoboot *G 10* der Torpedoschule und dann auch auf dem Panzerschiff *Admiral Graf Spee* sowie auf dem Leichten Kreuzer *Königsberg* bei Sicht- und Schießversuchen mit guten Ergebnissen erprobt. Nach Kriegsbeginn werden zunächst alle schweren Einheiten der Kriegsmarine mit dem SEETAKT ausgerüstet, nachdem auf dem Panzerschiff *Admiral Graf Spee* im Winter 1937/38 das erste Versuchsgerät des Bauplans montiert worden war. Dieses Gerät war behelfsmäßig in einer stählernen Haube über dem Vormarsdrehstand aufgebaut worden. Es wurde eingehend erprobt, und es hat sich auch — entgegen der von verschiedenen Stellen angemeldeten Besorgnisse — beim Schießen der SA bewährt. Die Reichweiten gegen das Zielschiff *Hessen* waren dabei der Schußweite der schweren 28 cm-Türme angemessen.

Da die vorgesehenen kombinierten E-Meß- und Funkmeßdrehhauben, deren Konstruktion und Bestellung in das Ressort des Artilleriewaffenamtes fällt, nicht vor Anfang 1940 geliefert werden können, müssen die anderen schweren Einheiten mit den gleichen Befehlsdrehständen ausgerüstet werden. So verfügen denn im November 1939 die Schlachtkreuzer* *Scharnhorst* und *Gneisenau,* die Schweren Kreuzer *Admiral Hipper* und *Blücher* sowie die Panzerschiffe (später Schwere Kreuzer) *Admiral Scheer* und *Deutschland* (später in *Lützow* umbenannt) über eben die Befehlsdrehhauben von der Art, wie sie auf der inzwischen noch vor Kriegbeginn in den Südatlantik ausgelaufenen *Admiral Graf Spee* eingebaut worden sind.

Die SEETAKT-Geräte haben indessen nur eine auch A-scope genannte Zackenanzeige. Entfernung und Richtung können daher nur am Gerät selbst abgelesen werden. Die Werte müssen recht umständlich durch Fernsprecher übermittelt werden. Immerhin können bis zum Frühjahr 1941 nicht nur die Schlachtschiffe und Kreuzer, sondern auch die Zerstörer und Torpedoboote mit einem Funkmeßgerät ausgerüstet werden, wenn auch mit den genannten Behelfslösungen.

Es ist einleuchtend, daß die gesamte funkmeßtechnische Entwicklung mit den dazugehörigen Anlagen eine absolute Geheime Kommandosache ist. Das ist sie auch noch im Winter 1940/41, als der Verfasser mit dem Schweren Kreuzer *Admiral Scheer* im Rahmen des atlantischen Zufuhrkrieges unterwegs war. Alle von ihm oder vom Bildberichter Winkelmann auf und von der *Admiral Scheer* gemachten Fotos, auf denen die Funkmeßhaube mit der »Matratze« zu sehen ist, werden sogar noch im Sommer 1941 vom OKW gesperrt. Und damit die Urheber der Bilder auch erfahren, warum, werden die Geräte überall dort, wo sie auf Bildern sichtbar sind, mit rotem Fettstift durchgestrichen. Diese rigorosen Vorsichts- und Geheimhaltungsmaßnahmen — sind sie nicht der eklatante Beweis, daß deutscherseits nach wie vor mit einem Vorsprung in der Funkmeßortung gerechnet wird? Mehr noch, vielleicht sogar mit absoluter Überlegenheit? (Werner F.G. Stehr noch ergänzend dazu: »Dabei hatten die Briten durch die Untersuchung des Wracks des Panzerschiffes *Graf Spee,* auf dem die Antenne unbeschädigt an der Haube hing, eine sehr genaue Vorstellung bekommen. Nur irrten sie hinsichtlich des Zwecks. Sie hielten die Anlage für ein Zielradar der SA, weil ihre eigenen Zielradare im 80 cm-Bereich entwickelt wurden.

Und Großbritannien?

Ist hier nun Watson-Watt der Vater des Radars, oder ist er es nicht? Nach [29] kann man das Radar schwerlich einer Einzelperson zuordnen. Seine Basis-Konzeptionen verstehen sich aus der Phase, da erst-

---

* lt. Gröner [6], der aber auch den Begriff Schnelle Schlachtschiffe zuläßt; bei der Kriegsmarine wurden die *Gneisenau* und *Scharnhorst* (auch lt. Mützenbandaufschrift) als Schlachtschiffe klassifiziert.

mals elektromagnetische Wellen erkannt wurden. Wörtlich aber heißt es dann sehr ehrlich: »The first patent for a radar-like system was granted in several countries to a German engineer named Christian Hülsmeyer ...«

Der Gebrauch von Radio-Echos wurde übrigens häufig in der wissenschaftlichen Literatur nach der Hertz'schen Demonstration über Radio-Wellen-Reflektionen erwähnt und behandelt. Aber diese Behauptung des deutschen Physikers wurde nicht sonderlich ernst genommen, bis 1922 der italienische Ingenieur Guglielmo Marconi seine Erkenntnisse über eine »radio detection« veröffentlichte und das us-amerikanische Naval Research Laboratory die Idee experimentell überprüfte: »Using a five-meter continuous wave (nonpulsed) radar with a receiver and transmitter. This type of radar is now called a bistatic continuous-wave radar, differenciated from monostatic continuous-wave radar, with positions both transmitter and receiver at the same side. Pulse modulations as a means of measering distance or range were first developed in the U.S. in 1925. Using a pulse technique to measure the height of the ionized layer of air high above the earth, called the ionosphere, this pulse-ranging method became the standard for ionospheric investigations all over the world. It was not, however, applied to radar for several years.« Radar research and development was conducted during this 1930s in Great Britain, France, Germany and the U.S. An early development of radar for practical use took place in the United States in 1930, when a researcher working on direction finding equipment noticed that the received signal increased whenever an airplane passed between the transmitter and receiver of his experimental apparatus. The Naval Research Laboratory followed up this lead and by 1932 could detect aircraft as far as 50 miles from the transmitter ...

In Großbritannien, wo Wissenschaftler seit 1934 am Funkmeßwesen arbeiten, begann die verstärkte Radarentwicklung wegen der schlechten Finanzlage erst Mitte der 30er Jahre, setzt sich dann aber rapide fort. 1935 macht der von der Regierung mit Ortungsmöglichkeiten von Flugzeugen mittels elektronischer Wellen beauftragte Robert Watson-Watt erste konkrete Vorschläge für ein Radio Detecting and Ranging-System zum Einsatz an Bord von Schiffen, für Seeziel- und Fla-Geschütze (bereits 1938 gibt es bei den Briten eine radargesteuerte Flak), für Ortungszwecke auch von Flugzeugen und zur Aufklärung. Noch im gleichen Jahr werden praktische Versuche im Kurzwellenbereich von 50 und 100 cm durchgeführt. Das führt schließlich wegen der ionosphärischen und troposphärischen Störungen zur 12 m-Welle. Im September 1935, als R. Watson-Watt übrigens einen brauchbaren Richtungsfinder entwickelt hatte, mit dem man auch Entfernungen zu Flugzeugen messen konnte, werden Distanzen bis zu 40 Meilen = 64 km gemessen, und Ende 1935 wird für den Küstenbereich eine Radarkette bestellt, die 1937 bedeutend erweitert wird. An sich wird diese Frühwarnkette (englisch CH = Chaine-Home genannt) gebaut, um feindliche Flugzeuge rechtzeitig zu entdecken, dann aber dient sie auch britischen Kampfflugzeugen zur radargelenkten Führung. Das wiederum wird 1940 dazu führen, daß die deutschen Bomberströme bei dem Bemühen, die Insel für die Operation SEELÖWE, das heißt die Landung auf der Insel, »reif zu bomben«, schon entdeckt werden, wenn sie starten. So können sie von den britischen Jägern nicht nur rechtzeitig, sondern auch massiert gezielt bekämpft und so geschwächt werden, daß Deutschland die Luftüberlegenheit über England verliert und die Operation SEELÖWE erst verschoben und dann völlig abgeschrieben werden muß.

Erwähnt werden muß noch der Unterschied zwischen dem deutschen und dem britischen System:

- Die Briten nutzen das Radar für die Aufklärung — und gleichzeitig aber auch verstärkt als Feuerleitgerät für die Artillerie, zunächst für die Flak,
- die Deutschen sehen die Hauptaufgabe des Funkmeßgerätes, ein Seeziel unabhängig vom Wetter und auch in der Nacht festzustellen und anzumessen.

H. Gießler: »Der große Unterschied in der Auffassung wirkte sich während des Krieges in einer für uns (für die Deutschen) sehr nachteiligen Weise aus.«

Streng wissenschaftlich formuliert, faßt F. Trenkle all die bei diesem gesamten Entwicklungskomplex anstehenden Probleme zusammen [118]: »Nach einer Zeit des unsicheren Tastens (was ermöglicht die Rückstrahltechnik: Feststellen eines Gegenstandes, seiner Bewegung, seiner Entfernung und abwechselnd oder gleichzeitig seiner genauen Richtung/ welche Art der Modulation verwendet man: Frequenzmodulation, Kapazitätsänderung, Stehwellen, Impulsmodulation / welche Anzeige verwendet man: Zeigerinstrumente, Kopfhörer, Braun'sche Röhre [die übrigens von der deutschen Reichsmarine bis 1934 als nicht bordtauglich ›kategorisch‹ abgelehnt wurde] und welche Art der Kathodenabstrahlung auf der Braun'schen Röhre = kreisförmige, einfache oder mehrfache Zeitlinie?) erfolgte dann in den Jahren 1935/36/37, in Deutschland, Großbritannien und in den USA eine gewisse Konsolidierung der Marschrichtung auf Impulsverfahren mit einer Braun'schen Röhre als Anzeige. Lediglich Frankreich blieb beim FM-Radar. Die ersten Geräte konnten als Vormuster mit Spezial-Firmenpersonal in die ›Truppenerprobung‹ gehen. Hier nun kam Folgendes zum Tragen: Für Dezimeterwellen waren Magnetrons mit sehr kleiner Leistung entstanden, die nicht impulstastbar waren (das Kathodenmaterial mußte erst gefunden werden) und die sehr instabil arbeiteten. Die ›Resotanks‹ vom Pintsch-Funkstrahl erwiesen sich als wenig entwicklungsfähig, für die Empfänger waren die Bremsfeldröhren auch unstabil und nicht mehr weiterentwicklungsfähig. Es kamen für DMW-Zwecke die ersten Eichelröhren auf. Die ersten DMW-Richtfunkgeräte entstanden. Diese erreichten dann allmählich eine gewisse Betriebssicherheit und arbeiteten mit Leistungen zwischen 50 und 250 mW (erst 1938 kam ein Gerät mit 8 W auf 50 cm). DMW-Richtfunkgeräte nützten die Tatsache aus, daß nicht allzugroße Antennen fest in einer Richtung montiert (optisch einvisiert) werden, wobei infolge der Antennenrichtung bzw. des Antennengewinns sehr kleine Sendeleistungen und mäßige Empfängerempfindlichkeiten (Audionschaltung auf 50 cm) genügten. Auf kürzeren Wellenlängen waren Instabilitäten (Frequenzwanderungen von Röhren und Schwingkreisen mit der Temperatur, dem Aussetzen von Schwingungen oder einem Auftreten von Nebenschwingungen) zu groß.

Beim Funkmeßgerät, das primär damals als Funkhöhenmesser im Flugzeug in Entwicklung war, mußten die Wellen nun den Hin- und Rückweg an einer sehr großen Fläche = Erdboden zurücklegen, wobei der Sendeleistungsbedarf in der Größe von 1 bis 2 kW und die Empfängerempfindlichkeit einen Überlagerungsempfänger verlangte, wobei eine HF-Verstärkung vor der Mischung erst bei Wellen über 2 m einen spürbaren Gewinn brachte. Bei einem Flugzeug- oder Schiffsuch-Funkmeßgerät lagen die Verhältnisse weit ungünstiger, da Flugzeuge oder Schiffe (gegenüber dem Erdboden beim Höhenmesser) nur einen kleinsten Bruchteil der ausgesendeten Energie zurückstrahlen, das heißt, die benötigte Sendeleistung für Reichweiten um 30 bis 40 km steigt auf 10 kW und mehr, wenn die Antennen 20fach größer gemacht werden gegenüber dem Höhenmesser, sonst kommen gleich Forderungen nach 500 kW oder mehr Leistung. Die Antennen müssen nun drehbar sein (bei ausreichender Stabilität), wobei, gleiche Sendeleistung und gleiche Empfängerempfindlichkeit vorausgesetzt (was kaum durchführbar ist), bei einer Verkleinerung der Wellenlänge auf 1/10 die Antenne um einiges größer als 1/10 gemacht werden muß, um die gleichen Feldstärken zu erzeugen.

Im betrachteten Zeitraum standen daher alle mit der Entwicklung von Impulsradar befaßten Länder vor der Frage, den günstigsten Kompromiß zwischen Antennengröße, Sendeleistung, Empfängerempfindlichkeit und Betriebssicherheit zu finden, wobei zu berücksichtigen war, daß in der Zwischenzeit für das Fernsehen im Meterwellenbereich (um 48 MHz) leistungsfähige UKW-Trioden für Impulstastung in Entwicklung waren. Magnetrons waren auf Meterwellen ungünstiger als Trioden (Aufwand für Magnetfeld usw.). Es war also durchaus sinnvoll, zu

Vergleichszwecken zwei verschiedene Kompromisse zu suchen: einen auf der 82 cm-Wellenlänge mit 6 bis 8 kW Leistung, mit einer Empfängerempfindlichkeit von 60 bis 40 kTo = Super ohne HF-Vorstufe und mit 2 mal 20 Dipolen $\lambda/2$ spannungsgespeist als Antennen = SEETAKT-Gerät und FREYA-Gerät (Flum = Flugmelde) mit 2,4 m Wellenlänge, einer Sendeleistung von 8 bis 10 kW, einer Empfängerempfindlichkeit von 25 kTo (mit einer HF-Verstärkerstufe) und mit 2 mal 12 Dipolen. Daß das Gerät FREYA zum Flugmeldegerät und das SEETAKT zum Schiffssuchgerät gemacht wurde, war vermutlich Zufall, da bei den Vergleichsversuchen in Abhängigkeit von der Aufstellungshöhe über dem Wasser das Flugzeug durch eine Nullstelle des Diagramms des SEETAKT-Gerätes flog und das Schiff in einer Nullstelle des FREYA-Gerätes lag. Bei einer anderen Aufstellungshöhe hätte es genau umgekehrt sein können. Das erkannte man später, sah aber keinen zwingenden Grund zur Änderung der Festlegung, zumal man die SEETAKT-Geräte auch auf Schiffen installieren wollte, und da erwartete man, daß die kürzere Welle vom Gegner später entdeckt würde. Das dritte Gerät von Pintsch auf 15 cm ließ sich trotz aller Versuche wegen Beibehaltung der Resotanks kaum mehr verbessern.

Soweit die Marine.

Bei der Luftwaffe arbeiteten Lorenz mit 62 cm, 1 kW (später bis 10 kW) und zwei Parabolspiegeln und Telefunken mit 53 cm mit 8 kW und einem Parabolspiegel (wobei Sender und Empfänger noch ohne echte Umschaltung mit gewisser gegenseitiger Beeinflussung an der gleichen Antenne lagen). Die Empfängerempfindlichkeit lag bei beiden Geräten bei 250 kTo.

Demgegenüber arbeiteten die Geräte in Großbritannien und den USA auf 1.5 m, in den USA Bord und Boden, in England Bord 1.5 m, Boden 10 bis 12 m (erst 1940 auf 1.5 m!). Damals — 1938 — war in Deutschland die Entwicklung von Kenngeräten bereits voll angelaufen, und um diese Entwicklung nicht zu erschweren, vereinbarte man, vorerst die Wellenlängen um 50 cm Luftwaffe — Flak, 80 cm SEETAKT Marine und 2,4 m Flum Luftwaffe und Marine beizubehalten. Man war sich dabei im klaren, daß feste Wellenlängen bald entdeckt und auch leicht gestört werden könnten. Daher verlangte General Martini bei den in der Entwicklung befindlichen Wehrmacht- bzw. Luftfahrtröhren größere Leistung und Empfängerempfindlichkeit auf fortschreitend immer kürzeren Wellenlängen. Um der Gefahr einer Lahmlegung einer ganzen Geräteart durch einen Störsendertyp vorzubeugen, sollten die Röhren selbst über große Frequenzbereiche abstimmbar sein. Dieses hätte bei den Magnetrons eine mechanische Veränderbarkeit der im Röhrenvakuum liegenden Abstimmkreise von außen bedingt. Hier fand man zwar einige Tricks, die aber nur bei kleinen Leistungen anwendbar wa-

ren. Zu brauchbaren Magnetrons mit Impulsleistungen von kW kamen die Franzosen, die Engländer und dann die Amerikaner auch erst 1940 bis 1942. In Deutschland war die Industrie überlastet, und die Entwicklung von starken, abstimmbaren Impulsmagnetrons kam nicht voran. Im Ausland konnte man auch nur auf festen Wellenlängen arbeiten, aber man erachtete die Störmöglichkeit wegen der guten Bündelungsmöglichkeiten der Zentimeterwellen mit handlichen Antennen als genügenden Schutz und entwickelte die ersten CMW-Radars für Boden, Schiff und Flugzeug.
1940 kam die GEMA kaum nach mit der FREYA- und SEETAKT-Produktion. Die beabsichtigte verbesserte Gerätegeneration mußte zurückgestellt werden, so daß man 1943 keine brauchbaren Entwicklungen hatte und auf die Luftwaffengeräte (HOHENTWIEL von Lorenz) zurückgreifen mußte. Bei der Luftwaffe hatte Dr. Owczarek von der DVL bereits 1939 bewiesen, daß auch die Wellen von 15 und 20 cm sich analog ausbreiten wie diejenigen von 50 cm und 2,4 m. Das wurde Ende 1942 aus Gründen der Vermeidung einer Unterbrechung der Serienproduktion von Telefunken in Frage gestellt und das Gegenteil »bewiesen«. Vergleiche hierzu C. Bekker: Duell im Dunkel [119]. Anfang 1943 fand man dann die ersten englischen 9 cm-Flugzeugradars, nachdem auf deutscher Seite die beim Kanaldurchbruch (Schlachtkreuzer *Gneisenau*, Schlachtkreuzer *Scharnhorst* und Schwerer Kreuzer *Prinz Eugen* am 11./ 12. 02. 1942) bereits eingesetzten 9 cm-Küstengeräte bei den deutschen Funkmeßbeobachtungsstellen (Horchstellen an der Küste) unbemerkt geblieben waren, da diese wenigen Anlagen mit ihren Detektor + NS-Verstärkern zu unempfindlich waren.«
Soweit Fritz Trenkle.

Wie in Deutschland war natürlich auch in Großbritannien die Radarentwicklung bei der Royal Navy und den Küstendienststellen ein top secret höchster Ordnung. Obwohl man sich in Deutschland in Sachen Funkmeßtechnik als die »Nummer Eins« auf der Welt fühlt und allen überlegen glaubt, ist General Martini als Generalbevollmächtigter für die technischen Nachrichtenmittel, kurz GBN geheißen, seiner Sache so sicher nicht. Er hält die Zeit für reif und Parallelentwicklungen in anderen hochtechnisierten Ländern durchaus für möglich. Schließlich gelingt es ihm, dessen Arbeiten, Versuche und Vorhaben vom Oberbefehlshaber der Luftwaffe, Generalfeldmarschall Hermann Göring, »als technische Spielerei« abgetan und abgewertet werden (was soll das, meine Flugzeuge sind doch kein Kintopp) [118], wenigstens die Erlaubnis durchzusetzen, die Briten zu provozieren und abzutasten. Für diesen Zweck wird ihm gestattet, die ohnehin vor der Abrüstung stehenden, in Frankfurt ohne Gasfüllung deponierten beiden Luftschiffe *LZ 127 Graf*

Zeppelin (I) und *LZ 130 Graf Zeppelin (II)* für sein Vorhaben zu nutzen. Er baut die Luftschiffe (nach [40]) zu fliegenden Funkmeßbeobachtungsstationen aus, um sie als solche einzusetzen. Ende Mai 1939 fliegt *LZ 130* zum Kanal und hier außerhalb der Sichtweite parallel zur englischen Küste nach Norden. Das Ergebnis ist gleich Null. Es ergeben sich keinerlei Anzeichen für die, wie wir heute wissen, um diese Zeit bereits voll funktionsfähige britische Radarkette. Auch ein zweiter Flug, der im August 1939 auf einer anderen Strecke unternommen wird, bleibt ohne Ergebnis. Auch hier werden keine Signale der »Chain-Home« aufgefaßt. Die Vermutung, daß die Briten den Zweck der Flüge rechtzeitig erkannt und daher die Radarkette abgeschaltet haben, ist bis heute nicht geklärt worden, ist aber auch so hypothetisch nicht.

General Martini läßt sich durch diesen Mißerfolg keineswegs beeinflussen. Am Ende entsteht das FTU, »das funktechnische Untersuchungskommando« mit den Aufgaben, die britische Radar- und Kennungstechnik, die Methoden der englischen Jägerführung und die Art von nur dem Namen nach bekanntgewordenen Geräten zu erkunden, um geeignete Gegenmaßnahmen einzuleiten (siehe Details dazu in [40]). Leider wird in [40] nicht erwähnt, um welche FuMB Geräte es sich handelte, die in den Luftschiffen installiert waren.

Anlage 2

Das deutsche Marinenachrichtenwesen

2.1 KM-Dienststellen für das Funk- und Nachrichtenwesen

Das Marinenachrichtenwesen der Kriegsmarine wurde im November 1939 für die Kriegführung neu organisiert:

- die Führungsspitze lag in der Seekriegsleitung,
- die technische Entwicklung beim Marinewaffenhauptamt.

Bis Juni 1941 war die 2. Abteilung der Seekriegsleitung, Marinenachrichtendienst, die Führungsspitze, ab Juni 1941 war es die Amtsgruppe Marinenachrichtendienst (2/Skl MND) mit den Abteilungen:

- MND I = Zentralabteilung,
- MND II = Abteilung Nachrichtenübermittlungsdienst,
- MND III = Abteilung Funkaufklärung und
- MND IV = Abteilung Funkmeßdienst (ab Herbst 1943).

Die 3. Abteilung der Seekriegsleitung war die Abteilung für Nachrichtenauswertung (3/Skl).
Die operativen Führungsstellen unter der Seekriegsleitung waren die Marinegruppenkommandos. Deren 4. Admiralstabsoffizier war verantwortlich für den Marinenachrichtendienst; dies galt bis Mai 1941 auch für das Flottenkommando.
Der Befehlshaber der Unterseeboote hatte eine eigene Unterseebootführungsabteilung, die im März 1943 zur Seekriegsleitung als 2/Skl BdU-op kam. Auch hier war der 4. Admiralstabsoffizier (Korvettenkapitän Hans Meckel) für die Nachrichtenführung verantwortlich.
Die technische Entwicklung lag bei der Amtsgruppe Technisches Nachrichtenwesen im Marinewaffenhauptamt des Oberkommandos der Kriegsmarine, kurz OKM — Mar. Rüst. — N Wa. (Diese Gruppe führte vom XI. 1939 bis VI. 1941 Konteradmiral Erhard Maertens und von VI. 1941 bis V. 1943 Konteradmiral Kienast, der dann, nach dem kritischen und tragischen Mai 1943 ab 1. Juni von Kapitän zur See Hans Schlüter als Amtsgruppenchef abgelöst wurde.)

Die Gruppe N Wa hatte folgende Abteilungen:

- I = Entwicklungsabteilung,
- II = Ausrüstungs- und Beschaffungsabteilung,
- III = Planungs- und Einbauabteilung,

- IV = Abteilung Allgemeine Angelegenheiten des Nachrichtenwesens und
- V = Abteilung Drahtnachrichtengebiet.

Der Amtsgruppe technisches Nachrichtenwesen (N Wa) waren ferner unterstellt:

- das Nachrichtenmittelversuchskommando (NVK),
- das Nachrichtenmittelerprobungskommando (NEK), ab 30. April 1941 zugleich Höheres Kommando der Marinenachrichtenschulen, kurz H.K.N., und
- der Marineabnahmeinspizient mit der Gruppe Nachrichtenwesen.

Mit dem Nachrichtenwesen waren ferner betraut die Nachrichtenmittelressorts der Kriegsmarinewerften bis Juni 1943 (dann wurde das Marinenachrichtenmittelarsenal in Hamburg eingerichtet).

Die Marinenachrichteninspektion bestand bis zum 29. April 1941. Ihre Aufgaben übernahmen die 2. Abteilung der Seekriegsleitung (2/Skl) und andere Dienststellen.

Der 2. Admiral der Unterseeboote (ab März 1943 Kommandierender Admiral der Unterseeboote) hatte eine eigene Waffenabteilung, darin das Referat A IV = Nachrichtentechnik.

Im September 1942 wurde die Amtsgruppe Forschungs-, Erfindungs- und Patentwesen im Oberkommando der Kriegsmarine eingerichtet (FEP).

Die Verbindung zur Industrie lag bei der Amtsgruppe, ab November 1942 Amt Rüstung und Wehrwirtschaft des OKM (Rü Wi):

Rü Wi II = Allgemeine Abteilung für Wirtschaftsfragen,
Rü Wi III = Organisationsabteilung für industrielle Rüstung und
Rü Wi IV = Fabrikationsabteilung für industrielle Rüstung.

Von besonderer Bedeutung für diese Arbeit ist der WFM genannte Wissenschaftliche Führungsstab der Marine, mit dem die Abteilung NWa 1 und gegen Ende des Krieges auch die Abteilung NWa IV zusammenarbeiten. Allerdings wird diese so wichtige Dienststelle, die einer deutschen Operations Research Group gleichzusetzen ist und die in diesem Buch noch keine Erwähnung findet[*], erst im Dezember 1943 gegründet. Das WFM geht übrigens aus den sogenannten Kriegsarbeitsgemeinschaften hervor, die infolge der U-Bootrückschläge (ab Mai 1943) ins Leben gerufen werden. Sein Leiter wird Professor Dr.-Ing. Kupfmüller von Dezember 1943 bis Ende.

---

[*] Hiermit setzt sich unter anderem auch der Folgeband zur WENDE IM U-BOOTKRIEG 1939—1943, der in Arbeit befindliche Titel: DER U-BOOTE OPFERGANG MAI 1943 bis MAI 1945 auseinander.

2.2 Schema Nachrichtenführung und Nachrichtenmittel der U-Bootwaffe

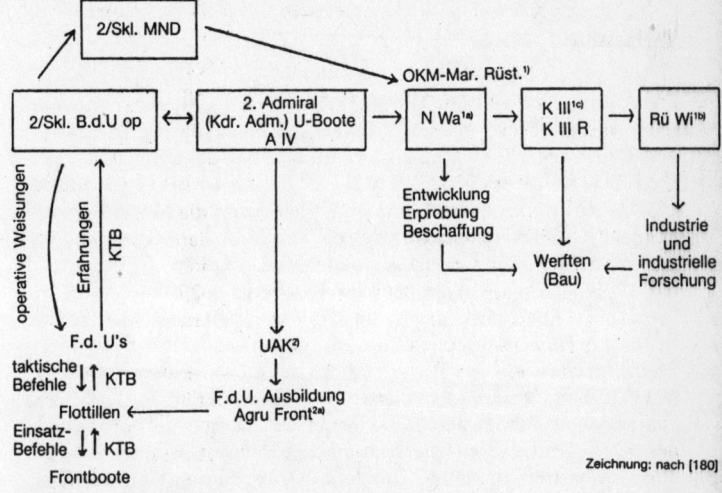

Erklärungen der Abkürzungen:
1) OKM-Mar. Rüst. = Marinewaffenhauptamt und Chef der Kriegsmarine-Rüstung
1a) N WA = Amtsgruppe Technisches Nachrichtenwesen
1b) Rü Wi = Amt Rüstung und Wehrwirtschaft der Kriegsmarine
1c) K III = Militärische Amtsgruppe Hauptamt Kriegsschiffbau, insbesondere K III R = Gruppe für Rüstungsfragen
2 UAK = Unterseebootabnahmekommando
2a) Agru Front = Technische Ausbildungsgruppe für Frontunterseeboote beim Führer der Unterseebootausbildungsflottillen (F.d.U. Ausb.)

Schlußwort zur Anlage 2:

Das Nebeneinander der fachlich miteinander verbundenen Dienststellen wird deutlicher als in anderen Darstellungen und Auflistungen, von denen die drei Podzun-Verlag-Sammelbände von Lohmann-Hildebrand [90] weitere Einzelheiten und vor allem auch Namen und Dienstgrade der Dienststellenleiter erhalten.

Anlage 3

Weitere aufgebrachte U-Boote

Die Aufbringung weiterer U-Boote (Alliierte [Amerikaner ausgenommen] wurden ebenso erbeutet, z. B. die *Seal*) kann knapp gehalten werden. Da ist weiter *U 570*, ein Boot vom VII C Typ, das übrigens am gleichen Tage in Dienst gestellt wurde, als die Briten *U 110* erbeuteten. *U 570* operierte im August 1941 unter dem Kommando von Kapitänleutnant Rahmlow im östlichen Nordatlantik auf dem Wege nach England marschierenden Geleitzügen und wurde, als es am 27. August auf 62° 15′ Nord, 18° 35′ West bei schwerem Seegang auftauchen mußte, im gleichen Augenblick, genau um 10.50 Uhr, von einer über ihm befindlichen *Hudson* der Squadron 269 gesichtet und trotz sofortigen Schnelltauchens mit vier Wasserbomben belegt, die beidseitig dicht neben dem Boot lagen und krepierten. Die *Hudson* holte Verstärkung in der Luft und auf See, während die wegen der Chlorgase im vorn tiefer in der See liegenden Boot eng zusammengedrängten Männer auf dem Turm ausharrten. Rahmlow, von der *Hudson* bedroht, man würde bei einer Selbstversenkung niemanden retten, zeigte erst eine weiße Flagge, dann ein weißes Brett als Zeichen der Übergabe ... Seine Offiziere steigen trotz der Chlorgase ins Boot und sorgen für die Vernichtung aller Geheimsachen: Am nächsten Tag wird das Boot von inzwischen aufgelaufenen Fischdampfern und Zerstörern aufgebracht und schließlich trotz der schweren See von dem Fischdampfer *Kingston Gate* nach Abbergen der Besatzung auf den Haken genommen und in Thorlakshafen auf Island auf Strand gesetzt. Nach Beseitigung der Schäden wird das Boot in die RN als H.M.S. *Graph* eingereiht. Der Versuch des kriegsgefangenen ex IWO von *U 570*, der aus dem stark bewachten Camp ausbrach, um das Boot im Hafen zu sprengen, scheiterte. Angeblich soll die *Graph* am 21. Oktober ein deutsches U-Boot versenkt haben: *U 333* unter Kapitänleutnant Cremer. Jedoch gingen die vier auf das »Schwesterboot« geschossenen Torpedos fehl, während die Britische Admiralität die Versenkung auch nur »als wahrscheinlich« anerkannte.

Von Bedeutung für diese Arbeit ist jedoch eine Feststellung nach Recherchen von Werner Stehr [108]: »Durch die Einbringung von *U 570* konnten die Engländer die Festigkeit des Druckkörpers untersuchen. Sie erkannten, daß die Boote tiefer tauchen konnten als angenommen, und sie bauten sofort in die Wasserbomben bis in 300 m Tiefe wirkende Zünder ein.«

Ferner erbeutete man den ersten E-To. Zwar hatten die Briten wie die USA eigene Entwicklungen in Arbeit, aber die Amerikaner erkannten schnell die Qualitäten dieser Waffe und übernahmen sie unverändert als Mk 18. Die Firma Westinghouse, die den amerikanischen E-To entwickelte, lieferte den Prototyp nach nur 15 Wochen. 6 Monate nach Vertragsabschluß wurden bereits die ersten sechs Mks 18 von einem neu installierten Band geliefert. Gegenüber dem konventionellen Torpedo wurden 30 % Arbeitsleistung eingespart. — Die Briten bauten eine etwas veränderte Kopie unter der Bezeichnung Mk 11. — Seltsamerweise reservierten die Amerikaner den Mk 18 nur für U-Boote, obgleich der Einsatz im Schleichangriff von Schnellbooten vorstellbar ist.

Am 6. März 1944 wird das im mittleren Nordatlantik am Konvoi HX 280 operierende *U 744* unter Oberleutnant z. S. Blischke nach einer 30stündigen Wasserbombenverfolgung mit dadurch erzwungenem Auftauchen des Bootes von einem Prisenkommando der kanadischen Korvette *Chilliwack* geentert. Man erbeutet »kostbare Bücher und Ausrüstungsgegenstände«, kann das Boot aber wegen der hohen See nicht abschleppen. *U 744*, auf dem bei dem Versuch, sich einer Enterung durch Einsatz der Bordwaffen zu erwehren, zwölf Mann getötet wurden, wird durch eines der britischen Sicherungsfahrzeuge durch Torpedoschuß versenkt.

Am 4. Juni 1944 wird das von Oberleutnant z. S. Harald Lange geführte *U 505* durch den us-amerikanischen Geleitträger *Gualdalcanal* und die vier mit ihm zusammenarbeitenden Zerstörer auf der Höhe des an der westafrikanischen Küste gelegenen Kap Blanco mit einem Mann Verlust erbeutet und eingeschleppt. Die Amerikaner finden in dem Prisen-U-Boot unter den Torpedos auch einen *Zaunkönig* genannten T 5, dessen Funktionieren jedoch weder sie noch die Briten überrascht, der aber von der Konstruktion her von außerordentlichem Wert ist.[*] Die US-Navy stellt *U 505*, ein IX C-Boot übrigens, als Versuchsboot *Nemo* in Dienst und präsentiert es 1954 in Chicago als Museumsschiff.

---

[*] Es ist neben der Version (Rohwer/*U 110*) anzunehmen, daß die Kenntnisse über das Vorhandensein und das Funktionieren des T 5 auf die Entschlüsselung des japanischen »Purpur-Codes« zurückzuführen ist. Wir wissen heute, daß der japanische Botschafter in Berlin, Hiroshi Oshima, auf der Kurzwelle lange, im »Purpur-Code« verschlüsselte Funksprüche nach Tokio sandte (die Amerikaner hatten die Erfindung der Dechiffriermaschine mit den Briten geteilt, und nachgebaute Exemplare standen in bestimmten amerikanischen Abhörstationen des Funkhorchdienstes [121]). So zum

Zum »Fall Lange« will sich der Kommandant von *U 99*, Otto Kretschmer, hier in einer Neuauflage und/oder im historisch-wissenschaftlichen Magazin SCHIFF UND ZEIT noch gesondert äußern: »... mit Veröffentlichungen des US-Admirals und seiner Korrespondenz mit mir, die er ja begann, um mich zu veranlassen, gegen den schlechten Ruf von Lange in Deutschland etwas zu tun, um die Wahrheit darstellen zu können ...«

Am 12. April 1945 bietet sich den Alliierten eine neue Gelegenheit in der Irischen See: Durch Wasserbomben der Fregatte *Loch Glendhu* zum Auftauchen gezwungen, wird *U 1024* in Verbindung mit den Eskortern *Loch Achray* und *Loch Moore* durch ein Prisenkommando besetzt. Die *Loch Moore* nimmt das U-Boot, das bei der Erbeutung neun Mann verlor, in Schlepp. Es kommt Nebel auf, und zu allem Überfluß bricht auch noch die Schlepptrosse. *U 1024* versinkt.

Auch italienische Boote wurden aufgebracht:
- *U Galilei* am 19. Oktober 1940 im Roten Meer durch das britische U-Boot *X 2 (P 711);*
- *U Perla* am 9. Juli 1942 vor Beirut durch das freigriechische U-Boot *Matrozos;*
- *U Bronzo* am 12. Juli 1943 vor Syrakus durch das britische U-Boot *P 417*, den späteren freifranzösischen *U-Narwal,*

ungeklärt ob noch selbstversenkt, nachdem auf Strand gesetzt, ist das Schicksal von *U Santorrre Santarossa*, das am 20. Januar 1943 bei Tripolis verloren ging.
Möglich ist dabei durchaus, daß in diesen Fällen Unterlagen in Feindeshand gefallen sind, die auch die deutsche Wehrmacht, insbesondere die Kriegsmarine, betrafen. Hierzu noch laut U-BOOT-ARCHIV Cuxhaven-Altenbruch: »Die Bezeichnungen der alliierten U-Boote geben die Namen und Kennungen wider, unter denen aufgebrachte italienische U-Boote bei den alliierten Marinen fuhren, nicht jedoch das Schiff, durch das die Aufbringung erfolgte.«

Beispiel lieferte Oshima auch Zitate aus Gesprächen, die Hitler mit Oshima über die deutsche Gesamtstrategie führte — oder, ein anderes Beispiel, über die von ihm und seinem Militärattaché unternommene Besichtigung der Befestigungsanlagen des Atlantikwalles, die den Alliierten wesentliche Erkenntnisse über diese Anlage vermitteln, so zum Beispiel über die nur sieben Kilometer tiefe Verteidigungsgrenze bei Cherbourg oder über die Zahl und Lage der Panzerhindernisse entlang den Stränden etwa der Normandie ...

Angeblich, aber nicht belegt ist die Aufbringung eines U-Bootes im Raum der Murmanskgewässer, durch das den Russen dem Vernehmen nach Geheimmaterial zugänglich geworden sein soll. Das U-BOOT-ARCHIV in Cuxhaven-Altenbruch (Horst Bredow) widerspricht diesem Gerücht und weist in diesem Zusammenhang auf das VII C-Boot *U 250* (Kapitänleutnant W. K. Schmidt) hin, das am 30. Juli 1944 in der KOIXISTO-Meerenge durch Wasserbomben des sowjetischen Wachbootes *MO 103* und FliBos versenkt wurde. Das Boot wurde im August 1944 durch die Sowjets gehoben und am 25. 9. 1944 nach Kronstadt überführt, wo es abgewrackt wurde.

Abschließend noch eine Art Parallelfall zu Kapitänleutnant Fritz-Julius Lemp, der sich, wie dargestellt, angesichts der Feindschiffe und des Prisenbootes opfern wollte, um wenigstens die Geheimsachen vor dem Zugriff des Gegners zu bewahren, und dabei ebenfalls umkam:
Die Tat des Leutnants (Ing.) Heinz Krey.
Als LI auf *U 75* sah er sich am 23. Mai 1943 vor die Wahl gestellt, sich entweder zu retten oder sich zu opfern, um das Boot sicher zu versenken. In der Zeitschrift »Die Kriegsmarine«, Heft 21 vom November 1943, einer sogenannten »Schulausgabe« (weil in großer Auflage vom OKM für Schulen im Reichsgebiet bestimmt) wird Heinz Krey anläßlich der posthumen Verleihung des Ritterkreuzes geehrt und gefeiert. Hans H. Reinhardt, Kriegsberichter der Marine, schreibt: »... Der LI von *U 75* sieht nicht, was geschieht, denn außer dem Kommandanten sind ja alle anderen an Bord wie menschliche Räder in einem feingliedrigen Apparat ... So sah auch Heinz Krey nicht die kreisenden Bomber über dem Boot. Aber er hörte dicht an der Bordwand die Wasserbomben krachen, kurz nachdem der Befehl zum Tauchen gekommen war und er sein Boot in die Tiefe steuerte. Aber das beschädigte Boot war nicht zu halten ...
›Auftauchen!‹
Preßluft schoß in die Tanks.
Krey brachte das Boot an die Oberfläche.
Oben griffen sechs Flugzeuge an. Auf das Boot zu schäumten mit jagender Bugwelle zwei Zerstörer. Sie waren schon viel zu nahe, als daß noch ein Mensch das Schicksal hätte wenden können.
Der Kommandant und die gesamte Brückenwache waren gefallen. Der Befehl ›Alle Mann von Bord‹ flog durch das Boot.
Leutnant (Ing.) Krey schickte seine Maschinisten und Heizer an Deck. Er selbst blieb: Das havarierte Boot mit den zahllosen geheimen Anlagen- und Geheimsachen an Bord durfte nicht in Feindeshand fallen.
Und der LI tat, was geschehen mußte und in diesem Falle nur geschehen konnte, wenn er selbst das Leben überwand ...

Die draußen im Wasser sahen ihr Boot sinken, noch ehe die Zerstörer heran waren. Aber sie warteten vergeblich auf den letzten Mann ...«, dem, so Hans H. Reinhardt »die Pflicht mehr wog als das junge Leben.«

NS.: Der Bericht des Kriegsberichters Hans H. Reinhardt ist nicht korrekt. Heinz Krey war nicht auf diesem Boot, das nach E.-Obermaschinist Karl Putzig *(U 75)* am 12. Mai 1943 von Flugzeugen versenkt wurde, sondern bereits am 28. 12. 1941 im Mittelmeer vor Marsa Matruk auf 31° 50′ N/26° 40′ O durch Wasserbomben des britischen 1690 ts-Zerstörers *Kipling* mit 14 Gefallenen verloren ging. — Leutnant (Ing.) Heinz Krey war vielmehr LI auf *U 752*, das am 23. Mai 1943 im mittleren Nordatlantik auf 51° 40 N/29° 49 W nach Raketenbeschuß tauchunklar durch Flugzeuge des Eskortträgers *Archer* beschädigt, unterging. Zusammen mit Heinz Krey kamen dabei 29 Mann um, mit diesen auch der Kommandant Karl-Ernst Schroeter.

Nach dem Kriege wird im Sammelwerk des Podzun Verlages der Autoren Lohmann, W. und H. H. Hildebrand: Die Deutsche Kriegsmarine 1939—1945. Bad Nauheim 1956 [90] Bd.1, unter *U 752* nachzulesen sein: i.D. 24. 5. 1941, 3. U-Flottille (ab Mai 1941—August 1941), frontbereit ab 8. 1941—5. 1943; ↓ 23. 5. 1943 im mittleren Nordatlantik durch Flugzeuge des Trägers *Archer;* Kommandant Kapitänleutnant Schroeter (Karl-Ernst); bei Erich Gröner [6] heißt es knapp: *U 752*, i.D. 25. 5. 41; 23. 4. 43 †; mittlerer N-Atlantik: 51° 40′ N/29° 49′ W; FliBo; britischer Eskortträger *Archer;* 29 Tote.
Das Opfer des Leutnants (Ing.) Heinz Krey hat in der Sachdokumentation keinen Platz, auch nicht in den Personalien von [90]. Hier steht nach den üblichen Personalien zu Krey, Heinz (Crew 39) ... Gefallen 23. 5. 1943; Ritterkreuz des Eisernen Kreuzes verliehen 4. 9. 43.
Aber die Begründung für das Ritterkreuz, sie ist in Heft 21 der Zeitschrift »Die Kriegsmarine« vom November 1943 vor der Geschichte erhalten: »Bis zum letzten Atemzuge füllte er seine Stellung als Leitender Ingenieur in vorbildlicher Weise aus.«

Das U-BOOT-ARCHIV, Horst Bredow, Cuxhaven-Altenbruch, ergänzt »... Heinz Krey ist sicher nicht der einzige, der seine Pflicht bis zum Äußersten erfüllte, siehe zum Beispiel Oberleutnant z. S. Wolfgang Leu von *U 991,* das am 30. September 1944 im Eismeer nördlich von Hammerfest durch FliBos des britischen Eskortträgers *Campania* verloren ging.

Anlage 4

Annahme der Abteilung »F.H.« der 3. Skl in der jeweiligen Kriegszeit

```
----- Versenkung durch deutsche U-Boote
····· Gesamterfolge der Achsenmächte
▬▬▬ Alliierter Schiffsneubau
—·—  Monatsdurchschnitt der ange-
      nommenen Versenkungserfolge
```

Tausend Tonnen

U-Bootsverluste

1939	1940	1941	1942	1943	1944–1945
9	22	35	85	287	241

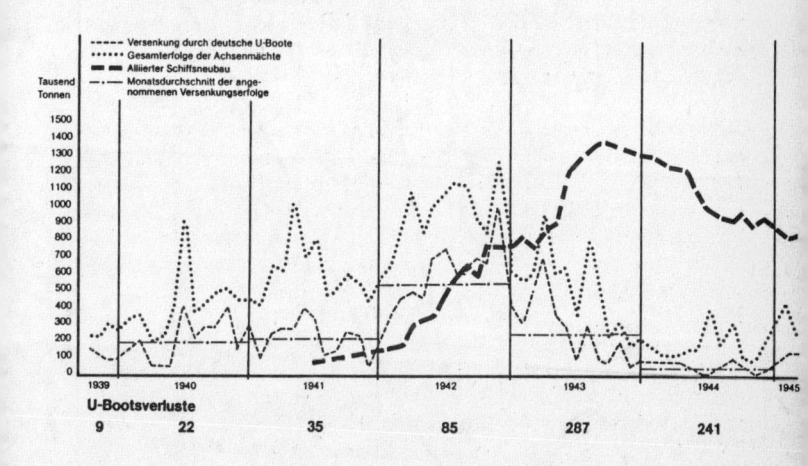

Ein hochinteressantes Diagramm, das die nach der Kapitulation im Mai 1945 für die Alliierten noch weiterarbeitende Abteilung »F.H.« (Fremde Handelsschiffahrt) der 3. Skl quasi als Abschluß der bisherigen Untersuchungen erstellt hat (auch das OKM und die Skl wurden ja nicht sofort aufgelöst und arbeiteten im Auftrage der Siegermächte »die Akten auf«). Schwerpunkt dieser obigen »Annahme der Abteilung ›F.H.‹ der 3. Skl in der jeweiligen Kriegszeit« ist der alliierte Schiffsneubau, der sich bei der Anwendung modernster Fertigungsmethoden durch eine steil auflaufende Kurve ausdrückt und wenige Monate nach der Wende im U-Bootkrieg (Mai 1943) infolge von Überschuß an Tonnage eine stetige Verlangsamung erlaubt. Die Darstellung stammt aus dem Arbeitsarchiv von K.z.S. a.D. R. Güth, der diese Unterlage u. a. für seinen Unterricht an der Führungsakademie der Bundeswehr nutzte, um den Schülern der Admiralstabslehrgänge aller drei Waffengattungen die Bedeutung der alliierten Massenfertigung an Schiffsraum aus der Sicht von 1945 darzulegen.

Diagramm nach Zeichnung der 3. Skl »F.H.«

Anlage 5

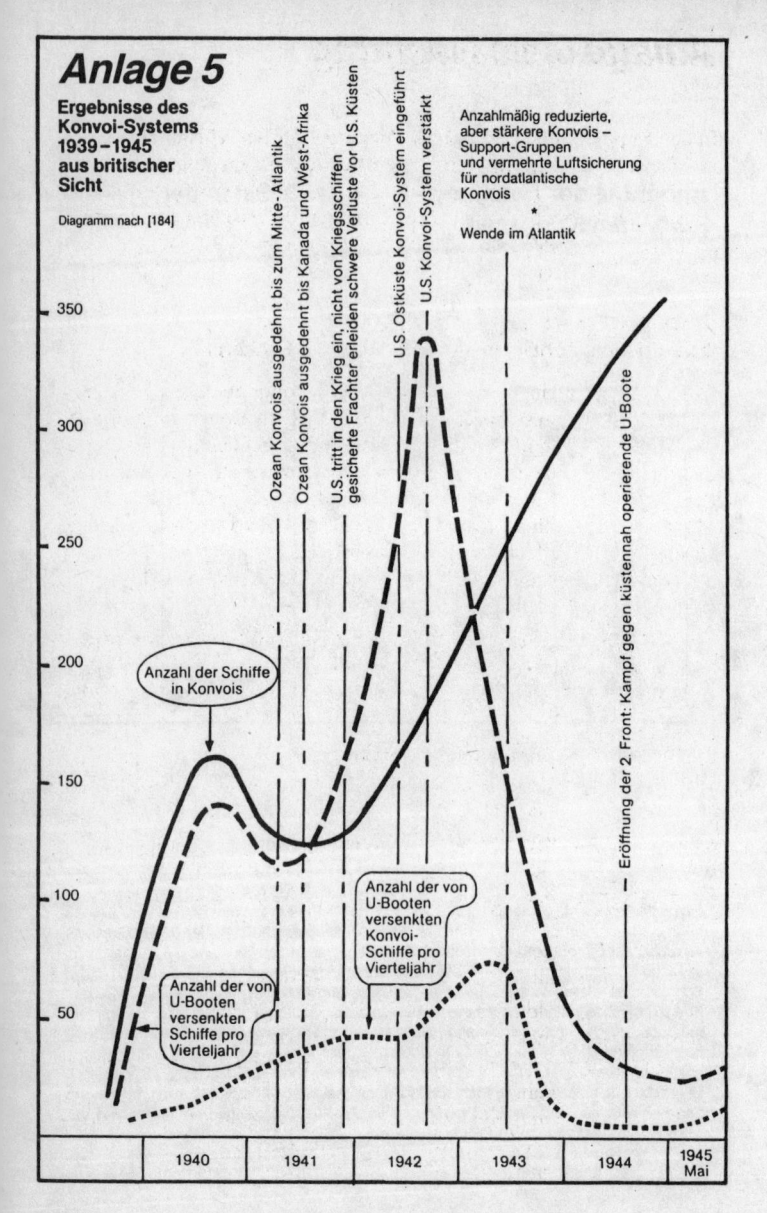

Ergebnisse des Konvoi-Systems 1939–1945 aus britischer Sicht

Diagramm nach [184]

- Ozean Konvois ausgedehnt bis zum Mitte-Atlantik
- Ozean Konvois ausgedehnt bis Kanada und West-Afrika
- U.S. tritt in den Krieg ein, nicht von Kriegsschiffen gesicherte Frachter erleiden schwere Verluste vor U.S. Küsten
- U.S. Ostküste Konvoi-System eingeführt
- U.S. Konvoi-System verstärkt
- Anzahlmäßig reduzierte, aber stärkere Konvois – Support-Gruppen und vermehrte Luftsicherung für nordatlantische Konvois
- Wende im Atlantik
- Eröffnung der 2. Front: Kampf gegen küstennah operierende U-Boote

Anzahl der Schiffe in Konvois

Anzahl der von U-Booten versenkten Konvoi-Schiffe pro Vierteljahr

Anzahl der von U-Booten versenkten Schiffe pro Vierteljahr

1940 | 1941 | 1942 | 1943 | 1944 | 1945 Mai

Anlage 6 als Nachtrag

In den Kapiteln dieser Edition ist immer wieder das Thema Funken —
ja oder nein, Funksprüche und deren Dekodierungen aufgegriffen und
behandelt worden. Hier nun liegt für die Neuauflage 1990 eine ausführliche Stellungnahme von Flottillenadmiral Otto Kretschmer vor. Gleich,
ob sich der eine oder andere Punkt darin wiederholt, ist doch diese Arbeit von besonderem Wert.

Otto Kretschmer:
Über den taktischen Unsinn überflüssiger Funkerei

Obwohl die dem einen oder anderen U-Bootkommandanten bereits als
Fähnrich eingeätzte »Funkstille« (siehe z.B. F. G. Reschkes Brief vom
18. Januar 1985 an Jochen Brennecke) offenbar in Fleisch und Blut eingegangen ist, wurde das Problem in seiner Ganzheit allerorts doch nicht
erfaßt, da man ja »nur in Gegnernähe« nicht funken wollte.

Mit dieser Feststellung leitet Flottillenadmiral Otto Kretschmer seine
nachstehend veröffentlichte zusammenfassende Stellungnahme über
das Kardinalproblem für die U-Bootwaffe FUNKEN ODER NICHT
FUNKEN ein. Otto Kretschmer dazu im Detail:

»Jedes Funken in See ist, auch wenn der Funkschlüssel nicht kompromittiert ist, ein Mosaikstein für die feindliche Funkaufklärung, die
besteht aus

a) Verkehrsanalyse,
b) Ortung durch (automatische) Funkpeilung,
c) Erkennen der Signatur des Senders (Signatur heißt: Eigenarten [z.B. Ton] des Senders und/oder [z.B. die Gebeweise] der Funker.)

Darin waren die Briten schon im 1. Weltkrieg Meister (siehe Hector Bywater [268]). Sie konnten sogar feststellen, wenn ein Funker nur für
kurze Zeit (Urlaub, Krankheit) durch einen anderen vertreten oder aber
(Versetzung) ganz ersetzt wurde. Wenn ein U-Boot funkte, war also
dem Feind seine Identität bekannt.

Aus taktischen Gründen mußte gefunkt werden:

a) Aufklärungsmeldung über jeden neu erkannten Feind,
b) Fühlunghaltermeldungen durch den ›eigentlichen‹ Fühlunghalter.
Fühlung halten natürlich alle mehr oder weniger lose, die am Feind
stehen und auf eine Angriffsgelegenheit warten; so gesehen sind sie
alle Fühlunghalter. Nur dasjenige Boot, welches die (erste) Aufklärungsmeldung gegeben hat, ist automatisch der ›eigentliche‹
Fühlunghalter mit der Pflicht, in bestimmten zeitlichen Abständen

Standort, Kurs und Fahrt und ggfs. andere Eigenschaften des Feindes durch Kurzsignal zu melden.

Dadurch konnten und sollten alle in demselben Operationsgebiet stehenden Boote zum Angriff heranstaffeln. Ein ›Heranführen‹ durch den BdU gab es nicht! Dieser Unsinn wird immer wieder von Laien im Schrifttum wiederholt. Falls ein ›eigentlicher‹ Fühlunghalter ausfiel, z.B. abgedrängt oder unter Wasser gedrückt wurde und dadurch die Fühlung verlor oder nicht funken konnte, dann mußte einer der anderen Fühlunghalter als eigentlicher Fühlunghalter mit den dazu gehörenden Pflichten eintreten. Gelang das nicht oder war dadurch der Feind (Geleitzug) längere Zeit ohne Beobachtung und quasi verschwunden, erst dann trat der BdU in Aktion. Im allgemeinen befahl dann der BdU die Bildung eines Vorpostenstreifens (stationär) oder eines Aufklärungsstreifens (entgegenlaufend) quer zur bisherigen oder vermuteten Vormarschrichtung des Feindes. Sobald der Gegner wieder erfaßt wurde, entweder durch diesen Streifen oder einen vorübergehend abgedrängten Fühlunghalter, dann waren alle Boote des Vp.- bzw. Aufklärungs-Streifens automatisch frei, um auf den Feind zu operieren. Also nicht erst nach einer ausdrücklichen Aufhebung des Streifens oder sonstigen Freigabe durch den BdU. Grundlage für all diese taktischen Verfahren war die MDV ›Operations- und Manöverbestimmungen der Marine‹, gewöhnlich mit der (an sich offiziellen) Abkürzung ›Op. und Man‹ bezeichnet. Diese Vorschrift sollte eigentlich jeder Fähnrich zur See beherrschen, da sie zum Pensum der Marineschule Mürwik gehörte.

Die von der Führung darüber hinaus verlangten nichttaktischen Funksprüche und -signale waren eine Sünde wider den Geist und boten dem Feind wertvolles Aufklärungsmaterial. Letzterer wußte daher immer, welche Boote mit ihren unterschiedlichen Qualifikationen in jedem Operationsgebiet standen.

Welche Möglichkeiten hatte der Feind sonst durch die und außer der Funkaufklärung? Das Klarmachen zum Auslaufen aus französischen Stützpunkten (wie auch das Einlaufen in diese) wurde bereits durch die Zivilbevölkerung und deren Agenten bemerkt und gemeldet, ebenso das Räumen der Unterkünfte, das Aufgeben der Hotelzimmer und das Verpacken der persönlichen Habe in Kisten. Und die Besatzung, auch ein verräterisches Signal, begab sich im Lederzeug an Bord. Das Auslaufen wurde daher nicht nur von den unvermeidlichen Zuschauern, sondern auch von der Bevölkerung bemerkt und dem Feind gemeldet. Am Ende des Minengeleits funkte der Sperrbrecher verschlüsselt die Entlassung des Bootes.

Bei Passieren der 200 m-Linie (bzw. eines bestimmten Meridians) mußte das Boot eine Standortmeldung mit Kurzsignal abgeben. Die feindli-

che Verkehrsanalyse hatte dieses Signal natürlich längst als Standortmeldung begriffen. Durch automatische Funkpeilung ortete der Feind gleichzeitig den Standort und erkannte damit, ob das Boot in den Nordatlantik oder in den Südraum ging.
Wurde das Boot durch den BdU zu Wettermeldungen abgestellt oder zu Informationsmeldungen (Standort, Verkehr, Torpedo- und Kraftstoffbestand etc.) aufgefordert, so kamen beim Feind alle drei Mittel der Funkaufklärung zum Tragen. Insbesondere waren die Wettermeldungen von einem festgelegten Standort aus zweimal am Tage in ihrer Erkennbarkeit wertvolles Material für die feindlichen Entschlüsselungsbemühungen. Hatte der Feind das Kurzsignalheft erbeutet (wie Anfang Mai 1941 mit *U 110* und Ende Oktober 1942 im östlichen Mittelmeer aus *U 559*), so war der Schlüssel fast oder wieder geknackt. Bedenken der Frontkommandanten über die i.E. überflüssige und verräterische Funkerei in See wurden durch den BdU-Stab (Fm-Asto) vom Tisch gewischt. Insbesondere wurde energisch bestritten, daß auch Kurzsignale peilbar seien, wobei man offenbar von dem in der Kriegsmarine noch üblichen, veralteten Handpeilbetrieb ausging. Ähnlich war die Führungstragödie auf dem Radarsektor.
Also: die Stärke des U-Bootes als Seekriegsmittel liegt in der Tatsache, daß der Feind nicht weiß (oder nicht wissen sollte), wo es sich im weiten Seeraum befindet. Die darauf beruhende Möglichkeit des U-Bootes zum überraschenden Auftreten wurde systematisch durch die von der Führung befohlene Informationsfunkerei untergraben.
Umgekehrt sollte es sein:
Das Boot bedarf ständig der allerneuesten Informationen über den Feind.
Wozu brauchte der BdU überhaupt diese Informationen aus dem Op.-Gebiet? Bei Kriegsbeginn nicht und längere Zeit danach auch nicht. Das war noch die goldene Zeit der Auftragstaktik mit den Friedenskommandanten. Leider hat sich die Marine damit immer schwer getan, auch die Führung der Überwasserstreitkräfte von Land aus. Ich erinnere mich, einmal in Kernevel zur Abmeldung auf Feindfahrt keinen schriftlichen Operationsbefehl bekommen zu haben mit der für mich überraschenden Bemerkung des zuständigen Astos, daß alles durch Funk gemacht würde.
Damit fing das Unheil der Befehlstaktik an,
die schließlich zur Perversion ausartete.
Ich habe glücklicherweise nicht mehr erlebt, daß der BdU sich vorbehielt, den Angriff auf einen Geleitzug überhaupt erst freizugeben. Dazu wartete er ab, bis alle Boote durch das Kurzsignal ›ja‹ meldeten, daß sie dran wären, um einen gleichzeitigen Angriff zu ermöglichen. Taktischer Irrsinn. Später gab es sogar Funkgespräche des BdU mit Kom-

mandanten in See. Die Grundlage der Befehlstaktik ist die umfassende Information über das Gefechtsfeld.
Schon 1940 hatte Dönitz mich gefragt, ob ich keine Befehle mehr ausführen wollte. Er meinte damit die von mir trotz Anfrage nicht abgegebenen Bestandsmeldungen. Ich vertrat mit Erfolg den Standpunkt, daß nur ich selbst im Op.-Gebiet bestimmen könnte — und nicht der Grüne Tisch —, wann ich nichttaktisch funkte.
Jedes dieser Kurzsignale war gleichzeitig eine Mitteilung an den Feind: Hier bin ich!
Sicherlich war die — dazu noch exzessive — Befehlstaktik ein reizvolles Führungsmittel, allerdings risikoreich und mit geringerer Effizienz als erhofft. War sie aber wirklich die einzige Möglichkeit, Boote mit schnell ausgebildeten, unerfahrenen, dabei tapferen Besatzungen operativ zu führen? Dieses Konzept war völlig abhängig von einem 100% sicheren Funkschlüssel, der endgültig seit dem Fall ›Atlantik/Python‹ allgemein erkennbar als kompromittiert gelten mußte. Jedenfalls sollte man es bleiben lassen, von Land aus taktisch eine Geleitzugschlacht schlagen zu wollen.«

Anlage 7

Der Schiffbau in USA im Maritime Commission Programme

Monat	Liberty	Ocean/Front/Park	T2-SE-A1 Victory-Tanker
10/41	–	1	–
11/41	–	2	–
12/41	2	3	–
1/42	3	4	–
2/42	11	3	–
3/42	19	5	–
4/42	24	14	–
5/42	40	11	–
6/42	55	14	–
7/42	54	19	–
8/42	55	14	–
9/42	64	14	–
10/42	67	18	–
11/42	66	11	–
12/42	82	13	1
1/43	80	8	3
2/43	83	8	5
3/43	101	9	9
4/43	110	9	6
5/43	118	19	12
6/43	119	10	12
7/43	108	12	10
8/43	109	10	11
9/43	119	14	10
10/43	111	13	18
11/43	105	13	13
12/43	133	9	19
1/44	78	7	6
2/44	77	9	11
3/44	79	6	17
4/44	84	13	11
5/44	66	7	15
6/44	57	8	19
7/44	52	8	13
8/44	50	7	13
9/44	42	8	21
10/44	52	10	18
11/44	48	7	19
12/44	44	4	22
1/45	33	2	18
2/45	30	3	22
3/45	22	3	18
4/45	10	3	15
5/45	10	2	15
6/45	11	1	13
7/45	6	3	12
8/45	9	1	9
9/45	8	1	8
10/45	5	–	12
11/45	–	–	4
Σ	2711	393	481

Anmerkungen

1 Die Rudeltaktik ist eine Gruppentaktik, das heißt ein Ansatz von U-Booten (auf Geleitzüge vor allem) mit mehreren, gemeinsam operierenden Booten. Solches Verfahren wurde zwar bereits während der Endphase des Ersten Weltkriegs praktiziert, jedoch erst von Dönitz nach dem Wiederaufbau einer deutschen U-Bootwaffe (1935) in Verbindung mit nunmehr modernen Funkeinrichtungen als »Führungsgeräte« vervollkommnet und systematisch als verbindliche Taktik organisiert. Der Grundgedanke dieser Taktik war es, die im Konvoi zusammengefaßten und von Eskortern (Zerstörern, Fregatten, Korvetten, Sloops usw.) gesicherten Frachtschiffe und Truppentransporter mit einer möglichst großen Zahl von U-Booten gleichzeitig anzugreifen. Dabei sollte zunächst die feindliche Sicherung zersplittert bzw. geschwächt werden. Eines der Kardinalprobleme war die Frage der Führung solcher als Gruppe angesetzter Boote. Sollte sie a) in See von einem jeweils zu ermittelnden Führungsboot oder b) von Land aus über eine Funkfernführung erfolgen? Dönitz entschied sich zunächst für Versuche nach dem Fall a), obwohl er einsah, daß der Fall b) seinen Vorstellungen am nächsten kommen würde.

Zu obigen Ausführungen ergänzt beziehungsweise stellt Otto Kretschmer mit dem Hinweis: »Vorsicht! So stimmt das alles nicht. Beim geführten Ansatz handelt es sich um eine operationelle Maßnahme!«

Dönitz forderte: »Der Konzentration der Abwehr (Geleitzüge) die Konzentration des Angriffs entgegenzusetzen.«

Eine feste Gruppenbildung war aber erst bei größerer Zahl von Booten in entsprechend ausgedehnterem Operationsgebiet erforderlich. Absolute Gleichzeitigkeit konnte bzw. durfte sogar nicht gefordert werden wegen Gefährdung vor allem der innerhalb des Geleitzuges operierenden Boote. Nach Einführung des FAT war auch eine Warnung vor Schußabgabe notwendig. Eine **taktische** Führung der Gruppe stammte aus der Überwasserkriegführung.

Der »officer in tactical command« = OTC ist der Verbandsführer in See. Das mußte bei U-Booten schief gehen, weil es gar nicht erforderlich war. Nach NATO-Begriffen hatte der BdU nur **operational** command and control. Das deutsche Wort Führung ist an sich ein zu dehnbarer Begriff.

Die Gruppe brauchte nicht unbedingt **gemeinsam** zu operieren, sondern eher einzeln, aber mit gemeinsamem Ziel — schon wegen möglicher Feindeinwirkung und zur Verzettelung der Abwehr.

Gemeinsames Operieren kam allerdings bei besonderen Lagen in Frage, z.B. bei Verbandsfahrt zum gemeinsamen Durchbruch durch die unter feindlicher Luftherrschaft stehende Biskaya, wobei die Boote sich gegenseitig mit ihrer Fla-Bewaffnung schützen sollten. NATO: Formation Diamond, welche Rösing als FdU-West zum Auslaufen aus Brest im Verband (!) wenigstens auch hätte befehlen sollen, anstatt die alte kaiserliche Kiellinie! (z. Zt. der Invasion). Im weiten Ozean ist jedes U-Boot eine ›Task Unit‹ für sich ohne abwehr- oder angriffsmäßige Anlehnung an einen Nachbarn. Anders war es schon im Vorposten- oder Aufklärungsstreifen, wo sogar optische Signale möglich sind und wegen der Funkstille auch angewendet wurden.

2 Deutschland, das heißt die Regierung des Dritten Reichs, bestand (nach der »Errichtung des Protektorats Böhmen und Mähren« und der »Zerschlagung der Rest-Tschechoslowakei« [15. März 1939]) bei der polnischen Regierung auf einer Rückgliederung der Freien Stadt Danzig an das Reich und auf einer exterritorialen Verbindungsstraße nach Ostpreußen durch den durch den Versailler Vertrag an Polen »abgetretenen« polnischen Korridor. Da sich die Anzeichen mehrten, daß Polen das Schicksal der Tschechoslowakei teilen könnte, versuchte die britische Regierung nach der Ablehnung der deutschen Forderung am 31. März die Unabhängigkeit Polens durch eine Garantieerklärung zu wahren. Gleichzeitig zeigte sich das Weltreich Großbritannien daran interessiert, dadurch »das Gleichgewicht Europas zu retten«. Das wiederum löste bei Hitler als Gegenreaktion Vorbereitungen für einen Krieg mit Polen aus, falls sich eine Einigung in dem vom Dritten Reich verlangten Sinne hinsichtlich Danzigs und des »Korridors« nicht erzielen ließe (3. April 1939).

3 Zumindest hätte Raeder doch die im deutsch-englischen Flottenvertrag ausgehandelte Höchstquote für deutsche U-Boote ausnützen können.

4 Die Boote vom Typ II (II A, II B und II C) nur für die Nordsee, die vom Typ VII bis zur Westküste Englands um die Shetlands herum, der Typ VII C bis zur Nordküste Spaniens, der Typ IX C bis Gibraltar. Der Marsch durch den Kanal wird versucht, aber wegen der hohen Verluste aufgegeben. Die langen Anmarschwege um England herum verbrauchen einen erheblichen Teil der maximalen Fahrstreckenkapazität [26].

5 *Lützow* (v. St. 1. 7. 1939) wurde 1940 unfertig nach Leningrad verkauft.

6 *Seydlitz,* 1942 bis 95 % fertig, sollte zum Flugzeugträger »rückgebaut« werden, dann aber im Juni 1942 gestoppt.

7a Für dieses Projekt, das 1939/1940 bis zu 85 % fertig gebaut wurde, erging erst 1940 ein Baustop.

7b lt. Gröner [7]: 983 ↑ bei kleiner Zuladung, 1120 t ↑/ 1202 ↓/ 1540 t · Der Typ IX C (als verbesserter Typ IX A und IX B) war ab 1939 erstmals im Bau, lief 1940 von Stapel und kam im gleichen Jahr in Dienst, z. T. auch erst 1941/42.

7c geboren 26. 8. 1900 zu Wedel (Holstein), † 1981 in den USA. H.W. war gelernter Maschinenbauer und auf der Krupp-Germania-Werft, Kiel, tätig. 1935 gründete er ein Ingenieurbüro, aus dem sich ein großes Unternehmen entwickelte. H. W. ist nicht nur der Schöpfer der im Text erwähnten »Walter-U-Boote«, bei denen man das »heiße« Verfahren anwandte (bei dem »heißen« Verfahren wurde in das durch Katalyse gewonnene O_2-Gemisch ein normaler Brennstoff eingespritzt, der sofort verbrannte und Temperaturen von 2000 bis 2500 °C entwickelte), er versucht auch, den »Walterantrieb« für Kleinst-U-Boote und Torpedos zu nutzen. Diese »Ingolin-Torpedos« genannten Waffen, deren Leistung während der Erprobung den klassischen thermodynamischen Antrieb (G 7 a) beträchtlich übertraf, kamen bis Kriegsende jedoch nicht mehr zum Einsatz, siehe auch E. Rössler [249].

8 genau genommen seit 1934

9 aus Wilhelmshaven: *U 28, U 29, U 33, U 34, U 37, U 38, U 39, U 40* und *U 41* und aus Kiel: *U 45, U 46, U 47, U 48* und *U 52*

10 westlich der Britischen Inseln und im Kanal (einschließlich Bristol Kanal), westlich der Biscaya und westlich der Iberischen Halbinsel

11 Kurz nach der Torpedoexplosion, so heißt es bei Hocking [30], taucht ein U-Boot in einer Distanz von 800 bis 1000 Yards auf und feuert (nach Hocking [30]) zwei Granaten in die Funkstation. Dabei werden einige Personen getötet. Nach [31] taucht das Boot nur auf. Es ist bei den Ausmaßen der Folgen der Torpedoexplosion allen an Bord klar, daß das Schiff dem Untergang geweiht ist. Da die Grundausrüstung mit Rettungsbooten ein Maximum von 1830 Personen vorsieht, ist diese Kapazität für die zur Zeit an Bord befindlichen 1103 Passagiere (unter diesen 311 amerikanischer Staatsangehörigkeit) und die 315 Besatzungsmitglieder, also bei insgesamt 1418 Personen, keineswegs erschöpft.

Während das deutsche Propaganda-Ministerium, kurz Pro-Mi genannt, von sich aus, das heißt ohne Zustimmung und Einverständnis mit der Skl (die, qu.e.d., keinen Funkspruch von der Versenkung der *Athenia* durch *U 30* erhielt) die Legende erfand, die *Athenia*, deren Versenkung in aller Welt berichtet und kommentiert wird, sei das Opfer einer von Churchill inszenierten Explosion geworden (»... damit wolle der britische Premier beweisen, daß sich die bösen Deutschen von vornherein an keinerlei internationale Abkommen gebunden fühlen und auch nicht halten«) gibt die britische Regierung eine Erklärung ab. Diese wird sofort im gleichen Wortlaut in den USA verbreitet. Interessant dabei ist, daß echtes britisches Understatement die nationale Zugehörigkeit des angreifenden U-Bootes geflissentlich verschweigt, wohl aber die eigene Weste als makellos sauber und blütenweiß hinstellt. Im Wortlaut heißt es [30]:

1. The s.s. *Athenia* carried no bullion or securities, and no guns, munitions of war, or explosives, either as cargo or stores.

2. She was not sunk either by contact with British mine, by a British submarine, by gunfire of British destroyers, or by an internal explosion, but in accordance with the evidence in the possession of H. M. Government, by a submarine.

3. She was neither armed nor stiffened to receive armament of any kind.

4. It was not intended to use the vessel as an armed raider, armed merchant cruiser, or in any other offensive capacity at the end of the voyage on which she was sunk.

Für Kapitänleutnant Lemp ist die Versenkung der abgeblendet fahrenden *Athenia* kein Irrtum. Sie war im Hinblick auf die als Kriegsschiffe anzusprechenden britischen Hilfskreuzer, die sich hier ausschließlich aus ehemaligen schnellen Passagierlinern rekrutierten, durchaus legal.

Hier noch die sachbezogenen »Führerbefehle vom 7. 9. mittags« im Wortlaut ...:
1. Keine Versuche unternehmen, *Athenia*-Angelegenheit zu klären, bevor U-Boote nicht wieder zu Hause.
2. U-Boote im Atlantik sollen Passagierdampfer und Franzosen schonen.
3. *Spee* und *Deutschland* sollen vorerst noch zurückhalten und etwas absetzen.
Allgemeine Tendenz »Zurückhaltung üben, bis politische Lage im Westen weiter geklärt. (Etwa 8 Tage)«.

12a Royal Australian Navy

12b Royal New Zealand Navy

12c Royal Canadian Navy

12d AMCs

13 Die Weisungen beruhen auf den Führerbefehlen, so auch die Weisung 4:
Der Oberbefehlshaber der Wehrmacht Führerhauptquartier, 25. 9. 1939
OKW Nr. 20 5130 g. Kdos WFA/LI
Weisung 4 für die Kriegführung
1.) ... 2.) ... 3.) ... 4.) ...
5.) Zur See ist unter Wegfall der bisherigen Einschränkungen der Handelskrieg nach Prisenordnung gegen Frankreich ebenso wie gegen England zu führen.

Ferner sind freigegeben:
- Der Angriff gegen französische Handelsschiffe im Geleit, gegen Truppentransporter,
- Minenverwendung an der nordafrikanischen Küste (Einschiffungshäfen).
- Der Handelskrieg der Seefliegerverbände.
- Der Angriff auf »Passagierdampfer« oder solche Dampfer, die offensichtlich neben Handelsware Passagiere im größeren Umfange befördern, hat nach wie vor zu unterbleiben.

c) ...
6.) Für den U-Boot-Krieg dürfen nur mehr folgende Bezeichnungen gewählt werden:
- für den U-Boot-Krieg nach Prisenordnung = Handelskrieg,

- für den uneingeschränkten U-Boot-Krieg = Belagerung Englands zur See.

7.) Gegen einwandfrei als bewaffnet erkannte englische Handelsschiffe ist der U-Boot-Angriff durch vorherige Warnung freigegeben.

14 Nach Roskill [2. Vol. I] verfehlten die Torpedos den Träger; sie liefen hinter dem Heck vorbei.

15 Im britischen Schrifttum hat sich im Zusammenhang mit den deutschen U-Booten der Begriff U-Boat statt submarine eingeführt.

15a Vorher war bereits schon ein schnell zusammengestellter Konvoi ohne Nummer aus Gibraltar in See gegangen, und zwar am 2. September, also noch vor dem offiziellen Kriegsausbruch zwischen Großbritannien/Frankreich und Deutschland [144].

16a Anfangs geleiteten die Unterseebootabwehrstreitkräfte nie weiter als bis 200 sm westlich von Irland. Hier wurden die Dampfer in ihre verschiedenen Richtungen entlassen. Die Geleitfahrzeuge übernahmen dann einkommende Schiffe und geleiteten sie heimwärts. Lt. [31]: Dieses System war gekoppelt mit den »tauschenden Marschrouten«, durch welche die Konvois von den bekannten oder vermuteten U-Boot-Ansammlungen ferngehalten wurden bzw. werden sollten. »In diesen Wochen war die Zahl beider Kategorien, die der Überwassergeleitschiffe und die der Flugzeuge, zu gering, um eine wirksame Arbeit im oder über dem Atlantik zu leisten ...«

16b Hier wären zunächst die später in Schwere Kreuzer umbenannten Panzerschiffe *Deutschland* (später *Lützow*), *Admiral Graf Spee* und *Admiral Scheer* zu nennen, die Schlachtkreuzer *Gneisenau* und *Scharnhorst*, das Schlachtschiff *Bismarck* oder Schwere Kreuzer wie *Admiral Hipper* und *Prinz Eugen*. Auch die Hilfskreuzer, die nacheinander in zwei Wellen operierten, sind als Hilfs-Überwasserseestreitkräfte hinzuzuzählen.

17a Britische Militärhistoriker unterteilen die »Schlacht im Atlantik« (die genau genommen, was die deutschen U-Boote angeht, eine Schlacht im Eismeer, im Nord- wie auch im Südatlantik und auch im Indischen Ozean war), in zwei große Phasen: a) In die Anstrengungen der U-Boote, die britischen Lebenslinien über den Atlantik zu »strangulieren« und b) in den Kampf der U-Boote, ab 1942 die überseeischen Herantransporte der alliierten Invasionsstreitkräfte auf die britische Insel zu verhindern.

17b Flottillenadmiral a.D. Otto Kretschmer bezieht sich zunächst auf die nach einem Gespräch mit Großadmiral Dönitz ergänzten Darstellungen des Verfassers über den Nachtangriff in dessen Buch JÄGER — GEJAGTE [18] und sagt: »So wie der Abschnitt jetzt aussieht, mag er wohl den Intentionen des BdU über den Nachtangriff entsprechen. Umgesetzt in ›Weisungen‹ oder ›Ständige Befehle‹ hat er sie in dieser Form aber nicht, wie ja auch der Anhang im Buch JÄGER — GEJAGTE zeigt, der Anhang II auf den Seiten 426 bis 428 in der 6. Auflage: ›Der Auszug der wichtigsten Anweisun-

gen aus dem HANDBUCH FÜR U-BOOT-KOMMANDANTEN, der MARINEDRUCKVORSCHRIFT Nr. 906.‹
Die Wirklichkeit sah eben in der Ausbildung im Frieden ganz anders aus. Die MDV 906 gibt doch nur Anleitungen für Anfänger für den Angriff auf Einzelziele, so der Abschnitt III A: ›Grundregeln für den Überwasser-Nachtangriff‹, Ziffer 175, wo nachzulesen ist: ›Der Überwasser-Torpedoangriff kommt für das U-Boot nur bei Nacht in Frage. Ziel des Überwasserangriffs ist ebenso wie beim Unterwasserangriff aus den gleichen schußtechnischen Gründen der unbemerkte und daher überraschende Schuß aus geringerer Entfernung. Die Mindest-Schußweite beträgt auch bei Nacht 300 m.‹ (Vergleiche Abschnitt II A, Ziffer 91).
- Otto Kretschmer: ›Nach meiner Erinnerung wurden wir für den Tagangriff auf 600 m getrimmt. Bei Nacht ging es nach Sicht.‹

Kein Wort über das Verhalten an Geleitzügen. Beim Auftreffen auf Sicherungsfahrzeuge soll nach der MDV 906 ausgewichen werden. Von einer Abwehr aus der Luft ist überhaupt nicht die Rede. Die von mir initiierte Taktik des Durchbrechens durch die Sicherung — wo es gerade am besten ging, auch von achtern, kaum von vorn — und das Mitfahren innerhalb des Geleitzuges hat es vorher nie gegeben.

Zur Friedensausbildung ist zu sagen: Das Verhältnis von Angriffsübungen bei Nacht über Wasser zu solchen bei Tage lag
- bei etwa 1 : 10.

Gleiches galt für den Schießabschnitt, wobei ich (bei eben diesen Friedensausbildungsübungen) nur ungesicherte Einzelziele bei Nacht kennengelernt habe. Die hinterherfahrenden alten T-Boote hatten lediglich die Aufgaben von Torpedofangbooten.
Ein Geleitzug konnte ja in der Friedensausbildung gar nicht dargestellt werden. Das Höchste der Gefühle waren bei Tage zwei Schiffe mit einer Sicherung, wobei die Schiffe auch noch in Kiellinie (und nicht nebeneinander in vorgetäuschter Kolonnenform) fuhren.
Mein Flottillenchef der U-Flottille WEDDIGEN wies nur immer auf das Angriffsverfahren der Torpedoboote hin:
- schmale Silhouette,
- Hundekurve

und so fort. Wie in der MDV 906, Ziffer 200, 204 usw. Das mit dem Erfolg, daß wir uns nach dem Schuß sofort absetzten, anstatt dranzubleiben.
Einen echten Geleitzug habe ich dann aber doch einmal erlebt, allerdings nicht in der Ausbildung, sondern während der Wehrmachtmanöver 1937. Dieser aus einigen Dampfern bestehende, von Geleitfahrzeugen gesicherte Konvoi kam aus Ostpreußen und beförderte eine Heerestruppe nach Swinemünde. Ich war bei den taktischen Manövern unserer U-Boote damals IWO auf *U 35* und hatte den Fächer zu schießen. Danach setzte sich der Kommandant mit dem Boot sofort
- nach Vorschrift

ab.

Im FdU/FdLuft Manöver im Frühjahr 1938 in der Nordsee wurde ein gegnerischer Verband/Konvoi durch e i n e n Schlepper dargestellt, der mutterseelenallein durch die Nordsee fuhr. Auf diesen fuhr ich als Kommandant von *U 23* den üblichen Überwassernachtangriff und hielt danach Fühlung. Andere Boote, die herankamen, schossen auch, verschwanden aber, da ja schon ein Fühlunghalter zur Stelle und in Aktion war.
In der Manöverkritik bemängelte der FdU, daß die Boote nicht drangeblieben seien und sich mit ihren Kursen wie ›Girlanden‹ um den Konvoi gewickelt hätten.
Zur reinen Lehre gehörte auch, nach Sichten des Gegners sofort in Angriffsposition zu gehen und anzugreifen. Da Sichtungen ausschließlich bei Tage vorkamen, hieß das: RAN ZUM UNTERWASSERANGRIFF. So habe ich es auch mit *U 23* (in Dienst ab 24. September 1936 bei der U-Flottille WEDDIGEN) gehalten.«
Soweit Otto Kretschmer im Wortlaut.

Als Kapitänleutnant Otto Kretschmer dann am 18. April 1940 bei der 7. U-Flottille das bei der Germania-Werft in Kiel erbaute VII B-Boot *U 99* in Dienst stellt und ab Juni 1940 frontbereit melden kann, beschließt er, im Atlantik operierend,
»gegen die reine Lehre«
zu verstoßen: Er will nicht bei Tage unter Wasser, sondern nur bei Nacht über Wasser angreifen. »... Und das sowohl bei Einzelfahrern wie auch bei Geleitzügen.«
Bei einem solchen Konvoi wartet er einmal so lange, bis sich, wie von ihm vermutet, die Sicherung absetzt und nach Hause oder zu einem anderen Geleitzug marschiert, der, da mit beladenen Schiffen einlaufend, wichtiger und wertvoller ist, als der zunächst gesichtete, westwärts gehende Konvoi. Auch hier greift er erst in der Nacht an. In Überwasserfahrt. In Kernevel bei Lorient, also in der Befehlsstelle des BdU und dessen Operationsabteilung, verläuft der Vortrag des Op-Berichtes durch Kretschmer wie erwartet. Dönitz unterbricht ihn mit der Frage: »Und warum hast du nicht sofort zum Tagangriff getaucht?«
Kretschmer verteidigt sein Abwarten auf die Nacht: »Weil der Tagangriff stationär macht und auch nur einen einzigen Angriff zuläßt. Das Operieren in der Nacht über Wasser ermöglicht mir eine flexiblere Angriffstechnik. Gleich mit mehreren Angriffen. Solange der Torpedovorrat reicht.«
Wohl auch, weil Kretschmer seine weisungswidrigen Überlegungen so energisch, so aufrichtig offen und überzeugend klar vertrat und damit auch seine Erfolge rechtfertigte, kommt es zu keiner Rüge durch Dönitz. Schließlich stimmt der BdU dieser völlig neuen — oberflächlich gesehen, für Boot und Besatzung gewagten — Taktik zu.
Otto Kretschmer im Wortlaut: »Schon beim nächsten Geleitzug habe ich die Sache ausgebaut und ging nach Durchbrechen der Sicherung in das Innere des Konvois hinein, wo mich der Feind nicht vermutete (wo ich aber auch einmal von einem Dampfer mit dessen Heckgeschütz beschossen wor-

den bin). Durch diese Taktik konnte ich immer aus nächster Nähe schießen und meistens zum Versenken nur einen Torpedo gebrauchen. Die gelehrte schmale Silhouette und die Hundekurve konnte man dabei vergessen. Man war ja von Schiffen umringt, die den Angreifer, das U-Boot also, nur dann genau sehen konnten, wenn man einen Tanker angriff und dieser mit einer Stichflamme explodierte oder in Flammen aufging. Dann allerdings stand man hell beleuchtet auf dem Tablett, bevor man sich in einer Qualmwolke verstecken konnte ...«

Otto Kretschmers Einsickertaktik zwischen die Marschkolonnen eines Geleitzuges nach Durchbrechen des Sicherungsringes durch Eskorter verschiedener Typen und Qualitäten bleibt nicht geheim. Sie wird bald schon von anderen U-Boot-Kommandanten versucht und auch mit Erfolg nachgeahmt,

»... was ja auch von mir so gedacht war.«

Dieser Einschub beweist, daß auch ein so erfahrener U-Boot-Taktiker, wie es Dönitz war, nicht alle offensiven Möglichkeiten vorhersehen und analysieren konnte und daß die Frontkommandanten die zunächst absoluten Lehrtaktiken auch von sich aus weiter entwickelten. Soweit sie durften.

Diese letzte einschränkende Bemerkung scheint wichtig, denn es gibt Beispiele mancher Art, daß der Grüne Tisch klüger zu sein meinte, als die praxiserfahrene Front.

18a Die Ergebnisse bei Angriffen landgestützter Flugzeuge gegen deutsche U-Boote sind für die Briten denkbar unbefriedigend. Nach A. Price [123] hatte das Coastal Command viel zu wenig Flugzeuge, »... um die gestellten Anforderungen zu erfüllen«. (Im Gegensatz zu den Aktivitäten der deutschen Luftwaffe.) Bis zum Jahresende 1939 wird aus der Luft kein einziges deutsches U-Boot versenkt. Erst am 31. Januar — greifen wir dem chronologischen Ablauf voraus — wird *U 55* (Kapitänleutnant Werner Heidel) bei einem Angriff auf den in miserabel schlechtem Wetter dahinstampfenden Konvoi O.A. nach der Versenkung von zwei Frachtern durch die Sloop *Fowey* und dem von dieser herbeigerufenen Zerstörer *Witshed* angenommen, zum Auftauchen gezwungen und in Verbindung mit einer Sunderland der 228. Squadron gebombt und danach selbstversenkt.

Den ersten ausschließlichen Erfolg aus der Luft verbucht eine Bristol Blenheim des Bomber Aircraft Command, die erst am 11. März 1940 das unter dem Kommando von Kapitänleutnant Habekost stehende *U 31* vom Typ VII während einer Werfterprobungsfahrt im Jadebusen auf Schilling-Reede bombt. Mit 48 Toten kommt dabei nicht nur die ganze Besatzung um, sondern auch zehn Mann Werftpersonal büßen ihr Leben ein. Genau einen Monat später, am 13. April, entdeckt im Ofotfjord eine Swordfishschwimmermaschine vom Schlachtschiff *Warspite U 64* unter Kapitänleutnant Wilhelm Schulz und versenkt es mit zwei 50 kg-Bomben.

18b Erkannt hatte man in England die Bedeutung der Flugzeuge im Einsatz gegen U-Boote, nur fehlte es (vorerst noch) an »Fliegendem Material«.

18c FuMOs = Funkmeßortungsgeräte = britisch Radar, zunächst als RDF

18d Während sich die zwangsläufig niedrige Aufstellung einer FuMO-Antenne auf U-Booten auf die maximale Distanz der Anmessung von Seezielen durchaus nachteilig (weil nicht weit genug) auswirkt, ist sie bei normalerweise relativ hoch anfliegenden Flugzeugen ausreichend groß genug, um eine rechtzeitige Abwehr durch ein Schnelltauchen des U-Bootes einzuleiten. Man nehme nur an, daß ein Flugzeug in 100 m Höhe aufklärt, dann ist es es sogar doppelt so hoch wie der Gefechtsmars eines Großkampfschiffes und in dieser Höhe auch entsprechend weiter zu orten. Der Gedanke, FuMO-Geräte auch in U-Booten einzubauen, ist mit dieser ersten wenig positiven Beurteilung immerhin nicht abgetan, er wird immer wieder akut, je mehr Flugzeuge vom Gegner für die U-Boot-Abwehr eingesetzt werden. Doch erst im Jahre 1943 werden/können (nach Gießler [107]) Versuche mit einer Entwicklung der Luftwaffe, mit dem auf der Dezimeter-Welle (56 cm) arbeitenden HOHENTWIEL-Gerät angestellt werden.

18f Zu der im Text vermerkten offiziellen Feststellung von den nur »unwesentlichen Vorteilen« schrieb Flottillenadmiral a.D. Kretschmer diesen Kommentar: »Fehlbeurteilung, heute hat man sie ja, obwohl kaum aufgetaucht wird, aber: 1. Sehrohre lassen sich doch ein- und ausfahren, also auch die Antennen von Funkmeßgeräten. 2. Auch bei geringer Reichweite sind sie bei Nacht und Nebel äußerst wertvoll. 3. Tiefflieger können auch mit einem Seezielradar aufgefaßt werden. 4. Sparsamer Gebrauch des Radars wie aller Elektronik ist selbstverständlich. 5. Mit Radar hätten wir (K. meint die U-Bootwaffe) im 2. Weltkrieg *sehr viel mehr* leisten können. (Der Verfasser weiter: Und die Verluste an U-Booten wären geringer gewesen.) 6. Das Aktiv-Sonar, was ich ja trotz des dafür vorgesehenen Raums auch nicht an Bord hatte, konnte man vielmehr als ein FuMO verschmerzen, damals jedenfalls.«

Wer hat hier versagt? Das OKM? Die U-Bootführung? Die Funkmeßspezialisten, weil nur wenige in der Lage waren, den operativ tätigen Seeoffizieren die Funktionen und die Bedeutung der FuMOs wie auch der FuMBs in einfachen, verständlichen Worten klarzumachen und weil diese völlig neue elektronische Begriffswelt immer nur kompliziert und umständlich dargestellt wurde, überließ man auf der Brücke die Funkmeßelektronik den »Funkenpustern« (also dem Funkpersonal) und befaßte sich selbst nur am Rande oder gar nicht damit? Die frontferne elektronische Industrie oder alle? Selbst heute 1990(!) gehen U-Bootfachleute aller Dienstgrade in Laboe mehrfach im Jahr an der vor dem Museums-U-Boot *U 995* aufgestellten technischen Datentafel vorbei, ohne anzumerken, daß bei den sonst pingelig genauen Angaben zur Artillerie, Maschine pp. die am Boot deutlich sichtbaren Funkmeßgeräte (d.h. deren Antennen am Turm) *keine* Erwähnung finden. Die Funkmeßgeräte werden, obwohl sie z.B. in den USA (nach Admiral Bethge) als Waffen gewertet werden, hier offenkundig auch heute noch einfach ignoriert. Dabei waren die gegnerischen Radargeräte in Flugzeugen die Ursache für einen Großteil der fast immer totalen Verluste von U-Booten gewesen, deren rechtzeitige Erkennung durch das FuMB METOX und später durch die für die CMW-Strahlen entwickelten FuMBs (NAXOS pp.) für ein rechtzeitiges Tauchen möglich war.

19 In dieser Weisung [45] vom 30. September 1939 heißt es unter der Ziffer 4):
Die bisherigen Einschränkungen des Seekrieges gegen Frankreich kommen in Fortfall. Der Seekrieg ist ebenso wie gegen England zu führen.
Der Handelskrieg ist im allgemeinen nach Prisenordnung zu führen mit folgenden Ausnahmen:
Einwandfrei als feindlich erkannte Handelsschiffe und Truppentransporter dürfen warnungslos angegriffen werden. Dasselbe gilt für abgeblendet fahrende Schiffe in den Gewässern um England.
Gegen Handelsschiffe, die nach dem Anhalten von ihrer Sendeeinrichtung Gebrauch machen, ist mit Waffengewalt vorzugehen.
Der Angriff auf »Passagierdampfer« oder solche großen Handelsdampfer, die offensichtlich Passagiere in größerem Umfang befördern, hat nach wie vor zu unterbleiben. gez. Keitel, Chef OKW

20 Ausgerechnet an diesem Tage war der Liegeplatz dieser Tidenströmungsfestung praktisch leer; trotz anfänglicher Torpedoversager versenkt Prien nach Umschalten auf die konventionelle Aufschlagzündung das britische Schlachtschiff *Royal Oak* mit dem Befehlshaber des 2. Schlachtgeschwaders an Bord.

21a Eine Einsicht in die Militärarchivakte RM 7/966 — Führerbefehle [45] beweist, daß die Marine der Weisung Nr. 7 vom 18. Oktober 1939 offenkundig nicht sofort Folge leistete, denn erst am 29. Oktober 1939 gab man beim OKM den Befehl an die schwimmenden Einheiten weiter. Er lautete:
Oberster Befehlshaber der Wehrmacht 18. Oktober 1939
Weisung 7:
Mit sofortiger Wirkung werden freigegeben.
1. ... dem Heer ...,
2. ... der Luftwaffe ...,
3. ... der KM: Angriffe auf feindliche Passagierdampfer, die sich im Geleit befinden oder abgeblendet fahren. Über alle übrigen zur Verschärfung des Handelskrieges gegen England vorgeschlagenen Maßnahmen wird der Führer entscheiden, sobald sie durch das OKW in ihrer politischen und wirtschaftlichen Auswirkung geprüft sind.

21b sowned = gesäten

22b Dem Verfasser liegt ein Schriftwechsel mit Engländern und Südafrikanern vor, aus dem zu entnehmen ist, daß die Briten bereits im I. Weltkrieg Pläne für »magnetische Minen« hatten. Nach Kapitän zur See K. Diggins (Präsident des Verbandes deutscher U-Boot-Fahrer) ist das Prinzip der Magnetmine in den 30er Jahren in Zeitschriften behandelt worden. — Nach v. Ledebuhr und Stehr legten die Briten schon im Sommer 1918 Magnetminen, während die deutsche Entwicklung erst ab Herbst 1918 einsetzte. Siehe auch über den Einsatz von Magnetminen im Ersten Weltkrieg: Peter Elliott: Allied Minesweeping in World War Z: 1979

22a Otto Kretschmer dazu: Der Verlust der Ärmelkanalboote war zu erwarten. Diesen Einsatz fand ich damals schon unverständlich, als wir nicht einmal SONAR gegen Minen hatten. Außerdem bin ich niemals über britische oder französische Minentypen aufgeklärt worden.

23a Nach den Quellen von [10] fehlte für die Verwendung von Flugzeugen als Minenträger eine gemeinsame Planung, obwohl einsatzbereite Luftminen zur Verfügung standen. »... Über den Einsatz der Grundminen mit Magnetzündung gab es zwischen der Skl und der Luftwaffe heftige Kontroversen. Die Skl forderte den sofortigen Einsatz der vorhandenen wenigen Minen, die Luftwaffe wollte warten, bis die Kriegsproduktion angelaufen und ein schlagartiger Masseneinsatz möglich war. Sie gab dann aber doch den Forderungen der Marine nach, was sich letztlich als großer Fehler erwies, denn die Engländer konnten am 23. September eine am 20. ins Wattenmeer vor Shoeburyness geworfene Magnetmine bergen und rechtzeitig geeignete Abwehrmittel entwickeln. Flugzeuge und Zerstörer [10] brachten 2000 Minen, darunter 200 Grundminen an der britischen Ost- und Südostküste zum Einsatz. Auf diesen Sperren sanken nach britischen Berichten bis Mai 1940 182 Schiffe mit 500000 BRT.« (Eine etwas vage, aber dennoch instruktive Zahl.) — Was folgt, sind nunmehr britische Magnetminen und deutscherseits ein MES für die Schiffe (= Anlage für magnetischen Eigenschutz).

23b Werner Hartmann, * 11. Dezember 1902 in Silstedt bei Wernigerode Harz (Crew 21), u. a. Chef der U-Flottille HUNDIUS vom Oktober 1938 bis Dezember 1939; Chef der 2. U-Flottille vom Januar 1940 bis Mai 1940, zugleich Kommandant von *U 37*; vom Mai 1940 bis November 1940 im Stab des BdU als 1. Asto; vom November 1940 bis November 1941 Kommandeur der 2. U.L.D.; vom Dezember 1941 bis Oktober 1942 Chef der 27. U-Flottille; vom November 1942 bis Januar 1944 Kommandant *U 198*; vom Januar bis August 1944 F.d.U. Mittelmeer; vom August 1944 bis Oktober 1944 Einsatzchef Italien; vom November 1944 bis Februar 1945 Volkssturm Danzig/Westpreußen; vom Februar 1945 bis Kriegsende Kommandeur des Marine-Grenadier Regiments 5; Ritterkreuz Mai 1940; Eichenlaub November 1941

23c Begonnen hatte das Jahr mit einem Problem: Am 1. Januar operierte nur ein U-Boot westlich von England und nur zwei befanden sich in der Nordsee auf dem Marsch ins / bzw. aus dem Operationsgebiet. Ursache waren die ungewöhnlichen Eisverhältnisse in der Nordsee und Ostsee, durch die 24 U-Boote blockiert wurden, während 19 Boote Schulungszwecken dienten und fünf in der Ausbildung standen.

24a Diese Zahl ist ein augenblicklicher Höhepunkt, denn nach der Norwegenaktion (also nach dem Unternehmen WESERÜBUNG) sinkt die Zahl der Frontboote, da bis zum Ende des Jahres alle Boote vom Typ II (also IIa, IIb und IIc) und vom Typ VII A als Schulboote aus der Front gezogen und für die Ausbildung neuer Besatzungen genutzt werden müssen. Januar 1941 hat Dönitz nur 22 Frontboote zur Verfügung (während die Zahl der italienischen Boote im Atlantik-Revier seit Monaten groß und Ende Januar 1941 mit 23 Booten sogar noch größer ist). Erst von diesem Zeitpunkt an steigt die Zahl der deutschen Frontboote: Ende April auf 32, Ende Juli auf 57, Ende Oktober auf 78 und Ende Januar 1942 auf 100. Von diesen Booten muß Dönitz laut OKM Befehl im Nordatlantik dringend benötigte Einheiten ins Nordmeer (Krieg mit der UdSSR) und ins Mittelmeer (Rommelfront) schicken, Diversionen, die dem Generalziel gegen die Nordatlantikkonvois schaden (siehe auch den diesbezüglichen Teil im Text).

24b Immerhin gab es ein Reichskriegsgerichtsverfahren mit harten Verurteilungen und Ablösungen Verantwortlicher.

24c Hier interessiert, daß die Briten zu dieser Zeit bereits über kombinierte Aufschlag-Magnet-Zündpistolen verfügten. Auch bei der US Navy gab es Versager [September 1944].

24d Sohn des Kommandanten des 1905/07 erbauten Kleinen Kreuzers S.m.S. *Königsberg,* der in Deutsch-Südostafrika ab 30. Oktober durch britische Seestreitkräfte im Rufidji-Delta blockiert wurde, aber erst am 11. Juli 1915 nach mehrfachen vergeblichen Angriffen der Briten durch extra herbeigerufene Monitore im Achterschiff schwer beschädigt, aber nicht außer Gefecht gesetzt wurde. Fregattenkapitän Max Looff mußte indessen den weiteren Kampf wegen Munitionsmangels abbrechen. Er ließ das Schiff zur Selbstversenkung sprengen. Selbst als gekentertes Wrack diente die *Königsberg* der Verteidigung Ostafrikas weiter, denn ihre Geschütze wurden desarmiert und nach Munitionsbeschaffung an Land eingesetzt.

25 Für die Überwasserfahrtbekämpfung der gängigen Typen VII C und IX B und IX C sind die erst ab 1940 von Stapel gelaufenen Einheiten der *Flower*-Klasse wie auch der *Castle*-Klasse (1943—1944) zu langsam. Folgende Klassen waren schneller oder gleich schnell, die Einheiten der Klassen *Bittern:* 18.75 kn (1936/37), *Erget:* 19.25 kn (1938), *Black Swan:* 18.00 kn (ab 1939), die »modified« *Black Swan:* 20 kn (ab 1939), *Halycon:* 17 kn (ab 1933) und im Küstenbereich die Minensucher der Klasse *Kingfisher:* 20 kn (ab 1935). Selbstverständlich sind Zerstörer, wenn als Eskorter eingesetzt, schneller als die wesentlich kleineren und daher bauzeitlich und bautechnisch weniger aufwendigen Korvetten.

26 Das Gebiet deckt sich fast genau mit der amerikanischen Kriegszone, deren Befahren amerikanischen Schiffen und Bürgern verboten ist.

27 Apropos Rudeltaktik = wolfpacks, nach Kemp [120]: »... so that a concentration of U-Boats could be formed around the convoy to attack it with maximum intensity ... the number of U-Boats forming a wolf pack; eight, ten or more, was normally sufficient to swamp the escort force of the average convoy. The wolf pack, combined with surface attacks on convois

by night was mainly responsible for grievous loss of allied merchant shipping during the first three years of the war.« Weiter nach P. Kemp in [120]: »... All these attacks were made on the surface during the hours of darkness, when the tiny superstructure of the U-Boat was well-night in invisible to the defenders. With her high surface speed and her virtual invisibility the advantages of night attacks to the U-Boat were considerable.

28 Es handelt sich um *U 65*, *U 47* und *U 101* (während das anfangs mit angesetzte *U 124* als Wetterboot für die Operation SEELÖWE abgestellt wird). Noch während der Aktion gegen den S.C.2 werden dann *U 99* und *U 28* herangeführt.

29 siehe MDW 906 in Brennecke [18]

30a Die Anstrengungen der Luftwaffe um diese Zeit, um die britische Insel invasionsreif zu bomben (Hitlers »Kleine Lösung zur Basisfrage« der Aktion SEELÖWE, auf einer Frontbreite von 140 km [das heißt der Küstenstrecke von Folkestone bis Eastburne]), ergeben am 31. August 1940 dieses Bild: In »der Schlacht über England« hat Hermann Göring, der Oberbefehlshaber der Luftwaffe des Reiches, bis jetzt 252 Jäger und 225 Bomber = 447 Flugzeuge verloren. Die Briten dagegen müssen nur 359 Maschinen abschreiben, die aus dem Nachschub über See ergänzt oder neu gebaut werden können. Zudem ist die Personalreserve auf der Insel mit nach wie vor kleinen Kriegsverlusten zur Zeit überhaupt kein Problem, während sich die deutschen Wehrmachtteile bereits um jeden qualifizierten Mann streiten.

30b In der Handelsschiffahrt die Kurzform für den Chefingenieur, der in der Marine LI = Leitender Ingenieur geheißen wird.

30c Der von Speer angewandte Sektionsbau geht auf den Generaldirektor HAS, Otto Merker, zurück, siehe [12], p. 297.

30d Zugegeben, daß diese Überlegungen eine hypothetische Aussage sind, die durch nichts zu beweisen ist, so sind sie doch auch in Fachkreisen ernsthaft diskutiert worden.

31 Der Übergang zur Funkführung erfolgt zunächst über Kurz- und Längstwellen aus Paris, ab November 1940 dann auch aus Lorient.

32 Heinrich (genannt Ajax) Bleichrodt überlebte den Krieg, nachdem er später bei der AGRU-Front in der Ostsee eingesetzt war. Die Versenkung der *City of Benares*, für die er im Hinblick auf die Kinder an Bord nicht verantwortlich zu machen war, ist Ajax Bleichrodt, als er hinterher den schrecklichen Background seines Erfolges erfuhr, herzzerbrechend nahe gegangen. Als er noch lebte, bat er den Verfasser, diese Versenkung in seinem Buch JÄGER — GEJAGTE nicht zu erwähnen. »Ich komme auch jetzt noch nicht über diese schicksalhafte Versenkung hinweg. Dieses Wissen um das entsetzliche Schicksal so vieler unschuldiger Kinder verfolgt mich Tag und Nacht. Warum ließen die Briten ein solches Schiff nicht mit vollen Lichtern fahren? Warum hat man uns aus London nicht durch Funk über

den Kindertransport gewahrschaut? Keiner von uns hätte dieses Schiff angegriffen ...« Warum die Briten das nicht taten, sei hier nicht Gegenstand von Untersuchungen. Hier möge lediglich deutlich werden, daß auch U-Bootkommandanten bei aller Härte und Schwere ihrer Aufgabe Menschen mit Herz und Seele hinter dem Panzer soldatischer Pflichterfüllung waren.

33 Nach [31] sind es nur 31 als die beiden Konvois in Stücke gehackt werden.

34 Und das nach der Aufnahme des Konvois durch drei Eskorter zwei Schiffe versenkte.

35a Noch sind sie machtlos. Das wird sich mit dem Tage ändern, da alle Eskorter mit einem FuMO (= Radar) ausgerüstet werden, durch das nachts oder im Nebel über Wasser heranstaffelnde U-Boote rechtzeitig vor dem Konvoi erfaßt und bekämpft werden können.

35b HF/DF ist die Kurzform für den Kurzwellenpeiler High Frequency Direction Finder, im amerikanischen Slang »Huff/Duff« genannt.

36 Bei F. Trenkle [33] heißt es lakonisch: Der sicherste Schutz ist, überhaupt nicht oder so zu strahlen (das heißt zu funken), daß der Gegner die Strahlung nicht erfassen kann. Da aber (eine) totale Funkstille oft gleichbedeutend mit der Verhinderung des eigenen Waffeneinsatzes ist, muß hier also stets ein Kompromiß zwischen Risiko und Wirkung gefunden werden. Taktische Erwägungen für sofortige Reaktionen können strategischen Gesichtspunkten entgegenstehen: So ist z. B. die laufende (vom Gegner unbemerkte) Informationsgewinnung, auch wenn der Gegner dann ungestörte Einsätze durchführen kann, oft wichtiger als die sofortige Störung. Letztere kann einen Einsatz verhindern, führt aber oft zu weiteren, die man nicht rechtzeitig erfassen kann, weil man neue Verfahren oder Frequenzen noch nicht erkannt hat, siehe auch (auch über die heutige Form): [34] Kiewert, K.: Elektronische Kampfführung (Marine) und [35] Stallmann, W.: Elektronische Kampfführung. Entwicklung und Einfluß auf die Seetaktik.

37 *U 99* ist danach mit einem Gesamterfolg von 4 Schiffen mit 42 407 BRT heimgekehrt.

38 Als im August 1940 die 502 Squ. auf Whitleys umgestellt wurde, wurden diese Flugzeuge größerer Reichweite mit einem Radar ASV II ausgerüstet, das in der Lage ist, Schiffe über 1000 BRT auf eine Distanz von 27 sm zu orten. Aber bis September war nach [31] »das Coastal Command noch zahlenmäßig schwach und die Flugzeuge von geringer Reichweite.« Im Oktober wird das erste RAF-Geschwader nach Island verlegt. »Ein besonderer Faktor, der die Reichweiten unserer Luftpatrouillen begrenzte, war die Verweigerung von Luftbasen in Südwest-Irland.«

39 total 35 (drei Boote durch Kollisionen)

40 Hier versenken (nach deutschen Quellen!) die noch zur ersten Welle gehörenden Boote mit Booten der zweiten Mittelatlantikwelle vom 25. April

bis zum 15. Juni an Einzelfahrern und aus den Konvois S.L. 67, S.L. 68 und S.L. 76: *U 105* unter Kapitänleutnant Schewe zwölf (!) Schiffe mit 71 450 BRT, *U 106* unter Kapitänleutnant Oesten acht Schiffe mit 44 730 BRT, ferner wird das Schlachtschiff *Malaya* torpediert, *U 107* unter Kapitänleutnant Hessler 14 (!) Schiffe mit 86 699 BRT, *U 103* unter Korvettenkapitän Schütze zwölf (!) Schiffe mit 58 553 BRT, das italienische *U-Tazzoli* unter Korvettenkapitän Fecia di Cossato drei Schiffe mit 17 860 BRT, *U 38* unter Kapitänleutnant Liebe acht Schiffe mit 47 279 BRT, *U 69* unter Kapitänleutnant Metzler fünf Schiffe mit 25 544 BRT, ferner geht hier ein Schiff mit 2879 BRT durch eine Mine verloren. Zusammen vernichtete diese aus sieben Booten bestehende Gruppe 62 Schiffe mit 353 115 BRT und mit dem Minenverlust von 355 994 BRT.

41 Der B-Dienst (auch xB-Dienst) ist ein Funkbeobachtungsdienst im Rahmen des großen Bereichs des Funk-Horchverfahrens, das sich aus den diesbezüglichen Erfahrungen des Ersten Weltkrieges entwickelt hatte. Hier sei der Fachmann Fritz Trenkle mit seinem von der AEG-TELEFUNKEN herausgegebenen Werk über die deutschen Funkpeil- und Horchverfahren [47] zum Teil im Wortlaut und auch in Verbindung mit anderen Kapazitäten wie H. Gießler [48], H. Bonatz [49] und W. Stallmann [50] zitiert.
Nicht unwichtig ist daher für die Bewertung und Bedeutung der Funkentschlüsselung eine geraffte Skizze zur Entwicklungsgeschichte.
Die Kaiserliche Marine verfügte 1914 nur über eine Landfunkstation für Funkbeobachtung. Sehr bald lernten die gegen die britische Handelsschiffahrt eingesetzten Einheiten das Abhören bzw. die Störung von Notrufen aufgebrachter Schiffe. Jedoch erweist sich die zur Abstandmessung angewandte Feldstärkenmessung des feindlichen Funkverkehrs als gefährlich. Inzwischen war man sich sicher, daß der Leichte Kreuzer *Emden* vor den Cocos-Inseln nur infolge einer Fehleinschätzung des Abstandes (200 bis 250 hm) von der in Wahrheit nur 50 hm entfernten *Sidney* gestellt worden war. 1915 beginnt man mit dem systematischen Aufbau einer Funkaufklärung durch weitere, auch mit Peilern ausgestatteten Landstationen. Am 1. Februar 1916 wird eine Zentralstelle für Funkbeobachtung in Neumünster eingerichtet, die sich auch mit dem Entschlüsseln und Auswerten feindlicher Funksprüche befaßt. Leider zieht man aus den dabei anfallenden Erkenntnissen über bevorstehende Feindaktionen und die jeweiligen Standorte der Gegenschiffe nicht die notwendigen taktischen Folgerungen für den eigenen Funkverkehr. So kommt es, daß man bei der Marine erst 1917 im Sommer neue Schlüsselverfahren einsetzt, die der Gegner nicht mehr ad hoc entschlüsseln kann. (Lt. [47] heißt es im Wortlaut: »Dies bewirkte z. Bsp. daß auf 2 deutsche Kreuzer, die einen sehr regen und verschlüsselten Funkverkehr durchführten, von britischer Seite vorsichtshalber 3 Schlachtkreuzer, 27 Leichte Kreuzer und 54 Zerstörer angesetzt wurden«, leider wird nicht belegt, wann und wo.) Gemeint sind wohl die beiden Minenkreuzer *Brummer* und *Bremse,* auf denen bei einem Vorstoß am 16./18. Oktober erstmals eine Funkaufklärungsgruppe eingeschifft war.

Die *Brummer* und die *Bremse* griffen dabei auf der Linie Bergen—Larvik einen gesicherten Konvoi an, 9 Frachter und zwei Zerstörer wurden dabei versenkt. Dem B-Dienst sind bei diesem Erfolg wesentliche Verdienste zuzurechnen. Von gravierender Bedeutung ist jedoch, was in [47] in diesem Zusammenhang abschließend und zusammenfassend formuliert wird: Viel zu spät erfaßte man auch auf deutscher Seite den Wert der Funkdisziplin bzw. der Einhaltung von Funkstille, um eigene Unternehmen nicht zu verraten.

Zwar erlaubte der Versailler Vertrag dem Heer nur 7 Divisions-Nachrichtenabteilungen, davon eine mit einem Horchzug. Seit 1919 gab es in Berlin bei der Abwehr-Dienststelle eine Zentrale für den (Funk-)Beobachtungs- und Entschlüsselungsdienst, danach wurde bei den zugebilligten zwölf festen Funkstellen ein Horchdienst eingerichtet. Er hatte vier Aufgabengruppen, darunter das Abhören und Anpeilen ausländischer Nachrichtensender mit der Auswertung ihres Funkverkehrs, das Entziffern ausländischer Funkschlüssel usw. Da der Horchbetrieb durch die eigenen Sendungen gestört wurde, errichtete man bald sechs voneinander störfrei abgesetzte Horchstellen, die mit den Abwehrstellen zusammenarbeiteten und auch Aufklärung durch Agenten betrieben. Dieser Horchdienst erfaßte bald alle Funkdienste, allerdings mit Ausnahme des Flottenfunkverkehrs. Die Reichsmarine hatte sich nämlich im B-Dienst (Funk-Beobachtungsdienst) eine eigene Horchorganisation geschaffen. Ende April 1919 wurde bei der Admiralität eine Zentralstelle für Funkaufklärung tätig. Allerdings wurde sie — und das beweist die Unterbewertung ihrer Bedeutung — bis zum Herbst 1929 nur nebenamtlich vom Nachrichtenübermittlungsdienst »mit«-betreut. Danach wird sie mehrere Jahre sogar der Inspektion des Torpedo- und Minenwesens unterstellt, denn eine Nachrichteninspektion gibt es noch (immer) nicht. Erst 1934 wird die (Funk-)Beobachtungs(B-) Leitstelle der Marineleitung als Marine-Nachrichten-Abteilung angegliedert, der ab 1920 B-Stellen in elf Küsten-Funkstellen unterstanden (ab 1925 durch eine 12. in Süddeutschland erweitert).

1935 richtet das OKM eine Marine Nachrichten-Abteilung (MNA) mit den Referaten »Fremde Marinen, Marinenachrichtenübermittlungsdienst« und »Funkaufklärung« ein. Gleichzeitig wird auf allen größeren Kriegsschiffbauten außer den reinen Funkräumen ein Raum für den xB-Dienst vorgesehen. Bestand das Referat Funkaufklärung (auch B-Leitstelle genannt) 1934 nur aus 20 Mitarbeitern, so sind es 1936 erst 30. Bei Kriegsausbruch 1939 ist bei 16 Beobachtungspeilstellen das im Frieden vorgesehene Plansoll von 110 Mitarbeitern noch lange nicht erreicht. Noch immer hat es den Anschein, daß der wahre Wert der Arbeiten dieser Dienststelle weiterhin verkannt wird. 1940 wird aus der Abteilung Marinenachrichtendienst der Marinenachrichtenübermittlungsdienst herausgenommen und in die neugebildete Abteilung Marinenachrichtendienst (2. Skl) übergeführt. Die beiden anderen Gruppen bzw. Generalreferate bilden die neue Abteilung Marinenachrichtenauswertung (3. Skl). Im Laufe der nächsten

Entwicklung wird das Generalreferat Funkaufklärung aus der 3. Skl in die 2. Skl übernommen. Das ändert sich erneut, als am 1. Juni 1941 innerhalb der Skl die Amtsgruppe Marinenachrichtendienst (2. Skl, Chef MND) gebildet wird, in ihr wird das Generalreferat Funkaufklärung (Skl, Chef MND III) im November 1941 zur Abteilung vergrößert. Verantwortlich ist die Skl, Chef MND, auch für den »Seetaktischen Funkmeßdienst«, jedoch werden hier die Funkmeßdienste der Marine Flak und der Marine Flotten vom Quartiermeisteramt geleitet. Alle drei waren vorher von der Amtsgruppe Technisches Nachrichtenwesen betreut worden.

Doch erst, als im Sommer 1942 die Aufgliederung in »Seetaktischer Funkmeßdienst« und »Funkmeßbeobachtungsdienst«, vorgenommen wird, kann eine praktische amtliche Arbeit beginnen. Zum FuMB-Dienst an Land ist auch der FuMS, der Funkmeßstördienst hinzuzurechnen.

42 So leger kann man (nach Bonatz [4]) die Schlüsselmittel der Royal Navy nun auch nicht abtun. Als eigentliches Marine-Verfahren (besonders für Schiffsmeldungen) diente der weltweit gültige und unüberschlüsselt benutzte Admiralty Code (AC), der mit Kriegsbeginn außer Kraft trat, sich indessen doch sehr nützlich für die neuen Kode-Überschlüsselungen erwies. Es gab im Laufe der Kriegsjahre mindestens 25 unterschiedliche, zum großen Teil erfolgreich bearbeitete Verfahren, alle jedoch waren Handverfahren mit Handüberschlüsselung; nur in zwei Ausnahmen setzte man Chiffriermaschinen ein.

Bei den sogenannten Hauptverfahren, von denen zwei bei Kriegsausbruch eingesetzt wurden (der Secret Cypher KÖLN als Stabs- und Offiziersverfahren und der Secret Code MÜNCHEN als »Allgemeines Verfahren«) gab es Satzbücher. Diese waren unsystematisch. Es gab jeweils einen alphabetisch geordneten Kode zum Aufsetzen und einen numerisch geordneten Dekode zum Aufschlagen der Sprüche. Zur Erhöhung der Sicherheit wurden die aufgesetzten Sprüche mittels einer Zahlenreihe, eines sogenannten Zahlenwurms, in die Funkgruppen umgesetzt. Diese Überschlüsselung wurde Long Subtractor System genannt. Der Empfänger mußte unter die Funkgruppe den Zahlenwurm Ziffer um Ziffer schreiben und dann die Differenz bilden. Die so erhaltenen Gruppen waren im Dekode aufzuschlagen. Die Überschlüsselungen wechselten bei KÖLN monatlich am 1., bei MÜNCHEN alle zwei Monate, später erfolgte der Wechsel in kürzeren Abständen.

Das Lösen eines Schlüssels, das zum Grundsätzlichen, gestattet noch nicht das Mitlesen des Spruchinhalts. Dazu ist noch die Deutung des Grundverfahrens (Kodes) erforderlich, das durch das Abheben der Überschlüsselung offengelegt wird.

Weitere Einzelheiten dazu (wie auch zum später einführten Maschinenschlüssel »Cypher/Coding Machine Typ X« und der »Combined Cypher Machine) siehe bei Bonatz [4].

43 Obwohl bei dieser Gelegenheit nicht erwähnt, seien einige Bereiche genannt. So werden heute, also rückschauend, nach Patrick Beesly [3]

»... beim Funkschlüssel »M« die zur Kennzeichnung der verwendeten Verfahrens oder des Schlüsselbereiches notwendigen Kenngruppen aus einem Funknamen- und Kenngruppenbuch ausgewählt. Der ausgewählte Buchstabe wurde mit der Grundstellung der Maschine zweimal getastet. Die ersten drei Buchstaben wurden im Anschluß an einen freigewählten Füllbuchstaben als erste Gruppe des zu übermittelnden Spruches, die letzten drei Buchstaben nach einem freigewählten Füllbuchstaben als letzte Gruppe an den Schluß des Funkspruches gesetzt. Die Buchkenngruppe bildete zugleich den Spruchschlüssel, nach dem dann der in vierstelligen Gruppen zu schreibende Klartext verschlüsselt wurde. Der fertige Funkspruch bekam im Kopf die vierstellige Datums- und Uhrzeitgruppe, bis zum Kriegsbeginn ferner die aus dem Funknamenbuch entnommenen vierstelligen Anschriften- und Unterschriftengruppen und eine Angabe über die Anzahl der im Funkspruch enthaltenden Funkgruppen. Im Krieg fielen dann die Anschriften und Unterschriften weg, sofern sie nicht im Text eingebaut waren, um damit eine Verkehrsauswertung zu erschweren. Dafür erhielten die einzelnen Funksprüche eine laufende Leitnummer, welche die Funkleitstelle bei Wiederholung des Spruches dem Spruch voranstellte ...« Soweit P. Beesly [3]. Nach Hermann Rautzenberg [146] wurde das Verfahren wie nachstehend abgewickelt: Eine dreistellige Buchstabengruppe zur Feststellung des Verfahrens (»Allgemein«, »Offiziere« oder »Kommandant«) wurde aus dem »Verfahrenskenngruppenbuch« ausgesucht und willkürlich mit einem angehängten Buchstaben (außer »X«) zu einer vierstelligen Buchstabengruppe »aufgefüllt«. Das gleiche geschieht bei der Wahl der dreistelligen Schlüsselkenngruppe. Hier ist jedoch der erste Buchstabe der vierstelligen Gruppe willkürlich gewählt. Das sah dann so aus:
Verfahrens-Kenngruppe: W B H K
 | | | |
Schlüssel-Kenngruppe   S V R L

Diese beiden Gruppen wurden für den Funkspruch in einem Buchgruppenverfahren (das sogenannte H-System) verschlüsselt und am Anfang und Ende eines FT gesendet.
Man nahm die untereinanderstehenden zwei Buchstaben, verschlüsselte sie mit zwei Buchstaben aus der Buchgruppentabelle und trug diese waagerecht ins Funkspruch-Formular ein. Beim Entschlüsseln verfuhr man umgekehrt. Die so ermittelte dreistellige Schlüsselgruppe (hier VRL) wurde mit dem jeweiligen Frageschlüssel (Stellung in den Walzenfenstern — sie wechselte täglich) verschlüsselt und ergab dann den Spruchschlüssel, der zum Ver- oder Entschlüsseln in den Walzen eingestellt wurde.
Kennzeichen eines FT war die vierstellige Uhrzeitgruppe, der von der Leitstelle bei der Wiederholung eine Leitnummer beigefügt wurde, die es ermöglichte festzustellen, ob man alle FTs des Tages aufgenommen hatte.
Die fehlenden FTs konnten unter Wasser über Peilrahmen auf Längstwelle in den festgelegten Programmzeiten bis zur einer Tiefe von über 40 m aufgenommen werden.

Seit 1943 versorgte der neue 1000 kW-Röhrensender mit einem Leistungsgrad von über 80 %! in Kalbe an der Milde (ehemalige DDR) alle U-Boote mit diesen Programmzeiten.

44 Der Name sollte wohl SLEIPNIR geschrieben werden, ein Begriff aus der nordischen Mythologie für das achtbeinige graue Pferd Odins, dargestellt auf dem Tjängvide-Stein.

45 Die »Enigma« ist die Urform der deutschen Schlüsselmaschinen. Es waren polnische Wissenschaftler in Warschau, denen es gelang, diese Urform »zu knacken«. Polen informierte die zuständigen Dienststellen in Paris und London. Die Folge dieser Zusammenarbeit ist eine »Entzifferungsmaschine«. Mit deren Hilfe wurden nach Bonatz [4] dann auch Funksprüche an und von U-Booten mitgelesen, was wiederum vermutlich zum Erkennen und zum Umgehen mancher U-Boot-Aufstellungen führte. Jedoch lagen nur wenige Dekodierungen zeitgerecht vor, um daraus einen operativen Nutzen zu ziehen. Bonatz macht in [4] darauf aufmerksam, daß er im Kriege vergeblich die Konstruktion einer Maschine zur Entzifferung der britischen Marine-Hauptverfahren, der Secret Cypher und des Secret Code, gefordert hatte.

46 vgl. Brennecke [14]

47 Es ist in diesem Zusammenhang von eminentem Interesse, daß die Versorgung von *U 68* in den britischen Unterlagen nicht genannt worden ist, wohl aber wurde der Skl-Befehl an *U 126*, die *Atlantis* zu treffen, von B.P. entziffert. Es ist durchaus nicht abwegig, daß die Briten den im FT genannten Versorgungspunkt kontrolliert und nichts gefunden haben. Das könnte die später mehr allgemein gehaltene Suchaktion erklären.

48 vgl. Brennecke [18]

49 Es handelte sich um den britischen Schweren Kreuzer *Devonshire*.

50 Der deutsche Funker hatte statt RRRR in seiner Nervosität nur RRR gefunkt. Das fehlende vierte R machte, so meinte Rogge, den vorgetäuschten verdächtigen »Holländer« so verdächtig, daß der britische Kommandant beim C-in-C Freetown nachgefragt haben soll. Das hat er in der Tat, jedoch nicht wegen des fehlenden 4. Rs, sondern rein routinemäßig, ob sich im fraglichen Seegebiet ein britisches oder alliiertes Frachtschiff befinde. Der C. in C. Southatlantic verneinte.

51 Britische Stellen argumentierten, daß die *Devonshire* »wegen des vom Bordflugzeug gemeldeten U-Bootes« nichts zur Rettung der Überlebenden tun konnte, daß man hier aber dem deutschen U-Boot vertraute, Notwendiges zu veranlassen.

52 Es handelte sich um die *Dorsetshire*.

53 Als erstes Boot lief *U-Luigi Torelli* ein, am 24. Dezember folgte *U 68*, am 26. Dezember *U-Enrico Tazzoli*, am 27. Dezember *U 129* und *U-Pietro Calvi*, am 28. Dezember *U-Giuseppe Finzi* und am 29. Dezember *U 124*.

54 Britische Autoren würdigen die Rettungsaktion als eine große seemännische Leistung, Beesly [3] verweist — zu Recht — auf Dönitz, dem sofort klar ist, »daß die Zeiten der (U-Boot)-Versorgungsmöglichkeiten durch Überwassertanker im Atlantik vorbei waren«.

55 Über dieses Gespräch, vor allem über die beanstandete KTB-Eintragung, gibt es von Vizeadmiral Rogge schriftliche Aufzeichnungen und Briefe an den Verfasser [38]. Dönitz fürchtete, zu Recht, bei einer schriftlichen Fixierung einer solchen schwerwiegenden Entscheidung Unruhe unter seinen U-Boot-Kommandanten, unter denen es einige gab (darunter Otto Kretschmer), die der von höchsten Stellen immer wieder beschworenen Schlüsselsicherheit des Marineschlüssels »M« mißtrauten und ihren Funkverkehr entsprechend reduzierten und auf das Allernotwendigste beschränkten.

56 Kapitän Paradeis wurde später in Deutschland vom Deutschen Nautischen Verein als Mitglied deshalb ausgeschlossen. Siehe auch Jochen Brennecke »Schlachtschiff *Bismarck*« [15], [16], bis 4. Auflage.

57 Der Gedanke, eine zentrale Stelle zur Auswertung der bislang vernachlässigten Möglichkeiten, auch die Positionen von Schiffen über Funkortung (es gab um diese Zeit fünf Funkpeilstellen, zwei in Großbritannien, eine in Malta und zwei in Fernost), von Meldungen eigener Schiffe usw. zu schaffen, kam 1937 von Konteradmiral Troup, dem Chef des Naval Intelligence (NI). Er übertrug den Aufbau dieser Operational Intelligence Centre (O.I.C.) genannten Institution noch im Juni dieses Jahres einem Verwaltungsoffizier namens Norman Denning, aus dem sich der spätere Vizeadmiral Sir Norman Denning als ein Abwehroffizier von ungewöhnlichem Format entwickelte, der, nach Beesly [3] ein »ausgesucht kluger Kopf«, heute als der Vater des O.I.C. gilt, während diese Dienststelle ideenmäßig ihren Vorläufer im ROOM 40 OB (Entzifferungsbüro) des Ersten Weltkrieges hatte (dessen Chef der spätere Admiral Sir William Milborne James war). Denning ist übrigens der Schöpfer des »Denning Papers«, nämlich der so bedeutungsvollen Überlegung, das O.I.C. auch über die G.C. & C.S. (die Government Code an Cipher Shool) hinweg zur Zentralstelle zur Sammlung und Auswertung *aller* Nachrichten usw. zu erheben. Inzwischen, nach dem Spanischen Bürgerkrieg mit den verschiedensten nachrichtentechnischen Versuchen und Erfolgen, wurde das bisherige 2 Mann-Team des O.I.C. laufend verstärkt, darunter von pensionierten Offizieren der Funkauswertungsgruppe. Denning selbst behielt sich den deutschen Nachrichtensektor vor. Er nahm aber auch Einfluß auf die für die G.C. & C.S. arbeitenden Funkpeil- und Y-Stationen der D.S.D./N.I.D. 9, deren Chef, Sir William Milborne James, Dennings Vorstellungen unterstützte. Vor allem galt es, um zuverlässigere Schiffsbestimmungen zu ermöglichen, die Zahl und Leistungskapazität der Funkhorch- und Peilstationen zu erhöhen. Kosten- und Personalprobleme verzögerten das. Im September 1939 waren (zum Teil mit us-amerikanischer Technik) erst sechs Hochfre-

quenz- und vier Mittelfrequenzstationen in Großbritannien in Betrieb, drei im Mittelmeerraum und zwei in Fernost. Bei Kriegsbeginn stand nun ein Seeoffizier an der Spitze des O.I.C., das inzwischen in unterirdischen Räumen zusammen mit dem Kriegslagezimmer für die Operation Division, dem Kartenraum und der War Registry mit modernster Nachrichtenübermittlung untergebracht worden war. Beesly nennt es das »Nervenzentrum der Kriegführung« [3]. Denning schlug dem neuen Boss ein Spezialistenteam von Funkbeobachtern vor. Dieses wurde geschaffen, an seine Spitze trat interessanterweise der Leitartikler der TIMES. Das Team war »eine kleine Gruppe, die nie mehr als sechs bis sieben Männer und Frauen erfaßte« [3]. Ein Sonderteam soll die Bewegungen der deutschen, italienischen und japanischen U-Boote überwachen, wobei man auch hier interessanterweise von »U-Boats« und nicht von »Submarines« sprach. Ferner wurde, aufbauend auf Dennings Erfahrungen im Schiffsverkehr, als die Japaner Shanghai besetzten, eine Sektion Merchant Shipping eingerichtet. Sie hatte eine direkte Telefonverbindung zu Lloyds, Verbindungen zur Baltic Exchange und dem Board of Trade. Eine weitere Spezialsektion unterhielt im Hinblick auf die zu erwartende Flugzeugentwicklung und deren wachsende Bedeutung auch im Seekrieg einen direkten Draht zur Geheimen Nachrichtenabteilung des Luftfahrtministeriums. Inzwischen wurde die G.C. & C.S. aus London evakuiert. Diese Entzifferungsdienststelle wurde im Bletchley Park (kurz B.P.) in Buckinghamshire untergebracht. Verantwortlich für die hautnahe Verbindung vom nach wie vor beim N.I.D. voll integrierten O.I.C. zur B.P. zeichnete nur Denning, drittwichtigster Offizier im O.I.C. unter Konteradmiral Clayton. Das O.I.C. gilt nun als die offizielle Zentrale für das Sammeln, Ordnen und Auswerten aller Nachrichten über Bewegungen und Absichten feindlicher Seestreitkräfte, gleichgültig, aus welcher Quelle sie stammen: aus B.P., von Agenten, von Funkhorchstationen, Funkpeilstationen usw. [3]. Im August 1939, als sich die Krisenlage über den deutsch-polnischen Korridorkonflikt zuspitzt, bereitet sich Großbritannien auf den Ernstfall vor. Auch das O.I.C. wird mobilisiert. Es verfügt im Stab jetzt über 36 Mitarbeiter und Mitarbeiterinnen. Chef ist Konteradmiral Clayton, sein Vertreter ist Commander Colpoys, und wie gesagt drittwichtigster Mann in dieser »Hinter-der-Tür-Hierarchie« ist Norman Denning, auch NED genannt. Das O.I.C. gliedert sich jetzt in vier Abteilungen: 1. die italienische und japanische unter Barrow-Green, 2. die Funkortung unter Thring, 3. die für die deutschen Überwasserkriegsschiffe unter Denning, 4. die deutschen U-Boote unter Thring mit dem ex Rechtsanwalt Winn als Assistenten. Zusätzliche Aufgabe von Denning sind die Kontakte mit den ausgesucht wenigen Dienststellen einschließlich B.P. Das O.I.C. wird zu einer Institution, die wie kaum eine andere Dienststelle über weitgreifende Vollmachten verfügt. Sie kann, vom Ersten Seelord unterstützt, ohne Rücksprache mit ihrer übergeordneten Dienststelle mit allen Dienststellen der Admiralität direkt verkehren, mit den Chefs aller britischen Flotten (Home Fleet usw.), mit der Armeeführung, der Luftwaffe, dem Auswärtigen Amt (Foreign Office) und mit jedem in See befindlichen Schiff der Royal Navy, natürlich auch z. B. mit dem soeben ins Leben gerufenen Minsterium für Schiffahrt und Kriegswirtschaft. Während die Deutschen im Spanischen Bürgerkrieg nach Roskill Erfahrungen mit Stukas und Panzern sammelten, zog Großbritannien u. a. Nutzen aus nachrichtentechnischen Erkenntnissen. (Was aber nicht bedeutet [wie es in dieser Formulierung den Anschein hat], daß deutscherseits auf diesem Gebiet nichts geschah. Genau das Gegenteil ist der Fall gewesen. Hier sei nur auf die aussagestarken Bücher der AEG-TELEFUNKEN hingewiesen, hier vor allem auf den Titel von Fritz Trenkle: Die deutschen Funkpeil- und Horchverfahren.)

Beesly: »Die Existenz des Operational Intelligence Centre und sein schneller Ausbau ist das direkte Ergebnis des spanischen Konflikts. Allerdings fehlten anfangs gut ausgebildete Mitarbeiter und die Praxis, wie sie nur der Kriegsfall bietet und gewährt. In den ersten Monaten mangelt es daher an Informationsmaterial, an genügend Nachrichten für das O.I.C. Aber das sollte sich bald und dann ganz schnell ändern.

Es ist selbstverständlich, daß das O.I.C. und B.P. in enger Zusammenarbeit mit der Admiralität arbeiteten. Ein Versuch, diese Koordination dadurch zu erreichen, daß die kleine Naval Section von G.C. & C.S. bei dem O.I.C. verblieb, wurde wieder aufgegeben, als G.C. & C.S. nach Bletchley Park (B.P.) umzog. Allerdings bleibt die Marine Sektion hier — eben wegen der fachlichen Komplikationen und auch der Tatsache, daß die Admiralität im Gegensatz zum Heeres- und Luftwaffenministerium eine operative Führungsstelle war — eine selbständige Dienststelle. Diese wird in ihrer Schlüsselrolle für das O.I.C. während des Krieges zu einer auch personell gewichtigen Dienststelle. Am Ende — und das bezeugt die Bedeutung von B.P. insgesamt (also einschließlich der Naval Section) über 10 000 Mitarbeiter. Anfangs geschah das Entschlüsseln von fremden, das heißt hier vor allem von deutschen Funksprüchen noch vornehmlich im noch immer zeitraubenden Verfahren mit dem in den USA entwickelten Hollerith-System. Doch bald schon kommt über die Polen eine umständlich umfangreiche Mechanik in Dienst, die Beesly »als Vorläufer des elektronisch gesteuerten Computers« bezeichnet: Rechnungen, die im Handverfahren Monate dauern, können nunmehr — bislang unvorstellbar — mit diesen Maschinen beschleunigt werden. Diese Geräte — »bombs« genannt — werden nur von den weiblichen Hilfskräften W.R.N.S. bedient. Nur einer ganz kleinen Gruppe von Technikern obliegt ihre Wartung.

Daß die Polen auch die »Bomben« vorentwickelt haben, bedarf nach der Anmerkung 45 hier noch einmal des Hinweises. Auf diesem Fundament haben dann die britischen Analytiker im Mai 1940 im B.P. die erste von der British Tabulating Machine Company konstruierte »Bombe« aufgestellt. In [121] heißt es: »Da man wußte, daß die ersten sechs Buchstaben einer jeden Botschaft die Schlüsseleinstellung darstellten — eine Gruppe von drei Buchstaben, die wiederholt wurde — gab man der ›Bombe‹ die

ersten sechs Buchstaben der verschlüsselten Meldung ein. Darauf drehten sich die Walzen und erprobten alle denkbaren Kombinationen von Walzeneinstellungen, bis die sechs Buchstaben der Chiffre zu einem Paar identischer Drei-Buchstaben-Gruppen wurden. Wenn die Walzen zum Stillstand kamen, wußte das Bedienungspersonal, daß die Schlüsseleinstellung gefunden war und daß alle unter diesem Schlüssel gesendeten Funksprüche automatisch entschlüsselt werden konnten ...«
Besondere Schwierigkeiten hat man mit verschlüsselten Texten und Meldungen der deutschen Kriegsmarine, da diese ständig an Verfeinerungen und ergänzenden Erschwerungen arbeitete.
Über die deutsche Funkaufklärung gibt es genügend fachwissenschaftliches Schrifttum.

58 1. Mai 1912 in Heidau/Kreis Liegnitz, Kommandant von *U 23* vom Oktober 1937 bis März 1940, von *U 99* vom April 1940 bis 17. März 1941, danach Gefangenschaft; Ritterkreuz des Eisernen Kreuzes verliehen 4. August 1940; Eichenlaub verliehen 4. November 1940; Schwerter zum Eichenlaub 26. September 1941; Fregattenkapitän 1. September 1944; nach dem Kriege Jurastudium, Präsident des DMB und danach bei der Marine der Bundeswehr aktiv, auf eigenen Antrag ausgeschieden als Flottillenadmiral.

59 Jürgen Rohwer, Professor Dr., Historiker und Direktor der Bibliothek für Zeitgeschichte, Stuttgart.

60 Lt. Beesly ([3] ist es dieser Tag, lt. Rohwer [5] soll sich das Unternehmen am 3. März 1941 abgespielt haben, lt. Captain Roskill, der amtliche britische Seekriegshistoriker [2], fand der am 1. März 1941 begonnene Raid am 4. März 1941 morgens um 05.00 Uhr statt.

61 Was das Vorpostenboot *Krebs* angeht, so wurden hier (nach [3]) sämtliche Geheimunterlagen außer den Ersatzschlüsselwalzen vernichtet, bevor die Überlebenden nach dem Beschuß von Bord gingen. Offenkundig wurde der deutsche Kommandant durch Granatsplitter getötet, als er auch die Ersatzwalzen für die Schlüsselmaschine »M« an sich nahm und über Bord werfen wollte.

62a Das Wetterbeobachtungsschiff war später, am 27. Mai 1941, an der Aktion zur Rettung Überlebender des an diesem Tage 400 sm vor Brest gesunkenen Schlachtschiffes *Bismarck* beteiligt. Wilhelm Schütte konnte wenigstens noch zwei Mann von der *Bismarck*-Besatzung retten, siehe auch Jochen Brennecke: Schlachtschiff BISMARCK. Koehlers Verlagsgesellschaft, Herford, 1979[4].

62b Bei Redaktionsschluß hat der Verfasser von seinem Mitarbeiter Werner F. G. Stehr erfahren: Beim Unternehmen ARCHERY gegen die Insel Vaagsö in Norwegen am 27. Dezember 1941 (gefahren von Konteradmiral H. M. Burrough mit dem Leichten Kreuzer *Kenya*, den Zerstörern *Offa*, *Onslow*, *Oribi* und dem *Hunt*-Kl. Zerst. *Chiddingford,* sowie den Landungsschiffen *Prince Charles* und *Prince Leopold*) fielen den Briten auf dem bei Maalöy während der Kämpfe gestrandeten Vorpostenboot *Föhn (V 5108)* sämtliche Schlüsselmittel — also auch die Marine-Schlüsselmaschine »M« — in die Hände, während der Kommandant Lt.z.S. Lohr bei der Vernichtung der Geheimsachen gefallen war. So geschehen im Ulvesund. Wenig später, westlich der Insel Vaagsö, konnte das von der Artillerie des Zerstörers *Offa* beschossene Vorpostenboot *Donner (V 5102)* betreten werden, da es von der restlichen, beim Beschuß nicht gefallenen Besatzung, verlassen worden war. Bei der Übergabe der erbeuteten Geheimmittel an den Zerstörer *Offa* durch das Prisenkommando versank zwar der Sack mit den schriftlichen Unterlagen, doch die Schlüsselmaschine wurde geborgen. Auch darüber ist (ebensowenig wie über den noch zu behandelnden »Fall U 110«) im britischen Seekriegswerk von Roskill keine Zeile zu lesen, auch Detailangaben über den Raid, den er nicht einmal mit seiner taktischen Bezeichnung nennt, fehlen. (Dem so gewissenhaften britischen Seekriegshistoriker Captain Roskill sind diese Auslassungen nicht anzulasten, da die diesbezüglichen Unterlagen, da top secret, auch ihm vorerst nicht zugänglich gewesen sind.) — Bemerkenswert ist noch, daß das U-Boot *Tuna* als Ansteuerungsbake aufgestellt war und mit seinem Asdic der *Kenya* kodierte Einlaufsignale gab. (Otto Kretschmer: Der Lofoten-Raid liest sich bei Hinsley anders.)

63 entfällt

64 Die anderen Feindschiffverluste sind Minenerfolge, Versenkungen durch Überwasserkriegsschiffe, von solchen aus »unbekannten Ursachen« abgesehen.

65a Die Erfolge haben nicht zuletzt in den wetterbedingten schwachen Eskortsicherungen ihre Ursache.

65b Wohl das erste seegehende RDF-Gerät erhielt der Leichte Kreuzer *Sheffield* zu Versuchszwecken im Oktober 1938, und zwar ein Gerät vom Typ 79 Y, 43 MHz (7,5 m), 15—20 kW; Flugzeuge in 10 000 ft (= 3047.90 m) waren auf 53 sm, in 5000 ft (= 1523.96 m) auf 30 sm zu sehen. — Das erste Versuchs-Luftwarnungs-RDF wurde im Dezember 1936 an Bord des Minensuchers *Saltburn* eingebaut; Typ 79 X mit 75 MHz, starres Gerät, zu dem im Juni 1937 eine von Hand bediente rotierende Antenne kam.

66 De-Te-Gerät = die allgemeine Kurzform im Marinejargon für die deutschen Funkmeßgeräte; DT bedeutete »Dezimeter-Telefonie-Gerät« und nicht, wie im Marinejargon fälschlich genannt: Deutsches Technisches Gerät. Später bürgert sich der Begriff FuMO = Funkmeß-Ortungsgerät ein. Auf Schlachtschiffen pp. war »EM II« üblich.

67 Air-to-Surface Vessel-Radar = Radio Detecting and Ranging, ein Gerät, dessen Weiterentwicklung und Verbesserung auch unter Hinzuziehung privater Stellen und Wissenschaftler betrieben wurde, bis es Ende 1942 ei-

ne Vollendung erreichte, welche als eine der Ursachen für die U-Boot-Katastrophen im Mai 1943 zu bezeichnen ist.

68 Das Ergebnis der Marineplanungen sah vor [10]:
- 18 Mehrzweckstaffeln für Aufklärungszwecke, Torpedo- und Mineneinsatz, U-Boot-Jagd, Geleitzugsicherung usw.
- 12 Trägerstaffeln (für die erst im Bau bzw. in der Planung befindlichen Flugzeugträger)
- 9 Flugbootstaffeln für die Fernaufklärung
- 2 Bordfliegerstaffeln in Form von Katapultflugzeugen.

Bei Kriegsbeginn standen zur Verfügung:
- 14 Mehrzweck- und Flugbootstaffeln und ferner
- 2 Bordfliegerstaffeln (in Wilhelmshaven für Schlachtschiffe und Panzerschiffe, in Kiel für die Kreuzer und Hilfskreuzer).

Eingesetzt wurden Mehrzweckflugzeuge vom Typ *He 59* und als Nahaufklärer der Typ *He 60* (mit denen dann auch in Zusammenarbeit mit den Seestreitkräften in der Nord- und Ostsee ein relativ erfolgreicher Handelskrieg geführt wurde). Als Fernaufklärer dienten Flugboote vom Typ *Do 18*. Diese Maschinen wurden bis über die Küsten Großbritanniens und nach dem Unternehmen »Weserübung« auch im Eismeer eingesetzt. Sie wurden ab 1941/42 durch die dreimotorigen Flugboote vom Typ *BV 138* ersetzt.
Dazu kamen die Bordflugzeuge *Arado 196* und im Seenotdienst die *He 59*, danach die *Do 24* und die später bei Kampfeinsätzen eingesetzte *H 115*. Unterstützt wurde die Fernaufklärung durch viermotorige Luftwaffenmaschinen vom Typ *FW 200* (auch als Condor bekannt) und später, ab Herbst 1942, durch die *JU 290* und die *BV 222*, deren Aktionsradius sogar bis zu den Kanaren und den Azoren reicht.
Die Vorschläge von Ernst Heinkel, die dieser schon 1938 dem Generalluftzeugmeister Udet hinsichtlich eines viermotorigen Ferngroßkampfflugzeuges gemacht hatte, wurden seinerzeit von Udet vom Tisch gewischt: »Damit ist es jetzt nichts mehr. Mit Fernbombern weiß man im Generalstab, vor allem beim Operationschef Jeschonnek, nichts anzufangen. An einen Krieg mit England denkt niemand. Infrage kommen höchstens ›regionale‹ Konflikte mit der Tschechoslowakei oder Polen.« [58]

69 Zur Zeit noch als »Zufuhrkrieg« auch mit Schlachtschiffen, Schlachtkreuzern und Schweren Kreuzern sowie mit der ständig wachsenden Zahl an U-Booten.

70 Es kommen noch andere »Fliegerführer«-Dienststellen dazu, so der Fliegerführer Lofoten, für kurze Zeit der Fliegerführer Nord, dann noch der Fliegerführer Süd und der Fliegerführer Ausbildung Ostsee. Alle diese Dienststellen sind ebenfalls mit ehemaligen Seeoffizieren besetzt. Sie verantworten die Zusammenarbeit mit den Marinebefehlshabern und die Ausbildung der Zusammenarbeit mit den U-Booten. Personell und materiell unterstehen sie dem General der Luftwaffe beim ObdM, einsatzmäßig dem Fd Luft und den Marinegruppenbefehlshabern [10].

71a Es kommt dann aber laufend zur Verringerung der Planzahl, da immer wieder Flugzeuge an andere Kriegsschauplätze abgegeben werden müssen. Im März 1944 geht der Stab des Fliegerführers Atlantik in dem X. Fliegerkorps auf, das nach den schweren Verlusten bei der Invasion im August 1944 gänzlich aufgelöst wird.

71b Der Gedanke, Flugzeuge von U-Booten aus einzusetzen, ist auch deutscherseits so neu nicht. Bereits 1915 wurden taktische Forderungen für ein Bordflugzeug laut, ohne indessen, von Ausnahmen abgesehen, generell aufgegriffen und angepackt zu werden. (Eine dieser Ausnahmen sind die Versuche, die Kapitänleutnant Walter Forstmann 1915 auf *U 39* im Mittelmeer mit dem Seeflugzeug 204 an Oberdeck durchgeführt hatte [146].) 1917 kam die Forderung erneut auf den Tisch. Schließlich wurden für diesen Zweck zwei Flugzeugtypen entwickelt:
- das kleine Flugboot *W 30* vom Typ Hansa-Brandenburg und
- das Schwimmerflugzeug *LFG V 19*.

Letzterem wurde der Vorzug gegeben. Problematisch war natürlich die Unterbringung an Bord des für diesen Zweck versuchsweise vorgesehenen *U 139*. Man wollte dieses Problem schließlich durch den An-(Auf-)bau von druckfesten Behältern und durch einen Raumausbau der vorderen Tauchschleuse lösen, die durch ein im Ø 1,26 m großes Luk geschlossen werden sollte. Das Kriegsende 1918 setzte dem Vorhaben ein Ende.

Ob die Sieger daraus einen Nutzen zogen, ist nicht bekannt, auch nicht, was und wieviel ihnen von diesen Plänen und Umbauten im Anfangsstadium überhaupt in die Hände fiel. Jedenfalls entwickelten zu Beginn der 30er Jahre einige ausländische Seemächte Bordflugzeuge für Unterseeboote. Am bekanntesten ist das 1926 programmierte französische *U-Surcouf* mit 2880 t standard und 3250/4304 t normal und getaucht als das zur Zeit größte Unterseeboot der Welt. Das Boot besaß hinter dem Turm einen druckfesten Hangar für eine kleine *Besson* vom Typ *410* bzw. *411*. Noch fortschrittlicher zeigte sich Japan z.B. mit den Mitte der 30er Jahre in Dienst gestellten Booten der *J 3*-Klasse, der 1939 folgenden *A 1*-Klasse und der *B 1*-Klasse, denen im Kriege U-Boote der *AM*-, der *B2*-, der *B3*- und der *STO*-Klasse folgen, letztere als die seinerzeit größten U-Boote der Welt (3530 t standard und 5223/6560 t) mit je drei Flugzeugen bzw. zwei Bombern an Bord. Admiral Yamamato hatte diesen Typ — von dem kein einziges Boot mehr an die Front kam — speziell entwickeln lassen, um den Panama-Kanal und hier insbesondere die Schleusenkammern zu bombardieren.

72 Vorgesehen dafür war der bereits (nach Gröner [6]) 1937/38 im Entwurf vorliegende Tauchkreuzer vom Typ XI nach dem Zweihüllenprinzip (X, Trimmzellen in I und X); Tauchzellen und Bunker im Tankkörper, darin auf halber Schiffslänge druckfeste Reglerzellen und -bunker usw.; Tauchtiefe 100/200 m. Das Boot, das zwei Bug- und vier Heck-Unterwasserrohre (sechs zusammen) erhalten sollte, war artillerietechnisch für 4 Sk : 12.7 cm Kanonen, 2 : 3.7 und 1 : 2 cm Flak vorgesehen und sollte eben das oben be-

schriebene Kleinflugzeug an Bord nehmen, und zwar nach [6] in einem senkrechten, druckfesten Schacht mit einem Ø von 2.26 m zwischen der Abteilung VII, also der Zentrale, und der Abteilung VIII. Laut Konstruktion sollte der Druckkörper im Achterschiff hinter dem Kommandoturm achtförmig ausfallen, und zwar mit einem senkrechten Ø von 5.4 und einem waagerechten von 6.8 m maximal. Die Größe des Bootes mit seiner Besatzung von 6, 103 bzw. 8, 104 Mann war entsprechend: 3140 t ↑/3630 t↓ und bei einem Deplacement der gesamten Form mit durchfluteten Räumen, einschließlich wasserdichter Back u. ä. Räumen, und zwar bei vollständig getauchtem Boot 4650 t. Auch die Länge war mit 114.96/91.25 m ebenso beachtlich wie die max. Geschwindigkeit über Wasser von 23.25 kn. Ein Bauauftrag der unter der Bootsnummer *U 112* bis *U 115* für den Bau bei der Deschimag, Bremen (später A.G. »Weser«) vorgesehenen Boote wurde indessen nicht akut.

72a Otto Kretschmer korrigiert und ergänzt: »Was Sie schildern, ist ein Aufklärungsstreifen; denn der Vorpostenstreifen ist stationär, das heißt, die einzelnen Kriegsschiffe pendeln beim Vp-Streifen 90° zur Streifenrichtung einige Seemeilen mit kleiner Fahrt hin und her, während der Aufklärungsstreifen als solcher mit befohlener Fahrt vormarschiert. Außerdem: Der »eigentliche Fühlunghalter«, das heißt, der als erster den Feind gesichtet und die Aufklärungsmeldung (Standort, Kursfahrt des Feindes mit Uhrzeit) abgegeben hat und nun verpflichtet ist, alle Stunde oder, je nach Lage, in mehrstündigen Abständen oder nur bei Kursänderungen Fühlunghaltermeldungen abzugeben — er führt die anderen Boote nicht heran, sondern diese operieren selbständig auf das gemeldete Ziel. Diese FTs werden durch Kurzsignal nach dem Kurzsignalbuch und mit Maschine verschlüsselt gegeben. Peilzeichen sollten nur Aufklärungsflugzeugen wegen deren ungenauen Navigation vorbehalten bleiben. Sollte ein »eigentlicher« Fühlunghalter ausfallen, so muß ein anderes (auch fühlunghaltendes) Boot am Ziel als der Fühlunghalter eintreten, das heißt, er muß die Meldepflicht übernehmen.

72b Die Bezeichnung »Escort Aircraft Carrier« (E.A.C.) ist nicht überall einheitlich. Nach W. F. G. Stehr soll die Bezeichnung »Escort Carrier« offiziell sein [147]. Der erste Terminus scheint dem Verfasser aber aussagestärker zu sein, er beläßt es daher beim E.A.C.

73 = United Kingdom

74 V-Schiff = aktives Versorgungsschiff der Kriegsmarine

75 entfällt

76 Hierzu ist zu ergänzen, daß die mit Sea Hurricanes I A ausgerüsteten Katapultschiffe nur eine der Maßnahmen gegen die deutschen Langstreckenbomber ist. Andere sind, die Konvois so lange und so weit wie möglich aus den Eindringtiefen der FW 200 herauszuhalten, dadurch etwa, die Routen so weit wie möglich nach Norden hin ausweichen zu lassen oder/

und die Frachter mit einer eigenen Flak zu versehen. — Die Sea Hurricane I A war nach [148] kein Langstreckenjäger, wie anderswo behauptet wird. Sie hatte nicht einmal die Flugdauer der Landversion der Hurricane I, aus der sie entwickelt war. Sie war ein ganz normaler Jäger mit 1 h 20 min Flugdauer. Spätere Maschinen (für die Geleitträger) flogen durch Zusatztanks dann 2 h, um eventuell eine Küste zu erreichen.

77 In ihrer zweiten Rolle sind diese Flugzeuge (im Augenblick jedenfalls) so erfolglos nicht. Nach [120] versenkten U-Boote im Januar 1941 21 Schiffe mit 126 782 BRT, die Flugzeuge 20 mit 78 517 BRT; im Februar gibt es ähnliche Relationen: die U-Boote versenken 39 Schiffe mit 196 783 BRT, die FW 200 27 mit 89 305 BRT. Diese Erfolge sind indessen nur in Verbindung mit den jeweils verfügbaren U-Booten und Langstreckenbombern zu analysieren.

78 Dessen Versenkung erscheint im Funkbild eines der Zerstörer am 21. Dezember 21.30 Uhr. Ein Admiralty-FT bestätigt den Verlust wie auch den des Zerstörers *Stanley*. Durch Funkentzifferung werden die Angriffe auf den H. G. 76 auch in Berlin bekannt [26].

79 Nach dem U-BOOT-ARCHIV, Cuxhaven-Altenbruch (Horst Bredow) war *U 131,* durch Wabos beschädigt, aufgetaucht und beim Überwasserabsetzen von einem Flugzeug der *Audacity* bemerkt worden. Das Trägerflugzeug rief Kriegsschiffe heran. Nach Artillerietreffern veranlaßte Korvettenkapitän Arent Baumann die Selbstversenkung.

80 Das Gerät, ein underwater soundranging apparatus for determining the range and bearing of a submerged submarine ist ein 1918 eingeleitetes englisch-französisches Gemeinschaftsprojekt unmittelbar nach Ende des I. Weltkrieges. Die Erfindung ist im wesentlichen eine französische Konzeption. Später wurde für die Bezeichnung ASDIC der Begriff SONAR gebraucht (**S**ound **N**avigation and **R**anging), ein Gerät, das der Lokalisierung getauchter U-Boote dienen soll. Dieses Gerät, ein Hochfrequenzgerät, arbeitet nach dem System des Doppler-Effekts. Eine gute Erklärung der SONAR-Technik ist in [28] nachzulesen. Nach W. F. G. Stehr konnten die neuen, 1941 eingeführten ASDIC-Geräte auch eine Art Unterwasser-Telegrafie durchführen, auch codiert. Hieraus erklärte sich, weshalb die Briten so oft U-Boote als Ansteuerungsmarkierungen für anzulandende Truppen oder von See zu beschießende Verbände stationierten. Auf diese Weise konnten selbst Beobachtungen in letzter Minute übermittelt werden. — Übrigens: SONAR war im Weltkrieg II der US-Terminus für das britische ASDIC, heute hat er sich in der NATO allgemein einführt.

81a Deutschland, wo sich die Marineführung um diese Zeit noch nicht über zu bevorzugende U-Boot-Typen einig war, hat dabei diese zugestandene Zahl an U-Booten (100) bis Kriegsbeginn nicht einmal ausgenutzt.

81b siehe auch Bonatz [26], S. 213

82 Der beziehungsreiche Name ALBERICH war der Tarnname für einen

»hautähnlichen« vier Millimeter dicken Gummiüberzug über das ganze Boot. Dieser Überzug verdämmte die Schallrückstrahlung im Bereich von 10 bis 18 kHz auf etwa 15 %. Die an sich guten Ergebnisse mußten jedoch mit dem Nachteil eines etwas vergrößerten Gewichtsaufwands aufgewogen werden. Außerdem konnte die Montage der Gummiplatten nur in witterungsgeschützten Hallen vorgenommen werden, abgesehen von den technischen Unzulänglichkeiten, die Platten seefest am Bootskörper anzubringen, ein Anfangsproblem, aber eben ein Problem. Sich lösende Platten bedingen bei in Fahrt befindlichen U-Booten Wirbel im Wasser und diese erzeugen wiederum zusätzliche Eigengeräusche. Die ersten Versuche werden mit $U\,67$ durchgeführt. Praktisch ausgerüstet werden jedoch nur wenige Boote. Wahrscheinlich, nein sicherlich, hat man hier zu früh kapituliert, statt die Anstrengungen zu verdoppeln (Personalproblem!). Auch, um die Geschwindigkeitsminderung vor allem bei einem gewaffelten Überzug zu reduzieren bzw. ganz zu vermeiden.

Ein anderes Abwehrmittel gegen das ASDIC/SONAR-Gerät wird der BOLD. Es handelt sich (siehe auch Brennecke [18], empfohlen wird ferner der Artikel von Hamann in der M.R. 1982) um einen mit Calciumhydrit (CaH_2) gefüllten Behälter, der aus einem Rohr bei ASDIC/SONAR-Ortungen ausgestoßen wird und sich in etwa 30 m Tiefe schwebend hält: Die Chemikalie, ein fester weißer Stoff, setzt sich im Wasser unter Bildung von Calciumhydroxid und Wasserstoffgas um, es entwickelt sich bei der heftigen Katalyse eine Art Gaswand im Wasser, die beim Gegner ein ähnliches Ortungsecho auslöst, wie wenn der Ortungsstrahl einen U-Boot-Körper trifft. Auch die Unterwasser-Horchortung der Schraubengeräusche wird durch das Hydroxid-Gas beim Gegner vermindert bzw. gestört. Der BOLD wird erstmalig 1942 eingesetzt, mit gutem, wenn auch keinem ausschließlichen Erfolg.

83 Der britische Terminus Radar, das für die deutsche Funkmeßortung so genannte Gegenstück, ist um die Zeit der ersten Kriegsjahre bei den deutschen Militärs allgemein noch nicht geläufig, wohl aber im Laufe des Krieges in deutschen Stäben bekannt geworden. Wann genau sich der Begriff Radar einbürgerte, ist auf Jahr und Monat nicht zu fixieren, auf alle Fälle anstelle von Funkmeß erst nach dem Kriege.

84 Bereits im Jahre 1906 führte der französische Physiker Edouard Eugène Branly die Fernlenkung eines unbemannten Torpedobootes einschließlich eines ferngelenkten Torpedoabschusses vor.

85 In [47] heißt es im Wortlaut dazu: »Der bereits mehrfach angesprochene Begriff Peilung bedeutet — bezogen auf die Nordrichtung — die Feststellung eines Senders zum eigentlichen Standort mithilfe einer Empfangsantenne, deren Richtdiagramm — also die Darstellung der Feldstärken in Abhängigkeit von der Richtung — mechanisch oder elektrisch drehbar ist. Die bekannte Form einer solchen Anlage ist der klassische Rahmenpeiler. Bei der hier anstehenden Funkpeilung — jedem nautisch erfahrenen Leser

ist sie ohnehin geläufig — wird die Richtung zu einem Sender mit unbekanntem Standort festgestellt. Durch Zusammenarbeit von zwei (oder besser drei) Peilstellen mit bekannten Standorten ergibt die Eintragung der »Peilstandlinien« genannten Peilrichtungen in eine Karte einen Schnittpunkt, der dem Standort des gepeilten Senders, das heißt, im maritimen Bereich des eingepeilten Schiffes entspricht. Diese Art der Standortermittlung wird in der Fachsprache Fremdortung genannt. Da diese meist von festen Standorten durchgeführt wird, können zum Erzielen nicht nur größerer Reichweiten, sondern auch größerer Genauigkeit, die aufwendigeren Richtantennenanlagen verwendet werden, die nach den verschiedensten Prinzipien arbeiten. Die Palette der Rahmen-Peilanlagen, die im deutschen Bereich bis 1945 Verwendung fand, ist mit 63 Anlagen für den Betrieb an Land und auf Schiffen bemerkenswert vielfältig, darunter sind allein zwölf Anlagen für die U-Boot-Verwendung, alle von Telefunken entwickelt und erbaut, alle mit Drehrahmen PA und mit Seilantrieb. Dazuzuzählen sind — ebenfalls auch für die Dauer des Krieges, also bis 1945 — ferner die Langwellen- (LW) und Kurzwellen- (KW) Adock-Peilanlagen: 4 für die Kriegsmarine, 30 für die Luftwaffe, fünf für das Heer, also 39 insgesamt; dazu kommen noch die 14 UKW-Peilanlagen der Luftwaffe.

Grundsätzlich zur Gesamtzahl 110: Die Vielfalt der Peilanlagen ist nicht nur dadurch bedingt, daß auf den einzelnen Wellenbereichen unterschiedliche technische Mittel — so zum Beispiel in der Antennenform — eingesetzt werden konnten oder mußten. Neben stationären Anlagen, bei denen der Aufwand recht weit getrieben werden konnte, wurden auch mobile und tragbare Anlagen benötigt, die klein und leicht sein mußten. Besondere Abarten erforderte der Einsatz auf Schiffen und Fahrzeugen oder die späte (zu späte) Forderung zur Erfassung der Kurzzeichen, gegebenenfalls mit automatischer Registrierung.

Bei den Peilverfahren sind drei Gruppen zu unterscheiden: 1. Die Handpeilung, 2. die automatische Peilung und 3. die schließlich auch in Deutschland entwickelte Sichtpeilung mit sogenannten Polarkoordinaten-Röhren (Azimut-Wellenanzeiger).

86 Der britische Physiker Watson-Watt (seit 1942 geadelt und als Sir Robert Alexander bekannt) wird in einschlägigen Nachschlagewerken vornehmlich mit seinen Leistungen auf den Gebieten der Meteorologie und der Radartechnik gefeiert, nachdem es ihm 1935 gelang, mit seinen Geräten Flugzeuge auf Distanzen von zehn bis 60 km festzustellen.

Nach seinem System hat dann Großbritannien seine 1930 geschlossene Radarkette um die Insel aufgebaut, ein top-secret-Unternehmen, das in deutschen Fachkreisen als absolut indiskutabel angesprochen wurde, erst recht, da man auf diesem Gebiet den deutschen Vorsprung als erwiesen betoniert hatte. Das britische System arbeitete mit einer Welle von 12.00 m. Es war die wesentliche Ursache dafür, daß im Sommer 1940 der deutsche Angriff zur Luft und zur See abgewiesen werden konnte. Watson-Watt müssen auch unbestreitbare Lorbeeren auf dem Gebiet der Sichtpeilanzeigen zugesprochen werden, denn er darf als der Erfinder des noch zu behandelnden »Huff/Duff« gelten.

87 Die erste deutsche Langwellen »Adcock«-Anlage wurde bereits im Winter 1935/36 von der außerordentlich dynamischen Nachrichten-Versuchsanstalt (NVA) der Kriegsmarine, Abteilung P, entwickelt. Der Adcock hatte vier Vertikalpole von je 12 m Länge, deren Basis je 20 m betrug. Da wären weiter zu nennen: die LW-H-Adcock Anlage HARKE von Telefunken oder deren LW-H-Adcock-Anlage FuPeil A 40c WESPE mit 15 m hohen Stahlrohrmasten und einer 30 m-Basis usw., usw. Neben den LW-Anlagen kommen bald schon die ersten Kurzwellen Adcocks in Dienst, so 1935 bei der Kriegsmarine das Adcock-Funkpeilgerät NVK-KWU/35 in Zusammenarbeit NVK und der Fa. Telefunken als Labormuster, dem u. a. das Gerät NVK/KWU 37 folgt, ortsfest und mit einer 8 m-Basis, während das 1940er Gerät bei 6/4 m hohen Masten nur noch eine 6 m-Basis braucht und zudem fahrbar ist.

88 In [53] befaßt sich Adalbert Weinstein auch (wie später noch im Detail geschildert) mit dem im Zeitalter modernster Techniken wachsenden Können und Wissen auch des »einfachen« Soldaten ... Die Politiker haben daraus den falschen Schluß gezogen, die Armee oder die Luftwaffe oder die Marine müßte deshalb dem Soldaten während der Dienstzeit zusätzlich die Möglichkeit bieten, sich geistig weiterzubilden: die Wehrmacht als verlängerte Lehrlingsausbildung; die Truppe, das Gesellenstück für den zivilen Beruf; die Streitkräfte als die Universität, die dem Offizier einen wissenschaftlichen Hintergrund vermittelt. (Der Amerikaner) Luttwak (in [52]) ist auch hier unorthodox. Er fragt, ob es notwendig sei, einen Flugzeugführer mit Universitätswissen vollzustopfen. Was hätten einem Leutnant überlegener Intellekt und umfassendes Wissen bei der Landung auf den Falklands genutzt? Statt eines Universitätsstudiums verlangt der Autor vom Offizier und vom Soldaten folgerichtig die Kenntnis militärischer Zusammenhänge, die Handhabung militärischer Instrumente, die richtige Nutzung des Kriegsgerätes. Das, im Zusammenhang mit dem aus dem heimatlichen Regimentsdenken erwachsenen Kampfgeist, mache die Qualität der Streitkräfte und die Glaubwürdigkeit der Strategie der Abschreckung aus. Eine Theorie, die einmal von einem ganz anderen Ufer kommt.

89 Generaladmiral Otto Schniewind, Crew 07, war als Admiral 1938 bis Juni 1941 Chef des Marinekommandoamtes und ab Juni 1941 nach dem Tod von Günther Lütjens Flottenchef, und zwar bis Juli 1944, zugleich war er vom März 1943 Oberbefehlshaber des Marinegruppenkommandos Nord; vom August 1944 bis 30. April 1945 wurde er zur Führerreserve kommandiert und danach z. V. gestellt.

90 Der Doppler-Effekt ist nun nicht, wie vielerorts angenommen, von dem Verbum doppeln bzw. verdoppeln abzuleiten, sondern vielmehr von seinem Entdecker Chr. Doppler, einem bereits 1803 geborenen österreichischen Physiker († 1853). Danach ist der Doppler-Effekt ein bei allen Wel-

lenvorgängen beobachteter Effekt, wenn die Quelle (Schallquelle, Lichtquelle oder dergleichen …) und der Beobachter sich relativ zueinander bewegen. Oder, anders ausgedrückt: Bewegt sich die Quelle auf den Beobachter zu, so treffen in der Zeiteinheit mehr Wellen bei ihm ein, die Frequenz wird höher, als wenn die Quelle relativ zu ihm ruht oder sich von ihm entfernt. Auf die unterschiedlichen Fälle des Doppler-Effekts einzugehen (akustischer D.-E., optischer D.-E. oder der bei Funkmeßverfahren bis zu einem Milliardstel der Lichtgeschwindigkeit [d. h. bis 30 m/s] nachweisbare D.-E., eine Erkenntnis, die erst 1942 durch den deutschen Wissenschaftler Möller-Fack gefunden wird), würde zu weit führen.

Höchstens der Hinweis interessiert, daß das von Möller-Fack gefundene Verfahren zum Messen der Geschwindigkeit bewegter Ziele (Flugzeuge, Meteore) 1946 erstmal zum Messen eines Mondechos angewandt wurde, mit dem die bekannte Entfernung und Relativgeschwindigkeit bestätigt werden konnten. Inzwischen wurden weitere »Objekte« im Weltraum angemessen, aus deren Dopplerverschiebung nicht nur die Relativgeschwindigkeit zur Erde, sondern auch zum Teil die Eigenrotation dieser Objekte bestimmt wurde. Das alles hat zwar nichts mehr mit der Krise der U-Boote zu tun, wohl aber mit der Hochfrequenztechnik und dem Beweis, daß auch 1942 deutsche Wissenschaftler in der Funkwissenschaft eine führende Rolle spielten.

90a Otto Kretschmer verteidigt in obigem Zusammenhang vor allem die U-Bootwaffe und sagt: »Technisches Verständnis war bei den jüngeren Offizieren weitgehend vorhanden, bezüglich des U-Bootes auch durch die U-Boot-Lehrgänge vermittelt. Gehapert hat es bei der alten Kaiserlichen. Den Dopplereffekt kannte ja jeder Abiturient (der Verfasser dagegen meint ›sollte jeder Abiturient kennen‹). Jetzt (1989) haben wir ja den Einheitsoffizier als Grundlage für Spezialkurse in der Marine der Bundeswehr. Unzureichend war auf jeden Fall die Vorbildung der Seeoffiziere in den operativen Stäben. Im BdU-Stab beherrschte doch niemand auch nur die taktischen und operativen Probleme der U-Boote im I. Weltkrieg. Schon überhaupt war die fremdsprachliche Literatur darüber völlig unbekannt (und ist sie zum großen Teil auch heute noch, d. Verfasser). Damals beherrschte kaum jemand Fremdsprachen bis zur flüssigen Lesereife.«

91 Vom November 1941 bis Juli 1944, danach ab Juli 1944 bis März 1945 Chef der OKM-Abteilung Presse und Film (MIP), ab März 1945 bis Kriegsende Hafenkommandant Rotterdam.

92 GKdos — Geheime Kommandosache

93 Admiralstabsoffizier

94a seit 1940 Reichsmarschall

94b korrekter statt FuMB-Station: Funkhorchstelle

94c Im Dezember 1942 wurden nach [53] von den Amerikanern ebensoviel Schiffe gebaut wie im ganzen Jahr 1941. Die Angabe wird von der 3.

Skl etwas heruntergestuft. Der Vergleich ist einigermaßen richtig. Im Dezember 1942 waren es etwa 700 000 gegenüber etwa 850 000 BRT im ganzen Jahr 1941. Auch die Angabe, daß die britisch-kanadischen Schiffsbauten 1942 etwa $^1/_3$ der USA-Bauten betrugen, stimmt, nämlich 1,8 gegenüber 5,2 Mio. BRT. Hervorgehoben wird eine Meldung der us-amerikanischen TIMES, die ab Dezember 1942 ein Nachlassen der US-Neubauten »wegen Mangel an Schiffsmotoren und Fehldispositionen bei deren Herstellung« feststellt. Die 3. Skl FH. kommentiert: »Die Schiffsmaschinenfrage ist ein Engpaß, wie schon des öfteren darauf hingewiesen wurde. Die höchste Bauziffer war (nach deutschen Ermittlungen) im September 1942 mit 42 Schiffen mit 668 000 BRT zu verzeichnen, die dann im Oktober 1942 wieder auf 574 000 BRT absank.«
Dabei sind bei den *Liberty*-Schiffen Dieselmotoren als Hauptantriebstechnik uninteressant.
Natürlich geht in einem so freiheitlichen Land wie in den USA nicht alles reibungslos über die Bühne. In [53] wird unter d) gemeldet: Die Drückebergerei auf amerikanischen Werften hat wiederum zu Beratungen im Kongreß und zu Pressepolemiken geführt. Nach dem Bericht des demokratischen Abgeordneten Johnson sollen allein im Dezember soviel Arbeitsstunden ausgefallen sein, daß dadurch 42 Schiffe hätten gebaut werden können. Was die 3. Skl auch nicht kritiklos hinnimmt und sagt: »Diese Zahl scheint propagandistisch gefärbt, da dies etwa die Hälfte der gebauten Schiffe sein würde.«

95 Die Zahl ist in Wahrheit höher. Kanada, ein wesentlicher Schiffbaupartner der Alliierten, wird auf der Führerkonferenz überhaupt nicht erwähnt. • Hier sei als kompetente Literatur empfohlen z. B. Sawywer Mitchall: The liberty ships, 1970.

95a Werner F. G. Stehr dazu: Es war doch bekannt, daß die Japaner ihre U-Boote für den Flottenkampf vorgesehen hatten und nicht für den Handelskrieg. Welch eine Illusion.
Außerdem ist die Erfolgserwartung eine Milchmädchenrechnung. Die Versenkung von 7.2 Mio. BRT brachte erst den Ausgleich; der zur Versorgung notwendige Bestand blieb erhalten. 7.2 Mio.: 8000 BRT = 900 Schiffe oder 2.5 je Tag bzw. 20 000 BRT. Und wieviele wurden zu der Zeit versenkt? Im Jahresschnitt 1941 432 Schiffe mit 2.172 Mio. BRT bei 35 U-Boot-Verlusten. Differenz: 1.3 Schiffe und 14 049 BRT — bei schlechter werdenden Kampfbedingungen und mit zunehmend unerfahrenen Besatzungen sollte die Leistung mehr als verdoppelt werden — und das bei stark wachsender Gegenwehr, die zu erwarten war, auch ohne Elektronik.

95b Roskill [32] kommentierte (unnötigerweise, boshaft nachgerade): »... Lemp hatte also wieder einmal das Ziel für seine Torpedos schlecht gewählt ...«, und er weist darauf hin, daß die *André Moyrand* ja dem neutralisierten Vichy-Frankreich gehörte, dessenungeachtet aber »gen England« fuhr.

96a Womit — das für jüngere Leser — der Reichsmarschall Hermann Göring als Oberster Befehlshaber der Luftwaffe gemeint war. Seine Korpulenz, seine Ordenliebe und seine Titelsucht machte ihn bei scheinbarer Jovialität zu einem der populärsten Offiziere im Dritten Reich. Daß er in Wahrheit keinen Humor hatte, weiß die Marine besser, wo man ihn gelegentlich einer Seefahrt ob der auch ihn nicht verschonenden Seekrankheit zum »Reichsfischfuttermeister mit der Berechtigung zum Tragen eines Netzhemdes« ernannte. Was ihn, wie Zeugen zu berichten wissen, maßlos erboste.

96b Ka Em = KM = Kriegsmarine

97 S. ist international bekannt durch den Simon-Report (sein Bericht über den japanischen Überfall auf die Mandschurei bestimmte maßgeblich die Haltung des Völkerbundes gegenüber Japan). S. trug von seiten Großbritanniens aber auch wesentlich zum Abschluß des deutsch-englischen Flottenvertrages bei, was wiederum auf den mysteriösen Einfluß Hitlers zurückzuführen ist, den dieser auf seine Besucher ausübte.

98 *U 30* versenkte, wie bereits berichtet, die auch mit amerikanischen Passagieren belegte *Athenia* genau am Tage des Kriegsausbruchs mit Großbritannien und Frankreich.

99 vgl. Roskill, Vol. I, p. 463

100 In den deutschen Quadratkarten ist dies der Bereich zwischen den Großquadraten AM, AL und AK, der den Raum zwischen 51° und 61° Nordbreite und 05° bis 40° West umfaßt.

101 Um diese Zeit und insbesondere für den O.B. 318 lag dieser Punkt jedoch etwa 280 sm östlich von Cape Farewell auf bereits 35° Westlänge und hier auf etwa 59° Nordbreite.

102 In [5] wird lediglich in diesem Zusammenhang (Nordatlantik vom 1.–11. Mai 1941) für den 7. Mai der von einer FW 200 westlich der Färöer gesichtete H.X. 122 erwähnt, während sich die folgenden Angaben in Verbindung mit *U 95* decken.

103 Zwei Seiten später [32], auf der Seite 7a konzipiert Roskill die Konvoisichtung von *U 95* alternativ in den S.C. 29 oder H.X. 122, Beweis genug dafür, wie schwierig es ist, eine solche weitgreifende »Mehrfach«-Operation in Verbindung mit der jeweiligen Feindlage zu rekonstruieren.

104 In der KTB-Eintragung fehlt die Quadratbezeichnung AE, das ist jenes Quadrat, das Island einbezieht. Die Position 7772 liegt dabei in der linken unteren Ecke, etwa 150 sm südlich von Reykjavik entfernt.

104a Kuppisch meldete vier 5000 Tonner am 7. Mai zwischen 23.10 und 23.12 Uhr versenkt. Die Alliierten bestätigen nur zwei Schiffe (die 10 263 BRT große britische *Ixion* und die 5658 BRT große norwegische *Eastern Star*) als versenkt, während Kuppisch Treffer an einem weiteren Ziel beobachtete. Unmittelbar danach wurde *U 94* mit Tiefenladungen der Eskorter *Bulldog* und *Rochester* belegt.

105 Nach Rohwer/Hümmelchen [6] erst am 8. Mai

106 An sich bestand die 3. E. Gr. aus zwei Einheiten: aus drei Zerstörern, sechs Korvetten und drei Fischdampfern.

107 Strittig, ob vier oder fünf [6,32] *Nasturtium, Auricula, Dianthus* und die *Primrose*. Die *Marigold* war ja bei der später doch gesunkenen *Eastern Star* zurückgeblieben.

108 *Westcott, New Market* und *Campbeltown*

109 Der G 7 e ist ein E.-To, das heißt der bereits 1918 vorhanden gewesene und weiter entwickelte Torpedo mit Elektroantrieb. Zusammen mit dem G 7 a wurden diese beiden 53.3 cm-Torpedos quasi die Einheitstorpedos der Kriegsmarine, die auf allen torpedotragenden Schiffen eingesetzt wurden. Mehr über die Torpedokrise an anderer Stelle, da diese auch nach der Norwegenkrise (Weserübung) noch lange nicht restlos behoben werden konnte und selbst in das Jahr 1943 hineinwirkte.

110 Das Quadrat AK liegt südwestlich unter dem »Island«-Quadrat AE und südöstlich von Cape Farewell, der Südspitze Grönlands.

111 linke untere Ecke

112 untere Mitte

113 = SW

114 Nach Roskill [32] handelte es sich wahrscheinlich um ein Sunderland-Flugboot der 204. Squadron, die an diesem Tage das Gebiet südwestlich von Island absuchen ließ.

115 vergleiche Anmerkung 116

116 Das KTB wurde von der Operationsabteilung des BdU später rekonstruiert und durch Aussagen des überlebenden und noch während des Krieges ausgetauschten IWO Loewe ergänzt.

117 laut IWO Loewe [44]

118 Die Position liegt direkt über den MID-ATLANTIC-GAP in einem (von Island aus gerechneten) Sektor, der erst ab Januar 1942 für alliierte Langstreckenflugzeuge erreichbar ist und ab Juli erneut erweitert wird.

119 *U 201* hatte sich, wie bereits oben geschildert, von Westen, aus dem Raum nördlich der Färöer kommend, an den Konvoi herangearbeitet, diesen am 8. Mai gesichtet und, wie geschildert, vergeblich angegriffen. Dabei wurde *U 201* nach achteraus abgedrängt, so daß es während der Nacht vom 8. zum 9. Mai, den Fühlunghaltermeldungen von *U 110* folgend, mit hoher Fahrt an der Steuerbordseite des Konvois nachlaufen mußte. Das Überholmanöver gelingt ohne Störung. Am 9. Mai um 10.30 Uhr kann sich Schnee dem an Backbordseite in rechtweisend 130° gesichteten Konvoi vor dessen 225°-Generalkurs setzen.

Oben: Ein scheinbar unbeschwertes Bild aus der Offiziersmesse der 10. U-Flottille in Lorient im Winter 1943/44. Von rechts: Kapitänleutnant Schnee, verdeckt Konteradmiral Godt, Großadmiral Dönitz, Kapitän z. S. Rösing als FdU-West, Korvettenkapitän Kuhnke, Chef der 10. U-Flottille. Der Grund für die Heiterkeit ist das insurgierende, insubordinäre Lied, das Oberleutnant (Ing.) Turck nach bekannter Melodie singt: »Schenk mir doch ein kleines schnelles U-Boot, das man nicht mehr orten kann« — Refrain (alle): »Karl Dönitz«. Dönitz wird auf diese melodisch-massive Frage hin nicht ärgerlich. Er lacht mit, weiß er doch mehr, was schnelle U-Boote und eine Ortungsabwehr angeht. — Foto: Sammlung, R. Güth • Stapellauf des in Holland erbeuteten U-Bootes *025,* das (wie noch zwei Schwesterboote) über einen Zuluft- und Abgasemast (Schnorchel) verfügte. Die Schnorchelanlagen wurden nach schwierigen Versuchen unter Marineoberbaurat Aschomeit auf dem Schwesterboot *026* schließlich 1941 auf höheren Befehl als »in unseren Breiten indiskutable Frischluftzufuhr« ausgebaut. Gegen den Willen von MOBR Aschomeit, der darin damals schon einen Meilenstein auf dem Wege zum echten, für die Flugzeuge unsichtbaren Unterwasserschiff sah. Erst nach dem Stalingrad im Nordatlantik, im Mai 1943, sieht Großadmiral Dönitz, beraten von Professor Hellmuth Walter, im Schnorchel eine Lösung auch für konventionelle U-Boote, sich vor den permanent gewordenen Flugzeugangriffen zu schützen. Nunmehr brauchen die U-Boote beim Dieselmotorbetrieb (vor allem zum Aufladen der E-Batterien) nicht mehr aufzutauchen. Später wird man auch den Schnorchelkopf durch einen Kunststoffüberzug ortungssicher machen. — Foto: Archiv Koehler Verlag, Herford.

»Dramatic Exclusive Picture« heißt es zum Bildtext dieses britischen Fotos, das die Rettung von Überlebenden »of a sunken Nazi-U-Boat« zeigt (nämlich von *U 651*, Kapitänleutnant Lohmeyer, das am 29. VI. 1941 bei Island von Eskortern versenkt wurde). — Foto: Associated Press London • Unten: *U 848* unter Korvettenkapitän Wilhelm Rollmann, ein großes IXD$_2$-Boot der »Monsun«-Gruppe, wird am 6. November 1943 im Südatlantik sw. von Ascension durch 6 Flugzeuge des US-Eskortträgers *CARD* versenkt. Niemand wird überleben. — Foto: dpa.

Oben: In der Biscaya, nordwestlich von Cape Ortegal, treibt die überlebende Besatzung von *U 461*, einem XIV-Typ-Tauchboot für ozeanische Öltransporte, kurz Versorger-U-Boot oder »Milchkuh« genannt, das unter dem Kommando von Korvettenkapitän Wolf-Harro Stiebler stand. Das Boot wurde am 30. VII. 1943 auf 45°42' W durch Bomben eines australischen Flugzeuges versenkt. — Foto: Archiv Koehlers Verlag • Unten: 35 Mann der Besatzung von *U 352*, darunter der Kommandant Hellmuth Rathke, wurden vom US-Coast Cutter *Icarus* gerettet, nachdem dieser das Boot südlich vom Cape Hattaras auf 34°21 N/76°35' W durch Wasserbomben zum Auftauchen zwang und versenkt hatte. Im Text des United Press Bildes heißt es für die Mahlzeitszene in der Messe u. a. »Unshaven and hungry, these Nazi Prisoners fall to their first chicken dinner in months ...« — Foto: UP mit deutschem Stempel: »Nicht zur Veröffentlichung, nur für privaten Gebrauch.«

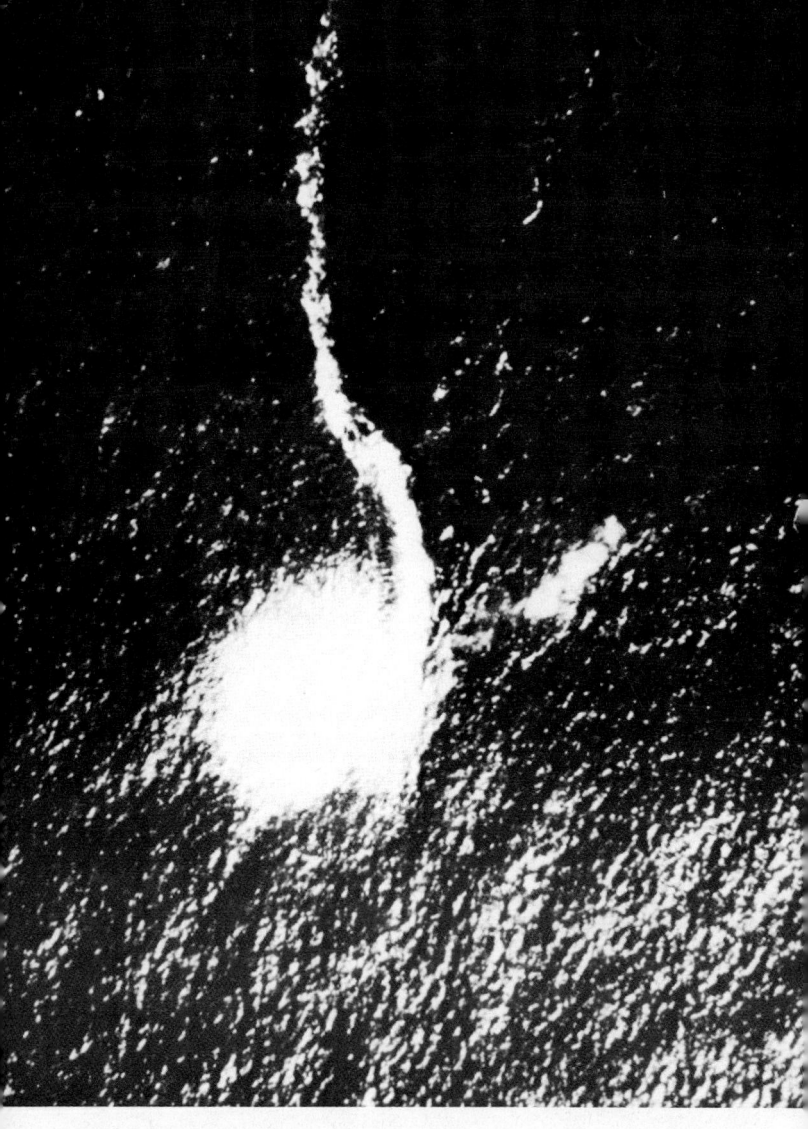

Hier, nordwestlich von Cape Ortegal, wo sich auf der Atlantiksee auf 45°33'N/10°47'W ein riesiger Ölfleck ausbreitet, ist *U 504* unter Kapitänleutnant Wilhelm Luis von Wasserbomben der britischen Sloops *Kite*, *Woodpecker*, *Wren* und *Wildgoose* getroffen und danach mit der gesamten Besatzung verloren gegangen. *U 504* gehörte zu einer ausmarschierenden Gruppe mit den Tankern *U 461* und *U 462*, bei der *U 461* von Flugzeugen gebombt wurde, die dann das schreckliche Ende von *U 504* fotografierten. Diese und andere Verluste (VI/VII: 17!!) lassen Dönitz den Gruppenmarsch durch die Biscaya aufgeben. — Foto: Koehlers Vlg.

120 *U 556* steht tatsächlich in der Nähe, wird den Konvoi O.B. 318 aber erst am 10. Mai, dem Tage seiner Auflösung, angreifen, *U 553* findet bei [5] erst in Verbindung mit der nach dem O.B. 318 südsüdostwärts vom Cape Farewell aufgestellten »Westgruppe« Erwähnung, *U 96* hatte am 4./ 5. Mai als Fühlunghalter südlich von Island fungiert, taucht dann aber im Gebiet vor dem Nordkanal und den Färöer auf, so daß mit ihm am O.B. 318 nicht gerechnet zu werden braucht.

121 Die kritischen Kommentare zum Tagesangriff durch *U 110,* die Roskill in [32] präsentiert, scheinen dem Verfasser nicht nur unangebracht, sondern einem Historiker vom Format Roskills nicht gemäß. Er schreibt: »Wir wissen nicht genau, was sich an Bord von *U 110* zutrug, doch hat Lemp anscheinend mit einem Selbstvertrauen gehandelt, das schon an Leichtsinn grenzte. Seine Offiziere drangen in ihn, den Angriff um ein paar Stunden zu verschieben; denn sie waren sich — völlig richtigerweise — darüber klar, daß das starke Geleit in Kürze den Konvoi verlassen werde; doch Lemp wollte sich nicht allzuweit nach Westen ziehen lassen ...«
Nirgendwo ist in den Aussagen Überlebender aufgezeichnet, daß sich Lemps Offiziere gegen einen sofortigen Angriff entschieden und ihrem Kommandanten abgeraten hätten, abgesehen davon, daß solche Eingriffe in die Entscheidung des Kommandanten ungewöhnlich sind. Außerdem blieb überhaupt keine Zeit zu alternativen Diskussionen. Wenn überhaupt, dann wußte Lemp, wo sich der Konvoi auflösen würde oder könnte. Obendrein war die Sicherung, deren totale Stärke weder Lemp noch seinen Offizieren bekannt war, ohnehin weit über den bislang als verbindlich festgelegten Punkt hinaus am Konvoi verblieben, ein Novum, das auch dem BdU (noch) nicht bekannt war, wie ja auch sein 03.30 Uhr-FT beweist.
Und worauf überhaupt zielt Roskill bei dem massiven Vorwurf des »Leichtsinns« ab, trifft er doch in Schnee gleichermaßen einen anderen, nicht minder erfahrenen und bewährten deutschen U-Boot-Kommandanten. Das trifft eigentlich auch Kuppisch von *U 94,* denn nach Roskills Argumenten hätte dieses Boot ebenfalls bis zum Auflösungspunkt Fühlung halten müssen, bevor es angriff. Doch dazu mußten die deutschen Kommandanten den inzwischen weiter westlich verschobenen Auflösungspunkt des Konvois kennen. Weder Lemp noch Schnee konnten das wissen.
Hierzu noch ein Kommentar von Otto Kretschmer: »Wahrscheinlich standen Roskill die Gefangenenaussagen (NID interrogation reports) zur Verfügung, die allerdings auch jetzt noch nicht der allgemeinen Öffentlichkeit zugänglich sind. Ich könnte sie mir möglicherweise besorgen; aber das käme für diese Auflage auf jeden Fall zu spät.«

122 Roskill vermerkt in [32] 10.37 Uhr. Die Uhrzeitverschiebung um zwei Stunden ist noch erklärbar, nicht aber die sieben Minuten, auch wenn sie einleuchten, wenn man daran denkt, daß *U 110* nach Beendigung der »Besprechung« ja erst höhere Fahrt aufnehmen mußte. Woher aber hat Roskill diese nirgendwo schriftlich vermerkte Uhrzeit?

122a Eine Einschränkung ist geboten: in Friedenszeiten wie auch in den ersten Kriegsjahren unterlag die U-Bootpersonalauslese ganz besonders strengen Kriterien. Dönitz verlangte, den hohen Anforderungen und Belastungen entsprechend, eine crème de la crème. Später, etwa ab 1943, lokkerte sich bei dem rasant wachsenden U-Boot-Personal-Bedarf zwangsläufig auch das spartanische Auswahlprinzip. Dessen ungeachtet gaben auch jene Neuen, die früher ins zweite oder dritte Glied eingeordnet worden wären, schon ums eigene Überleben ihr Bestes, wobei natürlich die Erfahrungswerte der alten Hasen erst vor Ort wachsen mußten, auch die bei mehreren Feindfahrten fast schon unbewußten Reflexionen. Und auf die kam es nicht selten ganz besonders an. — Das Kardinalproblem für die U-Bootbesatzungen waren doch die neuen U-Bootabwehrwaffen beim Gegner, die ab Mai 1943 die jungen (also neuen) U-Bootbesatzungsmitglieder gleichermaßen trafen wie die bereits fronterfahrenen Männer:

- So das Panorama-Radar auf der Zentimeterwelle;
- die HF/DF-Peiler,
- die Hilfsflugzeugträger (gleich dutzendweise);
- die über 20 kn schnellen Eskorter,
- die hedgehogs,
- die Tiefenladungen usw., usw.

123 britische Zeit des Tauchens 10.37

124 Die 1170 ts große Korvette gehörte zu der seit 1940 in Serie gebauten *Flower*-Klasse.

125 Die Torpedos trafen nach [32] nicht drei (wie Loewe den Berichten an Bord der Korvette später entnahm), sondern nach britischen Unterlagen nur zwei Frachter, nämlich die 2609 BRT große *Bengore Head*, taktische Nummer 78 in der 7. Kolonne, und die 5029 BRT große *Esmond*, taktische Nummer 91 in der 9. Kolonne, die beide sinken. Nach dem rekonstruierten *U 110* — KTB sind indessen vier Schiffe getroffen worden und gesunken, drei mit Torpedos aus den vorderen Rohren, eines durch den Heckrohrtorpedo.

126 Bei Roskill [32] heißt es: »... das Boot wurde achterlastig, und die Besatzung stürzte voller Angst nach vorn.« Daraus könnte oder soll wohl der Leser herauslesen, die Besatzung habe die Kontrolle über sich verloren. Es war anders: Es war Kapitänleutnant Lemp, der angesichts des achtern absackendes Bootes den Befehl gab: »Alle Mann voraus«. Kurz nach dem Stillstand der E-Maschinen, für alle ein Zeichen höchster Gefahr, hatte Lemp seine Umgebung in der Zentrale durch seine scheinbare Gelassenheit beruhigt. Und irgendeiner fand die psychische Formel dafür, als er sagte, als das Licht erlosch: »So, Angst ist ab jetzt Luxus.« Die Notbeleuchtung schaltete ein, quasi als Antwort auf das Dunkel. Lemps Befehl folgend, drängten die Männer — Jungs viele noch — nach vorn in den Bugraum. Eiligst, aber nicht hastig, so schnell es die engen Räumlichkeiten zuließen, aber doch nicht in voller panischer Angst, in einer Angst voller Hoffnung,

in stummer, bewußter und besonnener Not ja. In manchen Gesichtern ist sie eingegraben. Und den Oberleutnant zur See Dietrich Loewe reizt es nachgerade zu einem Kommentar an den Bildberichter Ecke, der noch am Vormittag dieses Tages Aufnahmen im Boot von den Männern machte. Jetzt habe er Gelegenheit zu menschlich-dramatischen Szenen, wenn er nur diese Gesichter fotografiere, diese Sorgen, diese stille, verdrängte, unausgesprochene Angst. Daß der IWO Ecke überhaupt einen solchen Rat in dieser so elend vertrackten Lage gab, hellt manche der Mienen auf. Dieser ruhig dahingesagte Vorschlag ist Öl auf den Wogen der Erregung, denn Angst ist ein schlechter Ratgeber; in einer solchen Situation wohl das schlimmste, was den einzelnen Mann treffen kann, solange er noch gebraucht wird, solange er mit seinen Kräften und Kenntnissen etwas tun kann, um die Lage zu bessern.

127 nämlich am Verteilerstutzen

128 Und keiner kann später erklären, wie das Boot überhaupt noch nach oben gekommen ist.

128a Nirgendwo gibt es einen Anhaltspunkt darüber, warum zusätzlich keine Sprengpatronen angeschlagen und gezündet worden sind.

129 Das drückt zum Beispiel auch die Meinung aus, die der Kriegsberichter Ecke einem Unteroffizier der *Aubrietia* gegenüber vertrat, nämlich, daß er Angst habe, auf die britische Insel in ein Gefangenenlager zu kommen, da die Insel doch in Kürze im Bombenhagel der deutschen Luftwaffe »ertrinken« würde.

130 1982 und auch vorher gab es um das Schicksal von Kapitänleutnant Julius Lemp diametrale Auffassungen in den verschiedensten deutschen und ausländischen Überlegungen. Daß er erschossen wurde, steht auch in dem Buch von Hood ... Schlacht im Atlantik. Als die Bildzeitung über den Fall berichtete, kam es zu einem wilden Leserbriefwechsel. Aus England hat sich ein Leser erbittert dagegen gewehrt. Von der BILD-ZEITUNG ist dann extra ein Reporter nach England gefahren, dessen Recherchen damit enden: Es war nicht so. Man hätte das nicht getan ... Allen diesen Aussagen und Gegenaussagen ist auch Kapitän a.D. Hans Meckel, 1939 bis 1944 4. Admiralstabsoffizier im Stab des BdU, mehrfach nachgegangen. Er kommt zu dem resignierenden Schluß, als selbst eine verbindliche Aussage widerrufen wird: »Hier geht alles ein bißchen durcheinander. Richtig zu fassen ist das nicht. Hier zerfasert sich alles unter den Händen.« — Und Francis Russel in [121] »Spätere Mitteilungen deuteten an — ohne jemals bestätigt zu werden —, daß Lemp bei dem Versuch an Bord seines U-Bootes zurückzukehren und die Dokumente zu retten (??) oder zu vernichten, erschossen worden war.«

130a Die in der 1. Auflage genannte *Empire Caribou* wurde (nach [260]) am 10. Mai in dem Konvoi O.B. 318 von *U 556* (Wohlfahrt auf 59.28 N/ 35.44 W versenkt, siehe auch Anmerkung 149).

131 *U 99*, Typ VII B

132 Konteradmiral Eberhard Godt, am 5. August 1900 in Lübeck geboren, war vom Januar 1938 bis zum Oktober 1939 als Kapitän zur See als 1. Asto im Stab des FdU (Führer der Unterseeboote) und vom Oktober 1939 bis zum Februar 1943 als Kapitän zur See im Stab des BdU als Chef der Operationsabteilung. Im Januar 1943 zum Konteradmiral befördert, war E. Godt Abteilungschef im OKM/2 Skl — BdU op.

133 Auch in der erst 1966 auf dem Markt erschienenen Dokumentation von Erich Gröner »Die Deutschen Kriegsschiffe 1815—1945« [6] heißt es im Band 1 nur: *U 110* (* 25. 8. 40; i.D. 21. 11. 40; † 9. 5. 1941. 22 h 55; östlich von Cape Farewell: 60° 22 N 33° 12 W; im Schlepp britischer Zerstörers *Bulldog* nach Kaperung/Wasserbomben/britische Korvette *Aubrietia,* Zerstörer *Bulldog* und *Broadway,* 14 Tote.

Außerdem ist die Formulierung von Pfeiffer nicht korrekt, offensichtlich, weil er falsch unterrichtet wurde: *U 110* wurde nicht in einen britischen Hafen gebracht, sondern versank während der Schleppfahrt. Vgl. Kapitel 1.9.

134a Hier ein auf den 9. Mai bezogener Auszug aus dem *U 201*-KTB: »12.54 Uhr: Dabei (das heißt beim Fühlunghalten am Konvoi O.B. 318, das wegen der schnell schlechter werdenden Sicht abzureißen drohte und daher Oberleutnant z. S. A. Schnee zwang, dem Geleitzug entgegenzulaufen) Alarm von zwei plötzlich auftretenden Zerstörern (wahrscheinlich der Eskorter *Amazon* und die *Hollyhock*), die ein Auftauchen anschließend unmöglich machen. Deshalb angelaufen zum Angriff. Nach Durchbrechen durch zwei Spitzenfeger und Untertauchen eines Hilfsfahrzeuges von der zweiten Reihe von Backbord wieder auf Sehrohrtiefe gegangen. Das erste Schiff dieser Reihe unmittelbar neben mir passieren lassend, mußte ich schnell schießen, da ich vor dem zweiten Schiff auf Tiefe gehen mußte.

14.26 Uhr (nach Roskill 12.26 Uhr) im Quadrat 2181, linke obere Ecke: Doppelschuß mit 10 Sekunden Intervall auf einen 12 000 BRT-Transporter. 2 Treffer. Nach 115 s mit 10 s beide Torpedodetonationen. Zwei G 7 e, T 1 = 2, T 2 = 3, E = 1700, y 72, 74, vg. 8 sm. Unmittelbar nach dem Doppelschuß.

14.28 Uhr Einzelschuß auf 6000 t Frachter aus Heckrohr nach 77 Sek. Ein G 7 g, T = 3 m, y 68, E = 1200 m. Nach diesem Schuß schnell auf 25 m gegangen, da wegen Zacken des Geleitzuges Boot von einem Dampfer mit Lage O überlaufen wird. Unmittelbar nach dem Tiefergehen kommt eine gutsitzende Wabo-Reihe, die zum Tiefertauchen zwingt.

14.30—19.05 Uhr: Starker Waboangriff von zwei Zerstörern. Insgesamt auf *U 201* gezielte 99 Wabos (in Wahrheit waren es 64 von der *Amazon, Nigella* und *St. Apollo* und 30 von der *Bulldog, Broadway* und *Aubrietia,* also 94 insgesamt). Boot fährt auf T = 60 m. Wenig Tiefenänderungen. Mehr Kurs- und Fahrtänderungen beim Anlaufen der Zerstörer. Nicht höher gegangen, da alle Wabos über dem Boot lagen. Zerstörer laufen abwechselnd von Steuerbord bzw. Backbord voraus (später hier ein Fragezeichen vom BdU) an und werfen jedesmal genau über dem Boot 4—5 Wabos vermutlich wegen einer infolge der ersten gutsitzenden Wabos entstandenen Ölspur, wie sich nachher herausstellt.

Zerstörer arbeiten

1. mit bekanntem ziepzendem Gerät (eine Vokabel, die Captain Roskill in deutschen Lexika vergeblich suchte)
2. mit Ortungsgerät, das klingt wie Aufschlag von Kies auf die Bordwand (Roskill [32]: Schwer zu sagen, was er damit meint).
3. Vor Anlaufen zum Wurf mit dauerndem Werfen von kleinen Sprengkörpern, wahrscheinlich mit Tiefeneinstellung, deren Echo beim Aufschlagen auf die Bordwand gepeilt wird (Roskill [32]: Jedenfalls haben wir bestimmt keine kleinen Sprengladungen in der vermuteten Art verwendet). Da laufend S-Gerät gehört wird, dagegen keine Schraubengeräusche, auf Sehrohrtiefe gegangen: Unmittelbar in unserer Nähe liegen ein U-Jäger und ein etwas größeres Kriegs-Hilfsfahrzeug (mit Sicherheit ist nicht zu eruieren, ob es sich hierbei um die *Amazon* und *Aubrietia* handelt oder sogar um die weiter nördlich stehende *Bulldog* und die *Broadway*, die *Bulldog* mit *U 110* im Schlepp). Da das Aufsehrohrtiefegehen von den beiden Fahrzeugen, die anscheinend an unserem Aufenthaltsort die Wache halten sollten, nicht bemerkt wurde, lief ich mit leisester Fahrt ab, um außer Sicht der Fahrzeuge auftauchen zu können.

23.15 Uhr: Aufgetaucht nach 50 abgesetzt von Geleitzug, um nach Beseitigung der Schäden wieder anzugreifen.

Schäden der Wabo-Angriffe:

1. an Vormaßnahmen waren getroffen: Luksicherungen aufgesetzt. Lichtspannung auf 90 V geregelt; Außenbordverschlüsse gesichert, Wasserstandsgläser abgestellt, Boot gut gelüftet. Batterie und (Preß-)Luft voll.
2. Schäden entstanden:
    a) Leckstellen an Flutklappen, Stoffbuchsen, Schmierungen, Nachtluftzielsehrohr, Sprachrohrdurchführung und äußeren Abgasklappen. Diese Leckstellen ließen sich bei der Horchfahrt soweit dichten, daß in zehn Stunden acht Tonnen gelenzt wurden.
    b) Es zerbrachen fast alle Manometer und die Wasserstandsgläser, in der E-Anlage rund 20 Glühlampen und einige Ampèremeter sowie eine Anzahl Sicherungen.
    c) An Fahrt- und Kommando-Elementen
    fielen nacheinander sämtliche Ruder- und Kreiselkompaß-Anlagen aus. Diese Anlagen wurden während der Angriffe laufend wieder klar gemacht.
    d) Batterie: In Batterie I 18, in Batterie II 19 Zellendeckel gerissen. Bilge stark säurehaltig. Batterie I 6 Zellen geringer Säurestand.
    e) Feuerleitanlage, Nachladeumformer und Fahrtmeßanlage fielen aus.
    f) FT.: Zwei Antennendurchführungen gerissen. Horchgerät unklar.
    g) Flaschengruppe I undicht und bläst ab.

3. Sämtliche beim Angriff entstandenen Schäden wurden innerhalb der beiden folgenden Tage beseitigt.
Nicht zu beseitigen waren eine Ölspur, die Batterieschäden und die Undichtigkeit der Flaschengruppe I; außerdem war der Schaden am Horchgerät irreparabel.
10. Mai:
00.00 Uhr Quadrat AK 2182, untere Ecke, WSW 4, 1034 mb
01.27: Prüfungstauchen
02.00: Ende Prüfungstauchen
03.12: Abgabe FT an BdU: Aus Geleit *U 110* 12 000 BRT-Frachter mit Doppelschluß und 6000 BRT-Frachter.
Bis 12. Mai wieder klar ...«

134b Von welchem Schlag die Geleitkommodore waren, zeigt Roskill [32] am Beispiel von W. B. Mackenzie auf. Er war vom Kadetten zum Torpedospezialisten avanciert und in der Skagerrakschlacht war er I. Offizier auf der *Royal Oak*. Nach dem Weltkrieg sah man ihn als Ersten auf dem 1913er Linienschiff *Emperor of India*. Als Kapitän zur See führte er Leichte Kreuzer und den Flugzeugträger *Hermes*, danach hatte er eine verantwortliche Position in der im Aufbau befindlichen Spezialabteilung zur Bekämpfung von U-Booten. Schließlich war er Abteilungschef für das Torpedo- und Minenwesen in der Admiralität, ehe er verabschiedet wurde, nicht ohne die Admiralität (vergeblich) aufzurufen, sich auf den immer wahrscheinlicher werdenden Zusammenstoß mit den Diktaturen vorzubereiten.

135 Daß diese vorderste Linie ein permanenter Gefahrenpunkt im Kampf gegen die unerschrockenen Grauen Wölfe erster Ordnung ist, mag beweisen, daß von den eingesetzten Geleitzugführern im Kommodore-Rang 27 gefallen sind, eine Zahl, die nach britischen Statistiken prozentual als der größte Prozentsatz an Personalverlusten aller Einheiten der Royal Navy bezeichnet werden darf.

136 Die Größen der Schiffe reichen vom kleinen Küstenfrachter *(Atlantic Coast)* von 890 BRT bis zum 10 000 Tonner; die Typen vom Frachter bis zum Frachtpassagierdampfer und zum Tanker (von denen hier fünf für Westindien im Konvoi eingeplant sind). Ladung fährt nur weniger als die Hälfte der Schiffe und wenn, dann haben sie vor allem Kohle, Kalk, Zellstoff, Kriegsgerät für Nahost und Westafrika an Bord, Whisky vor allem, der gute US-Dollar einbringt. Die Zielhäfen sind praktisch über die ganze Welt verstreut, sie sind aussagestark für Großbritannien, für den trotz Krieg nach wie vor funktionierenden Welthandel und seine unerschöpflichen Nachschubbasen.

137 Die Route des O.B. 318 soll zunächst durch den Minch-Kanal (die geschützte Wasserstraße zwischen den Hebriden und der schottischen Westküste) nach dem Norden gehen, dann auf Nordwestkurs drehen, um im Atlantik die vorgesehenen Positionen anzusteuern.

138 A/S = Anti/Submarine

139 Die *Campbeltown*/ex US-*Buchanan* wird später, am 27./28. März 1942, durch den Angriff auf Nazaire bekannt, wo sie bei einem Raid das größte französische Trockendock angreifen sollte, um den Deutschen für das noch verbliebene Schlachtschiff *Tirpitz* die einzig mögliche Dockmöglichkeit am Kanal zu zerstören ...

140 Zu dieser Zeit liegt sie bei nur etwa 600 Seemeilen.

141 H. Kuppisch, Hamburger von Geburt (1909), Crew 33, ist am 30. August 1943 als Kommandant von *U 841* gefallen.

142 Nach [32] ist das Boot, bei dem es sich um *U 147* handelt, ziemlich schwer beschädigt worden: ein Brennstofftank sprang leck und die Dieselkühlmaschine fiel aus. Schäden genug, um den Kommandanten des Bootes zu veranlassen, dem BdU zu melden, Bergen nicht mehr erreichen zu können. Dönitz befahl daraufhin, daß das Boot versuchen solle, den Stützpunkt Lorient anzulaufen. Hier traf *U 147* dann auch am 11. Mai glücklich ein.

143 Es handelt sich um die 4589 BRT große *Iron Baron*, die 899 BRT große *Atlantic Coast* und den 793 BRT großen Hochseeschlepper *Zwarte Zee*.

144 Es sind dies der britische Tanker *Cardium* mit 8236 BRT, der britische Frachter *Bradgen* mit 4741 BRT, der norwegische Frachter *Borgfred* mit 2183 BRT und der dänische Frachtdampfer *Gunvor Maersk* mit 1977 BRT.

145 In der deutschen Übersetzung von Roskill [32] wirkt eine solche Hymne ein bißchen einseitig, so als ob z.B. die deutsche Ausbildung ein solches perfektes System nie gekannt hätte; fast ist man versucht zu sagen, sie, die deutsche Ausbildung, war zumindest gleichwertig, wofür es viele gute und auch überzeugende Beispiele gibt.

146 Was heißt hier kaum? Ja oder nein, aber kaum?

146a Hier vermerkt der Berichter Balme noch: Natürlich weiß ich nicht, was aus all den erbeuteten Dingen später geworden ist, doch von meinem eigenen Standpunkt aus gesehen, war unser wertvollster (!!) Fund etwa zehn Zeiss Super-Doppelgläser. Ein(e)s davon ist, fürchte ich, nicht abgeliefert worden — ich benutze es heute noch fast jedes Wochenende beim Segeln. Es ist das beste Glas, das ich je in der Hand gehabt habe, und dasselbe kann man auch von allem anderen sagen, was wir auf dem U-Boot vorfanden. In England herrschte damals beinahe an allem Mangel. Uns Seeleuten fehlte es zum Beispiel an Kleidungsstücken, die sich wirklich für den Dienst auf den Geleitzugwegen im Nordatlantik eigneten; doch im U-Boot fanden wir massenhaft wundervolles Lederzeug, wie wir es später voller Neid die amerikanischen Seeleute tragen sahen.

Das ist eine bemerkenswerte Erkenntnis. Das Beste war gut genug für die U-Boote. Die Frage stellt sich, mußte es in allem nur das Beste sein, bei den nautischen Geräten pp ja, aber mußte der Kommandantenraum mit furniertem Holz versehen sein? Der Verfasser weiß von seinem Segelschiffka-

meraden, Kapitänleutnant Hein Schonder, der 1942 auf sein neues »Asienboot« wartete, daß sich die Ablieferung des Bootes (es handelte sich um *U 200*) verzögerte, weil das Furnierholz für den Kommandantenraum noch immer nicht angeliefert war. Ihm, so Hein Schonder, hätte nach seiner Meinung auch Fichtenholz genügt, Hauptsache, das Boot wurde schnell fertig, um schneller an die Front zu kommen.
Flottillenadmiral a.D. Otto Kretschmer verteidigt die U-Boot-Konstrukteure und U-Boot-Bauer in einem Brief an den Verfasser: »... Nicht nur der Kommandantenraum, alle Wohnräume waren, soweit es ging, mit Holz ausgestattet. Dazu brauchte man aber wegen der hohen Luftfeuchtigkeit im Boot Sperrholz (nicht einfaches Fichtenholz), und das hat nun mal Furnier. Holz war also nicht wegen der Wohnlichkeit erforderlich, sondern wegen des regelrecht ›fließenden‹ Wassers an den Bord- und anderen Metallwänden herunter.«

147 Bei nur sechs Riemen mehr ein kleines Verkehrsboot, denn ein regulärer Kutter.

148 Aus den Berichten bei Roskill geht nicht hervor, ob der Motor wenigstens bei ausgekuppelter Welle ansprang oder ob er überhaupt betriebsunklar war. Im späteren Kapitel heißt es dann bei Roskill in der ausführlicheren Schilderung über die Untersuchung der Technik und der Schwimmfähigkeit des U-Bootes: »Als Dodds (das war der LI von der *Bulldog*, ein Kapitänleutnant [Ing.] der Reserve) und seine Gehilfen (der Torpedooffizier und zwei Maschinenmaate) an Bord kamen, stiegen sie sofort zu den Maschinen hinunter, um, wenn möglich, festzustellen, wie sie funktionierten, doch war keiner von ihnen an U-Boot-Maschinen ausgebildet und keiner konnte genug Deutsch, um die kurzen Anweisungen und Bedienungsvorschriften lesen zu können ...« Das erscheint wenig glaubhaft, abgesehen davon, daß an den Maschinen (sprich hier Dieselmotoren) keine Bedienungsvorschriften plaziert waren, war es für einen Ingenieuroffizier, noch dazu einen LI, wahrlich kein Problem, sich an den Dieselmotoren »zurechtzufinden« — und das hat er ja wohl auch, wie es bei [32] auf der Seite 111 heißt, »daß er versucht hatte, die Maschinen in Gang bringen zu können, doch gelang es ihm nicht«.

149 Es handelt sich, wie dem KTB zu entnehmen ist, um *U 201*. Der im KTB nach Bordzeit um 14.26 Uhr gelöste Doppelschuß auf ein 12 000 BRT-Schiff hat jedoch nur einen 6000 Tonner, nämlich die 5969 BRT große *Empire Cloud* getroffen, die im Konvoi als taktische Nummer 92 fuhr. Der Heckschuß als Einzelschuß galt auch nach Schnee einem 6000 Tonner und er traf auch ein Schiff dieser Größe, die *Gregalia*, die taktische Nummer 72. Vielleicht geschah das Ganze auch umgekehrt, was nie geklärt werden wird.

• Doch, es ließ sich klären: nach den alliierten Unterlagen schoß Schnee, *U 201*, am 9. Mai 14.26 im Quadrat AK 2181 auf den von ihm auf 12 000 BRT geschätzten Dampfer im Konvoi O.B. 318, nämlich auf die britische, nur 5802 BRT große *Gregalia*. Der Torpedo traf 14.28. Die Explosion brachte das Schiff auf 60.24 N/32.37 W zum Sinken. Der nur zwei Minuten später im gleichen Quadrat gelöste zweite Torpedo traf um 14.29, also eine Minute später, die von Schnee auf 6000 BRT geschätzte 5969 BRT große *Empire Cloud* auf 61.00 N/32.30 W. Der im Gegensatz zur 5802 BRT großen *Gregalia* fast auf die Tonne genau geschätzte britische Dampfer sank aber nicht, er wurde lediglich beschädigt. Versenkt wurde er erst am 19. August 1942 laut Quadratkarte in ED 9453 durch *U 564* (Teddy Suhren).

150 Der Kampf, die bewegungsunfähige *Empire Cloud* zu retten, ist übrigens ein Stück großartiger britischer Seemannschaft und Zähigkeit, nachzulesen bei Roskill [32]! Ein dramatischer Zufall will es so, daß die wiederhergestellte *Empire Cloud* später in einem Konvoi den Commodore an Bord hat und dabei, in ihrer Marschkolonne an ihrem Platz unabkömmlich, die nach einer Kollision sinkende *St. Apollo* passiert.

151 Am Rande sei vermerkt, daß sich einige der auf der *Amazon* untergebrachten britischen Überlebenden, die quasi in den Sog der Sorge um die deutschen U-Boot-Männer und deren Abschirmung gerieten, sich bei der Admiralität beschwerten, man habe auch sie wie Kriegsgefangene behandelt. Obwohl dieser Vorwurf jeder Grundlage entbehrte, ordnete die Admiralität über Admiral Noble sofort eine Untersuchung an, was beweist, wie sehr die Royal Navy um ein gutes Verhältnis zu den Männern der Handelsschiffahrt bemüht war.

152 Nach Mielke [78] gab es einen Totalverlust, nach Gröner [6] gab es 42 Tote; nach dem U-BOOT-ARCHIV (Horst Bredow), Cuxhaven-Altenbruch, überlebten nur 7 Mann.

153 Crew 34; * 17. Oktober 1913 auf Gut Mohrberg/Kreis Eckernförde; im April 1939 bis Dezember 1939 als Oberleutnant z.S. Adjutant auf dem Panzerschiff *Graf Spee;* von Januar 1940 bis Juni 1940 interniert in Argentinien, von hier Flucht nach Deutschland; ab September bis Dezember 1940 Kommandant bei der 6. M.S. Flottille; ab Dezember 1940 bis März 1941 Kommandant bei der 5. M.S. Flottille; ab April 1941 bis November 1941 U-Boot-Ausbildung, ab Dezember bis August 1943 Kommandant von *U 458*, einem mit Schwerpunkt Mittelmeer eingesetzten VII C-Boot, das am 22. August südöstlich von Pantellaria auf 36° 25' Nord/12° 39' Ost durch Wasserbomben des britischen Geleitzerstörers *Easton* und des freigriechischen Zerstörers *Pindos* ex *Bolebroke* versenkt wurde (sechs Mann gefallen); ab August 1943 bis Mai 1947 Gefangenschaft; seit 1983 ist Kurt Diggins als Nachfolger von Adalbert (Addi) Schnee † der Präsident des Verbandes Deutscher U-Boot-Fahrer, mit dem Sitz in Hamburg.

154 Nach der Akte Skl/Chef MND vom 24. Juli 1941, Ziffer I »war in Verbindung mit dem *Bismarck/Prinz Eugen*-Unternehmen auf dem Gebiet des Schlüsseldienstes erstmalig zugunsten dieser Operation der sogenannte Schlachtschiffschlüssel verausgabt worden, um mit Hilfe dieses beson-

deren Schlüsselverfahrens einen Nachrichtenaustausch nur unter den wirklich operativ interessierten Stellen zu ermöglichen ...«
Unter Ziffer III heißt es, was die »Standfestigkeit des Schlüssels ›M‹ gegen Entzifferung« angeht: »Nach erneuten, sehr umfangreichen Prüfungen wird von allen Sachbearbeitern übereinstimmend ein Mitlesen des Gegners durch Entzifferung als unmöglich bezeichnet.«

155 = V-Schiffe

156 Prise des Hilfskreuzers *Widder* (HSK 3) vom 26. Juni 1940

157 Diese offenkundige Duldung der Erbeutung der *Gedania* ist später Anlaß dafür, den Schiffsführer, Kapitän Paradeis, des Verrats zu beschuldigen. Er wird nicht nur für den Verlust der anderen Begleitschiffe am Unternehmen Rheinübung *(Bismarck/Prinz Eugen)* durch Preisgabe der Positionen verantwortlich gemacht, er soll auch die an Bord der *Gedania* befindlichen Geheimunterlagen dem Zugriff des Feindes (sprich Prisenkommando) nicht entzogen haben, nämlich: alle für die Flottentanker wichtigen Angaben über Feindlage, Operationsgebiete der eigenen U-Boote im Nordatlantik (südlich 42° Nord, ostwärts 30° West, nördlich 05° Nord), den Operationsbereich eines Wetterdampfers (48° bis 49° Nord, 33° bis 35° West), den Prisenweg zwischen 36° und 39° West bis 42° Nord, die Einlaufwege in die Biscaya und die minenfreie Ansteuerung der Biscayahäfen und ferner, nur für die *Gedania* bestimmt: 1. Die Sonderanlagen zum Operationsbefehl mit den Versorgungsaufgaben für Überwasserstreitkräfte und mit diesen zusammen operierenden U-Booten; 2. Treffpunktunterlagen im Quadrat ER mit dem Troßschiff *Egerland* zur Ablösung dieses Schiffes; 3. die Unterlagen für den Marschweg dorthin auf 35° bis 40° West; die Unterlagen für die Treffpunkte Grün, Rot, Schwarz, Weiß auf 05° bis 10° Nord und 21° bis 35° West.

Der Gegner erhielt dadurch Einblick in:
1. die Aufstellung der Wetterdampfer,
2. den Weg der deutschen Blockadebrecher und Prisen,
3. das Versorgungsgebiet Mittelatlantik mit dem Treffpunkt, auf dem am
4. Juni die *Esso Hamburg* und die *Egerland* zusammengeführt werden sollten und dann hier auch in Verlust geraten sind.

Alle funktechnischen Geräte werden bei dem Beutematerial interessanterweise nicht erwähnt.

Nach Kapitän Kölschbach [47] fand man später bei einem geretteten britischen Offizier des am 19. Juli 1941 versenkten »Ocean Boarding Vessel *Malvernian* Bilder von der *Gedania* nach ihrer Aufbringung durch die Briten »... und ausgerechnet dieser englische Offizier ist es gewesen, der die *Gedania* als Prisenoffizier von See nach Liverpool eingebracht hatte. Die eine Aufnahme zeigt, wie die deutsche Besatzung in Liverpool mit Sack und Pack von Bord geht, das andere Bild ist eine Gruppenaufnahme. Es zeigt den Kapitän der *Gedania* Arm in Arm mit Seeleuten (Offizieren) vom britischen Prisenkommando. Die Vernehmung des englischen Prisenoffiziers er-

gab die genaue Sachlage. Die Korvette (also nach Conway [9] das 3133 ts große Ocean Boarding Vessel *Malvernian*), hatte auf einer Streifenfahrt den Tanker gesichtet und sich darüber gewundert, daß er stoppte und daß die Mannschaft ohne eine Aufforderung das Schiff verließ. Man wußte noch gar nicht, daß es sich um ein deutsches Schiff handelte. Erst durch das Stoppen wurde man aufmerksam und steuerte das Schiff an. Als man feststellte, daß es sich um den deutschen Tanker *Gedania* handelte und daß keine Sprengladungen angeschlagen waren, wurde die Besatzung sofort wieder an Bord geschickt, das Schiff mit einer kleinen Prisenmannschaft versehen und nach Liverpool eingebracht. Die *Gedania* fiel daher völlig unversehrt mit aller Ladung in die Hand der Engländer. Es war nicht einmal der Versuch gemacht worden, die Sprengladungen anzuschlagen, geschweige denn, die Geheimsachen und die Einsatzbefehle für das Unternehmen *Bismarck* zu vernichten. Durch diese Einsatzbefehle wußten die Engländer sofort Bescheid über Anzahl und Standorte der Versorgungsschiffe und der Spähschiffe. Ohne sich sonderlich zu beeilen, brachten sie ein Schiff nach dem anderen zur Strecke. Allerdings fiel außer der *Gedania* keines mehr in ihre Hand, weil ihre Kapitäne sich selbst versenkten ...«
(Der Einlaufhafen der *Gedania* ist strittig.)

Soweit Kapitän Kölschbach (nach Brennecke in [46]), der abschließend noch seiner Empörung Luft macht, daß durch diesen Verrat viele deutsche Seeleute den Seemannstod gefunden hätten, und der damit endet: »Und mag sich jeder sein eigenes Urteil darüber bilden.«

In der 3. Auflage von [46] heißt es wieder: »In der im Anhang im Urtext wiedergegebenen Untersuchung der 1/Skl über die Zusammenhänge der Verlustserie von zwölf Schiffen werden mit der Preisgabe der operativen Unterlagen durch die *Gedania* direkt in Zusammenhang gebracht: der Wetterdampfer *Lauenburg*, der Tanker *Egerland*, der Tanker *Esso Hamburg* und der Tanker *Friedrich Breme*, während bei dem Spähschiff *Gonzenheim* nur dadurch eine Verbindung zum ›Fall *Gedania*‹ als möglich angesprochen wird, daß die *Gedania* nach Aussagen britischer Offiziere schon am 3. Juni gekapert worden sein soll. Sie ist es in Wahrheit aber erst am 4. Juni, also am gleichen Tage, da die *Gonzenheim* und die *Esso Hamburg* verloren gingen. Es ist mit Sicherheit anzunehmen, daß der Brite seine in See stehenden Einheiten sofort nach Einsicht in die Geheimunterlagen durch Funksprüche über die Treffpunkte und Wege informiert hat.« Ende des Zitats.

Hier könnte restlos Klarheit vielleicht das britische KTB *Gedania* schaffen. Ob jedoch das Prisenkommando die Beute-Dokumente an Bord der *Gedania* sofort, das heißt noch an Bord, auswerten konnte, stellt P. Beesly [3] als indiskutabel hin. »Im allgemeinen konnte mit erbeuteten Dokumenten nichts angefangen werden, bevor sie in die Hand der Experten des N.I.D. und von B.P. kamen, und natürlich dauerte das seine Zeit.« Daß auf der *Gedania* »viel wertvolles Nachrichtenmaterial« gefunden wurde, bestätigt P. Beesly ausdrücklich.

Und die britische Sorge, die Deutschen könnten aufgrund des britischen Massenerfolges gegen die Begleitschiffe ihre Schlüsselmittel ändern, erledigt sich von selbst, da bereits am 17. Juli ein sachkundiger britischer Offizier von der versenkten *Malvernian* in deutsche Gefangenschaft geriet. Daß es sich hier ausgerechnet um den Prisenoffizier der *Gedania* handelte und daß dieser zu allem Überfluß auch noch die oben näher beschriebenen Photos bei sich führte, mutet dubios an. Haben die Briten im Auftrage von O.I.C. dieses Schiff mit diesen »Belegen« den Deutschen gezielt in die Hände gespielt? Wenn es so ist, werden wir dieses Zusammenspiel der hintergründigen Intelligence-Kräfte wohl nie aufblättern können.

Freimütig bekennt in diesem Zusammenhang Beesly [3] (wenn auch retrospektiv zum Fall *Bismarck* und deren Begleitschiff, quasi als Lehre daraus): »... und künftig wurde keine Mühe gescheut, allen Operationen, die in Wirklichkeit auf Entzifferungen beruhten, den Anschein zu geben, als seien sie durch Erkenntnisse aus Luftbildaufklärung veranlaßt worden. Dies in der Hoffnung, daß der Feind im Falle der Nachforschung zu eben diesem Ergebnis kommen werde.« Schließlich ist die Desinformation des Gegners ein gravierendes Spielmaterial.

Wie dem auch sei, was den Kapitän Paradeis und seine *Gedania* betrifft, die hier vorgefundenen Unterlagen waren auch im Falle einer möglichen sofortigen (und bestrittenen) Auswertung nicht die primäre Ursache für den Verlust einer ganzen Versorger- und Wetterschiff-Flotte, denn alle direkten Funksprüche an die Versorger (und damit auch an die Wetterschiffe), wurden, wie schon gesagt, von den Briten zeitgleich mitgelesen. Das O.I.C. hatte also ein detailliertes Bild für sofortige Maßnahmen der Britischen Admiralität; es war, was die Suche nach den Begleitschiffen angeht, nicht auf die Geheimunterlagen der *Gedania* (respektive) auch der *Lothringen* angewiesen. Wohl aber spielen die anderen Beuteakten der *Gedania* und von *U 110* eine Rolle, als Denning im zweiten Halbjahr 1941 im O.I.C. drei ihm zugewiesene Zahlmeisteroffiziere zu Experten für die deutschen minenfreien Wege im Raum Norwegen, in der Ostsee, im Skagerrak und Kattegatt, in der Helgoländer Bucht, im Kanal und in der Biscaya heranbilden und ansetzen kann. Sie kümmern sich gleichzeitig um die laufenden Schiffsbewegungen. Das alles geschieht in Zusammenarbeit mit der Naval-Sektion von B.P. Diese Koordination hat schließlich den Erfolg, daß die britischen Kenntnisse über die minenfreien Wege, die Vorpostenboote und U-Bootsicherungsschiffe, die Küstengeleitzüge und die Bewegungen aller anderen Schiffe praktisch auf Tagesstand gehalten werden können. Dieses Wissen nutzte den Briten auch sehr bei ihren Minenoffensiven der RN und der RAF.

158 Deutschland konnte zwar den Buna genannten synthetischen Gummi herstellen, jedoch bedurfte dieser einer etwa 5prozentigen Beimischung an Naturgummi, um die verlangte Elastizität zu erzielen. Es war daher eine der wesentlichsten Aufgaben der deutschen Blockadebrecher, Rohgummi aus Südostasien zu holen. Diese Aufgabe war so wichtig, daß gegen Kriegs-

ende (als Überwasser-Blockadebrecher wegen der dichten Seeüberwachung keine Chance mehr für einen Blockadedurchbruch hatten) sogar die großen Kampf-U-Boote vom Typ IX D$_2$ als Gummitransporter eingesetzt wurden.

159 Laut [46] waren Zerstörer der Force H und das OBV (Ocean Boarding Vessel) *Marsdale* beteiligt.

160 Hier behauptet Brice in [46] einen Zusammenhang mit der Aktion gegen die Begleitschiffe, was nach Roskill [2] völlig unwahrscheinlich scheint, da *U 318* in der Straße von Gibraltar versenkt wurde.

161 Zweihüllentyp, entwickelt aus dem Typ VII C, keine Netzsägen (später klappbarer Schnorchel an Achterkante Backbord-Turmschanzkleid): 1688/1932/2300 t; L: 67.10 m/48.51 m; Br.: 9.35/4.90 m; Tfg.: 65.10 m/11.70 m; 14.4/6.2 kn; Fahrstrecke: 12 350 sm/10 kn 5500/14.4 kn, Schleichfahrt 120 sm/2 kn; 55 sm/4 kn; 435 t Öl und 4 Torpedos in druckfesten Behältern vor dem Turm im Oberdeck zur Abgabe.

161a) Die deutschen Angaben decken sich auch in anderen Fällen nicht mit den Forschungsergebnissen in [260]. Beim Angriff auf den Konvoi H.X.133, bei dem laut [260] auf 13 Schiffe Torpedos gelöst worden sind, wurden nicht elf, sondern nur sechs Schiffe versenkt, zwei weitere wurden beschädigt, drei Torpedierungen blieben ohne Erfolg. Im Operationsbereich (55. bis 58. Breitengrad) wurden auch auf nicht zum H.X.133 gehörige Frachter noch auf drei weitere Ziele Torpedos geschossen, von denen zwei zu Versenkungen führten und ein drittes Ziel ein Fehlschuß war. Die Ergebnisse an versenkter Tonnage belaufen sich bei den oben genannten sechs Schiffen auf 38 269 BRT
1. norwegisches Motorschiff *Solöy* mit 4402 BRT
2. norwegisches Motorschiff *Vigrid* mit 4765 BRT
3. britischer Dampfer *Brookley Hill* mit 5297 BRT
4. holländischer Dampfer *Maasdam* mit 8812 BRT
5. britisches Motorschiff *Malaya II* mit 8651 BRT
6. britischer Dampfer *Grayburn* mit 6342 BRT
dazu kommen die nur beschädigten zwei H.X.133 Schiffe mit zusammen 19 823 BRT und die zwei Frachter ohne Konvoihinweis mit 7662 BRT. Addiert man die versenkten Unbekannten (d. h. Nicht-Konvoiler) großzügigerweise zu den sechs hinzu, ergeben sich nun acht Schiffe mit 45 931 BRT, zu denen laut deutscher Auflistung die hier als versenkt gemeldeten, in Wahrheit nur beschädigten, aber zunächst werftreifen Frachter mit 19 823 BRT kommen, also Σ 67 574 BRT. Die deutsche Quelle [5] gibt dagegen elf Schiffe mit zusammen 57 215 BRT als versenkt an; beschädigt werden nach [5] gar keine, obschon *U 203* (Mützelburg) 1 : 15 000 BRT, 1 : 8000 BRT; *U 79* (Kaufmann) 1 : 10 000 BRT und *U 506* (Suhren) 1 : 5000 BRT als beschädigt gemeldet hatten. Also eine Σ von 36 000 BRT. Eine Torpedierung *(U 651)* wurde, obwohl ein Erfolg, nämlich die 6342 BRT große *Grayburn*, dem BdU überhaupt nicht gemeldet [260].

Um das Verwirrspiel abzurunden, müßte man nur noch die in den KTBs angegebenen, geschätzten und dem BdU gemeldeten Schiffsgrößen mit den Größenwerten der Alliierten (siehe [260]) vergleichen. Die dabei angefallenen Verschätzungen durch die U-Boot-Kommandanten liegen zum Beispiel beim H.X.133 im »normalen Bereich« von 2000 BRT ± 0.

Bei einigen Schiffen sind die Angaben vergleichsweise auf die Tonne genau, wahrscheinlich, weil das torpedierte Schiff seinen Namen gefunkt hatte oder sonstwie identifiziert werden konnte (in manchen Fällen gaben später auch Berichte der Britischen Admiralität oder des Britischen Rundfunks dem BdU die Möglichkeiten zu Korrekturen). Über die oben genannte Norm hinaus waren bei den Turbulenzen eines Angriffs auf einen mehr oder weniger stark gesicherten Konvoi auch grobe Verschätzungen so selten nicht. So zum Beispiel meldete »Teddy« Suhren, Kommandant von U 524, bei dem von dem als nur beschädigt gemeldeten Motortanker eine Größe von nur 5000 BRT, während dieses Ziel, die norwegische *Kongsgaard*, wie der Suhren unbekannte »5000 t-Tanker« hieß, mit 9467 BRT vermessen war. Er war also praktisch doppelt so groß wie Suhren geschätzt hatte. Zu seinen Ungunsten verschätzt er sich auch bei seinem zweiten der drei Ziele, bei dem, wie wir heute wissen, britischen Motorschiff *Malaya II*, das er laut KTB vom 25. Juni 1941, 23.53 Uhr Ortszeit, mit 5000 BRT meldete, das aber in Wahrheit 8651 BRT groß war. Ein solches Understatement spricht für den auf See routinemäßig vorsichtigen Seemann »Teddy« Suhren:

»Lieber weniger
als mehr.«

162 Es handelte sich um die Boote *U 77*, *U 96*, *U 98*, *U 108*, *U 111*, *U 201*, *U 202*, *U 553*, *U 557*, *U 559*, *U 561*, *U 562* und *U 564*.

163 Lt. Beesly [3], S. 100: »... denn das Schlüsselmaterial von *U 110* war zumindest bis Ende Juni 1941 gültig und setzte B.P. in den Stand, den Schlüssel HYDRA zu entziffern. Auch war die Zuversicht der Deutschen unbegründet, daß nach dem Auslaufen der erbeuteten Schlüsselunterlagen (wo steht denn das, daß die Deutschen von dieser Erbeutung wußten? d. V.) unsere Entzifferungsexperten wieder vor dem Nichts stünden, denn auch weiterhin, während des ganzen Krieges, wurde HYDRA entziffert, wenn auch mit wechselnder zeitlicher Verzögerung. — Hierzu noch Kapitän zur See a.D. Hans Meckel, der 4. Asto im Stab des BdU: »Auch Beesly geht von der vorerwähnten Einstellung der Marine aus, daß mit der Erbeutung eines Schlüssels M irgendwann einmal gerechnet werden müßte.«

164 Es handelt sich um *U 68*, *U 74*, *U 95*, *U 97*, *U 98*, *U 126*, *U 165*, *U 203*, *U 331*, *U 372*, *U 401*, *U 431*, *U 561*, *U 564* und *U 565*.

165 Es sind dies die Boote *U 68*, *U 74*, *U 95*, *U 97*, *U 126*, *U 203*, *U 331*, *U 401*, *U 431*, *U 561*, *U 562*, *U 564* und 565.

166 Es sind dies die Boote: *U-Malaspina*, *U-Morosini*, *U-Torelli*, *U-Bagnolini* und *U-Barbarigo* und *U 934*, *U 94*, *U 124* und *U 203*.

167 Nicht zu verwechseln mit dem Ersten Seelord, Sir Dudley Pound.

168 Es soll sogar nach [3] Dokumente gegeben haben, die den Stempel trugen: »Dem Ersten Seelord nicht vorzulegen«. In diesem Zusammenhang ist es interessant, daß entziffertes Material, das durch Funk weitergegeben werden mußte, nur über das sogenannte »one-time-pad«-System erfolgte. Wie der Name ausdrückt, handelte es sich um eine Einwegverschlüsselung, bei der die Schlüsseltafel nach der Benutzung vernichtet werden mußte. Zu dem entzifferten Text gab das O.I.C. auch gleich eine Auslegung mit durch, die zu nutzen dem Empfänger freigestellt war. Das O.I.C. gab solchen entzifferten Meldungen, die unter der optimalen Sicherheitsstufe als »Hush, Most Secret« rangierten, den Tarnnamen ULTRA, eine Vokabel, der bald ein viel zu großer Spielraum eingeräumt wird, nämlich jede Art von Information, während die britische Marine den Begriff nur für ausgehende Meldungen und Informationen benutzt, um damit die Bedeutung und den Sicherheitsgrad zu bezeichnen. Die eigentliche Nachricht wird stets mit Special Intelligence oder mit dem Buchstaben Z gekennzeichnet, denn Z ist bei Fernschreiben des B.P. der übliche Vorsatzbuchstabe.

168a Das alte Gerät 126/128 konnte zwar passiv lauschen, wie auch aktiv orten, aber nur entweder — oder, denn es hatte nur einen Oszillator. Der Typ 132 hat deren zwei. Damit können beide Seiten des Schiffes im Winkel von 160° zur Vorausrichtung beobachtet werden. Der tote Heckwinkel von 40° fällt wegen der Schraubengeräusche sowieso hydrophonisch aus. Oder mit einem Geräteteil kann beobachtet werden (dann pendelnd von einer Seite zur anderen), während der zweite Oszillator ortet.

169 Darunter gegen den riesigen S.C. 42 Konvoi, von dem die Boote der Gruppe KURFÜRST in der Endphase zwar arg abgedrängt werden, aber immerhin 16 Schiffe mit 65 409 BRT versenkten, das jedoch bei zwei Eigenverlusten *(U 207* und *U 501).* Bedenkt man, daß knappe 14 Tage später, am 27. September, die ersten 14 Liberty-Schiffe als vorfabrizierte Schnellbauten von Stapel laufen, daß um diese Zeit weitere 312 Frachtschiffe bei den Alliierten geordert sind, dann scheinen bei 65 000 BRT Erfolgstonnage aus einem Konvoi zwei verlorene U-Boote im Hinblick auf die schon fast automatisiert zu nennende Sektionsbauweise der Ersatzbauten für versenkte Frachter schon (fast) zuviel. Ein U-Boot gar kostet vergleichsweise sehr viel mehr an Bauzeit als ein Handelsschiff, bei dem man sich zudem nur noch auf die betriebstechnischen Einrichtungen beschränkt.

170 mit Umlenkungen als Folge oder/und Abdrängen bekannt gewordener U-Boot-Gruppen durch die Eskorter-Außensicherungen usw.

171 Hier sei dem weiteren Ablauf vorgegriffen. Die Statistik der »Arctic Convoys« von 1941 bis 1945 weist nach Roskill [2] insgesamt 42 nach Rußland (Archangelsk, Murmansk und Kola Inlet) ausgehende, mit Kriegsmaterial beladene Konvois mit 783 Schiffen aus. Davon wurden 60 versenkt, und zwar durch U-Boote 25, durch die Luftwaffe 34 und eines durch ein Überwasserkriegsschiff. 33 der Schiffe mußten wegen Schlechtwetter

oder Eisgefahr in Häfen zurückkehren. Heimkehrend — das heißt von Rußland nach England — waren 36 Konvois mit 637 Schiffen unterwegs, von denen acht wegen Schlechtwetter oder Eis in Häfen zurückkehren mußten. U-Boote versenkten aus diesen Rückkehrkonvois 17 Schiffe, 2 gingen durch Überwassereinheiten verloren, eines sank ohne nachgewiesene Ursachen, 3 wurden das Opfer der deutschen Luftwaffe und fünf sanken in einem britischen Minenfeld.

Spürt man dem Gesamterfolg der U-Boote im arktischen Raum nach, so kommt man bei 60 + 28 auf 88 Frachtschiffe, die der Gegner bei 78 Konvoi-Reisen mit insgesamt 1420 Schiffen allein durch die deutschen U-Boote verlor. Diese Relation spricht Bände, auch für die russische Abwehr und die späteren, nunmehr möglichen Offensiven der von den USA mit Waffen modernster Typen großzügig unterstützten Sowjets.

Unter den Kriegsschiffsverlusten sind außer Zerstörer, Korvetten, Sloops und einem Rettungsschiff die britischen Kreuzer *Trinidad* und *Edinburgh* zu nennen, auf deutscher Seite ging außer den Zerstörern Z 36 und *Friedrich Eckoldt* der Schlachtkreuzer *Scharnhorst* verloren.

172 Hier kann der Verfasser nicht zustimmen, da Prisen oft wertvolle Güter an Bord haben (vom Schiff an sich abgesehen) und Blockadebrecher sogar in Europa nicht beschaffbare Rohstoffe: Rohgummi (wie schon gesagt), aus dem von den Japanern besetzten südostasiatischen Raum, oder Wolframerze oder Molybdän.

172a 17 Neubauten im UK und 7 in Kanada

173 Von diesem amerikanischen Liberator-Typ verfügt man Anfang 1941 gerade über neun Exemplare, ab Juni 1941 über 20 Liberator I beim Coastal Command. Greifen wir der Entwicklung voraus, so gehen 1942 weitere Liberator II an das Coastal Command (davon einige als LB-30 Transporter). Gegen Ende 1942 verfügt das Coastal Command über 122 Maschinen Liberator II Mk V mit ASV und Leigh Light. 1943 gehen von den 3000 Liberator, welche die RAF erhielt, mehrere hundert Liberator V an das C.C. Canada erhält gleichzeitig 1200 Maschinen. Das ist für die Briten eine enorme Entlastung und für die Deutschen eine schwere Last. Selbstverständlich werden die Maschinen den einzelnen Geschwadern unterstellt, so z. B. der bekannten Squ. No. 110 [108].

174 Prien (1908 in Osterfeld geboren, Crew 31/33) kam aus der Handelsschiffahrt, wo er nach harter Frachtsegelschiffahrtszeit, anschließender Dampffahrt und seinem Steuermannspatent als Vierter Offizier bis zur Weltwirtschaftskrise 1931/32 gefahren hatte. Man muß ihm konzidieren, daß er aus der Handelsschiffahrt das hier übliche harte, aber notgedrungenermaßen ökonomische Arbeitstempo mit in seinen Führungsstil übernommen hatte; das Mißverhältnis der verschiedenen Auffassungen führte zwangsläufig zu Spannungen. Wer aber das KTB von Prien sorgsam liest, wird feststellen, daß er auch den seltenen Mut hatte, eigene Fehler zuzugeben, auch gegenüber Untergebenen.

175 *1912 in Flensburg, Kapitänleutnant; von 10. 1938 bis 1. 1940 Kommandant von *U 3;* von 1. 1940 bis 4. 1940 Kommandant von *U 19;* 5. 1940 bei der 1. U-Flottille z.Vfg.: 5. 1940 Baubelehrung *U 100;* Kommandant *U 100* bis 3. 1943; Ritterkreuz 24. 9. 1940; Eichenlaub 20. 12. 1940

175a römische Ziffern = Luft, arabische Ziffern = Royal Navy. Die Funktionsprinzipien können gleich oder ähnlich sein. — Übrigens 1937 bedeutete ASV = Airborne Search for Vessel.

176 *1912 in Heidau, Kreis Liegnitz, Crew 30; nach der Gefangenschaft und der Heimkehr Jurastudium, Dolmetscher, Leiter der wehrpolitischen Abteilung der ADK 1953/54; 1954 Präsident des Deutschen Marinebundes (DMB), dann aktiv bei der Bundesmarine von 1955 bis 1970, zuletzt als Flottillenadmiral, 1970 auf eigenen Antrag ausgeschieden und danach als Industrieberater bei der Rheinstahl AG, später Thyssen AG, tätig gewesen.

176a siehe auch Anmerkung 17b.

176b In der MDV Nr. 906 (Handbuch für U-Boot-Kommandanten) heißt es in diesem Zusammenhang im Abschnitt II A unter der Ziffer 81 für den Unterwassertorpedoangriff: »Die untere Grenze des Nahschusses ist durch die Strecke gegeben, die der Torpedo bis zum eingesteuerten Tiefenlauf braucht, und durch den Sicherheitsabstand des Bootes vom Detonationspunkt des Torpedos. Auf Entfernungen unter 300 m ist daher nicht mehr zu schießen.« Für den Überwassernachtangriff siehe Anmerkung 17b).

177 Diese Methode, der sogenannte Schlüssel »Irland« wurde von Kretschmer zu einer solchen Perfektion entwickelt, daß es sogar gelang, ein Arrangement mit einem U-Boot für ein Treffen in der Mündung des St. Lorenz-Stroms vorzubereiten, um, wie verabredet, aus dem Lager geflohene Kriegsgefangene abzuholen. Das U-Boot erschien pünktlich, jedoch nicht die Gefangenen, deren Ausbruch zwar gelang, die aber inzwischen gestellt und in den Camp zurückgebracht worden waren. »... der Schlüssel ›Irland‹, d.h. die Übermittlung kurzer Nachrichten mit der normalen Briefpost war an sich eine Idee des OKM und wurde kurz nach Kriegsausbruch allen U-Bootkommandanten mitgeteilt.«
Hierzu Otto Kretschmer weiter: »Das Boot ›Schauenburg‹ erschien pünktlich, wurde aber sofort gejagt (ULTRA!). Von den Gefangenen kam nur Kapitänleutnant Wolfgang Heyda (*U 434,* Kriegsgefangener nach Versenkung des Bootes vor Cape St. Vincent am 18. Dezember 1941 durch den Eskortzerstörer *Blankney*) zum Treffpunkt, der obendrein auch kompromittiert war.«
Otto Kretschmer dazu: »... Kein Wunder, denn derselbe Schlüssel ›Irland‹ war den Briten schon aus dem I. Weltkrieg bekannt und wurde, da unverändert, von ihnen im II. Weltkrieg immer mitgelesen. Ein weiterer schwerer Versager des Fernmeldedienstes der Deutschen Kriegsmarine!«

178 * 2. März 1911 in Bamberg; Crew 35

179 Vom April bis Dezember 1941 gehen in der Schlacht um die Herrschaft im Atlantik 27 U-Boote mit 1000 Mann eingefahrenem Personal verloren [27], davon 5 im Mittelmeer.

179a Hier ist der Oberfunkmaat und spätere KOA H. Rautzenberg als Beispiel zu nennen. Als Verantwortlicher der Funkergruppe auf *U 453* unter Egon Reiner Freiherr von Schlippenbach als Kommandant hörte er (mit dem Boot im südwestlichen Mittelmeer stehend) leise, aber deutlich die typischen Geräusche von Rabbatzbojen, wie sie von hölzernen Minenräumbooten zur Beseitigung von in Küstennähe und Hafeneinfahrten (usw.) geworfenen oder gelegten akustischen Minen eingesetzt werden. Die besagte Horchortung von Hermann Rautzenberg gelang am 8. November 1942 bei der Operation TORCH, das heißt gelegentlich der alliierten Landungen in Nordafrika, und zwar auf eine Distanz von 400 sm, eine regelrechte Rekordleistung im Unterwasserhorchen, die kein Zufall ist.

179b Hans Meckel: »... scheint mir eine reichlich lange Zeitspanne zu sein.«

180 Adalbert Weinstein in [53] »... Der Ansturm der Technik hat in vielen Armeen diesen Kampfgeist heute (1983) getötet. Die Technik macht es der Organisation schwer, die Großorganisation, die man Streitmacht nennt, in kleine militärische Heimatbezirke aufzuteilen, in denen sich der Soldat zu Hause fühlt. Hinzu kommt, daß die Soldaten mehr über alle Ereignisse unterrichtet werden. Ihr Wissensgrad ist angehoben. Ihr technisches Können wächst ...«

181a Das Hollerith-Lochkarten-Verfahren zur Verarbeitung von Daten wurde von dem deutsch-amerikanischen Ingenieur Hermann Hollerith (* 29. Februar 1960 in Buffalo [N.Y.], † 17. November 1929 in Washington) entwickelt. Das Hollerith-Verfahren wurde erstmalig bei der us-amerikanischen Volkszählung von 1890 mit Erfolg angewandt.

181b O.R. kann heißen Operations Research oder Operational Research nach Encyclopaedia Britannica, Micropaedia 1974 [39].

181c Otto Kretschmer: »Einen C.-in-C.- US Navy gab es nicht, wohl einen C.-in-C. (CINCUS) einer Flotte oder eines Kriegsschauplatzes wie etwa den C.-in-C. Pacific. Als höchster Offizier galt (gilt) der Chief of Naval Operations, der auch Mitglied der Marine im Joint Chiefs of Staff Comittee war (und ist). Oberbefehlshaber ist ja der Präsident der USA.«

182 das FFO = Flugfunkortungsinstitut; das FTU = Funktechnisches Untersuchungskommando

183a Die VII C-Boote haben den Raum Neufundland und Cape Brenton auf Nova Scotia zum Ziel, wo sich die Frachtdampfer für die Konvoizusammenstellungen einfinden und wohin der Hin- und Rückmarsch mit etwa 4500 sm angesetzt werden kann, die Boote vom großen Typ IX (IX B und IX C) können ohne Brennstoffprobleme an der mittleren und südlicheren Ostküste der USA operieren, wobei z. B. die Hin- und Rückfahrt bis nach New York mit 6000 sm angesetzt werden muß.

183b Wohl die beste Antwort auf diese Fragen gibt in Verbindung mit Dönitz und den deutschen U-Booten der US Navy Offizier T. J. Belke 1983 mit seiner wissenschaftlichen Untersuchung, die er unter dem Titel »Roll of Drums« in den Proceedings des US Naval Institutes veröffentlichte [133], ferner siehe [134, 135, 136].

183c Auch diese Angaben über erzielte Erfolge bzw. versenkte Feindtonnage sind nach amtlichen deutschen Quellen von Professor Dr. J. Rohwer/ Dr. G. Hümmelchen erstellt worden [5]. Auch sie widersprechen, wie an einigen anderen Beispielen mehrfach belegt, in manchen Angaben den alliierten Dokumenten, die Rohwer 1983 nur im englischen Sprachraum, also in Großbritannien und in den USA, in seiner Edition »Axis Submarine Successes 1939—1945« gegenüberstellte [260]. Die Widersprüche bei den Tonnageangaben und auch bei verschiedenen Versenkungen, bei denen das Ziel zwar torpediert, in Wahrheit aber nur beschädigt oder gar verfehlt wurde (Enddetonierer bei den Torpedos täuschten den zum Tauchen gezwungenen U-Bootkommandanten) sind für die Gesamtkonzeption und die Aussage dieses Buches aus deutscher Sicht nicht wesentlich.

184 Auch hierzu sei vermerkt: Die Angaben können mit anderen Zahlen differieren, sind aber von der Größenordnung her für die Anstrengungen und das gelungene Überraschungsmoment überzeugend, die die Schiffahrt unter Amerikas Küsten indessen erschreckend und erschütternd treffen.

185 Zweifelsohne: die Bekämpfung der Eismeerkonvois mit ihren sehr starken Sicherungen sind mit ihrem Kriegsmaterial für die Russen äußerst kriegswichtige Ziele. Den größten Erfolg bringen die Angriffe gegen die 34 Frachter, 3 Rettungsschiffe und 13 Eskorter des Konvois PQ 17 im Juli 1942, aus dem der Gegner 23 Frachter und ein Rettungsschiff mit insgesamt 144 000 BRT durch U-Boote und Flugzeuge verliert, ein Erfolg, der sich nie mehr wiederholt. Schon der PQ 18 wird mit seinen 41 Handelsschiffen von 20 Eskortern und einem Geleitträger gesichert. Die Luftwaffe kann noch zehn Frachter, die U-Boote nur noch drei versenken. Bei den Nachfolgekonvois werden Angriffe immer schwieriger, als Fernsicherung greifen neben stärkster Nahsicherung zusätzlich immer mehr schwere Einheiten ein.

186 Führer der U-Boote Italien/Mittelmeer zunächst in Rom und später, ab August 1943, in Toulon/Aix-en-Provence

187 nach August 1943 wird das Toulon

188 Noch immer steht für die Überwachung dieser Reviere nur eine Handvoll Liberator-Flugzeuge zur Verfügung. Das ändert sich erst Ende 1942 mit nun etwa 280 Maschinen, fast gleichzeitig mit dem Einsatz der Escort Aircraft Carriers.

189 *U 459* unter Korvettenkapitän von Wilamowitz-Moellendorf und *U 460* unter Kapitänleutnant Friedrich Schäfer.

190 Hier operierten, wie schon oben gesagt, große Boote bereits seit Frühjahr 1941, solange sie noch aus den Überwasserversorgern beölt werden konnten. Im Mai, als sieben IX B-Boote im Freetown-Gebiet standen, erzielte *U 107* unter Kapitänleutnant Hessler, Schwiegersohn von Dönitz, im äquatorialen Raum, allein im Mai und Juni mit acht Schiffen einen Versenkungserfolg von 48 624 BRT.

191 Rohwer [5] »... In einer Panik werden drei weitere unbeschädigte Schiffe verlassen ...«

192 Aus dem 31 Schiffe starken Konvoi O.N. 127 versenken trotz sechs Eskorter 13 angreifende U-Boote vom 10. bis 14. September sieben Schiffe mit 50 409 BRT und, wie von *U 92* (Oelrich) vermutet, den 1355 ts großen Zerstörer *Ottawa,* der aber im Gegensatz zu der deutschen Beobachtung überlebt. Außerdem wurden sieben Frachtschiffe mehr oder weniger schwer beschädigt. Aus dem S.C. 104 werden Mitte Oktober acht Schiffe mit 43 990 BRT versenkt, allein fünf von *U 221* (Kapitänleutnant Trojer). Interessanterweise gab es am S.C. 104 nur glatte Versenkungen und keine Beschädigungen, bei denen die Ziele überlebten, wohl aber sind fünf Fehlschüsse zu vermerken. Der Erfolg wurde jedoch mit drei Eigenopfern bezahlt.

193 Werden für die Operationen im Nordatlantik die kleineren, wendigen Boote vom Typ VII C angesetzt, so werden die größeren IX C- und IX D-Boote in die ferneren Gewässer entsandt. Sie sind in Geleitzugschlachten wegen ihrer Größe den Abwehrmaßnahmen des Gegners gegenüber auch zu verletzlich. Hier interessiert neben den bereits genannten, meist jungfräulichen Operationsrevieren die Planung der Skl, auch vor der brasilianischen Küste zu operieren, da immer klarer wird, daß Brasilien den Amerikanern mit maritimen Stützpunkten und auch in anderen maritimen Belangen entgegenkommt. Auch Luftbasen werden ihnen erlaubt, um U-Boote zu bekämpfen und die atlantische Enge zwischen Freetown/Dakar an Afrikas Küste und Recife an Brasiliens Nordostküste auch hinsichtlich deutscher Blockadebrecher und Hilfskreuzer zu kontrollieren. Die Planung der Skl geht dahin, u-bootseitig für den Fall vorbereitet zu sein, daß Brasilien über diese seine sekundäre Unterstützung der Amerikaner hinaus offiziell in den Krieg eintritt. Hitler will sogar prophylaktisch handeln und angesichts der Lage von sich aus den offiziellen Krieg mit Brasilien beginnen. Schlagartig sollen — das ist der Vorschlag der Marine für diesen Fall — Anfang August zehn deutsche große IX C-Boote in die Häfen von Santos, von Rio de Janeiro, von Bahia und von Recife eindringen, hier liegende, z. T. bereits bewaffnete brasilianische Handelsschiffe versenken, Minensperren legen und vor Brasiliens Küsten Handelskrieg mit U-Booten führen. Hitler zieht aber seine Weisung aus politischer Rücksichtnahme auf die Beziehungen zu anderen südamerikanischen Staaten zurück!! Die bereits

in See befindlichen U-Boote werden umdirigiert. Als dann aber die Angriffe brasilianischer Flugzeuge auf deutsche U-Boote vor Brasiliens Küsten zunehmen, erlaubt Dönitz auf Hitlers Befehl *U 507* freies Manöver. *U 507*, das im April und Mai 1942 unter Korvettenkapitän Schacht im Golf von Mexiko operierte und hier als echten Überraschungserfolg gleich neun Schiffe mit 44 782 BRT versenkte, torpediert Anfang bis Mitte August nach [10] vor Brasilien sieben (bei [9] nicht erwähnte) Schiffe. Einen Monat später wird es (zusammen mit *U 556* und dem italienischen U-Boot *Cappelini*) zur Hilfeleistung im Fall *Laconia* eingesetzt. Jedenfalls liefert der *U 507*-Angriff den Anlaß, daß Brasilien am 28. August Deutschland bzw. den Achsenmächten den Krieg erklärt.

194 Übrigens war die Kapstadt-Überraschung von Anbeginn kontrovers. Dönitz wollte die Kampfkraft der dafür vorgesehenen U-Boote bereits beim Anmarsch nutzen, die Skl fürchtete, das Überraschungsmoment könnte verloren gehen. Am Ende stand ein guter Kompromiß: den U-Booten wurde beim Anmarsch die Jagd auf Kriegsschiffe und Truppentransporter freigegeben, nicht aber auf »normale Schiffe«. Dabei kam es zum »Fall *Laconia*«, wo zwei der »Eisbär«-Boote zur Hilfeleistung angesetzt wurden. Dann aber, als das italienische Boot *Archimede* den 20 043 BRT großen britischen Truppentransporter *Oronsay* am 9. Oktober vor Westafrikas Küste, *U 172* (ein IX C-Boot unter Emmermann) im Südatlantik westlich von Afrika am 10. Oktober bei schwerem Wetter die britische, 23 456 BRT große *Orcades* und *U 178* (ein IX D$_2$-Boot unter Kapitän z.S. Ibekken) am 10. Oktober die 20 119 BRT große britische *Duchess of Atholl* versenkt hatten, wurden die deutschen Absichten, von denen die südafrikanische Admiralität (wahrscheinlich aus Funksprüchen) schon länger Kenntnis hatte, unmißverständlich. Dennoch liefen die Abwehrmaßnahmen auch hier erst langsam an. So haben denn die später folgenden Gruppen, so die Gruppe SEEHUND, im Februar bis April nicht nur vor Südafrika, sondern auch im Indik Erfolge.

194a Hier ausführlicher im Lagebericht dargestellt, da bei Rohwer [5] (auch gegenüber [62], alte Auflage) neue Fakten; sonst siehe auch J. Brennecke: Der Fall Laconia. Ein hohes Lied der U-Boot-Waffe [114].

195 Sie setzt sich zusammen aus den Schlachtschiffen *Massachusetts* und *Texas*, dem Flugzeugträger *Ranger*, den Geleitträgern *Sangamon*, *Chenango*, *Suwanee* und *Santee*, den Leichten Kreuzern *Savannah*, *Brooklyn*, *Cleveland*, *Philadelphia* und *Augusta*; ferner aus 38 Zerstörern, 3 Minenlegern, 8 Minensuchern, 1 Flugboottender, 4 U-Booten, 23 Truppentransportern, 7 Materialtransportern, 5 Tankern; dazu kommen die Landstreitkräfte mit 43 305 Mann, 54 mittleren und leichten Panzern ...

195a Gleiches betrifft auch die Fehlschätzungen bei den Schiffsgrößen, die nicht selten auch unterschätzt wurden. Hinzu kommt noch, daß die geschätzten Schiffsgrößen in der Heimat in manchen Fällen über xB-Dienstmeldungen usw. korrigiert werden konnten.

196 Es ist nicht auszuschließen, daß der querab von Westafrika vom Süden her auflaufende Geleitzug fast minutiös in diesen Raum plaziert worden war, um deutsche U-Boote von der Operation TORCH abzulenken. Diesem Erfolge schlossen sich im Nordatlantik weitere Konvoioperationen mit mehr oder weniger ähnlich guten Ergebnissen an, zwei Operationen ragen besonders heraus: ● Vom 1. bis zum 6. November 1942 vernichten 13 U-Boote aus dem 42 Schiffe-Konvoi S.C. 107 15 Frachter mit 83 000 BRT, ● Ende Dezember versenken 20 U-Boote der Gruppen SPITZ und UNGESTÜM 13 Frachter mit 73 138 BRT und ein französisches Hilfsschiff mit 2456 BRT, 1 Tanker mit 7078 BRT wird torpediert (aber von der Korvette *Chilliwack* eingeschleppt).

197a im Marinejargon »Schangss« gesprochen

197b Im Sommer 1942 kommt es dann gleichzeitig zur Aufteilung in die Gruppen »Seetaktischer Funkmeßdienst« und »Funkmeßbeobachtungsdienst«. Da funktechnisch vorgebildete Offiziere fehlen, ist der Personalmangel ein schwerwiegendes Hemmnis. Am Rande vermerkt: Insgesamt haben die Amerikaner bis Kriegsende 30 000 Mann in der Funkmeßtechnik ausgebildet.

197c Nach Hans Meckel ist dies zwar erwogen worden, »... wurde aber zurückgestellt, da ja das dann strahlende Boot auf große Entfernung von Flugzeugen mit FuMB festgestellt werden könnte. Dieser Punkt wurde erst wieder akut, als die gegnerische Sendefrequenz (cm-Welle) nicht erkannt wurde.« — Hierzu noch der Autor: Die Furcht vor einem gegnerischen FuMB war, wie wir heute wissen, völlig unbegründet, da der Gegner gar kein FuMB hatte.

197d Es stimmt also nicht, daß sich die Kriegsmarine hier eines Rundfunkempfängers der Firma Metox bediente, wie auch in Fachkreisen der U-Boot-Waffe erklärt wird. Das vielmehr trifft nur auf das FuMB SADIR zu.

198a H.Gießler [107]: Ein psychologischer Nachteil ergab sich jedoch nach einiger Zeit. Die Zeichen feindlicher FuMOs (= Funkmeßortung) — ein durchdringendes Pfeifen und Piepen — waren laut zu hören. Richtung und Entfernung konnten hieraus nicht erkannt werden, auch nicht, ob dieses Gegner-FuMO das eigene U-Boot ortete. Somit mußte der Kommandant seine Entschlüsse gewissermaßen vor der Besatzung fassen, die ja das Pfeifen der Ortungssignale auch gehört hatte. Häufig ließen die Kommandanten, um keine Unsicherheit unter der Besatzung aufkommen zu lassen, das FuMB-Gerät (den METOX also) dann abschalten.

198b Die Flugzeuge hatten starre Dipole an der Tragflächenvorderkante. Um einen möglichst großen Bereich abtasten zu können, flog man große »~«-Schleifen. Diese »Schleifen« waren im FuMB an ab- und anschwellender Lautstärke erkennbar. Bei Einsetzen einer Dauerortung — im FuMB als langsam lauter werdender Dauerton erkennbar — war für den Beobachter am FuMB-Gerät klar, daß sein Boot vom Ortungsstrahl des Flugzeuges erfaßt war. Die Meldung »An Brücke: Dauerton!« löste sofort Alarmtauchen aus.

198c Hermann Rautzenberg: Nach Erkennen eines U-Bootes wurde dann nur noch in großen Intervallen mit »Funkortung« Fühlung mit dem Objekt gehalten. Wehe dem Funker am FuMB-Gerät, der seine Aufgabe nicht mit äußerster Konzentration ausführte.

198d Zumindest in den Operationsräumen herrschte »Dauerluft«

199 Das Boot wird am 21. Mai 1944 nördlich von Cap Spartivento im Ionischen Meer durch überlegene alliierte Überwasserstreitkräfte — überlegen an der Zahl und überlegen auch an zum Teil den Deutschen unbekannten neuen Techniken — durch Wasserbomben der britischen Zerstörer *Termagant* und *Tenacious* sowie dem Eskorter *Liddesdale* aus 200 m Tiefe zum Auftauchen gezwungen ... Auf *U 453* sind sie wehrlos: Die Zwozentimeter-Zwillinge sind unklar. Die Wasserbombendetonationswellen haben sie weggebrochen. Überhaupt sieht das Boot an Oberdeck fürchterlich aus ... Da auch die Torpedorohre verbogen sind und aus ihnen kein Schuß mehr gefeuert werden kann, ein erneutes Tauchmanöver sich wegen der erschöpften Batterien von selbst verbietet, sieht der Kommandant, als nun die Gegner unter Scheinwerferleuchten aus allen Rohren das Feuer auf *U 453* eröffnen, keinen anderen Weg, als das Boot selbstzuversenken ... Die gesamte Besatzung wird, einschließlich der Verwundeten, von den Briten gerettet und von diesen nicht nur korrekt, sondern ausgesprochen fair behandelt und versorgt, auch durch die Amerikaner, denen sie in Salerno übergeben wurde.

Unstrittig (wenn auch wegen Fehlens eines [erst in der Entwicklung befindlichen] FuMBs nicht beweisbar) ist *U 453* mit Beginn der zweiten Feindfahrt im Mittelmeer ununterbrochen feindlichen Luftortungen und über diese auch Luftangriffen ausgesetzt gewesen. Es hat dank der Gegenkontrolle durch bordeigene Maßnahmen und der hervorragend geführten und uhrwerkpräzise eingefahrenen Besatzung zumindest die akuten Gefahren »aus der Luft« überlebt.

200 Außerdem war bekannt, daß die Japaner ein CMW-Radar aus dem vor Malaya versenkten Schlachtschiff *Prince of Wales* geborgen hatten.

201 Das Coastal Command verfügte über CATALINAS, FORTRESSES, HALIFAXES, HUDSONS, LIBERATORS, NORTHROPS, SUNDERLANDS, WELLINGTONS und WHITLEYS.

202 Vom 4. bis 16. Februar 1943

203 Bei Rohwer [5] irrtümlich Kapitänleutnant Cremer

204 Dabei gehen *U 665* unter Kapitänleutnant H. J. Haupt am 22. März 1943 in der Biscaya westlich von Nantes durch Totalverlust verloren und *U 376* unter Kapitänleutnant Friedrich Marks in der Nacht vom 10. zum 11. April ebenfalls westlich von Nantes, ebenso als Totalverlust.

205a Hieraus läßt sich eine gelenkte Desinformation ableiten.

205b Details aufzuzeichnen, würde zu stark ins Technische abgleiten; wen sie interessieren, sehe bei Trenkle in [47] nach.

Einfacher und allgemein verständlicher drückt sich hier Witthöft in [10] aus. Hier heißt es beim Gerät SAMOS: »... ein Überlagerungsempfänger, arbeitete im DM-Bereich. Mit ihm war eine genaue Abstimmung und damit große Verstärkung im Bereich von 90 bis 470 MHz möglich. Die Antennenabstrahlung war jedoch auf große Entfernung(en) feststellbar und peilbar. Die Einpeilgefahr verringerte sich beim Suchempfang. Wegen des Suchens mit Bereichumschaltung und Handabstimmung war ein sicheres Erfassen nur bei längerdauernder Ortung gewährleistet ...«

206 In Paris bis zum März 1943, danach bis zum Dezember 1943 in Berlin-Charlottenburg, Hotel am Steinplatz, danach bis Februar 1945 im Stabsquartier KORALLE in Bernau und bis April in Sengwarden nahe Wilhelmshaven und im gleichen April in Plön, dann bis Mai 1945 in Flensburg-Mürwik.

207 das heißt an das nach A.R.B. Wehnelt benannte zylinderförmige Blech an der Kathode vom Kathodenstrahl — und Röntgenröhren zur elektronenoptischen Steuerung (oder Bündelung) des Elektronenstrahls

208 entfällt

209 Zunächst von der NVA und dem NVK 1936/37, wo bereits im Labor von Manfred von Ardenne in Berlin-Lichterfelde ein Versuchsmuster gefertigt wird, dessen Weiterentwicklung die NVA bis 1942 übernimmt. Erst dann wird in Zusammenarbeit mit der AEG der LW-Sichtfunkpeiler NVK-AEG Vst 6a (175—520 kHz) entwickelt, dessen Arbeiten jedoch im Zeichen der von der politischen Führung befohlenen Entwicklungskonzentration 1943 eingestellt werden. Trenkle [40]: Da Sichtpeilanlagen nach der Art des Peilwinkel-Oszillographen (Fu Peil A 70) bei Kurzsignalen und beim Auftreten von Störsendern versagten (und auch die Entwicklungen beim Heer nur zu langsam vorankamen), wird parallel dazu im letzten Kriegsjahr beim NVK eine weitere Entwicklung nach dem Prinzip von Watson-Watt veranlaßt. Im März 1945 wird bei der Marinenachrichtenstelle in Wilhelmshaven der erste, in Zusammenarbeit mit Thomson & Schwarzkopf entwickelte DREIKANAL-SICHTPEILEMPFÄNGER NVK-DK c2 »LICHTBILD KURZWELLE« betriebsfertig gemacht. Das Gerät, das in acht Teilen den Bereich von 1. 4 bis 16. 1. MHz überstreichen kann, wird deutscherseits bei Kriegsende zusammen mit allen Unterlagen und Schaltbildern vernichtet.

210 bzw. FH 4

211 Daß diese Kreuzrahmen-Adcock-Antennen auffallend waren, hat der Verfasser bereits in seinem Buch über die Monsun-U-Boote in Südostasien: HAIE IM PARADIES [115] behandelt. Als der Krieg beendet war, zogen die Engländer für Reparaturen die inzwischen gefangengenommenen U-Boot-Leute aus dem ehemals deutschen U-Stützpunkt Singapore heran. Als erstes fielen den seemännisch und nautisch erfahrenen U-Boot-Män-

nern die Kreuzrahmenantennen im Mast der Eskorter auf. Die Briten gaben bereitwillig Auskunft — und die U-Boot-Fahrer fielen buchstäblich aus allen Wolken. Im Nachhinein wurde ihnen einiges klar.

212 Nach Rohwer/Hümmelchen [5] heißt es für die Phase 21.—25. 2. 1942 »... Erstmalig wird die Fühlunghaltermeldung (von *U 155* unter Kapitänleutnant Piening) von dem mit einem Kurzwellenpeilgerät (›Huff/Duff‹) ausgerüsteten Rettungsschiff *Toward* am Konvoi O.N.S. 67 eingepeilt. *U 155* kann sich jedoch der Suche der noch nicht mit Radar ausgerüsteten *Lea* (Zerstörer) entziehen und versenkt in der Nacht zum 22. 2. zwei Schiffe mit 9783 BRT (nach [260] den britischen Motortanker *Adellen* und das norwegische Motorschiff *Sama* die beide explodierten, während ein drittes Ziel von [5] nicht erwähnt wird, weil ... U 155 observed no effects after the first detonation).«

212a Hierzu Hans Meckel ergänzend: Natürlich wußte nur der BdU, wann alle in See stehenden Boote mit dem neuen Schlüsselmittel ausgerüstet waren und gab dann das Signal zur Inkraftsetzung in Abstimmung mit dem OKM.

213 Keiner dieser U-Boot-Bunker wurde in den ersten Jahren bei den zahlreichen Bombenangriffen der Alliierten zerstört. Anfangs versuchte man es mit der 12000 lbs-Bombe »Tallboy«. ein Typ, wie er im November 1944 vor Tromsøe (mit Erfolg) auch auf das Schlachtschiff *Tirpitz* geworfen wurde, dann setzte man mit der Avro Lancaster B Mk I Spezial die 22 000 lbs schwere »Grand Slam« ein — und schaffte es.

214a Wann Dönitz im Hinblick auf die Gefahren aus der Luft ein echtes Unterwasserschiff forderte, ist auf den Tag und Monat nicht nachzuweisen. Als z.B. der Germania-Werft-Ingenieur Hellmuth Walter sein »superschnelles« mit Wasserstoffsuperoxid betriebenes U-Boot erstmals vorschlug, schrieb man das Jahr 1934. Erst 1936 hatte Dönitz als Führer der neuen U-Boot-Waffe einen gewissen Einfluß auf den Typenbau, keineswegs aber Entscheidungsvollmachten. Aber schon vorher, genau genommen, unmittelbar nach dem I. Weltkrieg, stand doch die Frage an: Wie wird sich die Bedrohung aus der Luft U-Booten gegenüber in naher und weiterer Zukunft auswirken?

214b entfällt

215 ~ 312 t/337 t

216 1485 t/1652 t

217 = Ingolin

218a Mipolam ist der Handelsname für ein weichgemachtes PVC und Co aus der Reihe der Polymerisationsprodukte mit Kunststoffketten (dauerthermoplastische, nicht vernetzende Polyene, hier aus der Gruppe Polymere halogenierte Polyolefine) [231/2]

218b Professor Dr.-Ing. H. Schneekluth: Die mit dem Walter-U-Boot-Bau befaßten Ingenieure hatten eine respektable Angst, daß es beim Arbeiten mit dem hochkonzentrierten Perhydrol zu einer Explosion kommen könnte. Die notwendige Vorsicht behinderte natürlich die Entwicklungsarbeiten nicht unbeträchtlich.

218c gelegentlich eines Vortrags des Verfassers zum Thema »Die Wende im U-Boot-Krieg im Mai 1943« vor Offizieren der Bundesmarine im Bereich des Standortes Neustadt/Ostsee und Mitgliedern des Verbandes Deutscher U-Boot-Fahrer (VDU) am 26. Januar 1984

218d Nach Rössler [99] habe die Dienststelle des BdU Org. den Ausbau veranlaßt, andere Quellen nennen andere Stellen (etwa den späteren [1.3. 43] Konteradmiral (Ing.) Otto Thedsen, BdU Org. Abt. bzw. Stab 2. A.d.U. und Chef der Technischen Abteilung oder den F.d.U. West [etwa als zuständige und ausführende Dienststelle]). Eine Zusammenarbeit — etwa mit dem Germania-Werft-Ingenieur Hellmuth Walter (der sich bereits 1933 mit einer atmosphärischen Luftzuführung für eine Fahrt [allerdings] dicht unter der Wasseroberfläche befaßt hatte) — ist nicht nachzuweisen, ebensowenig ein Zusammenarbeiten mit anderen technischen Kapazitäten und technisch erfahrenen Seeoffizieren. Nach Rösslers Forschungen [99] schien diese Anlage nach den gemachten Erfahrungen in den unruhigen europäischen und atlantischen Gewässern höchstens als Luftzufuhr bei einer †-Fahrt in schwerer See brauchbar. Für eine Weiterentwicklung zu einem sicheren Gerät für eine periskoptiefe Diesel-Unterwasserfahrt, wie es der deutsche Schnorchel 1943/44 ja dann wurde, »bestand nach Ansicht der entscheidenden Stellen kein Anlaß«.

219 Die Angaben in den Fachhandbüchern sind in den Details nicht sehr klar [6].

220 Sein Funkspruch auf der 600 m-Welle »SOS-torpedoed ...« brach mitten im Geben ab. Es handelte sich, wie inzwischen bekannt geworden ist, um den amerikanischen Frachter *Robin Hood*, dessen Größe, von Heydemann fast genau auf 7000 BRT geschätzt, 6887 BRT betrug.

221a Der Konvoi T.M. 1 bestand insgesamt aus neun Tankern und war gesichert durch (nur!) einen Zerstörer und drei Korvetten. Zwar konnten die Briten seit dem 10. Dezember die Funksprüche des neuen Schlüssels TRITON (wieder) fast zeitgleich mitlesen, jedoch war ihnen der Ansatz der deutschen U-Boot-Gruppe DELPHIN, zu der auch *U 575* befohlen worden war, durch das scheinbar engmaschige Netz ihrer Funkaufklärung durchgegangen, da sich die Entzifferung der deutschen Funksprüche gerade in dieser Woche um Tage verzögert hatte.

221b In Verbindung mit den im Kapitel 2.8 behandelten Torpedoversagern sind, um nach der hier zum Teil mehr oder weniger »abstrakten Krise« zu einer konkreten Bewertung zu kommen, umfangreiche Untersuchungen notwendig. Zu diesen sind vor allem die Überprüfungen der Schußunterlagen der genannten und anderer Boote während dieses Zeitraumes notwendig, und zwar unter Hinzuziehung eines (am besten u-booterfahrenen) Torpedofachmannes wie zum Beispiel des seinerzeitigen Fregattenkapitäns Ottoheinrich Junker, der vom November 1938 bis zum August 1942 Gruppenleiter beim T.E.K. (= T̲orpedo-E̲rprobungs-K̲ommando) gewesen ist, ehe er, der Crew 24 zugehörig, das Südostasienboot *U 532* [115] übernahm. Außerdem war noch stärker sein Bruder Rudolf mit der Torpedowaffe verbunden und vertraut. Der spätere Konteradmiral Rudolf Junker (Crew 13) war vom November 1938 bis zum Februar 1943 Chef des Stabes bei der Torpedoinspektion, vom Februar 1943 bis Dezember 1944 Kommandeur der Torpedoversuchsanstalt Eckernförde und ab Dezember 1944 bis Ende Inspekteur des Torpedowesens.

Eine wertvolle Hilfe bei einer solchen Untersuchung ist das in diesem Jahr (1984) beim Koehler Verlag, Herford, erschienene Buch von Eberhard Rössler: »Die Torpedos der deutschen U-Boote. Entwicklung, Herstellung und Eigenschaften der deutschen Marine-Torpedos« [249]. Zwar schreibt hier Professor Rohwer in der Einleitung u. a., daß die Zeit des ersten Halbjahres 1942 »die günstigste Periode war, als die U-Boote vor der amerikanischen Ostküste große Erfolge erzielten, die allerdings immer noch durch die zu geringe Sprengwirkung der Torpedos bei Aufschlagzündung beeinträchtigt wurden ...« Weiter heißt es in der Einleitung dann: »Als dann im zweiten Halbjahr 1942 sich der Schwerpunkt wieder auf die Geleitzugbekämpfung im Nordatlantik konzentrierte, wurde die Abwehr immer effektiver, so daß die Voraussetzungen für den gezielten Torpedoschuß kaum noch gegeben waren und meist aus größerer Entfernung geschossen werden mußte ...« Das indessen trat wohl erst 1943 in Erscheinung, denn Ende 1942 (November) wurden sogar Sicherungseinheiten und bereits in Dienst befindliche Eskort-Träger für die Operation TORCH abgezogen. Im Mittel verfügten die alliierten Eskort-Gruppen in den letzten Monaten des Jahres 1942 meist (wie bisher) nur über fünf oder sechs Eskorter, allerdings z. T. über die neuen ASDICs und z. T. sogar schon über HF/DF-Geräte wie etwa bei der Eskortsicherung des H.X. 213 im November 1942. Auch hier sind für eine konkrete Aussage tabellarische Übersichten geboten. Ausgesprochene Weitschüsse waren z. B. für *U 575* im Januar 1943 beim Angriff auf die Tanker des Konvois T.M. 1 notwendig — mit den im Text erwähnten Mißerfolgen, wobei vielleicht die Schußunterlagen eine Klärung erlauben, ob reine Fehlschüsse oder Materialversager die Ursache waren. Immerhin hatten (um es noch einmal zu dokumentieren) am T.M. 1 zehn Boote insgesamt 31 Torpedos ihre Ziele verfehlt, 24 davon trotz genauer Schußunterlagen.

Daß das Jahr 1942 für die Torpedowaffe der U-Boote sogar wieder eine Zunahme der Fehlschüsse nachweisen läßt, belegt die anhand der von der TWa ausgewerteten Torpedoschüsse vorgenommene Untersuchung von E. Rössler. Das Jahr 1940 erbrachte 50,5 % gemeldete Treffer bei nur 33 % gemeldeten Fehlschüssen und 16,5 % Materialversagern. Das Jahr 1941 hat die bisher günstigsten Quoten: 51 % gemeldete Treffer, nur 37,5 % gemeldete Fehlschüsse und nur noch 11,5 % Materialversager. Das Jahr

1942, mit den im Text behandelten Fehlschüssen, weist sogar 51,1 % gemeldete Treffer auf, aber 40,2 % gemeldete Fehlschüsse; die Materialversager liegen bei nur noch 8,7 %. Die Zahl der gemeldeten Treffer wird 1944 (und auch 1945) noch zunehmen, die Zahl der Fehlschüsse bewegt sich dabei um 40 % (1944: 39,5 %; 1945: 41,6 %), die Materialversager werden nur noch 5 % bzw. 5,5 % betragen.

Auch die Frage, inwieweit die Zunahme der Fehlschüsse mit noch zu geringen Erfahrungen der z. T. erst in jüngster Zeit ausgebildeten Kommandanten in Verbindung zu bringen ist, gehört zur Palette der Untersuchungen, scheint dem Verfasser aber bei dem unstrittigen Einsatzwillen und Einsatzeifer, zu dem ja auch Lernwille und Lerneifer zu zählen sind, nur sekundär zu sein.

222a Es handelt sich um das amerikanische Radargerät MEDDO mit 3 cm Wellenlänge, während die Briten ein neues Rotterdam-Gerät einsetzen, das »Rotterdam X« = H_2X.

222b Mehr darüber in dem Folgeband: U-Boote im Einsatz bis zum bitteren Ende. 1943—1945.

223 Alles nach W.F.G. Stehr [71]

224 TORPEX ist beileibe keine Tiefenwasserbombe, wie vielfach behauptet und geschrieben. Zwar hat es eine Versuchsbombe mit diesem Sprengmittelnamen gegeben, zum Einsatz kam sie nie. Torpex ist im übrigen nur eine Abkürzung von Torpedo-Explosiv, also schlicht Torpedosprengstoff. Und für Torpedos war er ja auch gedacht und in Gebrauch. Aber in der Herstellung war er sehr kompliziert und gefährlich und mehrfach so teuer wie die anderen Sprengstoffe. TORPEX war daher auch zur Füllung ganz besonderer Waffen [109] vorgesehen. Ergänzend ist noch zu vermerken, daß Wasserbomben mit der gefährlichen Torpex-Ladung nur bei einer Mindestgeschwindigkeit von 18 kn geworfen werden durften.

225 Nach dem Kriege kommt es zu nachstehendem Resümee: Nicht nur in deutschen, auch in alliierten Veröffentlichungen standen für die Hedgehog-Anwendung immer zwei Meinungen gegeneinander: elliptische oder kreisförmige Wurfform. Der Hedgehog konnte auf beide eingestellt werden! Es war eine auf den Typ VII abgestimmte Waffe. Bei einer Tauchtiefe des U-Boots von 200 feet und einer Wurfentfernung von 283 yds Standard vergingen 18 s vom Abfeuern bis zum Aufschlag. In dieser Zeit konnte das Boot um 100 Yards ausweichen. Bei einer Bootslänge von etwa 218 feet und -breite von etwa 20 feet blieben bei der Ellipse 195 feet Abweichung übrig, beim Kreis nur 134 feet — jeweils bei einem Entfernungsirrtum von 168 feet und konstantem Abstand der Granaten von 34 feet voneinander. — Gegenüber den späteren schnelleren und tiefer tauchenden U-Booten vom Typ XXI war die Flut- und Tauchzeit zu lang. Für den Hedgehog wurde folgender »möglicher radialer Fehler« errechnet: Unterwassergeschwindigkeit 6 kn, Tauchtiefe 150 feet = Fehler 150 feet 20 kn bei gleicher Tiefe = 330 feet. Hier war die Tiefenwasserbombe in Stromlinienform mit nur 14 feet s

Sinkgeschwindigkeit gegenüber 25 beim Hedgehog im Vorteil bei nur 190 feet Fehler. Bei einem Fehlerquotienten von 200 feet war die Trefferchance 20 %, bei 400 feet nur noch 6 %. Konnten zwei Hedgehogs gleichzeitig auf das gleiche Ziel feuern, stiegen die Aussichten auf 34 bzw. 12 %.
Stromlinien-Wasserbomben erreichten ein U-Boot in 150 feet Tiefe in weniger als 11 s. Eine Unterwasser-Geschwindigkeit von 6 kn erlaubte nur eine Ausweichstrecke von 35 yards. Die von Wabo-Mustern bedeckte Fläche war also in jedem Fall größer. In 600 feet Tiefe konnte das Boot um 140 yards, also mehr als seine Länge ausweichen. Der Typ XXI könnte in 600 feet Tiefe bei 15 kn bereits 350 yards ausweichen, mehr als seine dreifache Länge. Das entwertet die Wabos. In der Wirklichkeit waren die Ausweichzeiten sogar größer, falls ein Einzelschiff angriff, denn das U-Boot leitete seine Ausweichbewegung spätestens ein, sobald es das Angehen der Turbinen von der schleichenden Horchfahrt (Ortungsfahrt) hörte. Das war immerhin einige Zeit vor dem Wurf — und Verzögerungen des Wurfes durch verbesserte Zielangaben kamen hinzu. Deshalb wurde der Schleichangriff zweier Konvoi-Geleiter entwickelt, bei dem das ortende Fahrzeug das angreifende einwies.

226 Diese Zentimeterendziffern ergeben sich aus den Umrechnungstabellen und sind praktisch ohne technischen Wert. Hier genügt die pauschale Abrundung auf 150 bis 152 m.

226a Gründer und Leiter Horst Bredow, Anschrift Cuxhaven-Altenbruch (Cuxhaven 12).

227 Die Zündung der Kartusche erfolgt elektrisch oder durch Leine.

228 Dagegen sind die Tiefeneinstellungen der üblichen Wasserbomben in der Tiefe nie genau, da ihre Einstellung nicht automatisch eingegeben werden konnte.

229 W.F.G. Stehr [72]: »Das Gerät ist sehr umständlich zu bedienen und wird daher nach dem Krieg bald durch den Limbo abgelöst. Es ist indessen noch immer (1982) auf veralteten Fahrzeugen zu finden ...«
Eingeführt Ende 1943 nach einer fast gleichzeitigen Entwicklung des Hedgehogs wird mit dem Squid erst am 31. Juli 1944 der erste Erfolg vermerkt werden [72,2]. Die Sloop *Starling,* das derzeitige Führungsschiff von Captain F. J. Walkers berühmter 2. Escort Group, und die Fregatte *Loch Killin* greifen querab von den Scillies *U 333* unter Kapitänleutnant Hans Fiedler mit aus dem Squid geworfenen Wabos an und bewirken auf 49° 39′ N/ 07° 28′ W einen Totalverlust. Am 6. August 1944 wird eine Squid-Salve der *Loch Killin U 736* unter Oberleutnant z.S. Reinhard Reff in der Biscaya westlich von St. Nazaire versenken, wobei es 25 Gefallene gibt, der Rest der Besatzung aber gerettet werden kann. Einen anderen Squid-Erfolg wird Roskill [2] der Fregatte *Loch Eck* und der Fregatte *Bayntun* (ex DE 1 der US *Evarts*-Klasse) für den 17. Februar 1945 zuschreiben, die nordwestlich von Bergen auf 61° 32′ N/01° 36′ O *U 1278* unter Oberleutnant zur See Erich Müller-Bethke als Totalverlust versenkt (»which [the Squid] attack

brought much wreckage to the surface). Als besonders bemerkenswert wird der Angriff der *Loch Glendhu* in den Abendstunden des 12. April 1945 vermerkt werden, als sie in der Irischen See querab der Isle of Man auf eine ASDIC-Ortung hin *U 1024* unter Kapitänleutnant Hans Joachim Gutteck durch Wasserbomben zum Auftauchen zwingt, wobei bei dem danach sofort einsetzenden Beschuß der Kommandant und acht Mann getötet werden. Die durch den Ausfall des Kommandanten entstehende Unsicherheit an Bord nutzt der Brite, um sein Prisenkommando (quickly sent away) längsseit des U-Bootes zu schicken, dieses zu entern und zu übernehmen. Die Fregatte *Loch More* bekommt den Befehl, das inzwischen von seiner Besatzung geräumte U-Boot, von dem 37 Mann in Gefangenschaft gehen, abzuschleppen. Es ist nirgendwo vermerkt, ob ein britisches Prisenkommando an Bord des Bootes verblieb, lediglich soviel wird von Roskill dargestellt, daß der »Schleppzug« während der Nacht in plötzlich aufkommenden dichten Nebel geriet und daß in dieser Situation die Schlepptrosse brach und das U-Boot versank. Siehe auch die Anlage 3 über »Weitere aufgebrachte U-Boote«.

230 1945, als das Zusammenspiel mit den neuen ASDICs eingefahren war, erzielte der Sechserwurf Squids sogar 62 % und der Dreierwurf 33,3 % (alle % jeweils im Verhältnis zur eingesetzten Munition).

231 Als Beispiel sei hier *U 242* (lt. U-BOOT ARCHIV [Horst Bredow]) genannt, das nach britischen Unterlagen am 30. April 1945 in der Irischen See bei der Isle of Man durch die britischen Zerstörer *Hesperus* und *Havelock* in Verbindung mit britischen Flugzeugen vernichtet wurde.

232 Alles nach [72]

233 Y-gun, weil das Gestell wie ein Ypsilon aussieht, K-gun, weil es mit den nach außenbords gewinkelten Armen wie ein K wirkt.

234 K-gun (Projector Mk 6) ist ein Wasserbomben-Wurfgerät, das 1936 in Entwicklung gegeben wurde, um die Y-gun, die sehr viel Raum beanspruchte, abzulösen. Mitte 1941 wurden die ersten in der Flotte installiert. Typische Aufstellungen waren auch auf Zerstörern: längs der Schiffsseiten vier bis sechs, acht auf Geleitzerstörern, jeweils nebst den zwei Wabo-Ablaufbühnen für vier Wabos auf Geleitzerstörern, für drei auf Zerstörern und großen, seegehenden Minensuchern. Beim Mk 6 flog der Stempel als Ladungsträger noch mit ins Meer. Deshalb wurde der Typ Mk 9 entwickelt, bei dem er Bestandteil der K-gun war. 1942 begann die Entwicklung (im November), im August 1944 werden Erprobungen an Bord der Fregatte *Asheville* durchgeführt. Material- und Gewichtsersparnis stellen sich aber als so minimal heraus, daß weitere Entwicklungsarbeiten aufgegeben werden.

235 Es wurden versenkt (● Verluste durch Flugzeuge, ○ andere Ursachen):
- *U 164* (Korvettenkapitän Otto Fechner) am 6. Januar 1943 im Südatlantik von Flugzeugen der 83. US Squ., Totalverlust;

- U 224 (Oberleutnant zur See Rudolf Kosbadt) am 13. Januar westlich Algier durch die kanadische Korvette *Ville de Quebec;* 1 Überlebender;
- U 507 (Korvettenkapitän Harro Schacht) am 13. Januar nordwestlich Natal im Südatlantik durch Flugzeuge der 83. US Squ., Totalverlust;
- U 337 (Kapitänleutnant Kurt Rudwiedel) am 15. Januar sw. Island durch Flugzeuge der RAF-206. Squ., Totalverlust;
- U 301 (Kapitänleutnant Willy-Roderich Körner) am 21. Januar im Mittelmeer durch das britische U-Boot *Sahib* torpediert, 1 Überlebender;
- U 553 (Korvettenkapitän Karl Thurmann) seit Januar im Mittelatlantik vermißt, Totalverlust.

Italiens Marine hat drei Verluste zu beklagen:
- U *Narvola* am 14. Januar südlich von Malta durch Luft- und Seeoperationen *(Pakenham* und *Hursley);*
- U *Tritone* am 19. Januar querab von Bougie durch den kanadischen Eskorter *Port Arthur.*
- U *Santorre Santarosa* am 20. Januar querab von Tripolis durch Motortorpedoboot *MTB 260.*

236 Hier die Verluste im Februar 1943, bei denen fast die Hälfte (neun an der Zahl) das Opfer von Fliegerangriffen wurde:
- U 265 (Oberleutnant zur See Leonhard Auffhammer) am 3. Februar südlich Islands durch Flugzeuge der 220. Squ., Totalverlust;
- U 187 (Kapitänleutnant Ralph Münnich) am 4. Februar im Nordatlantik durch die britischen Zerstörer *Vimy* und *Beverly;* Kommandant und acht Besatzungsmitglieder gefallen, Rest Gefangenschaft;
- U 609 (Kapitänleutnant Klaus Rudloff) am 7. Februar im mittleren Nordatlantik durch die freifranzösische Korvette *Lobelia,* Wasserbomben, Totalverlust;
- U 624 (Kapitänleutnant Ulrich Graf von Soden-Frauenhofen) am 7. Februar im Nordatlantik durch Flugzeuge der britischen 220. Squ., Totalverlust;
- U 519 (Kapitänleutnant Günther Eppen) am 10. Februar südwestlich Irlands durch Flugzeuge der US-Squ. 2 während der »Bay air patrol« versenkt, Totalverlust;
- U 442 (Fregattenkapitän Hans-Joachim Hesse) am 12. Februar westlich von Kap Vincent durch Flugzeuge der britischen 48. Squ., Totalverlust;
- U 620 (Kapitänleutnant Hans Stein) am 14. Februar nordwestlich von Lissabon durch Flugzeuge der britischen 220. Squ., Totalverlust;
- U 529 (Kapitänleutnant Georg-Werner Fraatz) am 15. Februar im mittleren Atlantik durch Flugzeuge der britischen 120. Squ., Totalverlust;
- U 201 (Oberleutnant zur See Günter Rosenberg) am 17. Februar östlich von Neufundland durch britischen Zerstörer *Fame,* Totalverlust;
- U 69 (Kapitänleutnant Ulrich Gräf) am 17. Februar im westlichen Nordatlantik durch britischen Zerstörer *Viscount,* Wasserbomben, Totalverlust;

- *U 205* (Kapitänleutnant Friedrich Bürgel) am 17. Februar durch den Flottenzerstörer HMS *Paladin* und durch Flugzeuge des S.A.A.F. im Mittelmeer nordwestlich von Derna vernichtet; acht Mann gefallen, restliche Besatzung einschließlich Kommandant in Gefangenschaft;
- *U 562* (Kapitänleutnant Horst Hamm) am 19. Februar nordöstlich von Bengasi durch Wasserbomben des britischen Zerstörers *Isis* und des Geleitzerstörers *Hursley* und durch Flugzeuge der britischen 38. Squ. versenkt, Totalverlust;
- *U 268* (Oberleutnant zur See Ernst Heydemann) am 19. Februar westlich von Nantes in der Biscaya durch Flugzeuge der 172. Squ. während der Bay air patrol, Totalverlust;
- *U 623* (Oberleutnant zur See Hermann Schröder) am 21. Februar im Nordatlantik durch Flugzeuge der britischen 120. Squ. gebombt, Totalverlust;
- *U 225* (Oberleutnant zur See Wolfgang Leimkühler) am 21. Februar im Nordatlantik durch den US Coast-Guard-Cutter *Spencer* versenkt, Totalverlust;
- *U 606* (Oberleutnant zur See Hans Döhler) am 22. Februar im mittleren Nordatlantik durch den US Coast-Guard-Cutter *Geo W. Campbell* und den polnischen Zerstörer *Burza* versenkt, 36 Mann gefallen, Rest in Gefangenschaft;
- *U 443* (Oberleutnant zur See Konstantin von Puttkamer) im Mittelmeer vor Algier durch Wasserbomben der britischen Geleitzerstörer *Bicester, Lamerton* und *Wheatland* vernichtet, Totalverlust;
- *U 522* (Kapitänleutnant Herbert Schneider) am 23. Februar südwestlich von Madeira durch den britischen Coast-Guard-Cutter *Totland* versenkt, Totalverlust;
- *U 649* (Oberleutnant zur See Raimund Tiesler) am 24. Februar in der Ostsee durch Kollision mit *U 232* gesunken, 35 Tote.

Die Italiener verlieren 3 Boote:
- *U Avorio* am 8. Februar querab von Philippeville durch den kanadischen Eskorter *Regina;*
- *U Malachite* am 9. Februar südlich von Sardinien durch das holländische U-Boot *Dolfijn;*
- *U Asteria* am 17. Februar durch die Eskorter *Easton* und *Wheatland* querab von Bougie.

237 Zeitweise anwesend Admiral Th. Krancke und Reichsminister A. Speer

238 Weiter heißt es im Protokoll dieses am 13. Februar 1943 niedergeschriebenen Lageberichtes im Wortlaut: »Ob.d.M. legt weiter dar, wie sehr die Erfassung der nach Gibraltar gehenden Geleitzüge vom Zufall abhängig ist, wo leicht andererseits die Erfassung der Geleitzüge und ihre Bekämpfung wäre.
Das Fehlen jeglicher Aufklärungsmittel im Seekrieg ist daher die schwerwiegendste Lücke unserer Kriegführung. Diese Lücke läßt sich zur Zeit nur

durch größere Bootszahlen schließen. Die größeren Bootszahlen sind jedoch abhängig von einer möglichst kurzen Werftliegezeit der Boote, möglichst rascher Erledigung der Restarbeiten an den Neubaubooten ...«
Der Ob.d.M. legt dar, daß daher die Reparaturwerftfrage für eine Intensivierung des U-Boot-Krieges von ausschlaggebender Bedeutung ist.Er bittet deshalb, die U-Boot-Waffe und ihre Waffen sowie die Überwasserkriegsschiffe, die dem U-Boot-Krieg dienen, personalmäßig von der Einziehung für das Heer total und grundsätzlich zu befreien ... Speer unterstützt den Ob.d.M. »... für den Fall, daß er die dann ausfallenden Kopfzahlen nicht an anderen Stellen herauspressen müßte.«
Der Führer stimmt den Darlegungen der Ob.d.M. grundsätzlich zu, sagt dann aber (einschränkend), diese Frage noch einmal mit Generalfeldmarschall Keitel zu besprechen. Er versichert dem Ob.d.M., »... für die U-Boot-Waffe zu tun, was möglich wäre.«
Am 26. Februar trägt Großadmiral Dönitz laut Führer-Lage [84] vor: »Der Monat Februar war für den U-Boot-Krieg typisch: 16 Tage in See gestanden, nichts versenkt, weil nichts gesehen. Drei Gründe: • schlechtes Wetter und damit geringe Sicht, • Möglichkeit der Erfassung der U-Boot-Aufstellungen durch Ortung (gemeint ist hier eine Ortung aus der Luft, auch hier fehlt jede Andeutung anderer primärer Ursachen, die die Kapazitäten und die Fachindustrie Dönitz gegenüber immer wieder energisch bestritten) und • vor allem jedoch wegen Fehlens jeglicher Aufklärung. Darlegung anhand von Karten, welche Aufklärungsbereiche die einzelnen Typen der Fernaufklärer überdecken würden. Meldung an den Führer, daß mit Reichsmarschall Göring besprochen und er seine Unterstützung zugesagt hat und daß Vorziehen der Fernaufklärungsmaschinen jedoch erforderlich ist.
Der Führer äußert sich abfällig über Versprechungen, die über Leistungen und Reichweiten einzelner Aufklärungstypen gemacht würden. Er glaube nicht, daß beim Umbau der He 177 noch etwas Brauchbares herauskommen würde. Er verspricht dem Ob.d.M. zu prüfen, ob die drei BV 222 nicht sofort für die U-Boot-Aufklärung im Westen eingesetzt werden können.

239 Vorher war es zu Differenzen zwischen Hitler und Raeder wegen des mißglückten Eismeerunternehmens der Schweren Kreuzer *Admiral Hipper* und *Lützow* gegen den Konvoi JW 51 B gekommen, die nicht nur zum Rücktritt Raeders, sondern auch zur Weisung Hitlers führten, alle großen Einheiten außer Dienst zu stellen und zu verschrotten. Daß Hitler später einlenkte, als Dönitz sich der Weisung diplomatisch geschickt nach einer Kehrtwendung um 180 Grad widersetzte, ist wohl in erster Linie Admiral Th. Krancke als zur Zeit »Ständigem Vertreter des Ob.d.M. im Führerhauptquartier« zu danken, als er Hitlers Auffassung von den unnötigen dicken Schiffen hinsichtlich der von diesem verlangten Außerdienststellung sofort mit Nachdruck korrigierte: »Das, mein Führer, wäre der billigste Seesieg in der Geschichte der Britischen Flotte.«

Übrigens: Die Forderung nach eigenen Marineluftstreitkräften, insbesondere nach Aufklärern für den Seekrieg im taktischen Zusammenwirken mit der Flotte und der U-Boot-Waffe, hatte Raeder bereits seit 1935 begründet. Aber die Unschlüssigkeit des OKM in der Typenwahl der Flugzeuge bestärkten Göring und den Luftwaffen-Generalstab, die »Küstenfliegerverbände« auch nach Kriegsbeginn der Luftwaffe unterstellt zu lassen. Die spätere Aufstellung eines »Fliegerführers Atlantik« für die Aufgaben des BdU ändert nichts an dieser Fehlplanung und Fehlorganisation. Hitler verhält sich in dieser entscheidenden Frage zwischen Göring und Raeder bzw. nunmehr Dönitz neutral. Er verspricht stets, »... nur zu prüfen«.

240 Der hier in verschiedenen Publikationen gebrauchte Terminus vom Panoramasichtpeilgerät für den Kurzwellenpeiler ist nicht korrekt. Hans Meckel erklärt die Unterschiede in technischer Kürze: »Das Rotterdamgerät (H_2S-Gerät) war ein Panoramagerät, das auf nachleuchtendem Bildschirm eine Art Kartenbild erzeugte. Der Kurzwellenpeiler war ein Sichtgerät, das aufgefaßte Peilungen aus jeder Richtung sofort anzeigte, aber kein Panoramabild erzeugte.«

240a Allein in 20 Tagen des März entzifferte der deutsche xB-Dienst 175 alliierte Konvoi-FTs, aber nur zehn konnte der BdU operativ nutzen, die anderen Dekodierungen gingen nicht rechtzeitig genug bei ihm ein [74].

240b In der Britischen Admiralität war man schon lange auf einen solchen Wechsel (also von Alpha auf Beta) gefaßt. Als er nun eintritt, rechnet man damit, über Monate hinweg »blind« zu sein. Aber dank der Konzentration aller Kräfte und der gesamten Schlüsselmaschinenkapazität sind die Verzögerungen bald nicht größer, als sie es seit Dezember waren.

241 Es sind dies die Boote (● wie vorab: Verlust durch Flibos)
- ● *U 83* (Kapitänleutnant Ulrich Wörisshoffer) am 4. März* im westlichen Mittelmeer, südöstlich von Cartagena durch Flugzeuge der britischen Air Patrol der 500. Squ., Totalverlust;
- ○ *U 87* (Kapitänleutnant Joachim Berger) am 4. März im Nordatlantik durch Wabos des kanadischen Zerstörers *St. Croix* und der kanadischen Korvette *Shediac*, Totalverlust;
- ● *U 633* (Oberleutnant z.S. Bernhard Müller) am 7. März im mittleren Nordatlantik durch Flugzeuge des Air Support der britischen 220. Squ., Totalverlust;
- ● *U 156* (Korvettenkapitän Werner Hartenstein) durch Flugzeuge der Air Patrol der 53. US-Squ. am 8. März im Nordatlantik östlich von Barbados gebombt, Totalverlust;
- ○ *U 444* (Oberleutnant z.S. Albert Langfeld) am 11. März im mittleren Nordatlantik durch Wabos des britischen Zerstörers *Harvester* und der französischen Korvette *Aconit*, einige Überlebende, 41 Tote;

---

* Nach Roskill [2] am 4. März, nach Gröner [6] am 9. März, nach Mielke [78] am 4. oder am 9. (?), nach Lohmann [90] am 9.

- *U 432* (Kapitänleutnant Hermann Eckardt) am 11. März im Nordatlantik durch Wabos der französischen Korvette *Aconit,* 21 Tote, Restbesatzung überlebte, Gefangenschaft;
- *U 130* (Oberleutnant z.S. Siegfried Keller) am 12. März im Nordatlantik westlich der Azoren durch Wabos des US-Zerstörers *Champlin,* Totalverlust;
- *U 5* (Leutnant z.S. Hermann Rahn) am 19. März westlich von Pillau durch Kollision*, 21 Tote, Teile der Besatzung gerettet;
- *U 384* (Oberleutnant z.S. Hans-Achim von Rosenberg-Gruszczynski) am 19. März im Nordatlantik südwestlich von Island durch Flugzeuge der Air Escort der britischen 201 Squ., Totalverlust;
- *U 665* (Kapitänleutnant H.J. Haupt) am 22. März durch britische Flugzeuge der Bay-Air-Patrol der britischen 172 Squ. in der Biscaya westlich von Nantes gebombt, Totalverlust;
- *U 524* (Kapitänleutnant Walter von Steinaecker) am 22. März im Mittelatlantik südlich von Madeira von Flugzeugen der Air Patrol der US-Squ. 1 gebombt, Totalverlust;
- *U 469* (Oberleutnant z.S. Emil Claussen) am 27. März im Nordatlantik südwestlich von Island von Flugzeugen der Air Patrol der britischen 206. Squ. gebombt, Totalverlust;
- *U 169* (Kapitänleutnant H. Bauer) am 27. März im Nordatlantik südlich von Island von Flugzeugen der Air Patrol durch die britische 206. Squ. gebombt, Totalverlust;
- *U 77* (Kapitänleutnant Otto Hartmann) am 28. März im Mittelmeer östlich von Cartagena von Patrouillen-Flugzeugen der 233. und 48. Squ., 31 Mann gefallen, zehn Überlebende gerettet;
- *U 163* (Korvettenkapitän Kurt-Eduard Engelmann) am ? März nach dem am 15. März erfolgten Auslaufen aus Lorient wahrscheinlich in der Biscaya verschollen, Ursache nach Mielke [78] und Roskill [6] unbekannt, nach [90] möglicherweise durch Mine oder am 23. durch das US-U-Boot *Herring;* Verlustursache nach Gröner [6]: ? N/? W in der Biscaya: verschollen, Totalverlust.

Die Italiener verloren nur 1 Boot
- *U Delfino* am 23. März querab von Tarento durch Unfall.

242 Es sind dies diese Boote:
- *U 124* ex *U 68* (Korvettenkapitän Johann Mohr) am 3. April im Nordatlantik westlich von Oporto durch Wabos der britischen Korvette *Stonecrop* und durch die Sloop *Black Swan,* Totalverlust;
- *U 167* (Korvettenkapitän Kurt Sturm) am 6. April bei den Kanaren von Flugzeugen der Air Patrol der 233. Squ. schwer beschädigt und von der Besatzung selbstversenkt. Das Boot wird später (1951) gehoben, nach Spanien transportiert und kommerziell ausgewertet.

---

* Nach Mielke [78], nach Gröner [6] war es dagegen ein Tauchunfall, nach Lohmann/Hildebrand [90] lediglich ein Unfall...

- *U 635* (Oberleutnant z.S. Heinz Eckelmann) am 6. April im Nordatlantik südwestlich von Island durch Wabos der britischen Fregatte *Tay* versenkt, Totalverlust;
- *U 632* (Kapitänleutnant Hans Karpf) am 6. April im Nordatlantik südwestlich von Island durch Flugzeuge der Air Escort der 86. Squ. gebombt, Totalverlust;
- *U 644* (Oberleutnant z.S. Kurt Jensen) am 7. April im Nordmeer nordwestlich von Narvik vom britischen U-Boot *Tuna* torpediert, Totalverlust;
- *U 376* (Kapitänleutnant Friedrich Marks) am 10. April in der Biscaya westlich von Nantes durch Flugzeuge der Bay-Air-Patrol der britischen 172. Squ. gebombt, Totalverlust;
- *U 526* (Kapitänleutnant Hans Möglich) am 14. April in der Biscaya vor Lorient auf eine Mine gelaufen, Teile der Besatzung gerettet, 42 Tote, einschließlich Kommandant;
- *U 175* (Kapitänleutnant Heinrich Bruns) am 17. April südwestlich von Irland, durch Wabos und Artillerie des US-Coast-Guard-Cutters *Spencer* und durch FliBo, 13 Tote;
- *U 602* (Kapitänleutnant Philipps Schüler) im Mittelmeer seit dem 23. April verschollen, nach Lohmann [90] im Raum Oran vermißt; nach [6] 48 Tote, Totalverlust;
- *U 189* (Kapitänleutnant Hellmut Kurrer) am 23. April im Nordatlantik östlich von Cape Farewell durch Flugzeuge der Air Escort der britischen 120. Squ., 54 Tote, Totalverlust;
- *U 191* (Kapitänleutnant Helmut Fiehn) im Nordatlantik östlich von Cape Farewell durch Wabos des britischen Zerstörers *Hesperus*, Totalverlust;
- *U 710* (Oberleutnant z.S. Dietrich von Carlowitz) am 24. April im Nordatlantik südlich von Island durch Flugzeuge der Air Escort der 206. Squ., Totalverlust;
- *U 203* (Kapitänleutnant Hermann Kottmann) am 25. April im Nordatlantik südöstlich von Cape Farewell durch Flugzeuge des Escort-carriers *Biter* gebombt und durch Wasserbomben des Zerstörers *Pathfinder*, zehn Tote, Rest in Gefangenschaft;
- *U 174* (Oberleutnant z.S. Wolfgang Grandefeld) am 27. April im Nordatlantik südlich von Neufundland durch Flugzeuge des 125. US-Squ., Totalverlust;
- *U 227* (Kapitänleutnant Jürgen Kuntze) am 30. April im Nordmeer nördlich der Färöer durch Flugzeuge der Air Patrol der 455. R.A.A.F. Squ., Totalverlust.

Die Italiener verloren in diesem Monat
- *U Archimede* am 15. April im Südatlantik durch Flugzeuge der Air Patrol der 83 US-Squ.

243 Nach Beesly [3] sollen sich am 10. Mai 126 U-Boote im Nordatlantik befunden haben, die höchste Zahl, die jemals gleichzeitig im Einsatz gewe-

sen ist. Drei U-Tanker versorgten sie; dreißig der Boote, die den O.N.S. 5 bekämpft hatten, befanden sich nun im westlichen Frontabschnitt des Nordatlantiks, um Brennstoff zu ergänzen und um Schäden zu beheben. Die Differenz der Zahlen erklärt sich wohl aus der Aufzählung der aktiv im Einsatz befindlichen Boote und jener, die zur Versorgung anstanden oder in unterschiedlich gezogenen Grenzen des Nordatlantikreviers operierten.

244 auch BLACK PIT genannt

245 Nordatlantik, Westatlantik und amerikanische Küstenmeere, Mittel- und Südatlantik, südafrikanische Gewässer und Indik, Nordsee, Mittelmeer und Schwarzes Meer.

246 Die Formel »Unconditional Surrender« wurde als Kriegsziel der Union gegen die Konföderierten im nordamerikanischen Sezessionskrieg (1861—1865) zum ersten Male verkündet.

247 Ab 1. Mai 1944 führt dann der Chef des Stabes der Seekriegsleitung, Admiral Meisel, die Dienstbezeichnung »Chef der Seekriegsleitung«.

248 FAT = Federapparat Torpedo (Falsch ist nach Witthöft [40] u. a. die Ausdeutung des Kürzels in: F̲l̲ä̲c̲h̲e̲n̲a̲b̲suchender T̲orpedo). Nach Meinung des Verfassers wie auch von Werner F. G. Stehr scheint diese Art Ausdeutung jedoch aus Tarnungsgründen vorgenommen worden zu sein, denn »Flächenabsuchender Torpedo« ist doch sachlich durchaus richtig.

249 Drastischer ausgedrückt: nicht bekommen konnte. Auch die Klage des bekannten Admirals Heye (Vizeadmiral a. D. Hellmuth Heye war von 1961 bis 1964 Wehrbeauftragter des Deutschen Bundestages) zielte nach dem Kriege retrospektiv auf eine sträflich verletzte Vernachlässigung des U-Boot-Baues vor dem Kriege ab. Nach seiner Ansicht hätten bis 1939 nach der Wiederaufnahme des U-Boot-Baues durch deutsche Werften im Rahmen der Wiederherstellung der deutschen Wehrhoheit durch Adolf Hitler mindestens 500 U-Boote für ozeanische Verwendung gebaut werden müssen und auch gebaut werden können. Auch das ist ein technischer wie personeller Trugschluß. Obwohl der U-Boot-Bau neben dem anderen Marinebauprogramm nicht vernachlässigt (indessen auch nicht sonderlich beschleunigt oder — unter Raeder — auch nicht bevorzugt) wurde, konnte Dönitz als FdU (Führer der U-Boote) erst im Winter 1938/39 erstmals seine Rudeltaktik mit Booten von soeben in Dienst gestellten und erprobten Booten vom Typ VII B mit seinem weiteren Fahrbereich erproben. Die taktischen Überlegungen, die er unter Führung des Flottenchefs Admiral Boehm im westlichen Nordatlantik in Verbindung mit V-Schiffen durchführen ließ, bestätigten die von ihm verbesserte, bereits im 1. Weltkrieg einigemale erprobte Rudeltaktik. Doch erst im Mai 1939 gelang es Dönitz, den ObdM Admiral Raeder gelegentlich einer Übung von der Richtigkeit und der gravierenden Bedeutung dieser Taktik zu überzeugen. Raeder ließ sich überzeugen und unterstützte die Forderungen seines FdU nunmehr mit größerem Entgegenkommen, 300 neue U-Boote, wie Dönitz sie in seiner

Denkschrift gefordert hatte, waren jedoch und blieben vorerst eine Zahl auf dem Papier. Sie wäre auch dann utopisch geblieben, wenn Raeder dieser Forderung sofort und vorbehaltlos zugestimmt und andere Bauvorhaben abgesetzt hätte. Eine solche Anzahl an U-Boot-Neubauten war weder technisch noch ausrüstungsmäßig bis zum effektiven Kriegsbeginn (man rechnete ja bei der Marine mit 1945/46, [so wurde auch der Z-Plan kalkuliert, und hier mit 200 Booten]) zu realisieren. Man denke allein an die dafür notwendigen Diesel- und Elektromotoren. Die hierfür infrage kommenden Unternehmen waren zu dieser Stunde bereits restlos für viele Monate im voraus ausgebucht. Außerdem ist bei solchen Überlegungen die damals übliche Bauzeit von etwa 16 Monaten je Boot einzukalkulieren, wozu dann noch Probefahrzeiten und Einfahrzeiten der Besatzungen (und später die erst nach dem Norwegen-Unternehmen eingerichtete AGRU-Front) hinzuzurechnen sind. Auch, wenn man den Termin auf den Winter 1938/39 vorziehen würde, bleiben 300 oder gar Heyes 500 U-Boote unrealistisch. Anders würden die Dinge liegen, wenn der ObdM von Anfang an, zumindest seit dem Wiederaufbau einer großen (oder größeren) deutschen Flotte, dem U-Boot-Bau von der Zahl der U-Boote her die absolute Priorität gegeben hätte. Heye wies seinerzeit darauf hin, daß man U-Boote ja auch im Binnenland im Teilebau hätte vorfertigen können, um schneller auf die Sollzahl zu kommen, eine Überlegung, die auf der erst sehr viel später von Speer praktizierten Verfahrensweise im U-Boot-Bau resultiert und zur fraglichen Zeit in Deutschland noch eine Gleichung mit gleich mehreren Unbekannten gewesen ist. Und ob eine Multiplikation der Vertragszahlen mit Großbritannien geheim geblieben wäre, steht auf einem anderen Blatt, sicherlich nicht. Einer größeren Zahl an U-Booten wären die Briten — so oder so — eine Antwort nicht schuldig geblieben.

249a Nach W. v. Raven [139]: Unter dem Zwischentitel »Historisches Mißverständnis« heißt es: »Geschult und gewohnt, Befehle zu empfangen und zu befehlen, Gehorsam zu verlangen und zu gehorchen, zeigte sie eher Scheu vor der politischen Verantwortung, die sich ja nicht nach dem Reglement einer Truppe wahrnehmen ließ ...«

249b Macintyre benutzte übrigens den ganzen (restlichen) Krieg über Otto Kretschmers Zeißglas, das er ihm 1955 im BBC-TV-Studio zu London zurückgab, und zwar versehen mit einer Silberplatte und der Gravur: »Return to OTTO KRETSCHMER A GALLANT FOE · DONALD MACINTYRE, Captain, R.N. Oct. 24th 1955.«

250 *U 600* hatte ein um 40 sm falsches Besteck.

251 Hier zum Beispiel ist der Beweis, daß zu dieser Zeit, also im Monat März 1943, durchaus noch nicht alle Eskorter mit H/D-Anlagen ausgerüstet sind; beim Konvoi S.C. 122 verfügt von neun Eskortern nur ein Schiff über ein solches Peilgerät für den Kurzwellen-Nahbereich.

252 Bei diesen Kuttern handelt es sich nicht etwa um kleine Schiffe unserer Vorstellung (Fischkutter, Segelkutter pp), sondern um Einheiten in Zer-

störer- bzw. Korvettengröße, so ist die zur US Coast-Guard-Class *Treasury* zählende *Samuel D. Ingham* 2216 ts groß und hat als Zweiwellenschiff Westinghouse-Turbinen für 6200 PSW für 20 kn.

253 Hier gab es nach dem Zusammenbruch der Überwassertankerversorgung im Nordatlantik im Anschluß an die britische *Bismarck*-Aktion als Folge des Einbruchs in den Schlüssel »M« noch geheime, vom Feind noch nicht erkannte Versorgungsplätze im Südatlantik (ANDALUSIEN) und im Indik, die von meist aus dem japanischen Raum kommenden Überwassertankern bedient wurden.

254a Dr. Leo Brandt (* 17. XI. 1908 in Bernburg/Anhalt) war um diese Zeit Entwicklungsgruppenleiter bei der Firma Telefunken und wird in der Brockhausenzyklopädie 1967 [60] als Fachmann für Verkehrs- und Energiefragen vorgestellt. Seit 1953 Staatssekretär in Nordrhein Westfalen und Honorarprofessor an der TH Aachen. Nach [60] war er maßgeblich beteiligt an der Funk- und Funkmeßtechnik (Radar, Ultrahochfrequenz) ...

254b Es handelt sich um das Phänomen der Überreflektion, das heißt, nach dem Auftreffen auf ein Ziel werden die Signale nicht zurückgeworfen, sondern im flachen Winkel wegreflektiert, »... so wie etwa ein Tennisball vom Aufschläger zurückspringt, wenn er von einem As serviert wird«. Dieses Phänomen tritt bei dem neuen Radar tatsächlich auf, nur haben die deutschen Berechnungen seine Ausmaße erheblich übertrieben. Nun ist es klar, wie sehr sich die Fachleute geirrt haben ... Den Deutschen laufen die Dinge aus der Hand [123].

255 Weitere Versuche mit einem in der Hafeneinfahrt von Neustadt in Holstein ausgelegten Täuschungskörper gegen feindliche Radarortung beweisen, daß es mit dem wiederinstandgesetzten Rundumsichtgerät Rotterdam = H_2S möglich ist, auf dem Schirmbild sogar die Reflektionen eines großen Stahlnagels auf der als Täuschungskörper ausgelegten Spierentonne zu erkennen. Damit ist erwiesen, daß das H_2S unter günstigen Umständen auch die Sehrohre auf Sehrohrtiefe fahrender U-Boote erfassen kann [40, 86, 87].

256 Nach J. W. Mallmann-Showell [63] sei ein (der) aus Flugzeugtrümmern (bei Rotterdam) geborgener, mit der Aufschrift »Experimentel 6« versehener Gerätekasten mit seinem Inhalt sofort in die Versuchsanstalt der Firma TELEFUNKEN in Berlin-Zehlendorf gesandt worden. »Versuche zur Wiederherstellung (die Z̲entimeter-W̲ellen-G̲eräte [CMW]) wurden sofort begonnen, aber am 9. März unterbrochen, als die RAF mit einem (zufälligen) Volltreffer die Versuchsanstalt traf. Die Ingenieure hielten ihre Untersuchung für so wichtig, daß sie das Gerät aus den noch rauchenden Trümmern bargen ... Ein (erneuter Wiederherstellungs-)Versuch erhielt eine plötzliche Unterstützung, als ein ähnliches Gerät in den Trümmern eines über Berlin abgeschossenen Bombers gefunden wurde. Das Rotterdamgerät in diesem Flugzeug war, wie die Maschine selbst, ebenfalls schwer beschädigt, aber gerade die Teile, die in dem ersten Gerät fehlten,

waren intakt. Die Instandsetzung dauerte den Sommer über an, und es wurde August, bis das vollständige Gerät auf die Spitze des Funkmastes gebracht und eingeschaltet werden konnte. Das Ergebnis übertraf bei weitem die Erwartungen der Ingenieure. Die (Panorama-)Sichtscheibe zeigte ein vollständiges Kartenbild der Umgebung des Funkmastes über mehr als 30 Kilometer, auf dem jede Einzelheit zu erkennen war ... Die Vertreter der Marine warfen nur einen Blick auf das Funkmeßgerät und wußten, warum während der vergangenen Monate so furchtbare U-Boot-Verluste eingetreten waren. Unabhängig von den Sichtverhältnissen, war dieser Kasten in der Lage, ein U-Boot über Wasser zu orten. Sie erkannten, daß die U-Boote keine Aussicht hatten, ihrer Ortung selbst bei dichtestem Nebel zu entgehen. Dieser Kasten versetzte den Gegner in die Lage, sie unter allen Umständen zu entdecken: und — was noch wichtiger ist — Deutschland hatte kein Gegenmittel, um seine Verwendung festzustellen ...«

Soweit Mallmann-Showell, der indessen völlig das Kernproblem des H_2S übersieht: die Zentimeterwelle (CMW), denn orten selbst bei Nacht und dichtestem Nebel konnten die Alliierten bereits mit ihren ersten ASV-Geräten auf der Meter- und DM-Welle, gegen die die Deutschen den METOX nach anfänglichen Schwierigkeiten mit Erfolg eingesetzt haben. Abgesehen von der völlig anderen Frequenz, peilt das H_2S als Panoramagerät das Rundherumfeld, während die ASVs nur voraus in Sektoren Ziele erfassen. Auch die Feststellung, daß die hohe Zahl der U-Boot-Verluste auf eben dieses H_2S-Gerät zurückzuführen war, bedarf der Korrektur, denn hier schließt sich der Autor den Überlegungen von Großadmiral Dönitz an, ohne diese nach Kenntnisnahme der wahren, uns aber heute bekannten Ursachen zu korrigieren. Hier spielten, wie bewiesen wird, auch andere Faktoren eine gravierende Rolle. — Übrigens wurde das abgekupferte H_2S-Versuchsgerät auf dem großen Flakbunker im Berliner Humboldthain (wohin das TELEFUNKEN-Labor nach der Bombardierung verlegt worden war) auf dem Dach erprobt — und bestaunt.

257 Die anderen Operationsgebiete im Nordmeer, im Mittelmeer, in der Karibik, im Mittel- und Südatlantik — und im Indik sind ja — aus der Sicht des Zufuhrkrieges gegen Großbritannien — gleichsam Nebenkriegsschauplätze.

258 HMB *Biter* ist einer der drei Escort Aircraft carrier der 1942 fertiggestellten *Avenger*-Klasse, von der die *Avenger* selbst im Dezember 1942 und die *Dasher* im März 1943 versenkt werden, während die *Biter* überlebt. Sie wird 1945 bei Kriegsende an Frankreich übergeben.

258a Canso ist gleich Consolidated PB 2 B-1, die von Boeing (Kanada) gebaute Catalina

259 Commander in Chief Western Approaches.

260a Im KTB des BdU werden die Geleitzüge je Jahr der Anzahl nach numeriert.

260b Bei den AMSEL-, SPECHT- und FINK-Operationen während der Operationsphase vom 26. April bis zum 6. Mai waren 52 Boote und zwei Rückmarschierer, also 54 insgesamt, beteiligt.

261 An Bord der Eskorter wurden 10 cm-Geräte gefahren im Gegensatz zu den Geräten in Flugzeugen mit 9.7 cm.

262a Ursprünglich wurde das FuMO, das die GEMA 1939 für die Kriegsmarine entwickelt hatte, nach der BdU-Konferenz vom Juni 1942 für den U-Booteinsatz bei gleichbleibender Frequenz von 368 MHz und einer Wellenlänge von 82 cm umgebaut. Dazu gehörte auch die Verkleinerung des Antennenspiegels, um diesen als Drehspiegel auch im Brückenumbau unterzubringen. Die Verkleinerung bedingte, daß nun nur noch 2×4 Dipole zu installieren waren. Dies indessen führte zu einer Minderung der Peilungsqualität. Es wurde auch auf einigen U-Booten mit einer festen Antenne experimentiert, die mit 2×6 Dipolen vor der Brücke montiert wurde. Die Montage dieses Gerätes, des FuMo 29, begann im Herbst allerdings mit einem später unbefriedigenden Ergebnis.

262b Das Luftwaffengerät HOHENTWIEL war ein von Lorenz im Sommer 1942 entwickeltes Schiffssuchgerät (FuMG 200) für eine Frequenz von 556 MHz und 56 cm Wellenlänge. Es hatte 4×6 Dipole auf einem Spiegel von 1×1.40 m^2.

263a Der G 7 ist als T 1 einer der beiden bei Kriegsbeginn vorhandenen Torpedotypen, der G 7 e als T 2 ist der andere. Beide Typen können wechselweise mit AZ (Aufschlagzünder) oder mit der MZ-Pi (Magnetzünder-Pistole) geschossen werden, die beim Norwegenfeldzug derart total versagte, daß sie bis zur Entwicklung der Pi 39 H nicht mehr benutzt werden durfte. Auch der Tiefenlauf war unzuverlässig. Die Gründe: Zu wenig frontbedingte Erprobungen bei der TVA. Statt dessen bastelte man mit viel Energie und viel Personal an der Weiterentwicklung neuer Torpedotypen (zum Beispiel an dem G 7 a 6 mit 6zylindrigen Antriebsmaschinen für 420 PSe, der seit 1934 (!) als Ablösetyp des G 7 a für 50 kn Geschwindigkeit und 3000 m Laufstrecke in der Entwicklung ist. Inzwischen hat sich die Pi 2 bewährt: *U 561* versenkte am 31. XII. 42 einen Zerstörer vom *Jervis*-Typ mit zwei Treffern, am 28. XII. 42 traf *U 260* (Hubertus Purkhold) in einem Konvoi einen 5000 BRT-Frachter, der in der Mitte auseinanderbrach und sofort sank. Purkhold: »Starke Trefferwirkung, geringe niedrige Wassersäule«. Am 8. Februar versenkt *U 592* (Jahn) im Mittelmeer ein Geleitboot vom Typ *Bridgewater* mit Pi 2 »MZ«: »bei Tiefe 3 m in die Luft geblasen«. — Am 12. Februar vernichtet *U 516* (Wiebe) im Südatlantik einen 6000 Tonner »durch Fangschuß Pi Tiefe 7 mittschiffs gebrochen ...« Nach KTB-BdU gelang der erste brauchbare Einsatz eines FAT *U 406* (Dieterichs) innerhalb der Gruppe SPITZ am 28. XII. im Nordatlantik usw.

263b Hier heißt es unter A 2): Das mit FAT-Torpedos ausgerüstete Boot hält das verschlüsselte Kurzsignal »Beabsichtige Angriff mit FAT« klar zur Abgabe und setzt das Signal, wenn das Boot zum Angriff anläuft (d.h.

5—15 Minuten vor dem Schuß), auf der Kurzwelle der befohlenen Schaltung ab (FAT-Warnung!). Umfaßt die Schaltung mehrere Kurzwellen, so muß durch die Führung eine Kurzwelle zur Abgabe der FAT-Warnung vorher bestimmt werden.

Die FAT-Warnung gilt 30 Minuten lang. Wird in dieser Zeit nicht geschossen, so muß hinterher zur Schußabgabe erneut gewarnt werden ...«

Interessant ist auch der Punkt A 3): »Befindet sich beim Eingang der FAT-Warnung ein Boot innerhalb des Geleitzuges, so soll es mit Höchstfahrt aus dem Geleitzug herauslaufen oder, falls dies nicht möglich, tauchen und auf mindestens 50 m gehen.

Boote, die sich außerhalb des Geleitzuges im Angriff befinden, führen diesen Angriff ohne Einschränkung weiter durch, da die Gefährdung durch den FAT außerhalb des Geleitzuges sehr schnell abnimmt und in vorlichen Lagen bei einem Abstand von 1000 m, in achterlichen Lagen bei einem Abstand von 2000 m praktisch nicht größer ist als beim Angriff mit normalen Torpedos.«

Was den FAT als Typ T 3 betrifft, so bleibt nach der am 28. März durch das OKM, 2 Skl/BdU Op erfolgten Frontfreigabe des G 7 a FAT zu vermerken: 1. Der G 7 a FAT ist für die Front freigegeben worden. Im Gegensatz zum G 7 a FAT kann er aber auch als G 7 e FAT mit langer Schleife oder als Kreisläufer geschossen werden. Die kurze Schleife ist also fortgefallen. 2. In Zukunft werden für den FAT-Torpedo allgemein folgende Begriffe angewendet werden:

a) Ein Torpedo mit langer oder mit kurzer Schleife erhält die Bezeichnung FAT I (nur nachts);

b) ein Torpedo mit langer Schleife und Kreislauf erhält die Bezeichnung FAT II.

Zur Zeit sind danach folgende FAT in der Front eingeführt
G 7 a FAT I und
G 7 e FAT II.

Die Ziffer 6) belegt die vorhandene Kapazität: »Der erste Einsatz mit G 7 e FAT II erfolgt zu gleichen Teilen im Mittelmeer und im Nordmeer (im April je 50 Stck). Weiterer Einsatz wird noch befohlen. Die Fertigung ergibt auf mehrere Monate nur eine beschränkte Zahl.«

264 Wegen zu starken Meeresleuchtens soll der FAT im Mittelmeer nicht eingesetzt werden, ebenso ab Mai 1943 nicht im Nordmeer (Nachthelle).

265 Aktenkundig als G 7 ES FALKE, der wegen seiner geringen v_t und der fehlenden Abstandspistole nur gegen langsame, tiefgehende Ziele einsetzbar ist. Hier die technischen Angaben: $v_t = 20$ sm, Aufschlagpistole, Laufstrecke je nach Heizzustand 5000 bis 7000 m, einsetzbar gegen tiefgehende Fahrzeuge mit $v_g = 7—13$ sm von Lage 0 bis 180°, Seegangs- und Tiefenlaufbeschränkungen (nicht mehr als Seegang 5, nicht flacher als 3 m).

266 Von drei Torpedos treffen zwei.

267 Lt. BdU-KTB [116] wurden nur je Boot je zwei Torpedos vom Typ FALKE mitgeführt.

268a Neben dem Mk 24 (FIDO), der gegen U-Boote gerichtet war und 1942 in Dienst kam, entstanden der nur für U-Boote bestimmte Mk 27 und als Lufttorpedo der Mk 21. — Mk 24 hatte nur 95 lbs Torpex, lief 5000 yds bei 12 kn und war auch nur gegen U-Boote gedacht. Eingeführt 1943. Mk 21 wurde zwar 1943 erfolgreich getestet, aber sofort vom Mk 21, Modell 2, abgelöst. Er war gegen Überwasserziele gedacht, hatte einen Sprengkopf von 600 lbs Torpex und lief mit 33.5 kn 6300 yds. [108]

268b Danach war (laut W.F.G. Stehr [108]) Walker z.B. ein Weichling. Das ist HJ-Ideologie. Von der RN und der RAF ist bekannt, daß oft sehr fähige, hochintelligente, mutige und willige Leute zusammenbrachen. Das ist nicht selten eine Frage der Konstitution und des dazugehörenden Lastverhältnisses, wie die Militärärzte herausfanden.

269 Güth, R.: »Nicht nur auf U-Booten«.

269a Bei Rohwer/Hümmelchen wird das Boot *U 952* in der Gruppe DONAU 1 und auch in der Gruppe DONAU 2 aufgeführt. Klärung wegen Fehlens der zurückgegebenen U-Flottillen-KTB in Militärarchiv Freiburg nicht möglich. Solange entfällt hier *U 952* bei DONAU 2.

269b Otto Kretschmer: »Hier ist etwas mißverständlich: Der Feind kennt die Standorte der U-Boote nicht erst durch deren Meldungen, soweit sie überhaupt gefunkt haben, sondern schon durch die Zuteilungen der Standorte für die einzelnen Boote mittels Führungsfunk.«

270 Also saßen nicht nur Routiniers bei den Briten an den Geräten, wenn in den amtlichen Unterlagen von »U-Boot-Gruppen« die Rede ist.

271 Ohne Kommandobefugnis, in seinen Funktionen auf Fragen der Organisaion beschränkt.

272 Hier fehlt der Hinweis auf die fragliche CMW-Frequenz, die vom vorhandenen METOX-Warngerät nicht erfaßt wird. Daß es sich hier um ein solches Problem handelt, sagt Dönitz erst später unter der Ziffer 2a, siehe diese. Ortungen in der Nacht, aus dichter Wolkendecke usw. gab es schon sehr viel früher mit dem ASV, das auf der 1.5-m-Welle arbeitete — und das überlappend noch lange im Dienst blieb, da die Serienfertigung des ASV III wie auch des H_2S auf der CMW nicht nachkam. Es sei noch vermerkt, daß das »Ur-ASV« auf der 1.50-m-Welle bereits 1937 in Betrieb genommen wurde [180].

273 Allerdings von Flugzeugen, denen in den meisten Fällen über die Funkentschlüsselung in B.P. die Position bekannt gemacht worden war, woraus sich ein Generalkurs errechnen ließ. — Übrigens nach Trenkle [40, S. 39/40] wurden die im Zusammenspiel zwischen HF/DF-Geräten und Landpeilanlagen ermittelten Standorte, die zwar entschlüsselt wurden, für Ortungsmeldungen von ASV-Radars gehalten. Sie werden erst im Juni 1944 (!) als Peilungen des deutschen Funkverkehrs erkannt.

274 Doch, den METOX und die anderen FuMBs in der Entwicklung, die hier auch erwähnt worden sind, nur Geräte für die CMW-Ortung fehlen zur Stunde.

275 Das ist eine Feststellung des Obersten Chefs der Kriegsmarine, der eindeutig bis zu dieser Stunde von den Hochfrequenzexperten nicht einmal über die noch immer fragliche Möglichkeit unterrichtet worden ist, das vor vier Monaten bei Rotterdam gefundene, auf der CM-Welle arbeitende Gerät könnte trotz der von Dr. Leo Brandt behaupteten indifferenten Wirkung unter Umständen doch nicht nur als Navigationsgerät, sondern auch als CMW-Funkmeßgerät genutzt werden, denn noch stehen Versuche mit einem nach dem erbeuteten und abgekupferten »Rotterdam-Gerät« nachgebauten Gerät aus.

276 Hier befand sich um diese Zeit alles erst in der Entwicklung bzw. man arbeitete in kleinem Kreis, zunächst vor allem an landgestützten Störgeräten.

277 APHRODITE ist der Tarnname für ein inzwischen von der AEG für die U-Boot-Kräfte entwickeltes FuMT (= Funkmeß-Täuschungsgerät) gegen die gegnerische Radarortung im Frequenzbereich von 75 bis 600 MHz (APHRODITE IV). Das infrage kommende, durch Funkmessung bedrohte, aufgetaucht fahrende U-Boot startet einen 60 cm Durchmesser starken Ballon an einer mit drei 4 m langen Dipolbändern bestückten 60 m langen Ankerleine. Die vom gegnerischen Funkmeß (also Radar) erfaßten Dipolstreifen bilden Scheinziele, in deren elektrischem Schatten das Boot mit spitzem Heck ablaufen kann. Witthöft sagt in seinem Marine-Lexikon [10]: »Das Verfahren brachte einige Erfolge.« Fregattenkapitän H. Purkhold, seinerzeit Kommandant von U 260, über den APHRODITE-Einsatz 1944 (!): »Mit der APHRODITE haben wir immer, wenn der METOX uns ein ortendes Flugzeug anzeigte, sehr gute Erfahrungen gemacht. Immer, wenn wir das Täuschungsgerät bei einer FuMB-Ortung eingesetzt haben, konnten wir die gegnerische Ortung unterlaufen und blieben vor einem Angriff aus der Luft verschont.« Das alles setzt voraus, daß der Gegner mit den ASVs innerhalb der METOX-Frequenz und nicht etwa mit dem neuen H_2S-Gerät auf der CMW arbeitete, auf die weder der METOX noch die anderen überhastet fertiggestellten FuMB-Geräte im DM-Bereich reagierten.

278a Es handelt sich hier um das THETIS II genannte FuMT 2. Das THETIS II c ist eine zerlegbare, 5 m lange Mastboje mit neun polarisierten Dipolkreuzen. Sie wird vornehmlich für Überwasserkriegsschiffe vorgesehen (ab Januar 1944). Eine andere THETIS ist die THETIS IV, die aus einem Schwimmkörper besteht, der von Flugzeugen abgeworfen wird. Die Anlage hat einen sich selbsttätig ausfahrenden 4 m-Mast mit vier Folienbändern (für 166 bis 230 MHz). Die Standzeit der THETIS IV als schwimmender Täuschungskörper ist ungewöhnlich groß. Später kommt noch die THETIS US als FuMT 4 hinzu. Die vom NVK/AEG entwickelte Anlage ab 500 MHz besteht aus einem Gummisack mit automatischer Gasfüllung für den Unterwasserausstoß aus U-Booten, ähnlich den FuMTs 5 und 6.

278b FuMG = Funk-Meßgerät; korrekter FuMO = Funkmeßortungsgerät

278c Es ist offenbar keinem der Funkmeß-Experten gelungen, der U-Bootführung verständlich zu machen, daß nach dem damaligen Stand der Technik Raumüberwachungsradare zu sperrig für U-Boote sind (auch auf der alliierten Seite). Das änderte sich erst mit der CMW-Technik und elektronischer Abtastung. Für eine Fernüberwachung braucht man auch heute (1984) noch immer sehr große Antennen. [108] Aber auf U-Booten vom Typ XXI kam sozusagen 5 Minuten vor 12 die HOHENTWIEL-Matratze für ein FuMO zum Einsatz, ausfahrbar im Brückenschanzkleid. Um die gleiche Zeit wurde auf den XXIern auch das FuMO BALI und ein verbesserter NAXOS-FuMB eingebaut. [132], [197] wie auch [7].

279 Fachtechnisch liest sich das so [40]: Im Gegensatz zur Tarnung an Land (Reflektoren zur Aufhellung wenig reflektierender Stellen) muß zur Tarnung auf See umgekehrt verfahren werden, da hier die Schiffe die einzigen gut reflektierenden Punkte sind (ausgenommen seien auch die Küstenlinien, Leuchtfeuer usw.). Zur Tarnung von U-Booten werden daher unter der Oberleitung von Dr. Kühnhold vom Nachrichtenversuchskommando der Marine (NVK) absorbierende und streuende (wegspiegelnde) Materialien mit der Deckbezeichnung SCHORNSTEINFEGER entwickelt. Für die Frequenzen oberhalb von 180 MHz versuchen Dr. Rothe und seine Mitarbeiter bei der Firma Telefunken eine »Schwarzfärbung«, das heißt eine Absorption der Wellen durch Dipolgitter. Hierbei werden um den Turm Dipole angebracht, von denen zwei durch 100 Ohm-Widerstände miteinander verbunden sind. Das NEK wird unter Dr. Bachem an je zwei U-Booten erproben, und zwar ein schmalbandiges und im anderen Boot ein breitbandiges BACHEMNETZ, das sich schnell den Namen Netzhemd einhandelt. Einzelheiten dazu siehe Trenkle [40].
Für den CMW-Bereich werden später, als dieser in der Funkmeßortung in Deutschland nicht mehr umstritten ist, SÜMPFE genannte Absorptionsschichten, Streuschichten und kombinierte Schichten erprobt. Davon sind u. a. die Unternehmen Telefunken, AEG, I.G.-Farben u.a.m. beteiligt. Hier werden unterschieden die Verfahren: ein DIELEKTRISCHER SUMPF, ein DÜPPELSUMPF, ein LEITWERTSUMPF, ein MAGNETISCHER SUMPF, ein INTERFERENZSUMPF, eine STREUSCHICHT, eine KOMBINIERTE SCHICHT und eine ABWEISENDE TARNUNG. Diese (zweifelsohne viel zu fachtechnische) Aufzählung beweist die exorbitanten Anstrengungen der deutschen Hochfrequenzindustrie, den bedrohten GRAUEN WÖLFEN mit Abwehrwaffen zu helfen. Jedenfalls werden einige dieser Schichten wie auch die abweisenden Tarnungen in die Erprobung gehen. Das Non plus ultra für ein »Schwarzes U-Boot« verspricht Professor Krauch von der I.G.-Farben. Er sei, wie er laut [88] vom 8. Juli 1943 versi-

chert, einem Stoff auf der Spur, mit dem eine 100%ige Absorption (der Funkmeß- bzw. Radarstrahlen) aufgrund anomaler Reflektion erzielt werden könne, da diese ein Totlaufen der Ortungsenergie bewirke.

Vielleicht tut man des Guten zu viel, vielleicht wäre weniger mehr gewesen — oder eine Koordination aller Kräfte sinnvoller, auch vom Personal her, der für solche Forschungen und Entwicklungen der relevanteste deutsche Engpaß ist. Trenkle [40] erwähnt noch ein Kuriosum auf diesem Gebiet: Es wurden Versuche unternommen, Metallplatten, Rohre oder sogar U-Boot-Türme usw. für elektrische Wellen durchlässig zu machen: durch achsparallele von miteinander verbundenen Dipolen auf der Vorder- und Rückseite bzw. auf der Außen- und Innenseite erfolgt ein »Hindurchschleichen« der Wellenfronten, allerdings nur auf der Resonanzfrequenz der Dipole. Diese Entwicklung wurde zwar verfolgt [88], war in praxi aber (noch) nicht anwendbar.

Diese Arten der »Tarnung auf See« gegen Radarstrahlen haben nichts mit den akustischen Schutzmitteln zu tun, wie z.B. eines unter dem Namen ALBERICH entwickelt und bereits 1941 an *U 67* versucht wurde.

280 Im Original heißt es sm statt sm/h oder, einfacher, kn.

281 Das wurde, wie noch bewiesen wird, in der Tat geschafft, sogar noch früher als geplant (auch ein Beweis für die Impulse, die Dönitz auf seine Umgebung ausstrahlte oder auch seines Verhandlungsgeschicks etwa mit Speer und anderen Kapazitäten). Der FALKE kam sogar im März 1943 in Dienst.

282 Leider sagt Dönitz nicht den Beginn des Baues einer großen U-Boot-Waffe. Auch nach Kriegsbeginn und dem Nachweis der erfolgsträchtigen Rudeltaktik hat es unter der Ägide Raeder nie einen »großen Bau von U-Booten« gegeben. Dieser Superlativ läßt sich eigentlich erst auf das Frühjahr 1943 und die Monate danach wie vor allem auf den wenig später folgenden Großserienbau von Booten der Typen XXI und XXIII anwenden, als Dönitz zusammen mit Reichsminister Speer gleichzeitig auch eine Produktionserweiterung durch den fabrikatorischen Sektionsbau förderte.

283 Welcher Art Maschinen das AIR GAP im Westatlantik als das bislang »ertragreichste U-Boot-Revier« hätten abdecken sollen (und überhaupt können), wird nicht erwähnt, »weil es diese Typen und die strategischen Voraussetzungen nicht gab.« [108]

284 Im Juli kann Hitler Dönitz mitteilen, daß Professor Messerschmitt aus seiner 4motorigen eine 6motorige Maschine mit einer Reichweite von 17 000 km entwickelt habe. Sie habe eine sehr starke Bewaffnung und eine hohe Geschwindigkeit. Dies seien die Maschinen, die später mit U-Booten zusammenarbeiten müßten. Er werde alles tun, um die Herstellung vorwärts zu treiben und von übertriebenen Forderungen zu entlasten. Er habe daher auch den Gedanken einer Bombardierung der USA fallen gelassen (wozu auch der Plan gehört, von U-Booten herangeschleppten Unterwassercaissons Raketen auf USA-Städte zu verschießen), weil die wenigen

Flugzeuge, die hinkommen würden, nichts bedeuten, sondern die Bevölkerung nur zum Widerstand aufreizen würden. Gedacht war an eine Weiterentwicklung der Me 264, von der aber erst ein Versuchsmodell (V-1) geflogen war. Dabei erlitt es leichte Beschädigungen und stand im März schon nutzlos herum, da dieser Bombertyp aufgrund der Kriegslage zurückgezogen worden war. Außerdem, das hatte die Erfahrung gezeigt, hätte der Bomber nicht vor 1946 frühestens zur Verfügung gestanden, denn ...:
Er sollte vier Motoren BMW 801 T zu je 2000 PSe und zwei Turbinen BMW 018 zu je 3500 kp erhalten. Diese Turbine gab es zu dem Zeitpunkt nur auf dem Reißbrett. Ein Versuchsmuster wurde 1944 durch Bomben zerstört. Der Widerspruch ist nicht zu klären. —
Zur Me 264 gab es übrigens acht Antriebsvarianten, deren eine war eine Dampfturbine von 6000 PSi mit vier Kesseln, die mit Kohle und Rohöl betrieben werden sollten!!! (Das ist kein Aprilscherz.) [108]

285 Earl und Viscount John Rushworth Jellicoe (* Southampton 1859, † in London 1935) war britischer Admiral of the Fleet und ab Ende Juli 1914 »... he was ordered north to Scapa Flow to assume Command of the Grand Fleet, flying his flag in the super dread nought *Iron Duke*.« Er hielt unter dem Eindruck der deutschen U-Boot- und Minenerfolge die britische Flotte zurück und brach auch die Schlacht vor dem Skagerrak ab, um ein weiteres Risiko zu vermeiden. 1916 bis 1918 war er Erster Seelord, danach, bis 1924, Generalgouverneur von Neuseeland. Literatur siehe [93], [94], [95], [96]. Außerdem ist er der Autor maßgeblicher Editionen, s. u. a. »The Grand Fleet 1914—1916« (1918), »The Crisis of the Naval War« (1920) und »The Submarine Peril« (1934).

286 Lt. Akte OKM, PrüfNr. 23/244, 1 Skl lb 10 870/43 gKdos vom 14. 4. 1943 unter dem Titel »Die Notwendigkeit weiterer Erhöhung des Eisenkontingents der Kriegsmarine«, dem Hitler voll zustimmte, ist für das »Hochziehen des U-Boot-Baues bei einem Gesamteisenbedarf von 6000 t (einschließlich der Torpedofertigung) vorgesehen.«

287 Der Ob.d.M. befaßt sich mit U-Boot-Stoßtrupps in Nordafrika.

288 Dönitz macht Vorschläge für den Einsatz der »neuen Mittel«, um Gibraltar anzugreifen.

289 Dönitz regt die Verminung der Häfen von Port Said und Alexandria an.

290 Damals, in den ersten 50er Jahren, standen noch keine amtlichen Archivalien wie etwa KTBs zur Verfügung. Der Autor war auf privatpersönliche Angaben und Aussagen Dabeigewesener angewiesen — und hier und dort auf eine »beiseite« gelegte KTB-Kopie. Damals waren die Erinnerungen und Eindrücke aber noch so »frisch«, daß sie anhand der KTBs kaum oder keiner Korrekturen bedürfen, wenngleich KTBs hinsichtlich der minutiösen Abläufe genauer sind.

291 Wobei Güth den gleichen Weg ging wie seit eh und je der Verfasser, der KTBs und andere Dokumente oder Aufzeichnungen mit den verschie-

densten Befehlshabern, Kommandeuren, Kommandanten, Offizieren und anderen Beteiligten als Wissensträgern durchsprach und weiterhin eruierte.

292 Gemeint sind die sogenannten (unter Wasser ~ 17,5 kn schnellen) »Elektro-U-Boote«, die unter der Lenkung von Rüstungsminister A. Speer ab Sommer 1943 im Sektionsbau in Serien gebaut wurden.

293 Hierzu ist nachzulesen in der Denkschrift vom 8. Juni von Dönitz als Chef der Skl [103], in der er sich mit der Situation im U-Boot-Krieg und den daraus resultierenden Forderungen vor Hitler, dem OKW/WFst. opM und dem Ob.d.L./Füstb. Ia KM auseinandersetzt: »... Diese Tatsache und der bisherige Ablauf der Kriegsereignisse deuten auf die einschneidende Wirkung hin, die der Tonnagekrieg auf die feindliche Gesamtlage gehabt hat. Diese Wirkung ist nur nach den Erfahrungen des 1. Weltkrieges und der vom Gegner in diesem Krieg gegen das Reich zur Wirkung gebrachten, verhältnismäßig geringen Kraft zu schätzen. Daß sie aber gewaltig sein muß, ergibt sich daraus, daß allein für den bis 31. 5. 43 gebauten Handelsschiffsraum der Angelsachsen von 15,3 Mill. BRT ca. 9,8 Mill. to Stahl verbraucht worden sind, eine Menge, welche die Gesamtbedürfnisse der deutschen Kriegsmarine (Bord und Land) für volle fünf Jahre decken würde, und daß der in den USA für 1943 projektierte Handelsschiffneubau 1/8 der gesamten Stahlerzeugung beansprucht. Noch größer sind die Auswirkungen des ungeheuren Aufwandes an Material, Kapazität und Personal für die zahlreichen Seestreitkräfte und Luftwaffenverbände für die aktive U-Boot-Abwehr ...«

294 Handschriftlicher Vermerk von Dönitz: Siehe Churchill »The Second World War«. Bd. I., Seiten 368, 413 und 414 und Appendix G.

295 Es handelt sich um das mysteriöse Verschwinden des 37 134 BRT großen deutschen Bargecarriers *München*, der am 12./13. Dezember 1978 in schwerem Wetter im Nordatlantik verschwand und auf dessen (vermutete) Rettungsinseln mit modernsten Radargeräten bestückte Flugzeuge der Marine der Bundeswehr, der Royal Air Force, der US-Air Force und der portugiesischen Luftwaffe zur Suche angesetzt waren. Dabei wurde das 50 000 Quadratkilometer große Gebiet 500 km nördlich und südwestlich der Azoren pausenlos abgeflogen. (Außerdem unterstützten 20 Schiffe die Suchaktion.)

296 Über diese Feindoperationen wird in diesem Buch nicht berichtet, da sie in die Zeit nach dem Mai/Anfang Juni 1943 fallen.

297 Um keine Verwirrung aufkommen zu lassen, sei darauf hingewiesen, daß der Begriff FuMB vermutlich erst 1942 entstand. Vorher hießen die entsprechenden Geräte Funk-Horchempfänger (FuHE), die bei der Marine B-Empfänger genannt wurden. Siehe auch Fritz Trenkle, der sich auf die relativ spät erschienenen Erinnerungen von General Karn vom Heereswaffenamt bezieht. Er schreibt u. a.: »... So entstanden 1939/40/41 die ersten Muster vom FuHE g (0.8—1.0 m) und FuHE h (50—70 cm). Eine kleine Vorserie wurde aufgelegt und stand ab 1941 den drei Wehrmachtteilen für

die vordringlichsten Aufgaben zur Verfügung.« Beide Typen werden in keiner Liste oder woanders erwähnt, es waren also nur Muster.

298 Es bedarf des Hinweises, daß die Ortungserfolge über See mit dem ASV-Radar vielfach überbewertet wurden. Erst das ASV III-Radar konnte aufgetaucht fahrende U-Boote »bei Nacht oder bei schlechtem Wetter sehr gut orten« [105], wenn man wußte, wo U-Boote stehen. Dagegen sagte der Chef des britischen Bomberkommandos, Sir Arthur Harris, in seiner Voreingenommenheit (um jedes Langstreckenflugzeug nur für sein eigenes Bomberkommando zu verwenden, vor allem auch, um Werften und Zuliefererindustrien zu zerstören) einschränkend: »Unsere Erfahrung zeigt, daß selbst routinierte Besatzungen sich schwer tun, eine Stadt nur mit Radarhilfe anzugreifen. Ich bin deshalb hinsichtlich des Erfolges unerfahrener Besatzungen mit dem ASV-Radar skeptisch. Die Ausrüstung der Flugzeuge mit diesem Gerät dürfte nach meinem Gefühl eher der Beginn als das Ende der Schwierigkeiten bei der Versenkung von U-Booten sein ...«
»Bomber Harris«, der den Krieg mit seinen Flugzeugbomben quasi im Alleingang gewinnen wollte, irrte auch hier, weil auch er nicht wußte, daß B.P. die berühmte Nadel im Heu bereits lagemäßig lokalisiert hatte (siehe auch Admiral Otto Kretschmer). Wie ernst man in den USA Ortungen mit Radar nahm, wird deutlich, daß hier während des Krieges am Radar insgesamt 30 000 Mann ausgebildet worden sind.

299 Daß das OKM schon früher vor solchen Nahfeldpeilern gewarnt wurde, ist behandelt worden. Eine solche Warnung bestätigt auch eine als Chefsache ausgezeichnete Geheime Kommandosache vom 22. April 1943 (!) als Schreiben des OKM, Skl Chef MND III 1177/43. Sie wird als x-B-Bericht unter der Prüfnummer 4 außer dem Marinegruppenkommando West, dem Marinegruppenkommando Nord zugleich dem Flottenkommando und dem BdK wie auch dem Befehlshaber der U-Boote-Op zugeleitet. In dem x-B-Bericht heißt es: »...Wie aus einem Funkspruch vom 9. 4. hervorging, ist der Küstenwachkreuzer *Spencer* als Führerschiff der den Geleitzug O.N. 175 sichernden Task Unit 24,1,9 mit einem Kurzwellenpeiler (high frequency D.F.) ausgerüstet. Am 6. 4. war das Schiff in einem Hafen Kanadas oder Neufundlands ins Trockendock gegangen.
Nach einem Funkspruch vom 21. 4. nachmittags sollte die Task Unit 24,18,8 zum 24. 4. 19.00 Uhr in 45 17 N 45 29 W durch die Task Unit 24,1,14/18, bestehend aus dem Zerstörer *Churchill* als Führerboot und ein Unbekannter, beide mit Kurzwellenpeiler und den Geleitfahrzeugen *Brandon, Trent* und *Collingwood* abgelöst werden.
Task Unit 24,1,15 bestand am 27. 4. aus einem mit Kurzwellenpeiler ausgerüsteten Kriegsschiff als Flaggschiff der englischen Fregatte *Kale,* den unbekannten Kriegsschiffen *Montserrat* und *Bonage* sowie aus weiteren Kriegsschiffen ...« (aus Bildteil [3]).

299a Bauaufträge für diesen Typ wurden vergeben an die Werften: Howaldtswerke (Hamburg), KM-Werft (Wilhelmshaven), H.C. Stülken Sohn

(Hamburg), Neptun-Werft (Rostock), Germania Werft (Kiel), Nordsee-Werke (Emden), Howaldtswerke (Kiel), F. Schichau (Danzig), Vegesacker Werft (Vegesack bei Bremen), Flensburger Schiffbau-Gesellschaft (Flensburg), Flender Werke (Lübeck), Blohm & Voss (Hamburg), Danziger Werft (Danzig) und nochmals die Germania Werft (Kiel). Die Neubauten wurden unter dem Druck des Neubauprogramms der Typen XXI, XIII und der Walter-U-Boote (auch der Schnorcheleinbau in die Boote der alten Typen an Kampfbooten belastete die Werftkapazitäten) erstmals mündlich im September und dann schriftlich im November 1943 sistiert. Kein VII C/42/43er Boot konnte tiefentauchmäßig und auch sonst erprobt werden.

Geordert wurden die Boote in der Reihenfolge der Werften: $U\,699-U\,700$, $U\,2001-U\,2004$ • $U\,783-U\,790$, $U\,1901-U\,1904$ • $U\,913-U\,918$ • $U\,937-U\,942$ • $U\,1069-U\,1080$, $U\,1093-U\,1100$ • $U\,1115-U\,1120$ • $U\,1147-U\,1152$ • $U\,1215-U\,1220$, $U\,2301-U\,2318$ • $U\,1292-U\,1297$ • $U\,1313-U\,1318$ • $U\,1339-U\,1344-U\,1350$ • $U\,1423-U\,1434$, $U\,1440-U\,1463$ • $U\,1805-U\,1810-U\,1822$ und $U\,2101-U\,2104$.

300 Gretton unterteilt den allgemeinen Begriff Ausrüstung in zwei Gruppen: zunächst in eisernes Gerät wie Waffen usw. und weiter in die elektronische Ausrüstung unter Einschluß von ASDIC, RADAR und HF/DF-Geräten.

301 Vergleiche auch die Ausführungen über die erbeuteten holländischen »Schnorchel«-U-Boote, deren System bereits 1940/41 hätte genutzt werden können. Der Schriftwechsel von Professor Walter mit Großadmiral Dönitz in Sachen »Schnorchel« (Mai 1943) beweist, daß man auch diesen dynamischen Techniker und Forscher weder unterrichtet noch hinzugezogen hatte.

302 $U\,4501$ bis $U\,4600$ bei Blohm & Voss und $U\,4601$ bis $U\,4700$ bei der Deutschen Werft, HH-Reiherstieg.

303 8-Form (in etwa)

304 Ab 27. März 1943 erfolgten unter diesem Kodewort sieben Schwerstangriffe auf Hamburg als zweitgrößte Stadt des Reiches, als Hafen und als Schiffbauplatz. Es gab 42 000 Todesopfer durch die Bomben aller Kaliber, von denen der größte Teil aus den USA über See auf die britische Insel transportiert und zu den Geschwaderflugplätzen gebracht worden war.

305 Auch in der Weimarer Republik gehörte ein unpolitisches Offizierkorps zu den Eckpfeilern der Ausbildung.

306 Die Fronten bestimmt hier die feindliche Seemacht (also die Alliierten), die letztlich eine »Energiebrücke« von Land zu Land über eine grenzenlose See darstellt. Für die alliierte Seemacht sind es hier Schiffe, die geschützt werden müssen, nicht Linien, die über Karten gezeichnet werden. Der Kern der Aufgabe, ein Schiff oder Schiffe im Kriege von einem Hafen zum anderen zu führen, liegt darin, jene Zone Wasser zu beherrschen, in welcher Schiffe fahren, dazu den Luftraum darüber und die Tiefen darunter.

Literatur, Quellen und Informationen

— in der Textfolge —

[1] Bundesarchiv-Militärarchiv, Freiburg: Akte: BdU-KTB, verschiedene
[2] Roskill, S. W.: The War at Sea 1939—1945. Vol. I, Vol. II, Vol. III, London 1954—1961
[3] Beesly, P.: Geheimdienstkrieg der Britischen Admiralität 1939—1945. Ullstein GmbH, Berlin 1977 (engl. Titel: Very Special Intelligence, Hamilton, London)
[4] Bonatz, Heinz: Seekrieg im Äther. Die Leistungen der Marine-Funkaufklärung 1939—1945, Mittler & Sohn, Herford 1981
[5] Rohwer, J. und G. Hümmelchen: Chronik des Seekrieges 1939—1945. G. Stalling Vlg., Oldenburg und Hamburg 1968
[6] Gröner, Erich: Die deutschen Kriegsschiffe 1815—1945. 2 Bde., J. F. Lehmanns Verlag, München 1966
[7] Gröner, E.: Die deutschen Kriegsschiffe 1815—1945 Bde. 1, 2, 3, 4, 5 und 6. Fortgeführt und herausgegeben von D. Jung und M. Mass, Bernard & Graefe Verlag, München 1982
[8] Jane's Fighting Ships, verschiedene Ausgaben, London
[9] Conway's: All the World's Fighting Ships 1922— 1946. London 1980
[10] Witthöft, H. J.: Lexikon zur deutschen Marinegeschichte. 2 Bde., Koehlers Verlagsges., Herford 1978
[11] Stehr, W. F. G.: Schriftwechsel mit dem Verfasser in Sachen Broschüre J. Brennecke: *U 995,* und dem hier erwähnten TORPEX, 1983/84
[12] Rössler, E.: Geschichte des deutschen U-Boot-Baues. J. F. Lehmanns Verlag, München 1975
[13] siehe [9]
[14] Brennecke, J.: Die deutschen Hilfskreuzer im 2. Weltkrieg. Koehlers Vlgs.mbH, Herford 1958
[15] Brennecke, J.: Schlachtschiff *Bismarck*. Höhepunkt und Ende einer Epoche. 1. Auflage, Koehlers Vlgs.mbH, Herford 1960
[16] Brennecke, J.: Schlachtschiff *Bismarck* (ohne Schlachtschiffentwicklung). 2. bis 4. Auflage. Koehlers Verlags GmbH, Herford 1978
[17] Schwadtke: Deutschlands Handelsschiffe 1939—1945. Stalling, Oldenburg/Hamburg 1974
[18] Brennecke, J.: Jäger — Gejagte. Deutsche U-Boote 1939—1945. Koehlers Vlgs.mbH., 7. wesentlich ergänzte Auflage, Herford

1988 (1955). Als Taschenbuch im Wilhelm Heyne Vlg., München 1988; Heyne Allgemeine Reihe Nr. 01/6753; außerdem in Großbritannien, USA, Frankreich

[19] Hümmelchen, G.: Der Fliegerführer Atlantik. In Köhlers Flottenkalender 1972, Koehlers Verlagsgesellschaft, Herford 1972

[20] Hoch, Gottfried: Problematik der Menschenführung im Kriege. Eine Untersuchung über die Einsatzbereitschaft deutscher U-Boot-Besatzungen ab 1943. In Marineforum 57 (1982) 7/8, E. S. Mittler & Sohn GmbH, Herford 1982

[21] Barker, R.: Aviator Extraordinary. London 1969

[22] Encyclopaedia Britannica, Macropaedia, Vol. 16., London 1973

[23] Smith, E. W.: Passenger Ships of the World. Past and Present. George Dean Company, Boston 1963

[24] Kludas, A.: Die großen Passagierschiffe der Welt. Bd. II, Stalling Vlg., Oldenburg/Hamburg 1973

[25] Halfeld, A.: Der Athenia-Fall. Berlin 1940

[26] siehe [4]

[27] Potter, E. B., Ch. W. Nimitz und J. Rohwer (für die deutsche Fassung): Seemacht von der Antike bis zur Gegenwart. Bernard & Graefe, Verlag für Wehrwesen, München 1974

[28] Kemp, P.: The Oxford Companion to Ships and the Sea. London 1975

[29] Dönitz/Wagner: Denkschrift über die deutsche Seekriegführung 1939—1945. Mondorf/Luxemburg; 1945 im Sommer/Herbst; Kurzfassung mit Textauszügen aus dem Privatbesitz von R. Güth. Die vollständige Denkschrift befindet sich im Bundesarchiv/Militärarchiv, Depos. K. Admiral E. Wagner

[30] Hocking, Ch.: Dictionary of Disasters at Sea during the Age of Steam. 1824—1962. Vol. I and Vol. II, London 1969

[31] H. M. Stationary Office (Hrgb.): The battle of Atlantic. London 1946

[32] Roskill, S. W.: The Secret Capture. London 1959 (dt. von Dietrich Niebuhr: Das Geheimnis um *U 110*. Bernard & Graefe, Frankfurt/M. 1960)

[33] Trenkle, Fr.: Die deutschen Funkpeil- und Horch-Verfahren bis 1945. AEG-Telefunken Aktiengesellschaft. Ulm 1982

[34] Kiewert, K.: Elektronische Kampfführung. Marine. In »Truppenpraxis« 2 (1970)

[35] Stallmann, W.: Elektronische Kampfführung. Entwicklung und Einfluß auf die Seetaktik. In »Truppenpraxis« 7 (1974)

[36] Bekker, C.: Verdammte See. Koehlers Vlg., Herford

[37] Wiswe, J.: Der erste Schritt zum Radar. In SCHIFF UND ZEIT 15 (1982), Koehlers Vlg.mbH

[38] Rogge, B.: Schriftwechsel mit dem Autor dieses Buches, verschiedene Briefe

[39]   Encyclopaedia Britannica. Macropaedia and Micropaedia. London 1973/74
[40]   Trenkle, F.: Die deutschen Funkstörverfahren bis 1945. Hrgb.: AEG-Telefunken — Aktiengesellschaft. Frankfurt am Main, 1982
[41]   entfällt
[42]   *U 94:* Bu/Ma Akte Sign. RM 98/PE 30090, vom 7. Mai 1941
[43]   *U 201:* Bu/Ma Akte Sign. RM 98/Case 9/1 30189
[44]   *U 110* — KTB ab März 1941 vom BdU-Op. rekonstruiert und ergänzt nach dem Bericht des IWO Kapitänleutnant Dietrich Loewe. Bundesarchiv-Militärarchiv, Sign. RM 98/PG 30106,2
[45]   Bu/Ma Akte RM 7/966, Führerbefehle
[46a] Brennecke, J.: Schlachtschiff *Bismarck*. Koehlers Vlg. Herford. MS für 5. Neuauflage, 1984
[46b] Kölschbach: Der Blockadebrecher mit der glücklichen Hand. Koehlers Vlg. Herford 1958
[47a] Brice, Martin: Axis Blockade Runners of World War II. Naval Institute Press, Annapolis, Maryland 1981
[47b] Trenkle, siehe [33]
[48]   Gießler, M.: Der Marine-Nachrichten- und Ortungsdienst. Wehrwissenschaftliche Berichte, herausgegeben vom Arbeitskreis für Wehrforschung. Bd. 10, J. F. Lehmanns Vlg. München 1971
[49]   Bonatz, H.: Die deutsche Marine-Funkaufklärung 1914—15. Wehr & Wissen, Darmstadt 1980
[50]   Stallmann, siehe ex [35]
[51]   Chalmers, W. S.: Max Horton and the Western Approaches. London 1954
[52]   NN: Akte Feindstimmen zum U-Boot-Krieg (mit Stellungnahmen der 3. Skl/FH) vom 18. II. 1943
[53]   Luttwak, N. In Washington Quarterly. Zeitschrift der Center of Strategic and International Studies, Georgetown University 1982
[54]   Weinstein, A.: Entscheidend ist der Korpsgeist. Unorthodoxe Deutungen der Kampfkraft einer Truppe. In FaZ Nr. 5, v. 7. Januar 1983
[55]   Robertson, T.: Night Raider of the Atlantic. E. P. Dutton, 1956
[56]   Dönitz, K.: 10 Jahre und 20 Tage. Erinnerungen des Befehlshabers der deutschen U-Boote im Zweiten Weltkrieg. Bernard & Graefe, 1967[4]
[57]   Rohwer, J.: Geleitzugschlachten im März 1943. Motorbuch Vlg., Stuttgart 1975
[58]   G. W.: Ein Mann für alle Flugzeuge. Vor 25 Jahren: Tod des Ingenieurs Ernst Heinkel. Die Welt, Januar 1983
[59]   Mason, David: Deutsche U-Boote 1960
[60]   Brockhaus Enzyklopädie, Wiesbaden 1967/71
[61]   Meckel, H., Kapitän zur See, vormals BdU-Stab: Gespräche und Schriftwechsel mit dem Verfasser 1980/1983

[62] James, W.: The Eyes of the Navy. London 1956
[63] Mallmann-Showell, Jak. P.: U-Boote gegen England. Kampf und Untergang der U-Boot-Waffe 1939—1945. Motorbuch Vlg., Stuttgart 1978
[64] Janssen, Jens: Auf Feindfahrt im Mittelmeer. Moewig Vlg., München (SOS-Heft Reihe)
[65] Trenkle, Fritz: Die deutschen Funkmeßverfahren bis 1945. Motorbuch Vlg., Stuttgart
[66] OKM: Taktischer Befehl v. 10. März 1945. In Gießler, H.: Der Marine-Nachrichten- und Ortungsdienst. Technische Entwicklung und Kriegserfahrung. Lehmanns Vlg., München
[67] OKM/5. Skl (Hrgb.): Betriebsanweisung Funkmeßbeobachtungsanlagen FuMB 4 (Samos) und FuMB 10 (Borkum). Geheim., M.D.V. Nr. 967, Hamburg, Juli 1944
[68] Krautkrämer, E.: Das Ringen um die Erhaltung der französischen Souveränität in Nordafrika im Zusammenhang mit TORCH. In Militärgeschichtliche Mitteilungen 2 (1982) 32, Freiburg
[69] Fritzsche, H.: Das Schwert auf der Waage. Vohwinkel-Vlg., Heidelberg 1953
[70] Stehr, W. F. G.: Brief an Verfasser zum Libertyproblem
[71] Item: Brief an Verfasser vom 17. 8. 82 mit Ausführungen zu den verschiedenen U-Boot-Bekämpfungswaffen. 1. Hedgehog, Mousetrap usw.
[72] Item: Schriftliche Mitteilung an Autor vom 11. 6. 1982
[73] Kahn, D.: The Code-Breakers. London 1967
[74] Rohwer J.: In Marine Rundschau, Juni 1976
[75] Item: siehe [57]
[76] Hubatsch, W.: Das amtliche deutsche Marinearchivwerk: Der Krieg zur See 1914—1918. In: Kaiserliche Marine, München 1975
[77] Dingeman, Peter: Menschenführung unter Kampfbedingungen. In Marineforum 58 (1983) 4
[78] Mielke, Otto: Die deutschen U-Boote 1939—1945. Ihr Verbleib. Technische Daten, Seitenrißzeichnungen. Typenliste, Namen der U-Boot-Kommandanten. Die U-Flottillen. Ein SOS-Handbuch im Moewig Vlg., München 1959
[79] Herzog, B. 60 Jahre deutsche U-Boote 1906—1966. J. F. Lehmanns Vlg., München 1968
[80] Herzog, B. und G. Schomaekers: Ritter der Tiefe. Graue Wölfe. Verlag Welsermühl, München-Wels 1965
[81] Gogg, K.: Österreichs Kriegsmarine 1848—1918, Verlag Das Bergland-Buch, Salzburg-Stuttgart 1974[2]
[82] Reuter, F.: Funkmeß. Die Entwicklung und der Einsatz des RADAR-Verfahrens in Deutschland bis Ende des Zweiten Weltkrieges. Wissenschaftliche Abhandlung der Arbeitsgemeinschaft für

Forschung des Landes Nordrhein-Westfalen, Bd. 42. Westdeutscher Verlag, Opladen 1971

[83] Führer-Lage-Protokoll: Der Oberbefehlshaber der Kriegsmarine B. Nr. 1 Skl Ib 497/43 g Kdos. Chefs. vom 13. Februar: Niederschrift über die Besprechung des Ob.d.M. beim Führer am 8. 2. 1943 im Führerhauptquartier Wolfsschanze

[84] Führer-Lage-Protokoll: Der Oberbefehlshaber der Kriegsmarine B. Nr. 1 Skl Ib 680/43 g Kdos. Chefs. vom 5. III. 1943. Niederschrift über den Vortrag des Ob.d.M. beim Führer im Führerhauptquartier Winniza am 26. II. 1943

[85] Führer-Lage-Protokoll: Der Oberbefehlshaber der Kriegsmarine; B. Nr. 1 Skl 1614/43 g Kdos. Chefs., vom 5. Juni 1943, Prüf.-Nr. 3

[86] Brandt, L.: Deutsche Funkmeßtechnik 1944. Sonderheft Bücherei der Funkortung. AFO/DGON Düsseldorf, 1958

[87] Item: Zur Geschichte der Radartechniken in Deutschland und Großbritannien. AFO/Düsseldorf, Z. Ortung & Navigation, Best.-Nr. 1030 IV/1967

[88] Führer-Lage-Protokoll: Seekriegsleitung, Nr. 1 Skl Ib 2164/43 g K. Chefs. vom 31. 7. 1943: Niederschrift über Ob.d.M.-Besprechung beim Führer am 8. 7. 1943 um 16.20 Uhr im Hauptquartier »Wolfsschanze«

[89] Rohwer, J.: U-Boote. Eine Chronik in Bildern. Stalling Vlg. o. J.

[90] Lohmann, W. und H. H. Hildebrand: Kriegsmarine 1939—1945., 3 Bde., Podzun-Verlag, Bad Nauheim 1956

[91] Kemp, P.: siehe [28]

[92] siehe [51]

[93] Jellicoe, J.: The Grand Fleet 1914—1916. London 1919

[94] Item: The crisis of the naval war. London 1920

[95] Item: deutsch, Erinnerungen. 2 Bde., 1937

[96] Item: Der U-Boot-Krieg. 1939

[97] Bacon, R., Sir: Life of J. R. Jellicoe. London 1936

[98] Dönitz/Wagner; siehe [29]

[99] Rössler, E; siehe [12]

[100] Wagner, Gerhard: Lagevorträge des Oberbefehlshabers der Kriegsmarine vor Hitler 1939—1945. J. F. Lehmanns Vlg., München 1972

[101] Güth, R.: Unveröffentlichtes Manuskript zum Thema Dönitz und der Opfergang der U-Boot-Waffe, Bad Pyrmont 1982

[102] Item: Brief von Dönitz vom 17. August 1968 mit Anlage »Warum Fortsetzung des U-Boot-Krieges Mai 1943?«

[103] Skl, Chef der: Denkschrift vom 8. 6. 1943, Skl-Teil C[a], Januar 1943 bis Dezember 1943, PG 31 747 (Kopie aus dem Archiv des Kapitäns z.S. a. D. R. Güth)

[104] H. K. in Pommersche Zeitung B3 (1983) Folge 32: Jagd auf die

Atombombe. Nach Anatoli Alexandrow: Wie das USA-Atombomben-Monopol gebrochen wurde. In Nauka i Schisn.

[105] Gretton, Peter: Atlantikschlacht 1943. Wende im U-Boot-Krieg. Stalling, Oldenburg/Hamburg 1975

[106] Stiller, Günther: Der Opfergang der deutschen U-Boot-Fahrer. In »Bild am Sonntag«, Folge 6 vom 15. Februar 1982

[107] siehe Gießler [48]

[108] Stehr, W. F. G.: Unterlagen vom 14. April 1983

[109] Item: Unterlagen vom 14. September 1982 TORPEX und Mk XI und Mk VII betreffend

[110] Seekriegsleitung vom 31. 7. 1943; Nr. 1 Skl Ib 2164/43 g. K. dos.; über Besprechung des Ob.d.M. beim Führer am 8. 7. 1943, um 16.30 Uhr im Hauptquartier »Wolfsschanze«, anwesend: Gen. Fm. Keitel, K. Admiral Voss, Kpt. z.S. von Puttkamer

[111] Beesly, P.: Das »Operational Centre« der britischen Admiralität im Zweiten Weltkrieg (II). In Marine Rundschau 73 (1976) 6

[112] Rohwer, J.: In Anmerkungen zu [111]

[113] Hollerith, H.: In »Elektronische Rechenmaschinen« 2 (1960)

[114] Brennecke, J.: Der Fall Laconia. Ein hohes Lied der U-Boot-Waffe. Koehlers Verlagsgesellschaft, Biberach an der Riss 1959 (heute Herford/W.), italienisch: II Caso Laconia. Baldini & Castoldi, Milano 1969

[115] Brennecke, J.: Haie im Paradies. Der deutsche U-Boot-Krieg 1943/1945 in Asiens Gewässern. Ein Tatsachenbericht. Koehlers Verlagsgesellschaft, Herford. Als Tatsachenbuch im Wilhelm Heyne Vlg., München 1969, Nr. 664/665

[116] KTB-BdU vom 1. Mai bis 31. Mai 1943, Bu/Ma, Freiburg, Sign. RM 87/27

[117] Kretschmer, Otto, Marbella (Málaga) am 7. 2. 84 in einem Brief an den Verfasser

[118] Trenkle, Fritz: In: Brief an G. Muscheid. Köln, vom 23. 2. 83

[119] Bekker, C.: Duell im Dunkel. Koehlers Vlg., vormals Stalling

[120] Kemp, P.: The Battle for the Atlantic: The Second Phase. In Purnells History of the World Wars »Battle of the Atlantic«, Phoebus Publishing Comp., Paulton (Avon) 1968/1975

[121] Russell, F.: Der geheime Krieg. Time Life Books B. V. 1982

[122] Diggins, K.: Briefwechsel mit dem Verfasser vom Januar 1984

[123] Price, A.: Aircraft versus Submarine. Kimber, London 1973. Deutsche Flugzeuge gegen U-Boote. Übersetzt von Hans und Hanne Meckel. Motorbuch Verlag, Stuttgart 1977[6]

[124] Buchheim, G.: Das Boot. Vlg. A. Piper & Co., München 1973

[125] Winton, John (Hrgb.): The War at Sea. 1939—1945. London, 1967

[126] Chatterton, Gordon: Q-Ships and their Story. Conway Maritime Press, London 1972

[127] Watts, A. J.: The U-Boot-Hunters. Macdonald and Janes. London 1976
[128] Macintyre, D.: The Naval War against Hitler. Batsford, London 1971
[129] Item: U-Boot-Killer. Werdenfeld & Nicolson, London 1956
[130] Costello, John und Terry Hughes: Atlantik-Schlacht. G. Lübbe Vlg., Bergisch-Gladbach 1978
[131] Frank, W.: Die Wölfe und der Admiral. Der Roman der U-Boote. Stalling, Odenburg 1953
[132] Hirschfeld, W.: Feindfahrten. Das Logbuch eines U-Boot-Funkers. Paul Neff Vlg., Wien 1982
[133] Belke, T. J.: Roll of Drums. In Proceedings, U.S. Naval Institute, Annapolis; 962 (1983) 4
[134] Ladislas Farago: The Tenth Fleet. Ivan Obolensky, Inc., New York 1962
[135] Assmann, K.: Why U-Boat Warfare failed. In Foreign Affairs 4 (1950)
[136] Morison, S. E.: History of U.S. Naval Operations in World War II. Vol. I: The Battle of the Atlantic. September 1939—May 1943. Little, Brown and Company, Boston 1948
[137] Fayle, C. E.: History of the Great War: Seaborne Trade. Vol. III: The Period of Unrestricted Submarine Warfare. Longmans, Green & Co., New York 1924
[138] Roskill, Stephen: Churchill and His Admirals. William Collins Sons Co, New York 1977
[139] Raven, Wolfram v.: Generationswechsel an der Spitze. Aufstieg der »Selbstgestrickten«. In »loyal« — das deutsche Wehrmagazin mit Reservistenreport. Bonn 2 (1984)
[140] Peillard, L.: Die Schlacht im Atlantik. Paul Neff Vlg.
[141] Kemp, P. K.: Victory at Sea. London 1957
[142] Mclachlan, D.: Room 39. London 1968
[143] Thursfield, G. (editor): Brasseys Naval Annual, Clowes 1948
[144] Archiv FISM, Harmsdorf/OH
[145] Ledebur, Gerhard Frhr. von: Die Seemine. J. F. Lehmanns Vlg., München 1977
[146] Rautzenberg, Hermann: Schriftwechsel über Verschlüsselungsmethoden und Einsatz METOX. Osnabrück 1983/84
[147] Baker et al: British Warship Design. (Eine Veröffentlichung des Royal Corps of Naval Constructors.) Conway, London 1983
[148] Stehr, Werner F. G.: Unterlagen zum Kapitel 1.5
[149] Munson, Kenneth: Aircraft of WW II. Ian Allan. London 1962
[150] Kens, Karl Heinz: Flugzeuge des Zweiten Weltkrieges. 2. Auflage, Wilhelm Heyne Vlg., München 1968
[151] Stahl: Kampfflieger zwischen Eismeer und Sahara. Motorbuch Verlag, Stuttgart 1982

[152] Broome, J.: Convoy is to scatter. London 1975
[153] Heydemann, Günther: KTB *U 575* als maschinengeschriebene Schrift mit Begleittext und Vorwort
[154] Faßbender, A.: Bandaufnahmen über Einsatz von METOX. Neuss/Rh 1983
[155] Kriegsmarine, Die Deutsche Marine Zeitung, herausgegeben mit Unterstützung des OKM 1939—1943
[156] Dönitz, K.: Mein wechselvolles Leben. Musterschmidt Vlg., Göttingen 1968
[157] Item: Die Schlacht im Atlantik in der Strategie des Zweiten Weltkrieges. In Marine Rundschau 61 (1964) 2
[158] Item: Essay on the conduct of the war at sea. Office of Naval Intelligence 1946
[159] Güth, R.: Die Marine des Deutschen Reiches 1919—1939. Bernard & Graefe, Frankfurt 1972
[160] Busch, M.: So war der U-Boot-Krieg. Dt. Heimat Vlg., Bielefeld 1952
[161] Seth, R.: The fiercest Battle. The Story of North Atlantic Convoy ONS 5, 22. April—7. April 1943. Hutchinson, London 1961
[162] Rohwer, J.: Die Funkführung der deutschen U-Boote im II. Weltkrieg. In: Wehrtechnik 9 (1969)
[163] Hampshire, A. Cecil: The Blockaders. London 1945
[164] Weyers Taschenbuch der Kriegsflotten. Hrgb. A. Bredt, J. F. Lehmanns, München/Berlin, verschiedene Jahrgänge zwischen 1933 und 1945
[165] Luftfahrt Bilddokumente: An Bord der Flugzeugträger. Bd. LBD 1. Publizistisches Archiv Karl. R. Pawlas, Nürnberg o. J.
[166] Dinter, E.: Held oder Feigling. Die körperlichen und seelischen Belastungen des Soldaten im Krieg. Mittler & Sohn, Herford 1982
[167] Kruska, E. und E. Rössler: Walter-U-Boote. Wehrwissenschaftliche Berichte vom AK für Wehrforschung, Bd. 8; J. F. Lehmanns Vlg., München 1969
[168] Krämer/Hellmuth Walter KG: Denkschrift über alle Torpedoentwicklungen bei der Firma Walter KG, Kiel 1945 (unveröffentlichtes MS)
[169] Kruska, E.: Das Walter-Verfahren, ein Verfahren zur Gewinnung von Antriebsenergie. VDI-Zeitschrift, Düsseldorf 1955
[170] Simard, R.: Hydrogen-Peroxide as a Source of Power. The Engineering Journal 1948
[171] Lauck, Friedrich: Der Lufttorpedo. Entwicklung und Technik in Deutschland 1915—1945. Bernard & Graefe, München 1981
[172] Leighton, Richard, M.: U.S. Merchant Shipping and the British import crisis. In: Command Decisions. Washington 1960
[173] Land, Emory Scott: Winning the war with ships: land, sea and air-mostly land. New York 1958

[174] Salewski, M.: Die deutsche Seekriegsleitung 1935—1945. Bernard & Graefe, Frankfurt 1970

[175] Kretschmer, Otto: Schriftwechsel mit dem Verfasser 1982/83/84/87/88/89/90

[176] Hubatsch, W. (Hrgb.): Hitlers Weisungen für die Kriegführung 1939—1945. Bernard & Graefe, Frankfurt 1962

[177] Poolman, Kenneth: Escort Carriers. 1941—1945. An Account of British escort carriers in trade protection. Allan, London 1972

[178] Churchill, W. S.: The Second World War. Vol. 1—6, London 1948—1953 (in deutscher Übersetzung: Hamburg: Toth; Stuttgart: Parnass 1950—54)

[179] N.N.: Funk-Meß-Geräte-Entwicklungen, Personalstand und Personalforderungen. Entwicklungsgruppe Funkmeßgeräte. EZ 3786 (15. 3. 43) bis EZ 4386 (25. 9. 43) 1943

[180] Rohwer, J.: The Last Triumphs of the U-Boats. In Purnell's History of the World Wars. Special, »Battle of the Atlantic«, Phoebus Publishing Company Paulton (Avon) 1968/1975

[181] Gießler, H.: Die Revolutionierung des Seekrieges durch Funkmeß. In MR 65 (1968)

[182] Rohwer, J. und E. Jäckel: Die Funkaufklärung und ihre Rolle im Zweiten Weltkrieg. Stuttgart 1979

[183] Preston, A. and John Batchelor: The Submarine —1919. In der Reihe Purnell's History of the World Wars. Special. Phoebus Publishing, o.J.

[184] Preston, A. and John Batchelor: The Submarine since 1919. In der Reihe Purnell's History of the World Wars. BPC Publishing Ltd., 1974

[185] Luftfahrt international (Hrgb.): Luftfahrt; Bilder, Texte, Dokumente. Bd. 2, Mittler, 1978

[186] Item: Bde. 4, 5, 7, Mittler, 1978

[187] March, E. J.: British Destroyers. Seely Service & Co. Ltd., London 1966

[188] Kens-Nowarra: Die deutschen Flugzeuge. München 1972

[189] Hill, R.: Destroyer Captain. W. Kimber, London 1975

[190] Balke, U.: Kampfgeschwader 100. 1978

[191] Rössler, E.: U-Boottyp XXI. Lehmanns Vlg., München 1967

[192] Rössler, E.: Die deutsche U-Boot-Ausbildung und ihre Vorbereitung. 1929—1945. In MR 67 (1978)

[193] Brennecke, Jochen: *U 995*. Broschüre im Auftrage des DMB. Meerbusch-Lank 1979

[194] Grant, R. M.: U-Boat Intelligence 1914—1918. Archon Books, 1969

[195] Gray, Edwyn: The Killing Time. Charles Scribner's Sons, 1972

[196] Snyder, G.: The Royal Oak Disaster. London 1976

[197] Werner, H. A.: Die eisernen Särge. Hoffmann & Campe Vlg., Hamburg 1970
[198] Horton, E.: The Illustrated History of the Submarine. Doubleday, 1974
[199] Preston, A.: U-Boats, Arms and Armour. London 1978
[200] Prien, G.: Mein Weg nach Scapa Flow. Deutscher Vlg., Berlin 1940
[201] Stanner, W.: Leitfaden der Funkortung. Lehrbücher der Funkortung, Bd. 1, Garmisch 1952
[202] Johnson, B.: The Secret War. BBC, London 1978
[203] Jones, R. V.: Most Secret War. Hamish Hamilton, London 1978
[204] Gießler, H.: Vom Löschfunksender zum Funkmeßgerät. In Z. für Wehrkunde IV (1955)
[205] Item: RADAR für Marine und Schiffahrt. Entwicklung, Kriegserfahrungen und Nachkriegsanwendungen. In Z. SCHIFF UND ZEIT 6 (1977)
[206] Brandt, L. (Hrgb.): Kleines Radarhandbuch. In Bücherei für Funkortung. Verkehrs- und Wirtschaftsverlag, Dortmund 1958
[207] Item: Funk- und Schallortung in der Schiffahrt. Jahrestagung 1952. In Bücherei der Funkortung, Verkehrs- und Wirtschaftsverlag, Dortmund 1952
[208] Hagen, A. und W. Fuchs: Die Funkpeilung der kurzen Wellen. Teil I, Nahfeldpeilung, Hauptamt Ordnungspolizei Berlin, 1943
[209] Middlebrook, Martin: U-Boot-Jagd auf die Geleitzüge SC 122 und HX 299. Ullstein, Frankfurt 1977
[210] Priesdorff, K.: Soldatisches Führertum. Hamburg 1941
[211] Puttkamer, Karl-Jesko v.: Die unheimliche See. Hitler und die Kriegsmarine. München 1952
[212] Zentner, Chr.: Lexikon des II. Weltkrieges. Herrsching
[213] Meurer, A.: Seekriegsgeschichte in Umrissen. Berlin 1925
[214] Mahan, A. T.: The influence of Seapower upon history, 1947[12] (deutsch: Der Einfluß der Seemacht auf die Geschichte. 2 Bde., 1898[2])
[215] Mahan, A. T.: Armaments and arbitration or The place of force in the international relations of states. Harper, New York (usw.) 1912
[216] Item: Naval Strategy, compared and contrasted with the principles of military operations on land. Sampson, Low, Marston & Co., London 1911
[217] Livezey, William, Edm.: Mahan on Sea power. Univ. of Oklahoma, 1947
[218] Dülffer, J.: Das deutsch-englische Flottenabkommen vom 18. Juni 1935. In Marine Rundschau 69 (1972) 11
[219] Papp, N. G.: The Anglo-German naval Agreement of 1935. Phil. Diss. Univ. of Connecticut 1969

[220] bis [229] entfallen
[230] Steigleder, H.: Zur Entwicklung der U-Boot-Flotten nach dem Ersten Weltkrieg. In Marinewesen 5 (1966)
[231/1] Rössler, E.: Das Projekt »Liliput« (Die Entwicklung des U-Boot-Typs II der Kriegsmarine.) In MR 69 (1972) 3
[231/2] Dominighaus, H.: Lexikon der Kunststoffe. 2 Bde., B 1 A—O, B 2 P—Z; Hrgb. und Redaktion J. Brennecke, Heyne Vlg., München 1978
[232] Rössler, E.: Die deutsche U-Boot-Ausbildung und ihre Vorbereitung. 1925—1945. In MR 67 (1970) 11
[233] King, Ernest, J.: The United States Navy at war. 1941—1945. Official Reports to the Secretary of the Navy, Washington
[234] Raeder, E.: Mein Leben. 2. Bde., Schlichtemayer, Tübingen 1956/1957
[235] Montserrat, N.: Großer Atlantik. Classen Vlg., Hamburg 1952
[236] Güth, R.: Die Marine des Deutschen Reiches. 1919—1939. Bernard & Graefe, Frankfurt/M 1972
[237] Güth et al.: Die Organisation der Kriegsmarine bis 1939. Sonderdruck in: Handbuch der deutschen Militärgeschichte. 8. Lieferung. VII. Wehrmacht und Nationalsozialismus 1933—1939. Seiten 401—500. Vlg. Bernard & Graefe, München
[237/1] Item: Die Ära Raeder. Eine Dokumentation in Fortsetzungen in dem maritim-wissenschaftlichen Magazin SCHIFF UND ZEIT. Koehlers Verlagsgesellschaft mbH, Herford/W.; Redaktion Harmsdorf/Ostholstein ab 1985
[238] Lüders, W.: Tatsachenbericht eines U-Boot-Fahrers 1942—1945. Helen M. Brinkhaus Vlg., Rossdorf 2, 1982
[239] Pemsel, H.: Von Salamis bis Okinawa. J. F. Lehmanns Vlg. 1975
[240] Creighton, Sir Kenelm: Convoy Commodore. Kimber, London 1973
[241] Woodward, D.: Memoirs. Weidenfeld & Nicholson 1959
[242] Kerr, G. G.: Business in Great Waters. Faber & Faber, London 1951
[243] Rutter, O.: Red Ensign. Hale, London 1942
[244] Laux, F.: Der Lufttorpedo, Entwicklung und Technik in Deutschland 1915—1945. Bernard & Graefe Vlg., München 1981
[245] Compton-Hall, R.: The Underwater War 1939—1945. Blandford Press, 1958
[246] Bundesarchiv/Militärarchiv Dok 3. Skl/FH (f) vom 18. Februar 1943: Feindstimmen zum U-Boots-Krieg (mit Stellungnahme 3. Skl/FH)
[247] Lewin, R.: Entschied ULTRA den Krieg? Alliierte Funkaufklärung im 2. Weltkrieg. Wehr & Wissen, Koblenz/Bonn 1981
[248] Bu/Ma Dok U 94 Sig. RM 98/PG 300080 vom 7. Mai 1941

[249] Rössler, E.: Die Torpedos der deutschen U-Boote. Entwicklung, Herstellung und Eigenschaften. Koehlers Vlgs.mbH., Herford 1984

[250] Saeger II, Robert and Doris D. Maguire: Letters and Papers of ALFRED THAYER MAHAN. Vol. I 1847—1889; Vol. II. 1890—1901; Vol. III. 1902—1914. In der Reihe »Naval Letters Series.« Naval Institute Press, Annapolis, Maryland

[251] Görlitz, W.: Karl Dönitz. Der Großadmiral. Bd. 69 der Reihe: »Persönlichkeit und Geschichte«. Göttingen/Zürich/Frankfurt 1972

[252] Krist, Th.: Formeln und Tabellen der Internationalen Meßeinheiten. Darmstadt 1965

[253] Bock, B.: Das deutsche Radar wurde in Kiel entwickelt. In: Kieler Nachrichten vom 14. März 1984

[254] Suhren, T. und Fritz Brustat-Naval: Nasses Eichenlaub. Als Kommandant und F.d.U. im U-Boot-Krieg. Koehlers Vlg., Herford 1983

[255] Bock, B.: Als vor 50 Jahren mit der Entwicklung des deutschen Radar begonnen wurde. In Schiffahrt International 35 (1984) H. 6

[256] Botting, D. und die Redaktion der Time-Life-Bücher, Amsterdam 1983 (Original US-Edition: The Seafarers: The U-Boats, 1979)

[257] Lüth, W. und C. Korth: Boot greift wieder an. Vlg. E. Klinghammer, Berlin 1943

[258] Dönitz, K., Schriftwechsel und Gespräche mit Verfasser, versch.

[259] Görlitz, W.: Karl Dönitz · Der Großadmiral. Musterschmidt, 1972

[260] Rohwer, J.: Axis Submarine Successes 1939—1945. US Naval Institute. 1983

[261] Bredow, Horst: U-Boot-Archiv. Cuxhaven-Altenbruch 1989

[263] Marineforum. Z. d. Marineoffiziervereinigung, Bonn; verschiedene Ausgaben

[264] SCHIFF UND ZEIT. Magazin, herausgegeben von der Deutschen Gesellschaft für Schiffahrts- und Marinegeschichte, verschiedene Ausgaben, Vlg. Koehlers Verlags GmbH, Herford/W.

[265] Archiv des privaten Forschungsinstituts für Schiffahrt- und Marinegeschichte, Harmsdorf/Düsseldorf-Meerbusch

[266] Elliot, Peter: Allied Minesweeping in World War 2. 1970

[267] Sawyer Mitchell: The Liberty Ships. 1970

[268] Hector Bywater: Strange Intelligence.

[269] Kretschmer, Otto: Schriftwechsel mit dem Verfasser. 1988/89

[270] Ehlers, J. Wolfenbüttel, Schriftwechsel mit Autor

[271] Time-Life Books (Hrgb.): »Wolf Packs« in der Reihe »Das Dritte Reich«, Alexandria, Virginia 1989

Heyne Sachbuch

Interessante Themen
Kompetente Autoren

19/30 — Dieter Raff: Deutsche Geschichte. Vom Alten Reich zur Bundesrepublik

19/9 — Eugen Kogon: Der SS-Staat. Das System der deutschen Konzentrationslager

19/31 — "Bruder Hitler". Thomas Mann. Zeitgenössische Berichte aus Exil und Widerstand. Herausgegeben von Thomas Koebner

19/25 — Hermann Bortfeldt: Die Französische Revolution

19/77 — Nino Lo Bello: Vatikan im Zwielicht. Die unheiligen Geschäfte des Kirchenstaates

19/16 — Karlheinz Deschner: Das Kreuz mit der Kirche. Eine Sexualgeschichte des Christentums

Wilhelm Heyne Verlag München

HEYNE BÜCHER — **LEN DEIGHTON**

Der Thriller-Autor von Weltformat. Die Welt der Geheimdienste, des Krieges, des Verbrechens

Nagelprobe — 01/5466

Tod auf teurem Pflaster — 01/7964

SS-GB — 01/7893

Sahara-Duell — 01/6242

Fische reden nicht — 01/7783

In Treu und Glauben — 01/8127

Eiskalt — Der berühmte Agenten-Thriller — 02/2304

Einsatz — Männer im Krieg — 01/6633

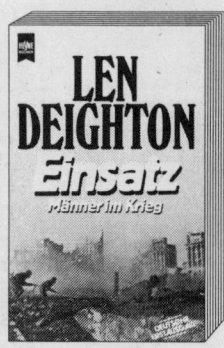